U0164113

古文鑑賞集成

明清古文鑑賞之部

執行主編：吳功正
領銜撰稿：葉聖陶　周振甫
　　　　　朱東潤　段熙仲
　　　　　余冠英　徐中玉
　　　　　吳調公　潘旭瀾
　　　　　何滿子　霍松林

文史哲出版社
印行

古文鑑賞集成 / 吳功正主編. -- 初版. -- 臺北
市：文史哲, 民 97.10 印刷
頁： 公分

ISBN 978-957-547-037-1(平裝)

835

古文鑑賞集成

主 編 者：吳　　　　功　　　　正
出 版 者：文 史 哲 出 版 社
　　　　　http://www.lapen.com.tw
　　　　　e-mail：lapen@ms74.hinet.net
登記證字號：行政院新聞局版臺業字五三三七號
發 行 人：彭　　　　正　　　　雄
發 行 所：文 史 哲 出 版 社
印 刷 者：文 史 哲 出 版 社
　　　　　臺北市羅斯福路一段七十二巷四號
　　　　　郵政劃撥帳號：一六一八○一七五
　　　　　電話886-2-23511028・傳真886-2-23965656

平裝三冊特價新臺幣一二○○元

中 華 民 國 八 十 五 年（1996）六 月 再 版
中 華 民 國 九 十 七 年（2008）十月再版二刷

明清古文鑑賞之部

目　　錄

送東陽馬生序　　　宋　濂

　　余幼時即嗜學①，家貧，無從致書以觀②，每假借於藏書之家，手自筆錄③，計日以還。天大寒，硯冰堅，手指不可屈伸，弗之怠④。錄畢，走送之，不敢稍逾約⑤。以是人多以書假余，余因得遍觀羣書。

　　既加冠⑥，益慕聖賢之道。又患無碩師、名人與游⑦，嘗趨百里外⑧，從鄉之先達執經叩問⑨。先達德隆望尊⑩，門人弟子填其室⑪，未嘗稍降辭色⑫。余立侍左右，援疑質理⑬，俯身傾耳以請⑭，或遇其叱咄⑮，色愈恭⑯，禮愈至⑰，不敢出一言以復⑱；俟其忻悅⑲，則又請焉。故余雖愚，卒獲有所聞。

　　當余之從師也，負篋曳屣⑳，行深山巨谷中。窮冬烈風㉑，大雪深數尺，足膚皸裂而不知㉒；至舍㉓，四肢僵勁不能動㉔，媵人持湯沃灌㉕，以衾擁覆㉖，久而乃和。寓逆旅㉗主人，日再食，無鮮肥滋味之享㉘。同舍生皆被綺綉，戴珠纓寶飾之帽㉙，腰白玉之環㉚，左佩刀，右佩容臭㉛，煜然若神人㉜；余則縕袍敝衣處其間，略無慕艷意㉝。以中有足樂者㉞，不知口體之奉不若人也㉟。蓋余之勤且艱若此。

　　今雖耄老㊱，未有所成，猶幸預君子之列㊲，而承天子之寵光，綴公卿之後㊳，日侍坐備顧問㊴，四海亦謬稱其氏名㊵，況才之過於余者乎？

　　今諸生學於太學㊶，縣官日有廩稍之供㊷，父母歲有裘葛之遺㊸，無凍餒之患矣；坐大廈之下而誦詩、書㊹，無奔走之勞矣；有司

業、博士爲之師㊺，未有問而不告、求而不得者也；凡所宜有之書皆集於此，不必若余之手錄，假諸人而後見也㊻。其業有不精、德有不成者，非天質之卑㊼，則心不若余之專耳，豈他人之過哉！

　　東陽馬生君則㊽，在太學已二年，流輩甚稱其賢㊾。余朝京師㊿，生以鄉人子謁余[51]，撰長書以爲贄[52]，辭甚暢達。與之論辯，言和而色夷[53]。自謂少時用心於學甚勞。是可謂善學者矣。其將歸見其親也，余故道爲學之難以告之。謂余勉鄉人以學者，余之志也；詆我誇際遇之盛而驕鄉人者[54]，豈知余者哉[55]！

【注釋】①嗜學：酷愛學習。②無從：無法，無由。致：得到，這裏指買到。③手自筆錄：親手抄寫。④弗之怠：「弗怠之」的倒裝。弗：不。怠：懈怠。⑤逾約：超過約定的期限。⑥加冠：古代男子二十歲行加冠禮，束髮，戴上成年人的帽子，表示已進入成年。⑦碩師：才學淵博的老師。碩：大。⑧趨：趕往。⑨從：向。鄉：同鄉。先達：有道德學問的前輩，指的是元末古文家浦江人柳貫、義烏人黃溍等。執：捧。叩：詢問，請教。⑩德隆望尊：即「德高望重」，道德高，名聲大。⑪填：填塞，擠滿。⑫稍降辭色：把言辭放委婉些，把臉色放溫和些。⑬援：引，提出。疑：疑難問題。質：詢問。理：道理。⑭俯身傾耳以請：彎下身子，傾着耳朵（恭敬而專心地）請教。⑮叱（ㄔㄨㄛˋ）咄：訓斥，呵責。⑯色：神態。⑰至：周到。⑱復：回答。⑲俟（ㄙˋ）：等到。忻（ㄒㄧㄣ）：同「欣」，喜歡。⑳負篋（ㄑㄧㄝˋ）：背着書箱。曳屣（ㄒㄧˇ）：拖着鞋子。㉑窮冬：嚴冬。㉒皸（ㄐㄩㄣ）裂：皮膚因寒冷乾燥而破裂。㉓舍：指學舍。㉔僵勁：僵硬。㉕媵（ㄧㄥˋ）人：原意指隨嫁的女佣人，這裏指服侍的人。湯：熱水。沃灌：澆洗。㉖衾（ㄑㄧㄣ）：被子。擁覆：蓋上。㉗逆旅：旅店。㉘鮮肥：魚肉。㉙纓：繫帽的帶子。㉚腰：此處用作動詞，繫在腰間。㉛容臭（ㄒㄧㄡˋ）：香袋。㉜煜（ㄩˋ）然：光彩耀眼的樣子。㉝縕（ㄩㄣˋ）：袍以亂麻或舊棉爲絮的袍子。敝：破敗。略無：一點也沒有。慕：羨慕。艷：艷羨。㉞以中有足樂者：因爲心中有足以自得其樂的事。中：內心。㉟口體之奉：供養口和身體的，指吃的穿的。㊱耄（ㄇㄠˋ）老：八九十歲叫耄，這裏泛指老。㊲預：參預。君子：這裏指品學兼優，有社會地位的人。㊳綴（ㄓㄨㄟˋ）：連綴，意謂追隨。㊴日侍坐備顧問：天天侍奉在皇帝座旁，準備接受問詢。㊵謬稱：錯誤地稱頌，此爲謙虛說法。氏名：姓名。㊶太學：古代設在京城的全國最高學府。明初名國子學，後改名國子監。太

學生又稱監生。⑫縣官: 古指天子, 這裏指朝廷。廩(ㄌㄧㄣˇ)稍: 官府免費供給的糧食, 猶言今之助學金。⑬裘: 皮衣。葛: 夏布衣服。遺(ㄨㄟˋ): 給予。⑭詩書: 這裏泛指儒家經典。⑮司業: 太學中祭酒 (校長) 之下, 設司業, 相當於今之教務長。博士: 太學中之教師。⑯假諸人: 假之於人, 向人借。⑰天質: 天資。卑: 低下。⑱東陽: 浙江省東陽縣。君則: 馬生的字。⑲流輩: 同輩的人。⑳朝京師: 到京都 (南京) 朝見皇帝。宋濂年老辭官以後, 於洪武十一年 (1378) 再到京都。㉑鄉人子: 同鄉晚輩的身分。浦江與東陽同屬金華府, 故說是同鄉。謁(ㄧㄝˋ): 進見長輩或地位高的人。㉒撰: 寫。長書: 長信。贄(ㄓˋ): 初見面時為表敬意送的禮物。㉓夷: 和悅。㉔詆(ㄉㄧˇ): 毀謗。際遇: 遭際遇會, 指受皇上賞識重用。驕鄉人: 在同鄉面前驕傲。驕: 作動詞用。㉕知: 了解。

【鑑賞】所謂序, 一種是寫來評介著作的, 叫書序; 一種是贈送別人的, 叫贈序。這篇序文屬於後者。這篇文章勉勵當時的太學生要刻苦讀書, 說理透徹, 文字樸素, 很有感動人心的力量。

文章的第一小節, 是作者寫自己少年時代讀書的刻苦勤奮。作者一開始就揭示了「嗜學」和「家貧」的尖銳矛盾。家境貧寒無法買書來看, 只好向別人借書, 「手自筆錄」, 這就成了解決矛盾的辦法。「手自筆錄」這一情景, 初步揭示了學習的勤奮態度。接着用寒冬天氣抄書的情景進一步描寫這種刻苦精神。「硯冰堅, 手指不可屈伸」, 既是指天氣, 又是指家道貧寒。「弗之怠」三字, 用語簡潔, 用學習態度和學習條件進行對比, 進一步突出學習的刻苦。作者從最艱難的嚴冬季節着筆, 用來說明一年四季, 天天如此, 很有概括作用。「走送之, 不敢稍逾約」的「走」字和「稍」字值得注意。「走」是跑的意思, 這裏指「趕快」。「走送之」, 親自去借, 又親自去送, 而且趕緊送去。「不敢稍逾約」, 不敢稍稍超過約定的期限, 這個「稍」字強調了他堅守信約, 決不耽誤, 即使困難再大, 也是這樣。這一句照應了前面的「計日以還」一句, 說明在正常情況和特殊情況下都是如此。前文歷述讀書艱辛, 再用「以是」輕輕一轉, 後用「因」再加轉折, 轉到「遍觀羣書」的結果上來。由因及果, 文意多變卻順承自如。接下來的第二小節, 以「既」字兜住了上文。前述「幼時」, 此說成年; 前述讀書艱辛, 此說求師艱難。「益慕聖賢之道」的「益」字使文意遞進。由「遍觀羣書」, 便萌發了向往聖賢之道的願望。「又患無碩師、名人與游」的「患」字和上句的「慕」字又形成了一對矛盾。解決這對矛盾的途徑則是「趨百里外」。「百里」,

以路途之遙，顯示出求師之切。短短一句話中連續出現「趨」、「從」、「執」、「叩」、「問」等行爲動詞，把求師的情景生動地描述出來。這裏可分三層分析：第一層寫師道尊嚴。「德隆望尊」是概括性評價，再以學生擠滿書屋加以具體化，此爲烘染法。但，卽使其門如市，老師亦未「稍降辭色」，此爲反襯法。而寫老師嚴厲又是爲着突出作者求師的誠懇。於是，接下來的第二層是寫平日請教老師的情景。「立侍左右」「俯身傾耳」均是虔誠恭敬之態的生動寫照。第三層是寫老師發怒時求教的情景。「色愈恭，禮愈至」，表連鎖關係的「愈」字兩次出現，把作者的謙恭之態描述得至爲傳神。「俟其忻悅，則又請焉」的「則」字，筆觸稍稍提起，再微微一轉，逼入那個「請」字，最後又以一「故」字，輕輕關攏文意，表明作者以竭誠求師之心和孜孜不倦之意，終於使學問大有長進。第一、二兩小節，所述內容各有側重。前面說讀書難，後面說求師難，但都圍繞好學這個中心，因而兩小節文意是關聯的。

　　第三小節主要是寫外出求學的情景。作者選取了一個特定情景加以描寫。「負篋曳屣，行深山巨谷中」，窮多、烈風、大雪，分別從季節、環境、氣候的特點上着眼。「足膚皸裂而不知」，「四肢僵勁不能動」，又反襯了天氣的嚴寒和行路的凄苦。這是寫行，同時寫到了衣、食、住：寄居旅店，穿破舊棉袍，每天只吃兩頓飯，沒有鮮魚美肉可供享受。這一切，都表現了一個「苦」字。而着力寫苦，有兩個目的，一是對比「同舍生」，那些住在同一旅店裏的富家子弟；一是表現自己「中有足樂者」，也就是內心的樂趣。作者着力寫出富家子弟服飾的華美，勾勒出他們的形象。在具體描述之後，筆鋒一拎，着「煜然若神人」一喻，收束文句。而這一比喻越是突出，下面的對比就越加鮮明：「余則縕袍敝衣處其間」。一邊服裝鮮美，一邊破衣爛襖，在同一畫面內，就進一步突出了作者的寒酸相。在經過這樣的對比後，作者的筆墨開始轉折，進入對精神境界的揭示：「略無慕艷意」，表明他一點也不羨慕，不自慚形穢。那麼，他何以會如此呢？因爲「中有足樂者」，內心有精神安慰和思想寄託。文章於此在表達內容上比前兩小節更有思想深度了。接下來作者用「蓋余之勤且艱若此」結束這一小節。說明這只是一個例子，是一種特定情景，從而用特定來說明一般，概括了許多類似情形。

　　第四小節和前面幾小節在文意上是相承的，是說明刻苦學習的結果。它的立意是勉勵別人刻苦求學。作者既要說明學習結果，以便達到勉勵別人的效果，又不可以炫耀自己。這樣，在行文上，就多用謙詞，如「未有所成」，沒有什麼成就；「幸預」，有幸參預；「綴」，跟隨；「謬稱」，不恰當的贊許，等等，儼然

有長者之風範。

　　第五小節歷數太學生們學習條件的優越，並和自己年輕時學習的艱苦情形進行對比。作者是從食、住、書、師四個方面入手的，形成文意的對照。當文章經過逐層對比，出現出逼人的氣勢之後，推出了這樣一個結論：「其業有不精、德有不成者，非天質之卑，則心不若余之專耳，豈他人之過哉！」這裏，「非……則……」的句式選用，顯示出不容置辨的力量。語氣助詞「耳」，加強了情感色彩。在強有力的推斷之後，作者似乎意猶未盡，再跳出一個反詰句：「豈他人之過哉！」語意得到強化。

　　最後一小節主要是說寫這篇序的目的，這就是「勉鄉人以學」，而不是「誇際遇之盛而驕鄉人」。從行文上看，宋濂之所以寫這篇序文贈送給馬君則，不是輕率的。這當中有別人對馬君則的稱贊，有同鄉人這一層關係，有他自己對馬君則各方面的好印象。

　　這篇文章中心思想明確，但作者不是板着面孔講道理，而是用夾敍夾議的方法。而這種夾敍夾議手法的運用，又是通過現身說法的途徑，包含着自己親身的經歷和感受，因而顯得情意懇切，語重心長，使人感到親切。文章從敍述入手，表面上看似乎離題，實際上內在的勾聯很緊。從年輕時讀書、從師、求學的經歷寫起，逐層道來，最後過渡到本題。敍述經歷，選取的是跟題旨有關的事情，因而在敍述中隱隱地有着議論的意圖。先寫自己，再寫太學生，後寫馬君則。寫自己引出了寫太學生，寫太學生們又引出了作為太學生之一的馬君則。寫自己的艱苦經歷是正面教育，而富家子弟求學的情形是提供反面的教訓。這一切又無不是為着勉勵馬生。因而，全文的結構緊密，最後推出題旨就顯得水到渠成。

　　文字簡潔樸實，娓娓道來，意味深長。敍述往昔，雖字字辛酸，但非嗟嘆貧窮，乃是包含着「艱難困苦，玉汝於成」之意，因而，「中有足樂者，不知口體之奉不若人也」，又顯示出欣慰之情。「蓋余之勤且艱若此」，回首往事中蘊涵着感慨之情；描述富家字弟裝扮，流露出輕蔑之情，指出太學生學無長進，則又表現出憤慨之情。文詞淡，情感濃，含義深，構成本文的一大特色。

　　善於運用對比手法。較顯著的是兩組對比：一組是富家子弟的豪華和作者的窮寒，一組是太學生們學習條件優越和作者當年學習條件低劣。對比的條件基於雙方處在極端矛盾、不協調的情況之上，作者正是尋找到了這一點，構成了對比的基礎，並使之兩兩相對、互成比較。值得稱道的是，這種對比不是憑空虛擬，而是處處有行文的照應，例如第五小節的幾組對比：廩稍裘葛和凍餒，大廈之下讀書和奔走辛勞，老師專門授業和無師可以請教，各種典籍應有盡有和向人借書

手抄筆錄，等等，而每組對比的後一側面都在前幾小節充分描述過了，所以，這裏的對比無突兀之嫌，反有前勾後聯、關合緊鎖之妙。

（埝　任）

楚人養狙

劉　基

　　楚有養狙以爲生者，楚人謂之狙公。旦日①，必部分衆狙於庭②，使老狙率以之山中③，求草木之實④，賦什一以自奉⑤。或不給，則加鞭棰焉⑥。羣狙皆畏苦之，弗敢違也⑦。

　　一日，有小狙謂衆狙：「山之果，公所樹與⑧？」曰：「否也，天生也。」曰：「非公不得而取與⑨？」曰：「否也，皆得而取也。」曰：「然則吾何假於彼而爲之役乎⑩？」言未既⑪，衆狙皆寤⑫。

　　其夕，相與俟狙公之寢⑬，破柵毀柙⑭，取其積⑮，相携而入於林中，不復歸。狙公卒餒而死⑯。

　　郁離子曰⑰：世有以術使民而無道揆者⑱，其如狙公乎？惟其昏而未覺也⑲，一旦有開之⑳，其求窮矣㉑。

【注釋】 ①旦日：早晨。②部分：部署、分派。③率：帶領。之：往。④實：果實。⑤賦：征收。什一：十分之一。自奉：供養自己。⑥棰（ㄔㄨㄟˊ）：鞭打。⑦違：不依從。⑧樹：此作動詞，種植。與：同「歟」。⑨得：能，可以。⑩假：借，憑借。役：使喚。⑪既：已，盡。⑫寤：同「悟」。⑬俟（ㄙˋ）：等待。⑭柙（ㄒㄧㄚˊ）：獸檻，獸籠。⑮積：指積蓄的果實。⑯卒：終於。餒（ㄋㄟˇ）：饑餓。⑰郁離子：作者劉基在元末隱居時所用的一個別號。⑱術：這裏指權術。使：役使。道揆（ㄎㄨㄟˊ）：道理、法度。⑲昏：認識不清楚。⑳有開之：有人啓發他們。㉑窮：完，盡。

【鑑賞】 隨着階級的產生，反映壓迫與被壓迫、剝削與被剝削的作品也出現了。這方面的作品，有的出自勞動人民之口，反映得異常深刻；有的出自進步文人之

手，　雖然存在這樣那樣的問題，　但也難能可貴。　劉基的《楚人養狙》就屬於後者。

《楚人養狙》爲一則寓言。它通過衆狙反抗狙公的故事，揭露了封建統治階級對人民的殘酷剝削和壓迫，歌頌了人民的反抗行動，揭示了不勞而獲的剝削者、壓迫者的應有下場。作爲寓言，《楚人養狙》包括寓言故事和教訓兩個部分。它的寓言故事分三個層次。第一個層次寫狙公對猴子的剝削和壓迫：「賦什一以自奉」，這是不勞而獲，亦卽剝削行爲；「鞭箠」則是壓迫。在這種情況下，猴子們都害怕狙公，雖以摘取果實爲苦事，但不敢不依從。這是壓迫的表面效果。

第二個層次交代故事的發展：這一層邏輯十分謹嚴，小猴子提出的第一、二兩個問題可謂前提，第三個問題屬於結論。前提和結論之間，有着合理而又深刻的同一性和必然性。作者故意讓小猴子提出問題，一方面寄寓着老猴子麻木不仁、因循保守，小猴子思維敏捷、無所顧忌的意思；另一方面，又包容着對於殘酷剝削和壓迫，連入世不深的小猴子也認識得一清二楚的內涵。這兩個方面，相反相成，互爲補充。作者在這一層中，着重從揭露剝削的角度進行思辨和啓廸，從而增加了故事內涵的深刻性。

第三層敍述故事的結果：衆狙相携入山不返，狙公卒餓死。哪裏有壓迫，哪裏就有反抗。作品的第一層交代的「弗敢違也」，實際上並不是壓迫和剝削的必然後果，而是暫時現象。被剝削、被壓迫者一旦覺醒，就必然會產生像第三層所敍述的反抗的行動。

猴子反抗的故事講完以後，作者隨卽揭示了「教訓」：靠權術奴役百姓而不講道理的統治者，是遲早要遭到反抗而死亡的。

應該說，《楚人養狙》這則寓言的「教訓」是深刻的，它不是一般的哲學道理和道德觀念，而是帶有鋒芒的政治主張。作爲元王朝殘酷統治的目擊者，劉基的這則寓言，帶有極大的針對性。這則寓言實際上變成了元王朝覆滅的預言。

就形式而言，《楚人養狙》中的寓言故事有三個特點。其一是通俗生動，新鮮活潑。大家知道，寓言實際上是一種比喻，而寓言故事則是比喻中的喩體，因爲蠻橫無理地奴役百姓，勢必激起反抗的道理比較抽象，直接陳說又很可能遭到封建統治者的鎮壓，所以作者引譬設喩，用擬人化修辭手法，虛構了猴子造反的故事，給抽象的道理描繪了一幅形象的圖畫。其二是事簡短緊湊，純用作者的敍述和議論，不作細致的描繪，也沒有直接的抒情。俄國寓言作家陀羅雪維支曾經說：「寓言是穿着外衣的眞理。」眞理猶如人體，作爲外衣的故事必須合身。又

因它旨在解剖和評判生活，所以並不需要對形象作細致描繪。《楚人養狙》的寓言故事，通篇沒有一句廢話，全都扣緊了「教訓」。象狙公如何鞭撲猴子，猴子覺醒後如何合謀細節、故事，一概語焉不詳，因爲省略這些描寫，已經足以把曉喻的教訓交代得一清二楚。其三是作品緊緊抓住生活的特徵，把它放大觀察，進行藝術的誇張。生活中存在着有壓迫就有反抗的眞理，作品就設計了一羣受壓迫的猴子，這些猴子有組織，會說話，能思考，甚至還會出謀劃策，採取巧妙的報復行動。這是擬人的寫法，藝術的誇張又完全符合現實人生的情理。

從「身體」（寓言故事）和「靈魂」（教訓）的關係上看，《楚人養狙》的寓言故事是形象、簡練和典型的。但是，任何個別的故事都不能概括一般的眞理；所有典型形象又必定具有普遍的價值。這種相反相成的情況，使《楚人養狙》的寓言故事和其他作品一樣，可以離開「教訓」而獨立存在。象小狙提問、啓發羣猴那一節，實際上已經涉及到了封建社會中某些本質現象。「教訓」却並非徹底否定剝削。這就使後代讀者能够從這則寓言故事中體會到比「教訓」更爲深刻的道理，從而使它可以脫離教訓而獨立存在。

應該說，《楚人養狙》的傾向是進步的，難能可貴。但是，在寓言故事中，它雖然揭露了剝削的不合理性，却僅限於不得獨占公有之物的境界，未能升華到不得侵吞別人勞動成果的高度。「教訓」部分，則退而提出了「以術使民而無道揆」的說法，似乎只要能實施仁政，講究道理，那麼，剝削就是合理的，可以允許的。這些，都反映了劉基的階級局限和歷史局限。

（談鳳梁）

司馬季主論卜　　　劉　基

東陵侯既廢①，過司馬季主而卜焉②。季主曰：「君侯何卜也③？」東陵侯曰：「久臥者思起，久蟄者思啓④，久懣者思嚏⑤。吾聞之，蓄極則泄，閟極則達⑥，熱極則風，壅極則通⑦。一多一春，糜屈不伸⑧；一起一伏，無往不復。僕竊有疑⑨，願受教焉⑩。」

季主曰：「若是⑪，則君侯已喻之矣⑫，又何卜爲⑬？」東陵侯

曰：「僕未究其奧也⑭，願先生卒教之⑮！」

季主乃言曰：「嗚呼！天道何親，惟德之親⑯；鬼神何靈⑰，因人而靈。夫蓍⑱，枯草也；龜，枯骨也⑲，物也；人，靈於物者也，何不自聽而聽於物乎？且君侯何不思昔者也？有昔者必有今日。是故碎瓦頹垣⑳，昔日之歌樓舞館也；荒榛斷梗㉑，昔日瓊蕤玉樹也㉒；露蠶風蟬㉓，昔日之鳳笙龍笛也㉔；鬼磷螢火㉕，昔日之金釭華燭也㉖；秋荼春薺㉗，昔日之象白駝峰也㉘；丹楓白荻㉙，昔日之蜀錦齊紈也㉚。昔日之所無，今日有之不爲過；昔日之所有，今日無之不爲不足。是故一晝一夜，華開者謝㉛；一秋一春，物故者新。激湍之下㉜，必有深潭；高丘之下，必有浚谷㉝。君侯亦知之矣，何以卜爲？」

【註釋】①東陵侯：邵平，秦時封東陵侯。秦亡後，在長安城東種瓜。瓜有五色，味美，當時人稱爲東陵瓜。（見《史記‧蕭相國世家》）②過：訪。③君侯：漢代對列侯的尊稱。這裏是對當時已失去侯爵的邵平的客氣稱呼。④蟄（ㄓ）：（蟲類）多眠。啓：打開閉塞。⑤懣（ㄇㄣˋ）：鬱悶。嚏（ㄊㄧˋ）：打噴嚏。⑥閟（ㄅㄧˋ）：閉塞。⑦壅（ㄩㄥ）：阻塞。⑧靡：無。⑨僕：這是謙稱自己。⑩願：希望。受教：接受（您的）教誨。⑪若是：如此，像這樣。⑫喻：知曉。⑬何卜爲：爲什麼要卜呢？爲：表示疑問的語詞。⑭究：窮盡，這裏指徹底弄清。奧：奧妙，奧秘。⑮卒：終，盡。⑯天道何親，惟德之親：天道對於人們有什麼親近？惟對有德的人才親近。語出《尚書‧蔡仲之命》：「皇天無親，惟德是輔。」⑰靈：靈驗。⑱蓍（ㄕ）：一種草，莖可以用來占卜。⑲龜：古代用龜甲占卜。⑳頹垣：倒塌的牆。㉑荒榛（ㄓㄣ）：灌木叢生。㉒瓊蕤（ㄖㄨㄟˊ）：美好的花木。瓊：美玉。蕤：花下垂的樣子。㉓露蠶：飼養在室外的蠶。風蟬：風中鳴叫的蟬。㉔鳳笙：即笙，一種管樂器，其形狀像鳳。龍笛：一種笛，一端有龍形的裝飾。㉕鬼磷：鬼火。墳塋上的磷火，古人以爲鬼火。㉖金釭（ㄍㄤ）：黃金做的燈。釭：燈。華燭：華麗的燭。㉗荼（ㄊㄨˊ）：苦菜。薺（ㄐㄧˋ）：薺菜。㉘象白：象的脂肪。駝峰：駱駝背上的肉峰，脂肪多，可做名貴的菜。㉙丹楓：紅色的楓葉。白荻（ㄉㄧˊ）：白色的荻花。荻是多年生草本植物。㉚蜀錦：蜀地出產的彩錦。齊紈（ㄨㄢˊ）：齊地出產的細薄而潔白的絹。㉛華：同「花」。㉜激湍（ㄊㄨㄢ）：沖激的水流。㉝浚（ㄐㄩㄣˋ）：深。

【鑑賞】「有無相生，難易相成，長短相形，高下相傾」；「福兮禍所倚，禍兮福所伏」。早在春秋戰國時代，在由老聃的後學者整理補充而成的《老子》中，就出現了樸素的辯證法的因素和矛盾雙方相互轉化的思想。此後，在中國封建社會二千多年的發展過程中，樸素的辯證法日益發展，老聃等人的帶有客觀唯心主義的觀點，在不少進步文人的筆下，逐步變成了唯物觀點。明代劉基的《司馬季主論卜》，就是這方面的精彩篇章。

和《楚人養狙》一樣，《司馬季主論卜》選自《郁離子》。它假托東陵侯與司馬季主的問答，闡述了世事無常，有盛必有衰的道理，借以敢戒世人切莫盲目追求功名富貴。在當時具有較大的進步性。

作品以東陵侯與司馬季主的兩次問答爲線索，分成三段。第一段假托東陵侯向司馬季主問卜，由東陵侯之口說出天道無常的一連串事例。據《史記‧蕭相國世家》記載，東侯姓邵，名平，秦亡以前受封爲東陵侯。之後，他便在長安城東種瓜度日。又據《史記‧日者列傳》記載，楚人司馬季主，精通天文星歷，漢代初期在長安賣卜。宋忠、賈誼曾向他請教過。東陵侯與司馬季主，雖屬同時代人，却未必有所交往。但作品劈頭便鑿鑿有據地說是東陵侯去向司馬季主問卜。這種虛構，絕非眞實，却似有可能。憑藉這種虛構，作者既避開了現實，又借助歷史的亡靈演出了抨擊現實的新場面。那麼，東陵侯想要占卜的內容是什麼呢？爲了回答司馬季主的詢問，作品讓東陵侯說了一大通話。這段答話，似爲同一命題的堆砌，實際上包涵着三層意思：「久臥者思起，久蟄者思啓，久懣者思嚏」等三句話，列舉了三種相同的事態，強調了長久潛伏和受壓抑者希望改變處境的願望。它分明暴露了早已失去爵祿的東陵侯希望重新出山的心聲。試想：如果我們在這三個排句後面，加上「久廢者思用」，不是順理成章，恰到好處嗎？這是第一層。第二層以「吾聞之」領起，用「極」字和「則」字串連了「蓄極則泄，閟極則達，熱極則風，壅極則通」等四個排句。和上一層相比、「久」字換上了「極」字，「思」字換上了「則」字。由「極」而透露出東陵侯內心的強烈欲念；由「則」而讓我們看到東陵侯對重新出仕的肯定態度。在這裏，客觀事態的比喻，爲的是說明作者主觀的「廢極則用」的想法。正是在第一、二兩層意思的基礎上，東陵侯在第三層中，用「癃屈不伸」和「無往不復」等兩句，進一步斷言自身行將得到功名利祿的必然性。從願望到「肯定」，由「肯定」到必然」，反映出東陵侯被廢之後與日俱增的復雜的思想鬥爭的過程。在這裏，三層意思雖然都是講事物轉化的道理，但是它層層遞進又各有側重，絲毫沒有重複和拖沓的毛病。另外，由於東陵侯把事物的轉化規律曲解爲個人窮達的自然循環，所以就顯

得迂腐、呆板和可笑。這種單一和變化、多樣和統一的寫法，爲我們勾勒了盲目追求功名貴富的東陵侯形象。但是，理念不等於實踐，因而滿懷希望的東陵侯不免狐疑。這正是他向司馬季主問卜的原因。

作品的第二段爲過渡段。這一段通過東陵侯與司馬季主的一次問答，故作頓挫，藉以引出第三段的一大套議論。從表面看，東陵陵對窮達、出處、盛衰的道理頗爲明白，所以司馬季主問道：「若是，則君侯已喻之矣，又何卜爲？」實際上，東陵侯受主觀意向的驅使，僅只理解有衰然後有盛，有窮然後有通的道理，而且把事物的轉化規律曲解爲個人命運的循環往復。可見他對此中壼奧還不甚了了。鑒於此，他不免因願望無法實現而困惑。就司馬季主而言，則明顯覺察到了他的片面性。正因爲如此，所以司馬季主的答話就顯得十分必要。

作品的第三段借助司馬季主之口，暢論了天道無常的道理。其中以「有昔者必有今日」的諸事爲例，說明事物的相互轉化，從而警戒世人切莫醉心功名富貴的論述，是全文正意之所在。這一段分成三個層次。第一層泛言不必求占問卜的道理。因爲司馬季主是賣卜的人，東陵侯便把希望寄託在龜蓍上，所以司馬季主在闡發正旨以前，對唯心主義的迷信活動作出了否定。在他看來，天道是公正的，它親近有道德的人；鬼神是並不存在的，只是因爲有人相信它而產生了所謂靈驗。這兩句借天道和鬼神，說明人和萬事萬物的命運決定於自身的道德修養而不是天道鬼神。爲什麼呢？因爲用以占卜的龜蓍只是沒有生命的枯草和枯骨，並沒有任何靈性。跟龜蓍相比，人類才是主宰萬物的靈長。所以人們應該檢點自己而絕不聽憑蓍草和龜甲的判決。這段話充滿了唯物主義精神。在這裏，作者雖然提到了「天道」，但並未否定客觀世界的物質本原，也沒有否定人類主觀的道德修養。跟鼓吹客觀唯心主義，以虛無的本體「道」去代替商周時代的天命觀的老聃的思想相比，顯然是一大飛躍。另外，作者在這裏明確提出了道德修養的問題，像「惟德之親」的說法就包容着這方面的內容。難能可貴的是，作者含蓄而又深刻地指出了道德修養是進退、出處等矛盾相互轉化的基礎，從而與老聃等的唯心主義的辯證法初步劃清了界線。

第三段的第二個層次，是全文的重點論證部分。它先用「君侯何不思昔者也？有昔者必有今日」一句作總冒。這裏的「思」字直承東陵侯「久臥者思起」等三句話中的三個「思」字。「何不思」，說明東陵侯所思失之偏頗。「思」什麼呢？思「有昔者必有今日」，因爲東陵侯只想到久廢者當用，而沒有考慮既用者當廢，也卽只知其一，不知其二。接下來，文章以「是故」領起，運用六個排句，列舉東陵侯當年所有的華舍、美景、歌舞、聲色、佳肴和錦衣繡服，如今已

不復存在。爲了警戒世人，作者斟酌和改變了句式，故意把後果，也卽「今日」的情況放在句首；又挑揀「碎瓦頽垣」、「荒榛斷梗」、「露蠶風蟬」、「鬼磷螢火」、「秋茶春薺」、「丹楓白荻」等破敗、荒涼和凄厲的事物來反襯昔日之榮華富貴，藉以說明人世間的功名利祿不過是過眼煙雲而已。當然，劉基强調「有昔者必有今日」，只是爲了規勸那些被名繮利鎖、意欲爲元王朝效力的世家子弟。它的指歸決不僅是「由昔至今，唯有破敗」，要不，就勢必與東陵侯一樣，陷進另一個極端。正因爲如此，所以接下來，作品就「今昔」並論：旣談昔廢今用，又說昔用今廢；並且以「不爲過」和「不爲不足」等話語，說明了兩種情況並存，絲毫不值得奇怪，更毋需舍此求彼。因爲決定自身「用」與「不用」的首要因素並不是事物相互轉化的理論，而在於自身的道德修養。那麼，「昔日之所無，今日有之不爲過」的提法會不會使盲目追求功名富貴的世家子弟存在幻想呢？考慮到這一點，作品在全面論述之後，隨卽以「激湍之下，必有深潭；高丘之下，必有浚谷」等比喻，强調了險惡的官場猶如「深潭」和「浚谷」，從而加强了昔用今廢「不爲不足」的法碼。到這裏，司馬季主的議論結束了。最後，作品用與上文似爲重複的文句「君侯亦知之矣，何以卜爲」作結。這樣收尾，一方面是要提醒讀者：東陵侯與司馬季主的看法有相類和相通之處；另一方面，改「已」字爲「亦」字，分明是要啓迪讀者去進一步思考東陵侯看法之偏頗和司馬季主論述之精當。

　　如前所述，較之古代的樸素的辯證法，劉基《司馬季主論卜》的觀點已經出現了飛躍。質言之，老聃等人僅僅看到了事物的不斷轉化，而劉基則進而發現了轉化所需的條件。那就是個人的道德修養和客觀的社會環境。對於後者，劉基似乎未加論述，但聯繫作品創作的年代，我們就不難發現，劉基只是反對爲元王朝效力，盲目地去追名逐利，而不是籠統地反對出仕。不是麼，他自己就因與廷臣意見不合而遭到羈管，劉基很注意審時度勢，一定程度上看到了時勢和所謂英雄的關係。正因爲如此，所以身在元王朝的劉基才揮毫撰文，警戒世人切莫醉心功名富貴。

　　大家都知道，議論文是靠概念、判斷和推理來說明生活的，因此它難免抽象和枯燥。爲了彌補這一缺陷，古代某些優秀作家想出了不少方法。就本文而言，除掉借助排句、對偶、比喻、復沓等修辭手法給抽象的理念披上了形象的外衣以外，作者又採用了兩種方法：其一是借鑒諸如楚辭《卜居》、枚乘《七發》的問答式，以人物對話爲線索來組合文章。其二是在問答式的基礎上，進而採用虛擬對比的方法。像明明是卜者的司馬季主，偏偏否定占卜，他與東陵侯並無瓜葛，

却被自然地合捏在一起。這是虛擬。再如，通過層層遞進的議論表明其確信「廢極則用」的東陵侯，偏偏去求教于卜者；而似乎與唯物主義絕緣、一味以占卜騙人的司馬季主却能用帶有唯物主義精神的話說服東陵侯。所有這些，收到了寓道理于故事，化枯燥爲活潑，變艱深爲平易的良好效果。不盡如此，我們閱讀本文，甚至能體察到東陵侯和司馬季主的鮮明個性：一個是熱衷功名、患得患失；一個是思維敏捷，老于世故。這不能不說是古代議論文的一大突破。

（談鳳梁）

賣柑者言　　　劉　基

　　杭有賣果者，善藏柑，涉寒暑不潰①。出之燁然②，玉質而金色③。置於市，價十倍④，人爭鬻之⑤。

　　予貿得其一，剖之，如有烟撲口鼻，視其中，乾若敗絮。予怪而問之曰：「若所市於人者⑥，將以實籩豆、奉祭祀、供賓客乎⑦？將炫外以惑愚瞽也⑧？甚矣哉，爲欺也！」

　　賣者笑曰：「吾業是有年矣⑨。吾賴是以食吾軀⑩，吾售之，人取之，未嘗有言，而獨不足子所乎⑪？世之爲欺者不寡矣，而獨我也乎？吾子未之思也⑫。今夫佩虎符、坐皋比者⑬，洸洸乎干城之具也⑭，果能授孫吳之略耶⑮？峨大冠、拖長紳者⑯，昂昂乎廟堂之器也⑰，果能建伊皋之業耶⑱？盜起而不知禦，民困而不知救，吏奸而不知禁，法斁而不知理⑲，坐糜廩粟而不知恥⑳。觀其坐高堂，騎大馬，醉醇醴而飫肥鮮者㉑，孰不巍巍乎可畏㉒，赫赫乎可象也㉓？又何往而不金玉其外，敗絮其中也哉！今子是之不察，而以察吾柑！」

　　予默默無以應。退而思其言，類東方生滑稽之流，豈其憤世嫉邪者耶㉕？而托於柑以諷耶㉖？

【註釋】(1)涉：經歷。(2)燁（ㄝ）然：光彩燦爛的樣子，這裏指顏色鮮艷像剛

摘下來時差不多。⑶玉質而金色：質地像玉一樣潤澤，顏色像金子一樣輝煌。⑷賈：同「價」，價格。⑸鬻（ㄩˋ）：賣。這裏應是買的意思。⑹市：賣。⑺實籩（ㄅㄧㄢ）豆：實，充實、盛。古代祭祀或宴會時，盛果品果物的竹器叫籩，盛肉食等物的木器叫豆，均爲高脚器皿。奉祭祀：作爲祭祀的貢品。⑻炫：誇耀。愚瞽：指傻子、瞎子。⑼業是：從事這種職業。有年：已有好多年了。⑽食（ㄙˋ）：同「伺」，養活。⑾子：是對對方的尊稱。所：所需的省略。⑿吾子：對對方的尊稱。⒀虎符：虎形的兵符，是古代調兵遣將的憑證。皋比（《ㄠ ㄆㄧˊ）：虎皮，這裏指用虎皮做的坐褥。⒁洸洸（《ㄨㄤ）：威武的樣子。干城之具：指保衞國家的將才。語見《詩經》「糾糾武夫，公侯干城。」具：才，這裏指人才。⒂孫吳：指古代著名的軍事家孫武和吳起。⒃峨大冠：戴着高冠。峨，高聳的樣子，這裏作動詞用。大冠，原爲武冠，這裏是指高冠。拕：同拖。紳：古代士大夫束在腰間的帶子。⒄昂昂：高貴的樣子。廟堂：宗廟明堂，這裏指朝廷。器：這裏指有才幹的人。⒅伊皋：指古代著名的政治家伊尹和皋陶。伊尹，商湯的賢相，名摯，他曾輔佐商湯攻滅夏桀，後被尊爲阿衡（宰相）。皋陶，姓偃，相傳他是舜時的刑官。⒆斁（ㄉㄨˋ）：敗壞。⒇坐糜廩粟：坐着白吃國家倉庫裏的糧食。糜：耗費。廩：糧倉。(21)醇醴（ㄔㄨㄣˊ ㄌㄧˇ）：味道純厚的美酒。飫（ㄩˋ）：飽食。(22)巍巍：高不可攀的樣子。(23)赫赫：氣勢很盛的樣子。象：效法。(24)東方生：指東方朔，字曼倩，漢武帝時爲太中大夫，善辭賦，性詼諧，常以滑稽之言進行諷諫。事見《史記·滑稽列傳》。滑稽（《ㄨˊ ㄐㄧ）：詼諧、機智。(25)憤世嫉邪：對世事表示憤慨，對邪惡表示憎恨。(26)托：假借。諷：諷勸。指用含意深刻的話進行勸告或指責。

【鑑賞】《賣柑者言》作爲一則寓言雜文眞可說是「言近而旨遠」，深刻地揭露了元代那些官僚們的「金玉其外，敗絮其中」的腐朽本質。

　　元代立國之初，蒙古統治者爲了鞏固他們的統治地位，把統治下的人分成蒙古人、色目人、漢人、南人四等。以蒙古貴族的地位最高。他們在法律上又規定，四等人中又據職業分爲十等，這就是一官、二吏、三僧、四道、五醫、六工、七獵、八民、九儒、十丐。這十等人中地位最尊貴的是官吏。他們是高踞於各族人民頭上的統治者。南宋末年謝枋得《送方伯載歸三山序》稱：「滑稽之雄，以儒爲戲者曰，我大元制典，人有十等，一官二吏，先之者貴之也，貴之者謂有益于國也。」對于這種社會的不合理現象，元代戲劇家關漢卿在《竇娥寃》中曾塑造了楚州太守桃杌的形象，對元代的那些貪官汚吏、權豪勢要進行鞭撻。

而劉基的≪賣柑者言≫則是用犀利的匕首層層剖析，揭示出那些坐高堂、騎大馬、飲醇酒、食佳肴的將軍、大臣實際上都是些不會用兵、不會治世的朽物，描繪了一幅元代封建官場的「羣醜圖」。

　　≪賣柑者言≫開頭的記事是全文的引子。作者先極寫柑之外形有金玉之美，這樣，「買（價）十倍，人爭鬻之」，自然是情理中事。接着則是一個鮮明的對比：「剖之，如有烟撲口鼻，視其中，乾若敗絮」，作者緊緊派住了外形的好看與實質的敗劣，自然而然地引起發問，指出賣果者所藏之柑是「炫外以惑愚瞽也」，「甚矣哉，爲欺也！」突出一個「欺」字，引起下文賣果者的大段議論。所以「欺」字是全文的線索，作者正是派住這個「欺」字，通過賣果者笑談那些享有高官厚祿的「干城之具」和「廟堂之器」才是眞正的「欺世盜名」者。賣柑者的一席談，是全文的中心。「吾業是有年矣。吾賴是以食吾軀，吾售之，人取之，未嘗有言，而獨不足子所乎？」文章妙在不作正面回答，一句反問，實有反怪之意，你不是太迂腐了嗎？此等「小欺」又何足道哉，人皆不以爲意，你偏不滿，這是爲何？接着直言，這個社會上作僞欺騙世人的事比比皆是，難道僅僅是我？只是你對社會現狀未加深思罷了。賣柑者這一反問，突出其憤世嫉邪感慨之深。進而文章如江河直泄，舉出當世司空見慣之「大欺」：先就武將說，佩執兵符，身坐虎皮交椅，神氣威武的那些身負保衞國家重任的所謂「將帥之才」，他們難道果眞能有孫武、吳起那樣的戰術韜略嗎？再就文臣說，那些峨冠博帶，氣勢高傲的朝廷大臣，看上去形似社稷重臣，然而他們能像伊尹、皋陶那樣爲國家建功立業嗎？文章連用反詰，看似沒問，實際不需作答，點明「世之爲欺者不寡」，聯繫元末封建統治之腐朽，點出一個「欺」字。這是揭露將軍、大臣「金玉其外」的一面，照應柑的「出之燁然，玉質而金色」。進而賣柑者又痛快淋漓地揭露這些執掌虎符的將軍，峨冠長紳的高官「盜起而不知禦，民困而不知救，吏奸而不知禁，法斁而不知理．坐糜廩粟而不知恥」，五個排比式短句揭露他們的實質，和柑的「如有烟撲口鼻，視其中，乾若敗絮」的實質又何不同？相較之下，前者直如小巫見大巫。更不合理的還在于這些名不副實的「蠹虫」，或則高居危坐，或則衣錦策肥，或則縱飲飽食，以致「孰不巍巍乎可畏，赫赫乎可象也？」至此通過反復的揭露，這些將軍、大臣的「金玉其外，敗絮其中」的可憎面貌自然呼之欲出了。由此順理成章地推論出，賣柑者所售之柑是「小欺」，而那些身負國家重任却不懂用兵、不會治世的將軍、大臣才是眞正的「欺世盜名」。故此本段結句「今子是之不察，而以察吾柑」，顯得何等有力！與孟子的「明足以察秋毫之末，而不見與薪」的提法有異曲同工之妙！文章結尾，劉基故作疑

問，賣柑者的話或許是「憤世嫉邪」的人假托于柑借以諷世，其實這正是劉基「夫子自道」作此文的寓意所在。

劉基的散文以富有形象性著稱，《賣柑者言》就具有這個特點，「出之燁然，玉質而金色」、「剖之，如有烟撲口鼻，視其中，乾若敗絮」，簡潔的文字，活畫出柑的形質，而這僅是爲下文「金玉其外，敗絮其中」的將軍、大臣畫像作舖墊；　更精彩的是對那些名不副實的將軍大臣的描繪，他們的外形不是「佩虎符、坐皋比」、「洸洸乎干城之具」，就是「峨大冠、拖長紳」、「昂昂乎廟堂之器」，堪稱威武、軒昂，然而內質却是那樣的平庸無能。這樣，滿朝文武的顢頇昏瞶之狀如見。一篇以說理爲主的文章，寫得如此形象鮮明，使人不能不驚嘆劉基堪是大手筆。

對比的選用是本文的又一特色。「金玉其外，敗絮其中」本身就是鮮明的外形和內質的對比，劉基緊扣這八個字行文：柑的外形之美與內質之醜的對比；將軍大臣外形之威武、軒昂與其內質五個「不知」作對比。層層對比，產生出入木三分的效果。尤其值得稱道的，這些對比看似信手拈來，但實際是經過審愼的選擇，不然就不可能選用得如此確切，渾然一體。

《賣柑者言》的語言犀利，生動而有力。文章首先採用設辭問答形式，這有助于深化題旨，尤其使人嘆爲觀止的是賣柑者的笑談，簡直是妙語如珠。明明是回答別人的責問，却多處選用反詰語句「而獨不足子所乎？」「而獨我也乎？」直是眞理在手，容不得人間一置喙。而進入正題，又採取自問自答的方法，句式變換爲時間、時詰、時答，雖是一則短文，但氣勢自偉，有若決江河，沛然而莫禦之勢。至于對將軍、大臣的揭露，由表及裏，層層剖析，諷刺之深刻，文字之犀利、有力，自是本文的另一特色。結尾「予默默無以應」，「豈其憤世嫉邪者耶？而托于柑以諷耶？」文字轉爲深沉，表露了作者滿腔的憤世之情，這一些都反映了劉基駕馭文字的功力。

（顧志興）

書博雞者事　　　　　高　啓

博雞者袁人[①]，素無賴[②]，不事產業[③]，日抱雞呼少年博市中，

任氣好鬪，諸爲裏俠者皆下之[4]。

元自正間[5]，袁有守多惠政[6]，民甚愛之。部使者臧[7]，新貴[8]，將按郡至袁[9]。守自負年德[10]，易之[11]，聞其至，笑曰:「臧氏之子也[12]。」或以告臧[13]，臧怒，欲中守法[14]。會袁有豪民嘗受守杖[15]，知使者意嗛守[16]，卽誣守納己賕[17]。使者遂逮守，脅服，奪其官[18]。袁人大憤，然未有以報也[19]。

一日，博鷄者遨於市[20]。衆知有爲[21]，因讓之曰[22]:「若素名勇[23]，徒能藉貧孱者耳 。彼豪民恃其資[25]，誣去賢使君[26]，袁人失父母[27]。若誠丈夫[28]，不能爲使君一奮臂耶[29]？」博鷄者曰:「諾！」卽入閭左呼子弟素健者[30]，得數十人，遮豪民於道[31]。豪民方華衣乘馬，從羣奴而馳[32]。博鷄者直前捽下提毆之[33]。奴驚，各亡去[34]。乃褫豪民衣自衣[35]，復自策其馬[36]，麾衆擁豪民馬前[37]，反接[38]，徇諸市[39]，使自呼曰:「爲民誣太守者視此！」一步一呼，不呼則杖其背[40]，盡創[41]。豪民子聞難[42]，鳩宗族僮奴百許人[43]，欲要篡以歸[44]。博鷄者遂謂曰:「若欲死而父[45]，卽前鬪；否則闔門善俟[46]，吾行市畢卽歸若父[47]，無恙也[48]。」豪民子懼遂杖殺其父，不敢動，稍歛衆以去[49]。袁人相聚從觀[50]，歡動一城[51]。郡錄事駭之[52]，馳白府[53]。府佐快其所爲[54]，陰縱之[55]，不問。日暮，至豪民第門，捽使跪，數之曰[56]:「若爲民不自謹[57]，冒使君[58]，杖汝，法也[59]。敢用是爲怨望[60]！又投間蔑汚使君 ，使罷 。汝罪宜死。今姑貸汝 ，後不善自改，且復妄言，我當焚汝廬 ，戕汝家矣 ！」豪民氣盡 ，以額叩地，謝不敢。乃釋之。

博鷄者因告衆曰:「是足以報使君未耶 ？」衆曰:「若所爲誠快 ，然使君寃未白 ，猶無益也。」博鷄者曰:「然。」卽連楮爲巨幅 ，廣二丈 ，大書一「屈」字，以兩竿夾揭之 走訴行御史臺 。臺臣弗爲理 。乃與其徒日張「屈」字游金陵市中。臺臣慚，追受其牒 ，爲復守官而黜臧使者 。

方是時，博鷄者以義聞東南 。

高子曰 ：余在史館 ，聞翰林天臺陶先生言博鷄者之事[80]。觀

袁守雖得民⑧，然自喜輕上⑧，其禍非外至也⑧。臧使者枉用三尺⑧，以仇一言之憾⑧，固賊戾之士哉⑧！第爲上者不能察⑧，使匹夫攘袂羣起以伸其憤⑧；識者固知元政荼弛而變興自下之漸矣⑧。

【註釋】(1)博鷄者袁人：博鷄者是袁州人。博鷄：以鬥鷄作爲賭博。袁：袁州路。路，行政區劃名，元代的路等於明、清的府。袁州路屬于江西等處行中書省，領宜春、分宜、萬載三縣及萍鄉一州。當時各路設總管府，袁州路的總管府在宜春（今屬江西省）。(2)素無賴：一向游手好閒，蠻不講理。(3)事：動詞，從事。產生：生計，生產。(4)爲里俠者：鄉間當好漢的。下：在其下。服從的意思。(5)至正：元朝最後一個皇帝惠宗（順帝）的年號（1341—1368）。(6)守：太守，漢朝時候一個郡的長官，其地位和元朝路總管相等。古人作文常借用前代的官稱。惠政：善政，有利于人民的政績。(7)部使者臧：指江西湖東道肅政廉訪使臧某。這裏稱「部使者」，也是用漢武帝時部刺使（掌管督察郡國）的名稱。(8)新貴：新登高官的人。(9)按郡：視察所管的各路。元朝的路相當于漢朝的郡。(10)自負年德：倚仗自己資格老，品德好。負：憑藉，倚仗。年：作官的年資。(11)易：輕易，看不起。(12)臧氏之子也：姓臧的小子啊！這是套用《孟子·梁惠王下》的一句話。說的是魯平公要去看孟子，被寵臣臧倉阻止。孟子知道以後說：「吾之不遇魯侯，天也，臧氏之子焉能使予不遇哉。」(13)或：有一個人。(14)欲中守法：想假借法律陷害袁州總管。中：卽擊中、射中的中。守：指袁州路的總管。(15)會：恰逢。豪民：强橫而又富有之人。嘗受守杖：曾被袁守打過板子。(16)嗛（ㄒㄧㄢˊ）：懷恨。(17)納：收受。賕（ㄑㄧㄡˊ）：賄賂。(18)脅服，奪其官：威脅他，使他服罪，罷了他的官。奪：剝奪，罷免。(19)然未有以報也：可是沒有辦法對付。(20)遨：游蕩。(21)衆知有爲：卽「衆知其有爲」，大家知道他有辦法。(22)讓：責：責備。(23)若：汝，你（對長上不適用）。名：號稱。(24)藉（ㄐㄧˊ）：踐踏，欺侮。孱（ㄔㄢˊ）：軟弱。(25)資：資財。(26)誣去賢使君：誣陷趕走了賢德的總管。使君：漢朝時候對州郡長官刺史和太守的尊稱，這裏指總管。(27)父母：舊時稱地方長官爲父母官。(28)誠：果眞。丈夫：男子漢，大丈夫。(29)奮臂：振臂而起。這裏是動手幫助的意思。(30)閭（ㄌㄩˊ）左：貧苦人家聚居處。古時富戶居閭右，窮家居閭左。閭：巷門，里門。子弟：年輕人。(31)遮：擋住。(32)從羣奴：後面跟着一羣奴僕。(33)捽（ㄗㄨㄛˊ）：揪住。提：擲。毆：打。(34)亡：逃。(35)乃褫豪民衣自衣：就剝下豪民的衣服自己穿上。褫（ㄔˇ）：剝去。第二個衣字作動詞用。(36)策其馬：鞭

打豪民的馬。這裏是指騎上豪民的馬。⒄麾（ㄏㄨㄟ）：古代指揮軍隊的旗幟。此處用作動詞，即指揮。⒅反接：兩手交叉反綁在背後。⒆徇（ㄒㄩㄣ）：游行示衆。諸：「之于」的合音。⒇杖：名詞用作動詞，用木棍打。(41)盡刱：（背上）到處是傷痕。刱：傷。(42)難（ㄋㄢˋ）：事變，亂子。(43)鳩：同「糾」，集合。(44)要：通「邀」，擋截。篡：奪取。(45)死：置之于死地。而：你，你的。(46)闔（ㄏㄜˊ）：關。俟（ㄙˋ）：等待。(47)行市：猶「徇市」，游行示衆。(48)恙（ㄧㄤˋ）：疾病，擔憂。(49)歛：收歛，集合，這裏有守規矩的意思。(50)相聚從觀：聚集在後面看熱鬧。(51)一城：全城。(52)錄事：元代諸路的長官衙門設錄事司，掌管城中的民事，錄事司設錄事、司候、判官各一人。駭之：以之爲駭，對其事感到可怕。(53)馳：飛奔。白：報告。府：總管府。(54)府佐：總管府中的輔佐官，當時袁州路是上路（十萬戶以上者爲上路，十萬戶以下者爲下路），佐官有同知、治中、判官等。快其所爲：以其所爲爲快事。快：形容詞用爲意動詞。(55)陰縱之：暗地裏放任博鷄者。(56)數（ㄕㄨˇ）：數落，責備。(57)謹：老老實實。(58)冒：冒犯。(59)杖汝，法也：拷打你，是依法治罪。(60)用是：因此。爲怨望：生怨恨之心。(61)投間：乘機，找空子。蔑汚：即汚蔑，誣陷。(62)使罷：使使君免官。(63)姑貸汝：暫且饒了你。貸：饒恕。(64)：廬：房屋。(65)戕（ㄑㄧㄤ）：殺。(66)氣盡：氣焰一點沒有了。(67)是足以報使君未耶：這一下報答總管够不够呢？未：與「否」同義。(68)誠快：確實（叫人）痛快。(69)未白：沒有弄明白，沒有昭雪。(70)楮（ㄔㄨˇ）：紙張。楮是落葉喬木一類樹，樹皮可造紙，借楮代紙。(71)廣：寬。(72)揭：高舉。(73)行御史台：元代中央設御史台，用以檢查百官善惡和政治得失。各重要地區又設置行御史台，以監察諸省。這裏指江南行御史台。(74)台臣弗爲理：御史台的長官不受理他們的案子。(75)追受其牒：追議前狀，受理了他們的訴狀。牒：文書，憑證，此處指告狀的狀紙。(76)黜：罷免，降職。(77)以義聞東南：因義氣而聞名東南一帶。聞：聞名。(78)高子：高啓自稱。(79)史館：國家編修歷史的機關。(80)翰林天台陶先生：天台人翰林陶先生。翰林，官名。明代以翰林院爲「儲才」之地。在科舉考試中，選拔一部分人爲翰林官。陶先生，當指陶凱，字中立，臨海（今浙江臨海縣）人，明太祖洪武初年修《元史》，授翰林應奉，官至禮部尚書。(81)得民：得民心。(82)然自喜輕上：然而沾沾自喜，得意忘形，蔑視上司。(83)禍非外至：禍患不是從外面來的。(84)枉用三尺：歪曲地使用法律條文。三尺：三尺法。古時法律條文寫在三尺長的竹簡上，所以習慣上省稱法律爲「三尺」。(85)仇：報仇，報復。憾：恨，怨恨。(86)賊戾：賊害狼戾（據《漢書·膠西于王傳》顏師古注），橫暴。賊：原指一種農作物的害蟲，引申爲傷殘、虐害、盜竊。戾（ㄌㄧˋ）：狼戾，如

同豺狼一樣貪婪。87第: 但。88攘袂（ㅁ ㄊㄥ、ㅁㄟ、）: 捋起袖子。89識者: 有見識的人。紊弛: 紊亂鬆弛。漸: 逐步擴展。

【鑑賞】《書博鷄者事》是記敍性散文。文章記敍了博鷄者見義勇爲、懲惡濟善的俠義行爲，同時還表達了作者對這件事的評議。

全文可分三部分。文章的第一部分（第一自然段）敍述了博鷄者爲人的性格特點:「素無賴」,「不事產業」,「任氣好鬬」。作者下筆欲揚先抑, 使人油然想起了淸人李漁的話:「開卷之初, 當以奇句奪目, 使之一見而驚, 不敢棄去。」（《閑情偶記》卷三）博鷄者這三個性格特點爲下文描寫其見義勇爲、懲惡救善預設了條件, 構成了懸念, 激起了讀者對這個特殊人物的濃厚興趣。

文章的第二部分（第二至五自然段）是主體部分。詳寫了博鷄者懲治豪民、救助袁守的經過, 行文可謂是尺幅卷巨瀾, 起伏連綿, 激動人心。這部分共寫了四個層次的內容。第一層次（第二自然段）, 作者宕開筆墨, 不徑寫博鷄者之事, 而敍袁守因遭誣陷而被罷黜, 激起了袁民公憤。這一層次, 貌似側筆他向, 另衍枝蔓, 實質是曲筆交代了引起博鷄者俠義行爲的根本原因。「民甚愛」的袁守之所以被臧使者罷黜, 原因有二: 袁守因稱新貴部使者爲「臧氏之子」是袁守巧用典故隱刺部使者, 結果激怒了臧, 於是「欲中守法」; 豪民趁火打刼, 落井投石, 誣陷袁守「納己賕」。袁守因此罷官被收。爲此, 袁民同仇敵愾, 義憤塡膺。如此, 作者下筆便將兩對激烈的矛盾衝突一下子推到了讀者的面前, 袁守同臧使者、豪民之間的尖銳的矛盾衝突。此爲一。袁人同臧使者、豪民之間尖銳的矛盾衝突。此爲二。激化而又解決這兩個矛盾衝突的關鍵人物則是博鷄者, 從而爲刻畫博鷄者的性格特點蓄足了氣勢。

文章的第二層次（第三自然段）, 作者敍述了博鷄者見義勇爲的第一個舉動——懲治豪民。這個層次, 故事情節曲折生動, 引人入勝, 扣人心弦。衆人的「讓之」, 是激發博鷄者俠義行爲的直接導火線:「若素名勇, 徒能藉貧孱者耳。彼豪民恃其資, 誣去賢使君, 袁人失父母。若誠丈夫, 不能爲使君一奮臂耶?」袁人以尖利的話語啓發其自尊心, 以刻薄的語言挑逗其好勝心, 以誠懇的言詞來激發其正義感。一聲「諾」, 寫出了博鷄者果斷豪爽的性格特徵, 是其「任氣好鬬」的「勇」向除暴安良的「義」的飛躍。寫其聲, 如金石擲地; 寫其行, 如電閃雷鳴:「卽入閭左呼子弟素健者, 得數十人, 遮豪民於道。」這與第一自然段的「諸爲里俠者皆下之」, 及本段裏的「衆知有爲」緊相呼應。作者寫豪民「華衣乘馬」, 從奴成羣的排場和甚囂塵上的氣焰, 反襯出博鷄者「直前捽下提毆」

豪民的俠武氣概。「捽」、「下」、「提」、「毆」四個動詞連用，具體形象而又生動地描繪了博雞者懲治豪民的第一個動作細節。這一「捽」、一「下」、一「提」、一「毆」，果敢利落，給了豪民一個下馬威。「奴驚，各亡去」，更反映出博雞者「捽下提毆」的威懾力量。博雞者「褫豪民衣自衣，復自策其馬」，而令「反接」的豪民在馬前「自呼」，這些描寫，一時使故事充滿了喜劇氣氛：昔日的「無賴」之徒，如今成了英雄；適才「華衣乘馬」「從羣奴而馳」的豪民則當了階下囚。豪民之子「鳩宗族僮奴百許人，欲要篡以歸」，使博雞者與豪民之間的矛盾衝突上引到了白熱化的程度，鬥爭氣氛驟然間又劍拔弩張，大有一觸即發之勢。然而，博雞者有勇有謀，智勇雙全，未動一拳，竟以唇槍舌劍擊退豪民之子糾集的百餘人。一言喝令百人退：「不敢動，稍斂衆以去」。這是博雞者大智大勇的表現。博雞者的舉動，在社會的各階層中引起了極大的反響。「博雞者」至「豪民第門」的一番訓話，有理有節，力勝千鈞，主動之權穩操手中。博雞者高明的鬥爭藝術由此也略知一斑。「豪民氣盡，以額叩地，謝不敢」。這副狼狽相與先前「華衣乘馬，從羣奴而馳」形成了極爲鮮明的對照。這是博雞者嚴懲的結果。豪民叩頭認罪，博雞者「乃釋之」，交代了懲治豪民事件的結局。到此，袁人同豪民的矛盾衝突得以解決。這是作品中矛盾衝突的第一回合。

　　文章的第三層次（第四自然段）記敍了博雞者見義勇爲的另一舉動——爲袁守申冤，使其復官、臧使者罷黜。豪民受到了博雞者應有的懲治，羣情振奮，人心大快。袁守的冤案能否得到昭雪，臧使者是否仍高居寶座，這當然是袁人十分關注、急待解決的心事，也是久懸在讀者心頭的一塊沉重的石頭。這就決定了故事情節一波剛落，一浪將起地發展。博雞者原以爲懲治了豪民便可以「足以報使君」了，然而袁人却認爲「使君冤未白，猶無益也」。這句話啓開了博雞者智慧的閘門，使其茅塞頓開，計上心來：「卽連楮爲巨幅，廣二丈，大書一『屈』字，以兩竿夾揭之，走訴行御史臺。」博雞者告狀未奏效，並不因此罷休，而是改變告狀策略，用擴大影響來對臺臣施加壓力：「乃與其徒日張『屈』字游金陵市中」。這樣，使得「臺臣慚，追受其牒」，告狀終於成功。這一舉動，足見博雞者鬥爭藝術之高明，這與上文的「衆知有爲」遙相呼應。最後，終於使袁人的願望得以實現——「復守官」；使袁民、袁守同臧使者的矛盾衝突得以解決——「黜臧使者」，從而完成了刻畫博雞者見義勇爲、懲惡濟善性格的最後一筆。

　　文章的第四層次（第五自然段）概述了博雞者在這場鬥爭中的巨大影響：「以義聞東南」。這與開篇的「素無賴」等惡習構成了鮮明的對照。博雞者的鬥爭取得了勝利，首先取決於他本人大智大勇的俠義行爲，其次則是袁人對其的激勵

和支持。其中缺一不可。僅就這點說，《書博雞者事》給人們以有益的啓廸。

文章的第三部分是作者對袁守、臧使者及「爲上者」的評論。作者的「余在史館，聞翰林天臺陶先生言博雞者之事」的交代，一是爲了說明「博雞者事」的真實性：二是爲了引出對此事中的有關人物的評論。作者在第一、二兩部分以史筆敍事，在第三部分則是緣事明理。作者認爲袁守「禍非外至」而在於「自喜輕上」，看到了封建統治階級內部暴露出來的矛盾。指責臧使者濫用法律進行報復，批評「爲上者不能察」，由此看到了社會存在的實質性的問題：「識者固知元政紊弛而變興自下之漸矣。」作者借「書博雞者事」來議政，是有見地的。

這篇優秀散文在寫作技巧上也很有特色，值得我們學習和借鑒。曲折生動，波瀾起伏，是其藝術特色之一。《書博雞者事》的第一自然段介紹了博雞者的爲人。第二自然段隻字未提博雞者，而是寫了臧使者「中守法」、豪民「誣守納己賕」，袁守被逮奪官及袁人公憤。這絕不是文章的離題，而是爲下文潑墨如注寫博雞者事蓄勢。文章的第三、四兩個自然段按照事件發展的時間順序盡寫博雞者事。第三自然段中袁人的激勵、博雞者的領命、呼徒聚衆、豪民的驕橫，博雞者的「捽下提毆」，羣奴的逃亡，豪民的被游闐，豪民之子「鳩宗族僮奴」的「要篡」、「斂衆以去」，錄事的驚駭告府，府佐的陰縱不問，博雞者的箝門訓斥，豪民的磕頭謝罪，這些生動曲折、波瀾起伏的情節，無不在讀者的意料之外，而又在故事情節發展的必然的情理之中。第三自然段中的「乃釋之」似乎是故事的結局，然而第四自然段中博雞者與袁人的對答却又像平靜的大海上突然捲起颶風，引起軒然大波，博雞者的張「屈」字告狀，而臺臣弗理，又使故事情節曲折發展：博雞者「乃與其徒日張『屈』字游金陵市中」，致使臺臣「追受其牒」，袁守復官，使者罷免。《書博雞者事》記敍的事件複雜，人物衆多，場面較大，但是作者把博雞者作爲中心人物來刻畫，人物主次分明，故事曲折生動，情節波瀾起伏。

對照鮮明，反襯突出，是其藝術特色之二。作品中主要有四組對比。一是關於博雞者自身的今昔對比。博雞者尚未懲治豪民之前，他在袁人的眼裏只是個「素無賴」、「不事產業」和「任氣好鬥」的無賴之徒。在懲惡救善之後，人們改變了對他的看法，簡直判若兩人：「博雞者以義聞東南。」第二組對比是將豪民被懲治前及被懲治後的對照：豪民當初「華衣乘馬，從羣奴而馳」，不可一世。可是，經「博雞者直前捽下提毆之」後，則被擁到馬前，「反接，徇諸市」，還要邊走邊喊，最後竟是「氣盡，以額叩地，謝不敢。」這一組對比，反襯了博雞者鬥爭的勝利，突出地烘托了博雞者的大智大勇的性格。第三組對比：「豪民子

聞難，鳩宗族僮奴百許人， 欲要簒以歸」， 結果經博雞者幾句話，「豪民子懼遂
杖殺其父，不敢動，稍斂衆以去。」這一組對比，不僅將豪民子色厲內荏，外强
中乾的原形暴露無遺，而且也反襯博雞者善於鬥爭的性格。第四組對比：將台臣
的前後行爲加以對比。博雞者有初張「屈」字走訴行御史臺」，可是「臺臣弗爲
理」，而當博雞者採用「與其徒日張『屈』字游金陵市中」時，「臺臣慚，追受
其牒」。這組對比也反襯出了博雞者鬥爭手段的高明。

（姜漢林）

指　　喻　　　方孝孺

　　浦陽鄭君仲辨①， 其容闐然②， 其色渥然③，其氣充然④，未嘗有
疾也。他日，左手之拇指有疹焉⑤， 隆起而粟⑥。君疑之，以示人，
人大笑， 以爲不足患⑦。 既三日， 聚而如錢，憂之滋甚⑧， 又以示
人， 笑者如初。又三日， 拇之大盈握⑨， 近拇之指皆爲之痛，若剟刺
狀⑩， 肢體心膂⑪， 無不病者。懼而謀諸醫，醫視之，驚曰：「此疾
之奇者，雖病在指， 其實一身病也， 不速治， 且能傷生。 然始發之
時， 終日可瘳；三日，越旬可瘳；今疾且成，已非三月不能瘳⑫。終
日而瘳，艾可治也；越旬而瘳， 藥可治也， 至於既成， 其將延乎肝
膈，否亦將爲一臂之憂。非有以御其內， 其勢不止；非有以治其外，
疾未易爲也。」君從其言，日服湯劑， 而傅以善藥⑬， 果至二月而後
瘳，三月而神色始復。
　　余因是思之：天下之事， 常發於至微，而終爲大患；始以爲不足
治， 而終至於不可爲。當其易也， 惜旦夕之力，忽之而不顧⑭； 及其
既成也，積歲月，疲思慮⑮， 而僅克之⑯，如此指者多矣。蓋衆人之
所可知者，衆人之所能治也，其勢雖危， 而未足深畏。惟萌於不必憂
之地，而寓於不可見之初，衆人笑而忽之者，此則君子之所深畏也。
　　昔之天下，有如君之盛壯無疾者乎？愛天下者， 有如君之愛身者

乎？而可以爲天下患者，豈特瘡痏之於指乎⑰？君未嘗敢忽之，特以不早謀於醫，而幾至於甚病。況乎視之以至疏之勢⑱，重之以疲憊之餘⑲，吏之戕摩剝削以速其疾者亦甚矣⑳，幸其未發，以爲無虞而不知畏㉑，此眞可謂智也與哉？

　　余賤不敢謀國㉒，而君慮周行果㉓，非久於布衣者也。傳不云乎「三折肱而成良醫」㉔？君誠有位於時，則宜以拇病爲戒㉕。洪武辛酉九月二十六日述。

【註釋】(1)浦陽：浦江縣的舊稱。今屬浙江省義烏縣。(2)闔（ㄊㄧㄢˊ）然：豐滿的樣子。(3)渥（ㄨㄛˋ）然：紅潤的樣子。(4)充然：充足的樣子。(5)拇：大指頭。疹（ㄓㄣˇ）：皮膚上生的小疙瘩。(6)粟：意思是像粟那樣大小。(7)患：憂慮，擔心。(8)滋：增加。(9)盈握：滿四寸，古時四寸爲一握。(10)劖（ㄔㄨㄢˊ）刺，割刺。劖：刺，擊。(11)脊（ㄐㄧˇ）：脊梁骨。(12)瘳（ㄔㄡ）：病愈。(13)傅：同「敷」。(14)忽：不注意。(15)疲思慮：費了不少心血。(16)克：克服。(17)豈特：豈只。痏（ㄨㄟˇ）：傷口。(18)況乎：何況。(19)重：加重。疲敝：人力、物力受到消耗。(20)戕（ㄑㄧㄤ）摩：殺害，消滅。剝削：搜刮。速：加快。(21)虞：憂慮。(22)謀國：籌劃國家大事。(23)慮周行果：考慮周密，行動果斷。(24)傳：《左傳》。三折肱（《ㄨㄥˊ》而成良醫：語見《左傳·定公十三年》，「三折肱，知爲良醫。」多次折斷胳膊後，漸通醫術，遂成爲一個好醫生。比喻游歷多，增長了經驗。(25)誠：如果。位：官位。(26)洪武辛酉：洪武十四年，卽公元1381年。洪武是明太祖年號。

【鑑賞】方孝孺的《指喻》是一篇富於哲理性的雜文。作者以先喻後正的筆法，借「喻」立說，通過一位友人拇指生病的事例，闡明了這樣的道理：天下的事情，常常開始發生在「至微」之處，由於人們的忽略輕視，而最終釀成大患。這種教訓，是治理國家、籌劃大事的人應該引以爲警戒的。

　　從結構上看，《指喻》全文分前後兩個部分。前一部分，記敍友人鄭仲辨拇指患疹的經過。文章起筆先交代鄭君平時的身體情況。看似平平，但實際上是爲下面事情的發展作好舖墊。正因爲鄭君一向身體健康，會以一旦手指上生了一個小小的腫塊，當然不會介意。盡管鄭君自己也曾先「疑之」，繼而「憂之」，但是在別人「不足患」的嘲笑下，終於沒有及早採取任何防治措施。緊接着，鄭君拇指的病情發生了劇變——「又三日，拇之大盈握，近拇之指皆爲之痛，若劖刺

狀，肢體心膂，無不病者」，到了這種地步，鄭君才「懼而謀諸醫」。求醫的情況，是這一部分的核心。但在用筆上，文章只是記述了醫者對病情的分析診斷，而將如何治療的具體過程一筆帶過。這種寫法，正是爲文章的眞正寫作目的服務的。作者特意借醫者之口，說明「雖病在指，其實一身病也，不速治，且能傷生」的道理，對鄭君和那些「以爲不足患」的「笑者」進行了批評。這段文字，實際上是作者將要在後半部分議論「天下之事」的伏筆。不過總的看，在前半部分的敍事過程中，作者注意以事實說話，力求具體地記述鄭君生病、問病、求醫的經過。文字樸實，不作過多的渲染，不插入自己的主觀評論。這就使讀者感到事情的眞實可信，爲下文的議論發揮，打下了一個良好可靠的基礎。

「余因是思之」一句，承上啓下，自然地由曲筆記事轉入正面議論，領起後半部分的文章。作者推微知著，以拇指之病比況天下之事，作三層議論。第一層，作者以排比映襯之筆，反復指出天下之事「如此指者多矣」，強調說明「君子之所深畏」在「萌於不必憂之地，而寓於不可見之初，衆人笑而忽之者」。一再突出了防微杜漸、防患於未然的重要意義。但是，作者似乎仍舊感到意猶未盡，於是在第二層裏再作進一步的發揮。「昔之天下」至「豈特瘡痏之於指乎」，一連三處詰問，將拇指之病與天下之事再次紐合在一起。既與前一部分的敍事文字印證呼應，使議論不致架空，又深入一層地啓發讀者作出積極的思考。「特以不早謀於醫」的說明，語含雙關，它的眞正內涵是對「愛天下者」提出的嚴肅告戒。所以，從「況乎」二字以下，作者轉入對時弊的直接揭露抨擊。「視之以自疏之勢，重之以疲敝之餘，吏之戕摩剝削以速其疾者亦甚矣」，文意層層遞進，正所謂墊高拽滿，大大加滿了文章的針砭力量。這裏都是說明國事之可憂。所以，緊接着的第四問：「幸其未發，以爲無虞而不知畏，此眞可謂智也與哉？」猶如一響警鐘，直可以振聾發聵，使人不能不心口折服。最後一層，作者正式點出「謀國」二字，說明「喩」之本意是希望「有位於時」之人，能够以「拇病爲戒」。當然，這裏也寄托着作者本人的政治理想和抱負。至於援引經傳之說，則使文字語氣既顯得從容得體，又含意深遠。

以染恙患病的事例來取喩設論，並非始於方孝孺的《指喩》。但是，這篇文章却有自己的特點。它不以文采辭藻炫耀，不發空泛的議論，而是從實際出發，舉出人們生活中普通常見的事情，妮妮談來。既有對具體事物的細致分析，又有因小見大的深入發揮；既不落陳腐說教的俗套，又不刻意求奇、故作大言、聳人聽聞。它說理透闢，合情合理；語言簡括，不枝不蔓，代表了說體散文中詞氣充沛而議論平正的風格。

（關道雄）

遊龍門記　　　　　薛瑄

　　出河津縣西郭門①，西北三十里，抵龍門下。東西皆層巒危峰②，橫出天漢③。大河自西北山峽中來，至是，山斷河出，兩壁儼立相望④。神禹疏鑿之勞⑤，於此為大。由東南麓穴岩構木⑥，浮虛駕水為棧道⑦，盤曲而上。瀕河有寬平地⑧，可二三畝⑨，多石少土。中有禹廟，宮曰「明德」，制極宏麗⑩。進謁庭下⑪，悚肅思德者久之⑫。庭多青松奇木，根負土石，突走連結⑬，枝葉疏密交蔭，皮幹蒼勁偃蹇⑭，形狀毅然，若壯夫離立⑮，相持不相下。宮門西南，一石峰危出半流⑯。步石磴⑰，登絕頂。頂有臨思閣，以風高不可木⑱，甃甓為之⑲。倚閣門俯視，大河奔湍⑳，三面觸激，石峰疑若搖振。北顧巨峽，丹崖翠壁，生雲走霧，開闔晦明㉑，倏忽萬變㉒。西則連山宛宛而去㉓。東視大山，巍然與天浮㉔。南望洪濤漫流，石洲沙渚㉕，高原缺岸，煙村霧樹，風帆浪舸㉖，渺茫出沒，太華㉗、潼關、雍豫㉘諸山，彷彿見之。蓋天下之奇觀也。

　　下磴，道石峰東㉙，穿石崖，橫豎施木，憑空為樓。樓心穴板㉚，上置井床轆轤㉛，懸綆汲河㉜。憑欄檻，涼風飄瀟，若列御寇馭氣在空中立也㉝。復自水樓北道，出宮後百餘步，至右谷，下視窈然㉞。東距山㉟，西臨河，谷南北涯相去尋尺㊱，上橫老槎為橋㊲，蹐步以渡㊳。谷北二百舉武㊴，有小祠，匾曰「后土」㊵。北山陡起，下與河際㊶，逕窮祠東。有石龕㊷窿然㊸若大屋，懸石參差，若人形，若鳥翼，若獸吻，若肝肺，若疣贅，若懸鼎，若編磬㊹，若璞未鑿㊺，若礦未爐㊻，其狀莫窮。懸泉滴石上，鏘然有聲㊼。龕下石縱橫羅列，偃者、側者、立者，若床、若几、若屏，可席㊽、可憑、可倚。氣陰陰，雖甚暑，不知煩燠㊾；但淒神寒肌，不可久處，復自槎橋道由明德宮左，歷石梯上。東南山腹有道院㊿，地勢與臨思閣相高

下，亦可以眺望河山之勝。遂自石梯下棧道，臨流觀渡(51)，並東山而歸(52)。

時宣德元年丙午(53)，夏五月二十五日。同遊者，楊景端也。

【注釋】①郭門：城門。②危：高峻。③天漢：銀河。④儼立：整齊地立着。⑤神禹：鑿龍門導黃水的夏禹。⑥穴：這裏作動詞用，鑿洞。構：這裏亦作動詞用，架木。⑦浮虛：凌空。棧道：懸崖上架設木板舖成的通道。⑧瀕：臨近。⑨可：大約。⑩制：規格。⑪謁：進見。⑫悚肅：恭敬。思德：思念功德。⑬負：背着。突：穿。⑭偃蹇（ㄐㄧㄢˇ）：高傲的樣子。⑮離立：並立。⑯半流：中流。⑰石蹬：石級。⑱不可木：不能用木料建築。⑲甃（ㄓㄡˋ）：砌。甓（ㄆㄧˋ）：磚。⑳湍：急流。㉑闔：合。晦：暗。㉒倏忽：突然。㉓宛宛：蜿蜒。㉔與天浮：和天一起浮在空中。㉕洲：水中的陸地。渚（ㄓㄨˇ）：小洲。㉖舸：船。㉗太華（ㄏㄨㄚˋ）：華山，五岳之一，在今陝西省華陽縣。㉘雍：古九州之一，在今陝西、甘肅、青海一帶。豫：古九州之一，在今河南省一帶。㉙道：這裏作動詞解，取道。㉚穴：穿穴。㉛井床：井欄。㉜繘（ㄩˋ）：繩索。汲河：從河中汲水。㉝列御寇：列子。馭：駕御。語出≪莊子・逍遙遊≫：「列子御風而行」。㉞窈（ㄧㄠˇ）然：幽深的樣子。㉟距：抵，到。㊱尋：八尺。㊲槎（ㄔㄚˊ）：樹幹的分枝。㊳蹐（ㄐㄧˊ）：兩步相接走路；小步行走。㊴舉武：舉步。古代六尺爲「步」，半步爲「武」。㊵后土：土地神。㊶際：交接。㊷石龕（ㄎㄢ）：石室。㊸巃（ㄌㄨㄥˊ）然：空空洞洞的樣子。㊹編磬：古代樂器名，由十六個發音不同的磬編掛而成。㊺璞：未雕琢的玉。㊻爐：這裏作動詞「煉」解。㊼鏘然：清脆。㊽席：作動詞「坐」解。㊾煩燠（ㄩˋ）：煩悶。㊿道院：道士住的廟宇。(51)臨流：靠近水邊。(52)並（ㄅㄤˋ）：通「傍」，靠。(53)宣德：明宣宗年號。宣德元年丙午：公元1426年。

【鑑賞】明朝初年，三楊的「臺閣體」詩文以點綴昇平、頌揚統治者功德爲務，追求形式的典雅工麗。這在山水遊記中也有反映。可是，同時期的薛瑄所作的≪遊龍門記≫却匠心獨運，不事雕琢，顯得逼眞自然，成爲那個時代遊記文中的一篇傑作。

龍門位於山西省河津縣與陝西省韓城縣之間。薛瑄在明宣宗宣德元年(1426)夏天登龍門山，寫了這篇遊記。作者是以遊踪爲線索來記述的。因此，開頭先說

他從河津縣西郭門出發，向西北走了三十里，到達龍門山下。這樣，既交代了出遊的地點、路線，又很自然地點出了龍門的位置。接着，作者揮動如椽巨筆，對龍門的壯麗山河作了一個總的勾勒：「東西皆層巒危峰，橫出天漢。大河自西北山峽中來，至是，山斷河出，兩壁儼立相望。」行文用一個「層」字、一個「危」字，描寫了果西峰巒重迭險峻之貌，又用一個「橫」字、一個「出」字，摹出了連山逶迤接天之狀。而原來盤束於西北山峽地區的河水，流到這裏，忽逢峽口，豁然奔瀉，聲如巨雷，令人驚心動魄。再看峽口的山壁，整齊而莊嚴地相對聳立，使人想起夏禹當年開鑿龍門的偉大功績。的確，壯麗的景觀足以體現夏禹功績之大，而夏禹的豐功偉績又足以使河山增色；在作者筆下，二者相映生輝，相得益彰。對大禹功績的緬懷，自然地引出了對禹廟的遊覽之興。下文先記述禹廟的位置、名稱和規模：到禹廟去要由山的西南麓向上，經過「浮虛駕水」的棧道，彎彎曲曲地來到靠河的一塊二三畝大的平地上，禹廟就建在這裏。廟名叫「明德宮」，規模極其宏麗。從昔人歷險在山上修建這樣一座大廟，我們也能體會到人們對大禹的崇敬之情。作者「進謁庭下，悚肅思德者久之」。讀到這裏，彷彿可以看到作者謁見大禹神像時恭敬嚴肅的神態，而且體會到他那無限感戴的心情。這裏雖是寫禹廟、寫心情，但是龍門山水也得到有力的烘托，因為人們此際對大禹的崇敬之情，是被龍門山水充分激發起來的。隨後，文章具體描繪了庭中的景色。只見一棵棵青松與不知名的奇樹長在一起，樹根頂開地面的土石，向前延伸，互相糾纏着。樹的枝葉或疏或密，彼此覆蓋，形成濃蔭。而樹的皮幹則蒼勁偃蹇，現出剛毅的樣子，好像一個個偉丈夫分開站着，爭持不下。由於作者是帶着「進謁」時「悚肅」的心情觀察庭中景色的，因此，景像也就顯得更加瑰奇動人。這些描寫，也是對大禹之功、以至對壯麗的龍門山水的映帶之筆。從禹廟出來，作者登上了廟西南的一座石峰。這石峰高高地聳立在黃河中央。作者用「危出半流」四個字，寫出了它的卓爾不羣的氣勢；並用「步石磴，登絕頂」交代了自己的遊踪。然後就寫所見所感。峰頂有臨思閣，因為風大，不能用木頭建造，全是磚塊砌成的。這雖是寫臨思閣的建築特色，却使我們想見石峰之高和閣址之險。再登上臨思閣，那所見當然更加奇妙了。文章接着便以細膩的筆觸，描繪了從閣上看到的景色。由於石峰高高地突入黃河中心，因此三面受到急流的冲激。作者倚着閣門向下看，「石峰疑若搖振」，似乎連石峰也受不住狂濤駭浪的猛烈冲激而振動搖晃起來了。當然，實際上石峰是不會「搖振」的，這不過是作者的錯覺罷了。作者從視覺彷彿得到了「搖振」的感受，又用「通感」手法把它寫了出來，雖不符合客觀情況，却顯得恆其真切，使讀者也彷彿親自感受到黃河

波浪之猛和石峰的高危了。再向北望，看到巨峽一帶「丹崖翠壁，生雲走霧，開闔晦明，倏忽萬變。」向西望，看到「連山宛宛而去」。向東望，看到大山「巍然與天浮」。向南望，看到「洪濤漫流，石洲沙渚，高原缺岸，煙村霧樹，風帆浪舸，渺茫出沒。」文章層層寫來，眞是氣象萬千，四面風光各有不同。而作者此時從眼前景物，又不禁想到更遠的太華、潼關、雍、豫諸山，也「彷彿見之」了。筆觸由近及遠，由實寫眼前之景到虛寫想像之境，令人神思飛越。接着，作者以贊嘆的語氣小結道：「蓋天下之奇觀也。」這眞是說到了讀者的心坎上，使讀者之心與作者之意產生了強烈的共鳴。在詳寫石峰的自然景色之後，隨着遊踪所至，作者的筆鋒又轉向一座奇妙的工程。在石峰東面，有一座水樓，它是人們在石崖上鑿洞，安上一根根橫的、豎的木頭，平空構築起來的。樓板的中央打了一個洞，上面放着井床灠轤，掛着繩子，可以從黃河裏汲水。在彼時彼地，這工程顯得多麼艱巨，設計又是多麼巧妙啊！它充分表現出我國古代勞動人民的智慧和力量。這一筆與上文龍門的「開鑿」之功，遙相呼應，意脈隱躍於字裏行間，逗人品味。作者登上水樓，「憑欄檻，涼風飄瀟」，覺得自己就像傳說中的列御寇馭氣在空中站立一樣。這感受既新奇又快適，充分烘托出水樓建築之妙。接着，作者以精練的筆墨，寫他到右谷，渡槎橋，抵達「后土」小祠的經過。雖是爲了交代遊踪，却也抓住特點，涉筆成趣。如右谷「下視窈然」，而槎橋橫在谷的「南北涯」之間，作者是小心翼翼地「踏步以渡」的。這令人想見行程之險和體會作者鼓勇前進的遊興之濃。再向前去，就碰到了一個奇異的「石龕」，作者縱筆作了詳細的描繪。這個「石龕」像一間大屋子，裏面參差錯落地懸掛着各種各樣的石乳，「若人形，若鳥翼，若獸吻，若肝肺，若疣贅，若懸鼎，若編磬，若璞未鑿，若礦未爐」。而龕下的石頭則「縱橫羅列」，有的倒着，有的側着，有的立着，「若床，若几，若屛」；有的可以坐臥，有的可以憑依。作者用博喻手法，喚起讀者的想像，彷彿把我們帶進了一個自然藝術品的陳列室，感到目不暇接。不但如此，文章還說石龕上掛下來的泉水滴在石頭上，發出金屬般的鏗鏘聲韻。這些描寫有聲有色，生動撩人，反映出作者對龕中的奇觀感到莫大的興趣，也再次引起讀者的激賞和贊嘆。至於龕中的氣候，那和外界也不相同，陰涼潮濕，卽使在大暑天，人也不覺得煩悶燥熱，只是「凄神寒肌」，不能長時間停留在裏面。讀到這裏，我們不禁想起柳宗元在《小石潭記》中描寫潭上境界的句子：「凄神寒骨，悄愴幽邃。以其境過清，不可久居。」作者學習並繼承了柳宗元山水遊記中把描寫和抒情結合起來，使自然景物與人的精神境界相契合的筆法。不過，作者是從眼前石龕中的實境出發來寫自己的感受的，是對柳文筆法的創

造性的運用，而不是形式主義地、機械地模仿前人。正因爲如此，所以有了這一筆，讀者對石龕中的境界體會更深，好像親臨其境似的。歸途「自石梯下棧道，臨流觀渡」，再沿着東山往回走。在概括的敍述中，仍包含活動着的人物形象和畫面，語言含量很大。最後，文章以記述遊覽的時間和同遊者姓名作結。這雖是遊記常用的束筆格式，但其內容也增強了文章的生活實感。

縱觀全文，作者緊緊抓住遊踪這條線索來組織題材，從一個景點到另一個景點，相互之間的距離、方位都交代得清清楚楚。因此，不但文章脈絡分明，而且使讀者彷彿跟隨作者遊遍了各個景點，對遊踪所及的龍門山水的印象既清晰，又完整。作者不是客觀地寫龍門山水，而是隨時融入自己的感受、想象和聯想，使山地理與歷史掌故、自然景物與人力工程、現實世界與神話傳說、眼前之景與意中之境緊密結合，主客體高度統一，既見「物」又見「人」，因而出色地描繪出了龍門山水的壯麗圖畫，同時抒發了對祖國河山的熱愛之情。這篇文章的語言不事雕琢，樸素生動，「妙造自然」。在當時「臺閣體」詩文統治文壇的情況下，確是一篇不可多得的優秀遊記。

（陳玉麟　蘇來琪）

中山狼傳　　　　　　馬中錫

趙簡子①大獵於中山②。虞人導前③，鷹犬羅後④，捷禽鷙獸應弦而倒者⑤，不可勝數。有狼當道，人立而啼⑥。簡子唾手登車⑦，授烏號之弓⑧，挾肅愼之矢⑨，一發飮羽⑩，狼失聲而逋⑪。簡子怒，驅車逐之，驚塵蔽天，足音鳴雷，十步之外，不辨人馬。

時墨者⑫東郭先生⑬將北適中山以干仕⑭。策蹇驢⑮，囊圖書⑯，夙行失道⑰，望塵驚悸。狼奄至⑱，引首顧曰，「先生豈有志於濟物⑲哉？昔毛寶放龜而得渡，隋侯救蛇而獲珠⑳。龜蛇固弗靈於狼也㉑。今日之事，何不使我得早處囊中，以苟延殘喘乎？異時倘得脫穎而出㉒，先生之恩，生死而肉骨也㉓，敢不努力效龜蛇之誠？」先生曰：「噫，私㉔汝狼以犯世卿㉕，忤權貴㉖，禍且不測，敢望報

乎？然墨之道，兼愛爲本，吾終當有以活汝。脫有禍㉗，固所不辭也。」乃出圖書，空囊橐㉘，徐徐焉實狼其中㉙；前虞跋胡，後恐疐尾㉚，三納之而未克，徘徊容與㉛，追者益近。狼請曰：「事急矣！……惟先生速圖！」乃跼蹐四足㉜，引繩而縛之，下首至尾，曲脊掩胡，猬縮蠖屈㉝，蛇盤龜息，以聽命先生。先生如其指㉞，內狼於囊㉟，遂括囊口㊱，肩擧驢上，引避道左，以待趙人之過。

已而簡子至，求狼弗得，盛怒，拔劍斬轅端示先生㊲，罵曰：「敢諱狼方向者㊳，有如此轅！」先生伏躓就地㊴，匍匐以進，跽而言曰：「鄙人不慧，將有志於世。奔走遐方㊵，自迷正途，又安能發狼蹤以指示夫子之鷹犬也？然嘗聞之，大道以多歧亡羊㊶。夫羊，一童子可制之，如是其馴也㊷，尚以多歧而亡；狼非羊比，而中山之歧可以亡羊者何限？乃區區循大道以求之㊸，不幾於守株緣木乎㊹？……且鄙人雖愚，獨不知夫狼乎？性貪而狠，黨豺爲虐㊺，君能除之，固當窺左足以效微勞㊻，又肯諱之而不言哉？」簡子默然，回車就道。先生亦驅驢兼程而進。

良久，羽旄之影漸沒㊼，車馬之音不聞。狼度簡子之去已遠，而作聲囊中曰：「先生可留意矣。出我囊，解我縛，拔矢我臂，我將逝矣。」先生擧手出狼。狼咆哮謂先生曰：「適爲虞人逐，其來甚速，幸先生生我。我餒甚，餒不得食，亦終必亡而已。與其饑死道路，爲羣獸食，毋寧斃於虞人㊽，以俎豆於貴家㊾。先生既墨者，摩頂放踵，思一利天下㊿，又何吝一軀啖我而全微命乎(51)？」遂鼓吻奮爪以向先生。先生倉卒以手搏之(52)，且搏且却，引蔽驢後，便旋而走(53)。狼終不得有加於先生，先生亦極力拒。彼此俱倦，隔驢喘息。先生曰：「狼負我！狼負我！」狼曰：「吾非固欲負汝，天生汝輩，固需吾輩食也。」

相持既久，日晷漸移(54)。……遙望老子杖藜而來(55)，……先生且喜且愕，舍狼而前，拜跪啼泣，致辭曰：「乞丈人一言而生。」丈人問故。先生曰：「是狼爲虞人所窘，求救於我，我實生之。今反噬我(56)，力求不免，我又當死之(57)……今逢丈人，豈天之未喪斯文也

⑱？敢乞一言而生。」因頓首杖下，俯伏聽命。丈人聞之，欷歔再三
⑲，以杖叩狼曰：「汝誤矣。夫人有恩而背之，不祥莫大焉。儒謂受
人恩而不忍背者，其爲子必孝，又謂虎狼知父子。今汝背恩如是，則
並父子亦無矣。」乃厲聲曰：「狼，速去！不然，將杖殺汝。」狼
曰：「丈人知其一，未知其二。請訴之，願丈人垂聽。初，先生救我
時，束縛我足，閉我囊中，壓以詩書，我鞠躬不敢息。又蔓辭以說簡
子⑳，其意蓋將死我於囊而獨竊其利也。是安可不咥？」丈人顧先生
曰：「果如是，是羿亦有罪焉㉑。」先生不平，具狀其囊狼怜惜之意
㉒。狼亦巧辯不已以求勝。丈人曰：「是皆不足以執信也㉓。試再囊
之，我觀其狀，果困苦否。」狼欣然從之，信足先生㉔。先生復縛置
囊中，肩舉驢上，而狼未之知也。丈人附耳謂先生曰：「有匕首否？」
先生曰：「有。」於是出匕，丈人目先生使引匕刺狼㉕。先生曰：「不
害狼乎？」丈人笑曰：「禽獸負恩如是，而猶不忍殺，子固仁者，然
愚亦甚矣！……仁陷於愚，固君子之所不與也㉖。」言已大笑，先生
亦笑。遂舉手助先生操刃，共殪狼㉗，棄道上而去。

【注釋】①趙簡子：春秋後期晉國大夫，名鞅。實際上是晉之執政者。②中山：
今河北省定縣一帶。③虞人：管理山澤的官吏。導前：在前面作嚮導。④羅後：
成隊地跟在後面。⑤捷禽鷙（ㄓˋ）獸：敏捷的飛禽凶猛的野獸。⑥人立：象人
一樣直立。⑦唾手：向手心吐唾沫，表示將要做什麼事。⑧烏號（ㄏㄠˊ）：古代
有名的好弓。⑨肅慎：古代國名（現在吉林省境內），出產名箭。⑩羽：箭的尾
部，裝有羽毛。飲：沒。⑪逋（ㄅㄨ）：逃。⑫墨者：信仰墨子學說的人。墨子學
說主張「兼愛」。⑬東郭先生：古代寓言中常用的人名。東郭：複姓。⑭干仕：
求官做。⑮策：馬鞭，這裏用作動詞。蹇：跛足，這裏指行動遲緩。⑯囊：（用
口袋）裝着。⑰失道：迷路。夙（ㄙㄨˋ）：早晨。⑱奄（ㄧㄢˇ）：忽然。⑲濟物：此
處意爲周濟萬物。⑳毛寶放龜：毛寶軍中之一兵士放龜後，寶兵敗而死，兵士投
水，龜載之而生。見《搜神記》。隋侯救蛇而獲珠：《淮南子‧覽冥訓》注，說
隋侯看見一條大蛇受傷，給它敷藥治好了，後來那條大蛇從江裏銜出一顆大珠子
來報答他。㉑固：本來。弗：沒有。靈：聰明。㉒脫穎而出：《史記‧平原君列
傳》裏毛遂說，才能一旦被人發現，像口袋裏的錐子會穿透口袋露出來一樣。

穎：錐子的尖。㉓生、肉：都用作動詞。㉔私：偸偸地庇護。㉕犯世卿：冒犯了當大官的。世卿：世代爲卿的人，這裏指趙簡子。㉖忤（ㄨˇ）：觸怒。㉗脫：卽使。㉘囊橐（ㄊㄨㄛˊ）：口袋的總稱。㉙實：裝。㉚虞：擔憂。跋：踐踏。胡：頷下的垂肉。疐（ㄓˋ）：阻礙。㉛容與：動作緩慢。㉜踢蹐：蜷曲。㉝蠖（ㄏㄨㄛˋ）：尺蠖，桑樹上的一種蟲子。㉞如其指：依照它的意思。指：旨。㉟內：同「納」。㊱括：結，扎上。㊲轅：車前駕牲口的部分。㊳諱：這裏是隱瞞的意思。㊴伏躓（ㄓˋ）趴下。躓：絆倒。㊵逖：遠。㊶歧：岔道。亡：逃，丟失。語見《列子·說符》。㊷如是其馴也：像這樣的溫馴。㊸區區：這裏是僅僅的意思。㊹幾於：近似於。守株：守株待兎，語見《韓非子·五蠹》。緣木求魚，語見《孟子·梁惠王上》。㊺黨豺爲虐：跟豺結伙來害人。㊻窺左足：意思是擧一足之勞。窺：同「跬」。半步。㊼羽旄：旗幟上的裝飾。㊽毋寧：不如。㊾俎（ㄗㄨˇ）豆：都是古代盛食品的器具。㊿摩頂放踵，思一利天下：這是孟子評論墨者的話，語見《孟子·盡心上》。意思是說自我刻苦，造福天下，摩頂放踵：從頭到脚受盡勞苦。放：至。踵：脚跟。51啖（ㄉㄢˋ）我：給我吃。52卒：同「猝」。53便旋（ㄆㄧㄢˊ　ㄒㄩㄢˊ）：回旋。54日晷（ㄍㄨㄟˇ）：日影。55杖藜：拄着藜作的拐杖。藜：一種野生植物，莖老可以做杖。56喔（ㄐㄧㄝˊ）：吃。57死之：爲此而死。58豈天之未喪斯文：意思是莫非天不絕我這書生的命。斯文：指讀書的人。語出《論語·子罕》。59欷歔（ㄒㄧ　ㄒㄩ）：嘆息聲。60蔓辭：無謂的話。說（ㄕㄨㄟˋ）：勸說。61是羿（ㄧˋ）亦有罪焉：這是孟子批評羿傳授技藝不知道擇人的話。語見《孟子·離婁下》。羿是古代善射的人，他教會了逢蒙射箭，後來，逢蒙就把他射死了。62具狀：原原本本說明。63執信：取信。64信：同「伸」。65目：以目示意。66不與：不贊成。67殪（ㄧˋ）：殺死。

【鑑賞】這篇寓言在情節的安排上很富有特色，起如卷浪，伏似潛礁，蓄同積流，發若噴洪。它處處爲表現寓言形象服務，而用墨飾色，無不栩栩傳神。故事以趙簡子追捕中箭負傷的中山狼作爲大起。趙簡子「大獵於中山」時聲勢浩觀，猛不可遏：有「虞人導前，鷹犬羅後」的打獵陣容，有「捷禽鷙獸應弦而倒者，不可勝數」的打獵本領，「當道」的中山狼，自然難逃呑矢飲羽的命運。然而，「狼失聲而逋」，激怒了藝高的獵手，「驅車逐之，驚塵蔽天，足音鳴雷，十步之外，不辨人馬」，完全可以想像，任憑中山狼脚底生風，也斃命無疑了。如果趙簡子追射順利的話，那故事的開始也就變成故事的結束了。可是，偏偏在這個節骨眼上，中山狼於倉促之間遇上了「將北適中山以干仕」的東郭先生，這就出

現了曲折，導入到帶有戲劇性的情節中去。作品首先點明東郭先生是墨子學說的信徒，他兼愛濟物，這是中山狼能够獲救的條件；其次，指出東郭先生「策蹇驢，囊圖書」的行裝，這是中山狼能够獲救的藏處；再有，寫了東郭先生「夙行失道，望塵驚悸」的情態，這是中山狼能够獲救的時機。中山狼針對東郭先生的信仰去打動，以稀有珍奇的寶物報效去引誘，用粉飾自己的辦法去促成，眞是狡詐猾黠，虛僞至極！但東郭先生想救援它並非希圖後報，而是要實行兼愛的信條。東郭先生在囊狼時．「前虞跋胡，後恐疐尾，三納之而未克」，對狼憐惜到如此程度，這一描述是爲了展現東郭先生在藏狼後所經歷的諱狼、釋狼到鬥狼、殺狼的過程，以塑造東郎先生和中山狼的形象。讓我們看一看下面强烈地吸引着讀者的故事情節吧！

　　諱狼得計。趙簡子追問狼的去向時，其情是「盛怒」，其態是「拔劍斬轅端示先生」，其言是「敢諱狼方向者，有如此轅」。在氣氛如此緊張得令人屏息的情況下，東郭先生却讓「脫有禍，固所不辭」的決心支配了自己的一言一行，於是他强壓住內心的驚悸，不動聲色，編造了一套迷惑趙簡子的謊話：「鄙人不慧，將有志於世。奔走遐方，自迷正途，又安能發狼踪以指示夫子之鷹犬也？」——出語謙恭，假托有由，表白他對來者的搜狼，並非不願相助，而是無能爲力，說得娓娓動聽，此爲巧辯之一；「然嘗聞之，大道以多歧亡羊。夫羊，一童子可制之，如是其馴也，尚以多歧而亡；狼非羊比，而中山之歧可以亡羊者何限？乃區區循大道以求之，不幾於守株緣木乎？」——以歧路尚可亡羊，進而推論出狼更會逃走的道理，有地形上的依據，又有狼不比羊的性格上的佐證，叫人不能不信，此爲巧辯之二；「鄙人雖愚，獨不知夫狼乎？性貪而狠，黨豺爲虐，君能除之，固當窺左足以效微勞，又肯諱之而不言哉？」——客觀地槪紋了對狼的認識，表示自己無諱狼之念，有除狼之心，雖言不由衷，表裏相違，但佯作誠實，看不出任何破綻，說得點滴不漏，此爲巧辯之三：東郭先生一番侃侃而談的言詞，居然叫趙簡子化「盛怒」而爲「默然」，變「驅車」逐狼而成「回車就道」。東郭先生自以爲諱狼得計，實質上却是護狼引禍。

　　釋狼逢難。東郭先生在趙簡子打獵的隊伍「羽旄之影漸沒，車馬之音不聞」以後，可算是徹底完成了護狼任務。中山狼這時也「作聲囊中」，隨着處境的改變，向東郭先生提出「先生可留意矣」的要求了。接着，一出囊它就大「發」吃人之「威」，「咆哮」起來：「先生既墨者，摩頂放踵，思一利天下，又何吝一軀啖我而全微命乎？」頃刻之間，狼的原形畢露，把求救時說的那些甜言蜜語，統統拋得無影無踪，搬出了「吃人有理」的强盜邏輯。值得注意的是：中山狼在

求救的時候曾經搬出了東郭先生信奉的墨家教條；而現在它要吃東郭先生的時候也是搬的墨家教條，這不分明是對「兼愛」觀的莫大諷刺嗎？東郭先生有恩於狼，狼却負恩於東郭先生，「鼓吻奮爪」，向東郭先生撲將過來，這不分明是「兼愛」觀的破產嗎？東郭先生好心得到了惡報，釋狼逢難，是作品情節由頓伏後而再大起，而推上高潮的轉折。

鬥狼遇救。東郭先生沒有意料到狼會吃他，此時看到狼向他發動了猛烈的攻勢，不得不於危急關頭，「以手搏之」，並且「引蔽驢後，便旋而走」，才沒有立即喪生。情況的突變，使他的頭腦有了些清醒，便連連驚呼：「狼負我！狼負我！」而狼却說：「吾非固欲負汝，天生汝輩，固需吾輩食也。」這就剔透無遺地揭露了中山狼的殘暴本性。在千鈞一髮之際，恰好來了一個拄着拐杖的老人。東郭先生喜出望外，「舍狼而前」，「乞丈人一言而生」。老人聽了東郭先生的哭訴之後，怒斥中山狼：「汝誤矣。夫人有恩而背之，不祥莫大焉。」且厲聲喝道：「狼，速去！不然，將杖殺汝。」這時，中山狼豈肯放棄行且到嘴的肉，於是誣東郭先生「束縛我足，閉我囊中，壓以詩書，我鞠躬不敢息」；甚至胡說東郭先生「蔓辭以說簡子」，意欲將它悶死囊中「獨竊其利」，真是無不用其極！但是，直到這時，東郭先生還在不厭其煩地和狼作無濟於事的辯論。老人知道中山狼暴戾恣睢，實不可恕，便以雙方的爭辯「皆不足以執信」為由，提議「試再囊之」來「觀其狀」。中山狼利令智昏，「欣然從之，信足先生」，再次失却了自由。這樣，一場陡起的險波才算平息下來。

殺狼除害。中山狼被縛入囊，為甕中之鼈。但當老人指令東郭先生拿出匕首，並示意叫他把狼刺死時，他又發起「善心」來，還說什麼「不害狼乎？」這說明東郭先生由於仁繮義鎖，已近麻木，所以老人批評他「仁陷於愚，固君子之所不與也」。最後在老人的幫助下，東郭刺死了狼。

綜上所述，《中山狼傳》情節的「起」與「伏」，如潮汐漲落；「蓄」與「發」，似波光隱顯，引人入勝，逗人卒讀。全文一開頭，寫趙簡子追狼，此為趙簡子與狼的矛盾。若是狼被追到，急流直下，故事就結束了。而作者出人意外地將東郭先生安排出場，描寫東郭先生如何去設法藏狼，這樣就轉入到趙簡子與東郭先生的矛盾，使追狼時塵土飛揚的緊張氣氛，頓然鬆弛下來，情節剛「起」即「伏」。趙簡子走後，若狼果真是「我將逝矣」，故事也可以結束了，而作者却緊扣住中山狼的性格，入人意中地描寫了中山狼要加害於東郭先生，這樣就轉入到東郭先生與狼的矛盾，使情節由「伏」再「起」。若是中山狼把郭先生吃了，故事自然就由此結束。而作者又令人出其不意地讓主持公道的老人出現，轉入到

老人與狼的矛盾。老人將計就計，令狼束手待斃，東郭先生也因此獲救，情節「起」而又「伏」。故事以狼被殪棄道告終。這樣，趙簡子與狼的矛盾，趙簡子與東郭先生的矛盾，得到了間接的解決；東郭先生與狼的矛盾，老人與狼的矛盾得到了直接的解決。矛盾的提出與矛盾的解決，不是平鋪直敍，而是曲筆迂墨，寫得一波三折，起伏有致。在情節的幾「起」幾「伏」中，將中山狼與東郭先生各自的安危變化幾「蓄」幾「發」，始而是狼轉危爲安，東郭先生瀕臨絕境，繼之東郭先生轉危爲安，中山狼受到應有的懲罰，互相交迭，出奇制勝，逐層地刻畫了中山狼與郭先生富有個性的典型的寓言形象。

（周溶泉　徐應佩）

瘞 旅 文　　　　　　　王守仁

　　惟正德四年秋月三日①，有吏目云自京來者②，不知其名氏，携一子一僕，將之任，過龍場③，投宿土苗家④。予從籬落間望見之，陰雨昏黑，欲就問訊北來事，不果。明早，遣人覘之⑤，已行矣。

　　薄午⑥，有人自蜈蚣坡來；云：「一老人死坡下，傍兩人哭之哀。」予曰：「此必吏目死矣，傷哉！」薄暮，復有人來，云：「坡下死者二人，傍一人坐嘆。」詢其狀⑦，則其子又死矣。明早，復有人來，云：「見坡下積屍三焉。」則其僕又死矣，鳴呼傷哉！

　　念其暴骨無主⑧，將二童子持畚、鍤往瘞之⑨。二童子有難色然⑩。予曰：「噫！吾與爾猶彼也。」二童閔然涕下⑪，請往。就其傍山麓爲三坎⑫，埋之。又以隻鷄、飯三盂，嗟吁涕洟而告之⑬，曰：

　　鳴呼傷哉！繄何人⑭，繄何人！吾龍場驛丞餘姚王守仁也⑮。吾與爾皆中土之產⑯。吾不知爾郡邑，爾烏爲乎來爲玆山之鬼乎⑰？古者重去其鄉⑱，遊宦不逾千里。吾以竄逐而來此⑲，宜也。爾亦何辜乎？聞爾官吏目耳，俸不能五斗，爾率妻子躬耕可有也。烏爲乎以五斗而易爾七尺之軀？又不足，而益以爾子與僕乎？鳴呼傷哉！

爾誠戀玆五斗而來，則宜欣然就道，烏爲乎吾昨望見爾容，戚然⑳，蓋不任其憂者。夫衝冒霧露，扳援崖壁，行萬峰之頂，飢渴勞頓㉑，筋骨疲憊，而又瘴癘侵其外，憂鬱攻其中，其能以無死乎？吾固知爾之必死，然不謂若是其速㉒，又不謂爾子爾僕亦遽爾奄忽也㉓。皆爾自取，謂之何哉！吾念爾三骨之無依而來瘞爾，乃使吾有無窮之愴也。嗚呼傷哉！

縱不爾瘞，幽崖之狐成羣，陰壑之虺如車輪㉔，亦必能葬爾於腹，不致久暴露爾。爾既已無知，然吾何能爲心乎？自吾去父母鄉國而來此㉕，三年矣，歷瘴毒而苟能自全，以吾未嘗一日之戚戚也㉖。今悲傷若此，是吾爲爾者重，而自爲者輕也。吾不宜復爲爾悲矣。

吾爲爾歌，爾聽之。歌曰、連峰際天兮㉗，飛鳥不通。遊子懷鄉兮，莫知西東。莫知西東兮，維天則同㉘。异域殊方兮㉙，環海之中。達觀隨寓兮㉚，奚必予宮？魂兮魂兮，無悲以恫㉛！

又歌以慰之曰：與爾皆鄉土之離兮，蠻之人言語不相知兮。性命不可期，吾苟死於玆兮，率爾子僕，來從予兮。吾與爾遨以嬉兮，驂紫彪而乘文螭兮㉜，登望故鄉而噓唏兮。吾苟獲生歸兮，爾子爾僕，尚爾隨兮，無以無侶悲兮！道旁之冢累累兮，多中土之流離兮，相與呼嘯而徘徊兮。餐風飲露，無爾飢兮。朝友麋鹿，暮猿與栖兮㉝。爾安爾居兮，無爲厲於玆墟兮㉞！

【註釋】①維：發語詞。正德：明武宗年號。正德四年：公元1509年。②吏目：明代於知州下設吏目，掌出納文書，或分領州事。③龍場：貴州省修文縣的龍場驛。④土苗：苗族土人。⑤覘（ㄔㄢ）：窺視。⑥薄：迫近。午：中午。⑦詢：詢問。狀：狀貌。⑧暴（ㄆㄨ）骨：尸骨暴露。⑨將：帶領。畚：畚箕。鍤（ㄔㄚ）：鐵鍬。瘞（ㄧ）：埋葬。⑩難色：畏難的神色。⑪閔然：憂傷的樣子。⑫坎：穴。⑬洟：流鼻涕，這裏指哭泣。⑭繄（ㄧ）：發語詞。⑮驛：古代傳遞公文的處所，驛丞：管理驛站的官吏。⑯中土之產：出生在內地的人。⑰烏爲：爲什麼。⑱重：難。⑲竄逐：指放逐。⑳戚然：皺眉頭的樣子，㉑勞頓：勞苦困頓。㉒不謂：沒有想到。㉓奄忽：這裏指死亡。㉔虺（ㄏㄨㄟ）：毒蛇。㉕父母鄉國：指家鄉。㉖戚戚：局促憂傷。㉗際天：連着天際。㉘維：同「惟」，只有。

㉙异域殊方: 邊遠地區。環海之中: 指中國境内。㉚達觀: 想得開。隨寓: 卽隨寓而安。宮: 這裏指住室。㉛恫(ㄊㄨㄥ): 哀痛。㉜駗: 三匹馬駕車。這裏指駕馭。彪: 小虎。文: 同「紋」。螭(彳): 無角的黄龍。㉝猿與栖: 卽與猿同居。㉞厲: 厲鬼。

【鑑賞】《瘞旅文》是對一位客死外鄉的吏目的祭文。明武宗正德二年(1507)，王守仁以兵部主事的身分上疏救戴銑， 下獄廷杖， 貶爲貴州龍場驛丞。 第三年秋，他目睹吏目主僕三人慘死於赴任途中，不禁觸類傷懷，親自率人收屍，並作了這篇祭文。作者聯繫自己的身分， 對死者深表同情。 文中用了四個「傷哉」，哀痛之情，溢於言表。這是爲死者哀痛，也是爲自己哀痛，因爲他的命運和吏目的命運是相似的:「念其暴骨無主， 將二童子持畚、 鍤往瘞之。 二童子有難色然。予曰: 『嘻! 吾與你猶彼也。』」否則作者是不會「悲傷若此」的。不過作者到底是一個涵養的哲學家，他並未陷入痛苦的深淵中不能自拔，而是對自己不幸的遭遇，「未嘗一日之戚戚也」。 因此他爲死者的哀痛也能受到理性的制約: 今悲傷若此，是吾爲爾者重，而自爲者輕也。吾不宜復爲爾悲矣。」因而， 他的哀痛可以說是哀而不傷。 其次， 王守仁疏救戴銑是無罪的。 無罪而被貶，是寃枉的。老吏目在赴任途中的慘死引起他的哀痛，他認爲被貶到這蠻瘴之地，「性命不可期」。 這哀痛便是他自己内心對朝廷的不滿情緒的流露; 他是通過對死者的祭告以宣泄他的怨氣的。但他的怨氣也受到理性的控制，所以他怨而不怒。他只說:「吾以竄逐而來此，宜也。」所以他「去父母鄉國而來此，三年矣，歷瘴毒而苟能自全」。 這些和下面第一首歌辭所說「莫知西東兮， 維天則同。 异域殊方兮，環海之中。 達觀隨寓兮，奚必予宮」，都表明了作者胸懷的豁達。

六朝時哀弔一類的文體一般是韵文。唐代以後， 則有散文有韵文。前者如韓愈《祭十二郎文》; 後者如李華《弔古戰場文》、歐陽修《祭石曼卿文》。《瘞旅文》則兼而有之: 前部分是散文，末了是韵文。本篇散文的部分，寫老吏目主僕三人的死， 是抓住一個「慘」字來寫的。 先是「一老人死坡下， 傍兩人哭之哀」。吏目年老，經過千山萬水好容易才來到貴州，但還沒有到任就死了。這已經够慘了，但還有兒子可以守孝，沒想到同一天的傍晚，「則其子又死矣」。連守孝都沒有人，那就更慘了; 但還有僕人可以收屍。沒有想到第二天，「則其僕又死矣」，連收屍也沒有人，又多慘啊! 寫祭告，便抓住一個「悲」字來寫。「古者重去其鄉，游宦不逾千里。……聞爾官吏目耳，俸不能五斗，爾率妻子躬耕可有也。烏爲乎以五斗而易爾七尺之軀」，一可悲。「又不足，而益以爾子爾僕

乎」，二可悲。來又不能「欣然就道」，反而「慼然」「不任其憂」，三可悲。又「衝冒霧露，扳緣崖壁，行萬峰之頂，飢渴勞頓，筋骨疲憊，而又瘴癘侵其外，憂鬱攻其中」，四可悲。死是不能避免的了，「然不謂若是其速」，五可悲。同時「爾子爾僕亦遽爾奄忽也」，六可悲。死了以後暴屍荒野，「幽崖之狐成羣，陰壑之虺如車輪，亦必能葬爾於腹」，七可悲。我們讀了，都會和作者共鳴，一樣感到悲痛吧！寫這些都出於作者對老吏目深厚的同情。

　　由散文到韵文，筆鋒一轉，由對死者的同情轉爲對死者的慰藉。但作爲韵文的兩首歌辭，思想內容和語言形式都大同而小異：第一首寫貴州地方四面高山圍繞，地理環境似乎與中原隔絕，其實也在中國之內，不一定要在家鄉才是中國，以此勸慰他雖魂淹異鄉，也不必悲慟。六句的「兮」字都放在句中，音節比較舒緩，以此勸慰死者安下心來。用這種形式來安定死者緊張的心情。第二首歌辭進一步安慰死者魂淹留異鄉，不管怎樣都不會感到寂寞，因此音節比較明快，「兮」字放在句末。可以說，作者兩首歌辭對「兮」字不同的擺法，是希求取得思想內容和語言形式相統一的一種嘗試。第二首歌辭也是全文的末了兩句：「爾安爾居兮，無爲厲於滋墟兮！」以對龍場人民生活安定的關注作結這就完整地表現了作者的爲人：雖則自己受到委屈，謫貶龍場，備嘗艱苦，但胸懷豁達，有熱烈的感情，也有冷靜的頭腦，對相識和不相識的人，都有深仁厚澤；不但對慘死者有深厚的同情，對一般老百姓也有懇切的關注。《瘞旅文》能沁人肺腑，和作者的精神人格有着血肉的關聯。

（趙仲邑）

記王忠肅公翶事　　　崔　銑

　　公一女①，嫁爲畿輔某官某妻②。公夫人甚愛女，每迎女，婿固不遣③，恚而語女曰④：「而翁長銓⑤，遷我京職⑥，則求朝夕侍母⑦；且遷我如振落葉耳⑧，而固吝者何⑨？」女寄言於母⑩。夫人一夕置酒，跪白公⑫。公大怒，取案上器擊傷夫人⑬，出，駕而宿於朝房⑭，旬乃還第⑮。婿竟不調⑯。

公爲都御史⑰，　與太監某守遼東⑱。　某亦守法，　與公甚相得也
⑲。　後公改兩廣⑳，　太監泣別，　贈大珠四枚。公固辭㉑。太監泣曰：
「是非賄得之㉒。昔先皇頒僧保所貨西洋珠於侍臣㉓，某得八焉㉔，
今以半別公㉕，　公固知某不貪也。」公受珠，內所著披襖中㉖，紉之
㉗。　後還朝，求太監後㉘，得二從子㉙。公勞之曰㉚：「若翁廉㉛，
若輩得無苦貧乎㉜？」皆曰：「然。」公曰：「如有營㉝，予佐爾賈
㉞。」二子心計㉟，公無從辦㊱，　特示故人意耳㊲。　皆陽應曰㊳，「
諾㊴。」公屢促之㊵，　必如約㊶。乃僞爲屋券㊷，　列賈五百金㊸，　告
公。公拆襖，出珠授之，封識宛然㊹。

【註釋】①公：王翱（1384—1467），字九臯，鹽山（今河北鹽山）人。明代名
臣。歷事成祖、宣宗、英宗、代宗、憲宗五帝，擢任吏部尚書。詳見《明史》卷
一七七《王翱傳》。②畿輔：舊稱京城周圍一帶。明代自1403年改以北京爲都，
所以這裏是指北京附近的州縣。某官某：作某官的某人。③婿：女婿。據《明史
・王翱傳》，王翱婿名賈杰。固：必。遣：遣歸，指送妻子回娘家。④恚（ㄏㄨㄟˋ）
怨恨，憤怒。語（ㄩˋ）：動詞，對……說。⑤而翁：你的父親。銓（ㄑㄩㄢˊ）：銓
選，量才授官。吏部執掌銓選，所以稱吏部長官爲長銓。⑥遷：調。京職：京
官。⑦朝夕：早晚。⑧遷：這裏的「遷」有提拔的意思。如振落葉：如同搖掉將
落的樹葉。⑨固吝者何：硬是吝惜到如此地步，是什麼原因呢？⑩寄言：托人捎
話。⑪置酒：備辦酒饌。⑫跪白公：欠身告訴丈夫。⑬案：桌子。⑭駕：坐車。
朝房：指吏部的辦公處。⑮旬：十日爲一旬。第：私第，住宅。還第：指自朝房
回家。⑯竟不調：終究沒有遷調京職。⑰都御史：監察機關都察院的長官。明時
都察院設左、右都御史。⑱守遼東：時王翱任都察院長官，掌管糾察，提督遼東
軍務。遼東：明軍鎮名，今遼寧省。⑲相得：情投意合，相處融洽。⑳兩廣：廣
東廣西。改兩廣：調任兩廣總督。㉑固辭：堅決謝絕。㉒是非賄得之：這不是受
賄賂得來的珍珠。㉓先皇：已經亡故的皇帝。頒：「班」的借字，賞賜的意思。
僧保：明英宗時的太監。貨：名詞作動詞，買的意思。西洋：泛指婆羅洲以西各
地。㉔焉：兼詞，「於彼」的意思。㉕以半別公：拿一半（四顆珠子）作爲分別
時贈送與你的禮物。㉖內：同「納」，放入。著：穿。披襖：穿在外邊的上衣。
㉗紉：縫。㉘求：尋訪。後：後代。這裏指太監的後嗣。宦官多以侄輩承嗣。㉙
從子：兄弟的兒子，即侄子。㉚勞（ㄌㄠˋ）：慰問。㉛若：你們。廉：廉潔。㉜得

無：莫非，豈不是。若輩：你們。苦：苦於。㉝營：經營。㉞佐：助。買：同「價」，錢。㉟心計：心裏盤算。㊱無從辦：無法辦到。㊲特：只是，不過。示：表示。故人：老朋友。㊳陽：「佯」，假裝。㊴諾：答應聲，猶曰「是」。㊵屢促：多次催促。㊶必如約：一定要按照說定的辦。㊷乃僞爲屋券：便僞造了（一張）買房契。㊸列買：卽「列價」，開列的價格。㊹封識（ㄓ）宛然：封好的記號如初封時一樣。識：同「志」。

【鑑賞】《記王忠肅公翱事》是明代記名人軼事的一篇優秀散文。原文共記王翱三事，本文只選後二事。原文記事後有作者附記，言故事是聽某某講的，選錄時一並刪去。本文取材於王翱的幾件生活小事，表現了他廉潔剛正的優秀品格。全文按其自然節分爲兩段。第一段，記敍王公家庭內部的一件事。通過王翱與夫人圍繞女婿「遷職」的矛盾衝突，表現了王公秉公持正，不徇私情的高貴品質。文章開門見山，「公一女，嫁爲畿輔某官某妻」。王公只有一女，自然愛如掌上明珠，且又嫁於某官爲妻，門當戶對，可謂如意。「公夫人甚愛女，每迎女，婿固不遣」。京、畿相去不遠，且暮思見，常迎歸敍天倫之樂，本是人之常情。然而女婿堅決不讓回娘家，令人費解，這便造成了懸念。這個做官的女婿何以不近情如此？進而「恚而語女曰：『而翁長銓，遷我京職，則汝朝夕侍母；且遷我如落葉耳，而固吝者何？』」女婿將不得遷職，怒怨於乃岳。不僅記之於心，且形之於色，更訴之於行。他認爲，一則遷職京都，可朝夕侍母，不遷不近情；二則，遷職不難，易如反掌，不遷不合理。王公硬是如此吝惜，就大不通情理了。這爲其婿「固不遣」作了注脚，使讀者眞相大白，覺得事出有因了。「女寄言於母。夫人一夕置酒，跪白公」。女兒終不能歸省，說明女婿不肯讓步，矛盾的解決勢在必行。捎信於母，是解決矛盾的第一步。女兒不敢言於其父，足見王公絕不徇情。夫人素知王公秉性，所以格外小心謹愼。「一夕」不是任意一個夜晚，而是選擇了一個王公心平氣和，情緒較佳的晚上，精心安排了酒饌，誠惶誠恐地轉述女兒的意思。這些描寫，進一步渲染了王公的威嚴。按理說，夫婦數十年，夫人又恭恭敬敬地設酒相待，態度如此懇切，且爲親生女兒求情，於彼於己都有利，矛盾似可以解決。不料「公大怒，取案上器擊傷夫人，出，駕而宿於朝房，旬乃還第。」這裏雖無一字寫王公所言，但他的形象已屹立在人們面前。

　　第二段，記敍家庭外的一件事。通過王翱與某太監的交往，表現了王公廉潔無私，不貪財貨的美德。王公爲都御史時，與某太監共守遼東。因某太監亦遵章守法，王公與之情好日密，相處甚厚，大有知己之誼。後來，王公改調兩廣，自

然依依不捨。太監始而泣別，繼而以大珠四枚相贈。按理，王公可收之無愧。然而他「固辭」不收。太監深知王公清廉，疑寶珠來歷不明，於是，哭泣着絞說寶珠之由來：「是非賄得之。昔先皇頒僧保所貨西洋珠於侍臣，某得八焉，今以半別公，公固知某不貪也。」反復申明寶珠非收賄所得，以釋公疑，襯托了王公的清廉。王公收珠以後，並沒有藏之府庫，而是放入外衣中，並且縫上幾針。「綴之」一個細節傳神地刻畫出王公珍藏寶珠的深意。王公還朝任職，太監已作古，他無法酬報，就悉心訪求太監的兩個從子的下落。慨然以腰中所藏之大珠資助。這一細節與上文「內所著披襖中，綴之」相呼應。他不貪財貨、清廉高潔的美德就生動地表現出來了。文章至此，戛然利住，語已盡而意未已。

文章不長，僅二百七十餘字，筆墨簡約，交代清楚，人物形象栩栩如生，躍然紙上。仔細玩味，有如下藝術特色。

選材典型，主題集中。本文旨在記敍王翱的軼事。這都是不見於史傳的逸聞，一般不爲世人所知。寫來往往易生枝蔓，不着邊際，漫無中心，本文作者却匠心獨具，緊緊圍繞王公正直無私的美德來選取題材。兩件事又分別表現了王公無私美德的兩個側面。其一表現他剛正秉公，不徇私情的一面；其二表現他廉潔無私，不貪財貨的一面。只有廉潔，才能無私；唯有無私，方能廉潔。二者互相聯繫，相得益彰。題材來源，一件是家庭內部，與夫人女婿的衝突；另一件是家庭外部，與朋友兩代人的交往。兩者雖係生活瑣事，却因小見大，具有典型意義。

尺水興波，曲折多姿。文章篇幅雖短，却充滿了矛盾衝突。作者構思精巧，善於創造懸念，時翻波瀾。第一則故事一開始就揭示了矛盾的起因。「公一女，嫁爲畿輔某官某妻」，於是產生了夫人「甚愛女」與女婿「固不遣」的矛盾，爲情節的發展作了鋪墊。「固」、「甚」語意相當，極言矛盾的尖銳，亟需解決。王翱身居顯位，重權在握，對官員的升遷、調動易如反掌。加之夫人爲解膝下寂寞，思女心切，精心設酒爲婿說情。且夫人恭肅欠身，期在必應。然而出人意外的是王公並沒有爲兒女之情所動，反操案上器物擊傷夫人，以示儆戒。憤然出走，一旬乃還，矛盾激化，一件易如「振落葉」的遷職小事，最終以「竟不調」結束。第二則故事則圍繞寶珠展開了一系列的故事。太監贈珠——王公辭珠——太監說珠——王公收珠、封珠——王公還珠，一波三折，曲折生動地表現了王公不貪財的美德。

斟字酌句，言簡意賅。本文篇幅短小，詞約意豐，得力於作者遣詞造句的準確，精當。如寫王公對夫人求情的反映，連用了「怒」、「擊」、「出」等一系列

動詞，動作性很強，生動地刻畫了王公怒不可遏的神情。此外，用「振落葉」形容辦事不費力；用「內」、「緻」寫王公對寶珠的珍惜，都十分傳神。

（趙光德　沈新林）

說　琴
何景明

何子有琴，三年不張①。從其游者戴仲鶡②，取而繩以弦③，進而求操焉④。何子御之⑤，三叩其弦⑥，弦不服指⑦，聲不成文⑧。徐察其音，莫知病端⑨。仲鶡曰：「是病於材也⑩。予觀其黟然黑⑪，衮然腐也⑫。其質不任弦⑬，故鼓之弗揚⑭。」

何子曰：「噫⑮！非材之罪也⑯。吾將尤夫攻之者也⑰。凡攻琴者，首選材，審製器⑱，其器有四⑲：弦、軫、徽、越⑳。弦以被音㉑，軫以機弦㉒，徽以比度㉓，越以亮節㉔。被音則清濁見㉕，機弦則高下張㉖，比度則細大弗逾㉗，亮節則聲應不伏㉘。故弦取其韌密，也㉙，軫取其栝圓也㉚，徽取其數次也㉛，越取其中疏也㉜。今是琴，弦之韌疏，軫之栝滯㉝，徽之數失鈞㉞，越之中淺以隘㉟。疏故清濁弗能具㊱，滯故高下弗能通㊲，失鈞故細大相逾，淺以隘故聲應沉伏。是以宮商不誠職㊳，而律呂叛度㊴。雖使伶倫鈞弦而柱指㊵，伯牙按節而臨操㊶，亦未知其所諧也㊷。

「夫是琴之材㊸，桐之為也。始桐之生邃谷㊹，據盤石㊺，風雨之所化㊻，雲烟之所蒸，蟠紆輪囷㊼，璀璨崫鬱㊽，文炳彪鳳㊾，質參金玉㊿，不為不良也。使攻者制之中其制(51)，修之畜其用(52)，斫以成之(53)，飾以出之。上而君得之，可以薦清廟(54)，設大廷(55)，合神納賓(56)，贊實出伏(57)，暢民潔物；下而士人得之，可以宣氣養德(58)，道情和志(59)。何至黟然邪然，為腐材置物耶(60)？

「吾觀天下之不罪材者寡矣(61)。如常以求固執(62)，縛柱以求張弛(63)，自混而欲別物(64)，自褊而欲求多(65)，直木輪(66)，屈木輻(67)，巨木

節⑱，細木檋⑲，幾何不爲材之病也⑳？是故君子愼焉㉑，操之以勁㉒，動之以時，明之以序㉓，藏之以虛㉔。勁則能弗撓也㉕，時則能應變也，序則能辨方也，虛則能受益也。勁者信也，時者知也㉖，序者義也，虛者謙也。信以居之㉗，知以行之，義以制之㉘，謙以保之。樸其中，文其外㉙，見則用世㉚，不見則用身㉛。故曰雖愚必明，雖柔必强，材何罪焉？」

仲鷄憮然離席曰㉜：「信取於弦乎？知取於軫乎？義取於徽乎？謙取於越乎？一物而衆理備焉。予不敏，願改弦更張㉝，敬服斯說。」

【注釋】①不張：沒有上弦。②戴仲鷄：名冠，信陽人，師何景明，著有《遯谷集》。③繩以弦：卽裝上弦。④操：彈奏。⑤御：用。這裏指彈奏。⑥叩：用指彈。⑦不服指：不順從手指。⑧不成文：不成曲調。⑨端：開頭，引申爲緣由。⑩病於材：指做琴的材料不好。⑪黟（ㄧ）深黑色。⑫衺（ㄒㄧㄝ）然腐：歪邪不正而且朽壞。衺：邪惡，不正。⑬其質：指琴的木質。不任弦：經不起弦的力量。⑭鼓：彈。弗揚：不響亮。⑮噫（ㄧ）：嘆詞。⑯罪：罪過。這裏指毛病。⑰尤：怨。攻：治，製造。⑱審：精心考慮。製器：指製琴。⑲其器：此指琴的組成部分。⑳弦：琴弦。軫（ㄓㄣˇ）：繫琴弦的軸，可以轉動，控制鬆緊。徽：原指繫弦的繩子，後來一般指琴面上所標出的用手指按弦的部位記號。越（ㄏㄨㄛˋ）：瑟底下的小孔。㉑被：遭遇。這裏是產生、發出的意思。㉒機弦：控制、轉動琴弦。㉓比度：排比音節的高低度數。㉔亮節：使琴的音量加大。㉕見：現。㉖高下：指聲音的高低。張：展開，引申爲顯出。㉗逾（ㄩ）：超越。㉘伏：指低沉。㉙韌密：堅韌細密。㉚栝（ㄍㄨㄚ）：琴軫的栝（挿入琴內的一端）。圓：這裏是滾圓易轉的意思。㉛數：指琴徽的度數。次：準確，合乎次序的意思。㉜中疏：洞空。中：指琴越的中間。㉝滯（ㄓ）：不流動，這裏指轉動不靈。㉞失鈞：失調，不準確。㉟隘（ㄞˋ）：狹窄。㊱具：完備。㊲通：流通，交換，引申爲調節。㊳宮商：此泛指音階。不誠職：不能忠誠地盡職。㊴律呂：卽十二律，其中奇數六律爲陰律，偶數六律爲陽律，簡稱爲律呂。叛度：違背了標準。㊵伶倫：傳說中黃帝時代的大音樂家。鈎琴柱指：用指頭彈琴。㊶伯牙：春秋時人，以善於彈琴著名。按節臨操：按拍節演奏。㊷諧：：和諧。㊸是：此，這。㊹遯（ㄉㄨㄣˋ）谷：深谷。㊺盤石：巨石。㊻化：生，造化，自然界生成萬物的功能。㊼蟠（ㄆㄢˊ）紆（ㄩ）：屈曲回旋的樣子。輪困（ㄐㄩㄣ）：屈曲，

高大。㊽璀（ㄘㄨㄟˇ）璨（ㄘㄢˋ）：玉光，引申爲色彩鮮明。嶫（ㄈㄨˊ）鬱：山高險的樣子。這裏是形容高大奇偉的意思。㊾文：卽「紋」。指紋理。炳：光彩煥發。彪：虎身上的斑紋，這里指虎。㊿質：指木材的質料。參：比。㊽中其制：符合規格標準。㊼修：加工打磨。畜：同「蓄」，儲備。用：功用。㊾斫（ㄓㄨㄛˊ）：砍，削。㊽薦：指供獻。清廟：宗廟。㊽設：陳設。大廷：指朝廷。㊽合神：指享神。納賓：指待客。㊽贊實：有助於自然萬物的生長。贊：助。實：結果實。出伏：卽「出滯」，指蟄蟲由地出動。㊽宣：疏散，疏通。養：修養，陶冶。㊽道：同「導」。⑥置物：被棄置的東西。㊽寡：少。㊽如常以求固執：對一個平常的材料，勉強要求它是最好的材料。語出《禮記·中庸》：「擇善而固執之者也。」㊽縛柱：猶言「膠柱」，卽把柱（軫）固定死。張弛：鬆緊。㊽混：混淆。別：分辨。物：指材（琴）。㊽褊（ㄅㄧㄢˇ）：狹小。這裏指度量不大。求多：想多得（材）。㊽輪：這裏是以爲輪（作輪）的意思。㊽輻（ㄈㄨˊ）：車輪中連接軸心和輪圈的直木條。這裏作動詞用。㊽節：柱頭上承接房梁的木塊。這裏作動詞用。㊽欐（ㄌㄧˋ）：棟，最中間的房梁。這裏是支柱的意思。㊽幾何：多少。㊽焉：於此。㊽操：掌握，指選材。勁：堅強有力。㊽序：次序。㊽虛：不自滿。㊽撓：彎曲。㊽知：同「智」。㊽居：處於。㊽制：裁斷，控制。㊽文：文飾。㊽見：同「現」，被發現。用世：爲世所用。㊽用身：指獨善其身。㊽憮（ㄨˇ）然：茫然自失的樣子。㊽改弦更張：調整琴弦，使聲音和諧。《漢書·董仲舒傳》：「竊譬之琴瑟不調甚者，必改而更張之，乃可鼓也。」這裏用作雙關語，一面說琴，一面說戴仲鶡聽了何子的話以後，改變了看法。

【鑑賞】《說琴》旨在說理，卻並非直陳其理，而是借物喻理，說物明理，是古代說理散文中的一篇頗具特色的佳作。文章以師生對話結構全篇，但不似一些作品，假設古人的言談以論今事，而是實寫作者自己——何子，與弟子戴仲鶡的「說琴」，並以何子的大段言論爲全文的主要內容。文章取材現實中士大夫文人的生活，讀來真切自然。說琴時兩人水平有高下之別，也極符合師生的關係。因何子的琴多年未用，如今彈起來，琴弦不服手指，聲音難成曲調，仲鶡便認爲是琴的材料不好。他歸咎於琴材，不能說沒有道理。他有事實：眼前的琴顏色發黑，琴木不正且已朽壞。他有推論：由於琴的木質不能承受弦的力量，所以一彈起來琴色不能悠揚。但何子的見解更高一籌：不是琴材的罪過，要怪罪的是製琴的人。一聲「噫」的感嘆，表現了他對自己觀點的確信無疑。有仲鶡的見解作陪襯，何子所言可謂高論，而且此論立得不同凡響。文章的立意因此顯得峭拔，行文因此

產生了波瀾。何子不僅立論，而且緊接着作了充分的闡發。這闡發採用層層對照的手法，形成步步推進的氣勢。它是全篇的中心內容，也是「說琴」的題旨所在。何子闡發的部分是個具有多重對比照應關係的整體，依其前後順序可分爲三大層次。因爲製琴先要選擇材料、精心製作各個部件。所以，第一層次中首先說了琴的弦、軫、徽、越四「器」，何子如同製琴的行家，以三組排比句細述了四部件應有的作用、效能以及製作的標準，並將這製琴的標準和手中之琴的四「器」進行了對照，有力地揭示了製琴者之過錯，也自然地推導出不同的結果：琴弦「清濁弗能具」，琴軫「高下弗能通」，琴階使音節「細大相逾」，琴孔使樂曲「聲應沉伏」。這樣的琴難以依樂譜曲調演奏，卽使伶倫和伯牙，也不知能否彈得和諧呢！何子說到此處，忍不住帶上了幾分譏諷，透現出他對上述製琴者的輕蔑。在這一層次裏何子就琴說琴，通過具體的對照，對其見解作了第一步的闡述。這第一層次着力揭示製琴者有過，而第二層次則側重說明琴材無罪。何子認爲，琴爲桐木所做，而桐樹生於深谷，據以磐石，爲風雨所滋潤，爲雲烟所薰陶；它軀幹屈曲多姿，枝葉燦爛繁茂，紋理光彩斑斕，木質堅固美好。他不是一般地說明，而是用華麗詞滙來描繪，以繁縟文字進行謳歌，並且以雙重否定句「不爲不良也」作結。否定之否定，進一步肯定了材的美好。在描寫、贊嘆過後，何子再做發揮，說：假使製琴者根據規格標準用材製琴，盡力使琴的部件具備應有的功能，把琴打磨好，裝飾好，那麼這樣的琴上可以事君，用以祭祀、迎賓諸大事，下可以爲士大夫修身養性。他說的仍然是琴，與上一層次中對製琴者不依標準製琴，使得琴聲不能和諧的談論，無疑又構成了一重對比關係，進一步論證了琴材無罪而製作者有過的觀點，所以何子憤憤然發出「何至黮然邪然，爲腐材置物耶」的質問。這質問與文章開頭相呼應，否定了弟子立論的依據。但何子此處發揮又不僅僅是說琴，他將琴用以彈奏的具體功能生發爲君得之而用世、士得之而用身的社會作用了。說的是琴材，喻的是人材，從而將文章的立意推向了一個新的高度，爲這篇散文開拓了新的境界。何子對琴材的鋪張描寫，實際上是對才學、人才的高度讚美。對照之中，暗示着對不正確使用人才的社會現實的否定。正是在這樣的高度上，何子在第三層次的論述中率先說道：「吾觀天下之不罪材者寡矣」。他承接上文，從「天下」着眼，以鳥瞰的姿態指出了在對待材料、使用材料上的具有普遍性的錯誤。這就是：平常的材料却强求它堅固如一，捆住木柱却硬要它易張易弛，自己混淆不清却想辨明材料，自己度量狹小却貪得無厭，於是以直木爲車輪，以彎木爲車輻，以大木爲樑上木節，以細木爲棟樑之材。這裏的闡述不局限於製琴，而泛指用材製物，所喻的人才問題已十分明確地

表現出來了。它和前文對人才讚揚歌頌的文字，在「天下」的高度上形成了一種更爲深刻的對比。現實中人才那樣美好，然而大多數人却不識眞才，糟踏良才。何子深爲痛心，而且他認爲這是未被人們重視的社會問題，因而緊接着發出了「幾何不爲材之病也」的沉痛感嘆。這感嘆是對弟子觀點的否定，也是對摧殘人才的社會現實的批評。然而何子的批評不象龔自珍「萬馬齊喑究可哀」那般的激烈控訴，而是較爲含蓄；對於這一社會問題的解決，何子又不似韓愈，急切地呼喚伯樂，而是寄希望於君子之道。他以君子對待材料的正確態度和使用材料的正確方法，和上述錯誤地對待材料的人的行爲進行了直接的對比。君子對待材料是十分愼重的：「操之以勁，動之以時，明之以序，藏之以虛」，因此材料不彎曲，能適應各種需要，能清楚地知道自己的用處所在，且能長久地得到好處。對待和使用材料的不同，帶來的是迥然有別的結果，對比是有力的。這是人才問題上的對比，它自然地推出了新的問題：爲什麼君子能正確地對待人才、使用人才？與那些用材有過的人根本的區別在哪裏？何子認爲是由於君子的信、知、義、謙，即他們的眞誠、知人、講道德和謙虛。對比的深入，把文章又推到了一個新的階段，進入了抽象的理學範疇。理與物結合、抽象與具體統一，這是何子議論的高明之處。他沒有陷入空洞的說教，下面的闡述仍扣住人才問題。他說，正因爲君子以信、知、義、謙對待人才，所以人才「樸其中，文其外」，內外盡美。如果被發現，則能「用世」，即兼濟天下；如果未被發現，則可「用身」，即獨善其身。這一句和上一層次對琴的社會作用的闡釋遞相呼應，更明確地肯定了人才的美好，揭示出人才的差別僅在於是否被發現，從而得到正確使用的道理。何子最後對人才作了「雖愚必明，雖柔必強」的結論。「材何罪焉」的設問再次點示他最初提出的論點，也是對其見解理直氣壯的肯定，從而使他充分闡述、盡情發揮的內容更爲完整而統一了。

何子的闡發採用正反兩面交着論述的方式，交替論述形成了多重對比，有力的對比帶來了主題的不斷深化。何子在闡發中揭露了封建社會裏大量人才被埋沒、被摧殘的現實，並表現了一定的批判精神。當然他的批評較爲含蓄，然而含蓄正構成了文章的一大特色。他企圖靠提倡以儒學爲主要內容的君子之道來克服那個時代在人才問題上的弊病，實在不甚新鮮，開的也不是特效藥方，但提倡的本身正表明「君子之道」的缺乏，在客觀上反映了那個時代的眞實。

何子闡發部分還有一個特點，從說弦、軫、徽、越四器到談信、知、義、謙四理，總的看來是一個由實到虛、由具體到抽象的過程。如果文章到此結束，讀者難以把握四器與四理的必然聯繫，會覺得文章只有大開而無大合。然而這篇散

文有一個漂亮的結尾，如「豹尾」一般有力。聽罷何子深刻透徹的論述，仲鶡深受觸動，坐不安席了，說：「信取於弦乎？知取於軫乎？義取於徽乎？謙取於越乎？一物而衆理備焉。」四個問句、一個肯定判斷，精細地寫出了仲鶡徹悟的過程，使四器與四理前後呼應，並有力地聯繫了起來。這樣，文章從虛又回到了實，達到了實與虛、具體與抽象的統一。最後，文章以仲鶡承認錯誤的表態結束全篇。否定了自己最初的看法也是一種呼應，整篇文章的結構因此而更加完整了；同時還從另一個角度證明了何子見解的正確性，即對全文的主題又做了一次充分的肯定。結尾的有力還表現在，仲鶡的話雖是承認自己不敏，敬服師之見解，卻仍扣住了「說琴」二字。「改弦更張」一詞用得極好，既是表態，又間接地點了題。說到結尾處四個簡單的問句，把四器和四理有力地聯繫起來，不能不贊嘆作者用琴這個具體事物來論理的獨特匠心。琴弦直，琴軸活，琴階有序，琴孔中空，它與四理所表示的眞誠、有見識、遵守一定的道德規範以及謙虛有着一種內在的聯繫。由於作者有意識選擇了此四器，並以四器的作用、功效和製作標準的詳述爲鋪墊因此結尾處一經點出，便顯出深意，產生了巨大的藝術力量。以琴材喩人才，說製琴而明用人才之理，也甚爲貼切。琴本身寓有知音知遇之意，它比其他事物更能很好地寄托那些渴望發揮自己才能以求聞達的封建文人的思想感情。因此讀完這篇散文，我們不僅會贊嘆何景明思想的精闢、深刻，也不由地會傾心佩服他借琴說理的藝術構思的獨特、高妙。

　　《說琴》的藝術成就不僅在借物喩理，說物明理這一點上，更在於論述之中物與理達到了完美的統一。何子先立論，後闡發。論來自琴這個具體的物；闡發是無論在對比中怎樣推進演變，但萬變而不離「材無罪而製作者有過」這個具體的中心。闡發過程是由實到虛，從具體的物到抽象的理的演進。以述說的主爲實，實中有虛，物中寓理。此時作者不惜筆墨，爲理的生發作了有力的鋪墊，使物蘊含深刻的比喩義。以虛爲主的議論，虛中有實，理不離物，不僅始終扣住「材」字，還通過結尾處弟子的問話，勾連物與理的內在聯繫，從而達到了物與理的有機統一。物與理是這樣的水乳交融，因此，由四器生發出的四理，扎實而凝重；飽含着理的「琴」，顯示了巨大的藝術價值。

　　何景明是明代文學復古運動的倡導者之一，這篇散文便不免帶有「七子」文章的通病：某種程度的形式主義。行文有堆砌之態，語言有晦澀之感，但句式富有變化，排比對偶的運用卻增強了論述的力量，並且文字並不佶屈聱牙，沒有影響精闢思想的充分表達。也許，這些反倒構成了這篇說理散文的語言特色。一位端坐的老學究在侃侃而論人才問題，這就是《說琴》向我們勾畫的作者的自我肖

像。

（程　鈞）

項脊軒志　　　歸有光

項脊軒①，舊南閤子也。室僅方丈，可容一人居。百年老屋，塵泥滲漉②，雨澤下注③；每移案，顧視無可置者④。又北向⑤，不能得日，日過午已昏。余稍爲修葺⑥，使不上漏；前闢四窗，垣墻周庭⑦，以當南日。日影反照，室始洞然⑧。又雜植蘭、桂、竹、木於庭。舊時欄楯⑨，亦遂增勝⑩借書滿架⑪，偃仰嘯歌，冥然兀坐，萬籟有聲⑫。而庭階寂寂，小鳥時來啄食，人至不去。三五之夜⑬，明月半牆，桂影斑駁⑭，風移影動，珊珊可愛⑮。

然予居於此，多可喜，亦多可悲。先是，庭中通南北爲一，迨諸父異爨⑯內外多置小門牆，往往而是⑰。東犬西吠，客逾庖而宴⑱，鷄栖於廳。庭中始爲籬，已爲牆，凡再變矣。家有老嫗⑲、嘗居於此。嫗，先大母婢也⑳，乳二世㉑，先妣撫之甚厚㉒。室西連於中閨㉓，先妣嘗一至。嫗每謂余曰：「某所，而母立於茲㉔。」嫗又曰：「汝姊在吾懷，呱呱而泣㉕。娘以指扣門扉曰：『兒寒乎？欲食乎？』吾從板外相爲應答……」語未畢，余泣，嫗亦泣。余自束髮㉖，讀書軒中。一日，大母過余曰㉗：「吾兒，久不見若影㉘，何竟日默默在此㉙，大類女郎也㉚？」比去㉛，以手闔門㉜，自語曰：「吾家讀書久不效㉝，兒之成，則可待乎！」頃之㉞，持一象笏至㉟，曰：「此吾祖太常公宣德間執此以朝㊱，他日汝當用之！」瞻顧遺迹，如在昨日，令人長號不自禁㊲。

軒東故嘗爲厨㊳。人往，從軒前過，余扃牖而居㊴，久之，能以足音辨人。軒凡四遭火，得不焚，殆有神護者㊵。

項脊生曰㊶：「蜀清守丹穴，利甲天下，其後秦皇帝築女懷清臺

㊷。劉玄德與曹操爭天下，諸葛孔明起隴中㊸。方二人之昧昧於一隅也，㊹世何足以知之？余區區處敗屋中㊺，方揚眉、瞬目㊻，謂有奇景；人知之者，其謂與坎井之蛙何異㊼？」

余既爲此志，後五年，吾妻來歸㊽。時至軒中，從余問古事，或憑几學書㊾。吾妻歸寧㊿，述諸小妹語曰：「聞姊家有閣子，且何謂閣子也？」其後六年，吾妻死，室壞不修。其後二年，余久臥病無聊，乃使人復葺南閣子，其制稍異於前㉜。然自後余多在外，不常居。

庭有枇杷樹，吾妻死之年所手植也，今已亭亭如蓋矣㊾。

【注釋】①項脊軒：歸有光先祖歸道隆居昆山項脊涇，以地名軒，用以紀念先祖。②滲漉（ㄕㄣ　ㄌㄨˋ）：滲漏，下落。③注：流。④置：安頓、安放。⑤北向：方向朝北。⑥修葺（ㄑㄧˋ）：修造。⑦垣牆：短牆。周：這裏作動詞用。⑧洞然：開敞明亮的樣子。⑨欄楯（ㄕㄨㄣˇ）：欄杆。⑩勝：美觀。⑪借：積。⑫冥然兀坐：靜靜地端坐着。籟：竅孔。⑬三五之夜：夏曆十五的夜裏。⑭斑駁：色彩相染狀。⑮珊珊：搖曳的樣子。⑯迨：等到。諸父：伯叔們。異爨（ㄘㄨㄢˋ）各起爐灶，表示分開來開伙食。⑰往往：到處。⑱逾庖（ㄆㄠˊ）：經過厨房。庖：厨房。⑲老嫗：老太婆。⑳先大母：已死的祖母。㉑乳：喂奶。二世：兩代。㉒先妣：已死的母親。撫：待。㉓中閨：內室。㉔某所：某某地方。而：你，同「爾」。㉕呱呱（ㄍㄨㄚ）：小兒哭聲。㉖束髮：古人八歲，一說十五歲時，把頭髮挽起來，盤到頭頂上，表示成童。㉗過：經過。㉘若：你。㉙竟日：整天。㉚大類：很像。㉛比去：等到離開。㉜闔：關閉。㉝效：奏效。㉞頃之：一會兒。㉟象笏（ㄏㄨˋ）：大臣上朝時手執的象牙手版，作記事之用。㊱太常公：姓夏名昶，字仲昭，昆山人，永樂進士，歷官至太常寺卿，以擅畫竹馳名當時。宣德：明宣宗年號。㊲長號（ㄏㄠˊ）：大哭。㊳故：過去。㊴局牖（ㄐㄩㄥ　ㄧㄡˇ）：關窗。局：門窗上的揷銷。牖：窗房。㊵殆：幾乎。㊶項脊生：作者的別號。㊷清：秦代蜀地寡婦名。丹穴：朱砂礦。利甲天下：所獲之利，居天下第一。典出《史記・貨殖列傳》：「巴蜀寡婦清，其先得丹穴，而擅其利數世，……能守其業，用財自衞，不見侵犯。秦皇帝以爲貞婦而客之，爲築女懷清台。」㊸隴中：卽「隆中」，山名，在今湖北省襄陽縣境內，爲後漢時諸葛亮隱居之地。㊹昧昧：不明，這裏指默默無聞，不出名。㊺敗屋：破舊的房屋。㊻揚眉、瞬目：眼睛一睜

一合。⑪坎（ㄎㄢv）井：淺井。坎井之蛙：比喻見識短淺者。語出《莊子‧秋水》。⑱來歸：嫁過來。⑲學書：學寫字。⑳歸：回娘家。寧：向父母問安。《詩經‧周南‧葛覃》：「歸寧父母」。㉑制：指建造的格局和式樣。㉒亭亭：高高挺立的樣子。蓋：傘。

【鑑賞】文章前四節爲正文，寫於嘉靖三年（1524），當時作者十九歲。後兩節爲附記，寫於作者三十五歲中舉之後，具體年月待考。

　　作者起筆先寫軒的狹小、破漏與昏暗，繼寫經過修葺之後的優美、寧靜與恬適。軒內積書，軒外花木，白日小鳥，月夜桂影，構成了一種諧和清雅的小天地的氛圍。而居於這小天地中心的，正是作者自己。他的清貧的生活，高潔的志趣，怡悅的心境，於不知覺中自然地顯露了出來。文字平淡樸素，但淡中有味，洋溢着詩情畫意。作者之所以能够創造出這樣一種藝術境界，一方面來自主觀內心的深刻體味，另一方面來自對客觀外界的細致觀察。「多可喜，亦多可悲」七個字，承上啓下，思路陡轉。「喜」字應上文，但「悲」從何來？一是大家庭的分崩離析。諸父異爨，多置門牆，雞飛狗叫，庭中大變。含蓄的文字中，流露了作者對庭院雜亂的厭惡和對家族衰敗的哀痛。二是母親的早逝。「以指叩門扉曰：『兒寒乎？欲食乎？』」極普通的動作描寫，極平常的生活話語，令讀者如見其人，如聞其聲。母親撫育子女的苦心，兒子追懷母親的哀思，都得到了至微至深的表現。三是自己尙未孚祖母的厚望，而祖母已經逝去。祖母的三句話，和「以手闔門」、「持一象笏至」兩個動作，把老年人對子孫的牽挂、贊許、鞭策的復雜情感，描繪得惟妙惟肖。「軒東」一節是在上文記叙基礎上的附述，以照應題目和引出下段感慨。「殆有神護」表面上是說軒遭火不焚的原因，實際上所隱含着的是作者對自己將要脫穎而出的預感。

　　接下去，仿《史記》論贊筆法，借蜀清與孔明的典故，表達了青年歸有光對於前途的自信。自己「揚眉、瞬目，謂有奇景」，而他人卻譏之爲「坎井之蛙」。這種主客觀的反差，作者以自嘲的筆調寫出，卻更能顯示出強烈自尊的態度。

　　最後兩節，補記了亡妻在軒中的生活片斷和軒在以後的變遷，抒發了作者懷念妻子的眞摯情意。「問古事」，「學書」，「述諸小妹語」，寥寥數筆，繪出了夫妻之間的一片深情。末尾，作者把極深的悲痛寄寓於一棵枇杷樹。物是人非，觸目傷懷。平淡的文字，唱出了深沉的人生的哀歌。

　　從形式上看，作者是寫項脊軒，並以項脊軒作爲篇名，其實是借題發揮，懷念親人。全文以項脊軒爲明線，把各個不相連貫的瑣事綴合起來，抒發了一以貫

之的深摯情感。這篇文章，並不是語性命，談治道，宣揚儒教，而是描寫具有近代人文氣息的日常普通生活。文中沒有壯偉的場景氣勢，也沒有深邃的哲理象徵，只是將眞實細微的人事景物娓娓道來，卻能有力地撥動讀者情感的心弦。明代中葉以後，社會正孕育着重大的變化，表現在文藝方面，創作理論和創作實踐，出現了反抗僞古典主義的思潮。在理論上，李卓吾力倡「童心說」：「夫童心者，絕假純眞，最初一念之本心也。」（≪童心說≫）唐順之提出「但信手寫來，便是宇宙問第一等好詩。」在創作上，唐寅、茅坤、唐順之、歸有光以及「公安三袁」，則用眞實的世俗生活和常人情感來更新正統文學的內容。≪項脊軒志≫正是這種個性心靈解放的文學意向的證明。吳德旋在≪初月樓古文緒論≫中寫道：「歸震川（有光）直接八家。姚惜抱（鼐）謂其於不要緊之題，說不要緊之語，卻自風韵疏淡，是於太史公深有會處，不可不知此旨。有寥寥短章而逼眞≪史記≫者，乃其最高淡之處也。」這是說歸有光的散文疏放平淡，追步≪史記≫。疏放是指不強求組織的嚴密，內容的安排似乎是隨意識的流動而決定。文章的第三小節，附述自己能以足音辨人和軒四遭火而不焚，以及五、六小節補敍對妻子的懷念，都表現了這種結構的隨意性。平淡是指筆下所寫皆居家細事、日常瑣語，雖無重大的社會問題，卻能讓人嗅到眞實的時代氣息，而且語語自然，字字情深。恰如林紓所言：「震川之述老嫗語，至瑣細，至無關緊要，然自少失母之兒讀之，匪不流涕矣。」同樣，對祖母和妻子的回憶，也是「於不要緊之題，說不要緊之語」，而收到了引起讀者共鳴的藝術效果。

　　文章的另一個特點，是語言質樸，不加藻飾。但，通俗自然之中蘊含着豐富的表現力，淺顯明白的文字卻能使景物如畫，人物畢肖。

　　進一步說，疏放的結構，平淡的內容，質樸的語言，一概是手段；書寫懷抱含着深厚的感情，正所謂「一唱三嘆，無意於感人，而歡愉慘惻之思，溢於言語之外。」（王錫爵≪歸公墓志銘≫）以情動人，這才是≪項脊軒志≫最主要的特色。歸有光正是以這種富有眞情實感的優美散文，有力地打擊了當時的模擬文風，對後來散文的發展產生了積極的影響。

（張遠芬）

寒花葬志　　　歸有光

　　婢，魏孺人媵也①。嘉靖丁酉五月四日死②，葬虛丘③。事我而不卒④，命也夫！

　　婢初媵時，年十歲，垂雙鬟，曳深綠布裳⑤。一日，天寒，爇火煮荸薺熟⑥，婢削之盈甌⑦；余入自外，取食之；婢持去，不與。魏孺人笑之。孺人每令婢倚几旁飯⑧，即飯，目眶冉冉動⑨。孺人指余以爲笑。

　　回想是時，奄忽便已十年⑩。吁！可悲也已！

【注釋】①魏孺人：指作者的前妻，姓魏，原籍蘇州，後遷居昆山，爲光祿寺典簿魏庠之女。明清時七品以下的官的妻子封孺人。媵：陪嫁的婢女。②嘉靖：明世宗年號。嘉靖丁酉：公元1537年。③虛丘：在今江蘇省昆山縣東南。④卒：到頭。⑤曳：拖。裳：下身的衣服。⑥爇（ㄖㄨㄛˋ）火：燒火。⑦盈：滿。甌：瓦盆。⑧倚：靠。飯：此作動詞用，吃飯。⑨冉冉：徐徐。⑩奄忽：很快地。

【鑑賞】具有傳統的古典色彩的墓誌銘總是以建功立業的英雄豪傑、嘉言懿行的智者賢士爲表現對象，韓愈就寫過著名的≪柳子厚墓誌銘≫。然而，歸有光卻寫有≪沈貞甫墓誌銘≫、≪寒花葬志≫。前者寫的是功名不彰的一個書生，後者則寫的是普通尋常的婢女丫環。顯然，墓誌銘的表現對象也轉入世俗的人生了。這個題材轉折，兆示了明代的審美思潮的重大變遷。按照古典美學的見解，墓誌銘即誄文，「誄者，累也；累其德行，旌之不朽也」（劉勰：≪文心雕龍·誄碑≫）。而≪寒花葬誌≫既無德行可言，又非旌其不朽。作者所描述的是一位婢女再普通不過的生活，沒有叱咤風雲的功業，亦無力挽狂瀾的顯赫勛績，一切顯得平凡、世俗，然而，在這裏，樹立了中國古代散文美學思潮變遷的路碑。整個≪寒花葬志≫所體現的美學價值和美學史的地位，不全在於上述的題材，更在於具體的藝術表現和審美傳達。

　　從藝術事實也就是作品存在看，體現了歸有光獨特的審美心理結構；而從創

作主體看，則體現爲主體審美心理結構對於對象對照的功能作用。這種審美心理結構的獨特性不同於《陶徵士誅》的作者顏延之，也不同於《柳子厚墓誌銘》的作者韓愈。而歸有光的獨特的審美心理結構積淀著並折射出明代文化心理結構的基本特徵。如前所述，歸有光是以他的體現時代審美意緒的獨特心理來觀照、把握、傳達客體對象的。這是我們鑑賞本文美學價值的出發點和歸宿處。

這篇墓誌銘在同類題材中可算是一篇短文了。全文三節，重點在第二節。從表層意象上看，作者所表述的是寒花的具體身分。從二度層次看，則聯繫了歸氏的妻子「魏孺人」。這篇短文，四次提到她，如果聯繫《項脊軒記》、《先妣事略》等也多次提及她，這裏所寫就不是偶然的了，隱含著對亡妻的懷念。「嘉靖丁酉五月四日死，葬虛丘」，在卒年葬地的概括介紹後，猛烈湧起情感抒發的波瀾：「事我而不卒，命也夫！」作者所深憾的是，寒花的早夭，未能侍奉到底。平直的敍述文字後情感的猛然跳蕩，感嘆語氣的猝然迸發，加強了抒情效果。作者文字中包孕的是失聲流涕的聲調和哀思如潮。由敍述到抒情的陡轉，濺發出文章的第一朵浪花。這裏的陡轉，是主體無法抑制的情緒冲擊，它奠定了全文基調和抒情性的基本特徵：它是從情感出發而非羅列亡者的事迹。從深藏文詞中的間接意蘊——審美情感，從表現於外的直接文詞——「事我而不卒」的「我」來看，主體都有鮮明的存在，文章的審美特點也就從這裏產生出來。清人張士元在《＜震川文鈔＞序》中說歸有光的散文「讀之使人喜者忽以悲，悲者忽以喜」，倒是說出了歸氏散文的審美特徵。歸有光是從「我」的情感出發，去對對象寒花進行審美把握的。

寒花侍奉「我」的日子裏，所憶及並形諸筆墨的事情甚多，但作者既未平板羅織寒花一生的行狀，又未選取一般的事跡，他只捕捉了三個細節。三個細節的運用，從審美傳達的角度看，我們盡可以說作者善於選材，盡可以說作者善於知微顯著，由點及面，但都沒有說到點子上。我們覺得，最根本的還是要從主體的審美心理結構上尋求問題的答案。用信息論說明，儲存於歸有光主體結構中的寒花信息，可謂多矣。但是，如何搜索和提取信息，卻有賴於主體的心理，特別是這類寫身後墓誌銘的文章更體現出主體的信息檢索功能質。最能激活歸有光主體感受的信息是這三個細節，於是才有本文第二段的藝術事實。第一個細節，是寒花的外形，從「初」字看，這是原初性的審美表象。而歷時多年後仍清晰如畫，適見主體審美感受之深刻，成爲審美中的優勢中心。「年十歲，垂雙鬟，曳深綠布裳」，淡疏幾筆，勾勒出寒花初進歸門的素描圖。它所顯示的對象的自然質是寒花作爲十歲孩童的外在肖像；它所顯示的主體的審美功能質是作者

記憶表象的興奮和深雋。事隔多年感受最強的是雙鬟的形象、深綠的顏色。

第二個細節是吃荸薺。「一日」的詞義顯示出選擇性，也表明對象信息系統最能激起主體情緒信號系統的是特定的一天中的特定一事。「天寒，爇火煮荸薺熟，婢削之盈甌；余入自外，取食之；婢持去，不與。魏孺人笑之。」這裏，以「婢持去，不與」的特定動作顯示對象的調皮舉止，活畫出人物的情態，而充溢其間的是盎然的情趣。這一情趣由三方面構成：「我」自外而入的徑取食之；「婢持去，不與」的頑皮舉止；「魏孺人笑之」的音態笑貌。三者的互相作用、感染，形成家庭主僕間融融的調趣氛圍。這一氛圍正是其美學情味之所在。

第三個細節是吃飯時的情景。「孺人每令婢倚几旁飯，即飯，目眶冉冉動。孺人指余以爲笑。」這裏同樣是由三人所組合的生活畫面，而又以寒花作爲主位形象。目眶冉冉動」，如「頰上三毫」，精光四溢，小女僕天眞充滿無邪稚氣的神態惟妙惟肖。而作者也正是在這裏選擇了他最有感受的情景。

寒花的形態、情態、神態，家庭的情趣、情味、情緒，使得作者回憶所至，恍若在卽；疏淡幾筆，表現俱足。

文字換節後，文情意緒猛遇峭崖，遂成瀑流：「回思是時，奄忽便已十年。吁！可悲也已！」這裏眞正是體現出蘇軾所說的「十年生死兩茫茫，不思量，自難忘」的情緒特徵。而歸有光的這一情緒噴發，是在前面深情回思的基礎上進行的，經過起落和跌宕，就分外感人。猶如夢幻，往事回顧，愈是逼眞、動人，則夢醒後愈覺惆悵、空虛、繾綣不盡。歲月忽忽，光景如白駒過隙，轉瞬已有十個春秋。而今愛妻病故，嬌僕早夭，大有人去樓空之感。短短十字蘊含著難以排解的空虛感、難以申說的沉痛感。經過蘊蓄逐形成新的噴發，一聲聲腔悠長的「吁」，有多少歲月和人生的感傷情調。拖長的語調尚盤旋在紙面，頃刻便凝結成「可悲也已」的哽咽吞聲和擲筆長嘆。

清人黃宗羲在《張節母葉孺人墓誌銘》中寫道：「予讀震川文之爲女婦者，每以一二細事見之，使人欲涕。」確是的評，道出了歸有光這類以「女婦」爲表現對象的散文抒情性的基本特徵。而這一特徵的表現，又正如王錫爵在《歸公墓誌銘》中所說的，「無意於感人，而歡愉慘惻之思，溢於言語之外」。歸氏善於提取審美感受中最動人的情感，又善於表達這種感受，才獲得上述的讚譽的。通篇發乎情而終乎情，從「命也夫」的失聲悲慟到「可悲也已」的放懷抒吐，始終盤旋的是情感，略無阻隔卻蕩氣回腸。這裏不是發乎情而止乎禮的理性主義節制，旣未借題發揮精理微義，又未像傳統的墓誌銘闡述故人的理性精神，一切都來自經驗世界中的感性表象。

　　歸有光爲一個名不彰位不顯，僅是家庭小女僕的寒花撰寫墓誌銘，他把家庭中的主僕關係寫得融然洽然，實際上反映了當時人與人關係的新變動，標誌著散文正在走向生活的審美趣向。

　　更重要的是，作者審美選擇的是日常生活中再平凡不過的情景，這在傳統古文中簡直是鳳毛麟角，但歸有光卻作爲最主要的對象加以表現。作者以感受來選擇、評價生活，感性主義取代了理性主義。所有這一切的主客體特徵形成了一個重要標誌，標誌著正統古文趨於式微；在客體上接近世俗生活，主體上接近日常情感的審美新要求正在形成。這一新要求在《寒花葬志》中得到完美的表現，因而歸有光的這篇散文和《項脊軒志》等成爲正統散文向近代散文轉折的重大標識，它的審美影響一直及於袁氏三兄弟的「公安派」散文。而這一點和市民文學、小說戲曲的審美趣向是同步的。歸有光能夠在《寒花葬志》中以近代美學氣息的筆調感應出時代心意的變異，眞正是印證了得其風氣之先的美學命題。而這正是積淀在本文深層結構中的美學精英。

　　　　　　　　　　　　　　　　　　　　　　　　　　　（裘取）

任光祿竹溪記　　　唐順之

　　余嘗游於京師侯家富人之園①，見其所蓄②，自絕徼海外奇花石無所不致③，而所不能致者惟竹。吾江南人斬竹而薪之④，其爲園⑤，必購求海外奇花石，或千錢買一石⑥、百錢買一花不自惜，然有竹據其間⑦，或芟而去焉⑧。曰：∟毋以是占我花石地⑨。丁而京師人苟可致一竹⑩，輒不惜數千錢⑪。然才遇霜雪，又槁以死⑫。以其難致而又多槁死，則人益貴之⑬。而江南人甚或笑之曰：∟京師人乃寶吾之所薪⑭丁。嗚呼！奇花石，誠爲京師與江南人所貴。然窮其所生之地⑮，則絕徼海外之人視之，吾意其亦無以甚異於竹之在江以南⑯。而絕徼海外，或素不產竹之地，然使其人一旦見竹⑰，吾意其必又有甚於京師人之寶之者❸，是將不勝笑也⑲。語云⑳：∟人去鄉則益賤㉑，物去鄉則益貴。丁以此言之，世之好醜，亦何常之有乎㉒？

　　余舅光祿任君治園於荊溪之上㉓，遍植以竹，不植他木。竹間作一小樓，暇則與客吟嘯其中㉔，而間謂余曰㉕：┗吾不能與有力者爭池亭花石之勝㉖，獨此取諸土之所有㉗，可以不勞力而蓊然滿園㉘，亦足適也。因自謂竹溪主人，甥其爲我記之。┓余以謂君豈眞不能與有力者爭㉙，而漫然取諸其土之所有者㉚？無乃獨有所深好於竹㉛，而不欲以告人歟㉜？昔人論竹以爲絕無聲色臭味可好㉝，故其巧怪不如石，其妖艷綽約不如花㉞。孑孑然㉟，孑孑然，有似乎偃蹇孤特之士㊱，不可以諧於俗㊲。是以自古以來知好竹者絕少㊳。且彼京師人亦豈能知而貴之？不過欲以此鬥富，與奇花石等爾。故京師人之貴竹，與江南人之不貴竹，其爲不知竹一也㊴。

　　君生長於紛華㊵，而能不溺乎其中㊶，裘馬、僮奴、歌舞㊷，凡諸富人所酣嗜㊸，一切斥去㊹，尤挺挺不妄與人交㊺，凜然有偃蹇孤特之氣，此其於竹，必有自得焉。而舉凡萬物可喜可玩㊻，固有不能間也歟㊼？然則雖使竹非其土之所有，君猶將極其力以致之，而後快乎其心。君之力雖使能盡致奇花石，而其好固有不存也。嗟乎㊽！竹固可以不出江南而取貴也哉㊾！吾重有所感矣㊿。

【注釋】①京師：京城。②蓄：蓄藏。③絕徼（ㄐㄧㄠˋ）：邊遠地區。致：買到。④薪：此處用作動詞。當燒柴之意。⑤圃：花園。⑥錢：銅錢。⑦據：占據。⑧芟（ㄕㄢ）：割除。⑨毋：不要。⑩苟：假如。⑪輒：每每。⑫槁：枯乾。⑬貴：珍貴。⑭乃：竟。寶：珍惜。⑮窮：追窮。⑯無以：沒有什麼。⑰使其人：假如那裏的人。⑱寶：珍視。甚：超過。⑲不勝：經不起。⑳語云：俗語說。㉑鄉：家鄉。㉒何常之有：有何常的倒裝。㉓光祿：光祿寺卿，官名。荊溪：在今江蘇省宜興縣南，注入太湖。㉔吟嘯：吟詩高歌。㉕間：間或。這裏指偶然。㉖爭：比賽。㉗土：土生土長。㉘蓊（ㄨㄥˇ）然：草木茂盛的樣子。㉙謂：通「爲」。㉚漫然：漫不經心。㉛有所深好：有深厚的喜愛之情。㉜以告人：以之告人。㉝臭味：氣味。可好：值得喜愛。㉞妖艷綽約：顏色艷麗，姿態柔美。㉟孑孑然：孤獨的樣子。㊱偃蹇：高傲。孤特：孤高獨立。㊲諧：協調。㊳好：喜好。㊴一：一樣。㊵紛華：富麗豪華。㊶溺：沉溺。㊷裘：皮衣。馬：馬車。僮僕：奴僕。㊸酣嗜：盡情愛好。㊹斥：排除。㊺挺挺：正直。妄：胡亂。㊻舉

凡：大凡。㊼間：挿入。㊽嗟乎：唉。㊾取貴：被人珍貴。㊿重：深，甚。

【鑑賞】明代唐順之的《任光祿竹溪記》可以稱得上是山水小品中的一篇奇文。文章雖然冠之以「竹溪記」之名，卻沒有記竹溪之景物，而是借題發揮，譏笑批評了世俗不知竹而盲目貴竹、賤竹的怪現象，贊揚了光祿任君的知竹、愛竹，和不務紛華、不陷流俗的孤高獨立的人品。

　　文章開篇就運用迂廻戰術，從世俗對竹子的態度說起，遙而作了深入的分析，最後得出一個觀點：世之好醜並不是固定不變的。這是文章的第一部分。在這部分裏，作者先揭出了京師人貴竹和江南人賤竹的奇怪現象。京師侯家富人建造園林，搜羅天涯海角的奇花異石，「而所不能致者惟竹」。京師無竹，是由於氣候不適宜竹子的生長，但是，侯家富人為了逞威鬥富，竟可以不惜數千錢而購一竹，然而，好不容易種上一株竹，一遇霜雪，又被枯死。正因為這樣，「人益貴之」。竹在京師真是一個幸運兒，但在它家鄉——江南，卻不過是一堆柴草而已。人們要建造園林，總要把竹子「芟而去焉」，說「毋以是占我花石地」。寧可花「千錢買一花」，也決不要一竿竹。聽說京師人貴竹，江南人還會感到可笑：「京師人乃寶吾之所薪。」竹在京師，因其無，得之難，則人皆貴之；而在江南，因其多，得之易，人皆賤之。這使作者感到可悲，不禁長嘆一聲：「嗚呼！」

　　在揭出怪現象的基礎上，作者深入一步，進行了由此及彼的推理和由表及裏的分析。奇花石雖為京師人與江南人所貴，但在其產地一定與竹子在江南的命運相似。反之，在奇花石的家鄉「絕徼海外」，或者在其它從來不產竹子的地方，一旦有人看見竹子，又必定比京師的人更加珍愛它。於是，作者自然地聯想起一句熟語：「人去鄉則益賤，物去鄉則益貴」。世上評價人、物的物標準，是依遠近多寡而論高下貴賤。面對這種習俗的偏見，作者忍不住發問：「世之好醜，亦何常之有乎？」這一個反詰句，有力地表現了作者對人才和竹子不幸命運的憤憤不平，抒發了對世俗偏見的強烈不滿。

　　但是，就在這種惡劣的風氣之下，卻也有一個不陷於流俗的高蹈者，這就是作者的舅舅光祿任君。文章到第二部分，才點明了題目中的任光祿和竹溪。在這一部分裏，作者交代了本文的寫作緣起，指出了任君建竹園於荊溪之上的原因，並由此引出了關於知竹與不知竹的議論。任光祿雖身處江南，卻不以世俗賤竹而賤之，反而，在荊溪之上治園，「遍植以竹，不植他木。竹間作一小樓，暇則與客吟嘯其中」，並自號曰「竹溪主人」。這裏雖寥寥幾筆，我們卻從中看到了一個不苟合流俗的竹林七賢式的人物形象。任君為什麼這樣做呢？他自己說：「吾不

能與有力者爭池亭花石之勝，獨此取諸土之所有，可以不勞力而翯然滿園，亦足適也。」而這並非任君的本意，正如作者所說的那樣，任君以竹爲園，是因爲「有所深好於竹」，愛竹又是因爲知竹。任君這樣解釋則是「不欲以告人」。然而，像任君這樣知竹的人，自古以來卻又是「絕少」的。這是因爲，古來就認爲竹「絕無聲色臭味可好，故其巧怪不如石，其妖艷綽約不如花。子子然，子子然，有似乎偃蹇孤特之士，不可以諧於俗」。也許有人要問：京師人不是很愛竹嗎？作者認爲，京師人貴竹「不過欲以此鬥富，與奇花石等爾。故京師人之貴竹，與江南人之不貴竹，其爲不知竹一也。」這段話非常精闢。從這段入情入理的充滿辨證法的分析中，我們看到了作者嚴密的思辨能力和卓越的見證。

第三部分，文章更深入一步，由贊頌任君的知竹愛竹，引起對任君人品的贊頌，進而反過來說明任君孤高獨立的人品，又正是他知竹愛竹的根源所在。最後，再一次發出感嘆，「竹固可以不出江南而取貴也哉！」

任君生長於繁華富貴的環境，卻能不沉溺其中，依其財力決不是不能致奇花異石，但他「凜然有偃蹇孤特之氣」，凡是富人們所酣嗜的，諸如「裘馬、僮奴、歌舞」之類，一切斥去，而且「挺挺不妄與人交」。這種性格正與竹子的性格有類似之處，所以，作者說「此其於竹，必有自得焉」。這裏既是對「有所深好於竹」的呼應，又是一個極好的注腳。任君是竹子的知己，竹子又是任君精神的寫照。接著，作者又寫道，即使竹子並非本地所有，任君也會「極其力以致之，而後快乎其心」，他的力量雖然「能盡致奇花石，而其好固有不存也」。這裏又從兩個方面強調指出任君愛竹是眞正知竹。

最後，作者以一聲長嘆收束全文，「嗟乎！竹固可以不出江南而取貴也哉！吾重有所感矣。」從任君的愛竹，作者深深體會到：竹子本來在江南就應有一個尊貴的地位，這是由它自身的價值而決定的，但人們卻不能理解它，它也得不到應有的珍重。在這個「嗟乎」裏，包含了作者對任君高風亮節的褒揚，對世俗的偏見惡習的不滿，對竹子明珠暗投的同情和巧遇知己的羨慕。

唐順之是唐宋派的主要人物，反對擬古主義非常堅決。他要求文章家要有獨特的思想見解，不要落入俗套。他在《答茅鹿門知縣書二》中說：「今有兩人：其一人心地超然，所謂具千古隻眼人也，即使未嘗操筆呻吟學爲文章，但直據胸臆，信手寫出，如寫家書，雖或疏鹵，然絕無煙火酸餡習氣，便是宇宙間一樣絕好文字；其一人猶然塵中人也，雖其專學爲文章，其於所謂繩墨布置則盡是矣，然番來覆去不過是這幾句婆子舌頭語，索其所謂眞精神與千古不可磨滅之見，絕無有也，則文雖工而不免爲下格。」有人說：唐順之的作品未能實踐他的理論（

見劉大杰《中國文學史》），未免過分了。《任光祿竹溪記》就充分體現了這一特色，這是一次很好的實踐。文章不落俗套，不受繩墨束縛。名爲「竹溪記」，卻既不用「記」的筆法，也不扣住「竹溪」落筆；既不記溪的位置、景色，也不記竹子的枝葉、形狀；開頭起筆有三分之一以上的篇幅似乎不切題旨，扯開很遠，既不提「竹溪」，又不談「任光祿」。但是，全文感情充沛，滔滔雄辯，而且文從字順，語言流暢，特別是幾個嘆詞、以及設問句、反問句、感嘆句的交錯運用，大有一唱三嘆之妙，充分體現了「直據胸臆，信手寫出，如寫家書」的特色，眞可謂獨具一格。

　　山水散文到宋代呈現出議論化的傾向，作家常運用借景言志，寫景寓議的方法，在山水散文中發表議論。到晚明的山水散文中又出現了覽景寓刺的寫法，如張明弼的《避風岩記》簡直可以作爲一篇諷時刺世的雜文來讀。唐順之的這篇《任光祿竹溪記》正代表了山水散文的議論化傾向向雜文化傾向的過渡。文中議論的成分大於記敍的成分，甚至可以當作一篇議論文來讀，而且又常常運用雜文筆法諷刺時弊。比如，談竹子時，巧妙地借用熟語：「人去鄉則益賤，物去鄉則益貴」，出其不意地對社會上不重視人才的現象給以有力的一刺。特別是對侯家富人逞威鬥富的心理分析和諷刺，眞是鞭撻入裏，入木三分。

　　　　　　　　　　　　　　　　　　　　　　　　　　　　（陸志平）

青霞先生文集序　　　　茅　坤

　　青霞沈君①，由錦衣經歷上書詆宰執②。宰執深疾之③。方力構其罪④，賴天子仁聖⑤，特薄其譴⑥，徙之塞上⑦。當是時，君之直諫之名滿天下。已而君累然攜妻子⑧，出家塞上⑨。會北敵數內犯⑩，而帥府以下，束手閉壘⑪，以恣敵之出沒⑫，不及飛一鏃以相抗⑬。甚且及敵之退⑭，則割中土之戰沒者與野行者之馘以爲功⑮。而父之哭其子，妻子哭其夫，兄之哭其弟者，往往而是⑯，無所控籲⑰。君既上憤疆場之日弛⑱，而又下痛諸將士日菅刈我人民以蒙國家也⑲。數鳴咽欷歔⑳，而以其所憂鬱發之於詩歌文章，以泄其懷，卽集中所載諸什是也㉑。

　　君故以直諫爲重於時㉒，而其所著爲詩歌文章，又多所諷刺。稍稍傳播，上下震恐，始出死力相煽構㉓，而君之禍作矣㉔。君既沒，而一時闒茸所相與讒君者㉕，尋且坐罪罷去㉖。又未幾，故宰執之仇君者亦報罷㉗。而君之門人給諫俞君㉘，於是裒輯其生平所著若干卷㉙，刻而傳之。而其子以敬㉚，來請予序之首簡㉛。

　　茅子受讀而題之曰㉜：若君者，非古之志士之遺乎哉㉝？孔子刪《詩》㉞，自《小弁》之怨親、《巷伯》之刺讒以下㉟，其忠臣、寡婦、幽人、黜士之什㊱，並列之爲「風」、疏之爲「雅」㊲，不可勝數。豈皆古之中聲也哉㊳？然孔子不遽遺之者㊴，特憫其人㊵，矜其志㊶，猶曰：「發乎情，止乎禮義」㊷，「言之者無罪，聞之者足以爲戒」焉耳㊸。予嘗按次春秋以來㊹，屈原之《騷》疑於怨㊺，伍胥之諫疑於脅㊻，賈誼之疏疑於激㊼，叔夜之詩疑於憤㊽，劉蕡之對疑於亢㊾。然推孔子刪《詩》之旨而裒次之㊿，當亦未必無錄之者。君既沒，而海內之薦紳大夫㊶，至今言及君，無不酸鼻而流涕。嗚呼！集中所載《鳴劍》、《籌邊》諸什，試令後之人讀之，其足以寒賊臣之膽，而躍塞垣戰士之馬㊼，而作之愾也㊽，固矣㊾。他日國家采風者之使出而覽觀焉㊿，其能遺之也乎？㊶予謹識之㊷。

　　至於文詞之工不工，及當古作者之旨與否，非所以論君之大者也，予故不著㊸。

【注釋】①青霞沈君：沈煉（？—1560），字純甫，別號青霞山人，會稽（今浙江紹興市）人。明嘉靖十七年（1538）進士，官錦衣衛經歷。爲人剛直，曾上疏劾嚴嵩父子，直陳其十大罪狀。爲此被謫戍保安衛（今河北懷來縣一帶），當地人傾慕他的忠義，多遣子弟從學，煉對嚴嵩父子深惡痛絕，縛草人像李林甫、秦檜和嚴嵩，命弟子攢射，後終被嚴嵩構陷遭害。②錦衣經歷：明代置錦衣衛，主管侍衛皇帝和刑獄、巡察和緝捕等職，明中葉以後，成爲宦官控制的特務組織。經歷是掌出納文牘的官員。詆（ㄉㄧˇ）：指責。宰執：指宰相，此處卽指嚴嵩。③疾：忌恨。④方：正。構：虛構，捏造。⑤賴：依靠。⑥薄：減輕。譴：處分。⑦徙：遷徙，流放。塞上：邊塞之外。⑧已而：不久。累然：鬱鬱不得志的樣子。⑨家：安家。⑩北敵：指元亡以後逃至塞北的蒙古諸部。數：屢次。內

犯：侵犯內地。⑪束手閉壘：束手無策而緊閉城壘。⑫恣：任憑。⑬鏃（ㄗㄨˊ）：箭頭，此指箭。⑭甚且：甚至。⑮中土：中原。沒：死。馘（《ㄨㄛˊ）：古代戰爭中割去敵人左耳以計功。這裏指耳朵。⑯往往：處處。⑰無所控籲：沒處去控訴呼籲。⑱疆場：此指邊疆的守備。弛：鬆弛。⑲菅刈（ㄐㄧㄢ ㄧˋ）：割草，形容殺人之輕率。蒙：蒙蔽。⑳嗚咽：低聲悲泣。欷歔（ㄒㄧ ㄒㄩ）：嘆息。㉑諸什：諸篇。㉒爲重於時：被當世所重。㉓出死力：拼命。煽構：羅織罪名以陷害。㉔作：興起。㉕閫（ㄎㄨㄣˇ）寄：委任武將以軍權叫閫寄。閫本指外城之門，古代皇帝將閫外的軍務大事都委託統兵在外的將帥處理，故稱。此卽指身居邊防要職的邊將。與：參與。譖：說壞話以陷害。㉖尋：不久。坐：因。㉗宰執之仇君者：仇視先生的宰相。報罷：宣布罷免。㉘給諫：卽給事中，官名。明代分吏、戶、禮、兵、刑、工六科，掌侍從規諫，稽察各部官員之失等職。㉙裒（ㄆㄡˊ）輯：搜集滙輯。㉚以敬：沈燦之子名襄，字以敬。㉛首簡：書藉的頭。㉜茅子：作者自稱。㉝遺：繼承者。㉞《詩》：指《詩經》，相傳孔子編輯、刪定《詩經》爲三百零五篇。㉟《小弁》：《詩經・小雅》中的一篇，相傳爲周幽王的太子宜臼所作。幽王聽信寵妃褒姒讒言，廢黜申后，放逐宜臼，宜臼遂作此詩。怨親：指怨恨其父之信讒。《巷伯》：《詩經・小雅》中的一篇，相傳巷伯因受讒而被處宮刑，憤而作此詩。㊱幽人：隱士。數（ㄆㄨˋ）士：含怨恨的人。㊲「風」：指《詩經》中的《國風》，共有一百六十篇。疏：分列。「雅」：指《詩經》中的《大雅》、《小雅》。㊳中聲：中和之聲，指不偏不倚，中正平和的作品。㊴遽（ㄐㄩˋ）：匆忙，輕率。遺：舍棄。㊵特：只是。憫：可憐。㊶矜（ㄐㄧㄣ）：同情。㊷這兩句話出自《毛詩序》。發：發自。止：終止。㊸這兩句也出自《毛詩序》。焉耳：罷了。㊹按次：依次考察。㊺屈原：戰國時楚國人，輔佐楚懷王，後受讒流放，他是我國第一位偉大的詩人。《騷》：指屈原的代表《離騷》，此爲他放逐以後表示自己對故國的懷念和對貴族排斥賢能怨恨的作品。疑於：似乎近於。㊻伍胥：伍子胥，曾助吳王闔閭大敗楚軍，報了殺父之仇，後因勸諫吳王夫差拒絕越王勾踐求和、停止伐齊而被賜死。㊼賈誼：西漢政論家、文學家。漢文帝時召爲博士，不久遷爲太中大夫，後謫爲長沙王太傅、又爲梁懷王太傅。他曾多次上疏評論時政，著名的有《陳政事疏》、《過秦論》等。㊽叔夜：魏晉時的思想家、文學家嵇康字叔夜，官中散大夫，與阮籍齊名。因不滿司馬氏政權，爲司馬昭所殺。他的詩長於四言，風格清峻，較有名的有《幽憤詩》。㊾劉蕡（ㄈㄣˊ）：字去華，唐文宗時應賢良對策，極言宦官禍國，因而被黜落。後授秘書郎，由於宦官誣陷，貶柳州司戶參軍。㊿推：推究。51薦（ㄐㄧㄣˋ）紳：通「縉紳

紳」，挿笏於大帶，爲官宦之代稱。縉：挿；紳：大帶。⑤塞垣（ㄩㄢˊ）：邊塞之城牆，此指邊疆營壘。⑤作之愾（ㄎㄞˋ）：激發起義憤。⑤固：必然。⑤采風：采詩，古代統治者派人搜集民間詩歌以察風俗民情，稱謂「采風」。⑤其：難道：⑤識（ㄓˋ）記下，指記此序文。⑤著：著錄，記載。

【鑑賞】茅坤與王愼中、唐順之、歸有光等人被稱爲明代的「唐宋派」古文家，他們的論文旨趣與文章風格都與盛行於當時的、以「前後七子」爲代表的「秦漢派」不同。茅坤本人就選過《唐宋八大家文鈔》，確立了「唐宋派」的師法對象，而他自己的創作也正是這種主張的體現。故《四庫全書總目提要》說：「自李夢陽《空同集》出，以字句摹秦、漢，而秦、漢爲寠臼；自坤《白華樓稿》出，以機調摹唐、宋，而唐、宋又爲寠臼。」可見茅坤在當時的深刻影響。這篇《青霞先生文集序》卽可視爲他的代表作。通過對此文的剖析，卽可槪見「唐宋派」散文的特點。

　　「唐宋派」的一個重要特徵是強調文章和道的關係，如茅坤的《＜唐宋八大家文鈔＞序》就說：「文特以道相盛衰，時非所論也。」「孔子之所謂『其旨遠』，卽不詭於道也；『其詞文』，卽道之燦然。」要求文章「可以闡理道而裨世教」（唐順之語），因此他們注重文章的思想內容。此文表彰沈煉的直言敢諫、嫉惡如仇和盛贊他的詩文的氣骨，就體現了這種傾向。沈煉是明代中葉的節義之士，他的一生，始終與以嚴嵩爲代表的權奸作了堅持不懈的鬥爭。文章的前兩段卽記載了他這方面的事跡：他在錦衣衛經歷任上上書指責嚴嵩父子，因而受到迫害，以至全家被迫徙居於塞外，但他並沒有在當權者的淫威下屈服。當他痛心地看到嚴嵩的黨徒楊順任邊帥時屢敗於蒙古韃靼部俺答汗，卻常常殺戮無辜的百姓以冒功求賞，於是再次上書譴責，措詞更加激切。然他終於無望於統治者的支持，於是以詩歌文章做爲發泄胸中鬱積和譏刺時政的工具，或只能聚集子弟，攢射模擬嚴嵩的草人來解心中之恨，以至終於激怒了嚴嵩父子，被構陷致死。作者對這樣一位有骨氣，有膽識的節義之士自然深懷敬意，對他剛直不阿的品格極爲推重，文章中兩次提到他的直諫聲震朝野。所謂「當是時，君之直諫之名滿天下」，「君故以直諫爲重於時」，可見茅坤對他直言敢諫的傾慕。他對沈煉詩文的推重備至，歸根結蒂也還在於他對沈氏人格的推重。從本文的後兩段來看，茅坤衡文論詩的標準，並不在斷斷於字句的工巧和是否符合古代作家的旨趣，而在於其思想的價值。茅坤首先在理論上以爲詩文不必都合乎所謂的「中聲」，可以有怨懟和諷刺。他不僅引徵了孔子刪《詩》的例子，而且列舉了春秋以來屈原、伍子胥、賈誼、

嵇康、劉蕡等人的文辭詩賦，認爲它們雖然有怨憤和牢騷，卻都有其存在價值。
這種見解，可以說直接繼承了司馬遷的「發憤著書」說和韓愈「不平則鳴」的主
張。沈煉的詩文激昂慷慨，諷刺時政，正如《四庫提要》所說的：其文章勁健有
氣，詩亦鬱勃磊落，肖其爲人。」因而雖然它們未必合於中正和平的要求，卻能
打動人心，茅坤以爲「其足以寒賊臣之膽，而躍塞垣戰士之馬，而作之愾也」，
給了它們以很高的評價，體現了茅坤首先注重詩文內容的傾向。

　　明代「唐宋派」散文家在清代的繼承者，桐城派古文的創始人方苞曾在他的
《書＜漢書・霍光傳＞後》中說：「《春秋》之義，常事不書，而後之良史取法
焉。古之良史，於千百事不書，而所書一二事，則必具其首尾，並所爲旁見側出
者而悉著之。故千百世後，其事之表裏可按而如見其人。」意謂在寫人物時應注
重材料的選擇，要擇取人物具有代表性的重要事件，而不必羅列那些瑣細小事。
此文寫靑霞先生的生平事迹卽是如此。作者用了極簡淨的筆墨，突出了沈煉不畏
權貴、敢於直諫的品格。無論是「上書詆宰執」，還是「痛諸將士日菅刈我人民
以蒙國家」，或是「以其所憂鬱發之於詩歌文章」，都集中地體現了他的正直與無
畏，體現了作者剪裁上的匠心。所以文章的筆墨不多，而人物的形象給人以深刻
的印象。特別是作者用了繁簡互用的手法，其中敍事雖以極精練的語言寫出，卻
也不乏形象的描繪，如「已而君累然攜妻子，出家塞上」一句中「累然」二字就
將沈煉悲憤悵恨的心情逗露出來。又如描寫邊將之庸懦：「束手閉壘，以恣敵之
出沒，不及飛一鏃以相抗。」卽把他們貪生怕死、懦弱無能的形態揭露無餘。再
如「而父之哭其子，妻子哭其夫，兄之哭其弟者，往往而是，無所控籲」諸句，
作者重複地用了三個排比句，卽意在強調百姓受害者之衆和怨恨之深，令文章更
加富於感染力。

　　「唐宋派」的文章較重感情，因爲他們不滿七子摹擬古人而喪失眞情的文
風，如歸有光的散文就往往以感情眞摯取勝。茅坤的這篇文章筆墨之間也蘊有感
慨，所以全文以夾敍夾議的手法寫出，讀來唱嘆有致，如以下一段：「嗚呼！集
中所載《鳴劍》、《籌邊》諸什，試令後之人讀之，其足以寒賊臣之膽，而躍塞
垣戰士之馬，而作之愾也，固矣。他日國家采風者之使出而覽觀焉，其能遺之也
乎？」其中用了感嘆句和反問句，加強了文章的感情色彩。這是「唐宋派」散文
表達上的一個長處，他們的文中用了大量虛字，句法也錯落多變，往往構成委
婉曲折的文勢，這就比氣勢雄健的秦漢文與句法拘謹的駢體文更宜表現深沉的感
情。

　　「唐宋派」古文家很重視文章的間架結構。茅坤評點的《唐宋八大家文鈔》

就往往求諸所謂繩墨布置，如抑揚、開合、奇正、起伏照應等，因而他自己的作品也注重這些方面，於章法上甚下功夫，如此文的結構謀篇卽條理井然。第一段敍述沈煉的生平事跡，結束處以「而以其所憂鬱發之於詩歌文章」一句承上啓下，轉入詩文；第二段由詩文而帶出他的被害。史載當時邊帥楊順向嚴嵩之子嚴世蕃誣告沈煉圖謀不軌，世蕃授意爪牙誣陷他參與白蓮敎的謀反活動，因而被處死，然文中只以「而君之禍作矣」一句帶過，因爲此處太多的敍述就會顯得游羈無歸，與序文集的主旨脫節，故旋卽敍述他身後的事變和歸結到搜集生平所著；於是第三段論沈煉詩文的價值，一氣相承；最後一段交代自己的意圖，作爲全篇餘波。全文章法謹嚴，其中起承縐合的脈絡，細讀自可見其草蛇灰線。

「唐宋派」散文的另一個特點便是將文章寫得文從字順，暢達明白。唐順之論文就主張「本色」，在他給茅坤的信中以爲「直據胸臆，信手寫出，如寫家書，雖或疏鹵，然絕無烟火酸餡習氣，便是宇宙間一樣絕好文字」。這樣的文章便是「本色語」。我們讀茅坤此文，顯然可見其語言樸實，文理自然的特點，全文絕無佶屈聱牙之處，也不堆垛詞藻、舖張文句，讀來朗朗上口，較易理解。

由此可見，茅坤這篇《靑霞先生文集序》不僅是茅坤作品中思想性較強，藝術上較爲成熟的作品，而且也體現了「唐宋派」散文的一般特點。諷誦此文，猶如嘗鼎一臠，可以略見「唐宋派」散文的風貌特徵。

（王鎭遠）

報劉一丈書　　　宗　臣

數千里外，得長者時賜一書①，以慰長想②，卽亦甚幸矣；何至更辱饋遺③，則不才益將何以報焉④！書中情意甚殷⑤，卽長者之不忘老父，知老父之念長者深也⑥。至以「上下相孚，才德稱位」語不才⑦，則不才有深感焉。夫才德不稱⑧，固自知之矣⑨。至於不孚之病，則尤不才爲甚。

且今之所謂孚者何哉？日夕策馬候權者之門⑩，門者故不入⑪，則甘言媚詞⑫，作婦人狀⑬，袖金以私之⑭。卽門者持刺入⑮，而主

者又不卽出見，立廏中僕馬之間⑯，惡氣襲衣袖，卽飢寒毒熱不可忍
⑰，不去也。抵暮⑱，則前所受贈金者出，報客曰：「相公倦⑲，謝
客矣⑳，客請明日來。」卽明日，又不敢不來。夜抱衣坐，聞鷄鳴，
卽起盥櫛㉑，走馬抵門。門者怒曰：「爲誰㉒？」則曰：「昨日之客
來。」則又怒曰：「何客之勤也㉓！豈有相公此時出見客乎？」客心
恥之㉔，強忍而與言曰：「亡奈何矣㉕！姑容我入㉖。」門者又得所
贈金，則起而入之㉗，又立所立廏中㉘。幸主者出，南面召見㉙，則
驚走匍匐階下㉚。主者曰：「進！」則再拜㉛，故遲不起。起則上所
上壽金㉜。主者故不受，則固請㉝。主者故固不受，則又固請。然後
命吏內之㉞。則又再拜，又故遲不起，起則五六揖㉟，始出。出，揖
門者曰：「官人幸顧我㊱，他日來，幸亡阻我也。」門者答揖。大喜，
奔出，馬上遇所交識，㊲卽揚鞭語曰：「適自相公家來㊳，相公厚我
㊴！厚我！」且虛言狀㊵。卽所交識，亦心畏相公厚之矣㊶。相公又
稍稍語人曰：「某也賢㊷！某也賢！」聞者亦心計交贊之㊸。此世所
謂上下相孚也。長者謂僕能之乎㊹？

　　前所謂權門者，自歲時伏臘一刺之外㊺，卽經年不往也。間道經
其門㊻，則亦掩耳閉目，躍馬疾走過之，若有所追逐者。斯則僕之褊
衷㊼，以此長不見悅於長吏㊽，僕則愈益不顧也。每大言曰㊾：「人
生有命㊿，吾惟守分而已(51)！」長者聞之，得無厭其爲迂乎(52)？

　　鄉園多故(53)，不能不動客子之愁(54)。至於長者之抱才而困(55)，則
又令我悵然有感(56)。天之與先生者甚厚(57)，亡論長者不欲輕棄之(58)，
卽天意亦不欲長者之輕棄之也，幸寧心哉(59)！

【注釋】①賜：敬詞，賞，給。②長想：深長的思念。③何至：哪裏敢。辱：屈
辱(您)，謙詞。餽遺（ㄎㄨㄟˋ ㄨㄟˋ）：贈送。④不才：無才，自謙之稱。益：更
加。何以報：卽「以何報」，用什麼來報答。⑤殷：深厚。⑥老父：作者稱呼自
己的父親。卽：就，從。⑦上下相孚，才德稱位：上下級互相信任，才德與官位
相配。孚：信任。稱：合適，稱職。⑧夫：發語詞。⑨固：本來。⑩日夕：白天
和晚上。策馬：用鞭子趕馬，形容奔走。策：鞭，名詞用作動詞。權者：有權勢
的人，指嚴嵩、嚴世蕃父子。⑪故不入：故意不讓進去。⑫甘言媚詞：甜言蜜

語，巴結人的話。⑬作婦人狀：故意扭捏作態。⑭袖金以私之：取出衣袖裏藏著的銀子，偷偷地送給守門人。私：動詞，私送。⑮卽：卽使，縱使。刺：名刺，謁見時用的名片。明代官場謁見，用紅紙寫官銜、姓名投遞通報。⑯厩（ㄐㄧㄡˋ）：馬棚。僕馬：僕人和馬匹。⑰毒熱：酷熱。⑱抵：到了。⑲相公：唐宋以後對宰相的尊稱。⑳謝客：謝絕見客。㉑盥櫛（ㄍㄨㄢˋ　ㄐㄧㄝˊ）：洗臉和梳頭。㉒爲誰：是誰。㉓何客之勤也：怎麼你這個人來得這樣勤呢。㉔耻之：以之爲耻。感到這樣可耻。㉕亡奈何：沒有辦法。亡：同「無」。㉖姑：暫且。㉗起而入之：起身開門讓客進府去。入之：使之入。㉘向：向時，先前。㉙南面：古代以面向南坐爲尊位。㉚走：跑。匍匐（ㄆㄨˊ　ㄈㄨˊ）：在上地爬行，這裏指趴倒。㉛再拜：拜了又拜。㉜所上：「所」字結構，送給的。壽金：祝壽禮金，實卽賄賂。㉝固：堅持。㉞內：同「納」，收下。㉟揖（ㄧ）：作揖，舊時躬身拱手的禮節。㊱官人：對有官職的尊稱。顧：看得起，照顧。幸：幸而，多蒙。㊲所交識：朋友，熟人。㊳適：剛才。㊴厚：厚待，看重。㊵虛言狀：虛假地描述了相公厚待的情景。㊶畏：驚羡。㊷某也賢：某人很有才德。某：指上文的「客」。㊸交：交相。心計：心中盤算。㊹僕：對自己的謙稱。能之乎：能夠這樣嗎？㊺歲時伏臘：泛指逢年過節。歲：年節。時：四時節令：伏臘：卽夏伏、冬臘，都是祭祀的節日。㊻間：間或，有時。道經：路過。㊼褊（ㄅㄧㄢˇ）衷：褊狹的心胸。㊽見悅：被喜歡。長（ㄓㄤˇ）吏：上司。㊾大言，揚言，這裏帶有對人表白自己心迹的意思。㊿人生有命：這是化用孔子「死生有命，富貴在天」的成語，表示不鑽營。51守分：安分守己。52得無：能不，表示推測語氣。迂：迂闊，固執，不通世故。53鄉園多故：家鄉經常鬧災。當指倭寇侵擾頻繁。54動客子之愁：觸動游子的鄉思情懷。55抱才而困：有才能而陷於困厄的境地，卽懷才不遇。56愴（ㄔㄨㄤˋ）然：悲傷的樣子。57天之與先生者。先生的先天禀賦。58亡論：無論，不要說。亡：通「無」。59幸：表示希望的意思。寧心：安心。

【鑑賞】《報劉一丈書》是宗臣的一篇著名書信體散文。在明代文壇上，宗臣與李攀龍、王世貞、謝榛、梁有譽、徐中行、吳國倫齊名，合稱「後七子」。「後七子」繼「前七子」之後針對明初創制的八股文和以歌功頌德爲內容的「臺閣體」，提出「文必秦漢，詩必盛唐」的復古文學主張，對衝擊八股文和「臺閣體」起了一定的積極作用。宗臣爲文較少堆砌模擬，風格雄厲橫放，散文創作的成就在「後七子」中相當突出。

宗臣生活的時代，正逢昏君明世宗在位的嘉靖年代，奸臣嚴嵩專權。嘉靖皇

帝迷信道敎，妄求長生，整天想得到「不死之藥」，煉成「神仙之體」，而不理朝
政，中外大權一攬於首輔嚴嵩之手。嚴嵩「子爲侍郞，孫爲錦衣中書，賓客滿朝
班，姻親盡朱紫」(≪明史・張翀傳≫)。當時一般士大夫都巴結嚴嵩，連邊將也
把「諸邊軍糧百萬，强半賄嵩」(≪明史・丁汝夔傳≫)。當時社會一派汚穢，其
黑暗腐敗程度，海瑞在給皇帝的奏疏裏曾引述民間流傳的話加以槪括揭露：「嘉
靖嘉靖，家家乾淨！」但一些有氣節、有識見的人士，目擊現實，極爲不滿。宗
臣卽爲代表人物之一。他與李攀龍、王世貞、梁有譽等人結社，不僅「各以文事
相頡頏」，且以「名節相砥礪」(明萬曆≪興化縣誌・宗臣傳≫)。因此，他對嚴
嵩當政期間的種種罪惡現象，自然義憤塡膺，目不忍睹，所以在這篇≪報劉一丈
書≫中，便就劉一丈所提出的「上下相孚，才德稱位」的勸告，順勢生發，抒發
積憤，通過對在上者嚴嵩專權納賄，仗勢逞威和在下者行賄納進，趨炎附勢的種
種醜惡行徑的描寫，諷刺和鞭撻了上層統治集團的黑暗腐朽，從而表明了自己不
屑巴結權貴、不肯同流合汚的正直態度和可貴品質。

　　全文可分四段。二、三兩段爲重點，尤其是第二段最爲精採。文章第一段(
自「數千里外」至「則尤不才爲甚」)，提出所謂「上下相孚」這一全篇的主旨，
引出下文。因爲是一篇答書，所以先用書信的套語開頭，就對方來書的問候和饋
贈表示謝意，但這又不是一般的噓寒問暖、與文無涉的套語，而是全文的「引
子」，因此接著筆鋒一轉，就來書中的「上下相孚」二句加以發揮，引入正題。
這樣安排，旣體現了書信的特點，又表明了雙方親密無間的交誼，更點出了本文
要談論的基本內容。文章第二段(自「且今之所謂孚者何哉」至「長者謂僕能之
乎」)，揭露所謂「上下相孚」的種種醜惡世態。全段按時間順序，漫畫般地、逐
層地展現「客」進謁「相公」的具體過程和細節情態。先寫「客」進謁前惶急無
奈、甘心受辱之狀。這又可分三層：一、總寫其急於求謁，低三下四，老於世
故。面對「門者」刁難，也「甘言媚詞」，「作婦人狀」，又「袖金以私之」。二、
寫白天候謁，狼狽萬狀，窘相畢露。面對「主者」的拿架子，他甘願「立廐
中」，受「惡氣」侵襲，卽使「饑寒毒熱不可忍」，也「不去也」。三、寫夜裏候
謁，憂心待旦，焦急異常。面對「主者」的「謝客」，他「夜抱衣坐」坐「聞鷄
鳴」卽「盥櫛」，「走馬抵門」。次寫「客」進謁時卑下謙恭、揣摩迎合之態。這
也可分三小層：一、寫拜相時的一連串醜態，「驚走匍匐階下」、「再拜」、「故遲
不起」；二、寫賄相時的一連串醜態，「上壽金」、「固請」、「又固請」；三、寫辭
相時的一連串醜態，「再拜」、「又故遲不起」、「起則五六揖」。然後寫「客」進
謁後誇示於人、喜形於色之情。這也可分三小層：一、寫自鳴得意的口吻，「官

人幸顧我」、「幸亡阻我」；二、寫得意忘形的舉動，「大喜，奔出」、「即揚鞭語曰」；三、寫唬人驕人的伎倆，「相公厚我！厚我」、「且虛言狀」。這第二段主要是寫「客」，但在寫「客」的奴顏媚骨的同時，也襯托出「相公」的挾勢徇私。雖然著墨不多，但都刻畫入微。文章第三段（自「前所謂權門者」至「得無厭其為迂乎」），表明自己對所謂「上下相孚」所持的態度。如果說，上段文字揭露「上下相孚」的種種醜態劣迹，是作者從反面立意明志，則這段文字，便是作者把鄙棄「客」與「不孚之病」的思想感情和盤托出，從正面立意明志，文章第四段（自「鄉園多故」至「幸寧心哉」），勸慰對方勿以所謂「上下相孚」為意。一般書信末尾的勸慰之辭，往往是與文章主旨無關的客套，而此段則是全文的一個不可缺少部分。作者對「長者之抱才而困」感到「愴然」，正是對所謂「上下相孚」的醜惡現實扼殺人才的又一具體控訴。「抱才而困」與「不孚之病」實際上是同一意義的兩種提法。因此，這一段與第一段前後呼應，首尾一體。

　　本文在內容上直接針砭時弊，顯示了濃厚的政治色彩。它雖是一封書信，但超越了私人交往的範疇，為後人提供了認識封建官場醜惡本質的形象材料。但作者畢竟是封建統治階級的一員，他的階級地位決定了他認識和思想的局限性。文中把「人生有命，吾惟守分而已」當作信條，充分表現了他聽天由命的唯心觀點和守分守己的處世哲學，因而他對庸俗世風和黑暗官場的批判和鬥爭是有限的。這是我們必須看到的。

　　這篇文章在藝術表現上重點突出，詳略得當。全文緊緊圍繞「上下相孚，才德稱位」八字展開敍寫，但對「才德稱位」只一筆帶過，而對「上下相孚」卻作了詳細描述。因為「上下相孚」的虛偽面紗一撕破，則「才德稱位」的騙人謊話，就不言自喻，不攻自破。更重要的是，官場中的種種可惡醜態，描繪得愈是淋漓盡致，神形畢肖，則全篇揭露和諷刺的主旨，就愈是鮮明突出。運用對比，刻畫形象，是本文寫作的又一特點。權奸們驕橫跋扈、倨傲做作和干謁者的奴顏卑膝、曲意逢迎，是兩個不同身分者的對比；干謁者趨奉時的低三下四和得見後的趾高氣揚，是同一個人在不同環境中的對比。通過多種多樣的對比，人物形象栩栩如生，躍然紙上，產生了良好的藝術效果。

　　　　　　　　　　　　　　　　　　　　　　　　（陸　堅）

題海天落照圖後　　　　王世貞

　　海天落照圖，相傳小李將軍昭道作①，宣和秘藏②，不知何年爲
常熟劉以則所收③，轉落吳城湯氏④。嘉靖中⑤，有郡守，不欲言其
名，以分宜子大符意迫得之⑥。湯見消息非常，乃延仇英實父別室
⑦，摹一本，將欲爲米顛狡獪⑧，而爲怨家所發⑨。守怒甚，將致叵
測⑩。湯不獲己，因割陳緝熙等三詩於仇本後⑪，而出眞迹，邀所善
彭孔嘉輩⑫，置酒泣別，摩挲三日而後歸守，守以歸大符。大符家名
畫近千卷，皆出其下，尋坐法⑬，籍入天府⑭。隆慶初⑮，一中貴攜
出⑯，不甚愛賞，其位下小璫竊之⑰。時朱忠僖領緹騎，密以重貲
購，中貴詰責甚急，小璫懼而投諸火，此癸酉秋事也⑱。

　　余自燕中聞之拾遺人⑲，相與慨嘆妙迹永絕。今年春，歸息弇園
⑳，湯氏偶以仇本見售，爲驚喜，不論直收之。按《宣和畫譜》稱昭
道有落照、海岸二圖㉑，不言所謂海天落照者。其圖之有御題㉒，
有瘦金瓢印與否㉓，亦無從辨證，第睹此臨迹之妙乃爾，因以想見
隆準公之驚世也㉔。實父十指如葉玉人㉕，卽臨本亦何必減逸少《宣
示》、信本《蘭亭》哉㉖！老人僬眼，今日飽矣，爲題其後。

【注釋】①小李將軍昭道：唐代著名畫家李思訓之子李昭道。李思訓曾任右武衞
大將軍，因此人們對李昭道稱小李將軍。②宣和：宋徽宗年號。這裏指宋徽宗。
秘藏：內府所藏。③劉以則：明代一收藏家。④吳城：蘇州⑤嘉靖：明世宗號。
⑥分宜：明代奸臣嚴嵩，因其是江西分宜人，故稱爲分宜。大符：嚴嵩之子嚴世
蕃，字大符。迫得：逼迫取得。⑦延：請。仇英：字實父，號十洲，明代著名畫
家。別室：指密室。⑧米顛：宋代書畫家米芾。狡獪：狡猾的手段。⑨怨家：仇
家。發：揭發。⑩致：加。叵測：指災禍。⑪割：裁去。陳緝熙：名鑑，當時著名收藏
家。⑫彭孔嘉：名年，蘇州人，書畫家。⑬尋：不久。坐法：受法律制裁。⑭
籍：登記沒收。天府：內府。⑮隆慶：明穆宗年號。⑯中貴：太監。⑰小璫：小太

監。⑱朱忠僖：名希孝，謚忠僖。緹騎：明代的緝捕人員。癸酉：明神宗萬歷元年(1573)。⑲拾遺人：舊貨商人。⑳弇園：王世貞家花園名。㉑《宣和畫譜》：宋徽宗時記錄內府名畫的册子。㉒御題：指宋徽宗的題字。㉓瘦金：宋徽宗自號其書體爲瘦金體。瓢印：宋徽宗使用的瓢形印。㉔隆準：高鼻梁，古人說隆準龍顏是帝王的相貌。隆準公：指李昭道，因他是唐宗室。㉕葉玉人：典出《列子・說符》，一匠人能把玉雕刻成薄葉。㉖逸少：王羲之，晉代書法家。宣示：三國魏鐘繇所書《宣示表》，楷書書帖，傳世者爲王羲之所臨。信本：歐陽詢，字信本，唐書法家。蘭亭：《蘭亭序》，傳世之定式蘭亭帖爲歐陽詢所臨。

【鑑賞】作爲明代「後七子」的領袖王世貞，在李攀龍死後，曾獨主文壇二十年。所謂「一時士大夫及山人詞客衲子羽流，莫不奔走門下，片詞褒賞，聲價驟起」(《明史・王世貞傳》)，可想見當日盛況。「文必秦漢，詩必盛唐，大歷以後書勿讀」(同上)，代表了他文學上的復古主義主張。但到了晚年，他放棄了復古主張，詩風、文風漸趨平淡自然。《題海天落照圖後》就是他晚年的作品。

　　《題海天落照圖後》委曲詳盡而又簡潔明了地叙述了《海天落照圖》收藏得失的經過，揭露了嚴世蕃的貪暴行爲，字裏行間隱藏着很深的憤慨，因此，我們不能把它作爲一般的題跋文來看待。文章由兩個部分組成。前一部分寫《海天落照圖》眞迹收藏得失的經過。後一部分寫作者得到《海天落照圖》仇英摹本的情況和喜悅心情。

　　在第一部分裏，作者叙述了寶圖屢遭磨難，幾易其主的經過。作者所知道的最早的民間收藏者是明代收藏家劉以則，至於寶圖怎樣自宣和內府流落到民間，已經不得而知。自劉以則起，至小太監止，寶圖先後幾易其主，但在作者寫來，卻旣委曲而詳盡，又簡潔而分明。這是由於作者把時間線索交代得非常清晰，「宣和」、「不知何年」、「嘉靖中」、「尋」、「隆慶初」、「癸酉秋」，前後映帶，了了分明。同時，也由於作者用詞簡潔傳神，「宣和秘藏」的「秘」字，「名畫近千卷，皆出其下」的「皆」字，「密以重貲購」中的「密」字，「重」字，都十分傳神地寫出了《海天落照圖》的珍貴。再如：寫太監竊畫，用一個「攜出」，就活脫脫地寫出了中貴利用出入皇室之便，順手牽羊偸竊寶圖的劣迹。在第一部分裏，作者叙述的重點是嚴世蕃逼取《海天落照圖》的經過這個的叙述，有力地揭露了嚴世蕃的貪暴行爲。嚴世蕃爲了得到《海天落照圖》，指令郡守大張伐撻。郡守先是借勢凌人，強行索取。逼取不得，又企圖以法治人，欲置湯氏於死地。爲了一幅名畫，竟然明火執仗，動用國家機器逼害無辜，這就充分暴露了嚴世蕃

的凶殘暴虐，暴露了明代社會的黑暗。同時，通過這段經過的敘述，我們也看到了湯氏對名畫的摯愛之深。湯氏明知大禍臨頭，仍敢冒死秘請著名畫家仇英臨摹一本，希望能够以假亂眞，不料被冤家告發，在萬不得已的情況下，湯氏才交出眞迹。在交出眞迹之前，湯氏先是從眞迹上割下陳緝熙等三詩補在仇本之後，旣而，邀請自己的好朋友置酒泣別，然後，又摩挲三日，這才戀戀不捨地交出眞迹。一個古董商人對一幅名畫摯愛，面對權貴卻不摧眉折腰，實在可敬可佩。嚴世蕃爲得到≪海天落照圖≫而不擇手段，吳城湯氏爲保護這幅畫而敢冒風險，這又進一步證明了這幅畫的珍貴。

第二部分一開始，作者寫道：「余自燕中聞之拾遺人，相與慨嘆妙迹永絕。」這裏前一句話交代了上面消息的來源，後一句話表現了作者對≪海天落照圖≫眞迹亡絕的深深的惋惜，而這種惋惜中又包含了作者對嚴世蕃暴行的強烈的怨憤。作者用這兩句話作爲銜接上下文的紐帶，顯得非常自然。正當讀者與作者相與慨嘆之時，忽然傳來得見仇本的喜訊，特別是，作者不說「眞迹永絕」，而是下一個「妙」字，這就爲下文仇本使妙迹再現，製造了一個反鋪墊，大有山窮水盡、柳暗花明之妙。仇英摹本使≪海天落照圖≫妙迹再現，作者的欣喜心情溢於言表。他先是「爲驚喜，不論直收之」，決心不惜一切代價來充當這幅名畫摹本的保護人，使它不至於像眞迹一樣橫遭不測。接着，盛贊仇本臨迹之妙。最後，以「老人儳眼，今日飽矣」，作爲全文的結語，抒發了自己欣賞藝術妙品以後心理上的一種極大的滿足。在盛贊仇本時，作者連用傳說的臨摹技藝和≪海天落照圖≫的摹本以很高的評價。這裏，作者毫不掩飾的喜悅與上文深深隱藏着的憤慨，形成了鮮明的對比。上文的憤慨不便直說，所以，只是深深隱藏在不動聲色的客觀敘述之中；而這裏的喜悅直說無礙，所以，作者毫不掩飾。但是，由於喜悅心情的坦露，與上文的氣氛形成了明顯的不和諧，這又自然地把上文中隱藏着的怨憤顯露出來。這正是本文的一大特色。

王世貞對嚴嵩父子的倒行逆施是深惡痛絕的，特別是其父王抒爲嚴嵩所害，使他更清醒地認識到嚴嵩父子的眞實面目。人們曾因此而附會出「苦孝說」，說王世貞作≪金瓶梅≫，以毒水印刷，想毒死嚴世蕃。這種說法並無憑據，但是，王世貞曾寫了一些詩文揭露嚴嵩父子的暴行，卻是事實。著名的詩有≪太保歌≫，揭露了嚴嵩炙手可熱的聲勢。散文方面，≪題海天落照圖後≫可以作爲一個代表。本文爲≪海天落照圖≫而題，卻並不介紹和描寫≪海天落照圖≫本身，而是以敘述寶圖的得失經過爲線索，來揭露嚴世蕃的貪暴行徑。這正表明了本文的主旨乃在揭露，而不在題跋。　　　　　　　　　　　　　　　　　　　（陸志平）

題孔子像於芝佛院　　　李　贄

　　人皆以孔子爲大聖，吾亦以爲大聖；皆以老、佛爲異端①，吾亦以爲異端。人人非眞知大聖與異端也，以所聞於父師之敎者熟也；父師非眞知大聖與異端也，以所聞於儒先之敎者熟也②；儒先亦非眞知大聖與異端也，以孔子有是言也。其曰「聖則吾不能」，是居謙也③。其曰「攻乎異端」④，是必爲老與佛也。

　　儒先臆度而言之⑤，父師沿襲而誦之，小子朦聾而聽之⑥。萬口一詞，不可破也；千年一律，不自知也。不曰「徒誦其言」，而曰「已知其人」；不曰「強不知以爲知」，而曰「知之爲知之」。至今日，雖有目⑦，無所用矣！

　　余何人也，敢謂有目？亦從衆耳。旣從衆而聖之⑧，亦從衆而事之⑨，是故吾從衆事孔子於芝佛之院⑩。

【注釋】①老、佛：指道敎和佛敎。②儒先：儒學先輩。③聖則吾不能：語見《孟子・公孫丑》所引孔子言。居：爲。④攻：攻擊，討伐。異端：指儒家以外的其他思想學說。語出《論語・爲政》。⑤臆度：主觀猜測。⑥小子：晚輩。朦聾：：同「朦朧」。⑦目：這裏指眼力，即正確判斷是非的能力。⑧聖之：把他當作聖人。⑨事：侍奉，供奉，指供奉孔子像。⑩芝佛之院：湖北省麻城東三十里的一座佛院。

【鑑賞】公元1584年，五十八歲的李贄子然一身由湖北黃安移居麻城，在龍潭湖畔的芝佛院開始了長達十餘年的著書講學活動。本文就是李贄在芝佛院時寫下的。它針對長期以來宋明道學家盲目尊孔的作法，以及社會上「咸以孔子之是非爲是非」（李贄：《藏書・世紀列傳總目前論》）的風氣，以犀利辛辣的文筆，莊諧並用的手法，巧妙地揭示了俗儒、假道學的無知與虛僞，從而有力地證實了「人皆以孔子爲大聖」的荒謬可笑。全文分爲三段。

　　首段以欲擒故縱之筆，推本溯源，步步尋出「大聖」、「異端」之說的由來。起句開門見山，指出時至今日，「人」「吾」皆以孔子爲大聖，以老、佛異爲端。第一人稱代詞「吾」，在這裏泛指。旣然「吾」之見完全是依循「人」之見，則說明自己本無定見。細細體會，開頭這兩句話，暗含譏諷，頗有言外之意。作者落筆卽標出「大聖」「異端」二目，並以此作爲全文議論辨說的核心。「人人」二字以下，文勢陡起急轉，作者一連用三組排比句式，層層退進，自駁自解，有力地證明了由「人人」到「父（親）師（長）」、乃至「儒（學）先（輩）「，實際上皆「非眞知」何爲「大聖」、何爲「異端」。這樣就勢必牽扯出「儒先」引爲典據的孔子之言。「聖則吾不能」，是孟軻轉述孔子的話。從孔子的原話可以看出，他對子貢的問題只是作了老老實實的回答，談不上什麼「居謙」，更不曾以「大聖」自許。「攻乎異端」的異端，本指一般的異端邪說。孔子的時代尚沒有道教與佛教，把孔子所說的「異端」硬坐實成「必爲老與佛」，足見「儒先」的牽強無知。作者在這裏故意正話反說，表面不動聲色，內裏深致諷刺。用歷史的事實，含蓄地暗示讀者：所謂的「大聖」「異端」之說，不過是出於「儒先」之流的曲附誤解，「父師」之輩的以訛傳訛。這樣，就使人人不疑的千年之說，不攻自破。

　　利用第一段揭示出來的事實，作者在第二段裏乘勝追擊、直截了當地指出「儒先臆度而言之，父師沿襲而誦之，小人朦聾而聽之」這種以冷嘲熱諷，與上一段的內容緊密配合，層層剝出「人皆以孔子爲大聖⋯⋯皆以老、佛爲異端」的眞正原因，具有極大的論說力量。用「臆度」、「沿襲」、「朦聾」來分別表現儒先、父師、小子晚輩們「言」、「誦」、「聽」的不同動作，惟妙惟肖，彌見風趣。在寓莊於諧之中，將盲從者昏聵無知的神態，刻畫得淋漓盡致。作者接着指出，當今的俗儒只知道背誦幾句孔子的話，其實根本不了解孔子這個人；明明是不懂硬要裝懂，卻大言不慚地說什麼都知道。這裏，作者再次引用了孔子的原話。孔子曾教育他的學生說：「知之爲知之，不知爲不知，是知也。」（《論語・爲政》）引用孔子的話來戳穿俗儒們的淺薄無知、自以爲是，可以說是「以子之矛，攻子之盾」，十分巧妙。作者認爲，這種情況造成的惡果是害人害己，使人們完全喪失了獨立思考的能力──「至今日，雖有目，無所用矣」！這句話的潛臺詞，正是「盲目」二字。它不但充滿了對俗儒假道學之流的輕蔑與挖苦，也含有對一般盲從者的惋惜與憐憫。

　　在層層剝落出歷史與現實的眞相之後，作者在最後一段裏故意以反語作結，使得文意餘味曲包，刻心入骨。作爲傑出的「異端」思想家，李贄敏銳地認識到打破陳腐傳統的束縛、提倡大膽思考的重要性。但是，在「萬口一詞」、「千年一

「律」的沉悶環境中，他的抗爭之聲又顯得那樣地孤單。這就迫使他不得不以嬉笑怒罵的形式，表示出自己的思想和意見——「余何人也，敢謂有目？亦從衆耳。」這其中包含著作者多少沉痛與悲憤！最後一句「是故吾從衆事孔子芝佛之院」，旣是全文的煞尾，亦是點題。它使文章在一種異常冷峻、鋒利的意味中一下截住，其文外之意，不言自現。

　　總之，這篇小文比較具體地體現了李贄文章和思想的鮮明特色：見解大膽，敢於抨擊社會的傳統觀念；文字警闢，充滿了諷刺詼諧的色彩。它確實稱得上是一篇短小精悍的優秀雜文。

　　　　　　　　　　　　　　　　　　　　　　　　　（關道雄）

極東寺紀游　　　　袁宗道

　　高樑橋水①，從西山深澗中來②，道此入玉河③。白練千匹④，微風行水上⑤，若羅紋紙⑥。堤在水中，兩波相夾，綠柳四行，樹古葉繁⑦，一樹之蔭⑧，可覆數席⑨，垂線長丈餘⑩。岸北佛廬道院甚衆⑪，朱門紺殿⑫，亘數十里⑬。對面遠樹，高下攢簇⑭，間以水田⑮。西山如螺髻⑯，出於林水之間⑰。極樂寺去橋可三里⑱，路徑亦佳，馬行綠蔭中，若張蓋⑲。殿前剔牙松數株⑳，松身鮮翠嫩黃，斑剝若大魚鱗㉑，大可七八圍許㉒。予弟中郎云㉓：「此地小似錢塘蘇堤㉔。」予因嘆西湖勝境入夢已久㉕，何日掛進賢冠㉖，作六橋下客子㉗，了此山水一段情障乎㉘！

〔注釋〕①高粱橋：北京西直門外高粱河上所架設的橋。②西山：北京西郊名勝是太行山支脈，衆山連接，山名很多，總名爲西山，又名小清涼。澗（ㄐㄧㄢˋ）：夾在兩山間的流水。③道：道路；這裏作動詞用，是取道、流經的意思。玉河：水源出自北京市西北玉泉山下，流爲玉河，滙成昆明湖。出而東南流，環繞紫禁城，注入大通河。④練：白色的熟絹。⑤行：經歷，引伸爲吹過。⑥羅紋紙：一種表面有著像質地輕軟的羅那樣的椒眼紋的紙。⑦葉繁：樹葉茂盛。⑧蔭（

丨ㄣ）：樹蔭。⑨覆（ㄈㄨˋ）：遮蓋，掩蔽。⑩垂線：下垂的柳絲。⑪佛廬：佛寺。
道院：道觀，道教的廟宇。⑫朱門：紅漆門。紺（ㄍㄢˋ）：天青色，深青透紅之
色。紺殿：紺色的佛、道殿宇。⑬亙（ㄍㄣˋ）：連接。⑭攢（ㄘㄨㄢˊ）：聚集。簇
（ㄘㄨˋ）：叢聚。⑮間（ㄐㄧㄢˋ）：隔。⑯髻（ㄐㄧˋ）：把髮挽在頭頂上打成的結。螺髻：
螺殼狀的髮髻。⑰出：顯露。⑱去：距離。可：大約。⑲蓋：傘。張蓋：打傘。
⑳剔（ㄊㄧ）牙松：針葉象牙籤一樣的松樹。株：棵。㉑斑剝：色彩相染的斑點。
㉒圍：計圓周的量詞，有幾種說法，一說「徑尺爲圍」，一說五寸爲圍，一抱也
叫圍。許：表示約略估計之詞。㉓中郎：袁宏道（1568—1610），字中郎。明公
安人，萬曆二十年進士，曾任吳縣令、稽勛郎中等職。與兄宗道、弟中道並稱「
三袁」，是公安派最有成就的作家，著有《袁中郎集》、《觴政》、《明文雋》
等。㉔錢塘：古縣名，即今杭州。蘇堤：在杭州西湖，宋蘇軾知杭州時所築，橫
截湖面，中爲六橋九亭，夾道植柳。㉕勝境：優美的境地。㉖掛進賢冠：進賢
冠，古代儒者所戴的緇布冠。漢制，自公侯下至小吏，以三梁、二梁、一梁分別
貴賤，元以後廢除這一規定。掛冠，棄官而去。㉗六橋：見前「蘇堤」注。客子：
旅居異地的人。㉘情障：情懷。

〔鑑賞〕晚明文壇上的公安派，反對前後七子的復古主張和對古人作品的摹擬剽
竊，標榜「獨抒性靈，不拘格套」，以清新活潑的文字，「一掃王（世貞）李（攀
龍）雲霧」（《安公縣志·袁中郎傳》），解放了文體，對散文的發展作出了貢
獻。由於當時宦官專權，政治腐敗，朝中黨派鬥爭劇烈，一般不敢參加鬥爭、又
不願同流合汚的士大夫，多遁迹園林，寄情山水，想求得精神上的解脫和樂趣。
公安派的領袖「三袁」（袁宗道、袁宏道、袁中道三兄弟）就是這樣的人物。他
們在那種環境裏，又受到李贄「童心」說的影響，創作不是爲著表現生活，而是
爲著表現「心靈」，因此，多描寫自然景物和身邊事，追求「韵」和「趣」。他們
的一些清麗的山水小品，寫得非常出色。
　　《極樂寺紀遊》爲袁宗道在北京任職時所寫。全文可分三段，第一段寫高梁
河一帶的景色。作者公事之暇，出北京西直門，往極樂寺遊覽。當他向西北行
至高梁橋時，立即被美麗的風光吸引住了。文章就從橋下的流水寫起：「高梁橋
水，從西山深澗中來，道此入玉河。」這個起筆，寓描寫於敍述之中，通過交代
高梁河水的來龍去脈，繪出了遼闊的意境。接著，文章描寫水的狀態，用「白練
千匹」作比，高梁河水從上游到下游，既清澈又明亮，像千萬丈白色的熟絹在輕
輕晃動，給人以柔和潔淨之處。再看近處的水面上，微風吹過，激起層層微波，

「若羅紋紙」，大自然畫出的圖案多麼美妙！開篇至此是第一段的第一個層次，這一層寫河水，並以水帶出其他景物。文章接寫河堤，這是第二層。先點明堤的位置是在水中。「兩波相夾」，這一雋語令人想起李白的詩句「兩水夾明鏡」，如果移來形容這條堤，一定十分恰當。至於堤面上的景物，也很有特色，文章寫道：「綠柳四行，樹古葉繁，一樹之蔭，可覆數席，垂線長丈餘。」我們讀到這裏，不禁為之神往。且不說二三月春水平堤，柳煙凝碧；八九月長堤秋柳，依依可愛；就是作者面臨的垂柳迎風，翠堤如帶，也已經十分動人了！它使人聯想到「柳浪聞鶯」的勝境。第三層寫高梁河兩側的風光。先寫瞭望河北岸時看到的異境：「岸北佛廬道院甚眾，朱門紺殿，亙數十里。」作者以驚人的彩筆，勾畫出了一個龐大的宗教建築羣的形象，激起人們的遊興。我們可以體會到，這所謂「方外」之地，對於袁宗道這樣厭惡腐敗朝廷，抽暇出來換換空氣的士大夫，是有很大的吸引力的。作者在這裏看似泛寫河北的景物，實際上是為下文寫游極樂寺暗示去處。這正是文中的緊要之筆。接著，再寫河南岸景物：「對面遠樹，高下攢簇，間以水田。西山如螺髻，出於林水之間。」這幾句寫出了另一種境界，綠樹青山，田園如畫，既恬靜，又淡雅。那裏雖是不作者這出次遊的目的地，但是對於從泥淖般的官場中走出來的作者來說，望之怎不感到心胸開闊，煩憂頓消，而且悠然意遠呢？這一筆緊接「朱門紺殿」的描寫之後，從側面烘托了主題。第一段以高梁橋為立足點，隨著視線的轉移，分上面三個層次鮮明地描繪出了高梁河一帶的景色。雖未提到極樂寺，但極樂寺已隱於筆端；雖未言情，而情已寓於景中。這樣寫不但耐人尋味，而且為下文打好了伏筆。

　　第二段緊接上文，寫遊覽極樂寺。先交代寺的位置，但是文章只說它距高梁橋「可三里」，卻沒有點出方向。這是為什麼呢？因為上文已寫明「岸北」有許多「佛廬道院」，不言而喻，極樂寺即其中的「佛廬」之一，方位是在高梁橋之北。不過，上文說那些寺院相連有幾十里長，所以這裏點明極樂寺與橋的距離是非常必要的。作者用筆既惜墨如金，又極其綿密。接著，描述去極樂寺的路徑，作者先敍述自己總的觀感，然後再以形象的描寫來加以坐實：「馬行綠蔭中，若張蓋。」這與上文所寫的堤柳相映成趣。然而，這些行道樹又與堤柳不同，不是「垂線長丈餘」，而是「若張蓋」。作者的筆觸十分細膩，同是寫佳樹美蔭，卻寫出其差別，別有一番情趣。這裏，作者雖是寫路上的景色，但他自己也已融入景色之中，成為「景」的一個有機組成部分。我們彷彿看到，作者騎著馬在綠蔭下行走，而那些樹木就像打著一把把綠色的傘，侍立在道旁，儼然一幅活現的圖畫。在描述路徑之後，文章突接殿前剔牙松的描寫，而極樂寺的殿堂院宇以及作

者在寺內的活動等等，皆一字未著。這是因爲上文關於「佛廬道院」、「朱門紺殿」的描寫中，已包括著極樂寺的形象，極樂寺的建築與一般寺廟相仿；同時，作者在寺內的遊覽情況，也沒有特殊之處，讀者完全可以憑藉自己的生活經驗，把它們想像出來，文中無須贅述。而且，不寫還更能調動讀者的想象。這種文筆，眞是旣儉省，又傳神，達到了「不著一字，盡得風流」的化境。至於殿前的幾株剔牙鬆，作者形容它們的形態是：「松身鮮翠嫩黃，斑剝若大魚鱗，大可七八圍許。」這的確是不同尋常的古松，值得一寫。而且，松樹的經霜不凋，與作者不願與惡勢力同流合汚，在精神上有相通之處，這大概也是他特別留意幾株古松，並給予細致描繪的原因之一吧。第二段寫極樂寺之遊，只就路徑和剔牙松加以點染，主要部分全用虛寫；通過暗示和啓發，使讀者「思而得之」，收到了「鏡花水月」，倍覺鮮姸的效果。

　　第三段寫遊極樂寺的感想。文章從作者的弟弟袁中郎的話著筆，袁中郎說：「此地小似錢塘蘇堤。」此語概括了極樂寺一帶的景色特點，不但照應了上文關於河堤的描寫，而且使文中先後所寫的各種景物都連成一片，在讀者心中形成完整的畫面；同時，令人想起杭州蘇堤的風光，並以之對心目中極樂寺一帶的景色進行調整和補充，使極樂寺風景區顯得更爲優美。作者寫出他弟弟的話，旣總結了上文的景物描寫，又交代了同遊的還有他的弟弟袁中郎。筆法巧妙，不露痕跡。而且，這樣寫還引出了此遊的感想，達到卒章顯志的目的。文章緊接袁中郎的話之後，很自然地寫道：「予因嘆西湖勝境入夢已久，何日掛進賢冠，作六橋下客子，了此山水一段情障乎！」作者的這一番感嘆，表面上只是表示自己酷愛遊山玩水，因思慕「西湖勝境」，連官也想棄而不爲了。其實，這裏曲折地表達了他對腐敗朝廷的不滿，有掛冠入山之意。他並不是只因酷愛山水，便想棄官閑遊，而是因爲厭惡當時官場的黑暗，才加劇了遁迹園林、寄情山水之思。作者記極樂寺之遊，以願「作六橋下客子」作結，不但奏出了更爲響亮的山水贊歌，而且使讀者聽出了他的弦外之音。如此以側筆點晴，眞是去路悠然，挹之不盡。

　　縱觀這篇文章，作者通過景物描繪，抒寫了不願與閹竪權奸同流合汚的情懷。一字一句都是「從自己胸中流出」，確是「獨抒性靈」之作。還應看到，當時具有這樣的思想感情的士大夫，並不是個別的，所以，作者雖是抒寫自己的個性，卻表現了朝中一部分不願助紂爲虐，想從園林山水中獲得精神解脫的士大夫的共性。可以說，文中抒寫的是一種典型情緒。

　　在寫法上，本文完全打破了一般遊記文的「格套」。第一段以全文一半以上的篇幅，描寫高梁河一帶的景色，絕口不提極樂寺。但是，讀者從下文的啓示中，

卻領悟到寫高梁河一帶的景色，正是在寫極樂寺及其附近的風光。第二段明寫遊極樂寺，卻對寺內遊覽活動一字不提，把這個在遊記中通常要詳加記述的部份，完全留給讀者去體會，去想像，使讀者得到更多的美的享受。還有，關於同遊者的姓名，按遊記通常的格式，要放在篇末加以說明，但是本文卻通過記述其弟袁中郎對景色的評論，順便帶出，顯得自然、巧妙。凡此種種，都使讀者在會心之餘，感到韻味深長，妙趣橫生。再就語言來說，不用典，不拾古人牙慧，既平易，又凝鍊，生動形象，色彩鮮明，具有散文詩的情味。

（陳玉麟、蘇來琪）

滿井游記　　　袁宏道

　　燕地寒①，花朝節後，餘寒猶厲。凍風時作②，作則飛沙走礫，局促一室之內③，欲出不得。每冒風馳行，未百步，輒返。

　　廿二日，天稍和，偕數友出東直④，至滿井。高柳夾堤，土膏微潤⑤，一望空闊，若脫籠之鵠。於時冰皮始解⑥，波色乍明，鱗浪層層，清澈見底，晶晶然如鏡之新開，而冷光之乍出於匣也⑦。山巒為晴雪所洗，娟然如拭⑧，鮮妍明媚，如倩女⑨之靧面⑩而髻鬟之始掠也。柳條將舒未舒，柔梢披風，麥田淺鬣寸許⑪。遊人雖未盛，泉而茗者，罍而歌者⑫，紅裝而蹇者⑬，亦時時有。風力雖尚勁，然徒步則汗出浹背。凡曝沙之鳥，呷浪之鱗，悠然自得，毛羽鱗鬣之間，皆有喜氣。始知郊田之外，未始無春，而城居者未之知也。

　　夫能不以遊墮事⑭，而瀟然於山石草木之間者⑮，惟此官也。而此地適與余近，余之遊將自此始，惡能無紀⑯？己亥之二月也⑰。

〔注釋〕①燕：舊時河北省的別稱。北京古稱燕京。②凍風：冷風。作：興起。時：經常。③局促：兼有狹窄、拘束之義。④東直：東直門，北京城東面最北的門。⑤土膏：肥沃的泥土。⑥冰皮：冰覆水面，如水有皮。⑦冷光：清亮的光。⑧娟然：美好的樣子。⑨倩女：嫵媚的女子。⑩靧（ㄏㄨㄟˋ）面：洗臉。⑪淺鬣（

ㄌ丨ㄝ／）：以獸類頸毛或鳥首毛喻麥苗。下文「鱗鬣」之鬣，則指魚頜旁小鰭。⑫
罍：盛酒器。這裏以名詞代動詞，指喝酒。下文「塞」字用法同。⑬塞：指騎駑鈍
的馬或驢。⑭墮（ㄏㄨㄟ）事：誤事。⑮瀟然：舒暢、輕快的樣子。⑯惡（ㄨ）：
疑問代詞。惡能無紀：怎能沒有紀遊的文章。⑰己亥：明萬曆二十七年（1599）。

【鑑賞】藝術家面對著社會和自然界的森羅萬象，需要具備精細的感受能力和敏
捷的捕捉能力。唐代楊巨源說：「詩家清景在新春，綠柳才黃半未勻。若待上林
花似錦，出門俱是看花人。」（《城東早春》）從「綠柳才黃半未勻」這一活生
生的形象裏捕捉住春天的消息，這才算得上是藝術家獨一份兒的成就；待到「上
林花似錦」，你才跟在人家後面嚷嚷著賞花，那還有啥稀罕呢？韓愈詩云：「天街
小雨潤如酥，草色遙看近卻無。最是一年春好處，絕勝煙柳滿皇都。」（《早春
呈水部張十八員外》）表示的意思差不多。他們是在用比喻的手法說明藝術家對
待新鮮事物要有敏感；我們現在則正好借用它來談談藝術家怎樣表現春天──這
裏著重指的是早春。你看，「綠柳才黃半未勻」，「草色遙看近卻無」，藝術家的
感覺多麼細膩，表達得又是多麼恰到好處啊！詩人主要憑借視覺，以自然界色彩
的微妙變化──那似有若無的嫩綠微黃的色澤，來表現早春的降臨。

　　散文比起絕句來，容量要大得多，作家因此可以擁有更多的手段。十九世紀
初英國作家威廉・柯貝特是這樣寫早春的：「入春以後，整整兩個月間，它們（
灌木叢）的色澤天天都在變化，也就是從樺樹的嫩葉初次呈現到槐葉的豐滿茂密
這一段時期；甚至在樹葉還沒有完全繁盛到遮眼翳目之前，整個萬綠叢中還有什
麼比見到灌莽之間綴滿著淡黃的櫻草和藍色的吊鐘更令人心悅的呢？樺木剛剛吐
葉抽芽便是山鷄開始啼叫、畫眉鳴嘯和鶫鳥歌唱的信號；而且恰恰就在櫟木的嫩
芽初露微紅的時候……」（見高健編譯《英美散文六十家》）除了視覺，還加上
聽覺，藝術家用來有層次地被現出春天的姍姍來臨，讀者的感受當然會比前引的
兩首絕句豐富一些（雖然它給予讀者的印象不一定比那兩首絕句來得深刻）。

　　袁宏道（字中郎）比柯貝特要早生二百多年，而在以散文表現早春形象上，
卻顯得範圍更廣，容量更大，手段也更多，讀者的感受也因而更為豐富和深刻。

　　這裏說的是袁中郎的《滿井遊記》。

　　在這篇遊記裏，袁中郎像是一位高明的現代攝影師，使用望遠鏡頭、廣角鏡
頭和變焦距鏡頭，採取仰攝、俯攝、搖攝、移攝等方法，多方位、多角度、多側
面地攝取下滿井的風物。如果說柯貝特只是以樹木花鳥構成早春的畫圖，那麼我
們從袁中郎的畫幅裏看到的就豐富得多了。這裏有山，有水，有樹木，有田稼，

有鳥，有魚，有遊人，遊人又各有姿態。這些景物映在讀者眼裏，有全景——「高柳夾堤」，「一望空闊」；有遠景——「山巒爲晴雪所洗」；有中景——遊人「茗者」、「歌者」、「蹇者」；有近景——「鱗浪層層，清澈見底」；還有特寫——「曝沙之鳥」，「呷浪之鱗」，所有這些，構成了一幅表現春天來臨的蒙太奇組合。它不是單一的，不是單色的，而是繁複的，千姿萬態的。這種技法正與所表現的內容（生機勃發的春天）相適應。這是《滿井遊記》的藝術特色之一。

　　我們說，柯貝特的早春的畫圖基本上是靜止的，像是映現在幻燈機上的圖片；袁中郎的畫面卻是動態的，連續的，是一組電影鏡頭。作者特別注意攝取景物的動態。「冰皮始解，波色乍明，鱗浪層層」，這是水和風的流動；「柔梢披風」，這是樹的枝條在風中搖曳；鳥在「曝沙」，魚在「呷浪」，遊人在品茗、飲酒、歌唱、乘騎，也無一不在運動。就連本來是靜態的山巒，在作者筆下也動起來了，你看：「山巒爲晴雪所洗，媚然如拭，鮮妍明娟，如倩女之靧面而髻鬟之始掠也。」一個「洗」字，一個「拭」字，一個「掠」字，不是山的「動」態的極活潑的表現嗎？山巒從寒冬的沉睡中蘇醒過來，清麗的山色在明媚的陽光照耀下浮動。這引起了作者的「倩女掠鬟」的聯想，於是產生這一極妙的寫生。著力寫景物的動，這一技法也是與本文所描寫的生機勃發的春天的內容相適應的。這是《滿井遊記》的又一藝術特色。

　　中郎在這篇遊記中還特別扣緊時與地兩個條件，突出北國早春的特點。袁中郎於萬曆二十六年（1598）暮春到北京，任順天府教授。次年花朝（古人以夏曆二月十二日或十五日爲百花生日，稱花朝）節後遊滿井（北京郊外的一個風景區）。是北國，是初春，中郎全力抓住這個特點，遣詞造句都極恰當。像寫水是「冰皮始解，波色乍明」，一「始」字，一「乍」字，既寫了是在北國，又寫了是在早春。「土膏微潤」，「柳條將舒未舒」，也是十分精彩的描畫。我們從「微潤」，特別是從「將舒未舒」的語詞上，看出作者用心之細，體物之精，而且看出了作者把寫詩「煉字」的技法用到了散文寫作上。而遊人至郊外之如「脫籠之鵠」，魚鳥之「悠然自得，毛羽鱗鬣之間，皆有喜氣」，也都表明人和生物在經歷了北國的長長的多冬之後，迎接春天來臨的喜悅。我們比較一下中郎在兩年前的二月裏，是怎樣寫杭州的春天的，那是——「山色如娥，花光如頰，溫風如酒，波紋如綾，才一舉頭，已不覺目酣神醉。」（《西湖一》）「湖上由斷橋至蘇堤一帶，綠煙紅霧，彌漫二十餘里。歌吹爲風，粉汗爲雨，羅紈之盛，多於堤畔之草，艷冶極矣。」（《晚遊六橋待月記》）寫江南春光，中郎設色穠艷，用筆酣暢，與這篇《滿井遊記》的清麗波俏，顯然不同。我們從這裏可以悟出描寫技法

與描寫對象之間的關係。

　　中郎在文章中說：「夫能不以遊墮事，而瀟然於山石草木之間者，惟此官也。」當上一個閑差事（學官），這才不怕因爲遊覽而妨礙辦理公事，可以盡情地徜徉於山水之間。這使我們想起萬曆二十四年（1596）六月，袁中郎以吳縣地方官身分勘察災情，在短文《天平》中略記山石泉亭，末云：「余過天平時，天已垂黑，駐足未定，山下水災狀子雪片飛來，余不知山爲何物矣。」這爲一個忙和閑的對照。這篇遊記本身還有一個城市和鄉野的對照。在城內時，只感到「凍風時作」，「餘寒猶厲」，而不知春在「郊田之外」。這又使我們想起辛棄疾的兩句詞：「城中桃李愁風雨，春在溪頭薺菜花。」（《鷓鴣天》）辛詞當然自有寓意，但他卻眞實地寫出田野山村春色無涯的景象，不比在城市裏，只能憑著一兩株李來領略春天的韵味。袁中郎性愛遊覽，他說過，「余性疏脫，不耐覊鎖……雖霜天黑月，紛龐冗雜，意未嘗一刻不在賓客山水」（《遊惠山記》）。在這篇文章裏，也能看出中郎對於自然風光的傾慕之情，最後說：「余之遊將自此始，惡能無紀？」豪興遄飛之狀，躍然紙上。

　　中郎好遊覽，因此他的散文作品中占了很大一部分的是遊記。中郎的性格是開放型的。在文學上主張抒性靈，去陳言，因此他的遊記作品不拘一格，不落窠臼，不但在衆多散文作家中矯然不群，獨具異采，卽使排比他自己的諸篇遊記，我們也能看出它們的構思並不雷同，更沒有什麼固定的格式。這篇《滿井遊記》固然和大多數遊記一樣，主要是摹寫山水景物，但在另一些遊記裏，中郎往往另闢蹊徑，如《靈岩》議論史事，《西施山》寫同遊者的笑謔，《華山後記》談探險者的心理作用，隱寓某種人生哲理，《湘湖》寫蓴，《惠山後記》寫茶，《嵩遊第二》專寫瀑布。這篇《滿井遊記》固然是和一般遊記一樣，寫了遊覽者如何賞心悅目，而他在《天池》中寫了自己觀賞花木以後，問扶持他的童僕「佳否」？得到的回答卻是：「疲甚，那得佳？」在《雲峰寺至天池寺記》中極寫山石雲霧之奇以後，卻以「走告山僧，僧曰：『此恒也，無足奇』」結束全篇。這些，在文風上給人以突兀新異之感，卻又蘊含著常情和至理，耐人尋味。如果讀者欣賞了《滿井遊記》之後，再找尋中郎的其他遊記作品來讀，便會懂得以袁中郎爲中堅的公安派文學主張的可貴，因爲只有擯棄掉千篇一律的公式化、因循守舊的「樣板」等等勞什子，精彩的藝術珍品才有可能產生，創作也才會有生氣。

　　　　　　　　　　　　　　　　　　　　　　　　　　（姚　虹）

虎 丘 記　　　袁宏道

　　虎丘去城可七八里①。其山無高岩邃壑②，獨以近城，故簫鼓樓船③，無日無之。凡月之夜，花之晨，雪之夕，遊人往來，紛錯如織，而中秋爲尤勝。

　　每至是日④，傾城闔戶⑤，連臂而至。衣冠士女，下迨蔀屋⑥，莫不靚妝麗服⑦，重茵累席⑧，置酒交衢間⑨。從千人石上至山門⑩，櫛比如鱗⑪，檀板丘積⑫，樽罍雲瀉⑬，遠而望之，如雁落平沙，霞鋪江上，雷輥電霍⑭，無得而狀。

　　布席之初，唱者千百，聲若聚蚊，不可辨識。分曹部署⑮，競以歌喉相鬬：雅俗既陳，妍媸自別⑯。未幾而搖手頓足者⑰得數十人而已。已而明月浮空，石光如練，一切瓦釜⑱，寂然停聲，屬而和者，才三四輩；一簫，一寸管，一人緩板而歌，竹肉相發⑲，清聲亮徹，聽者魂銷。比至夜深，月影橫斜，荇藻凌亂⑳，則簫板亦不復用；一夫登場，四座屏息，音若細髮，響徹雲際，每度一字，幾盡一刻㉑，飛鳥爲之徘徊，壯士聽而下淚矣。

　　劍泉深不可測㉒，飛岸如削。千頃雲㉓得天池諸山作案㉔，巒壑競秀，最可觴客㉕。但過午則日光射人，不堪久坐耳。文昌閣亦佳，晚樹尤可觀。面北爲平遠堂舊址，空曠無際，僅虞山一點在望㉖。堂廢已久，余與江進之謀所以復之㉗，欲祠韋蘇州、白樂天諸公於其中㉘；而病尋作，余既乞歸，恐進之之興亦闌矣㉙。山川興廢，信有時哉。

　　吏吳兩載㉚，登虎丘者六。最後與江進之、方子公同登，遲月生公石上㉛。歌者聞令來，皆避匿去。余因謂進之曰：「甚矣，烏紗之橫㉜，皂隸之俗哉㉝！他日去官，有不聽曲此石上者，如月㉞！」今余幸得解官稱吳客矣。虎丘之月，不知尚識余言否耶？

【注釋】①虎丘: 虎丘山,又名海涌山,在今江蘇省蘇州市郊。可: 約。②邃: 深邃。③簫鼓: 吹簫打鼓。④是日: 指上文的「中秋」節。⑤傾城: 全城。闔戶: 全家。⑥迨: 及,至。蔀(ㄅㄨˋ)屋: 指貧民所居之屋。⑦靚妝: 塗脂抹粉。⑧重: 重疊。茵: 席子。累: 重疊。⑨交衢: 四通八達的大路。⑩千人石: 虎丘的巨石名。⑪櫛比: 如梳齒一樣靠攏在一起。鱗: 魚鱗。⑫檀板: 檀木所製打節拍的板子。⑬樽罍(ㄌㄟˊ): 酒器具。⑭雷輥(ㄍㄨㄣˇ): 像雷聲樣的車輪聲。電霍: 電閃。⑮分曹: 分部。部署: 安排。⑯妍媸: 美醜。⑰搖手頓足: 手舞足蹈。⑱瓦: 瓦器。釜: 鍋。⑲竹: 指簫管。肉: 歌喉。⑳荇(ㄒㄧㄥˋ)藻: 水中植物。㉑刻: 古代分一晝夜為一百刻。㉒劍泉: 又名劍池。㉓千頃雲: 山名。㉔天池: 天池山,又名華山,在蘇州郊外。案: 几桌。㉕觴: 酒器。㉖虞山: 在今江蘇省常熟市西北。㉗江進之: 名盈科,字進之,萬歷年進士,曾任長洲(今江蘇省)縣令。㉘韋蘇州: 唐代詩人韋應物,曾任蘇州刺使。白樂天: 白居易。㉙闌: 盡。㉚吏: 做官,這裏用作動詞。吳: 指蘇州。㉛遲: 等候。生公石: 虎丘大石名。㉜烏紗: 指官吏。橫: 橫行氣盛。㉝皂隸: 街門中的差役。俗: 粗俗。㉞如月: 對月發誓。

【鑑賞】明代中葉以後,隨著經濟中心的南移,資本主義萌芽首先在江南地區發生,散文的審美對象也愈來愈以這個地區為中心,晚明山水小品中這類散文就多有出現。袁宏道的這篇《虎丘記》是其中的代表作品。

　　首句交代虎丘名勝的方位,「去城可七八里」,誠然為一般記遊散文所需交代的文字,但為下文埋設了意脈。盡管「其山無高岩邃壑」,卻因其「近城」而吸引了絡繹不絕的遊人。這樣,作者就確定了他的審美重心: 不在林泉岩壑,而在遊人旅客,以及他們縱遊虎丘的情景圖畫。「簫鼓樓船,無日無之」,以「無……無」的雙重否定更見以肯定之意的句式,強調了日日如此、月月如此的頻率和密度。「凡月之夜,花之晨,雪之夕,遊人往來,紛錯如織」一句,在上文的意緒上迭進了一層,突出了「月」、「花」、「雪」這三個時節對於遊人的誘惑力量。作者所用「無日無之」「紛錯如織」還是概括性較強的語言,所給予讀者的是總體印象,而具體的細致描述則在後面進行,留下審美空間。「而中秋為尤勝」,文意以「而」字形成轉折,以「尤」字造成迭進。描述畫面經過幾次的迭進,中心便確定下來了。

　　需要指出的是,《虎丘記》不是某一次遊覽的當時實錄,這從後文「登虎丘者六」的次數可以看出;也不是某一個中秋日的情景紀實。從時間觀念上看,顯

係事後追述；從空間觀念上看，是六登虎丘的映象的綜合描述。而綜合映象中的特定意象則是虎丘中秋。這種記遊散文的時空觀念饒有新意。「每至是日」，就透現了這種非以某一中秋，而是概括幾個中秋特徵的審美意向。一旦進入具體的情景描述，作者就是顯得墨色潤暢，筆姿飛舞在虎丘山前山後，構成一幅全景俯瞰圖。從「傾城闔戶，連臂而至」開始，拉開了這幅全景圖的描述畫面。「衣冠士女，下迨蔀屋，莫不靚妝麗服，重茵累席，置酒交衢間。」這裏的衣冠士女，下迨蔀屋」把「傾城闔戶」具體化了，作者特別點出「蔀屋」，把下層市民也包括進去。在盛大的郊遊行列中已有廣大的市民參加，這反映了明代的特點，張岱的《西湖七月半》就有類似的情景描繪。和古典意味的山水遊記不同，和以單純的自然景象作描述對象不同，這裏更多地表現了市民層的郊遊生活，或者說，作者是把「衣冠士女」和「蔀屋」的市井細民作為同一的對象來描述。作者不是從自然山水本身獲取詩情（他明確地認為「其山無高岩邃壑」），而是在「蔀屋」市民參加遊覽的熱潮中覓得了新鮮審美感受。這種審美感受反映了明代時期審美理想和意緒的特徵。「莫不靚妝麗服」的打扮裝飾，「重茵累席」的席地而坐，「置酒交衢間」的旅遊方式，都有濃重的世俗情味，較少古典色彩。作者在縱意描述之後，猛然拉成一個大鏡頭：「從千人石上至山門，櫛比如鱗，檀板丘積，樽罍雲瀉，遠而望之，如雁落平沙，霞鋪江上，雷輥電霍，無得而狀。」作者以遠眺作為審美視點，在縱橫交織的鋪衍勾畫中輔之以誇張，間之以比附，形成一氣如注的滔滔文勢。「從千人石上至山門」，是空間範圍的概括，形成畫面的橫向開闊感，吻合著遠望的審美視覺特徵。「從……至……」的提頓，一連出現「櫛比如鱗，檀板丘積，樽罍雲瀉」三句比喻中兼具誇飾的描繪。像梳齒一樣靠攏的遊人，是對其密度的形容。「檀板」暗勾下文「唱者千百」；「樽罍」隱聯上文「置酒交衢」，內脈密合。如丘積、如雲瀉的比喻，誇張，既是繪其郊遊的特定情景，更是形容遊客如雲的盛況，服務於本段的審美重心。連用四個字結構句，其目的是在蟬聯而下的文句中，形成文勢的充沛暢達。行文至此，著「遠而望之」四字，回攏到主體的視點上來，文氣稍有提頓，遂發為奇穎的比喻句：「如雁落平沙，霞鋪江上，雷輥電霍」。「雁」句言其盛，「霞」句言其色，「雷」句言其聲，聲色交錯，染色於畫卷，傾聲於畫外，連珠式的四字結構句型，同樣有文勢的波蕩，有主體讚美之意的浮動。比喻句的聯綴，既形成氣勢的噴注，又使描述對象的瑰麗色彩及其喧闐聲勢具體化了。比喻是求取形象的確定內涵，而旋即跳成「無得而狀」作為本段的收煞，意緒得以翻變，是比喻的具體到抽象的概括，旨在說明這一切情景都是無法用比喻而得其盛狀的。唯其用「無得而狀」的模糊語，才更顯示這幅雲

蒸霞蔚的郊遊圖的美不勝收。

　　在全景圖的空闊而舒卷的縱意渲染和鳥瞰拍攝之後，作者進入具體細致的藝術描繪。而這一藝術描繪在審美選擇上的別開生面是扣住一個「唱」字，筆墨由疏放趨向深細。「唱」的聽覺形象最能顯示有市民層參加的虎丘中秋郊遊的特徵，也最能體現作者的審美趣味，因而，本文審美重心的確定導源於主體的審美欣賞意識的定向功能，使中秋時節的虎丘情景描述在審美選擇上顯得別具一格、另奏風調。而這一大段描述又獨特地借助於「布席之初」到「未幾」、「已而」、「比至」的表示時間觀念的詞語的微變，帶動出意象的輕轉，使一幅幅情狀圖畫冉冉撲來。而這一切，以「露」的筆墨出之，牽引了「藏」著的主體審美趣味的變化，其用筆如此，堪稱精妙。中郎描述的這一聲態情景是流動、變化的，即由繁鬧到幽靜。「聲若聚蚊，不可辨識」、「歌喉相鬥，雅俗既陳」，嘈雜的聲浪，莫之能辨，是中秋**虎**丘熱烈情景的生動、具體的寫照，但不是作者審美的最終目標，他所欣賞的是」一簫，一寸管，一人緩板而歌，竹肉相發，清聲亮徹」，是「一夫登場，四座屏息，音若細髮，響徹雲際」，可見，作者審美上所追求的是清幽而又明亮的聲態。而這一聲態又是產生於「明月浮空，石光如練」、「月影橫斜，荇藻凌亂」的幽靜而又雅麗的環境之中。聲、色、境以明麗的格調和交融的整一形式出現，才是作者審美意趣的真正寄托者。他從這裏獲得了審美感受，確定了他獨特的審美個性。他為之神馳和擊節的不是鐘鼓齊鳴的交響樂，而是輕悠亮徹的小夜曲。藝術作為主體對於客體的審美觀照，作者的審美趣味在選擇過程中顯示出獨特的主導作用，由此又產生出作者獨特的審美評價：「聽者魂銷」、「飛鳥為之徘徊，壯士聽而下淚」。這一大段作為全文描述重心，不是在橫長的空間感上取勝，而是在時間的不斷推移上使意、境導向深入，並以鮮明的層次加以顯示。值得細加玩索的是，這一大段聲態描述的時間、人數、主體審美趣味是密切融合而又同步推進的。布席之初──唱者千百；未幾──數十人；已而──三四輩；比至──一夫。從不可辨識──音若細髮，卻響徹雲際。境界每一移位，則主體審美情思便深入一層，如螺絲鑽木，又如開溝掘井，直至審美的核心地帶，發露最主要的審美情趣為止。這裏，時域的按步換形，帶來審美趣味的穿堂入室。

　　聲態描述至此已是情盡意滿，作者才突然抽出筆來，寫到虎丘的自然山水景象：「劍泉深不可測，飛岩如削」，這一飛來之筆似與上文意脈不相關涉，大有突兀而起之勢。而這一點恰恰體現了袁氏「公安派」的審美主張：「獨抒性靈，不拘格套」（袁宏道：《敘小修詩》），「信口而出，信口而談」（袁宏道：《與張幼

于》），興之所至，不拘成法，顯得灑脫自如，擒縱自便。到這一段，全文才寫到遊虎丘的主體「我」，這和傳統的山水遊記筆法大相徑庭。而主體登臨時的特點又不是徑渲紙面，而是隱藏在直接形象之中，引導人們去體味間接形象的存在。「千頃雲得天池諸山作案」，天池山簡直像是千頃雲山的几桌一樣，這是在形象與形象間的對比中加以突出，反襯出千頃雲的高，也顯示出主體審美視點的高。「面北爲平遠堂舊址，空曠無際，僅虞山一點在望」，縱目而去，常熟的虞山隱約在望，這又顯示出主體的視線之遠。這一段直接描述虎丘劍泉一帶的自然景象的文字，作者彷彿隨意拈出，稍加輕塗，沒有睽言蕪詞，一切顯得質直潔爽，而一切又無不蘊含着主體的審美感受，成爲袁宏道審美主張——「獨抒性靈，不拘格套」「情與景會，頃刻千言」（《敍小修詩》）的實踐。例如，見千頃雲之峻高，欒墅競秀，生發出的「最可觴」的情趣；「過午則日光射人」所產生的是「不堪久坐」的感受；至於欲祠韋蘇州、白樂天，卻因事過境遷而未成，最終還是「興闌」所致。主體的審美感受在所有物象的描述中成爲歸結和出發點，這正體現了袁宏道山水遊記的基本特色。

　　最後一段，就更具有感受性了。「吏吳兩載，登虎丘者六。」袁宏道於萬歷二十三年（1595）至萬歷二十五年（1597）任吳縣縣令達兩年時間，登臨虎丘有六次之多，可見，他對虎丘山水的留連的感受之深，由此也透露了他寫《虎丘記》是綜合概括再加審美選擇的構思特色。最後一次是「與江進之、方子公同登，遲月生公石上」，這一次所見月是怎樣的嬌妍，因與主體感受的發靈關係不大，就略而不寫。作者從「歌者聞令來，皆避匿去」的情景中，感喟繫之，「甚矣，烏紗之橫，皂隸之俗哉」，顯露了對官祿的鄙夷，這一點，跟他《與丘長孺書》所表達的對狗苟蠅營的官場生活的鄙薄之情，同出一源。對官場生涯的目擊，「歌者聞令來，皆避匿去」的隔膜，深化着袁宏道的內心苦悶。這種隔膜使得他無法領略「聽曲此石上」的迷人情趣。這是袁宏道審美個性和所處地位產生出來的尖銳矛盾，這一矛盾在當時的特定內涵體現爲感性和理性的衝突。而這一矛盾所引起的內心刺激，生發出解決矛盾的根本辦法是：「去官」。正因爲如此，他才有「他日」「有不聽曲此石上者，如月」的決絕誓詞，才有「解官稱吳客」的慶幸，才有「虎丘之月，不知尚識餘言否耶」的對月發問。六登虎丘，最後一次的刺激成爲袁宏道呈請解官的重要契機。明乎此，我們才會明了這位以發抒主體感受爲特徵的「性靈說」的倡導者的審美個性的執著，也才會明了他辭官後審美個性得到無所拘制的發展寫下《晚遊六橋待月記》的原因所在了。

　　總之，《虎丘記》以作者的感受作爲內脈，這裏有審美感受和環境的審美場

的矛盾，這種矛盾本身就具有感受性質。通篇寫山水少，寫遊況多，均發軔於作者的審美感受；文勢時有騰挪，意象或作變化，一路寫來，均有作者感受的隱隱躍躍。感受深者，則用墨如注；感受淺者，則微微皴染，不受自然山水散文通常爲客體對象規範的傳統筆法，顯示出審美感受作爲觀照萬物的「性靈」特徵。作者對世俗情趣的郊遊特徵的濃墨潑灑，主體感受的往返流轉，筆觸章法的任情而爲，審美客體、審美主體、審美傳達這三者都帶有明代山水遊記文典型的時代審美特徵。

（吳功正）

徐文長傳　　　　袁宏道

余一夕坐陶太史樓①，隨意抽架上書，得《闕編》詩一帙，惡楮毛書②，煙煤敗黑，微有字形。稍就燈間讀之，讀未數首，不覺驚躍，急呼周望：「《闕編》何人作者，今邪？古邪？」周望曰：「此余鄉徐文長先生書也。」兩人躍起，燈影下讀復叫，叫復讀，童僕睡者皆驚起。蓋不佞生三十年③，而始知海內有文長先生。噫，是何相識之晚也！因以所聞於越人士者？略爲次第④，爲《徐文長傳》。

徐渭，字文長，爲山陰諸生⑤，聲名藉甚⑥。薛公蕙校越時⑦，奇其才，有國士之目⑧。然數奇⑨，屢試輒蹶⑩。中丞胡公宗憲聞之⑪，客諸幕⑫。文長每見，則葛衣烏巾⑬，縱談天下事。胡公大喜。是時，公督數邊兵⑭，威振東南，介胄之士⑮，膝語蛇行⑯，不敢舉頭，而文長以部下一諸生傲之，議者方之劉眞長、杜少陵云⑰。會得白鹿⑱，屬文長作表⑲，表上，永陵喜⑳。公以是益奇之，一切疏記，皆出其手。

文長自負才略，好奇計，談兵多中㉑，視一世士無可當意者。然竟不偶㉒。文長既已不得志於有司㉓，遂乃放浪曲蘖㉔，恣情山水，走齊、魯、燕、趙之地，窮覽朔漠㉕。其所見山崩海立，沙起雲行，

風鳴樹偃，幽谷大都，人物魚鳥，一切可驚可愕之狀，一一皆達之於詩。其胸中又有勃然不可磨滅之氣，英雄失路、托足無門之悲，故其為詩，如嗔如笑，如水鳴峽，如種出土㉖，如寡婦之夜哭，羈人之寒起㉗；雖其體格時有卑者，然匠心獨出，有王者氣㉘，非彼巾幗而事人者所敢望也㉙。文有卓識，氣沉而法嚴，不以模擬損才，不以議論傷格㉚，韓、曾之流亞也㉛。文長既雅不與時調合㉜，當時所謂騷壇主盟者㉝，文長皆叱而奴之，故其名不出於越，悲夫！喜作書，筆意奔放如其詩，蒼勁中姿媚躍出， 歐陽公㉞所謂「妖韶女老㉟自有餘態」㊱者也。間以其餘㊲，旁溢為花鳥，皆超逸有致。

　　卒以疑殺其繼室，下獄論死。張太史元汴力解，乃得出。晚年憤益深，佯狂益甚，顯者至門，或拒不納。時攜錢至酒肆，呼下隸與飲。或自持斧擊破其頭，血流被面，頭骨皆折，揉之有聲。或以利錐錐其兩耳，深入寸餘，竟不得死。周望言：晚歲詩文益奇，無刻本，集藏於家。余同年有官越者㊳，托以抄錄，今未至。餘所見者，《徐文長集》、《闕編》二種而已。然文長竟以不得志於時，抱憤而卒。

　　石公曰㊴：先生數奇不已，遂為狂疾；狂疾不已，遂為囹圄㊵。古今文人牢騷困苦，未有若先生者也。雖然，胡公間世豪傑㊶，永陵英主，幕中禮數異等㊷，是胡公知有先生矣；表上，人主悅㊸，是人主知有先生矣。獨身未貴耳。先生詩文崛起，一掃近代蕪穢之習，百世而下，自有定論，胡為不遇哉？梅客生嘗寄余書曰㊹：「文長，吾老友，病奇於人，人奇於詩。」余謂文長無之而不奇者也；無之而不奇，斯無之而不奇也㊺。悲夫！

【注釋】①太史：明、清稱翰林為太史。②惡楮毛書：紙質低劣，刻工粗糙。③不佞：自稱的謙詞。④次第：意謂依次編寫。⑤山陰：今浙江紹興。諸生：經考試入學的生員，俗稱秀才。⑥藉甚：盛大。⑦校（ㄐㄧㄠˋ）：考核，考試。⑧國士：國中傑出的人才。目：兼有名稱、品評之義。⑨數奇（ㄕㄨˋ ㄐㄧ）：命運乖舛，遇事不利。⑩蹶：失敗，挫折。⑪中丞：明、清稱巡撫為中丞。⑫幕：原指將帥在外的營帳，後世也稱衙署為幕府，其佐理人員為幕友、幕僚。客諸幕：即

客之於幕府，意卽延請其爲幕友。⑬葛衣烏巾：葛布製衣，黑色頭巾，鄉野隱者之服。⑭邊兵：邊防軍。⑮介冑之士：武官。⑯膝語蛇行：跪下說話，匍伏而行。⑰方：比擬。劉眞長：劉惔，字眞長，晉人，善淸談，曾入會稽王（卽後之簡文帝）司馬昱幕府。（《世說新語》中有不少關於他的記載。）杜少陵：杜甫自稱少陵野老。曾爲劍南節度使嚴武的幕僚。⑱會：恰巧，適逢。⑲屬（ㄓㄨˇ）：托付，通「囑」。⑳永陵：明世宗朱厚熜（1507—1566）所葬之陵墓，此代指明世宗。㉑中（ㄓㄨㄥˋ）：符合，適合。㉒不偶：遭遇不順利，沒有成就。㉓有司：主管某項專職的官吏。㉔曲蘖：酒。㉕朔漠：北方沙漠地帶。㉖種（ㄓㄨㄥˇ）：植物的種子。㉗羈人：旅途飄泊的人。㉘有王者氣：有詩國君王的氣派。㉙巾幗：婦女。事人：侍奉他人。㉚格：文章的格調，風格。㉛韓、曾之流亞：唐代韓愈、宋代曾鞏（均爲古文大家）一類的人。㉜雅：平素，向來。㉝騷壇主盟者：詩壇的領袖人物。㉞歐陽公：宋代文學家歐陽修。㉟妖韶女：艷麗美好的女子。㊱餘態：餘留的風韵。下文「以其餘」之餘，則指餘力。㊲間：間或，有時候。㊳同年：科舉時期稱同科考中的人爲同年。㊴石公：作者自稱（袁宏道字中郎，號石公）。㊵囹圄：牢獄。㊶間（ㄐㄧㄢˋ）世：隔世。意謂隔代才會出現。㊷禮數：禮儀的等級。㊸人主：帝王。㊹梅客生：梅國楨，字客生，湖北省麻城人，萬歷進士，官兵部右侍郎。㊺奇（ㄐㄧ）：這一「奇」字乃「數奇」之「奇」，意爲倒霉。

【鑑賞】本文提出並回答下列三個問題：1.袁宏道（中郎）爲什麼要爲徐渭（文長）立傳？（《徐文長傳》的寫作背景）2.袁中郎怎樣塑造徐文長的形象？（《徐文長傳》的寫法）3.我們讀《徐文長傳》得到了一些什麼？（《徐文長傳》的主題）爲行文方便計，解答的次序是顚倒過來的。

讀《徐文長傳》得到了什麼？英國傳記作家A.G.加德納在《論帽子哲學》中說：「我們所有的人都是通過自己的特殊的鎖孔觀察人世」；「我們只看見我們所能看見的東西」。袁中郎在爲徐文長作傳的時候，是通過怎樣的「鎖孔」觀察到了怎樣的「人世」，他「所能看見的」是徐文長一生中的哪些方面呢？

他的視點集中在徐文長的「佯狂」和眞的「狂疾」上。

關佬來訪，拒不接見；有硬闖進門的，文長甚至以「手拒扉，口應曰：『某不在』」（見陶望齡《徐文長傳》）。這自然是徐文長「佯狂的」表現。以衣冠之士而跑到酒館裏去和「下隸」共飲，在那時的正人君子眼裏，也是不可理解的「狂」的症狀。但「自持斧擊破其頭」，「或以利錐錐其兩耳，深入寸餘」，這卻是

眞的「狂疾」行爲了。徐文長最初爲什麼要「佯狂」 我們從一些資料裏得知，徐文長早年受浙江巡撫胡宗憲賞識，是胡的幕僚。胡宗憲雖是抵禦倭寇有功，但他在政治上依附嚴嵩，與徐階是對立的兩派。嚴嵩自是權奸，徐階也不是好貨，他們之間的鬥爭完全是權力衝突，沒有多少是非可言。嚴嵩倒臺，徐階入爲首輔，胡宗憲以嚴黨而被「緹騎」逮捕，死於獄中。「緹騎」，是錦衣衛的特務，專司偵察、逮捕。錦衣衛鎮撫司的「詔獄」，直接對皇帝負責，權勢極大。明朝最高統治者，從朱元璋起，全是嗜血的屠夫。廠衛，詔獄，廷杖，瓜蔓抄，文字獄，把一座朝廷變成殺氣騰騰的屠場。胡宗憲一罹法網，徐文長便感覺岌岌可危，生怕受到株連，如坐針氈，如履薄冰，時刻擔心橫禍飛來。怎樣避免橫禍呢？「佯狂」便是一法。「徐某人精神有毛病」，傳說開去，也許因此可以把他放過。（明初御史袁凱、外戚郭德成得罪了朱元璋，均以佯狂裝瘋免禍。參見吳晗：《朱元璋傳》）徐文長就是這樣「佯狂」起來的。然而整天處於高度緊張、極度疑慮的精神不正常狀態之中，內心失去了平衡，是很容易招來眞的「狂疾」的。於是「卒以疑殺其繼室」，眞的「下獄」了。後來雖然被張元汴解救出獄，精神上的病態卻一直綿延至死。這便是一個明代文學家的經歷及其內心歷程。

這使我們想起李贄（卓吾）。李贄和徐渭，同是明代思想界的叛逆，文壇的怪傑。徐渭一生倒霉，李贄的結局也很慘。他是以「敢倡亂道，惑世誣民」的罪名被捕下獄，自殺畢命的。死前侍者問：「和尚痛否？」「不痛。」「和尚何自割？」「七十老翁何所求！」（轉引自〔美〕黃仁宇《萬曆十五年》）這不是禪宗的「頓悟」，而是極沉痛的抗議。李贄「自割」，徐渭「狂疾」，其原因全在於政治。

於是，我們前面提出的問題得到了回答：袁中郎所看到的「人世」是坎坷不平的險途，而他所透過的「鎖孔」便是政治。誰說公安派代表人物袁中郎完全脫離現實、消極避世呢？在《徐文長傳》裏，他不是把社會現實、把政治扣得很緊嗎？他所說的「數奇」，「不得志於時」，不都是指向政治的嗎？

袁中郎怎樣寫徐文長？我們所以能得出上述結論，是因爲中郎把本文的主題表達得很成功。他以「數奇」作爲全文的主線，貫串全篇，給予我們極深的印象。傳記開始就提出徐文長「數奇」，直到最後，還是以「余謂文長無之而不奇者也；無之而不奇，斯無之而不奇也」作結。這末一個「奇」字，便是「數奇」之「奇」。意思是說，徐文長在各方面都很出色，不平常；正因爲他各方面都出衆，也就處處倒霉了。作者雖然不再往下申說，我們自會把徐文長的「抱憤而卒」歸因於明代的政治：原來那時的政治是容不得傑出的思想家和文學家的！

「數奇」，當然很值得人們同情。然而歷代倒霉的人多矣，讀者的同情不可能

施之於一切人。要博得讀者同情，使傳記取得強烈的感染力，就得先讓讀者敬佩傳主。中郎正是這樣做的。他在傳記裏突出渲染了徐文長的氣概和才能。寫徐的氣概，如他以一諸生（秀才）而傲視兵的地方大員，鄙夷當時文壇領袖，以及給「顯者」吃閉門羹等等，目的在於使讀者敬慕；寫徐的才能，如他善談兵，能章奏，詩文書畫，無不擅場，尤其強調文長詩的意境和風格，特具異采，這目的則在於使讀者愛惜。中郎在舖敍徐文長文學藝術上的成就時，比喻奇特，筆墨精悍，散行中時見駢偶，也與文中所蘊的突兀不平之氣相吻合。這方面，很值得讀者玩味揣摩。

徐文長在戲曲藝術上也很有成就，傳記沒有提到，是一個遺憾。更大的遺憾是，文長在反對封建傳統思想的束縛上，是一位勇士，例如，他是被張元汴解救出獄的。而當張元汴以封建禮法來束縛他的時候，他卽斷然地說：「吾殺人當死，頸一茹刃耳，今乃碎磔吾肉！」表示不能順從。這在我們看來是很緊要的一個方面，中郎卻很少涉及。這要算是中郎的局限性的表現。但也許中郎自有其難以言說的苦衷：說得過多、過直了，會遭時忌，弄得他也「數奇」。你不見他在傳記最後還恭維了一下皇帝嗎？什麼「永陵英主」，什麼「人主知有先生矣」云云。要說「局限」，這要算是時代的局限性。這一點，現代人是要體諒古人的。

無論如何，作者的目的是達到了：他塑造出了一位狂放不羈的傑出的文學藝術家，我們傾倒於這位才子、奇士，而且悲憫他的命運。

袁中郎爲什麼要爲徐長立傳？袁中郎的這篇傳記何以會獲得成功呢？這是因爲中郎在文章裏舖敍、描摹和渲染的一切，全來自他的實際感受。他是有感而發，並且心會神交，必須一吐爲快的。

大家知道，中郎的散文，多爲游記、書信，在全集中，傳記文寥寥數篇：《醉叟傳》、《拙效傳》多記奇聞逸事，可作小說讀；《王氏兩節婦傳》多發議論，而且分明是受人所託、敷衍應命的；稱得上是眞正的傳記文的僅此一篇，可見中郎作傳記文章態度之鄭重。1597年，中郎始見《徐文長集》（文長早於四年前死去），後兩年，作《徐文長傳》，在《傳》前小序中，道出了他當初的驚喜、敬佩之情：「蓋不佞生三十年，而始知海內有文長先生。噫，是何相識之晚也！」可以說，中郎是文長的知音。「逢其知音，千載其一乎！」（《文心雕龍》）知音自然極其難得，但中郎所以會成爲文長的知音，並要爲之立傳，卻不光是因爲個人的興趣相投，而是另有其社會的歷史的原因可尋的。

在明代，除了小說、民歌等虎虎有生氣的民間文學以外，官方的文學實在很

不像樣子：八股文、臺閣體，以及「前後七子」以漢唐爲「樣板」的尊古復古、模擬剽竊的文風，弄得文壇萎靡不振，奄奄一息。物極必反。到了十六世紀中葉以後，出來了幾位怪傑，他們擺脫羈絆，一掃前後七子造成的沉悶空氣，顯露出一派清新活潑的生機。這幾位怪傑便是：主張詩必「出於己之所自得，而不竊於人之所嘗言」的徐文長（1521—1592）；主張「童心說」的李贄（1527—1602）；認爲「文章之妙不在步趨形似之間」，而在於「有靈性」的湯顯祖（1550—1616）；待到以袁宏道（1568—1610）爲代表的袁氏三兄弟出來，標舉「性靈說」，創爲「公安派」，在文壇上便造成更大的聲勢，對復古摹擬者們進行了強有力的衝擊。這幾位怪傑的共同點是：講自己的話，講眞話，講新鮮話。對於跟著前後七子亦步亦趨的庸衆來說，他們是奇人；對於統治文壇的前後七子來說，他們是反叛。同聲相應。袁中郎所以會看中徐文長，就在於他們同是奇人、同是反叛的緣故（雖然比起徐、李二位來，中郎的「奇」的程度要差一些；也因此，他也不像徐、李二位那樣倒霉）。中郎之所以作《徐文長傳》，是爲了給同志張目，爲自己一派人抒積憤，並藉以壯大自己一派的聲勢。而這一篇《徐文長傳》所以能够流傳至今，膾炙人口，也正因爲作者和傳主是同志，他們的心是連在一起的緣故。

　　這篇傳記以其本身的成功，印證了他們主張性靈、主張童心卽眞心的文學理論是很有道理的，值得後人重視。

（姚　虹）

與丘長孺書　　　袁宏道

　　聞長孺病甚①，念念。若長孺死，東南風雅盡矣，能無念耶？

　　弟作令備極醜態，不可名狀。大約遇上官則奴，候過客則妓，治錢穀則倉老人②，諭百姓則保山婆③。一日之間，百煖百寒，乍陰乍陽，人間惡趣，令一身嘗盡矣。苦哉，毒哉！

　　家弟秋間欲過吳④，雖過吳，亦只好冷坐衙齋，看詩讀書，不得如往時，攜猺猻⑤登虎丘山⑥故事也。

近日遊興發不？茂苑⑦主人雖無錢可贈客子，然尙有酒可醉，茶可飲，太湖一勺水可遊，洞庭一塊石⑧可登，不大落寞也。如何？

【注釋】①長孺：丘長，名坦之，長孺爲號，湖北麻城人，公安派作家。與三袁兄弟相友善。②倉老人：管理官倉的老吏。③保山婆：媒婆。。④：吳縣，即今江蘇蘇州。⑤猢猻：喩小孩。⑥虎丘山：在蘇州市郊，是著名的遊覽勝地。⑦茂苑：蘇州的代稱。語出晉左思≪吳都賦≫：「佩長洲之茂苑。」⑧洞庭一塊石：指太湖中的東西洞庭山。

【鑑賞】萬歷二十三年（1595）春天，袁宏道赴江蘇吳縣接任知縣，他很快就對作官感到厭倦和痛苦。≪與丘長孺書≫大約就寫於這一年的初夏，距到任才不過二三個月。這封信中第一次淋漓盡致地傾訴了他對於官場的厭惡和出仕的悔恨之情。

下面分段進行賞析。「聞長孺病甚，念念。若長孺死，南東風雅盡矣，能無念耶？」開頭問候病情，深致關切之意。但作者不說泛泛的問候語，卻直言無忌地說：「若長孺死，東南風雅盡矣」，病人本來最忌諱聽到「死」字，作者因爲跟丘長孺十分熟悉，知道他不會見怪；又出於愛才心切，所以才如此說。這句話既是一種祝願，希望朋友不至於病重不起；又是對他才華的高度贊許，語氣中還含有一種友好的調侃味，顯得關切而饒有風趣。「若長孺死」，不過是假設如此，而實際並不會如此，這一點作者心中有數。前面說「聞長孺病甚，念念」，中間經過這個聾人聽聞的假設，文情爲之一頓，後面再來一句：「能無念耶？」作爲補充加強，顯得一往情深。前面說「念念」，還是一般性的掛念，後面「能無念耶」的「念」，則是惜才之念，說明自己並非朋友的私情，而是爲天地惜才，從而把掛念之意翻進一層。作者在寫給王以明的信中說：「屈指當今後人，首小修，次長孺。」把當時天下的才俊之士，第一位讓給他的弟弟袁小修（即袁中道），第二位就數丘長孺了。可見他對丘長孺的推許和讚賞。接下來，作者寫自己作官的各種醜態，毫不掩飾，寫得淋漓盡致，厭惡之情溢於言表。「備極醜態，不可名狀」，先總提兩筆，大有一言難盡之慨。雖然「不可名狀」，卻又如塊壘在胸，感到不吐不快，因而筆鋒一轉，乃以「大約」二字開出下文。「大約」，言外之意就是不能細述，只說個大概吧。接着用四個排句，寫盡了官場醜態：「遇上官則奴，候過客則妓，治錢谷則倉老人，諭百姓則保山婆。」作者連下四個比喻，極其生動潑辣，把官場醜態和盤托出。而難得之處在於現身說法，自我解剖，並沒

有半點矜持之態和忸怩之色。對於官場醜態的諷刺和針砭，古來雖也不乏其人，但出之於作者自述，而且寫得如此眞切生動，似乎並不多見。這種痛快淋漓的諷世之作，在袁宏道的散文中是較有思想意義的，從中也可以看出他性格的直率和可愛。作者繼這封信後，曾再三對友人傾訴過這種難堪的痛苦，例如他在給沈廣乘的信中就說：「上官如雲，過客如雨，簿書如山，錢谷如海；朝夕趨承檢點，尙恐不及。苦哉，苦哉！」這些痛苦的慨嘆，可以與本文相對照來讀，從中不難看出作者思想的發展。在袁宏道眼中，這簡直是折磨人的淒苦雨，葬送人的刀山火海！所以他的結論是：「在官一日，一日活地獄也。」（≪致羅集南書≫）辭官以後，則如「走出刀山劍樹，跳入清涼佛土」，連呼：「快活不可言！不可言！」大有歡欣雀躍之態。他寫這封信的時候，雖然到任不久，但對作官的厭惡已很深切，辭官之意也已萌發可見了。

　　緊承上面四個比喻，作者發出深沉的嘆息：「一日之間，百暖百寒，乍陰乍陽，人間惡趣，令一身嘗盡矣。苦哉，毒哉！」袁宏道是一個性情開朗曠達的人，哪裏受得了這種精神上的折磨！無怪他要把官場比作活地獄了。如果對比一下他初上任時的情景，是頗爲有趣的。當時他寫信給家鄉城南文社的社友說：「弟已令吳中矣。吳中得若令也，五湖有長，洞庭有君，酒有主人，茶有知己」，意思是說他到吳縣去作縣令，治下的山川風物都有了主人，語氣間流露出春風得意的情緒。然而到任才幾個月，初嘗作官的滋味，卻已皺着眉頭，喊出「苦哉，毒哉」了。作者把一肚子牢騷和痛苦，向知心的朋友傾訴，使鬱悶的心情稍稍舒暢一些；同時他所刻畫的種種官場醜態，也足以發友人病中一噱，未始不是卻病之方。接著作者便感嘆地說：卽使弟弟到吳縣來，我這個作哥哥的因爲官務繁忙，也無法陪他去玩，只好讓他冷冷清清地坐在書房中看詩讀書，而不能像過去那樣帶了小孩子一同去玩虎丘了。這一段承上文，從側面寫作官之苦而忙，連遠道而來的親兄弟，也不能暢快相敍，陪同他遊覽本地名勝。言外不勝悵恨。作者這樣說，也許有點過甚其辭。實際上袁中道於當年九月到吳縣後，住了半年，玩得還是痛快的。這從作者給龔惟學信中的話：「三哥（指袁中道）住旬半年，甚快活」可以證明。但他厭惡作官，不惜過甚其辭地加以渲染，這種心情還是可以理解的。

　　最後這一段是邀請丘長孺到吳縣來作客。他說自己雖然沒有錢可以送給作客的朋友，但有酒可醉，有茶可飲；對於知心的朋友來說，茶酒相待，也足以助清談而發雅興了。更何況還有太湖可遊，洞庭山可登呢！作者把煙波浩渺的太湖說成「一勺水」，把青山如屛的洞庭山說成「一塊石」，這顯然是一種主人的謙指語

氣，以示不敢拿本地風物誇耀於家人。這種措詞，正與「茂苑主人」的身分相稱。「有酒可醉」、「茶可飲」、「水可游」、「石可登」四個蟬聯而下的排句，如聞主人殷勤相招，顯得情意深長，接着以「不大落寞也」束住，勸遊之意十分誠懇。最後再加上一問：「如何？」希望朋友不要猶像，催他快下決心。末尾這段的開頭是問丘長孺：「近日遊興發不？」而文章的開頭則說「聞長孺病甚」，「若長孺死，東南風雅盡矣」等等，似乎前後不大一致。其實「病甚」二字，是以誇張之詞，表關切之意。因爲從通篇來看，文章只在開頭提到病甚，並且緊接着就開玩笑說：「若長孺死，東東風雅盡矣」。如果友人眞的病篤，哪還有心情開玩笑？而且其後怎能再沒有什麼繫念的話？可見丘長孺不是「病甚」，很可能只是一般的病，所以才有最後的招遊。另外，詢問遊興，正是爲了祝願友人病愈而健足出遊。全篇結尾的「如何」之問，也是回應開頭，把康復的祝願寄寓在招遊之中。此外，「無錢可贈客子」，也不是一句客氣話，而是袁宏道作官的實況。他爲官清廉，卸任時，兩袖清風，借了錢才安頓好家眷。「尙有酒可醉，茶可飲」的「尙有」二字表明，別無他物，唯此而已。這就更襯托出了作者不是那種以富貴驕人，黃金送客的風塵俗吏。

　這封書信寫得直率而眞摯，作者對友人披肝瀝膽，毫無忌諱。既有關切的問候，也有良好的祝願，還有熱情的邀請。特別引人注目的，是他僅用四個比喻，就把作官的種種醜態，描摹得淋漓盡致，不愧爲一幅封建官場絕妙的諷刺漫畫。他把尊嚴的地方「父母官」，與被人視爲低賤的奴才、妓女、倉吏、媒婆相提並論，把那種「堂上一呼，階下百諾」的作官的聲威，剝得一乾二淨，化可尊可貴爲可卑可笑。在深惡痛絕的語氣之間，又流露出作者所特有的那種幽默感。他又善於用排比句，一個比喩接着一個比喩，窮形盡相，眞可說是「備極醜態」了。最後一段邀友人來遊，說「尙有酒可醉，茶可飲，太湖一勺水可遊，洞庭一塊石可登」，兩相對偶，而句法參差錯落。連用四個「可」字，使對方有感於心，難卻一片深情厚意。通篇寫作官之苦，結尾卻說「不大落寞也」。這一反筆正顯得蘇州這地方雖好，而地方官卻苦不堪言。陸雲龍評得好：「讀至末，眞所謂金閶自繁華，令自苦。」「金閶自繁華，令自苦耳」，是作者寫給他堂叔父信中的話，「金閶」卽金閶亭，在蘇州西邊的閶門內。這裏是以金閶指蘇州。陸雲龍把這兩句話移來作爲本篇尾段的評語，顯得十分中肯。

（吳戰壘）

晚游六橋待月記①　　　　　　　袁宏道

　　西湖最盛，爲春爲月。一日之盛，爲朝煙，爲夕嵐。今歲春雪甚盛，梅花爲寒所勒②，與杏桃相次開發，尤爲奇觀。石簣數爲余言③：「傅金吾園中梅④，張功甫玉照堂故物也⑤，急往觀之！」余時爲桃花所戀，竟不忍去。

　　湖上由斷橋至蘇堤一帶，綠煙紅霧，彌漫二十餘里。歌吹爲風，粉汗爲雨，羅紈之盛，多於堤畔之草，艷冶極矣。

　　然杭人遊湖，止午、未、申三時，其實湖光染翠之工，山嵐設色之妙，皆在朝日始出，夕春未下⑥，始極其濃媚。月景尤不可言，花態柳情，山容水意，別是一種趣味。此樂留與山僧、遊客受用，安可爲俗士道哉！

【注釋】①六橋：在杭州西湖蘇堤上，依次爲映波橋、鎖瀾橋、望山橋、壓堤橋、東浦橋、跨虹橋。②勒：制約、控束。③石簣：卽陶望齡，字周望，號石簣，會稽（今浙江紹興）人。公安派作家。④傅金吾：不詳。金吾：官名，掌宮廷宿衞。明代親軍中有金吾衞。⑤張功甫：名鎡，南宋將領張俊的孫子。玉照堂是他的園林，有四百株名貴的梅花。⑥夕春：指夕陽。語出《淮南子·天文訓》：「（日）至於虞淵，是謂高春。」

【鑑賞】萬歷二十五年（1597），袁宏道經過多次陳請，終於辭去了吳縣知縣，他好像脫籠之鳥，赴水之魚，乘輿漫遊吳越。這年春天，他第一次遊覽向往已久的杭州西湖，留連於美麗的湖山之間，寫下了十六篇西湖遊記。

　　他在《初至西湖記》中，就用詩一樣美的比喻來形容風光媚人的西湖，還說他這時好像曹植夢見洛神一樣，「欲下一語描寫不得」，把對西湖的第一印象和陶醉心理表達得十分眞切。本文是西湖遊記中的第二篇。題名《晚遊六橋待月記》，著重描寫六橋一帶的春月景色。開頭「西湖最盛，爲春爲月」一句總提西

湖最美的是春天和月夜。抓住「春」「月」二字，提綱挈領地勾畫出了西湖美景
的特徵。「盛」字兼指風光之美和遊人之多，預爲下文張目。如果上句是指西湖
最盛的時間，那麼「一日之盛」便轉寫西湖最盛的景物：「爲朝煙，爲夕嵐。」
文意又遞進一層。作者用「朝煙」、「夕嵐」四字，概括了晨曦和晚霞映照下的湖
光山色之美。「朝煙」指如煙的湖水，「夕嵐」指蒼茫的山色。「一日之盛」的
「盛」字，單指風光之美，與第一句兼指遊人的「盛」字有所不同，讀到後面就
清楚了。文章接著寫，雪盛春寒，梅花開得遲，彷彿被嚴寒約束住了。「爲寒所
勒」的「勒」字，用得頗有擬人的意味。正因爲報春的梅花遲開，卻被杏花和桃
花趕上，以至出現了梅花、杏花、桃花同時開放的奇觀。「相次開發」，是說花
期連在一起，接踵而來。這幾句寫姍姍來遲的梅花與桃杏爭春，確是難得的奇
觀，足以引發賞梅的雅興。預寫一筆，作爲後面觀賞桃花的第一層鋪墊。

　　接下來承上文梅花與桃杏爭春的「奇觀」，從通常的梅花，寫到玉照堂名貴的
古梅，並通過友人的多次勸賞來渲染，更顯得非同一般；「急往觀之！」則極寫
良機莫失。這是爲下文欣賞桃花作第二層鋪墊。經過兩層鋪墊，作者方才吐出眞
情：他當時正迷戀著湖上的桃花，捨不得離開。言外之意是：寧可賞桃花，不去
賞梅花。於是前面寫梅花的奇觀，都成爲對桃花的陪襯。「爲桃花所戀」，這個
「戀」字，寫出了作者對桃花像對熱戀中的愛侶那樣的依依難捨之情。「竟不忍
去」，進一步寫出作者鍾情於桃花，而不願他顧的一片癡情。「不忍」，寫出了迷
戀之深，如要離開，情既有所不忍，勢亦有所不能。這是一種充滿深情的內心剖
白。按照中國士大夫傳統的審美趣味，梅花冰清玉潔，是高雅品格的象徵；桃花
雖然艷麗動人，卻被斥爲輕薄，前人詩中就有「輕薄桃花逐水流」之句。袁宏道
卻如此欣賞和迷戀桃花，對於梅花則不屑一顧，這種獨特的審美態度，頗含有向
傳統審美觀挑戰的意味。

　　接著又寫道：「湖上由斷橋至蘇堤一帶，綠煙紅霧，彌漫二十餘里。歌吹爲
風，粉汗爲雨，羅紈之盛，多於提畔之草，艷冶極矣。」這一段正面寫桃花之
美，不作靜態的觀賞，而把繽紛的花海與看花的遊人打成一片，極寫西湖爲春之
盛，色調十分濃艷。「由斷橋至蘇堤一帶」，包括環湖的白堤和蘇堤在內，這正
是西湖春色最濃的所在，「蘇堤春曉」就是被人艷稱的「西湖十景」之一。「綠煙
紅霧，彌漫二十餘里」，作者正面寫桃花，僅此兩句，卻已使人感到花光照眼，
美不勝收了。「綠煙紅霧」，指遠望盛開的桃花，花葉相映，如煙似霧。「紅」指
桃花，「綠」指桃葉，造語雋美而有詩意。「彌漫二十餘里」，極寫桃花之盛，
使人目不暇接。作者鳥瞰西湖一角，便把無邊的春色盡收眼底了。通過這「彌漫

二十餘里」的「綠煙紅霧」，烘染出西湖「爲春之盛」的第一層含意。接著又從仕女如雲的看花盛況，寫出西湖「爲春之盛」的第二層含意。你看，「歌吹爲風，粉汗爲雨，羅紈之盛，多於堤畔之草，艷冶極矣。」美妙的音樂隨風飄揚，帶香的汗水如雨流淌，穿著綾羅綢緞的仕女遊人，比堤邊的春草還多，這是多麼艷麗而浪漫的風光啊！作者爲我們描繪出一個脂香花影，粉汗輕歌的銷魂境界。「艷冶極矣」，「艷冶」二字十分精當。艷，指艷麗的色彩；冶，指放蕩的風姿；花與人兼寫，可謂點睛傳神之筆。這一段寫西湖春色之濃，頗有「濃得化不開」之感。然而作者筆鋒一轉，又開出另一個濃中有淡，嫵媚動人的境界來：「然杭人遊湖，止午、未、申三時，其實湖光染翠之工，山嵐設色之妙，皆在朝日始出，夕舂未下，始極其濃媚。」作者在這裏批評杭州人遊湖不會選擇時間，不能領略湖光山色的妙處。「杭人遊湖，止午、未、申三時」，其實湖山之美偏偏不在這段時間，作者爲此感到遺憾。作者認爲「湖光染翠之工，山嵐設色之妙，皆在朝日始出，夕舂未下」之時。朝暮之間，正是西子最迷人的時候。這幾句與開頭「一日之盛，爲朝煙，爲夕嵐」相呼應。「湖光染翠」是「朝煙」之美，「山嵐設色」則是「夕嵐」之美。「染翠之工」和「設色之妙」，寫出大自然神奇的藝術手腕，只有在「朝日始出」和「夕舂未下」這兩個特定的時刻才顯得最完美工妙。這一段從批評杭州人遊湖開始，引出西湖一日之間景色最美的時刻，作者雖然是外地遊客，卻能獨具隻眼，領略到通常杭州本地人所未曾發現的西湖之美，這是他的審美眼光不同於一般之處。作者用「極其濃媚」四個字，來概括西湖的朝暮之美，頗爲熨帖。「濃媚」是格外的嫵媚動人，但其「濃」在於風神，而不在於色彩；其「媚」在於天然，而不在於裝飾，因而別有一種風韻，較之前面所說的人面桃花的「艷冶」之美，顯得更高一級。然而這還不是西湖之美的極致。

文章一開頭就說：「西湖最盛，爲春爲月。」爲春之盛，前面已經說過了；爲月之盛，卻未作一字交代，這就造成讀者心理上的期待。作者似乎懂得這種「待月」的心理，行文至此，更翻進一層，終於展開了一個月色朦朧的境界：「月景尤不可言，花態柳情，山容水意，別是一種趣味，此樂留與山僧、遊客受用，安可爲俗士道哉！」第一句點醒全文，是通篇寫景的結穴。「尤不可言」的「尤」字，是與前面種種色景相比較的結果。不可言傳的美，卻正是美的極致。雖說「不可言」，他還是忍不住略作點撥：「花態柳情，山容水意，別是一種趣味。」點到爲止，讓你自己去領會和體味。試想，在淡月的清光下，花的嬌態，柳的柔情，山的姿容，水的情意，該是一種什麼樣的情趣？作者說：「別是一種趣味。」究竟是什麼趣味，他沒有說，也無須說；這樣反而能調動讀者的想像，使之進入

欣賞和再創造的境地。這段寫西湖月景之美，背景仍然是春天，這從「花態柳情」上可知。所以它兼有西湖春、月之美，但寫法上用筆草草，不作工細描摹。前文詳寫春景之盛，表面是主，實際爲賓；這裏略寫月景之美，雖寥寥幾筆，一帶而過，卻顯得精光獨注，大有俯視全篇之勢。

最後幾句：「此樂留與山僧、遊客受用，豈可爲俗士道哉！」感嘆景色愈美，賞玩者愈少。綠煙紅霧，仕女如雲，是一種境界，人人得而賞之；朝煙夕嵐，染翠設色，又是一種境界，但欣賞這種山水之美的人就較爲稀少了。至於不可言傳的月景之美，就只有留給山僧、遊客去獨賞，而不足爲流俗之人說起了。山僧是世外之人，遊客則是作者自指，他自許爲自然美的知音。這幾句話，在感嘆的語氣中，又流露出作者那種士大夫階層清高自賞的優越感。

這篇山水遊記，始終扣住「西湖最盛，爲春爲月」的「春」、「月」二字，騰挪變化，詳寫「爲春」之盛，略寫「爲月」之美；題爲《晚遊六橋待月記》，卻始終沒有正面寫待月的情景，他的高妙處在於以層翻浪迭之筆，依次寫出梅花、桃花之美，朝煙、夕嵐之美，一景勝似一景，逐層皴染，不犯正位，從而造成讀者強烈的「待月」心理；待到「千呼萬喚始出來」，卻又匆匆一面，飄然而去，使人有「著眼未分明」之感，因而顯得餘韵悠然，情味無窮。作者用這種空靈幻變之筆來寫月景之美，可謂別出心裁。

（吳戰壘）

山居鬥鷄記　　　袁宏道

余向在山居，南鄰一姓金氏，隱於掾①，愛畜美鷄。一姓蔣氏，隱於商，從燕地歸，得一巨鷄。燕地種原巨，而此巨特甚。足高尺許，粗毛厲嘴，行遲遲有野鶴狀②，婆娑可人③。群鷄見之，輒避去。獨掾家一鷄，縱步飲啄如常，玉羽金冠，娟然更又可人。然其體狀，較之巨鷄，止可五之一。巨鷄遇之，侮其小，隨意加啅④。美鷄體狀雖小，氣不肯下，便躍然起鬥。巨鷄張翅雄視，時欲卽下；美鷄惟凝意抵防⑤，不敢輕發。於是各張武勇，且前且後，兩兩相持，每

費餘刻⑥。巨鷄或逞雄一下，美鷄自分不能當⑦，卽乘來勢，從匿巨鷄跨下，避其衝甚巧。巨鷄一時不知美鷄置身何所，美鷄從巨鷄尾後騰起，乘其不意，亦得一加於巨鷄⑧。巨鷄才一受毒⑨，便怒張撲來，美鷄巧不及避⑩，乃大受荼毒。

余自初觀鬪至此，大抵見美鷄或得一捷，則大生歡喜，且睜睜盼美鷄或再捷而卒不可得。而亦終不想及爲之所⑪，美鷄將不堪⑫。

余正在煩惱間，有童子從東來，停足凝眸。旣而抱不平，乃手搏巨鷄，容美鷄恣意數啅，復大揮巨鷄幾掌。巨鷄失勢遁去，美鷄乘勢躡其後，直抵其家。須臾⑬，巨鷄復還追美鷄至鬪所，童子仍前如是，如是再四。適兩書生過，見童子諄諄用意爲此⑭，乃笑曰：「我未見人而乃與畜類相搏以爲事也。」童子曰：「較之讀書帶烏紗帽⑮，與豪家橫族共搏小民⑯，不猶愈耶？」兩書生愧出。

余久病，未嘗出里許⑰，世間鋤強扶弱豪行快舉，了不得見⑱；見此以爲奇，逢人便說。說而人笑，余亦笑；人不笑，余亦笑。說而笑，笑而跳，竟以此了一日也。

【注釋】①掾：官府的屬員。臨時恭維官職低微而心志淸高的人爲「吏隱」，意謂雖居官位而與隱者相似。「隱於掾」卽「吏隱」之意。下文「隱於商」用法相同。②鸛：鳥類的一屬。大型涉禽，形似鶴鷺。③婆娑可人：盤旋、徘徊的樣子，令人愛看。④啅：同「啄」。⑤凝意：意志專注集中。⑥刻：此處爲計時單位。古代分一晝夜爲一百刻。餘刻：一刻有餘。⑦自分（ㄈㄣˋ）：自己料想。⑧一加於……：施以一擊。⑨毒：害。下文「荼毒」，意爲殘害。⑩巧：碰巧，恰巧。⑪所：處所。爲之所：爲之安排蔽身之所。按：此句坊間諸本均如此，語氣似未安。⑫不堪：受不了。⑬須臾：片刻。⑭諄諄：在這裏意謂反復不倦。⑮烏紗帽：古代官服，後卽以戴烏紗帽喻做官。⑯豪家橫（ㄏㄥˋ）族：仗勢橫行的豪門大族。⑰里許：居住的地方。⑱了：完全。下文「了一日」之「了」，則爲結束、了結之意。

【鑑賞】呈現在我們眼前的是一幅生動、逼眞的鬪鷄圖。

怎樣才能够把鷄的相鬪，寫得生動、逼眞，引人注目呢？作者採用的是對比

的方法：無論是鷄的形體、姿態和氣勢，還是鷄的相持和搏鬪，都一一對照著來寫，從而收到了神情逼肖、引人入勝的效果。

先看鷄的形體：一隻是從北方帶到南方來的「巨鷄」，「足高尺許，粗毛厲嘴」；另一隻呢，大約是本地產吧，「其體狀，較之巨鷄，止可五之一」，要小得多。次看兩者的姿態：「巨鷄」是「行遲遲有野鶴狀，婆娑可人」；另一隻則是「玉羽金冠，娟然更又可人」——一個雄偉，另一個秀麗。再看兩者的氣勢：「巨鷄」所到之處，「群鷄見之，輒避去」，簡直是不可一世的霸主；而那小得多的「美鷄」卻偏偏「縱步飲啄如常」，我行我素，毫不在乎。這對照是多麼鮮明，有趣！作者筆墨簡練，而又層次井然，使我們覺察到作者的觀察很周密，筆法又很細膩。同時，這樣地對照寫來，也為雙方搏鬪作了鋪墊，為下文蓄足了勢。

接著，寫鷄的對峙和相持，寫鷄的搏擊，也都是用的對照的方法。「巨鷄」的「張翅雄視，時欲卽下」，「美鷄」的「凝意抵防，不敢輕發」（有本作「重發」，恐誤）；「巨鷄」的「逞雄一下」，「怒張撲來」，「美鷄」的「從匿巨鷄跨下」，又從「尾後騰起」反擊；以及後來的「巨鷄失勢遁去」和「美鷄乘勢躡其後」……這一連串的動作，都是兩兩映照著寫來，於是更顯得活潑潑，如在眼前。寫一種動物，寫動物的動態，而且是兩個不同「性格」的動物的動態，勾畫得這麼活，這麼細，在此之前的散文中，是很少見的。這是這篇文章作者的一大成功。

到這裏為止，我們可以說這是一篇紀實性的散文。然而實際上它不止是一篇紀實性散文，同時還是一篇寓言式的作品，因為它具有寓言作品的特徵：它有一個以人或某種生物為主人公，寓有勸戒或諷刺意味的故事。

中國的寓言傳統源遠流長。先秦諸子的散文經常運用寓言作說理的例證，《莊子》、《韓非子》裏都包含著豐富的寓言材料。這個傳統被歷代文人繼承下來，像柳宗元的《三戒》，以及宋代蘇軾的包含有寓言因素的《日喩》等文，都是人所熟讀的佳作。這一樣式到了明代更有了發展，明初劉基的《郁離子》，便是一部用歷史寓言故事來針砭當世的作品。這篇《山居鬪鷄記》也是這樣的寓言故事。只是因為作者把故事中的場景描寫得特別生動、逼眞，彷彿得自目睹，這才使我們以為不是在讀寓言故事，而是在讀一篇紀實性散文。

從寫動物的紀實性散文通向寓言的途徑是什麼呢？是作者把筆下的動物人格化了：使動物具有了人的品格。在我們眼裏，這已經不是兩隻鷄在搏鬪了，而是一方面「豪家橫族」在倚勢欺壓「小民」（「巨鷄」的「隨意加啄」），一方面是「小民」（「群鷄」）「大受荼毒」，避之唯恐不及；但也有不懼豪強，「氣不肯下，

便躍然起鬥」，而且屢蹶屢起，雖敗不餒的勇士，如「美鷄」之鬥「巨鷄」：這不分明是一幅當時社會階級搏鬥的寫照嗎？那時已是明王朝臨近滅亡的前夜，政治上烏煙瘴氣，廠衞橫行，貴戚、近侍、豪強結黨逞威，欺凌百姓。民不堪命，於是揭竿而起，進行反抗。在此文產生後約三十年，李自成的義軍卽推翻了皇帝的寶座──「美鷄」們憑借自身的力量，終於鬥敗了「巨鷄」。

使這篇散文更明顯地趨向寓言形式的，是文章後半部分那位「童子」的出現，以及「童子」與「兩書生」之間的辯難。在這裏，作品的主題，作者的意圖，表達得極其顯豁。「兩書生」說：「我未見人而乃與畜類相搏以爲事也。」他們嘲笑童子多事。他們看來似乎很清高，對於恃強凌弱一類的事視若無睹，卻認爲「童子」站在弱者一方的行爲很可笑。然而童子反駁說：　「較之讀書帶（戴）烏紗帽，與豪家橫族共搏小民，不猶愈耶？」很明顯，這是作者在「抒憤懣」。童子的話反映了作者的觀點。作者有憾於「世間鋤強扶弱豪行快舉，了不得見」，於是借助於日常生活中所見到的搏鷄，寫出人間的不平事，並且幻想出一位童子來助弱抑強。作者從這裏似乎得到了某種精神上的安慰，於是──「逢人便說。說而人笑，余亦笑；人不笑，余亦笑。說而笑，笑而跳，竟以此了一日也。」作者的一腔牢騷，一身狂態，表現得很吸引人。

和前半部分對照的寫法相映襯，後半部分寫童子和兩書生，也是用的對比的方法。不過前半部分是外形的對比、神態的對比、動作的對比，而後半部分則是思想的對立和語言的針鋒相對罷了。

從我們現代人的觀點來看，作者筆下的「童子」，只是一個不可能存在的虛幻的人物；「童子」的行爲，不過是作者的「烏托邦」。「童子」說的話，以及作者最後的表白，都是贅筆，這麼直白地寫出來，反而使他品淺露了，缺乏耐人咀嚼的意蘊。但是中國寓言作品的體例，往往要在寓言故事的後面發幾句議論以點明寓意，柳宗元的《三戒》便是如此。後來蒲松齡以鬼狐故事諷喻世情，也常常在末尾以「異史氏曰」的口氣發一通議論。因此，這篇寓言故事這樣寫，也算不得是缺點。

末了，要談一下這篇文章的著作權問題。這篇《山居鬥鷄記》收在《袁中郎十集》的《狂言》集內，歷來被認爲是袁宏道的作品；解放前後的某些選本，亦以此文爲中郎所作。但是據袁宏道的弟弟袁中道《〈袁中郎先生全集〉序》說：「先是家有刻不精，吳刻精而不備。近時刻者愈多，雜以《狂言》等贗書，唐突可恨。」那麼，這篇《山居鬥鷄記》就不是袁中郎的文章，而是贗品了。1981年7月上海古籍出版社編印《袁宏道集箋校》（全三冊），「凡例」中說：「凡已確

知爲贋書，如≪狂言≫、≪續狂言≫者，不再收入。」因此未收此文。可見這篇
文章的著作權是否屬於袁中郎，是很成問題的。不過袁中道的序文寫於明萬曆四
十七年（1619），那時≪狂言≫等已有刻書，可見這篇≪山居鬭鷄記≫是明代作
品，文章的作者是明代萬曆年間的人，這總是沒有疑問的。

　　如果眞是托名僞作，則大約作於 1610 年袁宏道歿後、1619 年袁中道寫序以
前這一時期。執筆者把這樣一篇尖銳潑辣、文彩斐然的好文章的著作權獻給袁中
郎，很可說明中郎的文風與之相近，可以說作僞亦有道的。

（姚　虹）

江行日記二則　　　　　　袁中道

其　一

　　夜雪大作。時欲登舟至沙市①，竟爲雨雪所阻。然萬竹中雪子敲戞②，
錚錚有聲，暗窗紅火，任意看數卷書，亦復有少趣。
　　自嘆每有欲往，輒復不遂。然流行坎止③，任之而已。魯直所謂
「無處不可寄一夢」也④。

其　二

　　天霽。晨起登舟，入沙市。午間，黑雲滿江，斜風細雨大作。予
推篷四顧：天然一幅煙江幛子⑤！

〔注釋〕①沙市：在湖北江陵縣東南十五里長江北岸。②雪子：卽霰，南方叫雪
子。敲戞：敲打。③流行坎止：≪漢書‧賈誼傳≫載，「乘流則進，遇坎則止。」
比喩在順利的情況下就行動，碰到困難就停止。④魯直：黃庭堅，字魯直，北宋
詩人。⑤烟江幛子：畫著烟雨江景的屏幛。

〔鑑賞〕萬曆三十五年（1607），袁中道進京參加會試，沒有得中。第二年春天

回鄉，在家數月，窮極無聊。他又厭惡應酬雜務和周旋熟客，因而起了出門遠遊的念頭。於是在這年多天整理行裝，帶了一年的乾糧和幾箱子書畫，從長江南岸的石首縣出發，沿江而下。快到湖南岳陽時，因為天氣太冷，禁受不住，又怕途中發生意外，不得不掉轉船頭。這兩則日記，就寫於回舟公安的途中。

先欣賞第一則。開頭四個字：「夜雪大作」，起得簡潔明快，而富有暗示性，很自然地為下面描寫雪景埋下了一條伏線。「時欲登舟至沙市，竟為雨雪所阻。」作者這時泊舟江岸，在友人家中小憩，他本想乘船到沙市去，現在卻因為下雪而躊躇：去，還是不去呢？他也許想等雪停以後，或者下得小一些的時候去吧。不料這雪越下越大，到夜晚更是紛紛揚揚地「大作」起來，那麼這個去沙市的打算也就落空了。「竟被雨雪所阻」，這失望的嘆息，正可作為「夜雪大作」的心理注腳。這幾句對雪是不滿的，可是下面筆鋒一轉，作者卻又讚美起雪來：「然萬竹中雪子敲戛，錚錚有聲，暗窗紅火，任意看數卷書，亦復有少趣。」句首這個「然」字轉折得自然而灑脫，在冰天雪地中開出了一個寧靜而富於詩意的境界：漫天的雪子，落在茂密的竹林中，輕輕地敲打著每一片竹葉，發出一種輕微而又清脆如金屬般的聲音。這是多麼美妙而奇幻的大自然之旋律啊！它是白雪和翠竹的竊竊私語，是慰人寂寞的小夜曲。萬籟無聲聽有聲，這微妙的音樂，只有在極其寧靜的多夜和十分安詳的心境下才能諦聽到，它與「蟬噪林愈靜，鳥鳴山更幽」一樣，也是以有聲寫無聲，巧妙地襯托出雪夜那詩一般的寧靜和作者那雪一樣的清冷襟懷。這兩句融情入景，體物的工細和抒情的真切都不落痕迹，似乎信手拈來，而情韵俱勝。作者從萬竹的「錚錚有聲」，感知到外面下的不是雪花而是雪子：又從「錚錚有聲」中，感知到作響的不是一兩枝雪中翠竹，而是一片「萬竹」之林。純從聽覺感受著筆，寫出了雪的旋律和精魂。

「暗窗紅火，任意看數卷書，亦復有少趣。」這三句承上文，由聽覺轉到視覺。「暗窗」，指天色之昏，夜色之濃；「紅火」則不僅指窗內伴讀的燈火，也指身邊禦寒的爐火。這一星「紅火」，給寧靜寂寥的雪夜帶來了一點暖色；但又從另一方面襯托出沉沉的雪意，可謂以暖寫寒。這句與上文以萬竹的錚錚有聲，來襯托雪夜的靜寂，機杼相同，而各顯得有聲有色，從視聽兩個側面寫出雪夜的詩情畫意。試想：一燈如豆，萬竹有聲；此時此地，「任意看數卷書」，豈不是別有一番情味嗎？「任意看數卷書」，重在「任意」二字，即隨便翻翻，聊以遣興而已。它決不同於正襟危坐，映雪囊螢，好像真在那裏啃書本，做學問；而是一種消閑自娛的讀書法。正如作者在另一則日記中所說的：「隨手抽一冊，聊以送目，即不全亦可。」這種遣興消閑的讀書法，與這篇小品所寫的雪夜情調十分和

諧。

　　接著筆鋒又一轉：「自嘆每有欲往，輒復不遂。」這裏，作者從雪夜的詩情畫意的享受中，由樂生感，由感而嘆，所嘆的是自己想去的地方，常常去不成。這句話似乎包含著兩層意思：一是這次本想東遊吳越，卻因江上風寒而回舟；二是本想去沙市，卻又被大雪所阻。當然，這僅僅是就眼前的小小不如意事而說的，其實還有更深一層的含意，那就是對於人生大不如意事的感慨。作者在科舉上不如他兩位哥哥春風得意得早，而屢困科場，考了好幾次都落第而歸，直到四十多歲才中進士。錢謙益說他「流離世故，有憂生之嗟」。

　　接下來，作者寫：「然流行坎止，任之而已。魯直所謂『無處不可寄一夢』也。」「流行坎止，任之而已」，反映了一種一切聽任自然，不勉求所欲的人生態度，帶有較濃的佛道思想的影響。作者用宋代詩人黃庭堅「無處不可寄一夢」的話來收束全文，進一步具體闡發了「流行坎止，任之而已」的含意，在表面的曠達自解中，流出深長的感喟和虛幻的情調。人生「無處不可寄一夢」，作者在寒夜聽雪，孤燈夜讀之時，借古人之口發出的這種自寬自慰的感嘆，帶著一股寂寞荒寒的冷氣，加濃了凜冽的雪夜氛圍，也加濃了全文的冷色基調。既然「無處不可寄一夢」，那麼此時此地，雪敲萬竹，燈映寒窗，舉凡所聞、所見、所感，也無異等於夢中。這一則短小雋永的日記，也好像一個泛著雪光的冰冷而迷茫的夢。

　　從寫作技巧上看，全文不到一百字，卻一波三折，姿態橫生。讀來有山回路轉、柳暗花明之感。轉接之際，有明轉，有暗接，移步換形，情景相生，毫無生澀之感。令人欽佩的是：作者能在極其短小的篇幅中，展拓出一個富有縱深變化的藝術天地。

　　再讓我們欣賞第二則：「天霽。晨起登舟，入沙市。」聯繫上一則日記，可以知道雪晴去沙市，正是作者所切盼的事。現在天從人願，他的心情也像雪霽的晴空一樣，變得明朗起來。至於去沙市做什麼等情況，一概略去不寫。行文從「晨起」一下子跳到「午間」，而「午間」又只著重寫「黑雲滿江，斜風細雨大作」的江上雨景。作者在時間和空間的取捨上，完全服從於特定的審美情趣，有興趣則取，無興趣則捨。既單刀直入，無拖泥帶水的弊病；又顯得自由主動，從容灑脫。行文跌宕的節奏也由此而生。「黑雲滿江」，是雨前景象。「斜風細雨大作」，則寫出風雨的特點：「斜風」不同於狂風，「細雨」不同於暴雨；「大作」是寫風雨雖不猛烈，卻很緊密。總之，既非狂風暴雨，又非和風疏雨；唯有這風斜雨細，而又有「大作」之勢，才密密地織就了一幅雨幕風帘，籠罩於江天之際。作

者用字遣詞都經過推敲，貼合外景，一點也不苟且。

　　再看最後一句：「予推篷四顧：天然一幅烟江幛子！」作者這時正在船中，他找到了一個欣賞江上雨景的最佳窗口。從篷窗中眺望江上雨景，身在烟雨之中，又在烟雨之外；由於隔著一道船篷，就產生了恰當的審美距離，因而感受既格外眞切，又能取一種超然的欣賞態度。「四顧」則所望不止一處，而是縱目江天，把滿江的雨景盡收在眼底了。「天然一幅烟江幛子！」這是脫口叫出的，是情不自禁的讚嘆。「烟江」二字綰合前文「斜風細雨」，點出這幅雨景的特點。這時作者連同他的小船，也成爲「烟江幛子」中的一部份了。這一句是全文的點睛之筆，只此一句，已寫盡江上雨景，也足以抒發作者的審美感受了。作品在此盡管用筆草草，未作細致描摹，卻給人留下了不盡的想像餘地。

　　這則三十餘字的寫景小記，取捨有法，用筆空靈，作者善於捕捉瞬息變幻的景象，稍加點染，便呈現出一個烟雨空濛的優美意境。這一類山水小記，篇幅短得不能再短，而讀來情味深長，它並無錢謙益所批評的「才多之患」，可算得袁中道散文中的上品。

（吳戰壘）

夏　梅　說　　　　鍾　惺

　　梅之冷，易知也。然亦有極熱之候。多春冰雪，繁花粲粲，雅俗爭赴，此其極熱時也。三、四、五月，累累其實，和風甘雨之所加，而梅始冷矣。花實俱往，時維朱夏①。葉幹相守，與烈日爭，而梅之冷極矣！故夫看梅與詠梅者，未有於無花之時者也。

　　張謂《官舍早梅》詩所詠者②，花之終，實之始也。詠梅而及於實，斯已難矣，況葉乎！梅至於葉，而過時久矣。廷尉董崇相③，官南都④，在告⑤。有夏梅詩，始及於葉。何者？舍葉無所爲夏梅也。予爲梅感此誼，屬同志者和焉⑥，而爲圖卷以贈之。

　　夫世固有處極冷之時之地，而名實之權在焉。巧者乘間赴之⑦，有名實之得，而又無赴熱之譏，此趨梅於多春冰雪者之人也，乃眞附

熱者也。苟眞爲熱之所在，雖與地之極冷，而有所必辨焉。此咏夏梅
意也。

〔注釋〕①朱夏：《爾雅‧釋天》云，「夏爲朱明。」因稱夏季爲朱夏。②張謂：
字正言，唐代詩人。大曆間曾官禮部侍郎。③廷尉：秦漢掌司法的官員，爲九卿
之一。明代稱爲大理寺卿。董崇相：名應擧，福建人，時任南京大理寺丞，所以
稱他爲廷尉。④南都：今江蘇省南京市。明成祖遷都北京後，以南京爲南都。⑤
在告：古代官員在家休假。⑥屬：同「囑」。⑦乘間（ㄐ丨ㄢˋ）：鑽空子。

〔鑑賞〕明代後期文壇上，當公安派縱橫馳騁、勢力大張的時候，又崛起了一個
新的文學流派，由於創始人鐘惺和譚元春都是湖北竟陵（今湖北天門縣）人，所
以被稱爲「竟陵派」。他們的文學主張基本上與公安派相同，也反對模擬古人，
提倡抒寫性靈，但對性靈的理解比公安派狹隘，同時企圖以「幽深孤峭」的風格
來矯正公安派浮淺的弊病，走到「不見人間煙火氣」的斜路上去了。他們在反對
前後七子的擬古主義方面，起過一定的積極作用；對散文風格和技巧的追求，也
有一定的貢獻；但影響和成就都不如公安派。由於過分追求形式的新奇，不免使
作品流於冷僻苦澀，削弱了感人的藝術效果。鐘惺的《夏梅說》是一篇托物寓意
的論說文。夏天的梅樹無花無果，只有枝葉，似乎沒有什麼觀賞價值。作者因
友人咏夏梅的詩而發生感觸，寫了這篇文章，比較集中地反映了竟陵派「幽深孤
峭」的風格。

　　梅花在冬春之際傲寒而開，以其傲雪報春的特色，素有「幽香」「冷艷」之
稱。所以文章劈頭就說：「梅之冷，易知也。」這個「冷」，既指花開時冰天雪地
的氣候，也指梅花冰清玉潔的品格。「然亦有極熱之候。」「熱」而至於「極」，令
人大惑不解。文章緊接著就說明這一點：「冬春冰雪，繁花粲粲，雅俗爭赴，此
其極熱時也。」殘冬歲首，冰雪之中，梅花含苞怒放，暗香浮動，繁花照眼。這
時無論雅人俗客，都爭先恐後地去踏雪賞梅了。這就是梅花最熱鬧的時候。「極
熱」的「熱」，既寫花事的盛況，也指觀賞的盛況。梅花之「冷」容易理解，梅
花之「熱」似乎就不大好明白，一經作者點出，頓時使人感到立說新穎而又在情
理之中。這一段，由梅花之冷而說到極熱，冷熱相映成趣。文章接下來寫道：「
三、四、五月，累累其實，和風甘雨之所加，而梅始冷矣。」這裏的「冷」與文
章開頭的「梅之冷」的「冷」含義有所不同，它不再指梅花的品格和氣候的寒涼，
而是指受人冷落。「綠葉成陰子滿枝」，花既不存，從前的賞花人也不復往顧了。

隨著時間的推移和花落子熟的變化，梅花由「極熱」而走向冷落，但這時還處在「始冷」的階段，未到「冷極」之時。於是，「花實俱往，時維朱夏。葉幹相守，與烈日爭，而梅之冷極矣！」盛夏的梅樹，無花無果，只有枝幹和樹葉相依相守，挺立於炎天之下，與烈日抗爭。氣候雖然酷熱，卻是梅花「極冷」之時，因為在這樣的情況下，已沒有雅人和俗客來賞愛它了。回顧前文冷春冰雪之中，卻是梅花「極熱」之時，一熱一冷，各至於極，對照之間流露出作者對世態炎涼的慨嘆。「故夫看梅與咏梅者，未有於無花之時者也。」這兩句承上文總結梅花冷熱的際遇，由「極熱」而「始冷」而「冷極」，每況愈下，其原因在於有花與無花。有花則熱，無花則冷。看梅咏梅，都是如此。用筆冷雋，承上啓下，行文至此稍作結穴。

　　「張謂《官舍早梅》詩所咏者，花之終，實之始也。咏梅而及於實，斯已難矣，況葉乎！梅至於葉，而過時久矣。」張謂的《官舍早梅》詩寫道：「階下雙梅樹，看來畫不成。晚時花未落，陰處葉難生。摘子防人到，攀枝畏鳥驚。風光先占得，桃李莫相輕。」鍾惺說這首詩咏的是「花之終，實之始」，就是梅花將謝、梅子初生的時候，卽相當於前面所說「梅始冷矣」的階段。作者賞識張謂別具隻眼，他的詩中有「摘子防人到」的句子，寫到梅樹的果實，「咏梅而及於實，斯已難矣。」但是作者對這一點還不滿足，認為還沒有寫到葉子。「況葉乎！」這一問，也就是提出了更高的要求。因為「梅至於葉，而過時久矣。」梅花到了只剩下葉子的時候，過了花期已經很久了，也就是被人冷落，已到了「冷極」的時候了。那末賞識者更有誰呢？作者在語氣之間作一提頓，為下文蓄勢張本。於是，接下來便寫道：「廷尉董崇相，官南都，在告。有夏梅詩，始及於葉。何者？舍葉無所為夏梅也。」這一段是說夏梅雖然處在「冷極」之時，卻仍然有董崇相這樣的人來吟咏和讚賞它。這樣的人，真不愧為難能可貴的夏梅知己了。而作者有感於董崇相咏夏梅的情誼，就囑咐志同道合的朋友來唱和，並且畫了一幅夏梅圖送給董崇相。作者自己也寫了一首應和的五律，詩是這樣的：「花葉不相見，代為終歲榮。誰能將素質，還以敵朱明。坐臥已無暑，色香如尚清。始知幽艷物，不獨雪霜情。」這首詩所表現的情感興趣，與本文相一致，可以對照來讀。這說明作者與董崇相一樣，讚賞夏梅，也是一位不屑於趨炎附勢和別有懷抱的人。

　　作者從梅樹的冷熱際遇，聯想到世間的人事，因而深有感慨，生發出一番意味深長的議論來。「夫世固有處極冷之時之地，而名實之權在焉。」指出社會上原來有一種處在很冷落的時期和很清閑的地位，卻擁有名望和實權的人，也就是

外表冷落而實際上握有很大的權柄。這時「巧者乘間赴之」，這種人看準了外冷內熱的權勢所在，就千方百計鑽營，全力以赴，結果「有名實之得，而又無赴熱之譏。」就是既獲得名譽和實利，又不落趨炎附勢的話柄。作者一針見血地指出：「此趨梅於冷春冰雪者之人也，乃眞附熱者也。」表面上顯得風雅而不怕寒冷，實際上卻是道道地地的趨熱鬧者。這幾句回應開頭那幾句：「冷春冰雪，繁花粲粲，雅俗爭赴，此其極熱時也。」「趨梅」二字，可以與「雅俗爭赴」的「爭赴」二字對照起來玩味。作者由梅樹的冷熱，感慨世態的炎凉，借花喻人，托物寓意，經過前文幾層舖敍，至此一筆點醒，水到渠成，十分自然。作者寫投機取巧、追名逐利之徒，用「乘間赴之」、「赴熱」、「附熱」等詞，刻畫這伙人奔走鑽營，唯恐不及的手段和醜態，輕蔑厭惡之情溢於言外。

　　文章的結尾，又回到了梅花冷熱的問題上，照應了文章的開頭。但聯繫全文來看，作者的用意是在這裏提出一個辨別冷熱眞僞的方法問題，告誡人們不要被一時一地的假象所迷惑，而應該透過假象，抓作它的本質。這幾句話是理性的結論，卻慨乎言之，包含了作者宦海浮沉和人情冷暖的生活體驗，不可草草看過。通觀全文，作者對於那些以巧妙的手段竊取名利，而又裝得冠冕堂皇，不讓人抓住把柄的僞君子，表示了強烈的憎恨和厭惡；並且語重心長地指出，人們應該學會識別這些狡猾的傢伙，不要受他們的欺騙。同時通過對夏梅的禮贊，歌頌了那種甘於寂寞、樸實無華，而敢於同惡勢力抗爭的品格和精神。「此咏夏梅意也」，最後點明咏夏梅的寓意就在於此，既點到友人咏夏梅的詩，又自然而然地收住本文。

　　通篇文章圍繞梅樹的冷熱際遇，托物寓意，諷刺世態，引喻貼切生動，寫梅樹冷熱的變遷，層次分明，前後照映。梅樹的冷熱雖因時而變，但其本身的品格並不因此而有所變化。作者贊揚與烈日抗爭的夏梅，卻並不貶低冷春傲雪之梅，把批判的鋒芒始終指向「有名實之得，而又無赴熱之譏」的投機鑽營者。文章夾敍夾議，筆鋒冷雋而峭刻，可以看出竟陵派文風的特色。其賞識夏梅，取喻不同一般，所流露的思想感情，也顯得孤高幽寂，使人想到辛棄疾≪青玉案≫詞中那位站在「燈火闌珊處」的別有懷抱的幽人。

（吳戰壘）

浣花溪記　　　　鍾　惺

　　出成都南門，左爲萬里橋①，西折纖秀長曲，所見如連環、如玦②、如帶、如規、如鈎，色如鑒③、如琅玕④、如綠沉瓜⑤，窈然深碧，瀠回城下者，皆浣花溪委也⑥。然必至草堂，而後浣花有專名，則以少陵浣花居在焉耳⑦。

　　行三、四里爲青羊宮⑧，溪時遠時近，竹柏蒼然，隔岸陰森者盡溪，平望如薺，水木清華，神膚洞達。自宮以西，流匯而橋者三，相距各不半里，舁夫云通灌縣⑨，或所云「江從灌口來」是也。

　　人家住溪左，則溪蔽不時見，稍斷則復見溪，如是者數處，縛柴編竹，頗有次第。

　　橋盡，一亭樹道左，署曰：「緣江路」。過此則武侯祠，祠前跨溪爲板橋一，覆以水檻，乃睹「浣花溪」題榜⑩。過橋，一小洲橫斜插水間如梭，溪周之，非橋不通，置亭其上，題曰「百花潭水」。由此亭還度橋，過梵安寺，始爲杜工部祠⑪。

　　像頗清古，不必求肖，想當爾爾⑫。石刻像一。附以本傳，何仁仲別所駕署華陽時爲也。碑皆不堪讀。

　　鍾子曰：杜老二居，浣花清遠，東屯險奧，各不相襲。嚴公不死⑬，浣溪可老，患難之於朋友大矣哉！然天遣此翁增夔門一段奇耳。窮愁奔走，猶能擇勝，胸中暇整，可以應世，如孔子微服主司城貞子時也⑭。

　　時萬歷辛亥十月十七日，出城欲雨，頃之霽。使客遊者，多由監司郡邑招飲，冠蓋稠濁⑮，磬折喧溢⑯，迫暮促歸⑰。是日清晨，偶然獨往。楚人鍾惺記⑱。

【注釋】①萬里橋：在四川成都南門外，原名長星橋，傳說三國蜀費禕出使吳

國，諸葛亮在橋邊餞行，說：「萬里之行始於此。」因改稱萬里橋。②玦（ㄐㄩㄝˊ）：環狀而有缺口的玉佩。③鑑：鏡。④琅玕：綠色的美玉。⑤綠沉瓜：顏色深綠的一種瓜。⑥委：水的下流。這裏指流聚之地。⑦少陵：杜甫曾在少陵（舊址在今陝西西安南）居住過，自稱「少陵野老」，後人卽以少陵爲杜甫的代稱。⑧靑羊宮：又稱靑羊觀，在成都西南浣花溪附近，是一座著名的道敎宮觀，相傳爲老子和關尹喜會見之處。⑨舁（ㄩ）夫：抬轎的人。⑩題榜：匾額。⑪杜工部：杜甫曾任工部員外郞，故稱。⑫爾爾：如此。⑬嚴公：指嚴武，曾任劍南節度使，杜甫的友人。⑭微服：爲了隱藏身分而穿平民的服裝。司城貞子：春秋時陳國大夫，姓名不詳，死後尊爲司城貞子。孔子流亡到陳國時，曾住在他家裏。⑮冠蓋稠濁：形容官員來往，車馬繁亂。⑯磬折：形容打躬作揖，彎腰如磬。磬（ㄑㄧㄥˋ）：古代打擊樂器，形如曲尺，用玉或石製成。喧溢：聲音噪雜。⑰迫暮：傍晚。⑱楚人：鍾惺是湖北省竟陵人，竟陵古屬楚國，故自稱楚人。

【鑑賞】唐肅宗乾元二年（759）冬天，杜甫由同谷（今甘肅成縣）流亡到成都，借住浣花溪邊的梵安寺裏。第二年春天，在寺旁的荒地上蓋了一所草堂住下來，這就是被後人所稱道的成都杜甫草堂，也稱爲浣花草堂。詩人在經過長期顚沛流離的生涯後，得到了一個相對安寧的生活環境，他那顆飽經憂患的心靈，在美麗的自然景色的撫慰下，開始復蘇；在短短不滿四年中，吟唱出大量動人的詩篇，成爲詩人創作生涯中的一個豐收時期。而草堂也因此成爲我國文學史上的一塊聖地。相傳自唐朝末年以來，每逢四月十九日，成都人民都要到草堂來瞻仰這位千古詩人的舊居。

　　鍾惺的《浣花溪記》是一篇記遊文章，生動地描寫了浣花溪畔杜甫草堂一帶清幽曲折的景色，對於詩人杜甫在窮愁奔走之際，還能擇勝而居的安詳胸襟寄以敬意。文章第一段開頭點出浣花溪的方位，杜甫在詩篇中曾多次提到這座富有歷史意味的橋，如：「南浦淸江萬里橋」，「萬里橋西一草堂」等。文章接着以「西折纖秀長曲」六個字，總寫溪水的流向和形狀。進而又用「如連環、如玦、如帶、如規、如鈎」五個比喻，極寫縱目所見溪流的曲折多變。這是從溪流的形狀着筆。接着又連用三個比喻，寫溪水的顏色：「如鑑、如琅玕、如綠沉瓜」。鑑，比喻溪水澄清透明，瑩然如鏡。琅玕，綠沉瓜，比喻溪水綠得可愛。作者共用了八個比喻，窮形盡相地來描寫溪水的形狀和顏色，引起讀者多方面的聯想。然後緊承一句：「窈然深碧，瀠回城下者，皆浣花溪委也。」到這裏才點出「浣花溪」的名字。「窈然深碧」，是說水深而碧綠，指溪水的顏色：「瀠回城下」是說

回繞在城下，指溪水的形狀，這兩句話分別承接和收束上面八個比喻，寫來并然有序。「皆浣花溪委也」，是說上面那些曲折多姿的溪流泪聚而成浣花溪。從「所見如連環」等八個比喻，到「皆浣花溪委也」，實際上是一個長句，但分別從溪水的形狀和顏色兩方面着筆，最後雙承一收，句法錯綜而行文嚴密，給人一個完整而豐富的總體印象。

接着，用「然」字承上段「皆浣花溪委也」作一轉折，意思是說，雖然許多小溪滙合而成為浣花溪，但它一定要流經草堂以後，才有「浣花溪」的專名，這是因為杜甫的浣花草堂在那裏啊。作者特地作這樣的強調說明，顯然是為了襃揚杜甫的名望，正是因為這位偉大的詩人曾在這裏居住，才使浣花溪這個名字與詩聖杜甫聯繫在一起，地因人而傳，浣花溪也因此成為一個特定的專名了。隨後，作者把筆墨落到浣花溪附近的青羊宮。「溪時遠時近」，從空間感覺上寫溪流的曲折迂回；「竹柏蒼然，隔岸陰森者盡溪」，寫岸上竹柏成蔭，蒼然一片，隔岸而望，黑鬱鬱地幾乎沿溪盡是；「平望如薺」，是形容樹木在遠望中小得像草一樣。唐代詩人孟浩然就有「天邊樹若薺」的名句。「水木清華，神膚洞達」，總寫兩句，形容水光，色樹清幽美麗，使人感到神清氣爽。這一段寫青羊宮附近的浣花溪景色，視野非常空闊。

下一段是寫浣花溪的源流，但僅僅從轎夫口中側面點出，一筆帶過，作為傳聞之辭，不作地理考證。而重點寫溪旁人家，錯錯落落，景色如畫。凡有人家住處，溪流就被遮擋而看不見；一到沒有人家的空曠處，溪流又呈現在視野之中，「如是者數處」，寫出人家錯落和溪流掩映的情狀，很有風致。而三句中用了三個「溪」字，重點在寫溪流的隱顯之狀。「縛柴編竹，頗有次第」，這兩句則是寫臨溪人家的風貌，縛柴為門，編竹為籬，顯得非常整齊。這種人家，既有鄉野淳樸之趣，又十分美觀，而成為沿途景色的很好點綴。作者在寫於同時的《早發成都出郊》詩中說：「細水平橋着處宜，薄煙疏竹曉離離。野人置屋溪流上，身住仙源知不知？」把溪上人家比作美麗的桃花源中人，流露出欣羨贊嘆之情；可以與文章的這段對看。

作者又寫道：「橋盡，一亭樹道左，署曰：『緣江路』。過此則武侯祠，祠前跨溪為板橋一，覆以水檻，乃睹『浣花溪』題榜。」「橋盡」是承接前邊的「自宮以西，流滙而橋者三，相距各不半里」而言。走過三座橋，也就是一里半路左右，就看見一座亭子立在路旁，上面寫着「緣江路」三個字。過了這亭，就到了武侯祠，即諸葛亮的廟祠。杜甫很敬仰這位古代的賢相，曾寫過一首著名的七律，其中有兩句說：「丞相祠堂何處尋，錦官城外柏森森。」可以想見武侯祠的

蕭穆清幽。武侯祠前有一座板橋橫跨在溪上，板橋兩旁有欄杆，上面覆以頂蓋，好像走廊一樣。所謂「水檻」即指此。「乃睹『浣花溪』題榜」，是說到了這裏才看見題着「浣花溪」三個字的匾額。「乃睹」二字，是針對前邊「然必至草堂，而後浣花有專名」而講的，這兩個字具有多種用途，既有承上啓下的妙用，又使行文前後照應，同時也暗示詩人擇居的勝地已經不遠了。作者又清疏地描述：過了武侯祠前的板橋，看見一個小洲，形狀像一把梭子斜插在水中，四周溪流環抱，如果沒有橋是走不過去的。上面建了一個亭子，題着「百花潭水」四個字。這題名可能取自杜甫的詩句「百花潭水即滄浪」。百花潭是浣花溪的別名。杜甫有詩說：「萬里橋南宅，百花潭北庄」，詩人的舊居就在這附近。從這個亭子回頭過橋，經梵安寺，俗稱草堂寺，才到了杜工部祠。這一段寫溪回路轉，曲徑通幽，最後才到了目的地。「始爲杜工部祠」的「始爲」二字，與上文「乃睹『浣花溪』題榜」的「乃睹」二字，同一機杼，都是經營文章脈絡的穴眼，使得行文有層次、有呼應，一步步把讀者帶到勝境。跟後的一段：「僂頗清古，不必求肖，想當爾爾。石刻像一。附以本傳，何仁仲別駕署華陽時所爲也。碑皆不堪讀。」這一段是寫杜工部祠內所見，用筆十分簡練。杜甫的塑像顯得清雅古樸，是雕塑家憑着自己的主觀想像而創作的，不必要求它與杜甫本人相像。祠中還有一個石刻像，並附刻着史書上的杜甫傳記，這是何仁仲代理華陽縣令時所立。「碑皆不堪讀」，言外不無歲月滄桑之慨。遊記的本文到這裏戛然而止。下面是作者的感想和議論，前幾句是指杜甫飄流到四川，一方面依靠朋友的幫助，另一方面也似乎是天意的驅使。在委婉的語氣中，對詩人顛沛流離、輾轉依人的生涯，寄予深切的同情。接着就杜甫本人的胸襟來說：「窮愁奔走，猶能擇勝，胸中暇整，可以應世，如孔子微服主司城貞子時也。」贊嘆詩人在窮愁奔走之際，胸襟依然安詳而不煩亂，潔身退隱，擇勝地而居，好像孔子流亡到陳國，住在司城貞子家裏，心懷安詳鎮靜，隨時可以出來救世濟民一樣。以孔子比杜甫，雖然未必恰當，卻是尊崇的一種表現。這幾句是一篇的主旨，作者探幽訪勝，瞻仰詩人舊居的崇敬心在這情裏一筆點醒。

　　最後一段是交代出遊的時間和經過，其中從「使客遊者」到「迫暮促歸」是一段插叙，意在表現作者厭惡官場應酬，卑視庸俗禮儀，追求清閑自適，超脫凡俗的理想。最後他說明是在這天清早獨自一人去探訪浣花草堂的，正是作者心緒的某種體現。

　　這篇文章，議論平淡無奇，其長處在於以峭拔之筆，寫清幽之景，敍次井然，歷歷如畫。隨着溪流的曲折透迤，逐步把讀者帶入勝境。作神善於在關鍵處

轉折提頓，照應起伏，行文就顯得宛曲多姿。文脈的深細，正足以表現景物的清幽。從遣詞造句、設喻寫景等方面，都可以看出意陵派幽深峭拔的風格特色。

（吳戰壘）

避風岩記　　　張明弼

　　避風岩在端州之北三十里許①，或曰與硯坑相近②，古未有是名，余避風其下，故贈以是名也。

　　余何以避風其下？崇禎己卯仲秋③，余供役粵帷。二十五日既竣事，則遍謁粵之大吏。大吏者，非三鳴鼓吹不啓戶，非啓戶則令長不敢入。余東馳西騖，左詗右需④，目厭於閽騶鹵簿絳旗朱帽之狀⑤，耳厭於笳鼓引贊殿喝之聲，手足筋骨疲於伏謁拜跽以頭搶地之事。眩瞀⑥車上，至不擇店肆而解衣臥之。凡六日而畢，則又賣舟過肇，謁制府。制府，官厭貴⑦，禮愈絕⑧，控拜數四，頷之而已。見畢卽登舟，將返楊山。

　　九月朓⑨，宿三十里外。力引數步，偶得一岩。江回峰抱，風力稍損，乃息焉。及旦而視之，則斷崖千尺，上侈下弇⑩，狀如檀牙。仰而睨之，若層衡之列炕上，崩巒傾返，頽石矗突，時有欲落之勢，栗乎不可以久留焉。狂飆不息，竟日居其下。胥僕相扶，上舟一步，得坐於石隙草際。聽怒濤聲，若奔車敗馬；望沸波，若一羣白鵝鼓翼江心，及跳沫山足，又若千百素鱗爭躍上岸。石崖磔磔，不沾土壤。而紫莖縲帶，青蕪數尺，一傴一立，若青獅奮迅而不得去，又若怒毛之獸，風過毛豎，不能自休。身住江坳，目力相界，不能數里，而陰氛交作，如處黑帷。從者皆慘容而相告曰：「日復夕矣，將奈何？」余笑而語之曰：

　　「第安之⑪，第安之。吾視夫復嶂重巒，繚青緯碧，猶勝於院署之嚴麗也；吾視夫崩崖傾石，怒濤沸波，猶勝於貴人之頤頰心腑也；

吾視夫青蕪紫莖，懷煙孕露，猶勝於大吏之絳騎彤韝也；吾視夫谷響山嘯，激窒鳴川，猶勝於高衙之呵殿贊唱也；吾視夫藉草坐石，仰矚雲氣，俯觀重泉，猶勝於拳跽伏謁於尊宦之階下也。天或者見吾出則傴僂，入則簿書，已積兩載矣，無以抒吾胸中之浩浩者，故令風濤阻滯，使此孤岩以恣吾數刻之探討乎？或茲岩壁立路絕，猿徒鼯黨，猶難托寄，若非習金丹火龍之術⑫，騰空躡虛，不能一到。雖處大江之中，飛帆如織，而終無一人肯一泊其下，以發其奇氣而著其姓字；天亦哀山靈之寂寞，傷水伯之孤清，故特牽柅余舟⑬，與彼結一日之緣耶？　余年少有志，養二龍於水窴，調一鶴於中峰，與羽服思玄之徒⑭，上煙駕，登月館，以望四海三山，如聚米縈帶；而心爲時奪，至墮俗網，往返數千里，徒以充廝養之役，有才無時，甘於下人。今日見此水石，若見好友，猶恐諱芒、盧敖諸君⑮，詆余以井甃之識⑯，而又何事愁苦於茲岩之下乎？」

從者皆笑，餘乃納以茲名。

岩頂有一石，望之如立人，或曰飛來之塔頂也；或曰當是好奇者，躋是崖之巔，如昌黎不得下⑰，乃化而爲石雲。岩側有二崩石，一大一小，僅可束兩纜。小吏程纓曰：「當黑夜暴風中，舟人安能擇此，神引維以奉明府耳⑱。」語皆不可信，並記之。

【注釋】①端州：在今廣東高要縣，出產端硯。②硯坑：端州境內有柯爛山，中有硯坑，唐宋時曾採硯於此。③崇禎：明思宗年號。己卯：公元1639年。④詗（ㄒㄩㄥˋ）：探詢。需：等待。⑤閽：司閽，看門的人。騶：騶從，官吏的侍從人員。鹵簿：帝王和官員們出行時的儀仗。絳旗：深紅色的旗子。朱帽：指衙役。⑥眩瞀（ㄇㄠˋ）：頭昏目眩。⑦官厭貴：大吏是地方上最高長官，地方上其他官沒有比它更貴了，所以官厭貴。⑧禮愈絕：禮節階絕，言人家向大吏行禮，他根本不回禮。⑨朏（ㄈㄟˇ）：夏曆每月初三日。⑩上侈下弇（ㄧㄢˇ）：上面寬大，下面收縮。⑪第：但。⑫金丹火龍之術：指道家煉丹飛升的法術。火龍：即赤龍。⑬柅（ㄋㄧˇ）：止車的木頭，借作「止」。⑭羽服思玄之徒：穿着羽毛製的衣服，思想玄妙深奧的人們，即學道求仙的人。⑮諱芒、盧敖：秦始皇時博士，曾慫恿始皇求仙。⑯井甃（ㄓㄡˋ）：用磚砌的井。井甃之識：指井蛙之見，形容平庸短淺的

見識。語出《莊子・秋水》。⑰如昌黎不得下：相傳韓愈（昌黎）登華山頂峰，見山勢奇險，驚恐而哭。⑱明府：指本文作者張明弼，他可能是縣級官吏，明府是下屬對他的尊稱。

【鑑賞】《避風岩記》將敍事、寫景、抒情、議論爐錘一體，以行踪爲線索，寫所見所聞、所語所感；以自然之大風與官場之濁風相關相聯，互爲作用，從而使文章榫接鍵連，引渡自然，語意雙關，雋永多味。

由避風岩的得名而寫及避自然之風。文章以交代避風岩的地處發端，和通常的山川遊記無異，可是筆鋒一轉，折入避風岩的命名，就與一般遊記大別。這個地方「古未有是名，余避風其下，故贈以是名也」。可見這裏原不爲人注目，並非以有秀峰幽谷出名，也非以有奇景勝跡著稱，鮮有人知，罕見人跡，作者只是由於舟行遇風，偶避其下，才發現了它，並給它取了個名字。「避風」，出語似乎羽輕絲微，可是藏意極深，內力千鈞。

由避自然之風而寫及避官場之風。「余何以避風其下？」緊承上文「避風」，以疑問開啓下文，精警峭拔。揭示避風的原因，是由於要避那惡濁的官場之風，而離粵返楊山，途中又遇自然之風，從而息於避風岩下。作者極寫官場的歪風，並表明了厭棄的態度。寫官場情況，分粵之大吏與肇慶制府兩處，具體地描繪了那種擺威弄勢的官腔。那些大官，以難得相見以顯其「尊」。凡來謁見他們的，「非三鳴鼓吹不啓戶，非啓戶則令長不敢入」，可見衙門深似海，通常不易涉足其內。要擂三通鼓，吹三遍笙笛嗩吶，門才開，否則就是縣級官吏也不敢入內。他們以繁文縟節以顯其「貴」。要進見時，先要由差役通報，再有箛鼓吆喝的禮儀，還要人以頭搶地「伏謁拜跽」，凡此種種，無不在借以顯示身分高貴。他們以傲視來人以顯其「威」。進見的人，已經受了被拒之門外之氣，又吃了各種禮節侮弄之苦，結果你「控拜數四」，他不過「頷之而已」，威嚴逼人。在這樣的環境中，作者目擊其弄勢作態之狀，耳聞其虛張聲勢之聲，身受屈膝下拜之辱，自然心厭身疲，加之要「遍」謁粵之大吏，就得「東馳西鶩，左詗右需」，疲於奔命，怎不叫他會「眩瞀車上」？作者於敍自己行止時，將官場之劣風自然帶出，是因爲「供役粵帷」，「既竣事」，辭別各大吏，途經肇慶，又拜別制府，這才有如此受侮弄的遭遇。寫官場的頹風，以目之所厭，耳之所厭，手足筋骨之疲，既概及種種弊端，又表達了自己的厭惡之情。爲了避這種官場之風，啓舟歸返，才有了避自然之風的際遇。

由避自然之風而寫及避風之岩。於江回峰抱之處的避風岩，其景色極爲奇

險。作者因爲「狂飆不息，竟日居其下」，於是分別從白天看、夜晚看，舟中看、岸上看，從者看、本人看幾個方面加以描繪。白天看，先寫總的狀態，「斷崖千尺」，言其高，述其陡；「上侈下弁」，勢欲傾覆，其狀甚危；「狀如檐牙」，凌空遠舉，其境極險。於舟中仰望，山勢高峻，「若層衡之列煙上」，好像一層一層的房屋排列在煙霧之上，這就形成了「崩巒傾返，頹石盧突，時有欲落之勢」，山石像要崩裂，累石如要滾落，把山勢的險峻寫得令人膽戰心顫。於岸上看望，「聽怒濤聲，若奔車敗風」，轟隆隆，呼嚕嚕，聲撼心魄；「望沸波」，遠處像羣鵝鼓翼江心，近處似衆魚爭躍上岸，風急浪猛，大海如沸；再看那磔磔岩石，上面纏着紫藤，蒙著雜草，「若青獅奮迅而不得去，又若怒毛之獸，風過毛豎，不能自休」。青獅、怒獸，既描出了近處的岩石之形，又傳出了觀者的恐懼之情。到傍晚，則「陰氛交作，如處黑帷」，又增加了一分恐怖。避風岩山勢欲傾，危石欲隆，石形猙獰，水波汹湧，風聲怒吼，在此境地，從者「慘容」，可是作者卻「笑」。擔驚受怕是正常反應，喜形於色是特異表現，對比之中形成了懸念，也爲下文的噴發而出蓄足了冲決之力。

　　由避風岩的險象回應到官場的惡習。在筆墨酣暢地描述避風岩的險惡之後，作者反而對此一笑，視險爲安，是因爲它比官場上的汚濁氣象要好得多。作者以自然景物與官場景象之相似、相近之處爲紐帶，將雙方聯起來一一加以比較。重岩叠嶂，綠青緯碧，勝過了官署衙門的嚴厲；崩岩傾石雖危，但不如達官貴人內心之險；怒濤沸波雖令人可怖，但不如高官黷宦的心腸叫人可憎；青燕紫莖雖不爲美，但比那穿着紅衣的隨從騎兵叫人悅目；谷響山嘯，激壑鳴川雖不動聽，但比衙門中那種呵殿贊唱來得悅耳。坐於避風岩下，勝於身居官衙之中，作者道出了其根本原因，是「吾視夫藉草坐石，仰矚雲氣，俯觀重泉，猶勝於拳跽伏謁於尊宦之階下也」，謁見大吏，人格上受到屈辱，心靈上受到戕害，腰不能直，頭不能抬，氣不得舒，志不得伸，因而覺得歸返自然，如脫牢籠，也就身心俱暢。

　　由避風岩與官場之比較，闡明自己的心志。作者認爲避風岩雖險，但勝於官場之惡，是由於他厭於官場之汚，從而顯示了自己內心之情。作者說他少有羽服登仙之想，不願與那些庸官俗吏同流合汚，可是「心爲時奪，至墮俗網，往返數千里，徒以充廝養之役，有才無時，甘於下人」，誤入官場，不得不低聲下氣，卑躬屈膝，違心地在那裏逢迎趨奔，「今日見此水石，若見好友」，這種如獲解脫的精神狀態，顯露了他清高自潔的胸懷。

　　文章以岸頂一石，岸側二崩石的傳說結束，既爲遊記敍事的通例，又寓含深愛之意，其意雋永，耐人尋繹。

　　張明弼爲明末金壇士大夫，他與明末愛國社團復社關係密切，和吳貞慧、冒襄等均有交往。由於他屬於「清流」一類，因而對藏垢納汚的官衙厭之如糞土，棄之似敝履，所以寫作時感情激憤，文筆犀利。本文在取材營構時，別具匠心，因而令人耳目一新。本文構思上有如下特點：

　　以敍爲經，以議爲緯。本文之中雖然議論橫恣，但仍然是篇記敍文。全文以時間爲順序，以行踪變化爲線索，寫出了離粤，返楊山，遇風，宿避風岩的過程。敍官場之狀，點明趕速離粤的原因；記奇崖之景，係避風岩下之所見；議險境勝過官場，屬回答從者之所問。作者極爲巧妙地將議論編織於記敍之中，自然如流水下坂，渾成似水乳交融。本文中的記敍，作爲議論的基礎，而議論又以記敍的筆墨出現，不同於那些記敍一番，再議論一通，而成貌合神離之態。這樣寫，使讀者易於入作者敷設的境界，動情悟理。

　　以事爲主，以景爲輔。一般的山水遊記多以描景寫境爲主，而本文則以寫官場的腐敗爲主，寫景只是一種反襯的手段。先表述了厭惡官場種種惡行的心理，繼而寫避風岩的險峻景象，而後將兩者相較，說明自然界雖多風險，卻勝過了官場的險惡。寫景時，旣表現了那種使人「栗乎不可以久留」，叫「從者皆慘容」的險狀，又描畫出斷崖千尺「若層衡之列煙上」，「白鵝鼓翼江心」、「素鱗爭躍上岸」的奇觀，險中有奇，奇而生美，這就和官場的險中有惡，惡而生厭，形成對比條件。

　　以散爲體，以駢爲間。這篇散文從總體上說，句式參差，語言舒緩，娓娓道來，不急不迫。而其中又每間以整齊句式，更增語味。寫避風岩景觀，於「仰而睨之」、「聽怒濤聲」、「望沸波」之後，都以「若」綴以生動形象的比喻，顯得工整有度。寫感慨，用「天亦哀山靈之寂寥，傷水伯之孤清」、「養二龍於水窒，調一鶴於中峰」、「上煙駕，登月館」等，用語對稱，音調諧適。尤其於本文重點處，寫官場時，運用「目厭於」、「耳厭於」、「手足筋骨疾於」，連珠炮發，聲勢更大，顯得感情分外強烈；寫避風岩與官場比較，連用五個「猶勝於」，憤語迭發，如激浪排空，撼人心靈。由於間以駢儷句式，使全文如雲霞散綺，似江海興波，姿態百出，氣象萬端，增加了文章氣勢與魅力。

　　讀罷掩卷，使人深感張明弼有才無時，又不甘於人下的憤慨，膺服他的鑒時辨貌，毫髮不爽，揭醜抨奸，入木三分，欣賞他的精心熔裁，妙手聯綴。但是也覺得他所抒發的只是一個不得意的士大夫的牢騷，對那幫官僚騎在人民頭上作威作福，竊踞高位胡作非爲，還沒有足夠的認識，同時那種遺世獨立、羽服登仙的想法，也是消極的。　　　　　　　　　　　　　　　（徐應佩　周溶泉）

再遊烏龍潭記

譚 元 春

　　潭宜澄①，林映潭者宜靜，筏宜穩，亭閣宜朗，七夕宜星河②，七夕之客宜幽適無累。然造物者豈以予爲此拘拘者乎③？

　　茅子越中人④，家童善篙楫。至中流，風妒之，不得至荷蕩，旋迎釣磯繫。筏垂垂下，雨靡靡濕幔，猶無上岸意。已而雨注下。客七人，姬六人，各持蓋立幔中⑤，濕透衣表。風雨一時至，潭不能主。姬惶恐求上，羅袜無所惜。

　　客乃移席新軒，坐未定，雨飛自林端，盤旋不去。聲落水上，不盡入潭，而如與潭擊。雷忽震，姬人皆掩耳欲匿。至深處，電與雷相後先，電尤奇幻，光煜煜入水中⑥，深入丈尺，而吸其波光以上於雨，作金銀珠貝影，良久乃已。潭龍窟宅之內，危疑未釋。

　　是時風物倏忽，耳不及於談笑，視不及於陰森，咫尺相亂⑦。而客之有致者，反以爲極暢。乃張燈行酒，稍敵風雨雷電之氣。忽一姬昏黑來赴。始知蒼茫歷亂，已盡爲潭所有，亦或卽爲潭所生。而問之女郎，來路日不盡然，不亦異乎！

　　招客者爲洞庭吳子凝甫，而冒子伯麟、許子無念、宋子獻儒、洪子仲韋，及予與止生爲六客，合凝甫而七。

【注釋】①潭：指烏龍潭，在江蘇南京城內，水木清幽，景物宜人。②七夕：夏歷七月七日晚上，傳說喜鵲在天河搭橋，讓牛郎織女渡河相會。③造物者：指天。④茅子：指茅元儀，字止生，歸安（今浙江吳興縣）人。作者說他是「越中人」（越中，現在浙江紹興一帶），當是指浙江水鄉而言。⑤蓋：指雨具。⑥煜煜（ㄩ）：明亮耀眼貌。⑦咫尺：形容距離很近。咫：周制八寸。

【鑑賞】譚元春的友人茅元儀在烏龍潭建有住宅，曾多次邀請他去遊玩。作者寫

過三篇烏龍潭遊記，其中以《再遊烏龍潭記》最爲精彩。

《再遊烏龍潭記》描寫了夏天遊潭時忽逢雷陣雨的情景，氣勢飛動，神態逼眞，把大自然驚心動魄的壯美景象生動地呈現在眼前，在竟陵派的遊記文學中算得一篇上乘之作。

現在逐段分析這篇作品。「潭宜澄，林映潭者宜靜，筏宜穩，亭閣宜朗，七夕宜星河，七夕之客宜幽適無累。然造物者豈以予爲此拘拘者乎？」這一段是遊潭以前的議論，先從最適宜遊覽的條件數起。作者在六句當中，一口氣用了六個「宜」字，分別從時間、地點、人物三個方面提出最適宜於遊覽的要求。表面似乎是泛泛著筆，實際上句句扣牢遊烏龍潭，認爲這是在一個最適當的時間，與一些最合適的朋友，遊覽一個最值得遊覽的地方。但作者在歷數宜遊的條件以後，又用一個「然」字作一轉折，反問一句：「然造物者豈以予爲此拘拘者乎？」意思是：我提出這許多宜這宜那，老天爺難道以爲我是這樣拘守死板的人嗎？言外之意是，就一般而論，這些條件都是不可缺少的，但也未必都如此，可以有特殊的例外。這就爲下文埋下了伏筆，文章寫得有開有合，姿態橫生。文章接著寫道：「茅子越中人，家童善篙楫。至中流，風妒之，不得至荷蕩，旋迎釣磯系。筏垂垂下，雨靡靡濕幔，猶無上岸意。」這裏先寫茅止生的家童善於划船，卻敵不過頂頭風，以反襯風之大。「風妒之」，用一「妒」字，把風擬人化，彷彿它嫉妒人們縱情快遊，故意要掃他們的興。而細雨同時也下個不停，以至於「濕幔」，可見時間已經不短了。總之風雨齊來，天公不作美，但人們的遊興仍然很濃，「猶無上岸意」。

下一段是說，不一會兒，大雨如倒水一般地下起來。七位遊客，以及六位伴遊的歌女，各自手拿雨具站在布幔中，外面的衣服都濕透了。前面一段說「雨靡靡濕幔」，這裏說「已而雨注下」「濕透衣表」，雨勢驟然迅猛，而風勢也很猖狂；「風雨一時至，潭不能主」，平靜的烏龍潭在狂風暴雨的突然襲擊下，彷彿一時措手不及，驚慌失措，不知如何是好了。這兩句是用擬人的手法描寫烏龍潭，渲染風雨氣氛十分生動。緊接著「姬惶恐求上」，這是對「潭不能主」的進一步鋪陳，也是對上段「雨靡靡濕幔，猶無上岸意」的一個轉折。這時筏上有一些人經受不住了。烏龍潭誠惶誠恐，不能自主，筏上的歌女也惶恐不安，要求趕快上岸。由潭而及人，極不渲染狂風暴雨的嚇人聲勢。「羅襪無所惜」，寫出狼狽上岸之態，流露出作者對歌女們的幽默嘲諷，顯然他自己是不把狂風暴雨放在心上的。歌女「惶恐求上」的「求」字，襯出包括作者在內的七位男遊客這時仍無上岸之意，但在歌女們的要求之下也只得同意了。水上之遊就到這裏結束。下文寫上岸後烏龍

潭上電閃雷鳴，風雨大作的情景，這是通篇文章的主幹，寫得筆酣墨飽，淋漓盡致。依次可以分作幾個層次來說。先寫上岸避雨。「客乃移席新軒」的「乃」字和「移」字，承上文「姬惶恐求上」的「求」字，寫遊客們在歌女的請求下，把筏上的酒席移到岸上新建的亭軒中去。接著寫風雨再度轉猛，「坐未定，雨飛自林端，盤旋不去。」「聲落水上，不盡入潭，而如與潭擊。」這幾句寫林中和潭上的雨勢，各有聲態，逼真傳神。「雷忽震，姬人皆掩耳欲匿。」用「忽震」二字寫驚雷驀地炸響，嚇得歌女們掩住耳朵想躲藏，渲染驚雷的聲威和歌女膽小的神態都十分生動。「至深處，電與雷相後先」，寫雲深處，電閃雷鳴，先後相應；而「電尤奇幻，光煜煜入水中，深入丈尺，而吸其波光以上於雨，作金銀珠貝影，良久乃已。」在這裏作者特別對閃電的奇觀作了出色的描寫。這是描寫雷雨一幕中最精彩而奇幻的鏡頭。作者由此而產生這樣的想象：「潭龍窟宅之內，危疑未釋。」這電閃雷鳴，攪得烏龍潭中的龍宮也不得安寧，龍王不知發生了什麼事，可能正在那裏滿懷疑慮呢！從烏龍潭的名字聯想到龍宮，十分自然。這一段先寫林中的飛雨，再寫潭上的急雨，然後寫驚雷，寫閃電，情景瞬息萬變，而寫來層次井然，筆筆有飛動之勢。但作者又不作一例鋪陳，在逐層描寫中突出閃電作為重點，顯得有主有從，有聲有色，有正面的描摹，也有側面的烘染，充分表現了作者觀察的細致和感受的深刻。文章的節奏也如同風雨雷電一般，顯得急驟而多變，使人目不暇接，讀來有驚心動魄、身臨其境之感。

　　前面一段以描寫客觀景物為主，下一段則以抒寫主觀感受為主。「是時風物倏忽」，寫景物頃刻萬變。「耳不及於談笑，視不及於陰森，咫尺相亂。而客之有致者，反以為極暢」，盡管風雨晦冥，視聽難辨，遊客中有興致的，反而認為十分暢快。「乃張燈行酒，稍敵風雨雷電之氣。」於是乾脆點燈來，依次斟酒痛飲，用以驅除昏暗和抵擋風雨雷電的森然寒氣。這是進一步寫賞景作樂的興致。

　　「忽一姬昏黑來赴。始知蒼茫歷亂，已盡為潭所有，亦或即為潭所生。而問之女郎，來路日不盡然，不亦異乎！」這一段是風雨賞景的餘文。前面說遊客有七人，伴遊的歌女卻只有六人，缺少一人。「忽一姬昏黑來赴」，是說昏暗中忽然又有一位歌女趕來赴會，顯然她是一位遲到者。「始知蒼茫歷亂，已盡為潭所有」，這位女郎來了以後，才知道狂風雷雨只在烏龍潭附近，別的地方並不如此。俗諺說：「夏雨隔牛背」，「東邊日出西邊雨」。這種情景正為夏天的雷陣雨所獨有。「亦或即為潭所生」，是說或者這雷陣雨就是烏龍潭所製造出來的吧。這是暗用龍能行雨的神話傳說。從烏龍潭的名字而產生聯想，虛襯一筆，顯得空靈而饒有情趣。「而問之女郎，來路日不盡然。不亦異乎！」詢問遲到的這位女郎，她

說來的路上，太陽還沒有落山呢。這眞是太奇異了！更反襯了烏龍潭雷雨昏暗的獨特性，並且回應了開頭「始知蒼茫歷亂，已盡爲潭所有」那一句，而「始知」二字也有了著落。正是因爲詢問了女郎，才知道這邊風雨晦冥，那邊太陽未落，因而發出「不亦異乎」的驚嘆。

這一次遊烏龍潭，因爲一場雷陣雨，烏龍潭周圍天昏地暗，大自然呈現出另一番氣勢雄偉的奇觀。回顧文章開頭所說：「潭宜澄，林映潭者宜靜，筏宜穩，亭閣宜朗，七夕宜星河」等幾條，幾乎沒有一相符，這一切全被狂風暴雨打亂了。但是作者卻感到遊得十分暢快，這就獨獨與遊客「宜幽適無累」那一條對上了號。作者之所以獨有會心地欣賞烏龍潭的雷雨情景，正顯得他「幽適無累」，卽胸懷清雅閑適，沒有一點塵俗之念。文章的開頭和結尾，也就隱然有了一種呼應的關係，需要讀者經過思索而領會。

這篇文章在藝術上的最大特色是善於多層次地寫景，成功地把夏天烏龍潭上的雷陣雨寫得有聲有色，情景相生，形神飛動，使人感到風雨雷電之氣撲面而來。而這種幽深冷峭的氣氛，在某種意義上也可以看作竟陵派文風的象徵。也許是題材與風格相適應的關係吧，作者寫來得心應手，天然渾成，不像他有的文章那樣生硬做作，難以卒讀。

（吳戰壘）

遊黃山日記（後）　　徐宏祖

初四日①。十五里至湯口②。五里至湯寺③，浴於湯池④。扶杖望朱砂庵而登⑤，十里上黃泥崗，向時雲裏諸峰，漸漸透出，亦漸漸落吾杖底。轉入石門⑥，越天都之脅而下⑦，則天都、蓮花二頂⑧，俱秀出天半⑨。路旁一歧東上⑩，乃昔所未至者，遂前趨直，幾達天都側。復北上，行石罅中⑪，石峰片片夾起，路宛轉石間，塞者鑿之，陡者級之⑫，斷者架木通之，懸者植梯接之⑬。下瞰峭壑陰森，楓松相間，五色紛披⑭，燦若圖繡⑮。因念黃山當生平奇覽，而有奇若此，前未一探，茲遊快且愧矣。時夫僕俱阻險行後，余亦停弗上。乃一路奇景，不覺引余獨往。既登峰頭，一庵翼然⑯，爲文殊院⑰，

亦余昔年欲登未登者。左天都，右蓮花，背倚玉屏風，兩峰秀色，俱可手攬。四顧奇峰錯列，衆壑縱橫，眞黃山絕勝處。非再至，焉知其奇若此⑱？遇遊僧澄源至⑲，與甚勇，時已過午，奴輩適至，立庵前指點兩峰，庵僧謂天都雖近而無路，蓮花可登而路遙，祇宜近盼天都，明日登蓮頂。余不從，決意遊天都。挾澄源、奴子⑳，仍下峽路，至天都側，從流石蛇行而上㉑，攀草牽棘，石塊叢起則歷塊㉒，石崖側削則援崖㉓，每至手足無可著處，澄源必先登垂接。每念上既如此，下何以堪？終亦不顧，歷險數次，遂達峰頂。惟一石頂，壁起猶數十丈，澄源尋視其側得級㉔，挾予以登㉕，萬峰無不下伏，獨蓮花與抗耳㉖。時濃霧半作半止㉗，每一陣至，則對面不見，眺蓮花諸峰，多在霧中。獨上天都，予至其前，則霧徙於後㉘，予越其右㉙，則霧出於左。其松猶有曲挺縱橫者，柏雖大幹如臂，無不平貼石上，如苔蘚然。山高風鉅㉚，霧氣去來無定，下盼諸峰，時出爲碧嶠㉛，時沒爲銀海㉜。再眺山下，則日光晶晶，別一區宇也。日漸暮，遂前其足㉝，手向後據地，坐而下脫。至險絕處，澄源並肩手相接㉞。度險下至山坳㉟，暝色已合，復從峽度棧以上㊱，止文殊院㊲。
……

【注釋】①初四日：指明萬曆四十六年(1618)夏曆九月初四。②湯口：鎮名，在黃山脚下，爲上山必經之路。③湯寺：原名祥符寺，創建於唐開元十八年，因靠近湯泉，故俗稱湯寺。④湯池：卽湯泉，池深三尺，長丈許，池水朱紅色，有朱砂，可治病。⑤朱砂庵：本名慈光寺，創建於明嘉靖年間。庵在朱砂峰下，其右爲天都等峰，左爲蓮花等峰。⑥石門：峰名，兩壁夾峙如門，故名。⑦天都：黃山主峰，高約一千九百米，峭岩絕壁，險峻難登。脅：兩邊。⑧蓮花：與天都並稱黃山兩大峰，山峰形似蓮花瓣，故名。⑨天半：半空。⑩歧：岔路。⑪罅（ㄒㄧㄚˋ）：裂縫。⑫級：用作動詞，鑿石級。⑬植梯：豎起梯子。⑭五色紛坡：五彩斑爛。⑮圖繡：圖畫刺繡。⑯翼然：如鳥兒張翼一樣。⑰文殊院：寺名，在天都、蓮花兩峰之間。⑱焉知：哪兒知道。⑲遊僧：雲遊和尙。澄源：和尙名。⑳挾：攜同。奴子：僮僕。㉑流石：溜滑的山石。蛇行：伏地爬行。㉒歷：越過。㉓援崖：攀登懸崖。㉔級：石級、石階。㉕挾：這裏作「扶持」解。㉖抗：抗

衡。㉗牛作牜止：忽興忽止。㉘徙：移動。㉙趄（ㄅ丶）：至。㉚鉅：同「巨」，大。㉛嶠（ㄐ｜ㄠˋ）：高聳而陡削的山。㉜銀海：霧氣如白色波濤。㉝前其足：把腳伸向前。「前」用作動詞。㉞並：同時應用。㉟山坳（ㄠˋ）：山下之低窪處。㊱棧：棧道。㊲止：住宿，過夜。

【鑑賞】徐宏祖曾於公元1616年（丙辰年）和1618年（戊午年）兩次遊黃山。第一次雖抵名山但未歷勝境，第二次遍遊黃山絕景天都、蓮花二主峰，盡覽天下奇觀。本文記的是第二次遊覽，九月初四日遊天都峰的一則日記。這次遊覽，作者首先目標是天都峰，而文章則從入山的路程敍起——「十五里至湯口。……俱秀出天牜。」入山第一程，經過三頓一折，初見天都、蓮花二頂。作者經湯口、湯寺、黃泥崗三處停頓，於石門處一折。作者於遊山的前一天（九月初三日）住宿於黃山東北的小鎮江村，初四從江村出發，想由朱砂庵的方向上天都峰。向朱砂庵一途，係重蹈舊蹊，所以只用簡筆淡墨，略予點染，可是雖然只用幾字加以勾勒，而遊者身姿，山巒形貌卻立現於讀者面前。「向時雲裏諸峰，漸漸透出，亦漸漸落吾杖底」，可見在上黃泥崗之前，只見雲漫霧迷，不見峰峙嶺橫，遊者雖能近辨山徑，卻不解遠眺巒峰，眞是如墮雲海。上崗之後，山峰從雲幔中鑽出，飄浮如島嶼，別是一番景象，並「漸漸落吾杖底」，漸出、漸落，可見遊者心熱情切，身輕足捷。直上並折轉，繞石門之峰，越天都之脅，不管峰回路轉，堅持沖雲破霧，終於見到預想的目標；「天都、蓮花二頂，俱秀出天牜。」一個「秀」字下得極爲傳神，不僅寫出了二峰頂橫空出世的地位，而且充溢著挺拔秀勁的神韵。天都、蓮花二頂已遙入視域，自然遊興更濃，急切要攀上那誘人的峰巔，看萬山下伏的壯景。於是邁入第二程——「路旁一歧東上，……玆遊快且愧矣。」這一程由朱砂庵向文殊院而登。途經二折，東上，改北上。由坦途進入險途。一路之上，山險奇景，引人入勝。當見到「天都、蓮花二頂，俱秀出天牜」時，作者自然欣喜異常，要直撲而去。選定了指向天都的東側歧路「前趨直上」，滿以爲可以攀上天都了。可是到了天都近畔，山橫路斷，被迫改向。無路可通，可見天都峰頂過去是沒有人上去過的。徐宏祖認定了一個目標，不達目的決不罷休，一定要登上高峰。北上「行石罅中」，在石縫中行走，兩旁石片如刀，鋒銳刃利，足見其險；路回道曲，形同羊腸，益見其艱。這是一條開闢出的新路。鑿之、級之、通之、接之，看上去文字頗輕鬆，其實要完成這些，要花多少勞動啊！不經一番攀援苦，哪得觀賞奇景樂。登高俯瞰，只見幽壑陰森，楓紅松翠，絢爛斑駁，光彩煥然，如圖似繡。這裏所見景象，無雲蒙霧罩的朦朧，無遙望遠眺的縹渺，而是

歷歷在目，色色可辨，眞切得如在目前，明晰得毫髮不爽。於艱險行程之後，夾
入一段景物描寫，張而後弛，使人精神上得到一種慰藉。作者於敍遊程之後，感
慨「玆遊快且愧矣」，更加突出了景之奇。由觀奇景而生快感，由快感而生愧情。
「愧」，是作者覺得上次遊覽，走馬觀花，淺嘗輒止，局於一隅，身爲尋幽探勝的
專家，曾不惜到處跋山涉水，居然只圖方便，只看表象，只求局部，豈不羞愧。
對上次之遊感到愧，對今番之遊覺得快，正是因爲這次才見到「有奇若此」。愧、
快交加的感情，促使作者健步躋入第三程——「時夫僕俱險行後，……明日登蓮
頂。」這一程登上了文殊院所在的峰頭，環顧於文殊院前，徘徊於天都峰側。近
前之時因來路艱難，登高之後，自然要「下瞰」，現在立足峰頭，心舒意暢，也就
「四顧」了。前面下瞰，見到的是峭壑陰森，現在則是「奇峰錯列，衆壑縱橫」，
由壑擴而爲峰，由一壑廣而爲衆壑，地位眼界大爲不同。作者此行目的是登天都
、蓮花二峰頂，因而一上峰頭自然關注二峰之所在。「左天都，右蓮花，背倚玉
屛風，兩峰秀色，俱可手攬」，兩峰赫然在目，好像近在咫尺。這與初入山時又
大爲異趣。初入山時，因係遙望，所以說「天都、蓮花二頂，俱秀出天牛」，峰
身隱沒雲霧之中，藏之於衆峰之後，只見其頂，高標於半空之中。現在攀登上了
峰頭，沒有了雲翳霧障，沒有了山巒遮蔽，自然對面的山石一一可數。作者於
此，只以秀色可攬言其近，而吝惜筆墨圖其景，意在說明行程已逼近兩峰，登上
天都、蓮花已在近前，同時爲後文濃墨重彩揮灑留下空闊的餘地。爲了突顯作者
的遊興，這裏還以奴僕與遊僧作映襯。首先以奴僕的動作遲緩，反襯作者的興致
濃郁。「阻險」使得奴僕和他都「停弗上」，而自己居然「獨往」，到「過午」
後奴僕才追趕上來，作者說是一路奇景吸引了他如此。深山之內，高峰之上，敢
於「獨往」，奇景的魅力也就不言而喻了。遊僧澄源則借以陪襯。澄源至「興甚
勇」，爲下文寫不顧身疲力乏，不怕時已過午，不畏無路可通，堅執地登上天都
峰頂作了鋪墊。步上文殊院峰頭，使人覺得好像隨卽可以履天都而覽全山，飽賞
一下絕境秀色，怡神暢懷。可是欲擒故縱，忽然宕開一筆：「天都雖近而無路，
蓮花可登而路遙」。「可手攬」的天都佳景，原來是可望而不可卽，近而不可登。
在人熱望之時，忽然使人失望，更加叫人感到無望。愈是叫人覺得無望，而後叫
人如願，則感情更爲強烈。經作者幾番騰挪，激起了讀者追讀下文強烈的欲望，
急於要看下一步——「余不從，……遂達峰頂。」「天都雖近而無路」和「決意
遊天都」形成尖銳的矛盾。要使主觀願望得以實現，變「無路」爲有路，那必然
要有一番艱難的搏鬥。從「流石」上過去，石塊旣圓又滑，稍有不愼，便有滑溜
而下、粉身碎骨的危險。作者採取「蛇行」之法，匍匐石面，爬行而上，且彎彎

曲曲，如蛇遊一般。萬仞山頭，懸崖之上，霧濕雲沾，山風狂囂，攀草牽棘，闢路以進。「石塊叢起則歷塊，石崖側削則援崖」，作者的決心披瀝無遺。黃山的美景，引起了作者的遊興；濃烈的遊興，產生了堅定的決心；堅強的決心，化為克服困難的勇氣。自己的敢於攀登、善於攀登，加上與澄源的通力合作，終於到達峰頂，無限風光盡收眼底──「惟一石頂……，別一區宇也。」歷盡艱辛，終於見到天都峰頂的偉觀。先寫登臨後的總感覺，經「蛇行」後一挺身軀，頓覺眼前空潤無比，「萬峰無不下伏，獨蓮花與抗耳」，寫出了山勢和山景。萬峰下伏，可見其高；同時放眼望去，層巒疊嶂，如波似濤，天都就像海上一奇山，傲然高聳。接着抓住黃山的特點，分別寫天都三大奇景：一為霧奇。蒸騰的霧氣，流動不居，時現時沒，時左時右，因風吹而動，因人行而從。這種霧怎不叫人感到詭變靈異。一為樹奇。松樹曲榦虬枝，柏樹平貼石上，就像苔蘚一般。一為山奇。霧氣變幻，動蕩不定，使山形更為嬌美。霧漫天海，日光燦然，一旦霧退，山峰嶄露，如碧簪直舉，似螺髻橫陳，白霧托青山，青山鍍日光，何等壯觀。天都峰頂是作者預定的攀登目標*是這天登山的高潮，景色也是絕勝的。登上峰頂，美不勝收，目不暇接，感慨定多，可是作者從容縱筆，抓住主要之點一一道來，也就使作者如置身峰極，沐着山風，驅着雲霧，遠眺近看，仰望俯視，如入「別一區宇」。經一天勞累，收穫很大。最後，交代一下行止──「日漸暮，……止文殊院。」下山比上山難。前文說「每念上既如此，下何以堪」，下山確實難堪，但作者略而不贅，給讀者去想像、補充。下山住宿於文殊院，準備「明日登蓮頂」。至此，天都峰的遊程結束。

　　這篇遊記不同於酈道元的《水經注》那樣模山範水，而是文中有「我」，語中含情。而這種文中見人的寫法，又有別於那些借景抒情，因景發議的作品，和蘇軾的《石鐘山記》、王安石的《遊褒禪山記》又有所不同。本文是寫景、抒情、發議融為一體，以寫景為主，寓情於景，藏議於景。作者沒有站出來抒發一番歌頌黃山的感情，而這種感情卻流漾於紙面，沒有另加關於不畏勞苦攀登才得到達頂峰的議論；而其道理灼然可見。本文寫了一天的遊覽，一程一程寫來，移步換形，次第分明。每一程敍寫，固然是一幅幅優美的山水畫，同時又處處都顯示了是向天都峰頂進發的。初見天都浮於天半，再見天都近在睫前，最後登上天都峰頭，由遠而近，由模糊到清爽，脈絡明晰。每一程關於風景的描寫，又多注意抓住雲霧、怪石、松柏的特點來寫，而每一程所見又各不相同，真是隨物賦形，因色敷彩，筆觸細膩生動，格調清新感人。

（徐應佩　周溶泉）

核 舟 記

魏學洢

　　明有奇巧人①曰王叔遠，能以徑寸之木②，爲③宮室、器皿④、人物，以至鳥獸、木石⑤，罔不因勢象形，各具情態⑥。嘗貽⑦餘核舟一，蓋大蘇泛赤壁云⑧。

　　舟首尾長約八分有奇⑨，高可二黍許⑩。中軒敞者爲艙⑪，篛篷⑫覆之。旁開小窗，左右各四，共八扇。啓窗而觀，雕欄相望⑬焉。閉之，則右刻「山高月小，水落石出」⑭，左刻「清風徐來，水波不興⑮」，石青糝之⑯。

　　船頭坐三人，中峨冠⑰而多髯⑱者爲東坡，佛印⑲居右，魯直⑳居左。蘇、黃共閱一手卷㉑。東坡右手執卷端㉒，左手撫魯直背。魯直左手執卷末㉓，右手指卷，如有所語㉔。東坡現右足，魯直現左足，各微側㉕，其兩膝相比者㉖，各隱卷底衣褶中㉗。佛印絕類彌勒㉘，袒胸露乳，矯首昂視㉙，神情與蘇、黃不屬㉚。臥右膝㉛，詘㉜右臂支船，而豎其左膝，左臂掛念珠㉝倚之——珠可歷歷數也㉞。

　　舟尾橫臥一楫㉟。楫左右舟子㊱各一人。居右者椎髻㊲仰面，左手倚一衡㊳木，右手攀右趾，若嘯呼狀。居左者右手執蒲葵扇，左手撫爐，爐上有壺，其人視端容寂㊴，若聽茶聲然㊵。

　　其船背稍夷㊶，則題名其上，文曰「天啓壬戌㊷秋日，虞山王毅叔遠甫㊸刻」，細若蚊足，鈎畫了了㊹，其色墨㊺。又用篆章㊻一，文曰「初平山人」，其色丹㊼。

　　通計一舟，爲㊽人五；爲窗八；爲篛篷，爲楫，爲爐，爲壺，爲手卷，爲念珠各一；對聯、題名并篆文，爲字共三十有四。而計其長曾不盈寸㊾。蓋簡㊿桃核修狹51者爲之。……嘻，技亦靈怪矣哉52！

【注釋】①奇巧：奇妙精巧。②徑寸之木：直徑一寸的木頭。③爲：做。④器皿：指器具。⑤木：樹木。⑥罔不：無不、都。⑦貽（ㄧˊ）：贈。⑧大蘇：蘇

軾，人們稱他和他的弟弟蘇轍為「大蘇」、「小蘇」。泛：泛舟，坐着船在水上遊覽。云：語末助詞，無義。⑨有奇（ㄐㄧ）：有餘。⑩可：大約。許：上下、光景。⑪中軒敞者為艙：中間高起而開敞的部分是船艙。⑫箬（ㄖㄨㄛˋ）篷：用箬竹葉做成的船篷。⑬雕欄：雕刻着花紋的欄杆。相望：左右相對。⑭山高月小，水落石出：蘇軾《後赤壁賦》裏的句子。⑮清風徐來，水波不興：蘇軾《前赤壁賦》裏的句子。徐：緩緩地。興：起。⑯石青：一種青色顏料。糝（ㄙㄢˇ）：塗。⑰峩冠：高高的帽子。⑱髯（ㄖㄢˊ）：腮鬍。⑲佛印：即佛印禪師，名了元，字覺老。蘇軾的朋友。⑳魯直：黃庭堅，字魯直。㉑手卷：橫幅的書畫卷子。㉒卷端：指畫幅的右端。㉓卷末：指畫幅的左端。㉔如有所語：好像在說什麼話似的。㉕微側：略微側轉。㉖比：靠近。㉗各隱卷底衣褶中：都隱蔽在手卷下邊的衣褶裏。㉘彌勒：佛教菩薩之一。絕：極。類：像。㉙矯：舉。㉚不屬（ㄓㄨˇ）：不相關連。這裡引伸為「不一樣」。㉛臥右膝：右膝臥倒。㉜詘（ㄑㄩ）：同「屈」，彎曲。㉝念珠：念佛的人，一面念佛，一面手裏數着一串珠子記數，這種珠子叫念珠。㉞歷歷：清清楚楚。㉟楫：槳。㊱舟子：撐船的人。㊲椎髻：椎形髮髻。㊳衡：同「橫」。㊴視端容寂：眼睛正視，神色平靜。㊵若：好像。然：樣子。㊶夷：平。㊷天啟壬戌：天啟壬戌年（1622）。天啟：明熹宗年號。㊸虞山：山名，在現在江蘇省常熟西北，這裏用來代替常熟。叔遠甫：就是「字叔遠」的意思。㊹了了：清清楚楚。㊺墨：黑。㊻篆章：篆字圖章。這裡指「『篆字圖章』的篆字」。㊼丹：紅。㊽為：刻成。㊾曾：尚、還。盈：滿。㊿簡：挑選，同「揀」。(51)修狹：長而窄。(52)靈怪：奇妙。矣哉：表示感嘆語氣詞，相當於「了啊」。

【鑑賞】作者在本文中運用說明和描繪相結合的筆法，生動地介紹了明末雕刻藝人王叔遠高超的雕刻技藝和獨特的才華，熱情贊揚了我國古代民間藝人的藝術成就。

　　從文章開頭至「蓋大蘇泛赤壁云」為第一段，簡練概括地告訴讀者，王叔遠有着不同凡響的雕刻技藝，他能在「徑寸之木」上，隨意雕刻出不同形狀的藝術品。然而更絕的是，他能利用木頭天然圖紋、形狀，表現各自形態。「罔不因勢象形」，強調了「形似」；「各具情態」，則突出了「神似」。這樣，也就突出了王叔遠是個「奇巧人」。「蓋大蘇泛赤壁云」的「蓋」，在這裏作副詞，為「大概」之意。從核舟上刻的人和景物來看，是「大蘇泛赤壁」。但《赤壁賦》寫蘇東坡泛舟遊赤壁，雖有其事，但是沒有說有黃魯直和佛印和尚伴遊。這樣，也就間接地說明了雕刻者善於根據蘇東坡的原文進行想像。核舟上刻着蘇東坡遊赤

壁，這點明了整個核舟所刻畫的主要內容。「蓋大蘇泛赤壁云」在全文起著「橋樑」作用。這一段只五十餘字，用筆經濟、簡練，層次清晰，交代清楚，包含着豐富的內容，也約略點示了核舟雕刻者技藝的高超。從「舟首尾長約八分有奇」至「嘻，技亦靈怪矣哉」為第二段。本段又可分五小節。起筆時，作者如剝筍似地進行具體的描述，很有層次感。先寫核舟的長和高，「長約八分有奇，高可二黍許」，以核舟本身之小，來顯示核舟工藝品的精巧；比喻也因之出奇。文章接着進入具體的描述。先寫「中軒敞者為艙」，着力突出在這一特定的條件下，船艙的高大、寬敞，以及在核舟中所占據的位置。小舟不滿「徑寸」和「軒敞」的船艙，一小和一大相映，形成強烈的對比，構成一個完整的畫面，來顯示核舟雕刻藝術的特色。接着，敍述船艙上還覆蓋着「箬篷」，艙旁有「左右各四，共八扇」小窗；八扇小窗，是活動的，能開能關，所以「啓窗而觀」則「雕欄相望」，閉窗時所刻的前後《赤壁賦》中的膾炙人口的名句：「山高月小，水落石出」，「清風徐來，水波不興」，則顯現於眼前。在「長約八分有奇，高可二黍許」的「核舟」上刻字、景、人、物既細膩逼真，又富有詩情畫意，其情趣之妙，達到神化的境界，足以顯示王叔遠精妙絕倫的雕刻技藝。而作者用細膩的筆調，把工藝品上的詩情畫意，生動逼真地表達出來，也足見他藝術手腕之高明。

第二、三小節，着重介紹核舟上的五個人物。寫人物是為了增強作品的活力。如果讀者細細留神、品味，就不難看出雕刻藝人有着驚人的想像力。《赤壁賦》文中「蘇子與客泛舟遊於赤壁之下」，沒有交代「客」是何許人，而雕刻藝人卻選擇了黃魯直和佛印和尚，把人物具體化了，並在具體化的過程中加以個性化。由此，作品對他們三人精神和狀態的描寫，也就成為這件工藝品最有光彩的部分。首先，文章交代各自的形態和所處的位置。王叔遠這位民間雕刻藝人，在雕刻時，簡直是發揮了戲劇導演的才能。在不大的核舟船頭，三個人沒有平均地占據僅有的一點空間，他們「坐」得各有特色。作者的運筆有時採用粗線條，一筆帶過，如「中峨冠而多髯者為東坡，佛印居右，魯直居左」。有時採用工筆畫似的手法，如「東坡右手執卷端，左手撫魯直背。魯直左手執卷末，右手指卷，如有所語」。蘇、黃組合在一起，讓他們「共閱一手卷」，特別是「各隱卷底衣褶中」，這就把最微妙的情景描述出來了，筆觸顯得十分細膩。而此時的佛印和尚，「袒胸露乳，矯首昂視」，「臥右膝，詘右臂支船，而豎其左膝」，沉醉在清風、明月之中。尤其精彩的是，在佛印和尚的左臂上掛着歷歷可數的佛珠。從最細微處落筆，鑽其貌而刻其神。「執，撫，指，語，矯，視」等幾個動詞畫龍點睛，靜中有動，動中有靜，使人物活靈活現。三個人物的表情，身上的服裝，

手中的道具，在特定的情景中旣互相映襯，又互相呼應，達到了高度的和諧美。

對於船尾上的兩個船夫，作者的描寫也筆力不減。「橫臥一楫」，雕刻藝人刀法之妙，表現得淋漓盡致。「橫臥一楫」就是說船槳停止划動，船在江中隨波蕩漾，此時方可進入泛舟江上，漫遊赤壁的詩情畫意之中。而兩個船夫，其一「若嘯呼狀」，另一「視端容寂，若聽茶聲然」。淡淡的兩筆，陡然生輝，兩個舟子進入規定的情境之中，被勾畫得栩栩如生，而舟子的情態和泛舟的主角的情態又是呼應的，具有整齊美。

第四、五小節，分別記王叔遠在核舟背上刻題名和印章，並對刻在核舟上的人和物作了統計。核舟背上題名和印章不是可有可無的，因爲它保證了工藝品的完整，反映了藝術的高超。「細若蚊足，鈎畫了了」，筆畫工細，並且線條清晰。船背題名「其色墨」，篆字圖章「其色丹」，著色黑紅相襯，再加上船艙十六個字用「石青糝之」，從船頭到船尾，色彩和諧、協調，藝人的創作態度，從始至終，一絲不苟。「通計一舟」，連續用了九個「爲」字，細緻地羅列，用形象、簡潔而又帶有立體化的描述把核舟再現在讀者面前。衆多的人和物都是雕刻在「計其長曾不盈寸」的「修狹」的桃核上，其技藝就達到了「爐火純靑」的境界。

文章一開頭向讀者介紹民間雕刻藝人王叔遠的精湛的技藝和核舟的內容後，便按順序寫核舟的長、高、船艙、船頭、船背，並對核舟上雕刻的人、物、字，進行統計，與文章開頭相呼應。用讚譽王叔遠鬼斧神工之絕技結束整篇文章，猶如一根絲線，串綴珠玉貝石而成整體。通篇四百多字，每個字的選擇，就像這巨奪天工的核舟一樣，精雕細琢。核舟是雕刻工藝品，直接給人以視覺感受。通過作者細膩而傳神的描述，引起讀者的想像，加深對核舟的視覺印象，完成了它獨特的審美功能。文本意境深邃，想像豐富，對比巧妙。核舟形體之小和人、物之多；神態之活和情態之細；動中有靜和靜中有動；文字淺顯和意境深邃等，都形成了鮮明的對比，而在對比中顯示雕刻藝術的精湛和雕刻藝術的詩意美。同時我們還要提到，雕刻藝人有著不凡的識見。我們知道蘇東坡膾炙人口的前、後≪赤壁賦≫問世以來，可說在文學史上引起了熱烈的反響，其藝術成就之卓爾不羣是有口皆碑。但另一方面，它直接地顯露出對整個人生的空漠之感，而黃魯直一生仕途坎坷，哲宗紹聖年間，新黨用事，以修實錄不實的罪名，貶其爲涪州別駕，黔州安置。晚年卒於宜州（今廣西宜山）貶所。他們在政治上不得志，仕途上一片暗淡。爲了逃避政治，必然要採取消極的「退隱」、「歸田」、「遠遊」等手段，在這種精神狀態下，他們必然會和皈依佛門的佛印和尚引爲同調。所以，雕刻藝術家補充了≪赤壁賦≫中「客」的具體人物，其藝術想像力也就在

情理之中了。

　　的確，《核舟記》把核舟雕刻昇華到一個新的藝術境界，同時，「核舟」又增強了《核舟記》的藝術魅力。

（潘山君）

西湖七月半　　　　　張　岱

　　西湖七月半，一無可看，止可看看七月半之人。看七月半之人，以五類看之。其一，樓船簫鼓①，峨冠盛筵②，燈火優傒③，聲光相亂，名為看月而實不見月者，看之。其一，亦船亦樓④，名娃閨秀⑤，攜及童孌⑥，笑啼雜之，環坐露臺⑦，左右盼望，身在月下而實不看月者。看之。其一，亦船亦聲歌，名妓閒僧，淺斟低唱⑧，弱管輕絲⑨，竹肉相發⑩，亦在月下，亦看月而欲人看其看月者，看之。其一，不舟不車，不衫不幘⑪，酒醉飯飽，呼羣三五⑫，躋入人叢⑬，昭慶、斷橋⑭，嘄呼嘈雜⑮，裝假醉，唱無腔曲⑯，月亦看，看月者亦看，不看月者亦看，而實無一看者，看之。其一，小船輕幌⑰，淨几暖爐，茶鐺旋煮⑱，素瓷靜遞⑲，好友佳人，邀月同坐⑳，或匿影㉑樹下，或逃囂裏湖㉒，看月而人不見其看月之態，亦不作意看月者㉓，看之。

　　杭人遊湖，巳出酉歸㉔，避月如仇。是夕好名㉕，逐隊爭出，多犒門軍酒錢㉖，轎夫擎燎㉗，列俟岸上㉘。一入舟，速舟子急放斷橋㉙，趕入勝會㉚。以故二鼓以前㉛，人聲鼓吹㉜，如沸如撼㉝，如魘如囈㉞，如聾如啞㉟。大船小船一齊湊岸，一無所見，止見篙擊篙㊱，舟觸舟，肩摩肩，面看面而已。少刻興盡㊲，官府席散㊳，皂隸喝道去㊴，轎夫叫船上人，怖以關門㊵，燈籠火把如列星㊶，一一簇擁而去。岸上人亦逐隊趕門㊷，漸稀漸薄，頃刻散盡矣。

　　吾輩始艤舟近岸㊸，斷橋石磴始涼㊹，席其上㊺，呼客縱飲。此時，月如鏡新磨㊻，山復整妝㊼，湖復頮面㊽。向之淺斟低唱者出

㊾，匿影樹下者亦出，吾輩往通聲氣㊿，拉與同坐，韻友來[51]，名妓至，杯箸安[52]，竹肉發。月色蒼涼[53]，東方旣白，客方散去。吾輩縱舟，酣睡於十里荷花之中，香氣拍人[54]，清夢甚愜[55]。

【注釋】①樓船：艙作樓形的大船。簫鼓：這裏用作動詞，吹簫擊鼓。②峨冠：高高的帽子。③優：優伶，演戲的人。僂（ㄒㄧ）：通「奚」僕人。④亦船亦樓：卽樓船。⑤娃：美女，這裏指歌妓之類。閨秀：大家女子。⑥童孌（ㄌㄩㄢˇ）：卽孌童，俊美的男童。⑦露臺：指樓船上的陽臺。⑧淺斟：慢慢飲酒。低唱：低回宛轉地歌唱。⑨管：指吹奏樂器，如簫笛之類。絲：指彈撥樂器，如琴瑟之類。弱：輕柔。⑩竹：指管樂器，竹製，如簫、笛、笙之類。肉：指歌喉。相發：相互協和。⑪幘（ㄗㄜˊ）：古代男子包頭的頭巾。⑫呼羣三五：彼此呼喚，三五成羣。⑬躋（ㄐㄧ）：登。這裏指擠進。⑭昭慶：昭慶寺，又名菩提院，在西湖東北岸，後晉天福元年（936）吳越王修建。斷橋：原叫寶祐橋，唐代稱爲斷橋，在西湖白堤東端，靠近昭慶寺。⑮嘄（ㄐㄧㄠ）呼：高聲亂叫。嘄同「叫」。⑯無腔曲：不成調的曲子。⑰輕幌（ㄏㄨㄤˇ）：輕細的帳幔。⑱茶鐺（ㄔㄥ）：燒茶的小鍋。旋：隨卽。⑲素瓷：白淨的瓷杯。靜遞：靜靜地傳遞。⑳邀月同坐：邀請來在月下同坐。㉑匿影：藏身。㉒囂：吵鬧。裏湖：西湖以蘇堤爲界分爲裏湖和外湖兩部分，蘇堤以西爲裏湖。㉓作意：著意，用心。㉔巳出酉歸：古人以十二地支記時，從夜半（零時）開始，每兩個小時爲一個時辰。巳時爲上午九時至十一時，酉時爲下午五時至七時。㉕好名：追求名聲。㉖犒：用食物或財物慰勞別人。㉗擎（ㄑㄧㄥˊ）燎：舉著火把。㉘列：列隊。俟：等候。㉙速：這裏用作使動詞，催促。舟子：船夫。放：行（船）。㉚勝會：熱鬧的集會。㉛二鼓：二更天。古時把一夜分爲五更。二更約爲晚上九時至十一時。㉜齊吹：指音樂聲。㉝撼：搖動。㉞魘（ㄧㄢˇ）：夢魘，作惡夢時發出呻吟或驚叫。囈（ㄧˋ）：說夢話。㉟如聾如啞：像聾子大聲呼叫，像啞巴一樣說不清。㊱止：通「只」。篙：撐船用的竹竿。㊲少刻：片刻，不一會兒。㊳席：宴席。㊴皂隸：衙役。喝道：官員外出，衙役們在前面開路，喝令行人閃開，叫喝道。㊵怖：嚇唬。㊶列星：羅列天空的星。㊷趲門：急忙趕路進城門。㊸艤（ㄧˇ）舟：攏船靠岸。㊹石磴：石階。㊺席：這裏用作動詞，擺開宴席。㊻月如鏡新磨：月亮好像剛剛磨過的銅鏡一樣明亮。㊼復：重新，又。整：整理。㊽頮（ㄏㄨㄟˋ）面：洗臉，頮通「靧」。此處指湖面復歸明潔。㊾向：剛才。㊿往通聲氣：過去打招呼。[51]韻友：風雅的朋友。[52]箸：筷子。安：擺好。[53]蒼涼：淒涼。[54]拍人：撲人。[55]愜（ㄑㄧㄝˋ）：

愜意，心滿意足。

【鑑賞】「淡妝濃抹總相宜」的西湖，又當七月十五，該有多少湖光山色可寫，歷代文人又總是把自然景象作爲直接的描寫對象，可是，張岱的≪西湖七月半≫卻別開生面。劈頭一句：「西湖七月半，一無可看，止可看看七月半之人」。作者一筆撇開其他情景，不涉墨於景，只著色於人，藝術構思別具一格。文章在短短的一句交代過後，直入描寫中心：「看七月半之人，以五類看之，總領下文。然後逐類加以描述，「其一，樓船簫鼓，峩冠盛筵，燈火優傒，聲光相亂，名爲看月而實不見月者，看之。」這裏所勾畫的是達官貴人在月下的情景。作者雖未明點其身分，但是從他們乘坐的樓船，戴著高高的帽子，擺著豐盛的筵宴，點起明亮的燈火，有優伶滿唱、僕人侍候的排場等的描述中顯示出了他們的身分、地位。「聲光相亂」描述了情態。「光」字落實了前面的「燈火」；「聲」字落實了前面的「優」字；「亂」字則生動地描述了縱情尋歡的情景。正因爲他們忘乎所以地取樂，才會「名爲看月而實不見月」，使得情景描述的內在聯繫十分緊密。作者在描述了這一幅畫面後，緊接著用畫筆描出：「亦船亦樓，名娃閨秀，攜及童孌，笑啼雜之，環坐露臺，左右盼望，身在月下而實不看月者」。這裏所描述的情景與上句有所區別。他們不是在燈紅酒綠中狂歡狂樂，而是在歌伎、男童、閨秀的簇擁下，環坐平臺，取笑作樂。「笑啼雜之」的「雜」字和上文的「聲光相亂」的「亂」字有異曲同工之妙。嬉笑聲和啼叫聲混成一片，這就描出了笑中取樂的靡爛情態。而「左右盼望」心不在焉的情態，就準確地揭示了「身在月下而實不看月」的原因，流露出作者的輕蔑之情。至於第三種人，「亦船亦聲歌，名妓閑僧，淺斟低唱，弱管輕絲，竹肉相發，亦在月下，亦看月而欲人看其看月者」。這類人和前兩類不同，他們月夜遊湖有自己的方式：陪伴者不同，取樂方式不同；而其心理也頗有獨特性：「亦看月而欲人看其看月」。第四種人，「不舟不車，不衫不幘，酒醉飯飽，呼羣三五，躋入人叢，昭慶、斷橋，呼嘈雜，裝假醉，唱無腔曲，月亦看，看月者亦看，不看月者亦看，而實無一看者」。這是一批市井細民，中間夾雜了一些無賴漢。這伙子人也看月亮，也看觀賞月亮的人，也看那些不看月亮的人。他們注意力不集中，視線分散，攪在人羣中起哄，湊熱鬧，因而在實際上什麼也沒有真正看到。作者接著寫的第五種人：「小船輕幌，淨几暖爐，茶鐺旋煮，素瓷靜遞，好友佳人，邀月同坐，或匿影樹下，或逃囂裏湖，看月而人不見其看月之態，亦不作意看月者」，這種人的高情雅志，顯然是指的文人騷客。這正是作者所要歌頌的對象。

　　完成了對五種人看月的情態描述後，作者用重彩濃墨寫杭州人游湖的熱鬧景況。「杭人遊湖，已出酉歸，避月如仇」，從點出「已」時，「酉」時，就一筆剖露了他們「避月如仇」的實質。「是夕好名」「逐隊爭出」，一個「好」寫出了他們好圖虛名，一個「爭」表現了他們迫不及待、鋒擁出城的情態。爲了達到出城目的，不惜「多犒門軍酒錢」，以至「轎夫擎燎」，大白天也舉起火把，這就含有諷刺意味了。他們「列俟岸上」「一入舟，速舟子急放斷橋，趕入勝會」，「俟」到「入」的動詞變換及幾個動詞的連用，把遊客急切的動態描繪得活靈活現。「以故二鼓以前，人聲齊吹，如沸如撼，如魇如囈，如聾如啞。大船小船湊岸，一無所見，止見篙擊篙，舟觸舟，肩摩肩，面看面而已」，一句接一句，如急管繁奏，描述了遊船繁雜的情景，特別是連用幾個比喻，精妙恰當，寫出了嘈雜的聲浪。「少刻興盡，官府席散，皂隸喝道去，轎夫叫船上人，怖以關門，燈籠火把如列星，一一簇擁而去。岸上人亦逐隊趕門，漸稀漸薄，頃刻散盡矣。」這段文字是寫遊人們歸去時的生動情景，恰與來時的匆忙形成呼應。隨後，作者描述了眞正欣賞西湖七月十五月色的人們。「吾輩始艤舟近岸」，此時，月如鏡新磨，山復整妝，湖復頮面」，文筆清新動人，「鏡新磨」的比喻寫出了月色的嬌美。這幅畫面是前文所寫景象的對比，特別是，前面繁複的文字，無一字直接寫月亮的形象，只有這時才正面寫出，個中匠心，引人深思。意在說明只有他們才能領略西湖的月夜之美。他們在萬籟俱寂之中，縱舟於湖面之上，「酣睡於十里荷花之中，香氣拍人，淸夢甚愜」，有言盡意無盡之妙。

　　這篇散文格調清新，描述生動，文詞優美，有很高的藝術成就。由於西湖七月半是個狂熱的節日，作者所要描述的是遊人，因而，文章一開始用「止可看看七月半之人」一句話，點出了題旨的中心。而以「看月」和「不看月」作爲全篇主軸，形成對襯的結構框架。作者運用高度的藝術概括，把西湖遊客分成五種人加以描繪。在描繪時都是根據文章一開始所確定的「看」字來進行的，表現出作者的藝術描繪有著明確的著眼點。所以，作者雖然把五種人並列起來寫，但是，都以「看之」來收束，因而不顯得散亂。這五種人的描繪經過了作者的藝術概括和提煉，很有代表性和典型意義。雖然作者沒有對每一種人的身分和社會地位加以提示，但是，我們通過各自的遊湖情景的描述，完全可以推測和想像得到。這就顯示出作者藝術描寫的高超本領。五種遊人的描繪，相對獨立，各自形成一幅完整的圖畫。在每幅畫面的描寫中，都是用簡練傳神的筆墨描繪出他們遊湖的方式和情態，文詞的藝術概括力很強。在每句中總是先作具體描述，然後指出他們觀賞明月的態度，語詞凝練，一經點示，便昭然若揭，確實有畫龍點睛的妙用。

作者在刻畫五種人時，用富有藝術表現力的語言，既描繪出他們的具體形象，又注意傳送出他們的情懷，同時還表現作者的抑揚褒貶，看出作者主觀評價的傾向性。文章先總述一筆，然後按不同類型加以分述，分述過程中，雖然是平均用墨，但是每幅畫之間又恰成前後映襯。分述過後，再加以綜合描述，描述了西湖七月半遊人的狂潮，也把文章推向全篇的高潔。在綜合描述後，轉入單獨描述，寫包括作者在內的一類人遊湖的情景。作者在行文時，有合有分，有概括描述有具體描述，有綜述也有分述，有自然景象的描述也有人物情態的描述，顯示出章法的多變化。而作者所欣賞的「吾輩」遊湖的方式和情懷，放在最後一部分進行，這是作者筆墨的落腳點。因而前面的大段文字，就或明或暗地發揮了對比映襯作用，作者逐層過渡，一路寫來，使得最後部分顯得順理成章。文章的描述好像是電影中的鏡頭，一個鏡頭就是一幅圖畫。但是鏡頭和鏡頭之間又不是割裂開的。除用了對比映襯的手法，還適當地把前文已有的描述挪到後面來，例如「向之淺斟低唱者出，匿影樹下者亦出，等句子，就把前後畫面適當地加以勾聯，並且組合成一幅新的藝術畫面。這樣，整個文章既做到章法的多變化，又做到結構的嚴謹。這是寫作藝術上的又一個重要特色。

　　這篇文章文詞上筆墨變幻，豐富多彩。有時濃墨重彩，有時又素色淡化，這一切都根據不同的描寫對象和需要來安排。在描寫遊湖狂潮時，潑墨如雨，淋漓盡致。精妙的比喻和縱情的描述相結合，文氣酣暢。我們的眼前彷彿看到了人流如潮的繁鬧景象，耳邊彷彿聽到了人聲鼎沸的嘈雜音響。由於作者既用濃墨重彩，又用素色淡化，因而作品富於詩情畫意，形成了既有動態又有靜態的藝術境界。特別是最後一句「吾輩縱舟，酣睡於十里荷花之中，香氣拍人，清夢甚愜。」意境深遠恬淡，令人退想不已。整個文章的語言聲色兼備，清新喜人。作者常用四字一句的語言結構，很有概括力和表現力，讀起來覺得圓潤順暢，餘香滿口。

（裘　取）

湖心亭看雪　　　　　張　岱

　　崇禎五年十二月①，余住西湖。大雪三日，湖中人、鳥聲俱絕。
　　是日，更定矣②，余拿③一小舟，擁毳衣爐火④，獨往湖心亭看雪，霧淞沆碭⑤，天與雲與山與水，上下一白；湖中影子，惟長堤一

痕、湖心亭一點與余舟一芥、舟中人兩三粒而已!

　　到亭上，有兩人鋪氈對坐，一童子燒酒爐正沸。見余，大喜曰:
「湖上焉得更有此人!」拉余同飲。余強飲三大白而別⑥。間其姓氏，
是金陵人，客此。

　　及下船，舟子喃喃曰⑦:「莫說相公痴，更有痴似相公者!」

【注釋】①崇禎: 明思宗年號。崇禎五年: 公元1632年。②更: 一夜分爲五更。
定: 人聲靜謐。③拿: 此指牽引。④氍(ㄓㄨㄟ)衣: 皮衣。⑤霧淞: 像霧一樣
的寒氣。沆碭(ㄏㄤ ㄉㄤ): 白氣。⑥大白: 酒盞名。⑦喃喃: 絮絮細語。

【鑑賞】張岱繼「公安」:「竟陵」兩派之後，以清淡天眞之筆，寫國破家亡之痛，
寓情於境，意趣深遠，算得上晚明散文作家中一位成就較高的「殿軍」。他的小
品可謂名副其實的小品，長者不過千把字，短者僅一二百字，筆墨精練，風神綽
約，洋溢著詩的意趣。人們常說散文貫有詩意，這是很對的。如果拿詩來作比，
張岱的小品就有點像唐人絕句。它以短小雋永見長，寥寥幾筆，意在言外，有一
唱三嘆的風韻，無捉襟見肘的窘迫。它像一泓清泉，喝一口就感到甜美爽快，沁
人心脾。下面我們就≪湖心亭看雪≫進行分析。

　　張岱文集中凡記述過去行踪的文章，大都標出明朝紀年，以示不忘故國。這
裏標出「崇禎五年」也是如此。開頭這平平淡淡的兩句話，卻從時間、地點兩個
方面不著痕迹地引逗出下文的大雪和湖上看雪。

　　「大雪三日，湖中人、鳥聲俱絕。」這兩句緊接開頭，點出「大雪」。上句末
了「三日」和下句末了「俱絕」二字，很自然地押了入聲韻，給人一種陡然而來的荒
寒之感。盡管沒有具體描繪雪景，卻使人可以想見大雪封湖之狀，讀來如覺寒氣
逼人。作者妙在不從視覺寫大雪，而通過聽覺來寫，「湖中人、鳥聲俱絕」，一個
「絕」字，傳出冰天雪地，萬籟無聲的森然寒意，這是高度的寫意手法，巧妙地
從人的聽覺和心理感受上畫出了大雪的威嚴。它使我們聯想起柳宗元那首有名的
≪江雪≫:「千山鳥飛絕，萬徑人踪滅。孤舟蓑笠翁，獨釣寒江雪。」柳宗元詩中
的這幅江天大雪圖是從視覺著眼，寫「人鳥無踪」。張岱筆下則是「人鳥無聲」，
但這無聲卻正是人的聽覺感受，因而無聲中仍有人在。柳宗元的詩只有二十個
字，最後才點出一個「雪」字，是從結果追溯原因。張岱則寫「大雪三日」而使「
湖中人、鳥聲俱絕」，是從原因見出結果。兩者著眼點不同，卻各有千秋，同樣

達到寫景傳神的藝術效果。如果說，≪江雪≫中的「千山鳥飛絕，萬徑人踪滅」，是爲了渲染和襯托寒江獨釣的漁翁；那末張岱寫「湖中人、鳥聲俱絕」，則是爲下文有人冒寒看雪作映照。

「是日，更定矣，余拿一小舟，擁毳衣爐火，獨往湖心亭看雪。」試想，在「人、鳥聲俱絕」的冰天雪地裏，竟然有人深夜出門，披著皮袍，帶了火爐，「獨往湖心亭看雪」，這是一種何等不同流俗的孤懷雅興啊！「獨往湖心亭看雪」的「獨」字，可以與柳宗元詩句「獨釣寒江雪」的「獨」字對照起來玩味。這種不畏嚴寒的賞雪雅興，難道僅僅出於對自然美的深情向往嗎？恐怕未必盡然。我們從這裏可以強烈地感受到作者那種獨抱冰雪的操守和孤高自賞的情調。他所以要夜深獨往，大約是既不想被人看見，也不想看見別人。那末，在這種孤寂的情懷中，不也蘊含著避世的幽憤嗎？

請看作者以何等絕妙之筆來寫湖中雪景：「霧淞沆碭，天與雲與山與水，上下一白；湖中影子，惟長堤一痕、湖心亭一點與余舟一芥、舟中人兩三粒而已！」寫山水寫景致寫人物一氣呵成，眞是一幅水墨淋漓，氣象渾茫的湖山夜雪圖！「霧淞沆碭」是形容湖上雪光水氣，混濛不分。「天與雲與山與水，上下一白」，疊用三個「與」字，生動地寫出天空、雲層、湖水之間白茫茫渾然難辨的景象。作者先總寫一句，猶如攝取了一個「上下皆白」的全景，從看雪來說，很符合第一眼的總感覺和總印象。接著變換視角，化爲一個個詩意盎然的特寫鏡頭：「長堤一痕」，「湖心亭一點」，「余舟一芥」，「舟中人兩三粒」等等。這是朦朧的畫，夢幻的詩，給人一種似有若無、依稀恍惚之感。作者對數量詞的錘煉功夫，不得不使我們驚嘆。你看，「上下一白」的「一」字，是形容天與水的渾茫難辨，使人感到境界之大；而「一痕」、「一點」、一芥」的「一」字，是形容視象的依稀可辨，使人感到景物之小。大小相形，大者更覺其大，小者愈見其小，這眞所謂著「一」字而境界出矣！同時由「長堤一痕」到「湖心亭一點」，到「余舟一芥」，到「舟中人兩三粒」，其鏡頭則是從小而更小，直至微乎其微。這「痕」、「點」、「芥」、「粒」等量詞，一個小似一個，寫出視線的移動，景物的變化，暗示出小船在夜色中徐徐行進，展現了一個微妙而變幻的意境。這些經過千錘百煉的字眼，絲毫沒有雕琢的痕迹，彷彿信手拈來，使人覺得天造地設，自然地生定在那兒，誰也撼動它不得。這一段是寫景，卻又不止於寫景，我們從這個混沌一片的冰雪世界中，不難感受到作者那種人生天地間，茫茫滄海一粟的深沉感慨。

接着由「舟中人」寫到湖心亭上的人，奇峰突起，又開出了一個新的境界：「到亭上，有兩人鋪氈對坐，一童子燒酒爐正沸。見余，大喜曰：『湖上焉得更有

此人！』拉余同飲。余強飲三大白而別。問其姓氏，是金陵人，客此。」本來是「獨往湖心亭看雪」，卻不料亭上已有人先到了。這一筆，寫出了作者意外的驚喜，也引起讀者意外的驚異。但作者並不說自己驚喜，反而寫二客「見余大喜」，背面敷粉，反客爲主，足見作者用筆的騰挪變化。「湖上焉得更有此人！」這一驚嘆雖然發之於二客，實爲作者的心聲。作者妙在不發一言，「盡得風流」。「拉余同飲」，大有幸逢知己之樂。這一意外的相逢，似乎給冷寞的湖山和孤寂的懷抱增添了一分暖色，然而骨子裏依然不改其淒清的基調。這有如李白的「舉杯邀明月，對影成三人」，不過是一種虛幻的慰藉罷了。「焉得更有」，是說這樣的人不可多得。「強飲」，是說本來不會飲酒，但對此景，當此時，逢此人，卻不可不飲。如果說，上一段是欣賞湖中雪景，那末這一段卻是欣賞湖心亭賞雪之人；上一段是寫自然雪景的奇觀，這一段是說人生知己的難得。作者以曲折之筆，寫出深沉沉的襟懷。你看他寫湖心亭上三人對飲，除了開頭一聲驚嘆外，再無什麼話了，大有「相視而笑，莫逆於心」之慨，顯得如此不拘形迹而心心相印。只是在飲罷告辭時，才似乎突然想起應該問一問二客的姓氏，卻又妙在語焉不詳，只說「是金陵人，客此」。可見這二位湖上知己，原是他鄉游子，言外有後約難期之慨。這一補敍之筆，透露出作者的無限悵惘：茫茫六合，知己難逢；人生如雪泥鴻爪，轉眼各復西東。淺淺的一句話，包含着豐富的情感內容。文章做到這裏，在我們看來，也算得神完意足了。但作者意猶未盡，還餘韻悠揚地吹奏出這樣一個尾聲：「及下船，舟子喃喃曰：『莫說相公癡，更有癡似相公者！』」讀到這裏，眞使人拍案叫絕！前人論詞，有點、染之說，這個尾聲可謂融點、染於一體。作者前面說：「獨往湖心亭看雪」，到湖心亭，忽見二客及燒酒爐的童子，到這裏又點出還有一個搖船的「舟子」，似乎此行並不孤獨；然而這種偶然和表面的不孤獨，卻正是爲了點染作者別有懷抱的孤高冷寂之感。你看，爲他蕩舟的船家始終不理解「相公」的古怪脾氣，他大概一上船就在納悶：這麼冷的天，深更半夜，還要到湖心亭看雪，眞是個怪人！心裏這麼想，嘴裏卻沒有說出來。一直到「下船」，才憋不住獨自嘲咕起來。「喃喃」二字，如聞其聲，如見其人。這一筆，即張岔所謂「閑中點染」，十分耐人尋味。它透露出船家與「相公」在思想感情上並不是一路，他們雖然同行，卻並不同心；這也從另一面反襯了「相公」的獨往獨來，落寞寡偶。同時這裏借船家之口，點出一個「癡」字，又以相公之「癡」與「癡似相公者」相比較，相浸染，把一個「癡」字寫透。「更有癡似相公者」，並非減損相公之「癡」，而是以同調來映襯相公之「癡」。這種旁觀者的評價，作者如實寫來，雖不讚一辭，卻似貶而實褒。所謂「癡」，正是指一般所謂

「俗人」不能理解的清高超逸的情懷。這種地方，也正是作者的得意處和感慨處。這個小小的尾聲，如輕舟蕩槳，使人感到文情搖曳，餘味無窮。

《湖心亭看雪》這一篇小品，有人物，有對話，敍事、寫景、抒情融於一爐，淡淡寫來，情致深長，洋溢著濃郁的詩意，而全篇連標點在內還不到一百字。筆墨之精練含蓄眞令人驚嘆！這一點就很值得我們借鑒和學習。

（吳戰壘）

柳敬亭說書　　　　　　張　岱

南京柳麻子，黧黑，滿面疤瘤①，悠悠忽忽②，土木形骸③。善說書。一日說書一回，定價一兩。十日前先送書帕下定④，常不得空。南京一時有兩行情人⑤，王月生⑥、柳麻子是也。

余聽其說「景陽崗武松打虎」白文⑦，與本傳大異。其描寫刻畫，微入毫髮，然又找截⑧乾淨，並不嘮叨。哱夬⑨聲如巨鐘。說至筋節處，叱咤叫喊，洶洶崩屋。武松到店沽酒，店內無人，驀⑩地一吼，店中空缸空罌皆甕甕有聲。閑中著色，細微至此。主人必屏息靜坐，傾耳聽之，彼方掉舌⑪，稍見下人咕嗶⑫耳語，聽者欠伸有倦色，輒⑬不言，故不得強⑭。每至丙夜⑮，拭桌剪燈⑯，素瓷靜遞⑰，款款言之。其疾徐輕重，吞吐抑揚，入情入理，入筋入骨，摘世上說書之耳而使之諦聽，不怕其不齚舌⑱死也。

柳麻子貌奇醜，然其口角波俏，眼目流利，衣服恬靜，直與王月生同其婉孌⑲，故其行情正等。

【注釋】①瘤(ㄌㄟˋ)：皮膚上腫起的小疙瘩。②悠悠忽忽：形容悠閑遊蕩。③土木形骸：形容呆板，像泥塑木雕一樣。④書帕：指錢財禮物。書帕原先是明代官場中的一種明爲贈送禮物，實爲行賄的方式。最早所送的只一書一帕，故稱書帕。下定：先將書銀送去預定節目。⑤一時：同一時期。行(ㄏㄤˊ)情人：非常叫座的藝人。⑥王月生：當時南京的著名歌妓。⑦白文：只說不唱的說書，卽評話。⑧找截：補充和刪節。⑨哱夬(ㄅㄛˊ ㄍㄨㄞˋ)：似是吆喝聲。⑩驀(ㄇㄛˋ)

猛然間。⑪掉舌：轉動舌尖，指開口說書。⑫呫嗶（彳ㄜˋ　ㄅㄧˋ）：本指讀書不能通其蘊奧，「佔畢」之訛寫，音ㄓㄢ　ㄅㄧˋ。此指低聲細語，通「呫囁」（彳ㄜˋ　ㄖㄨˋ）。⑬輒：就。⑭故：就。強：勉強。⑮丙夜：半夜三更。⑯剪燈：剪燈花。⑰素瓷：指潔白雅淨的瓷杯。⑱齰（ㄗㄜˋ）：「齚」的本字，咬嚙。齰舌：咬舌：這裏是羞愧欲死的意思。⑲婉孌（ㄌㄩㄢˇ）：美好。

【鑑賞】柳敬亭是明末清初著名的說書藝人，因為自幼面麻，人稱柳麻子。他為人能辨善惡，重義俠，好替人排難解紛，說書則不拘成規定本，尤愛說《隋唐》、《水滸》中的英雄好漢。明亡以後，更借說書抒發激楚悲憤之情。當時的著名文人如吳偉業、黃宗羲、周容等，都曾以他的生平事迹寫過文章。張岱的這篇散文先從介紹柳麻子的形象入手。這裏，作者毫不避諱柳敬亭面貌的缺憾，其用意，正是為了反襯他說書時「口角波俏，眼目流利」的神采。這種欲揚先抑的寫法，不僅避免了行文的平淡呆板，而且顯示出人物平中有奇的特點。緊接着，文章交代出柳敬亭說書受人歡迎的情形——「十日前先送書帕下定，常不得空。南京一時有兩行情人，王月生、柳麻子是也。」這是舖墊，是為下文描寫他的說書技巧，渲染出足夠的氣氛。

　　第二段是文章的主要部分，集中寫柳敬亭卓越的說書藝術和表演技巧。可分幾層筆墨。先是寫作者自己聽柳敬亭說「景陽崗武松打虎」白文的親身經驗和感受。作者指出柳麻子所說的「武松打虎」白文與「本傳大異」，好比先設一個懸念，有心引起讀者的好奇與注意。這樣使文章有起伏開合的變化，然後再從容交代出柳敬亭說「武松」的特色：細膩之處，描寫刻畫、微入毫髮；收束之處，乾淨利落。筋節關健之處，音調高昂猶如巨鐘轟鳴，吆喝喊叫起來，聲勢大得要震坍房屋；一般人不經意的情節平常之處，能夠巧妙地加以描繪渲染。像武松到客店沽酒，本無多少精采可言，柳敬亭卻說他一聲大吼，連空缸空甓子都嗡嗡震響。這就叫做「閑中著色」，把人物說活了。交代到這裏，文章對柳敬亭說書本領的刻畫形容，似乎已經淋漓盡致了。但是，作者卻巧妙地將筆鋒一轉，變換角度，補敍出柳敬亭說書時對聽衆、環境的嚴格要求。一方面，說明他所以能在說書術上取得卓越的成就，在於他對這一藝術抱著嚴肅認真的態度；另一方面也揭示出他人微而心高，狷介奇特的性格。經過這一層的交代描寫，本來面貌醜陋的柳麻子在讀者的心目中開始活躍起來。這時，作者再重新把讀者帶到一個特定的藝術氛圍之中——夜半三更，燈明几淨，有人悄悄地遞上白瓷茶碗。於是，人們已經熟悉了的柳敬亭以緩慢而從容的聲音開始說書了。他的聲音，或快或慢，或輕或

重，時斷時續，時高時低，入情入理，入筋入骨。作者認為，如果揪住世上其他說書人的耳朵，要他們來好好聽一聽，不怕他們不羞愧到咬斷自己的舌頭！當然，這一斷言未免有點誇張，但是有誰讀到這裏會對張岱的這一誇張說法產生懷疑，發生動搖呢?!

柳敬亭確實容貌醜，但是他說書時口齒伶俐俏皮，眼神流轉靈動，衣服素雅大方，簡直跟風姿綽約的王月生同樣美好動人。所以，他們的聲價也恰恰相等。最後這一段的描寫與開頭的文字相照應，作者有意再將柳敬亭與王月生相比，文情搖曳生姿，餘韻不盡，令人回味。

這篇雜記的語言文字具有較明顯的通俗化、口語化的特點，是晚明小品散文中的精品佳構。它寫柳敬亭從兩個方面落筆，一是說書的柳敬亭，一是柳敬亭的說書。二者交叉並行、相輔相成，將柳敬亭的人物形象和他說書時的情形有機地融合成一個完滿的藝術整體，使讀者如見其人、如聞其聲，甚至連柳敬亭口中的武松形象亦可聞可見，躍然紙上。這些都表現了作者張岱極高的文字再現技巧。

（關道雄）

五人墓碑記　　　　張　溥

五人者，蓋當蓼洲周公①之被逮，激於義而死焉者也。至於今，郡之賢士大夫請於當道，即除魏閹廢祠②之址以葬之，且立石於其墓之門，以旌③其所為。嗚呼，亦盛矣哉!

夫五人之死，去今之墓而葬④焉，其為時止十有一月耳。夫十有一月之中，凡富貴之子，慷慨得志之徒，其疾病而死，死而湮沒⑤不足道者，亦已眾矣，況草野之無聞者歟! 獨五人之皦皦⑥，何也?

予猶記周公之被逮，在丁卯三月之望⑦。吾社⑧之行為士先者，為之聲義，斂貲財以送其行，哭聲震動天地。緹騎⑨按劍而前，問:「誰為哀者?」眾不能堪，抶⑩而仆之。是時以大中丞⑪撫吳者，為魏之私人⑫，周公之逮，所由使也。吳之民方痛心焉，於是乘其厲聲以呵，則譟而相逐。中丞匿於溷藩⑬以免。既而以吳民之亂請於朝，按誅五人，曰: 顏佩韋、楊念如、馬杰、沈揚、周文元，即今之儽然⑭

在墓者也。然五人之當刑也，意氣陽陽⑮，呼中丞之名而詈⑯之，談笑以死。斷頭置城上，顏色不少變。有賢士大夫發五十金，買五人之脰而函⑰之，卒與屍合。故今之墓中，全乎爲五人也。

嗟夫！大閹之亂，縉紳⑱而能不易其志者，四海之大，有幾人歟？而五人生於編伍⑲之間，素不聞詩書之訓，激昂大義，蹈死不顧，亦曷故哉？且矯詔⑳紛出，鉤黨㉑之捕，遍於天下，卒以吾郡之發憤一擊，不敢復有株治㉒。大閹亦逡巡畏義㉓，非常之謀，難於猝發。待聖人之出㉔，而投繯道路㉕，不可謂非五人之力也。

由是觀之，則今之高爵顯位，一旦抵罪，或脫身以逃，不能容於遠近，而又有剪髮杜門㉖，佯狂不知所之者，其辱人賤行，視五人之死，輕重固何如哉？是以蓼洲周公，忠義暴㉗於朝廷，贈諡美顯，榮於身後，而五人亦得以加其土封，列其姓名於大堤之上。凡四方之士，無有不過而拜且泣者，斯固百世之遇也。不然，令五人者保其首領，以老於戶牖㉘之下，則盡其天年，人皆得以隸使之，安能屈豪傑之流，扼腕㉙墓道，發其志士之悲哉？故予與同社諸君子，哀斯墓之徒有其石也，而爲之記，亦以明死生之大，匹夫㉚之有重於社稷㉛也。

賢士大夫者，冏卿因之吳公㉜、太史文起文公㉝、孟長姚公也㉞。

【注釋】①蓼洲周公：周順昌，字景文，號蓼洲，明吳縣（今蘇州市）人。萬曆進士，曾任福州推官，吏部員外郎等職。他反對宦官魏忠賢專權，被捕下獄，死於獄中。崇禎初贈諡忠介。②當道：當權者，這裏指當地官長。除：修治。魏閹：魏忠賢。廢祠：魏忠賢專權時，他的黨羽爲他在各地建生祠，蘇州的生祠建於虎丘塘，祠未建成而魏已死，祠廢。③旌：表彰。④墓而葬：修墓安葬。墓：這裏用作動詞。⑤湮沒：埋沒。⑥皦（ㄐㄧㄠˇ）：皦：明亮、顯耀。⑦丁卯三月之望：指明熹宗天啓七年（1627）三月十五日（周順昌在三月十五日被捕，至十八日才「開讀」——公開宣布皇帝的詔書，帶走「犯人」——所以蘇州人民的反抗，發生在三月十八日）。⑧吾社：指復社。張溥等組織復社，以繼承東林黨爲號召，所以稱復社爲吾社。⑨緹（ㄊㄧˊ）騎（ㄐㄧˋ）：本是漢代京城中逮捕人犯的馬隊，這裏指明代的錦衣衞，當時爲魏忠賢所掌握。⑩抶（ㄔˋ）：笞擊。⑪大中丞：

官職名。原是御史台官職，這裏指巡撫。⑫魏之私人：魏忠賢的黨羽。這裏指魏
忠賢的乾兒子毛一鷺。⑬溷（ㄏㄨㄣˋ）藩：廁所。⑭傑（ㄌㄟˋ）然：重迭相連的
樣子。⑮陽陽：意同「揚揚」。⑯詈（ㄌㄧˋ）：罵。⑰脰（ㄉㄡˋ）：通「頭」。函：
用封套盛裝物品，這裏指把人頭用盒子盛起來。⑱縉紳：士大夫。⑲編伍：平
民。古時居民每五戶編爲一伍。故以編伍稱平民。⑳矯詔：假托皇帝的名義發布
的詔書。㉑鉤黨：鉤相連而爲同黨。㉒株治：以一人之罪而牽連懲治他人。㉓逡
（ㄑㄩㄣ）巡：退縮。畏義：害怕羣衆的正義鬥爭。㉔聖人之出：指明思宗卽
位。《明史·宦官傳》：「崇禎二年，命大學士韓爌等定逆案，始盡逐忠賢黨，
東林諸人復進用。」㉕投繯道路：在半路上自縊身死。明思宗卽位後，貶魏忠賢
往鳳陽看守皇陵，魏自北京出發，行至河北阜城時畏罪自殺。㉖剪髮：削髮爲
僧。杜門：閉門不出。㉗暴（ㄆㄨˋ）：顯露。㉘戶牖（ㄧㄡˇ）：門和窗。這裏指居
家。㉙扼腕：一只手握住另一只手的手腕，表示悲憤。㉚匹夫：個人。㉛社稷：
指國家。㉜冏（ㄐㄩㄥˇ）卿：太僕卿的別稱。《書·冏命序》：「穆王命伯冏爲
周太僕正。」因之吳公：吳默，字因之，吳江人，官太僕。㉝太史：翰林院修
撰、編修、檢討等官的別稱。翰林任修史之職，故以古代「太史」之名稱之。文
起文公：文震孟，字文起，長洲人，曾官翰林院修撰。㉞孟長姚公：姚希孟，字
孟長，吳縣人，曾官翰林院檢討。

【鑑賞】封建社會的「墓志」。一般是爲達官貴人或其親屬寫的。張溥的這一
篇，卻是爲下層人民寫的，「五人」本無令人艷羨的世系、功名、官爵，作者擺脫
舊框框的束縛，突出重點，集中地寫他們轟轟烈烈的反閹黨鬥爭及其歷史意義，
從而爲我們留下了明末市民暴動的珍貴文獻。在表現方法上，傳統的「墓志」文
要求「唯敍事實，不加議論」；偶有稍加議論的，就被認爲是「變體」。張溥的這
一篇，卻夾敍夾議，甚至以議論爲主，在善與惡的搏鬥、正與反的對比中對下層
人民的正義行爲和崇高品質給予大力的肯定和熱情的贊揚。這實質上是一篇戰鬥
的小品文。

　　這篇「碑記」在敍述「五人」之死的原因時說：「是時以大中丞撫吳者，爲
魏之私人，周公之逮，所由使也。吳之民方痛心焉，於是乘其歷聲以呵，則譟而
相逐。中丞匿於溷藩以免。旣而以吳民之亂請於朝，按誅五人」。「吳民」爲什麼
會痛恨毛一鷺而同情周順昌呢？讓我們看看《明史·周順昌傳》的記載：「順昌
爲人剛方貞介，疾惡如仇。巡撫周起元忤魏忠賢削籍，順昌爲文送之，指斥無所
諱。魏大中被逮，道吳門。順昌出錢，與同臥起者三日，許以女聘大中孫。旂尉

厲趨行，順昌瞋目曰：『若不知世間有不畏死男子耶？歸語忠賢，我故吏部郎周順昌也。』因戟手呼忠賢名，罵不絕口。旗尉歸，以告忠賢。御史倪文煥者，忠賢義子也，誣劾同官夏之令，致之死。順昌嘗語人，他日倪御史當償夏御史命。文煥大憝，遂承忠賢指，劾順昌與罪人婚，且誣以贓賄，忠賢卽矯旨削奪。先所忤副使呂純如，順昌同郡人，以京卿家居，挾前恨，數潛於織造中官李實及巡撫毛一鷺。已，實追論周起元，遂誣順昌請囑，有所乾沒，與起元等並逮。順昌好爲德於鄉。有寃抑及郡中大利害，輒爲所司陳說，以故士民德順昌甚。及聞逮者至，衆咸憤怒，號寃者塞道。至開讀日，不期而集者數萬人，咸執香爲周吏部乞命。諸生文震亨、楊廷樞、王節、劉羽翰等前謁一鷺及巡按御史徐吉，請以民情上聞。旗尉歷聲罵曰：『東廠逮人，鼠輩敢爾！』大呼：『囚安在？』手擲銀鐺於地，聲琅然。衆益憤，曰：『始吾以爲天子命，乃東廠耶！』蜂擁大呼，勢如山崩。旗尉東西竄，衆縱橫毆擊，斃一人，餘負重傷，逾垣走。一鷺、吉不能語。知府寇愼、知縣陳文瑞素得民，曲爲解諭，衆始散。順昌乃自詣吏。又三日北行，一鷺飛章告變。東廠刺事者言吳人盡反，謀斷水道，劫漕舟，忠賢大懼。已而一鷺言縛得倡亂者顏佩韋、馬傑、沈揚、楊念如、周文元等，亂已定，忠賢乃安。然自是緹騎不出國門矣。……」傳中主要敍述了周順昌反對閹黨、同情人民，因而得到人民支持的歷史事實。在當時，反對閹黨和同情人民是緊密地聯繫在一起的。傳中提到周順昌「捕治稅監高寀爪牙」，當高寀激起「民變」的時候有人主張讓周順昌代替高寀做稅監去平息「民變」，周順昌堅決不肯，就足以說明這個問題。

明代後期，江南地區開始孕育着資本主義的萌芽，工商業和城市經濟都有一定程度的發展和繁榮，這就引起了把持朝政的閹黨對於這一地區進行更殘酷地掠奪的野心。以江南中小地主階級知識分子爲主體的政治集團東林黨，就是在這樣的歷史條件下形成的。東林黨人主張開放言路、改良政治、反對江南地區實行殘酷地政治壓迫和經濟掠奪的鬥爭，旣代表了江南中小地主階級的利益，也符合江南工商業者和廣大市民及其他人民的要求，因而也得到他們的支援。閹黨因逮捕周順昌而激起以「五人」爲首的市民暴動，就是典型事例之一。人民羣衆對閹黨恨入骨髓，而對東林黨人卻抱有一定的同情，所以當閹黨逮捕敢於爲人民的寃抑和利害說話的周順昌時，就激起了一場聲勢浩大的市民暴動。這場市民暴動的首領顏佩韋等「五人」雖然犧牲了，但「忠賢大懼」，「自是緹騎不出國門」，充分顯示了人民鬥爭的威力。

明思宗卽位，鎮壓了閹黨，起用了東林黨人。但這時候朱明王朝的統治機構

已經腐爛不堪，而階級矛盾又異常尖銳。加上被起用的東林黨人都是一些空談家，只斤斤於派別鬥爭，不能採取有效的措施以挽救危亡。閹黨殘餘又乘機捲土重來，相繼入閣執政，一面打擊東林黨人士和正派人物，一面鎮壓人民起義。張溥於是聯合各地文社，於崇禎二年（1629）組成「復社」，和閹黨作鬥爭。他之所以能夠寫出一篇熱情洋溢地歌頌蘇州人民反閹黨鬥爭的《五人墓碑記》，是和他反閹黨的政治目的分不開的。

這篇文章在寫作方法上的特點是：夾敍夾議，層層對比，步步深入，前後照應，反復唱嘆，熔敍事、議論、描寫、抒情於一爐。而這一切，又都服務於主題思想的表達。這個主題思想，作者直到文章的結尾才明確地說出來，那就是：「明死生之大，匹夫之有重於社稷」。

作者提出的這個主題思想，本身就包含着許多對比的因素：「死」與「生」，當然是對比；有「大」就有「小」，有「重」就有「輕」，有「匹夫」就有「富貴之子，慷慨得志之徒」和「縉紳」以至「高爵顯位」，這裏都有強烈的對比。

為「五人墓」作「碑記」，當然得寫出「五人」是怎樣的人。但這也可以有各種寫法。按照「墓志」文的格局，一上來就得敍述他們的姓名、籍貫、世系、行事等等，但張溥卻另闢蹊徑，只用「五人者，蓋當蓼洲周公之被逮，激於義而死焉者也」一句話，對「五人」作了判斷性的說明。以一個判斷句開頭，說明「五人」是「激於義而死」的，這裏已包含着對「五人」的頌揚。「激於義而死」有其對立面，例如「不義而生」、「不義而死」等等。按照作者在篇末點明的主題思想的邏輯，「激於義而死」，「死」的意義就「大」；如此而死，雖「匹夫」也「有重於社稷」。那麼與此相對照，那些「不義而生」、「不義而死」的，又怎麼樣呢？對於這些，作者暫時沒有發議論，然而諷刺的鋒芒，也已經從對「五人」的頌揚中露出來了。

點出「五人」「激於義而死」，讀者滿以為該寫怎樣激於義而死了；但作者卻按下不表，由「死」寫「葬」、由「葬」寫「立石」，給讀者留下懸念。

寫「葬」、寫「立石」，用的是敍述句，但並非單純敍事，而是寓褒於敍。「賢士大夫」們「除魏閹廢祠之址以葬之，且立石於其墓之門，以旌其所為」，這不是對「五人」的褒揚嗎？所以緊接着，即用「嗚呼，亦盛矣哉！」這個充滿激情的贊頌句收束上文，反跌下文，完成了第一段。

有褒必有貶。第一段雖然只是從正面褒「五人」，但其中已暗含了許多與「五人」相對比的因素，為下文的層層對比留下了伏筆。

第二段，就「富貴之子，慷慨得志之徒」的「死而湮沒不足道」與「五人」

的死而立碑「以旌其所爲」相對比，實際上已揭示出「疾病而死」與「激於義而死」的不同意義。但作者卻引而不發，暫時不作這樣的結論，而用「何也」一問，使本來已經波瀾起伏的文勢湧現出軒然大波。

如前所說，在一開頭點出「五人」「激於義而死」之後，原可以就勢寫怎樣「激於義而死」。但作者卻沒有這樣做，而是寫「墓而葬」、寫立碑「以旌其所爲」、寫在「五人」死後的「十有一月」中無數「富貴之子，慷慨得志之徒」死於疾病，從而在兩相對比的基礎上提出了一個尖銳問題：凡人皆有死，但一則受到賢者的旌表，死而不朽，一則與草木同腐，「湮沒不足道」，這是什麼原因呢？在這尖銳的一問使文勢振起之後，才作爲對這一問的回答寫「五人」怎樣「激於義而死」。文情何等曲折！文勢何等跌宕！然而這一切，都是爲更有力地歌頌「五人」之死蓄勢。對「五人」的歌頌越有力，對其對立面的暴露、批判也就越深刻，對表現「明死生之大，匹夫之有重於社稷」的主題也就越有利。

寫「五人」之死用了兩段文字，敍事中有說明、有描寫，而且處處與前面的文字相照應，其目的不在於敍述市民暴動的全過程，而在於通過寫「五人」爲什麼而死來表揚他們的正義行動。

和全文開頭處「當蓼洲周公之被逮」相照應，這一段從「予猶記周公之被逮……」寫起。「周公之被逮」，與「五人」之死又有什麼關係呢？作者在追述了「緹騎按劍而前，問『誰爲哀者？』……」的情景之後告訴讀者：「是時以大中丞撫吳者，爲魏之私人，周公之逮，所由使也。吳之民方痛心焉，於是乘其厲聲以呵，則譟而相逐。」寥寥數語，表明「周公」與閹黨形同冰炭，互不相容；那麼兩相對比，「周公」是怎樣一個人，也就不言而喻了。還表明「吳之民」痛恨閹黨而同情「周公」，那麼因閹黨逮捕「周公」而激起的這場「民變」的正義性，也就不容歪曲了。正面寫市民暴動只有四個字：「譟而相逐」。但由於明確地寫出「逐」的對象是「魏之私人」，因而雖然只用了四個字，卻已經把反閹黨鬥爭的偉大意義表現出來了。

「吳之民」與「五人」是全體與部分的關係。不單寫「五人」，而寫包括「五人」在內的「吳之民」「譟而相逐」，這就十分有力地表現出民心所向，正義所在，從而十分有力地反襯出閹黨以「吳民之亂」的罪名「按誅五人」的卑鄙無恥、倒行逆施。

在前面，只提「五人」，連「五人」的姓名也沒有說。直等到寫了「五人」被閹黨作爲「吳民之亂」的首領被殺害的時候，才一一列舉他們的姓名，大書而特書，並用「卽今之傑然在墓者也」一句，與首段的「墓而葬」拍合。其表揚之

意，溢於言外。

這還不够，接着又用一小節文字描寫了「五人」當刑之時「意氣陽陽，呼中丞之名而詈之，談笑以死」的英雄氣概和「賢士大夫」買其頭顱而函之的義舉，然後又回顧首段的「墓而葬」，解釋說：「故今之墓中，全乎爲五人也。」很明顯，這裏旣歌頌了「五人」，又肯定了「賢士大夫」。而對於「賢士大夫」的肯定，也正是對「五人」的歌頌。

第三大段寫「五人」怎樣「激於義而死」，五、六兩段，則著重寫「五人」之死所發生的積極而巨大的社會影響。

第四段是這樣開頭的：「嗟夫！大閹之亂，縉紳而能不易其志者，四海之大，有幾人歟？」閹黨把「亂」的罪名加於「吳民」，作者針鋒相對，把「亂」的罪名還給閹黨，恢復了歷史的本來面目。「大閹」不過是皇帝的家奴，憑什麼能「亂」朝廷、「亂」天下？這固然由於皇帝的寵信，但在很大程度上還由於「縉紳」的助紂爲虐。作者以十分感慨的語氣指出：「四海之大」，能够在「大閹之亂」中不改其志的，並沒有幾個人！我們只要翻一下《明史》，就知道這並非誇張。然而這樣說，是要得罪成千上萬的「縉紳」的。作者不怕樹敵，敢於揭露眞象，表現了卓越的膽識。

在「縉紳而能不易其志……」這個句子中，「而」字用於主語和謂語之間，表示一種特殊的轉折關係。全句的意思是：作爲讀書明理的「縉紳」，本來應該在任何情況下都不改變高潔的志操，但在「大閹之亂」中，普天下的無數「縉紳」能不改變高潔的志操的，竟然沒有幾個人，豈不令人憤慨！以「嗟夫」開頭，以「有幾人歟」煞尾，表現了作者壓抑不住的憤慨之情。

「縉紳」如此，那麼「匹夫」怎樣呢？於是用「而」字一轉，轉而歌頌「五人」，闡發「匹夫之有重於社稷」的主題。「縉紳」都是「讀詩書」、「明大義」的，卻依附閹黨，危害國家，「而五人生於編伍之間，素不聞詩書之訓，激昂大義，蹈死不顧，亦曷故哉？」作者從地主階級立場出發，認爲素聞詩書之訓的「縉紳」應該比「素不聞詩書之訓」的「匹夫」高明，但事實卻恰恰相反，因而發出了「亦曷故哉」的疑問。這個疑問，他不可能作出正確的回答。但他敢於承認這個事實，仍然是值得稱道的。他不但承認這個事實，而且以「縉紳」助紂爲虐、禍國殃民爲反襯，揭示了以「五人」爲首的市民暴動在打擊閹黨的囂張氣焰、使之終歸覆滅這一方面所起的偉大作用。在《明史‧周順昌傳》裏，也有「忠賢大懼」，「自是緹騎不出國門」的記載，但張溥講得更全面：「且矯詔紛出，鈎黨之捕，遍於天下，卒以吾郡之發憤一擊，不敢復有株治。大閹亦逡巡畏義，非常之謀，難於猝發。待聖人之

出，而投繯道路，不可謂非五人之力也。」把這一切都歸功於「吳之民」的「發憤一擊」和「五人之力」，是看出了、而且高度評價了人民羣衆的力量的。

第五段也用對比手法，以「由是觀之」領頭，表明它與第四段不是機械的並列關係，而是由此及彼、層層深入的關係。「是」是一個指代詞，指代第四段所論述的事實。從第四段所論述的事實看來，仗義而死與苟且偷生，其社會意義判若霄壤。作者以飽含諷刺的筆墨，揭露了「今之高爵顯位」爲了苟全性命而表現出來的種種「辱人賤行」，提出了一個問題：這種種「辱人賤行」，和「五人之死」相比，「輕重固何如哉」。苟且偷生，輕若鴻毛；仗義而死，重於泰山：這自然是作者希望得到的回答。

在作了如上對比之後，作者又從正反兩方面論述了「五人」之死所產生的另一種社會效果。從正面說，由於「五人」「發憤一擊」，「蹈死不顧」而挫敗了濁亂天下的邪惡勢力，因而「得以加其土封，列其姓名於大堤之上。凡四方之士，無有不過而拜且泣者，斯固百世之遇也。」從反面說，假使「五人者保其首領，以老於戶牖之下，則盡其天年，人皆得以隸使之，安能屈豪傑之流，扼腕墓道，發其志士之悲哉？」應該指出：這不僅是就「五人」死後所得的光榮方面說的，而且是就「五人」之死在「四方之士」、「豪傑之流」的精神上所產生的積極影響方面說的。「四方之士」「過而拜且泣」，「豪傑之流，扼腕墓道，發其志士之悲」，不正表現了對「五人」同情、仰慕，乃至向他們學習的崇高感情嗎？而號召人們向「五人」學習，繼續跟閹黨餘孽作鬥爭，正是作者寫這篇文章的目的。所以接下去就明白地告訴讀者：「予與同社諸君子，哀斯墓之徒有其石也，而爲之記，亦以明死生之大，匹夫之有重於社稷也。」

這篇文章題爲《五人墓碑記》，歌頌「五人」當然是它的主要內容。但社會是複雜的，事物是互相聯繫的，要孤立地歌頌「五人」，就很難著筆。張溥在這篇文章中，與「五人」相對比，不僅指斥了閹黨，還暴露批判了「富貴之子，慷慨得志之徒」和「縉紳」、「高爵顯位」等等；與「五人」相映襯，不僅讚美了周順昌，還肯定了「郡之賢士大夫」。正是由於有了這一系列的對比和映襯，才充實了歌頌「五人」的思想內容，加強了歌頌「五人」的藝術力量。

在文章的前一部分，提到「賢士大夫」的共有兩處：一處是「郡之賢士大夫請於當道，卽除魏閹廢祠之址以葬之，且立石於其墓之門，以旌其所爲」；另一處是「有賢士大夫發五十金，買五人之脰而函之，卒與屍合」。從行文的需要看，在這兩處列出「賢士大夫」的姓名，顯然不太適宜。但這些「賢士大夫」不僅在對待「五人」的態度上值得稱道，而且和寫這篇文章也直接相關。沒有這些「賢士大夫」

買「五人之脰」、爲之修墓、爲之立碑，哪有可能寫這篇≪五人墓碑記≫呢？所以在文章的結尾，又用特筆補出了「賢士大夫」的姓名。而用特筆補出，既避免了前半篇行文的累贅和重點的分散，又加重了褒揚的分量。

張溥在文章結尾列擧三位「賢士大夫」「冏卿因之吳公、太史文起文公、孟長姚公」，稱「公」而不稱名，表示了對他們的敬意。這三個人，都是當時蘇州著名的有正義感的知識分子。閹黨崔呈秀編≪天鑒錄≫獻魏忠賢，指楊漣、左光斗等近三十人爲「東林黨」，企圖一網打盡；文震孟和姚希孟，就都被列入這個≪天鑒錄≫。

這篇文章在結構上的一個顯著特點是：先以洗練的筆墨敍述了「五人」死後賢士大夫爲他們修墓、立碑的盛況，接著與此相對照，寫了「富貴之子，慷慨得志之徒」的「死而堙沒不足道」，從而提出了一個問題：「獨五人之皦皦，何也？」這一問，是貫串全篇的主線。它承上而來，又領起以下各段。第三大段樹立「五人」大義凜然、威武不屈的形象，固然是對這一問的回答；四、五兩段揭示「五人」之死所發生的社會影響，也是對這一問的回答。正因爲以一線貫全篇，所以文筆既活潑、結構又謹嚴。而作者之所以要用這樣的一問作爲貫串全篇的主線，又是從有利於表現他確定的主題出發的。回答了「五人」爲什麼那樣「皦皦」的問題，不就自然而然地闡明了「死生之大，匹夫之有重於社稷」的主題嗎？

張溥等人之所以組織「復社」，是因爲「世教衰，此其復起」，故「名社曰復」。其宗旨是「興復古學，務爲有用」。他們要「復起」的「世教」、要「興復」的「古學」，不外是儒家的一套，他們所說的「務爲有用」，指的是能夠「致君」、「澤民」，卽輔佐時君實行「仁政」，減輕對人民的剝削和壓迫。他們代表江南中小地主階級和工商業者的利益反對閹黨，這也符合江南人民反剝削壓迫的要求，而江南地區反閹黨的市民暴動，又有利於他們的反閹黨鬥爭，因而出現了相互同情、相互支援的局面。在≪五人墓碑記≫裏，張溥反映了這種相互同情、相互支援的事實，並以依附閹黨的「縉紳」爲反襯，讚揚了以「五人」爲首的蘇州市民暴動，這是有進步意義的。但同樣是反對閹黨，其實質卻各不相同。蘇州人民反對閹黨，主要是由於不能忍受封建的剝削壓迫，具有明顯的反封建意義。而東林、復社的反對閹黨，則是爲了挽救朱明王朝的危亡。正因爲這樣，張溥在≪五人墓碑記≫裏讚揚「五人」「激於義而死」，主要著眼於對東林黨人的支援，卻無視於市民暴動反封建剝削的實質。和這一點相聯繫，他高度評價了市民暴動打擊閹黨勢力的威力，卻歸結爲「有重於社稷」。他對「縉紳」的依附閹黨和「高爵顯位」的苟且偸生，給予了無情的揭露和批判，但沒有、也不可能從階級本質方面找原因；在他看來，那只

不過是「世教衰」、「古學廢」的惡果，救之之道，在於「復起世教」、「興復古學」。

　　≪五人墓碑記≫歌頌了當時蘇州人民的反閹黨鬥爭，其進步意義不容忽視。

（霍松林）

寓 山 注 序　　　　祁 彪 佳

　　予家梅子眞高士里①，固山陰道上也②。方干一島③，賀監半曲④，惟予所恣取⑤。顧獨予家旁小山⑥，若有夙緣者⑦，其名曰「寓」。往予童稚時⑧，季超、止祥兩兄以斗粟易之⑨。剔石栽松⑩，躬荷畚鍤⑪，手足爲之胼胝⑫。予時亦同拿小艇⑬，或捧土作嬰兒戲。迨後餘二十年⑭，松漸高，石亦漸古，季超兄輒棄去，事宗乘⑮；止祥兄且構柯園爲菟裘矣⑯。舍山之陽建麥浪大師塔⑰，余則委置於叢篁灌莽中⑱。予自引疾南歸⑲，偶一過之，於二十年前情事，若有感觸焉者。於是卜築之興，遂勃不可遏⑳，此開園之始末也。

　　卜築之初，僅欲三五楹而止㉑。客有指點之者，某可亭㉒，某可榭㉓，予聽之漠然㉔，以爲意不及此㉕。及於徘徊數回，不覺問客之言，耿耿胸次㉖。某亭、某榭，果有不可無者。前役未罷㉗，輒於胸懷所及，不覺領異拔新㉘，迫之而出。每至路窮徑險㉙，則極慮窮思㉚，形諸夢寐㉛，便有別闢之境地，若爲天開。以故興愈鼓㉜，趣亦愈濃。朝而出，暮而歸，偶有家冗㉝，皆於燭下了之。枕上望晨光乍吐㉞，卽呼奚奴駕舟㉟，三里之遙，恨不促之於跬步㊱。祁寒盛暑㊲，體粟汗浹㊳，不以爲苦。雖遇大風雨，舟未嘗一日不出。摸索床頭金盡，略有懊喪意。及於抵山盤旋㊴，則購石庀材㊵，猶怪其少。以故兩年以來，囊中如洗㊶。予亦病而愈，愈而復病，此開園之癡癖也㊷。

　　園盡有山之三面，其下平田十餘畝，水石半之，室廬與花木半之。爲堂者二，爲亭者三，爲廊者四，爲臺與閣者二，爲堤者三。其

他軒與齋類㊸，而幽敞各極其致㊹；居與庵類㊺，而紆廣不一其形㊻。室與山房類㊼，而高下分標其勝㊽。與夫爲橋、爲榭、爲徑、爲峰，參差點綴㊾，委折波瀾㊿。大抵虛者實之，實者虛之；聚者散之，散者聚之；險者夷之(51)，夷者險之。如良醫之治病，攻補互投(52)；如良將之治兵(53)，奇正並用(54)；如名手作畫，不使一筆不靈(55)；如名流作文，不使一語不韵(56)。此開園之營構也。

園開於乙亥之仲冬(57)，至丙子孟春(58)，草堂告成，齋與軒亦已就緒。迨於中夏(59)，經營復始。榭先之，閣繼之，迄山房而役以竣(60)。自此則山之頂趾鏤刻殆遍(61)，惟是泊舟登岸，一徑未通，意猶不慊也(62)。於是疏鑿之工復始(63)。於十一月自冬歷丁丑之春(64)，凡一百餘日(65)，曲池穿牖(66)，飛沼拂几(67)，綠映朱欄，丹流翠壑，乃可以稱園矣。而予農圃之興尚殷(68)，於是終之以豐莊與豳圃(69)，蓋已在孟夏之十有三日矣(70)。若八求樓、溪山草閣、抱甕小憩(71)，則以其暇偶一爲之，不可以時日計。此開園之歲月也。

至於園以外山川之麗，古稱萬壑千岩(72)；園以內花木之繁，不止七松五柳(73)。四時之景，都堪泛月迎風；三徑之中(74)，自可呼雲醉雪。此在韵人縱目，雲客宅心(75)，予亦不暇縷述之矣(76)。

【注釋】①家：家住。梅子眞：梅福，字子眞，西漢末壽春人，官南昌尉，屢上書請削王氏權柄，及至王莽等專擅朝政，他棄家出遊，隱於會稽。高士里：梅子眞故里。②固：本來。山陰道：指紹興縣城西南郊外一帶，以景色秀麗聞名。③方干一島：唐人方干，舉進士不第，隱居紹興鏡湖，終身不出。他的≪越中言事詩≫中有：「沙邊賈客喧魚市，島上潛夫醉筍莊」之句。④賀監：唐賀知章，曾任秘書監，家在鏡湖。曲：角落。⑤恣取：任意獵取、欣賞。⑥顧：但。⑦夙（ㄙㄨˋ）緣：前定的緣分。⑧稚：幼小。⑨季超、止祥兩兄：季超，即祁駿佳，是作者的胞兄。止祥，即祁豸佳，是作者的堂兄。易：換取。⑩剔：從孔隙中往外挑出東西。⑪躬荷（ㄏㄜˋ）：親自扛、擔。鍤（ㄔㄚ）：鍬。⑫胼胝（ㄆㄧㄢˊ ㄓ）：手足因磨擦而生的厚皮。⑬拿：這裏是撑、拉、牽引的意思。艇：輕快小船。⑭迨（ㄉㄞˋ）：等到。⑮宗乘：佛教。佛教有大乘、小乘，又分若干宗派。⑯構：架屋。菟（ㄊㄨˊ）裘：地名，在今山東泰安東南樓德鎭。≪左傳・隱公十一年≫：

「使營菟裘，吾將老（退休）焉。」後世因稱告老退隱的處所爲菟裘。⑰舍：施舍、布施。山之陽：山的南面。麥浪大師：俗姓黃，名明懷，字修湛，山陰人，死於崇禎三年（1630）。作者寫有《會稽雲門麥浪懷禪師塔銘》（見《祁彪佳集》卷四）。⑱委置：丢棄。叢篁（ㄏㄨㄤ）：叢生的竹。灌：叢生的樹木。莽：草叢。⑲引疾：托病辭官。⑳卜築：興建。古代興建屋宇時，先要占卜吉凶，所以稱興建爲卜築。勃：興起的樣子。遏（ㄜˋ）：抑止。㉑楹（ㄧㄥˊ）：廳堂前部的柱子，後借稱一間房爲一楹。㉒某：某處。㉓榭（ㄒㄧㄝˋ）：建在高台上的敞屋。㉔漠（ㄇㄛˋ）然：冷淡、不關心的樣子。㉕意：心願，意向。及：到。此：代指亭榭。㉖耿耿：這裏是不忘的意思。胸次：胸中，心裏。㉗役：事，這裏指建築之事。罷：完。㉘領異拔新：領、拔都是提起、突出的意思。這裏指對園林布置的構思。㉙窮：盡。㉚極慮窮思：費盡心思。㉛形諸夢寝：表現在夢裏。形：表現。㉜鼓：振起。㉝家冗（ㄖㄨㄥˇ）：家中繁雜的事情。冗：繁雜。㉞乍（ㄓㄚˋ）：剛，初。㉟奚奴：泛指奴僕。㊱促：縮短。跬（ㄎㄨㄟˇ）：半步。㊲祁寒：大寒。㊳體粟：皮膚因寒冷而起小疙瘩。浃：沾濕。㊴抵：到。㊵庀（ㄆㄧˇ）材：籌備建築材料。庀：具備。㊶囊（ㄋㄤˊ）：袋子，指錢袋。㊷癖：入迷。癖（ㄆㄧˇ）：積久成習的嗜好。㊸軒（ㄒㄩㄢ）：有窗檻的長廊或小室。齋：屋舍。類：以類相從。㊹幽：深。敞：寬闊，高朗。致：情趣。㊺庵：小草屋。一說圓頂屋爲庵。舊時文人的書齋也多稱庵㊻紆廣：曲折寬闊。不一其形：形狀不一樣。㊼類：類似。㊽標：揭出。勝：佳妙。㊾參（ㄘㄣ）差（ㄘ）：長短，高低不齊。點綴：略加襯飾。㊿委折：曲折。波瀾：這裏指起伏。51夷：用作動詞，鏟平。52攻：克制。裝：滋補。投：指下藥。53治兵：訓練軍隊。54奇正：奇兵和正兵，都是兵法術語。並用：兼用，合用。55靈：好，靈巧。56韵：風雅。57乙亥：明思宗崇禎八年（1635）。仲冬：夏曆十一月。58丙子：崇禎九年（1636）。孟春：夏曆正月。59中夏：卽仲夏，夏曆五月。60迄（ㄑㄧˋ）：到。竣（ㄐㄩㄣˋ）：完工。61頂趾：這裏指山頂和山脚。鏤（ㄌㄡˋ）刻：雕刻。62慊（ㄑㄧㄝˋ）：滿足。63疏鑿：疏通開鑿。64歷：經。丁丑：崇禎十年（1637）。65凡：共計。66曲池：彎曲的水池。穿牖（ㄧㄡˇ）：指池水流過窗下。67飛沼（ㄓㄠ）：水珠飛灑的池沼。拂几：飄拂到几案。68股：深重，濃厚。69豐莊與幽圃：園中的兩個地名。70孟夏：夏曆四月。71八求樓、溪山草閣、抱瓮小憩：都是寓山別墅中的齋館名。72萬壑千岩：古人描繪會稽山水的句子。《世說新語·言語》：「顧長康從會稽還，人問山川之美。顧云：千岩競秀，萬壑爭流。」73七松五柳：指隱者宅中的樹木。七松：《舊唐書·鄭薰傳》：「（薰）既老，號所居爲隱岩，蒔松於庭，號七松處士云。」

五柳: 陶淵明《五柳先生傳》: 「宅邊有五柳樹, 因以爲號焉。」⑭三徑: 院中小路。《三輔決錄》卷一: 「蔣詡歸鄉里, 荆棘塞門, 舍中有三徑, 不出, 唯求仲、羊仲從之遊。」後借指隱者的田園。⑮雲客: 隱士。宅心: 存於心中。⑯縷 (ㄌㄩˇ) 述: 詳盡敍述。

【鑑賞】祁彪佳於明亡後, 拒絕爲清政府效勞, 投水而亡。大約在公元1635年以前, 祁彪佳「引疾南歸」, 屬意於離他老家不遠的寓山風光, 花了三個年頭, 在那裏建造了一座園林。並寫下了一組記述這座園林建築的文章《寓山注》。本文是《寓山注》的開頭部分, 其實是一篇序言。《寓山注序》共分五段。除結尾以外, 作者在每段之末用一句話概括了各自的涵意。

　　文章的第一段旨在交代「開園之始末」。爲什麼要在寓山建造園林呢? 作者首先立足當前, 在交代了紹興城西南郊「應接不暇」的山陰道, 粼粼波光的鏡湖和綠柳飄拂的堤岸之後, 用「顧獨予家旁小山」一語轉折, 說明他最爲欣賞的並不是上述景色, 而是離家「三里之遙」的一座名爲「寓山」的小山; 唯其欣賞, 所以在那裏興建了園林。按理說, 地處風景區的一座連松柏之類也沒有的小山, 是不值得留戀的, 可作者偏說與這座小山「若有夙緣」。那麼, 「夙緣」究竟指什麼呢? 爲了說明這個問題, 作者改用回憶的方式, 先說二十年前他胞兄和堂兄以「斗粟」買下寓山, 「剔石栽松, 躬荷畚鍤」以及他自己「拿小艇」、「捧土」的經歷和情趣。然後交代二十餘年後兄長們皈依佛門和隱逸山林的歸宿。接下來, 又點出自己退出政界, 「引疾南歸」的意向。在這三層意思的背後, 分明蘊藏著作者的兒時趣、手足情和隱逸志。正因爲如此, 所以他「偶一過之」, 便若有所感。這便是上文「夙緣」的真正內涵。鑒於此, 他必然會情不自禁地「勃發」依山建園的豪興。

　　動機畢竟不是效果。作者「卜築」之初, 僅限於感情的觸發, 又囿於有限的財力, 所以一當熱心抑或在行的客人向他「指點」, 他漠然置之, 以爲那是無法辦到的難事。但到了謀畫階段, 特別是進入了「徘徊數回」的境地以後, 他頓覺客人的指點確有道理, 竟至於「耿耿胸次」, 無法忘卻。不僅如此, 他甚至超越客人的指點而「領異拔新」。在建造過程中, 面對「窮山險徑」, 他進入了「極慮窮思, 形諸夢寐」, 「興愈鼓」而趣愈濃的境界。唯是如此, 在行動上, 也就顧不得「祁寒盛暑」, 更不以整日勞作爲苦事。乃至夜不成寐, 渴望天明, 「三里之遙, 恨不促之於跬步。」一旦發現「床頭金盡」, 也因「購石庀材」的需要而驅散了他偶或出現的「懊喪意」。過度的思慮、辛勤的勞作和「橐中如洗」的貧困, 使他幾次病倒。這一切, 寫得合情合理, 惟妙惟肖。如果要用簡單的話語來概括的話, 那就是作者

在第二段末尾所說的:「此開園之癡癖也。」

　　在介紹了寓山園林興建始末和作者的癡癖情況以後,文章立卽轉入第三段,巧妙地介紹了園林的「營構」情況。在這裏,作者由實到虛,由具體的介紹到規律的揭示, 筆法空靈變幻, 多彩多姿。 大致說來, 作者首先如數家珍地介紹其方位、環境, 以及堂屋、 亭子、 回廊、 台閣和堤岸的數量; 然後用似是而非的描述, 排比三個句子, 勾勒了貌似相類的六種建築, 也卽「各極其致」的軒與齋,「紆廣不一其形」的居和庵,「高下分標其勝」的臥室與山房。進而抓住「參差點綴, 委折波瀾」的特色, 蜻蜓點水般地列舉了包含在園林建築範圍內的小橋、水榭、 曲徑和峰巒。應該說, 這種多變的描寫, 既得力於作者的藝術修養, 又是作者「極慮窮思」和躬自實踐的結果。這就使二、三兩段之間, 由作者眞情實感這條紐帶聯結了起來。另外, 由於作者築園至於「癡癖」, 所以在實踐過程中體會和總結了園林建築的一套規律。簡言之, 卽「虛者實之, 實者虛之; 聚者散之, 散者聚之; 險者夷之, 夷者險之」。這套規律, 豐富了園林藝術的寶庫。但因虛實、聚散、險夷之說不免抽象, 所以作者隨卽用「治病」、「治兵」、「作畫」、「作文」等精當的比喻作了形象的解釋。從這裏, 既讓我們看到了作者廣博的知識面, 又足以引起不同讀者的種種聯想, 構成一幅幅絢麗多姿的圖畫。

　　作品的第四段寫「開園之歲月」, 也卽建造園林的時間。一般說來, 時間概念是枯燥的, 所以在絕大多數遊記、序言之類的文章中, 都只起備忘作用, 依例成「×年×月×日」的簡單格式。≪寓山注序≫卻不同, 它把園林中各種建築物的建築時間, 扣緊「極慮窮思」和「興愈鼓」、「趣亦愈濃」的感情線索, 作了別具一格的介紹。具體地說, 它先用似爲平常的筆法交代了「乙亥仲冬」「開園」,「丙子孟春」「築草堂、建齋軒」的情況, 然後嵌進「迨於中夏, 經營復始」等貌若多餘的文句, 透露了上文「病而愈」, 也卽因思慮和勞作過度而病, 因病而中斷建園的情況。接下來, 作者交代了建造水榭、台閣、山房的時間起自「丙子中夏」, 迄於十月。隨後又用「意猶不慊」四字使文氣一頓; 再次點染作者的情趣之後, 又繼續交代從「丙子十一月」、「歷丁丑之春」而至孟夏的「疏鑿之工」與「農圃之興」, 點出了豐莊與圃圃的竣工時間。最後一層則改變筆法, 先將「八求樓、溪山草閣」、「抱甕小憩」等建築先行羅列, 然後用「以其暇偶一爲之, 不可以時日計」照應作者濃郁的意趣, 並引逗讀者無窮的遐想。

　　作品的最後一段, 先用兩個對句概括了賞心悅目的寓山風光。其中第一個對句, 寫園林的內外景色。在這裏, 作者憑借用事的修辭手法, 以「萬壑千岩」四字敍說外景。衆所周知,「萬壑千岩」實際上是晉代顧長康描繪會稽山水的「千岩競

秀，萬壑爭流」這一名句的濃縮。這樣寫既節省篇幅。又能使讀者由此而聯想顧
長康文章中描繪的山重水複、竟相媲美的勝景。園內風光呢，作者又以用事與諧
音的方法，寫花卉之艷麗，樹木之葱蘢。所謂「七松五柳」，既指花木之多，又分
明牽引唐代號稱「七松處士」的隱士鄭薰和東晋有名的大詩人「五柳先生」陶淵明。
因爲隱士的園林通常都是雅緻的，所以提起鄭薰和陶淵明，也就不難想見寓山園
林的秀麗。唯其寓山園林似鄭薰、陶潛的園林，作者在第二個對句中自然地強調
了「泛月迎風」和「呼雲醉雪」的景況，也即登山涉水，陶醉於自然風光的情狀。在
這裏，作者信手拈出「三徑」二字，表面上是爲了與「四時」對擧，實際上是作者故
意借助西漢末年足不出戶的蔣詡，在竹林中開闢「三徑」，與另兩位隱士羊仲、求
仲共同玩賞的故事，從而給作者隱逸的情緻塗上了一層更爲濃重的色彩。接下
來，作者宕開一筆，說是園林的景色，盡在風雅文人的極目遠眺之中，足以使隱
逸之士寄托其思想感情。然後由此而結穴全文道：「予亦不暇縷述之矣。」所謂「
不暇縷述」，其實是一種巧妙的說法。當然，自然界的山水園林，往往不是藝術
的筆觸所能淋漓盡致地加以描繪的，所以露首的神龍，只有藏匿尾巴，才能收空
靈、傳神之功效，才能以不言之言使文章增添無窮的韵味。

　　作爲序言，《寓山注序》把建造寓山園林的始末、營構情況、前後時間及主
觀意願交代得一淸二楚。下文又對記述的一組有關園林的名目、方位、模式和建
築時間作了巧妙的指點。不僅如此，它還能寓感情於敍述，借助比喻、對偶、用
事、排比等修辭手法，把事理和情景有機地結合了起來。

　　值得重視的是，作爲明末淸初的文學家，祁彪佳雖然未必精通園林藝術，但
因其志在山水、沉醉其中，所以他所總結的構園理論大致符合園林建築的規律。
反過來看，唯其是文人，所以當他構築園林和介紹其情況時，顯示了獨特的個
性。通讀《寓山注序》，我們不難發現，作園猶如作文。祁彪佳筆下有關「始
末」、「癖癖」、「營構」、「時間」等方面的介紹，宛如創作活動中的靈感、境界、
構思和修飾。對於作家來說，生活中某些特定的事物和境遇，往往會激起他們的
情感和創作欲望，產生稍縱卽逝的藝術火花，這便是靈感。在祁彪佳「引疾南歸」
的情況下，僅僅是「偶一過之」，便「若有感觸焉者」。於是「卜築之興，遂勃不可
遏」。這種情況不是酷似創作的靈感嗎？靈感往往成爲創作的動力，但鴻篇巨製
並不像一首短詩那樣可以憑靈感而倚馬立就，它需要在靈感的啓迪下去作不間斷
的探索和創造，往往要經歷「昨夜西風凋碧樹，獨上高樓，望盡天涯路」和「衣帶
漸寬終不悔，爲伊消得人憔悴」等兩個境界，然後才能苦盡甘來，進入創作的自
由王國。祁彪佳築園，「極慮窮思，形諸夢寐」，「體粟汗浹，不以爲苦」，「貧病

交加」,「未嘗一日不出」等情況, 恰似王國維在《人間詞話》中所說的「古今之成大事業大學問者」所經歷的前兩個境界。至於作品第三段所說的「營構」情況, 又好比貫穿繪畫、撰文等創作活動全過程的藝術構思。如果我們把構思理解爲作家對作品的整個認識過程, 是作家不斷拔開妨礙他去注視物像內部的霧靄, 直到寫作完成後的特殊的藝術體會的話, 那麼, 它恰好與作品所排列在第三段的築園體會完全一致。至於虛實、聚散、險夷之說, 簡直與《紅樓夢》中薛寶釵論畫一節如出一轍。第四段的本意在於交代「開園之歲月」, 似乎與創作活動無甚干係, 但因作者對自我設計的寓山園充滿感情, 所以他永無厭足, 精益求精。文章中時間的介紹也就變成了不斷修葺的介紹。這就雷同於作家因異樣珍惜自己的作品而修改不已的情狀。「不可以時日計」, 不正是古往今來的作家反復推敲、不斷琢磨自己的文章的生動寫照嗎! 綜上所述, 我們可以毫不誇張地說: 築園如作文,《寓山注序》不僅是一篇介紹寓山園林的好序言, 而且是一篇交代創作體會的好文章。從某種意義上說, 後者的意義更爲深刻, 它簡直像爲我們提供了一個學習寫作的生動例證。

祁彪佳是一位反對清政府的作家, 但他效忠的是腐敗的明王朝; 而且他對明末的黑暗現象, 不敢加以揭露, 反而採用「引疾南歸」的逃避態度, 築園自娛就是這種態度的一種表現。對此, 我們必須有所認識, 切不可只注目於寓山園的美麗而忘記了作者築園的消極動機。

（談鳳梁）

李龍眠畫羅漢記　　　黃淳耀

李龍眠畫羅漢渡江, 凡十有八人①。一角漫滅②, 存十五人有半③, 及童子三人。

凡未渡者五人: 一人值壞紙, 僅見腰足。一人戴笠攜杖, 衣袂翩然④, 若將渡而無意者。一人凝立遠望, 開口自語。一人跍左足⑤, 蹲右足, 以手捧膝, 作纏結狀⑥; 雙屨脫置足旁⑦, 回顧微哂⑧。一人坐岸上, 以手踞地, 伸足入水, 如測淺深者。

方渡者九人: 一人以手揭衣⑨, 一人左手策杖⑩, 目皆下視, 口

呿不合⑪。一人脫衣，雙手捧之，而承以首⑫。一人前其杖，回首視捧衣者。兩童子首髮鬅鬙⑬，共舁一人以渡⑭。所舁者，長眉覆頰，面怪偉如秋潭老蛟。一人仰面視長眉者。一人貌亦老蒼，傴僂策杖⑮，去岸無幾，若幸其將至者。一人附童子背，童子瞪目閉口，以手反負之，若重不能勝者⑯。一人貌老過於傴僂者，右足登岸，左足在水，若起未能。而已渡者一人，捉其右臂作勢起之。老者努其喙⑰，纈紋皆見⑱。又一人已渡者，雙足尚跣⑲，出其屨將納之⑳，而仰視石壁，以一指探鼻孔，軒渠自得㉑。

　　按羅漢於佛氏為得道之稱㉒，後世所傳高僧，猶云錫飛杯渡㉓。而為渡江，艱辛乃爾㉔，殊可怪也。推畫者之意，豈以佛氏之作止語默㉕，皆與人同，而世之學佛者，徒求卓詭變幻㉖、可喜可愕之跡，故為此圖，以警發之與㉗？昔人謂太清樓所藏呂眞人畫像㉘，儼若孔老㉙，與他畫師作輕揚狀者不同，當卽此意。

【注釋】 ①凡：總共。②漫滅：紙面因受潮而模糊不清。③有：又。④袂（ㄇㄟˋ）：衣袖。⑤跽（ㄐㄧˋ）：跪，但膝以上直立。⑥纏結：捆綁。⑦屨（ㄐㄩˋ）：麻鞋。⑧哂（ㄕㄣˇ）：笑。⑨揭：掀。⑩策杖：拄杖。⑪呿（ㄑㄩ）：張口。⑫承：頂。⑬鬅鬙（ㄆㄥˊ　ㄙㄥˊ）：頭髮蓬鬆。⑭舁（ㄩˊ）：抬。⑮傴僂：駝背。⑯勝：支撐。⑰努：撅。喙（ㄏㄨㄟˋ）：嘴。⑱纈（ㄒㄧㄝˊ）：紋路。⑲跣：赤腳。⑳納：穿。㉑軒渠：笑的樣子。㉒佛氏：佛家。得道：修煉成功。㉓錫：禪仗。㉔爾：這樣。㉕作：動作。止：休息。㉖卓：高超。詭：奇異。㉗警發：告誠誘導。與：同「歟」。㉘太清樓：宋皇宮中的樓名。呂眞人：呂洞賓，俗稱八仙過海中的一仙。㉙儼若：儼然。孔老：孔子和老子。

【鑑賞】 被譽為「宋畫第一」的李公麟（1049—1106），字伯時，號龍眠山人。他擅長於畫人物、佛像、鞍馬及山水。他吸取了歷代畫派之長，自創一格，多用線描，不設色，人稱「白描」。他畫的人物、佛像，能生動地表現出神情意態。評論家說他作畫「以意為先」。這從明代黃淳耀寫的《李龍眠畫羅漢記》一文就可以清楚地看出來。

　　《李龍眠畫羅漢記》再現了李公麟的傑作《羅漢渡江圖》的高超藝術，給讀

者一種美的享受。文章開頭便點明「李龍眠畫羅漢渡江，凡十有八人。一角漫滅，存十五人有半，及童子三人。」筆墨極其簡練而又突出了人物。這個起筆，能夠調動讀者的想像，產生吸引力，而且引出了下文的進一步描述。

作者從面紙「漫滅」的一角寫起，然後就畫面的各個部分，依次寫去。以「未渡者五人」這一句領起，使讀者心目中虛懸這一組人物的畫面，然後定睛看去。「一人值壞紙，僅見腰足。」這照應了上文的「漫滅」和「有半」。「一人戴笠攜杖，衣袂翩然，若將渡而無意者。」又一個羅漢是一副趕路的裝束，他的衣袖彷彿在飄動，令人想見呼呼的江風正迎面吹來。本來，這個羅漢趕路，是要渡江的，但此刻他的神情卻似乎無意於渡江，這是爲什麼呢？揣測起來，大概是看到渡江艱辛的場面，產生了畏難情緒吧？「一人凝立遠望，開口自語。」又一個羅漢聚精會神地站在那裏眺望遠處，張口自語。他在望什麼呢？又在說些什麼呢？大概是在遙望寬闊的江面和正在艱難地涉水向對岸攀登的伙伴吧？「一人跽左足，蹲右足，以手捧膝，作纏結狀；雙屨脫置足旁，回顧微哂。」又一個羅漢左腳跪著，右腳蹲著，用手捧膝在纏結什麼，大概是在纏結卷上去的褲管吧？這是在做渡江的準備工作。他的一雙鞋脫了放在腳邊，說明他已決心渡江，而且即將下水了。這時他回頭微笑著，很明顯，他是在笑身後那個害怕渡江之難的羅漢。「一人坐岸上，以手踞地，伸足入水，如測淺深者。」這一個羅漢看來也是想渡江的，但他還不敢貿然下水，因此他坐在岸邊，用手按著地，先把腳伸到水裏去，試探江水的深淺。這也是覺得渡江艱險，所以才審愼行事的吧？文章用五句話寫五個「未渡」的羅漢，每句都用「一人」領起，眉目十分清楚。從「僅見腰足」的那個羅漢，到伸足入水「測淺深」的那個羅漢，依次寫來，令人想見他們從岸上到水邊的排列情況。這五個羅漢的動作神情雖各不相同，但是有一點卻是相同的，就是他們都覺得渡江是艱辛的。

接著，作者寫畫面上正在渡江的九個羅漢，或一句寫兩人，或一句寫一人，或兩句寫三人，或三句寫兩人，筆法靈活變化，曲盡其妙，而以「方渡者九人」一句領起。讀者的注意力也很自然地移到這一組人物上來：「一人以手揭衣，一人差手策杖，目皆下視，口呿不合。」這兩個羅漢，一個提起衣服，一個左手拄著手杖，動作不同，但是渡江時的小心則是一樣的。他們的眼睛都看著下面滔滔的江水，同時張著嘴，表現出內心的緊張。「一人脫衣，雙手捧之，而承以首。」第三個羅漢雙手捧著脫下的衣服，頂在頭上。他對江中水深流急，預先已作好準備。「一人前其杖，回首視捧衣者。」第四個羅漢正向前揚起手杖，準備邁出腳步，但卻回頭望著那捧衣的羅漢。他大概十分羨慕捧衣羅漢的做法吧？在他前

面,「 兩童子首髮鬅鬙, 共舁一人以渡。 所舁者, 長眉覆頰, 面怪偉如秋潭老蛟。「第五個羅漢由兩個頭鬆蓬亂的童子抬著渡江。我們從他不自行涉水,而由兩個童子抬著渡江,可以想見他是佛門中地位特殊的高僧。但是這位高僧對於渡江也沒有什麼法術可施,他自己不能或不願涉水,就叫兩個童子抬著他走。「一人仰面視長眉者」,第六個羅漢仰著臉看那個由童子抬著渡江的長眉羅漢,他對長眉羅漢是羨慕,是敬仰,還是懷有別的什麼感情呢? 這是很值得玩味的。「一人貌亦老蒼, 傴僂策杖, 去岸無幾, 若幸其將至者。 」第七個羅漢離岸已經不遠。我們從他的神態,可以想見他已經走過的江中路程是多麼艱險,因而他對馬上就要到岸感到欣慰。「一人附童子背,童子瞪目閉口,以手反負之,若重不能勝者。」第八個羅漢不能單獨涉水過江,因此伏在一個童子背上。我們從這個羅漢要童子背負以及童子好像背不動,也俾以想見他倆渡江是多麼困難。「一人貌老過於傴僂者,右足登岸,左足在水,若起未能。」第九個羅漢容貌比上述那個駝背的羅漢還要蒼老,右腳已經踏上江岸,但左腳還在水裏,好像要提起而又提不起來。這個老羅漢從江水中徒涉過來,到達岸邊,已經筋疲力盡,所以一只左腳踏在水裏,再用力也提不起來了。這時,「已渡者一人, 捉其右臂作勢起之。老者努其喙, 纈紋皆見。」已過江登岸的一個羅漢,抓住這個老羅漢的右臂,用力拉他上岸。老羅漢努著嘴,臉上的皺紋全都露了出來,可見他正使出全身的餘力來走完渡江的最後一步。文章至此,依次把正在渡江的九個羅漢和三個童子的動作神情都一一描述出來,並且連帶寫到一個已經登岸、還在幫助別人的羅漢。這個羅漢雖然已經勝利過江,但此刻他的心情還沉浸在渡江的艱辛之中,沒有解脫出來。而另外一個已渡過江來的羅漢,神情就完全不同了。他的兩腳還赤著,正拿出鞋來準備穿,而眼睛卻仰看石壁,用一個指頭挖著鼻孔,現出笑容,是一副悠然自得的樣子。他大概感到難關已過,一身輕鬆,因此高興地欣賞起景物來了。

　　作者寫畫面上九個正在渡江的羅漢,舉止各殊,神態迥異,但是這一切都同樣表現出羅漢渡江的艱辛。 而三個童子, 或抬羅漢, 或背羅漢, 有的「首發鬅鬙」,有的「重不能勝」,這也有力地烘托了羅漢渡江之難。如果說前面寫「未渡者五人 」是通過他們未渡時的動作神情表現出羅漢渡江的困難, 是側筆, 是虛寫,那麼, 這裏寫「方渡者九人」就是正面落墨,直接描寫羅漢渡江的艱辛之狀了。而關於兩個已經過江的羅漢描寫,雖然敘他們的動作神情完全兩樣,但是筆意仍是一貫的,即寫助人登岸的那個羅漢,是表現渡江之難的續筆和餘波,而寫「仰視石壁」的那個羅漢,是以過江後的欣然自得來襯托渡江時的艱辛。

　　文章對畫上人物的描述，處處顯示出其渡江之不易，這就爲進一步發揮議論作了鋪墊。作者接著提出：羅漢在佛家是得道者的稱呼，後代還傳說高僧能乘著錫杖飛行、乘著木杯渡水，而李龍眠畫羅漢渡江，卻把他們畫得這樣艱辛，是很奇怪的。這是作者在對「畫者之意」發表自己的看法之前，先來個反喝，以便引起讀者的思考，然後才推論：「豈以佛氏之作止語默，皆與人同，而世之學佛者，徒求卓詭變幻、可喜可愕之迹，故爲此圖，以警發之與？」作者的意思本是肯定的，但是，這個肯定的意思，文中卻用疑問推測的語氣表達出來，以引起讀者的玩索之趣，使議論收到更好的效果。最後又以太淸樓所藏的呂眞人畫像，莊重得像孔子、老子的像一樣，而那畫師的用意大概也和李龍眠相同，來證明自己的論點。文章以議論作結，餘韵悠然。通過結尾的議論，作者點破了畫面的深遠寓意，批判了學佛者迷信無知的思想行爲，使文章具備了一定的思想意義。

　　我們讀了這篇文章，彷彿親自欣賞了李龍眠的《羅漢渡江圖》，爲畫師高超的技藝而驚嘆。文章爲什麼會有這樣的效果呢？首先，由於作者深入領會了「畫者之意」，根據李龍眠作畫「以意爲先」的特點，在下筆時，不但注意人物形貌動作，而且注意其神情意態，這就把每個人物寫得形神兼備，栩栩如生。同時，由於作者寫出了形神兼備的人物形象，因此也就準確地表現出了畫面的豐富意蘊，使讀者得以充分地馳騁想像，並對各個人物的內心活動有所探索，有所領悟，而整個畫面上的人物，在讀者心目中，也就進一步「活動」起來了。這樣，讀者披文而見人，因人而會心，感到意味無窮，從而獲得了豐富的藝術享受。

　　再就用筆來說，前面緊扣「畫者之意」來描述人物，末後水到渠成地發揮議論，這結尾一筆，使讀者對《羅漢渡江圖》的感受更深了。作者通過議論，深刻地指出了李龍眠作這幅畫的目的，因而讀者對畫中人物的神情意態理解更深，印象也更加鮮明。至於作者下筆時能從整個畫面布局著眼，把眾多的人物分成「未渡者」「方渡者」和「已渡者」三部分：而在每一部分中，又按各人距江邊和彼岸的次序，一一寫去，這樣使讀者對整個畫面獲得淸晰的印象，文章也顯得層次分明。

　　　　　　　　　　　　　　　　　　　　　（陳玉麟　蘇來琪）

奇零草自序

張 煌 言

余自舞象①，輒好爲詩歌②。先大夫慮廢經史③，屢以爲戒，遂
輟筆不談④，然猶時時竊爲之⑤。及登第後⑥，與四方賢豪交益廣，
往來贈答，歲久盈篋⑦。會國難頻仍⑧，余倡大義於江東⑨。敕甲敹
干⑩，凡從前雕蟲之技⑪，散亡幾盡矣⑫。於是出籌軍旅⑬，入典制
誥⑭，尚得於餘閑吟詠性情。及胡馬渡江⑮，而長篇短什⑯，與疏草
代言⑰，一切皆付之兵燹中⑱，是誠筆墨之不幸也。

余於丙戌始浮海⑲，經今十有七年矣⑳。其間憂國思家，悲窮憫
亂㉑，無時無事不足以響動心脾㉒。或提師北伐㉓，慷慨長歌；或避
虜南征㉔，寂寞短唱㉕。卽當風雨飄搖㉖，波濤震蕩㉗，愈能令孤臣
戀主，游子懷親。豈曰亡國之音㉘，庶幾哀世之意㉙。

乃丁亥春㉚，舟覆於江，而丙戌所作亡矣。戊子秋㉛，節移於山
㉜，而丁亥所作亡矣。庚寅夏㉝，率旅復入於海㉞，而戊子、己丑所
作又亡矣。然殘編斷簡㉟，什存三四㊱。迨辛卯昌國陷㊲，而笥中草
竟靡有孑遺㊳。何筆墨之不幸，一至於此哉㊴！

嗣是綴輯新舊篇章㊵，稍稍成帙㊶，丙申㊷，昌國再陷㊸，而亡
什之三。戊戌㊹，覆舟於羊山㊺，而亡什之七。己亥㊻，長江之役㊼，
同仇兵熸㊽，予以間行得歸㊾，凡留供覆瓿者㊿，盡同石頭書郵５１，
始知文字亦有陽九之厄也５２。

年來嘆天步之未夷５３，慮河清之難俟５４，思借聲詩以代年譜５５。
遂索友朋所錄５６，賓從所抄，次第之５７。而余性頗強記５８，又憶其可
憶者，載諸楮端５９，共得若干首。不過如全鼎一臠耳６０。獨從前樂府
歌行，不可復考６１，故所訂幾若《廣陵散》６２。

嗟乎！國破家亡，余謬膺節鉞６３，旣不能討賊復仇，豈欲以有韵
之詞６４，求知於後世哉６５！但少陵當天寶之亂６６，流離蜀道６７，不廢
風騷６８，後世至今，名爲詩史６９。陶靖節躬丁晉亂７０，解組歸來７１，

著書必題義熙⑫。宋室既亡，鄭所南尚以鐵匣投史智井⑬，至三百年而後出。夫亦其志可哀⑭，其情誠可念也已⑮。然則何以名《奇零草》⑯。是帙零落凋亡⑰，已非全豹⑱，譬猶兵家握奇之餘⑲，亦云余行間之作也⑳。時在永歷十六年㉑，歲在壬寅端陽後五日㉒，張煌言自識㉓。

【注釋】①舞象：古代的一種武舞。《禮記·內則》：「成童，舞象。」成童指十五歲以上。後世常以舞象代指成童。②輒（ㄓㄜˊ）：就。③先大夫：指作者死去的父親。④輟（ㄔㄨㄛˋ）筆：停筆，指停止寫詩。輟：停，中止⑤竊爲：偷偷地作。⑥登第：考中。作者二十三歲時中舉人。⑦歲久：時間長了。歲：年，這裏指時間。篋（ㄑㄧㄝˋ）：小箱。⑧會：適逢，當。頻仍：連續多次。⑨倡大義於江東：指順治二年（1645）南明宏光王朝垮台後，清兵南下，錢肅樂等起兵浙東，派張煌言迎立魯王朱以海爲監國，號召東南抗清事。（見全祖望著《年譜》）⑩敹（ㄌㄧㄠˊ）甲戲（ㄐㄧㄠˋ）干：指做戰鬥的準備。敹：縫。敹甲：把甲冑縫合起來。戲：繫，連。干：盾牌。戲干：把盾牌上的繩子繫好。《尚書·費誓》：「善敹乃甲冑，戲乃干。」⑪雕蟲之技：指上文所說詩歌創作活動。漢代揚雄曾稱寫賦是「雕蟲篆刻」，於是後人便常用這詞語來代指詩文寫作。⑫散亡：散失。亡：遺失。⑬籌：籌劃。軍旅：軍隊。旅：泛指軍隊。⑭入：入朝。典：主管。制誥：張煌言起兵後，魯王曾授以翰林院檢討知制誥的官職，替朝廷起草詔令。⑮胡馬渡江：指清兵南下。⑯什（ㄕˊ）：篇什。《詩經》的《大雅》《小雅》《周頌》以十篇詩編爲一卷，叫作什。後人就以「什」來泛指詩篇或文卷。⑰疏草：指自己給魯王上書的底稿。代言：指替魯王起草的詔令。⑱兵燹（ㄒㄧㄢˇ）：戰火。⑲丙戌：清順治三年（1646）。當時清兵已占領浙東，反清勢力兵敗，魯王奔台州（今浙江省臨海縣），煌言隨後東行。（見全著《年譜》）浮海：泛海。⑳十有七年：十七年。有：又。㉑窮：困厄，處境困難。憫（ㄇㄧㄣˇ）：憂慮。㉒響動：震動，觸動。心脾：內心。㉓提師：領兵。㉔虜：指清兵。㉕寂寥（ㄌㄧㄠˊ）：靜寂。這裏指心境的寂寞、抑鬱。㉖風雨飄搖：喻動蕩不安。㉗波濤震蕩：喻局勢動亂，變化劇烈。㉘亡國之音：反映國家危亡、人民困苦的包含哀傷之情的音樂。《禮記·樂記》：「亡國之音哀以思，其民困。」㉙哀世：哀嘆世事。㉚丁亥：清順治四年（1647）。這年四月，煌言行軍至崇明，大風覆舟，被俘，後乘機逃歸。（見趙之謙撰《年譜》）㉛戊子：清順治五年（1648）。㉜

節移於山：主將移駐山上。節：符節，代指主將。順治五年張煌言到上虞招集義兵，入平岡山下寨。（見趙撰≪年譜≫）㉝庚寅：清順治七年（1650）。㉞復入於海：這年魯王駐舟山，煌言率兵到舟山護衞。（見趙撰≪年譜≫）㉟殘編斷簡：也寫作「斷編殘簡」，指殘缺不全的文字。編簡：書籍。㊱什：通「十」。㊲迨（ㄉㄞˋ）：等到。辛卯：清順治八年(1651)。昌國：舟山。陷：失陷。㊳笥（ㄙˋ）：用葦或竹編成的裝衣物或飯食的方形器。草：草稿。靡（ㄇㄧˇ）有孑（ㄐㄧㄝˊ）遺：一個也沒有剩下。孑：單個。㊴一至於此：竟到了這樣的地步。一：竟。㊵嗣是：繼此，此後。綴輯：連綴編次編輯。㊶稍稍。漸漸，逐漸。帙（ㄓˋ）：卷册。㊷丙申：清順治十三年（1656）。㊸昌國再陷：前一年張煌言等曾聯合鄭成功部隊入吳淞口，又進攻京口，不利，東還，收復了舟山。到這一年，舟山又被清兵攻克。㊹戊戌：清順治十五年（1658）。㊺覆舟於羊山：這年張煌言與鄭成功駐兵舟山北邊的羊山，遇大風，損船百餘（見趙撰≪年譜≫）。㊻己亥：清順治十六年（1659）。㊼長江之役。這年夏張煌言鄭成功的部隊，再從長江西上攻京口，直趨蕪湖。（見趙撰≪年譜≫）㊽同仇：指戰友，這裏指鄭成功。兵燼（ㄐㄧㄢ）：兵敗。燼：火滅，形容兵敗像火熄滅。㊾間行：從小路走。鄭成功在南京被清兵打敗後，撤軍出海；當時張煌言還在蕪湖力戰，聽說歸路已被清兵斷絕，只好潛行山谷，東歸臨亹。（見趙撰≪年譜≫）㊿覆瓿（ㄈㄨˋ ㄆㄡˇ）：蓋罐子。瓿：小瓦罐。漢代劉歆曾說揚雄的≪太玄≫將來只能蓋盛醬的瓦罐子。後因以覆瓿比喻著作沒有什麼價值。這裏是作者謙說自己的詩文不值得保存。(51)石頭書郵：石頭是地名，在江西省新建縣西北贛江西岸，地有盤石，又稱石頭渚。晉代殷羨，字洪喬，爲豫章太守，臨去，都人托他帶信百餘封，殷羨行至石頭，把書信全都拋入水中，說：「沉者自沉，浮者自浮，殷洪喬不能作致書郵（送信的人）。」（見≪世說新語・任誕≫）這裏是借用來說明自己的文稿全部沉水了。(52)陽九之厄：指厄運。古代律歷家用以指旱災。他們說一百零六年中要有災荒九次，即所謂「百六陽九」。厄：陰塞，引申爲災難。(53)天步：指國家的命運。夷：平，安定。(54)河清之難俟（ㄙˋ）：≪左傳・襄公八年≫引逸詩云，「俟河之清，人壽幾何。」古人認爲等待黃河澄清，是不可能的事。這裏借以比喻國家的光復遙遙無期。(55)聲詩：古代詩歌多半能伴樂歌唱，所以稱詩爲聲詩。(56)索：索取，向人要。(57)次第：編排次序。(58)強記：記憶力強。(59)楮（ㄔㄨˇ）：桑類的樹，皮可製桑皮紙，因以代指紙。(60)全鼎一臠（ㄌㄨㄢˊ）：≪呂氏春秋・察今≫云，「嘗一臠肉而知一鑊之味，一鼎之調。」意謂嘗一塊肉，就可以知道全鼎的肉味。這裏是說現在所錄的只是全部作品的一部分，但也可多少代表全部。(61)考：這裏

指查找、追憶。⑥《廣陵散》：古曲名，嵇康善彈此曲。後康爲司馬昭所害，臨刑，索琴彈之，曰：昔袁孝尼嘗從吾學《廣陵散》，吾每靳固之。《廣陵散》於今絕矣！」(見《晉書》本傳)這裏作者說他的樂府歌行也幾乎像《廣陵散》一樣絕世了。⑥謬膺節鉞(ㄩㄝ)：謙說自己受任爲軍事統帥。謬：這裏用爲謙詞。膺：受。節鉞：任命大將時，皇帝給受任者的符節和斧鉞。⑭有韵之詞：押韵的作品，這裏指詩歌。⑯求知：求得了解。⑯少陵：杜甫。天寶之亂：指唐玄宗天寶十四年（755）安祿山在范陽（治今北京）發動的叛亂。⑰蜀道：四川的道路，以艱險難行著名。⑱風騷：《國風》和《離騷》，代指詩文。⑲詩史：用詩體寫的歷史。《新唐書·杜甫傳贊》：「甫又善陳時事，律切情深，至千言不少衰，世號詩史。」⑳陶靖節：卽陶淵明。躬：親身。丁：當，遇。㉑解組：解去繫在自己身上的印帶，指辭官。㉒義熙：晉安帝年號。相傳陶淵明不肯臣服於劉裕，所以在作品中保存晉帝年號，到了劉宋，就不題年號，只寫甲子。（見《宋書》本傳)㉓宋室：指趙宋。鄭所南：一名思肖，號憶翁。連江人。南宋詩人、畫家。宋亡後，隱耕吳中，著《心史》（詩集），裝在鐵匣裏，投在枯井中。到明末才被發現。世稱「鐵函心史」。（見《四庫提要》卷一七四）眢（ㄩㄢ）井：枯井。眢：眸子枯陷，引申爲枯竭。㉔志：心志，用心。㉕念：思念，這裏有憐念、同情的意思。㉖何以：因何，爲什麼。㉗凋（ㄉㄧㄠ）：草木枯敗，這裏比喩作品的散失。㉘全豹：事物的全貌。《晉書·王羲之傳》：「管中窺豹，只見一斑。」一斑，是指豹的一個斑紋。後人常用全豹代指全體。㉙握奇：卽《握奇經》，是古代的一部兵書。一說，指軍陣名，天、地、風、雲四陣曰正，龍、虎、鳥、蛇四陣曰奇，餘一陣曰握奇。（見《握奇發微·握奇陣圖說》）㉚行（ㄏㄤ）間：軍旅之間。㉛永曆十六年：清康熙元年（1662）。永曆：明桂王（朱由榔）建國的年號。㉜端陽：夏曆五月五日，卽端午節。㉝識（ㄓ）：通「志」，記。

【鑑賞】明清交替之際的一位著名的抗清將領，率軍奮戰十七載，歷經無數艱難困苦，最終在清政府的鎭壓下失敗了。大志難酬，壯懷激烈，他雖不敢「欲以有韵之詞，求知於後世」，但「思借聲詩以代年譜」，於是搜集業已零落散佚的詩稿，滙編成集，祈望在這些慷慨悲壯的詩篇裏，留下他戰鬥的足印，寄託他熱愛故國的一腔深情。這部詩集就是張煌言的《奇零草》。

　　徐師曾在《文體辨序說》中云：序者，「善敍事理，次第有序，若絲之緒也」。《奇零草自序》正是這樣，作者以時間的先後爲序，有條不紊地記述了《

奇零草≫寫作編集的經過。由於作者寫詩編集的經歷和他的生活道路、鬪爭歷程
緊密聯繫在一起，也許還因爲「已非全豹」的詩作尚難以達到以詩爲史的目的，
作者有必要回顧自己走過來的人生之路，所以這篇序文的敍述雙線交識，也就是
將寫詩、編集的經歷和生活、鬪爭的道路聯結起來加以敍述。張煌言是豪放詩
人，也是民族英雄，文章又是在他強烈的民族意識和情感爲失敗的痛苦所壓抑、
所折磨的心境之下寫就的，因而字裏行間飽含着眞實深切的感情，並且貫穿於敍
述的始終。雙線交織的客觀敍述中流動着作者的主觀情感，形成了這篇作品的獨
特風貌。

　　文章從青少年時代的詩歌創作開始，在第一段裏簡述了他前十年三個階段的
寫詩情況。第一階段是在家讀書時，文章突出表現他的「好爲詩歌」。他愛好作
詩到了這樣的程度，其父擔心他因此而荒廢經史的學習，屢次禁止，可是他「猶
時時竊爲之」。早期寫詩的第二階段是他登第之後，作者着重表明此時詩作之
多。由於與四方賢士豪傑廣泛結交，往來贈答，因而詩稿很快聚集滿箱。第三階
段則是他迎立魯王，籌劃大計之際。這時他「出籌軍旅，入典制誥」。雖如此繁
忙，但仍在餘閑時吟咏了不少詩篇。這裏的簡述反映了詩作的來之不易。然而這
十年中心血釀就的全部詩歌作品，遭遇了兩次不幸：在號召抗淸、準備戰鬪的緊
張忙碌中，前兩階段的詩稿散失了；當淸兵南下之時，餘下的和第三階段的詩
稿，皆焚毀於戰火中。回溯到這裏，作者不禁發出深深的感嘆：「是誠筆墨之不
幸也。」

　　寫詩三個階段的敍述是平實的，感嘆中傳達出來的感情卻是強烈的。「好爲
詩歌」的詩人，創作了許多詩篇，寫之不易，卻先是散亡殆盡，繼而付之戰火，
這怎不令詩人痛惜！但他又不僅僅爲「筆墨之不幸」而痛惜。他寫詩的經過和生活
的歷程緊緊相連，詩稿的存亡和生活的變化息息相關，因此作者的感嘆有着更深
刻的內容，帶着更沉重的情感。詩人對寫詩的愛好，卽使嚴父也未能阻止其發
展。這不能改變的興趣正是不可泯滅的人性，然而卻在國難頻仍的年代裏，因詩
稿的散失而受到了摧殘。一篇篇贈答詩，寄托着青年詩人的偉大抱負，凝聚着對
友人的深厚情誼。理想、友情遠比詩歌本身更加珍貴，然而卻在山河破碎的時
代，與詩稿一道付之東流了。筆墨的不幸也是生活的不幸，帶來的是詩人心靈的
巨大傷痛。他是帶着異常沉痛的心情而發出感嘆的。雖然前面的敍述沒有激揚的
文字，沒有感情的直接渲泄，但最後一句感嘆，以強烈的抒情性照亮了質樸的敍
述語言。

　　就在這感情高漲之時，文章進入了第二段——他的後十七年的記敍。作者首

先以飽蘸感情之筆，總述了他隨魯王之後東行的1646年到寫此序的1662年這十七年中的詩歌創作。詩人「或提師北伐，慷慨長歌；或避虜南征，寂寥短唱」，創作實踐與抗清鬥爭相連。這段總述更爲突出地表現了詩作和時代的密切聯繫。那個時代「風雨飄搖，波濤震蕩」。故國沉淪、社會動亂的現實，使詩人胸中無時不激蕩起「憂國思家，悲窮憫亂」的思想感情，從而給他帶來了極大的創作動力，也賦予詩篇「孤臣戀主，遊子懷親」的特定內容和激昂奮發、慷慨悲歌的藝術風格。這段總述，文字簡約，所包含的社會內容卻十分豐富，恰似一行行激越悲壯的凝練詩句，旣記述了時代、詩人、作品的狀況，又表現了作者堅定的民族意識、熱愛故國的一腔深情以及英雄戰士的浩然正氣。在總述之後，文章極其簡潔扼要地記述了十七年中寫詩編集所遇到的多次厄運。或因舟覆被俘，或因陣地失陷，或由於兵敗之後而忙於重整旗鼓，或由於攻城不下而被迫隻身潛行，詩稿的多次散亡都發生在他陷入困境、遭受失敗和挫折之時。盡管他勤奮地創作，盡管他不時搜集「殘編斷簡」，「綴輯新舊篇章」，可最終還是所剩無幾。作者在敍述這十七年的曲折遭遇時眞是痛心疾首。述說到詩稿第四次不幸時，他已不能抑制心中的憤慨了，呼喊道：「何筆墨之不幸，一至於此哉！」他憤然感慨的不只是詩的不幸，還有人的不幸，而歸根結底是國家的不幸。但是爲什麼國家如此不幸，以至要付出沉痛的代價？作者是無力作答的，因此當他敍述完這多次不幸之後，感情不再激揚，而陷入沉痛之中。他寫道：「始知文字亦有陽九之厄也。」表面上看，這句話很平常，是對他十七年詩歌作品遇到重重厄運的概述總結，然而一個「亦」字，透現出豐富的意蘊。他是在感嘆自己的命運和明王朝的命運，他對自己屢戰不勝、壯志難酬有着一種難言的痛苦，一種深深的悲哀。這痛苦和悲哀由於殘酷現實的壓迫而異常地強烈，卻又深藏在平常的文字裏，就像火焰燃燒到了熾熱階段，閃耀的是白的光芒，呈現的是冷的色調。

　　伴着這被壓抑的沉痛感情，作者接下去記敍了一年來完成《奇零草》編集工作的情況。文章由此進入了第三段。詩集中的詩篇有兩個來源：一是「索」，從友朋賓從那裏討回舊詩稿；一是「憶」，憑自己的記憶回顧昔日所寫過的詩句。「索」、「憶」二字體現了成集的艱難。搜集詩稿是這樣的困難，且「索」、「憶」而得的作品只是所有作品中有限的一部分，可是作者依然要編成詩集。這由於作者感嘆國難難以挽救、憂慮世亂難以平息的緣故，因而他希望「借聲詩以代年譜」，以詩集的完成作爲自己生平的總結。無力拯救國家的命運，卻只能以詩歌來寄托自己的思想感情，這對於一位抗清將領來說，眞有難以言狀的痛苦，因此作者述說至此，內心充滿了激烈的衝突。被壓抑的悲哀轉爲難以忍受的悲憤，在激烈的

內心衝突中噴發了出來。他自責,責備自己在這國破家亡的年代枉爲了軍事統帥;他自嘆,嘆惜自己「不能討賊復仇」,卻「欲以有韻之詞,求知於後世」。他咀嚼自己的心靈,叩打自己的胸扉,悲憤至極,催人淚下。然而詩人在杜甫、陶淵明、鄭所南這三位歷史人物的身上獲得了巨大的精神力量。三位著名詩人都歷經了激劇動蕩的年代,遭受厄運的打擊,但他們都表現了高尚的人格。杜甫的「詩史」精神、陶淵明的氣節以及鄭所南以詩歌求知於後世的精神,都給予張煌言以莫大的鼓舞。他們的「志」和「情」使張煌言深受感動。作者記述這些,一方面是爲描述他編集前後的感情狀態和心理歷程,更主要的一方面是旨在說明自己正是以杜甫、陶淵明和鄭所南的精神來編集≪奇零草≫的。他沒有因爲詩作的不幸而頹喪,沒有因爲鬥爭的失敗而消沉;痛苦之後高揚的是深厚的民族感情,內心衝突中迸發的是強烈的愛國思緒。因而,文章的格調又高昂起來了,並爲下面的文字鍍上了金輝。文章在下文說明道:詩集之所以命名爲「奇零草」,是因爲詩稿「零落凋亡,已非全豹」,還因爲它們是在戰鬥歲月的間隙中寫成的。聯繫全文的紋述可以知道,集名直接反映着詩人創作經歷的不幸和鬥爭道路的崎嶇,但我們從「奇零草」三字中感受到的,絕不是悲凉和凄苦,而是作者高尚的民族氣節和不懈的戰鬥意志。這在文章結束記下作序時間處也有突出體現。雖然1662年已進入清代康熙年間,但作者仍然寫下了明朝的年號:永歷十六年。作者對故國的民族感情是何等深厚!

　　讀完這篇序,紋事中交織的雙線便清晰地呈現在我們面前了。一條是表現屢遭不幸的寫詩編集經過, 一條是反映坎坷不平的詩人生活歷程 。 兩條曲線相組結,展示了作者幾十年的不平凡的生涯,以及那個時代動蕩不安的社會面貌。然而,如此豐富復雜的內容,作者僅以六百餘字寫出,顯示了高超的藝術技巧和紮實的文字功力。劉勰在≪文心雕龍≫中對序的要求是「師範於核要」。切實而扼要的≪奇零草自序≫的確堪稱爲序的典範之作。本序抓住與「 奇零草 」含義相關聯的寫詩編集的實踐和鬥爭生活的片斷,在詩的不幸和人的不幸的連結點處落筆,因而寫了創作編集的過程,就自然地勾畫出了詩人生活的道路,描述出了那個時代的特徵。而且,文章紋事簡潔而概括,常常寥寥幾字,就記錄了詩人經歷的一個重大歷史事件;往往僅用一個典故,便使文字生輝,包含了豐富而深刻的內容。這就構成了語言節奏的短促和有力,從而加強了感情的表達。貫穿全文的作者的感情也是起伏變化、多彩多姿的。時而潛藏不露,時而高亢激越,時而沉鬱頓挫,時而澎湃翻騰,它們展現了詩人感情活動的歷程,並與紋述的雙線相結合,構成了文章波瀾起伏的總體運動。這是本序的藝術特色,也是文章動人心魄

的魅力所在。雖然敍述中情感的表現形態是多種多樣的，但總的看來是高昂的。敍述着眼於詩與人的不幸，使得作者時常湧出悲的情緒，但文章又側重寫後十七年，因此作者的民族感情得到了更強烈的抒發。作者雖壯志難酬，但精神未倒，現實的艱難曲折造成的沉痛與悲憤，經過內心衝突的淨化，表現得更爲純潔和崇高。純潔、崇高的感情與愛國思想、民族意識、英雄氣概相統一，鑄成了文章基調的悲壯。悲壯，就成了張煌言的《奇零草自序》的又一藝術特色。

（程　鈞）

獄中上母書　　夏完淳

不孝完淳今日死矣①，以身殉父，不得以身報母矣。痛自嚴君見背②，兩易春秋③。寃酷日深④，艱辛歷盡⑤。本圖復見天日⑥，以報大仇，恤死榮生⑦，告成黃土⑧。奈天不佑我⑨，鍾虐先朝⑩。一旅才興⑪，便成齏粉⑫。去年之擧⑬，淳已自分必死⑭，誰知不死，死於今日也！斤斤延此二年之命⑮，菽水之養無一日焉⑯。致慈君托迹於空門⑰，生母寄生於別姓⑱，一門漂泊，生不得相依，死不得相問。淳今日又溘然先從九京⑲，不孝之罪，上通於天。

嗚呼！雙慈在堂⑳，下有妹女，門祚衰薄㉑，終鮮兄弟㉒。淳一死不足惜，哀哀八口㉓，何以爲生？雖然㉔，已矣㉕。淳之身，父之所遺；淳之身，君之所用。爲父爲君，死亦何負於雙慈㉖？但慈君推乾就濕㉗，教禮習詩，十五年如一日；嫡母慈惠，千古所難㉘。大恩未酬㉙，令人痛絕。慈君托之義融女兄㉚，生母托之昭南女弟㉛。

淳死之後，新婦遺腹得雄㉜，便以爲家門之幸；如其不然，萬勿置後㉝。會稽大望㉞，至今而零極矣㉟。節義文章，如我父子者幾人哉？立一不肖後如西銘先生㊱，爲人所詬笑㊲，何如不立之爲愈耶㊳？嗚呼！大造茫茫㊴，總歸無後，有一日中興再造㊵，則廟食千秋㊶，豈止麥飯豚蹄，不爲餒鬼而已哉㊷？若有妄言立後者㊸，淳且與先文忠在冥冥誅殛頑嚚㊹，決不肯捨！

兵戈天地㊺，淳死後，亂且未有定期㊻。雙慈善保玉體㊼，無以淳爲念。二十年後㊽，淳且與先文忠爲北塞之舉矣㊾。勿悲勿悲！相托之言，愼勿相負㊿。武功甥將來大器[51]，家事盡以委之[52]。寒食盂蘭[53]，一杯淸酒，一盞寒燈，不至作若敖之鬼[54]，則吾願畢矣。新婦結褵二年[55]，賢孝素著[56]，武功甥好爲我善待之，亦步功渭陽情也[57]。

語無倫次[58]，將死言善[59]。痛哉痛哉！人生孰無死，貴得死所耳[60]。父得爲忠臣，子得爲孝子，含笑歸太虛[61]，了我分內事。大道本無生[62]，視身若敝屣[63]。但爲氣所激[64]，緣悟天人理[65]。惡夢十七年，報仇在來世。神遊天地間，可以無愧矣。

【注釋】①不孝：兒女對父母的自稱。②嚴君：對父親的敬稱。見背：去世。③兩易春秋：卽過了兩年。④酷：慘痛。⑤歷：經歷。⑥圖：圖謀。復見天日：指恢復明朝。⑦恤：使死去的人得到安慰。⑧告成：祭告（復國）成功。黃土：指墳墓。⑨奈：無奈。佑：幫助。⑩鍾：聚集。虐：災禍。先朝：指明朝。⑪一旅：古代兵制，五百人爲一旅。據說夏少康曾憑藉著「有土一成有衆一旅」的基礎，終於恢復了國家（見《左傳・哀公元年》和《史記・吳太伯世家》）。後世便以一旅代稱初建的義軍。興：起。⑫齏（ㄐㄧ）粉：碎屑，粉末。這裏比喻崩潰。⑬去年之舉：指1646年起兵抗淸失敗事。⑭自分：自己料想。⑮斤斤：同「僅僅」。⑯菽（ㄕㄨ）水之養：《禮記・檀弓下》云，「啜菽飲水盡其歡，斯之謂孝。」後世便以菽水之養代指貧家對父母的供養。菽：豆。⑰慈君：指作者的嫡母盛氏。托迹空門：指作者的嫡母做了尼姑。托迹：藏身。空門：佛門，佛寺。⑱生母：指作者的生母陸氏，是夏允彝的妾。寄生：寄居。⑲溘（ㄎㄜ）然：忽然。從：追隨。九京：亦稱「九原」，本是古代晉國貴族的墓地。（見《禮記・檀弓下》）後來用如九泉，泛指墓地。⑳雙慈：指嫡母和生母。㉑門祚（ㄗㄨㄛˋ）：家門的福分。㉒終鮮（ㄒㄧㄢˇ）兄弟：《詩經・鄭風・揚之水》成句。鮮：少。這裏卽指沒有。㉓哀哀：可憐的樣子。㉔雖然：意思是儘管如此。㉕已矣：完了。這裏作「還是算了吧」理解。㉖負：對不起。㉗推乾就濕：意卽把床上乾處讓給幼兒，自己睡在濕處。指母親撫育子女的辛勞。㉘難：罕見。㉙酬：報答。㉚義融女兄：作者的姐姐夏淑吉，字美南，號荊隱。義融當是她的又一名字。㉛昭南女弟：作者的妹妹夏惠吉，字昭南，號蘭隱。㉜新婦：指作者結婚兩年的妻子錢秦

篆。遺腹：妻子懷孕後，丈夫死去，生下兒子，叫遺腹子。雄：男孩。㉝置後：抱養別人的孩子爲後嗣。㉞會稽大望：會稽郡的大族。這裏卽指夏姓大族。會稽：郡名，作者的故鄉松江縣屬會稽郡。㉟零：零落，衰敗。㊱西銘先生：張溥，別號西銘，生前無子，死後由錢謙益等代爲立嗣，名永錫。㊲訕（《乂）笑：訕罵，耻笑。㊳愈：好。㊴大造：造化，指天。茫茫：不明。㊵中興再造：指明朝恢復。中興：衰而復興。再造：重新創造。㊶廟食：指鬼神在祠廟裏享受祭祀。㊷麥飯：磨麥連皮做成的麵食。豚蹄：猪蹄。餒鬼：餓鬼。㊸妄言：亂說。㊹先文忠：作者的父親夏允彝死後，謐號文忠。冥冥：陰間。誅殛（ㄐㄧˊ）：殺死。頑嚚（ㄧㄣˊ）：愚頑而又多言不正的人。㊺兵戈天地：遍地戰亂。㊻定期：終止的時候。㊼玉體：身體。這是敬詞。㊽二十年後：對於人死後，古時有「二十年後又是一條好漢」的說法。㊾北塞之擧：指出師北伐，把清兵驅趕出北方的邊界。㊿愼勿：千萬不要。51武功甥：作者姐姐夏淑吉的兒子侯檠，字武功。作者被捕後，曾寫信寄給他說：「大仇俱未報，仗爾後生賢。」（《寄荆隱女兄兼武功侯甥》）大器：大材。52委：托付。53寒食：節名，冬至後一百零五天。古時從這天起，三天不生火做飯，所以叫寒食。民間風俗，在這時祭掃墳墓。盂蘭：佛教徒在夏曆七月十五日擧行盂蘭盆法會，布施僧衆，報答父母的養育之恩。後來，人們也就在這一天祭祀祖先。盂蘭盆是梵語，意思是解救苦難。54若敖之鬼：沒有後代的餓鬼。若敖爲楚國的同姓氏族。春秋時，楚國令尹子文是若敖氏的後人，他擔心他的侄子越椒將來會使若敖氏滅族，臨死時，對族人哭着說：「鬼猶求食，若敖氏之鬼，不其餒而。」後來，若敖氏終於因爲越椒叛楚而被族滅。（見《左傳·宣公四年》）55結褵（ㄌㄧˊ）：指女子出嫁。褵是古代女子的佩巾或作「縭」。女子出嫁時，母親親自爲她結褵。56素著：一向是很顯著的。57渭陽情：指甥舅之間的情誼。春秋時晉國公子重耳曾在秦國避難。他是秦穆公太子的舅舅。後來穆公幫助重耳回國爲君，太子送他到渭水之陽（水的北面爲陽），作詩贈別（詩見《詩經·秦風》）後人遂用渭陽比喻甥舅。58語無倫次：說話沒有條理次序。59將死言善：《論語·泰伯》云，「人之將死，其言也善。」意思是人快死的時候，他所說的話是善意的。60得死所：卽死得其所。指死得有意義。61歸太虛：歸天或回到天堂。62大道本無生：按道家的說法，人本來是從無而生，死後又歸於天。63敝屣（ㄒㄧˇ）：破草鞋。64但：只。氣：指忠憤之氣。激：激發。65緣：因。天人理：天意與人事的道理。

【鑑賞】「自古英雄出少年」。讀一下夏完淳的《獄中上母書》，就能深切理解這

古話的涵意。

　　夏完淳聰穎早慧，五歲知書史，九歲就著有詩賦文集《代乳集》。十四歲跟隨父親夏允彝、老師陳子龍參加抗清活動。夏允彝殉國後，他遵從遺命，盡以家產餉軍，又與陳子龍等佐吳易在太湖起義，奔走於蘇南和浙江一帶。順治四年（1647）七月，因向明魯王上表謝恩（魯王曾詔諡允彝文忠，並封完淳爲中書舍人），事泄被捕，旋即械送南京。他在獄中作詩言志，談笑自若，痛罵大漢奸洪承疇。同年九月就義，年僅十七歲。夏文淳幼年受老師陳子龍和父親夏允彝的影響，模擬古詩，走復古派的道路。參加抗清活動以後，戰鬥的磨礪使他的文風大變，形成了悲壯激越的藝術風格。他生命短暫，但著作極富，除《代乳集》已經失傳外，我們今天還能見到的有《玉樊堂集》、《內史集》、《南冠草》、續《幸存錄》等。《獄中上母書》是他在南京獄中寫給嫡母盛氏的訣別信，也是他一生中的最後一篇作品。這封書信，熔骨肉之情與民族之痛、家庭瑣事與國家大計於一爐，充滿了國亡、嗣絕的無限悲痛和視死如歸、死而不已的戰鬥精神。它血淚交迸，力透紙背，感人肺腑，光照人間。

　　全文可分五節。其中一、二兩節重在陳情，第三、四節屬於遺言，最後一節悲壯抒懷。

　　一開頭，作者就用兩個陳述句，向嫡母稟告了行將受戮和由此引起的「殉」與「報母」的矛盾。按理說，「殉父」者當爲「孝子」，但因死後不能「報母」，所以作者自稱「不孝」。

　　然後，作者就緊承上文陳述了遭受殺戮和不能「報母」的原因：那就是爲了要報殺父之仇。1645年南都失守以後，夏允彝與沈猶龍、陳子龍等在松江發兵抗清，兵敗後，投水自盡。隨著時間的推移，作者愈感慘痛，所以重新倡義，歷盡艱辛，圖謀驅逐清兵，光復明王朝。但因機謀泄漏，寡不敵衆，剛剛組合的一旅之師，遂全軍覆沒了。於是，報仇不成，「以身殉父」。在這裏，作者表面說是爲父報仇，實際的意思是繼承父志。表面在寫對父親的深情，實際是強調報國的大志。因爲有國才有家，他父親正是爲了恢復明王朝而獻身的。在這裏，忠和孝，亦即報國和殉父，高度地統一了起來。當然，從寫法上講，本文是家書、遺書，所以著重寫「報父仇」，反清復明的意願只是稍帶提及。但從本質上看，正是國家大事決定了夏允彝的命運，爲了繼承父親遺志而使夏完淳走上了反抗道路。也就是說，能不能「以身報母」首先決定於明王朝的興亡命運。那麼，是否死後不能「報母」而活著就可以呢？也不。因爲明王朝一天不恢復，夏完淳就得奮鬥一天，決不能居家承歡、苟且偷生。所以，文章進而陳說了父死以後的兩年之中「

生不得相依」的情況，這就更進一層透露了作者勤於王事，爲國效勞的情況。在作者看來，只有恢復明王朝，才能爲父報仇，終養雙慈。如今半途而廢，也就留下了不能侍奉母親，主持家政的遺恨。想到這一層，他感情激蕩，既爲雙慈當前的處境，亦卽嫡母「托迹於空門」和生母「寄生於別姓」而不安，又爲「門祚衰薄，終鮮兄弟」，「哀哀八口，何以爲生」而哀傷。誠然，「殉父」與「報母」是有矛盾的。但是，第一，不能「報母」，並不是作者個人的意願，而是清王朝迫害的結果。第二，國難當頭，任何有血性的男子都不能置若罔聞。無國就無家，這是盡人皆知的道理。第三，作者雖然不能「以身報母」，卻做到了「以志報母」，從這個意義上來說，他並非「不孝」，而是「大孝」，「殉父」與「報母」的矛盾只是一種表面現象。正因爲如此，所以作者在陳情過程中，儘管飽和血淚，無限悲愴，但絲毫也沒有動搖他的報國壯志。也就是說，不能侍母的遺恨是立志殉國以後的由衷之言，決不是影響他捨身取義的不利因素。

　　接下來，作者直陳其詞。他首先從「生身」和「用身」的角度，暗示忠孝往往很難兩全。進而說明他有幸能將「殉父」和「忠君」集於一身。然後用一個反詰句得出結論：我夏淳難道辜負了母親的期望了嗎？也就是說，我的所作所爲正是母親所希望的。在這裏，作者言簡意賅地將上一節蘊含在「生不得相依，死不得相問」的痛惜之間的報國之心，表達得一清二楚。值得注意的是，作者說到「生身」的時候，措辭是「父之所遺」，而沒有說「父母所遺」。這是因爲他寫信的直接對象是嫡母而非生母，又因提起母親，就很容易勾起「雙慈」鑽心刺骨的傷痛，所以作者故意作了諱避。但是，不提嫡母，又不免引起她的並非骨肉的悲戚。於是，作者筆鋒一轉，由「遺身」、「用身」而至「養育」，特別強調了嫡母對他生活方面「推乾就濕」的關懷和如何做人方面「教禮習詩」的恩德。前者使他長大成人，後者給他以道德、文化的素養——捨身取義，這正是嫡母素所教誨的，所以失去兒子固然令人悲痛，但也值得驕傲。這樣寫，眞切而又委婉，痛絕而又昂揚，可見作者思慮之周密。

　　第三、四節由懇切陳情轉爲叮囑後事。在這裏，作者先說了放心不下的一件事：這就是「雙慈」的侍養和歸宿。因爲他「終鮮兄弟」，所以只得將嫡母托養於姐姐夏淑吉，把生母托養於妹妹夏惠吉。然後是斬釘截鐵地希望母親「萬勿置後」，也就是不要收養義子爲夏家後嗣。接下來他預計清朝雖然統一了中國，但明代的遺老遺少一定會繼續爲恢復明王朝而鬥爭。在戰亂紛紜的年代，作者叮嚀「雙慈」千萬要「善保玉體」，決不能因爲悼念亡兒影響健康。在叮囑後事中，作者特別強調立嗣的問題。作者認爲，只有親生子才會有骨肉之情，經過兩位祖

母的教育，一定會像他一樣繼承父祖輩的遺志，成爲忠臣孝子。所以他希望「新婦遺腹得雄」，認爲這是「家門之幸」。此其一。在動亂的年代，作者耳聞目睹了很多不肖子孫認賊爲父、出賣民族利益的情況。像夏完淳的老師張溥，就因爲嗣子張永錫的諸多醜事而「爲人所詬笑」。此其二。夏家雖屬「會稽大望」，但能夠守正不阿、講究節義的實在寥寥無幾，能夠像夏允彝、夏完淳這樣視死如歸、捨身取義者更是有獨無偶。因此，要想從夏氏宗族中尋覓義子委實難上加難。此其三。如果親生子或義子深明大義，長大後立志爲父祖輩報仇，在黑白顛倒、混亂不堪的社會裏，也必定會落得慘遭殺害的下場，夏家「總歸無後」的厄運是免不了的。此其四。如果有朝一日，大明江山得以恢復，那麼，殉難者一定會被千百萬人立廟祭祀，自己的靈魂在廟宇中享受的祭品也一定會比子孫們的「素飯豚蹄」好得多。此其五。歸結這五點，作者的反對立嗣的想法分明導源於強烈的愛國主義精神。鑑於此，他在赤誠而又委婉的遺書中，突然改變腔調，嚴厲地對嫡母說：「若有妄言立後者，淳且與先文忠在冥冥誅殛頑嚚，決不肯捨！」這種誓不兩立的態度，適足讓我們見到了作者徹底的「死而不已」的戰鬥精神。自然，鬼魂之類是沒有的，作者提起鬼魂也並不等於他相信鬼魂和借此來進行恫嚇。最能說明問題的是：在作者講完了囑托的三件事以後，接著就斷言二十年後又是一條漢子，又將與父親一起起兵抗清。這段話的主旨分明是要借靈魂不滅、輪廻轉世之類來寬慰孤獨和哀傷的雙慈，並用以表達自己「雖死猶生」的報國思想。

遣散了兩慈，杜絕了立嗣的可能，夏完淳家中只留下了他的懷孕的妻子了。新婚燕爾，此時此刻的夏完淳是怎樣想的呢？他只希望外甥能爲他主管家事，善事舅母，借此減輕她的負擔和無可彌補的悲傷。在這裏，夏完淳充滿深情但又不作兒女態，體惜妻子但又不受夫妻之情的羈絆。從而讓我們再一次體察到了作者的頑強不屈的意志和爲國捐軀的決心。這實在是難能可貴的事啊！

四件家事囑咐完以後，作者再一次表達了母不能侍養、妻不能相依、家不能完聚的深切悲痛。正是這幾件事使他留下了遺書，而留下遺書又恰恰使他解脫了後顧之憂，更加堅定了報國的意志。所以，文章接下來就變傾訴爲抒懷。他先用「人生孰無死？貴得死所耳」兩句說明了他的生死觀。夏完淳在死神面前，是何等的氣魄：「父得爲忠臣，子得爲孝子。」這兩句分明告訴我們，他的死是爲了報效國家，爲了繼承死於國難的父親的遺志，正因爲如此，所以他接著說：我從容自若，準備含笑受刑。人生天地之間，理想和精神比肉體更爲重要。正是受忠義之氣的激勵，才使我明白了做人的道理。只恨短暫的十七年未能洗刷國恥，但來世我仍然要爲國、爲父報仇。想到這一些，我自感無愧此生了。這些話語，鏗

鏘有力，擲地有聲，堪爲國家變難時期的最強音。値得注意的是，這一段文字不僅內容精練，氣壯山河；而且形式整齊，類似五言詩。「英雄生死路，還似壯時遊。」從作品的形式上看，我們也能感受到直至臨刑以前，夏完淳依舊從容自若，視死如歸的情景。

俗話說，有志不在年高。夏完淳這個年僅十七的少年英雄英勇就義迄今已有三百多年了，但他的形象卻永不磨滅，流芳百世。這裏，使我們想起了歷史所記載的夏完淳嘲諷和痛罵洪承疇的精彩一幕：順治四年（1647）七月，夏完淳在南京的公堂上受審，大漢奸洪承疇，見他年少，故意說道：「童子何知，豈能稱兵叛逆？誤墮賊中耳！歸順當不失官。」言猶未竟，只聽得機敏的夏完淳冷笑道：「我要以死於國難的洪承疇爲榜樣」，因爲「我常聞亨九先生（卽洪承疇）本朝人傑，松山、杏山之戰，血濺章渠。先皇帝震悼褒恤，感動華夷。吾常恭其忠烈，年雖少，殺身報國，豈可以讓之！」等左右再次告訴他座上花翎補服的大官就是洪承疇時，他頓時橫眉冷對，大聲痛斥道：「亨九先生死王事已久，天下莫不聞之，曾經御祭七壇，天子親臨，淚滿龍顏，羣臣嗚咽，汝何等逆徒，敢僞托其名，以污忠魂。」一番話，把洪賊罵得「色沮無以對」。這是多麼耐人尋味的一幕！洪承疇苟且偷生、屈膝投降，他縱然比夏完淳多活了幾十年，到頭來千人唾罵，遺臭萬年。與被他殺害的年僅十七的夏完淳相比，他又是何等的卑劣、醜惡和渺小！

自然，受時代和階級的局限，本文也打上了封建的忠孝節義乃至男尊女卑的烙印。但是，文章所強調的忠，在國難當頭的特定條件下，已經越出了忠君的範疇，或者說，它已經把忠於皇帝，忠於國家和忠於民族融合在一起。夏完淳理解的孝，其內涵也決不是「爲親者諱，爲長者諱」，而是繼承遺志，爲國雪恥。正因爲如此，所以本文不僅在表現形式方面值得我們學習，而且在思想內容方面也值得我們借鑑。

（談鳳梁）

九牛壩觀角觝戲記　　彭士望

樹廬叟負幽憂之疾於九牛壩茅齋之下①。戊午閏月除日②，有爲角觝之戲者③，踵門告曰④：「其亦有以娛公？叟笑而頷之⑤。因設

場於溪樹之下。密雲未雨，風木泠然⑥，陰而不燥。於是鄰幼生，周氏之族、之賓、之友戚⑦，山者牧樵⑧，耕者犁犢⑨，行擔簦者⑩，水桴楫者⑪，咸停釋而聚觀焉⑫。

初則累重案⑬，一婦仰臥其上，豎雙足承八歲兒⑭，反復臥起，或鵠立合掌拜跪⑮，又或兩肩接足。兒之足亦仰豎，伸縮自如。間又一足承兒⑯，兒拳曲如蓮出水狀⑰。其下則二男子、一婦、一女童與一老婦，鳴金鼓⑱，俚歌雜佛曲和之⑲。良久乃下。又一婦登場，如前臥，豎承一案，旋轉周四角⑳，更反側背面承之；兒復立案上，拜起如前儀㉑。兒下，則又承一木槌，槌長尺有半，徑半之㉒。兩足圓轉，或豎拋之而復承之。婦既罷，一男子登焉，足仍豎，承一梯可五級㉓，兒上至絕頂，復倒豎穿級而下。叟憫其勞㉔，令暫息，飲之酒。

其人更移場他處，擇草淺平坡地，去瓦石，乃接木爲橋㉕，距地八尺許。一男子履其上㉖，傅粉墨㉗，揮扇雜歌笑，闊步坦坦㉘，時或跳躍，後更舞大刀，回翔中節㉙。此戲，吾鄉暨江左時有之㉚。更有高丈餘者，但步不能舞。最後設軟索，高丈許，長倍之；女童履焉，手持一竹竿，兩頭載石如持衡㉛，行至索盡處，輒倒步㉜，或仰臥，或一足立，或偃行㉝，或負竿行如擔，或時墜掛，復躍起；下鼓歌和之，說白俱有名目，爲時最久，可十許刻㉞。女下，婦索帕蒙雙目㉟，爲瞽者，番躍而登㊱，作盲狀，東西探步，時跌若墜，復搖晃似戰慄㊲，久之乃已；仍持竿，石加重，蓋其衡也。

方登場時，觀者見其險，咸爲之股栗㊳，毛髮豎，目眩暈，惴惴惟恐其傾墜㊴。叟視場上人，皆暇整從容而靜㊵，八歲兒亦齋栗㊶，如先輩主敬，如入定僧㊷。此皆誠一之所至㊸，而專用之於習㊹，慢淡攻苦㊺，屢蹉跌而不遷㊻，審其機以應其勢㊼，以得其致力之所在；習之又久，乃至精熟，不失毫芒㊽，乃始出而行世㊾，舉天下之至險阻者㊿，皆爲簡易。夫曲藝則亦有然者矣51，以是知至巧出於至平52，蓋以志凝其氣53，氣動其天54，非鹵莽滅裂之所能效55。此其意，莊生知之56，私其身不以用於天下57；儀、秦亦知之58，且習之

以人國戲⑤，私富貴以自賊其身與名⑥。莊所稱僚之弄丸⑥，庖丁之解牛⑥，傴僂之承蜩⑥，紀渻子之養鷄⑥，推之伯昏瞀人臨千仞之蹊⑥，足逡巡垂二分在外⑥，呂梁丈人出沒於懸水三十仞，流沫四十里之間⑥，何莫非是⑥，其神全也⑥。叟又以視觀者，久亦忘其爲險，無異康莊大道中⑦，與之俱化⑦。甚矣，習之能移人也⑦！

其人爲叟言：祖自河南來零陵⑦，傳業者三世⑦，徒百餘人。家有薄田⑦，頗苦賦役；攜其婦，與婦之娣姒⑦，兄之子，提抱之嬰孩，餬其口於四方⑦，贏則以供田賦⑦。所至江、浙、兩粵、滇、黔、口外絕徼之地⑦，皆步擔⑧，器具不外貸⑧。諳草木之性⑧，捃撝續食⑧，亦以哺其兒⑧。

叟視其人，衣敝緼⑧，瓢泊羈窮⑧，陶然有自樂之色⑧，羣居甚和適。男女五六歲卽授技，老而休焉，皆有以自給。以道路爲家，以戲爲田⑧，傳授爲世業。其肌體爲寒暑、風雨、冰雪之所頑⑧，智意爲跋涉、艱遠、人情之所儆怵磨礪⑨，男婦老稚皆頑鈍⑨，儇敏機利⑨，捷於猿猱⑨，而其性曠然如麋鹿⑨。

叟因之重有感矣⑨。先王之教，久矣夫不明不作⑨，其人恬自處於優笑巫覡之間⑨，爲夏仲御之所深疾⑨；然益知天地之大⑨，物各遂其生成⑩，稗稻幷實⑩，無偏頗也⑩。彼固自以爲戲，所遊歷幾千萬里，高明巨麗之家⑩，以迄三家一巷之村市，亦無不以戲觀之，叟獨以爲有所用。身老矣，不能事洴澼絖⑩，亦安所得以試其不龜手之藥⑩，託空言以記之？固哉⑩，王介甫謂鷄鳴狗盜之出其門，士之所以不至⑩。患不能致鷄鳴狗盜耳⑩，呂惠卿輩之諂諛⑩，曾鷄鳴狗盜之不若⑩。鷄鳴狗盜之出其門，益足以致天下之奇士，而孟嘗未足以知之；信陵、燕昭知之⑪，所以收漿、博、屠者之用⑪，千金市死馬之骨⑪，而遂以報齊怨⑪。宋亦有張元、吳昊⑮，雖韓、范不能用⑯，以資西夏⑰，寧無復以叟爲戲言也⑱？悲夫！

【注釋】①樹廬叟：作者自稱。樹廬是作者的表字。叟：老者。幽憂之疾：《莊子・讓王》云，「我適有幽憂之病。」成玄英疏：「幽，深也；憂，勞也。」這裏

含有隱居憤世的意思。②戊午閏月：康熙十七年（1678），這年是閏三月。除日：指這一月的最後一天。③爲：作。④踵門：走到門前。⑤頷（ㄏㄢˋ）：點頭。⑥泠（ㄌㄧㄥˊ）然：清涼的樣子。⑦幼生：清代應州縣考試的幼童，稱「幼生」。⑧山者牧樵：在山上放牧、砍柴的人。⑨耕者犁犢（ㄉㄨˊ）：扶犁牽牛耕田的人。⑩行擔簦（ㄉㄥ）者：行路挑擔、打着笠蓋的人。簦：古時有柄的笠，形如今日的傘。⑪水桴（ㄈㄨˊ）楫（ㄐㄧˊ）者：水上行船、划槳的人。桴：木筏。楫：短槳。⑫咸：都。停釋：停下來，放下東西。⑬累重（ㄔㄨㄥˊ）案：疊起幾張桌子。⑭承：托。⑮鵠（ㄏㄨˊ）立：如同鵠一樣延頸擧趾而立。⑯間（ㄐㄧㄢˋ）：間或。⑰拳曲：屈曲。拳：通「蜷」。⑱鳴金鼓：敲鑼打鼓。⑲俚歌：民間的通俗歌謠。佛曲：佛教的頌曲。⑳周：環繞。㉑前儀：前次的樣式。㉒徑半之：直徑有它的長度一半大小。㉓可：大約。㉔憫（ㄇㄧㄣˇ）：憐惜。㉕橋：也作「蹻」，表演高蹻時用的木棍。㉖履（ㄇㄧㄣˇ）：踩：踏。㉗傅：通「敷」，搽。㉘坦坦：平易的樣子。㉙回翔：旋轉飛舞。中節：合乎節拍。㉚曁：及。江左：長江下游以東地區，卽今江蘇省一帶。㉛如持衡：好像拿着衡器。㉜輒（ㄓㄜˊ）：就。倒步：倒着走。㉝傴行：伏身而行。㉞可十許刻：約十刻時間。古時用漏壺計時，一晝夜爲一百刻。這裏泛指時間長。㉟索：索取，向人要。㊱爲：裝成。瞽（ㄍㄨˇ）者：瞎子。㊲番：輪番。㊳戰：通「顫」。㊴咸：都。股栗：兩腿發抖。股：大腿。栗：通「慄」。㊵惴惴（ㄓㄨㄟˋ）：憂懼的樣子。㊶暇整：「好整以暇」的省稱，意指緊張之中能保持鎭靜。㊷齋栗：敬畏小心的樣子。㊸先輩主敬：老前輩的持守誠敬。入定：僧人靜坐，定心於一點，不生雜念，叫「入定」。㊹誠一：心志專一。㊺習：練習。㊻慘淡：思慮深至的樣子。攻苦：鑽研艱深的技術。㊼蹉（ㄘㄨㄛ）跌：失足跌倒，比喻失誤。不遷：不改變意志。㊽審其機：仔細探究事物的關鍵。應：適應。勢：情勢。㊾不失毫芒：沒有一點差錯。毫芒：謂極細微。㊿行世：行於世，這裏指公開表演。(51)至：最。(52)夫（ㄈㄨˊ）：句首助詞。曲藝：細小的技藝，這裏指雜技。(53)至巧：這裏指極精巧的技藝。至平：這裏指極平常的訓練。(54)志凝其氣：這裏是說意志集中地刻苦鍛鍊的精神。(55)氣動其天：這裏是說以精神推動他的天賦。(56)鹵（ㄌㄨˇ）莽滅裂：粗魯莽撞，草率苟且。效：有成效。(57)莊生：卽莊子，名周，戰國時哲學家。(58)私：愛。(59)儀、秦：張儀、蘇秦，戰國時期的兩個縱横家，同學於鬼谷先生，爲了取得功名利祿揣摩諸侯的貪心，各倡一說，遊說各國，玩弄權變，最後都身敗名裂。(60)習之：精通了它。人國：別人的國家。(61)賊：殘害。(62)僚之弄丸：熊宜僚，春秋時楚國勇士，善弄丸。弄丸是古代民間技藝，雙手上下

扔接多枚彈丸而不落地。≪莊子‧徐無鬼≫：「市南宜僚弄丸而兩家之難解。」
⑥庖丁之解牛：見≪莊子‧養生主≫。　⑥佝僂（ㄐㄩˇ ㄌㄡˊ）之承蜩（ㄊㄧㄠˊ）：孔子
到楚國去，路上看見一個曲背枯瘦的矮子用竿捉蟬。因爲這人經過不斷的鍛鍊，
所以很善於捉蟬。（見≪莊子‧達生≫）⑥紀渻（ㄕㄥˇ）子之養雞：紀渻子爲齊
王養鬥雞，經過四十天，把雞養得像木雞一樣，別的雞見之反走，不敢相鬥。（
見≪莊子‧達生≫）⑥伯昏瞀（ㄇㄠˋ）人：一作「伯昏無人」，楚國隱者，子產
之師，臨深淵而不懼。事見≪莊子‧德充符≫及≪莊子‧田子方≫。仞：八尺。
蹊（ㄒㄧ）：山徑小路。⑥逡（ㄑㄩㄣ）巡：退步而行。⑥呂梁丈人：呂梁的男
子。呂梁：山名，在山西省西部，南與龍門山相接。懸水：形容河水傾瀉而下。
⑥何莫：沒有誰。⑦神：精神。全：集中而不分散。⑦康莊：四通八達的大道。
⑦俱化：指感覺上完全同化了。⑦習：習慣。移：改變。⑦零陵：今湖南省零陵
縣。⑦世：代。⑦薄田：少量的田地。⑦姒娣（ㄙˋ）：這裏指妯娌。兄之妻爲
姒，弟之妻爲娣。⑦餬口：本是吃粥的意思，這裏指勉強維持生活。⑦贏：多
餘。供：奉獻，繳納。⑧口外絕徼之地：長城以北極邊遠的地方。口外：泛指我
國長城以北地區。長城有許多關隘，多稱口。徼：邊界。⑧步擔：挑擔徒步而
行。⑧貸：借。⑧諳（ㄢ）：熟悉。⑧捃摭（ㄐㄩㄣˋ ㄓˊ）：搜集，拾取。續：
延續，引申爲接濟，補充。⑧哺（ㄅㄨˇ）：喂養。⑧衣敝縕（ㄩㄣˋ）：穿破舊的絮
袍。縕：舊絮。⑧羈（ㄐㄧ）窮：困於窮苦。羈：牽制，拘束。⑧陶然：愉快的
樣子。色：神色，表情。⑧以戲爲田：以表演雜技爲生活的依靠。田：比喻生活
的來源。⑨頑：頑強，此作「鍛鍊」講。⑨智意：意志，思想。儆怵（ㄔㄨˋ）：
戒懼，因恐懼而引起警惕。儆：通「警」。怵：恐懼。磨礪：磨煉。⑨頑鈍：愚
呆，這裏指沒有知識。⑨儇（ㄒㄩㄢ）敏機利：敏捷機靈。儇：輕捷。⑨猱（
ㄋㄠˊ）：一種善於爬樹的猿屬動物。⑨曠然：不受拘束的樣子。麋（ㄇㄧˊ）鹿：
兩種性情溫順的動物。麋：駝鹿，與鹿同類而稍大。⑨重：深。⑨不明不作：不
再倡導、不再推行。明：宣揚。作：行使，推行。⑨恬（ㄊㄧㄢˊ）：安然。優
笑：指以樂舞戲謔爲業的藝人。優：舊時稱戲曲演員爲優。巫覡（ㄒㄧˊ）：所謂
能降神弄鬼的人。女的叫巫，男的叫覡。⑨夏仲御：夏統，字仲御，晉代人。他
認爲叫女巫來表演歌舞雜技，是一種傷風敗俗的行爲。疾：憎恨。⑩益：更加。
⑩遂其生成：適應它的條件而生長、成熟。遂：順應，達到。⑩稗（ㄅㄞˋ）：葉
像稻子的禾本科植物，雜生在稻田中。並：一起，同時。實：結實。⑩偏頗：不
公正，偏袒。⑩高明：高而明亮之處，指達官貴人之家。巨麗：大棟。⑩汧（
ㄆㄧㄥˊ）澼（ㄆㄧˋ）絖（ㄎㄨㄤˋ）：在水中漂洗綿絮。汧：浮。澼：漂。絖：綿

絮。⑯不龜（ㄐㄩㄣ）手之藥：使手不皸裂的藥。古代宋國有一家世代做漂洗工作的人，善於配制醫治多天皮膚皸裂的藥。（見《莊子·逍遙遊》）⑰固：固陋，鄙陋。⑱王介甫：王安石，字介甫，臨川（今江西省撫州市）人。北宋政治家和文學家。鷄鳴狗盜：見《史記·孟嘗君列傳》和王安石《讀＜孟嘗君傳＞》。⑲患：憂慮、擔心。致：羅致、招引。⑩呂惠卿：字吉甫，宋代泉州晉江（今福建晉江）人。初爲王安石所信任，附和新法。王安石去位後，他做參知政事，凡可以害王安石的無不去做（見《宋史·奸臣傳》）。輩：一類人。詔（彳ㄠˇ）譀（ㄇㄢˋ）：奉承欺騙。⑪曾（ㄕㄥ）：竟，乃。⑫信陵：戰國時魏公子信陵君，名無忌。燕昭：戰國時燕國昭王。⑬漿、博、屠者：指信陵君結交的隱者，賣酒漿的薛公、賭徒毛公和屠戶朱亥。他們都曾爲信陵君效勞。（見《史記·魏公子列傳》）⑭千金市死馬之骨：見《戰國策·燕策》。⑮報齊怨：燕昭王採納郭隗的意見，厚禮招賢，各方面有才能的人都投奔燕國。昭王任用從魏國來的樂毅爲亞卿，終於大破齊國而報了仇。（見《戰國策·燕策》）⑯張元、吳昊（ㄏㄠˋ）：都是宋華州（今陝西省華縣）人，有縱橫才。二人曾同謁韓琦、范仲淹，但不被所用，乃投西夏主趙元昊，爲夏謀伐宋，侵擾宋邊境十餘年。（參見洪邁《容齋三筆》卷十一）⑰韓、范：指韓琦、范仲淹。韓琦字稚圭，安陽（今河南省安陽縣）人。范仲淹字希文，吳縣（今江蘇省蘇州市）人。均曾任陝西經略副使，改革軍事，共同防禦西夏，世稱韓范。⑱資：資助。西夏：宋時在黃河上遊的少數民族政權。⑲寧：但願。無復：不再。

【鑑賞】「漫衍魚龍，角觝之戲」，早在秦漢時期，我國的雜技藝術，就具有較高的水平。那時候，雜技稱爲角觝，是各種技藝的廣義稱謂。張衡《西京賦》所敍「臨迴望之廣場，程角觝之妙戲」的「角觝」，包括「扛鼎」、「尋橦」（爬竿之類）、「衝狹」（鑽越置有劍矛之類的圓圈）、「燕濯」（踴身如燕子掠水）、「跳丸劍」（將若干彈丸輪番拋接，手不閑，丸不落）、「走索」、「戲豹舞羆」（以人扮豹羆而舞）、「易貌分形」（幻變容貌，藏形分身）、「吞刀吐火」等。這是角觝的廣義概念。角觝的狹義內涵是指手搏和摔交。由於封建統治者輕視藝人和民間技藝，所以我國古代精湛的雜技表演，很少有人寫進文章，更談不上詳盡的記載。明末清初彭士望撰寫的《九牛壩觀角觝戲記》是個例外。它詳盡記載了當時雜技表演（角觝的廣義概念）和藝人們的生活情況，還涉及到了窮鄉僻壤的風土人情。它既是敍事、抒情和議論有機結合的佳作，又不失爲中國古代雜技表演的一份珍貴資料。

《九牛壩觀角觝戲記》共分三段，第一段寫雜技表演的緣起，二、三兩段分別記載演出的情況和藝人們的生活，通過觀看和詢問，作者發表了「至巧出於至平」和技藝可以報效國家的感想。其中第二點議論，爲全文的主旨所在。

文章的第一段寫得十分別致。表面上，似乎平平常常地敍述了藝人們爲使樹廬叟快樂而設場演出的緣由，實際上，在平常之中，寄托了不平常的意思。這裏，第一個關鍵是時間概念，那是康熙十七年的除夕。按理說，除夕是個闔家團聚、忙碌而又歡樂的日子，可彭士望偏偏「負幽憂之疾」，是因爲他客居異鄉，不能與親友團聚嗎？不盡然。更重要的是，他作爲明代的遺民，懷着深深的亡國之痛和唯恐被清王朝強迫出仕的憂慮。這是一方面。另一方面，直至年終才回到家鄉的藝人們，甚至連過年也顧不上，依舊以他們之中的大部分人來作場演出；樵夫耕者，行商船工，也爲了各自的生計在忙碌着，奔波着。只有像周氏這樣的望族，不僅喜慶團圓，而且賓客盈門、「友戚」造府，沉浸在送舊迎新的歡樂之中。作者正是抓住「除夕」這個特殊的日子，形象地展示了由幾種人組成的交織着民族矛盾和階級矛盾的社會現象。那麼，藝人們除夕作場，僅僅是爲了謀生嗎？未必。這裏我們得注意作品中的另一個關鍵：「娛公」。何以藝人們要主動爲樹龐叟演出？當然不是因爲樹廬叟有錢。僅僅爲生計着想的話，他們應該去周氏家族賀喜。十分明顯，藝人們是出於對彭士望的尊敬和同情，尊敬他的高尚情操，同情他的孤寂憂傷。這就把作者和藝人的關係側面烘托了出來。

因爲藝人們與作者之間靈犀相通，所以彭士望對他們的演出，觀察特別細致。觀之不足，又在第二段中準確地記下了演出的情狀。在這裏，作者依循由易到難的演出規律，先描述了兩個場面：其一是在「溪樹之下」，由兩個婦女和一個男子先後臥於高臺之上，表演「以足承兒」，施轉桌案、拋轉木槌和空中穿梯的情況。其二是在「草淺平坡地」上，履高橋、「雜歌笑」、「舞大刀」，以及「設軟索」持衡仰臥、「蒙目探步」的情況。這兩個場面的描寫，表述了精湛的技藝。地點、人物、時間也說得明明白白。如「足仍豎，承一梯可五級，兒上至絕頂，復倒豎穿級而下」。寥寥數語，一個凌空爬梯、倒懸着在梯子的空當內穿行而下的驚險動作被表達得一清二楚。記述技藝是一個方面，另一方面，作者懷着特殊的感情，注視着現場的各種動靜。其一是鳴鼓和曲的人數和情況，其二是觀衆由毛髮倒豎、頭昏目眩到「忘其爲險」、「與之俱化」的變化過程。此外，作者情之所至，或以「如蓮出水」等比喻精彩的演出，或以自己家鄉一帶雖有履高橋而「步不能舞」來烘托高超的技藝。更有甚者，彭士望特別注意那個「八歲兒」，憐憫他演出勞累，竟入乎其中，令其稍事歇息，並取出自酌的水酒給他解渴。繼而

又注目其靜坐時的情狀，敬畏的面容，專誠虔敬的姿態。由此而自然地轉入議論，說明「至巧出於至平」，精湛的技藝來自專心致志和「蹉跌不遷」的練習；它的作用「能移入」，使觀衆與之俱化。這段議論，既讚美了「角觝之戰者」，又借此概括了成就功業者的普通規律。

「亡，百姓苦；與，百姓苦」。所謂康熙盛世，並未給人民帶來福音，「角觝之戰者」的遭遇，就是一個有力的證據。作品的最後一段就敍寫了這方面的事實。作者是同情藝人的，所以在第三段開頭記下了他聽取藝人們訴說身世的情況。原來「角觝之戰者」的祖父輩，早在明代末期，就因承受不了苛酷的剝削，從河南遷居湖南零陵，而且無可奈何地習藝爲生，淪爲「優笑巫覡」之流。朝代的更迭，並沒有給他們帶來好運氣。爲了交納賦稅，他們不得不牽親帶故，扶老攜幼，肩挑道具，路摘野果，浪跡於江湖之間。但是，作者發現，這些爲士大夫所不齒的「倡優隸卒」之類，他們「陶然自樂」，「羣居和適」，「皆有以自給」。他們體魄健全，洞悉世態。雖然沒有知識，但行動敏捷機靈，心地像麋鹿一般純潔。應該說，這種客觀的記述和主觀的感受，是相當準確的，它對蔑視藝人的傳統觀念來說，無疑是巨大的雷鳴。

正是從這裏出發，作者自然而又深刻地抒發了他的另一種感想，即江湖藝人是能够發揮作用，爲國家效勞的。在作者看來，古代君王的德教，老早就不再倡導和推行了。所以人們求溫飽而不可得，只能從事角觝之戰，泰然與「優笑巫覡」等所謂下等人爲伍，何况「先王之敎」又未必像晉代夏仲御那樣憎恨藝人之類。因爲如同稗草一樣，藝人們雖然比不上「稻子」，但同樣能開花結果，取得成效。誠然，「稗草」似的藝人們，並不意識到自身的作用，他們和觀衆一樣，都以爲角觝之戰只是一種不登大雅之堂的雕蟲小技，但只要依循先王之敎，有司當局就一定會充分發揮他們的長處，使之爲國事效勞的。寫到這裏，作者不免自艾自嘆：「我年歲大了，不能漂洗絲絮了，又哪裏可能憑藉防止皮膚凍裂的藥物去爲國效勞呢！」所謂「不龜手之藥」，是《莊子·逍遙遊》中的故事，莊子記載這個故事的原義，是想通過有藥而「不免於洴澼絖」與購藥而建功立業的對照，說明所謂事物沒有同一的客觀標準。而彭士望則用「不能事洴澼絖」言其老，由老而寫到無法一試身手，爲國立功。這種強調「不龜手之藥」，並把「洴澼絖」與之溶於一體的寫法，是對典故的活用。正因爲作者了解「不龜手藥」也即「江湖技藝」的作用，所以下文接連對比列了三個對待藝人的不同歷史故事：其一是宋代的王安石，他在《讀孟嘗君傳》中認爲：門下養了一批鷄鳴狗盜之徒，有見識的讀書人就不肯來了。其實王安石的毛病之一正是不能羅致「鷄鳴狗盜」，

而他所信用過的呂惠卿之流，竟連「雞鳴狗盜」都不如。其二是齊國的孟嘗君田文，雖然招養了幾千名食客，並不否定「雞鳴狗盜」之流，可惜他還不懂藉以羅致「天下奇士」的道理。只有信陵君魏無忌和燕昭王，能够憑藉與賭徒、沽酒者結交，招來一大批人材，從而成就了他們的功業。這三個例子，層層深入，肯定了直接發揮藝人的本領和借助尊重藝人而招募其他人才的做法。那麼，爲什麼彭士望對藝人的作用如此重視？爲什麼「不以爲戲」，而「獨以爲有所用」呢？這個問題，作者不便正面回答，於是就借助清代政治家、軍事家韓琦和范仲淹不能起用張元和吳昊的歷史故事來透露他心靈的奧秘。大家知道，韓、范是抗擊西夏入侵的名將，而張、吳則因不被重視而投奔西夏，幫助敵國首領趙元昊共謀伐宋，給北宋王朝造成了重大威脅。在這裏，彭士望分明以張、吳喻指有才而不被重視的藝人，以西夏喻指清王朝，以韓、范喻指不善於發現人才的明末將領。痛惜明王朝的覆滅，借宋代故事來總結歷史教訓，這就是作者用典的本意所在，也是全文的主旨所在。從這裏，我們真切地看到了作者的民族氣節，以及借助這種民族氣節構思全文的特點。也許有人會說，上述理解未必是作者的初衷。不。謂予不信，請看文章的結尾。當作者寫完了韓、范故事以後，語重心長地說：「但願不要再把我的話當成戲言。唉！」爲什麼作者要強調不是戲言？爲什麼彭士望唯恐別人不理解他的話語？因爲他有難言之隱，只能用戲言的形式來流露他的心聲；因爲他在這裏採用了說東話西、借古喻今的手法。而聯繫他的身世，以及藝人們對他的器重情況和文章中「先王之敎，久矣夫不明不作」等話語，他的民族氣節不是昭然若揭了嗎?!

應該說，同情和重視藝人，這是作者思想中的民主性精華；藉使用人才的得失來譏評時政，又表現了他的憂國憂民的情操。當然，受時代和階級的局限，作者對藝人的肯定是有限度的。在他眼裏，士大夫是「稻」，藝人是「稗」；儘管藝人也能發揮作用，但他們仍然是「優笑巫覡」之流。對此，我們應該加以分辨。

從藝術上看，作爲記述雜技表演的作品，既要把複雜的動作表述清楚，就很難避免平舖直敍、質木無文的毛病。《九牛壩觀角觝戲記》卻並非如此。其一，它能寓褒貶於敍述，借助比喻、用典、對比等修辭手法和寫作技巧，流露作者對藝人的同情。其二，它在敍述上場藝人表演的同時，描摹了場下藝人「鼓歌和之」和「眼瞪齋栗」的情狀，以及觀衆股栗驚恐、惴惴不安的表情，從而使演出情況的記述變成了場面的描繪，給人以身臨其境的真切感受。其三，作品夾敍夾議，敍中寓情，議由敍起，使文章富有濃郁的情趣和深刻的哲理。可以說，《九牛壩觀角觝戲記》是一篇文情、事理溶爲一體的優秀散文。

（談鳳梁）

原　君　　黃宗羲

　　有生之初①，人各自私也②，人各自利也；天下有公利而莫或興之③，有公害而莫或除之。有人者出④，不以一己之利爲利，而使天下受其利；不以一己之害爲害，而使天下釋其害⑤。此其人之勤勞，必千萬於天下之人。夫以千萬倍之勤勞，而己又不享其利，必非天下之人情所欲居也⑥。故古之人君，量而不欲入者⑦，許由、務光是也⑧；入而又去之者⑨，堯、舜是也；初不欲入而不得去者，禹是也。豈古之人有所異哉？好逸惡勞，亦猶夫人之情也⑩。

　　後之爲人君者不然，以爲天下利害之權皆出於我，我以天下之利盡歸於己，以天下之害盡歸於人，亦無不可。使天下之人不敢自私，不敢自利，以我之大私爲天下之大公。始而慚焉，久而安焉，視天下爲莫大之產業，傳之子孫，享受無窮。漢高帝所謂「某業所就，孰與仲多」者⑪，其逐利之情，不覺溢之於辭矣⑫。

　　此無他，古者以天下爲主，君爲客，凡君之所畢世而經營者⑬，爲天下也。今也以君爲主，天下爲客，凡天下之無地而得安寧者，爲君也。是以其未得之也，屠毒天下之肝腦⑭，離散天下之子女，以博我一人之產業⑮，曾不慘然⑯。曰：「我固爲子孫創業也。」其既得之也，敲剝天下之骨髓，離散天下之子女，以奉我一人之淫樂⑰，視爲當然。曰：「此我產業之花息也⑱。」然則爲天下之大害者，君而已矣！向使無君⑲，人各得自私也，人各得自利也。嗚呼！豈設君之道固如是乎⑳？

　　古者，天下之人愛戴其君，比之如父，擬之如天，誠不爲過也。今也天下之人怨惡其君，視之如寇仇㉑，名之爲獨夫㉒，固其所也㉓。而小儒規規焉以君臣之義無所逃於天地之間㉔，至桀、紂之暴㉕，猶謂湯、武不當誅之，而妄傳伯夷、叔齊無稽之事㉖，乃兆人萬

姓崩潰之血肉㉗，曾不異夫腐鼠㉘。豈天地之大，於兆人萬姓之中，獨私其一人一姓乎㉙！是故，武王，聖人也；孟子之言㉚，聖人之言也。後世之君，欲以如父如天之空名，禁人之窺伺者㉛，皆不便於其言㉜，至廢孟子而不立㉝，非導源於小儒乎？

雖然，使後之爲君者㉞，果能保此產業，傳之無窮，亦無怪乎其私之也㉟。既以產業視之，人之欲得產業，誰不如我？攝緘縢，固扃鐍㊱，一人之智力，不能勝天下欲得之者之衆。遠者數世，近者及身，其血肉之崩潰，在其子孫矣。昔人願世世無生帝王家㊲，而毅宗之語公主㊳，亦曰：「若何爲生我家？」痛哉斯言！回思創業時，其欲得天下之心，有不廢然摧沮者乎㊴？是故明乎爲君之職分，則唐、虞之世，人人能讓，許由、務光非絕塵也㊵；不明乎爲君之職分，則市井之間，人人可欲，許由、務光所以曠後世而不聞也㊶。然君之職分難明，以俄頃淫樂㊷，不易無窮之悲㊸，雖愚者亦明之矣！

【注釋】①有生：有生命，指有人類。②自私：自己只管自己。下文「自利」同此。③莫或：沒有什麼人。④有人者出：有這麼一個人出來。⑤釋：免除。⑥居：居其位，處於那個地位，引申爲接受。⑦量：考慮。入：這裏是就其位的意思，指爲君。⑧許由、務光：傳說中的上古高士。傳說唐堯要把天下讓給許由，許由逃走，隱居箕山中。商湯要把天下讓給務光，務光極力拒絕，負石投水自殺。⑨去：放棄。堯以天下禪舜，舜以天下禪禹，所以說「去之」。⑩猶夫：好似。夫：助詞。⑪某業所就，孰與仲多：語見《史記·高祖本紀》。這是劉邦作了皇帝以後對他父親說的話。某：代劉邦自稱之名。仲：指劉邦的二哥，他善於經營產業，常受他父親的誇獎。⑫溢之於辭：流露在言語裏。⑬畢世：一輩子。⑭屠毒天下之肝腦：爲自己爭奪帝位，進行殘酷的鬥爭，不惜使天下人民肝腦塗地，悲慘地死去。屠毒：宰割毒害。⑮博：求得，換取。⑯曾：竟然。⑰奉：供。⑱花息：利息。⑲向使：當初假使。⑳設君之道：設立君主的道理。㉑視之如寇仇：語見《孟子·離婁下》，「君之視臣如土芥，則臣視君如寇仇。」寇仇：強盜、仇敵。㉒名之爲獨夫：稱他爲獨夫。《孟子·梁惠王》：「殘賊之人，謂之一夫。」獨夫：即一夫，指衆叛親離、極端孤立的人。㉓固其所也：原是應得的（結果）。㉔小儒：眼光狹小的愚陋讀書人。這裏指漢景帝時的黃生等人。黃

生認爲湯武誅滅桀紂而爲王，就是殺君。規規焉：拘謹地，死板板地。以：認爲。君臣之義：君臣之間的倫理關係。㉕至：甚至於。㉖伯夷、叔齊無稽之事：伯夷、叔齊是殷朝孤竹君之二子。武王伐紂時，伯夷、叔齊曾攔住他的馬頭，極力勸阻，認爲臣不能伐君。殷亡以後，他們不食周粟，隱居首陽山，採薇而食，終於餓死。無稽：無從查考。㉗兆人萬姓：千千萬萬的老百姓。㉘腐鼠：腐爛的死鼠，比喩毫無價值的東西。語出《莊子・秋水》。㉙私：偏愛。㉚孟子之言：指《孟子・梁惠王下》，「齊宣王問曰：『湯放桀，武王伐紂，有諸？』孟子對曰：『於傳有之。』曰：『臣弑君可乎？』曰：『賊仁者謂之賊，賊義者謂之殘。殘賊之人謂之一夫。聞誅一夫紂矣，未聞弑君也。』」㉛窺伺：指暗中找機會奪取君位。㉜不便於其言：感到他（孟子）「民爲貴，社稷次之，君爲輕」的話對自己不利。㉝廢孟子：明太祖曾一度下詔廢除祭祀孟子。㉞使：如果。㉟私之：據（天下）爲己有。㊱攝緘縢（ㄐㄧㄢ ㄊㄥˊ），固扃鐍（ㄐㄩㄥ ㄐㄩㄝˊ）：語見《莊子・胠篋》，意謂緊緊地捆好，牢牢地鎖好。攝：收緊。緘：封固。縢：繩子。扃：關鈕。鐍：鎖鑰。㊲昔人：指南朝宋順帝，被逼出宮講了這番話，見《通鑒・齊紀一》。㊳毅宗：卽明朝崇禎皇帝朱由檢，南明稱他爲思宗，後改稱毅宗。公主：指崇禎之女長平公主。李自成入京，崇禎自縊前，用劍砍自己的女兒，嘆息地說：「你爲什麼生在我的家裏！」㊴廢然：頹喪的樣子。摧沮（ㄐㄩˇ）：灰心氣餒的樣子。㊵絕塵：超絕塵世，高出一切世上的人。㊶曠：空，絕。㊷俄頃淫樂：片刻的荒淫行樂。㊸易：換。

【鑑賞】《原君》是《明夷待訪錄》的首篇。原君，就是推論爲君之道。文章首先托古：古代賢君，以千萬倍之勤勞爲天下興利除弊，而自己卻不享其利。繼之論今：後世之君，利盡歸於己，害盡歸於人；爲博一人之產業，爲奉一人之淫樂，反客爲主，「屠毒天下之肝腦」，「敲剝天下之骨髓」，「離散天下之子女」，使「天下之無地而得安寧」。正因爲古今爲君之道不同，所以結果也就兩樣：古人愛戴其君，比之如父如天；今人怨惡其君，視如寇仇，名之獨夫。而小儒死守所謂「君臣之義」，枉傳無稽，視萬姓血肉有如腐鼠。作者認爲，此與孟子「民貴君輕」思想，迥然相悖。而明太祖廢孟刪書，皆導源於小儒。最後，作者從帝王自己的身家利害的角度，告誡他們：若「不明乎爲君之職分」，結局必然是血肉崩潰的悲劇，「遠者數世，近者及身」。南朝宋順帝痛哭發願「後身世世勿復生帝王家」，崇禎皇帝親手砍殺女兒長平公主，已爲先鑒。若後世之君再以俄頃淫樂易無窮之悲，那就是愚不可及了。

對於≪原君≫，過去曾有過種種不同的評價。顧亭林說：「古之君子所以著者，待後有王者起，得而師之。」（≪南雷文定≫附錄）這裏說的是≪明夷待訪錄≫，自然也包括≪原君≫在內。顯然，顧亭林認爲這是對帝王的眞誠而正確的規勸。那末，帝王們能不能聽得進去呢？清代乾隆年間把≪明夷待訪錄≫列爲禁書，原因何在？梁啓超說：「眞極大膽之創論也，……於晚淸思想之驟變，極有力焉。」（梁啓超≪淸代學術槪論≫）又說：「實爲刺激靑年之最有力之興奮劑」（梁啓超≪中國近代三百年學術史≫）。

我們且不談孰是孰非，還是先從背景方面作一些分析。≪明夷待訪錄≫成書於康熙二年（1663），當時黃宗羲五十四歲。向遠處看，自明代中葉以後，隨着城市經濟的進一步發展，商人地主、市民階級日趨壯大，資本主義因素也就漸積漸多。表現在社會政治思想上，也就出現了具有近代解放因素的民主思潮。包括≪原君≫在內的≪明夷待訪錄≫，就是這種社會大思潮的一個產物。向近處看，社會剛剛經歷了一場階級矛盾和民族矛盾相交織的歷史大動蕩：明王朝的覆滅，農民大起義的失敗，以及淸政權的建立。作爲亡國遺臣的黃宗羲，力圖追究這場社會大悲劇的原因，≪原君≫以及≪明夷待訪錄≫中其他文章，便是這種探求的結果。看淸這兩點背景，我們就不難發現：黃宗羲在≪原君≫中對封建君主自私殘忍的批判，對小儒盲目忠君思想的駁斥，以及對人民力量的某種程度的肯定，是他對歷史所作的具有哲理思辨性質的總結，也是他的濃厚的民主主義思想的具體表現。黃宗羲認爲，天下一切禍害的根源就是以家天下爲基礎的君主制度，而人民的利益應置於君主利益之上，這正是他超越前人之處的「極大膽之創論」。照顧亭林看來，黃宗羲只是要改良君主制，而不是取消君主制。但事實證明，黃宗羲的思想在客觀上對封建統治只能起批判和毀壞的作用，而完全達不到維護的目的。也有人把≪明夷待訪錄≫比作≪民約論≫或「人權宣言」，自然不甚恰當，但像≪原君≫這樣隱含着民主、平等思想的文章，在中國歷史上畢竟起過進步的啓蒙作用，也是不可否認的。

文章認爲：有生之初，人各自私，人各自利，而「好逸惡勞」是人之常情。黃宗羲只看到了「自私」「自利」的一面，以及與之相關的「好逸惡勞」的弱點，而未去強調人的精神中的美好因素，犯了片面性的錯誤。而這，又是服務於黃宗羲的論述需要的。卽他從這樣一個基本出發點來展開論述和提出問題的：人類一開始就是自私自利的，而古代的賢君則能捨私爲公，爲天下興利除害。這一認識和論述的缺陷，當然影響了本文思想的發揮。然而，黃宗羲結合自身的經歷，總結歷史上的經驗和晚明覆滅的教訓，又包含着深刻的歷史沉思。這樣，也就奠定

了該文的政論色彩，透現出民主主義亮色。

　　文章的基本論點是闡明君主的職分在爲天下興利除弊。作者先把古代賢君對待天下的態度立爲準繩，以衡量後世君主。然後，以由此產生的弊害，對小儒盲目尊君的謬論加以駁斥。進而指出，後世君主的行爲，實際上是與天下爲敵，結果自身遭到無窮的禍害。並在此點明爲君的職分，照應前段。全篇的議論，層層加緊，層層深入，前後聯貫，首尾照應，具有極爲嚴密的邏輯性。

　　再者，本文的立論方法是托古論今。自始至終，古今對比，以今襯古，揚古貶今。古代君爲天下，今世天下爲君；古代「天下爲主，君爲客」，今世「以君爲主，天下爲客」；古代君主「以千萬倍之勤勞，而己又不享其利」，今世君主「視天下爲莫大之產業，傳之子孫，受享無窮」；古之民「愛戴其君」，今之民「怨惡其君」……這樣一古一今，一正一反，兩相對照，增強了文章的說服力。此外，本文儘管以議論爲主，但作者不時插入類似記敍文中人物對話的句子，增加了文章的形象性。劉邦的「某業所就，孰與仲多」一句話，無賴之徒的逐利嘴臉便躍然紙上。「我固爲子孫創業也」，「此我產業之花息也」，兩句自我辯白，則把後世君主的厚顏無恥，描畫得淋漓盡致。而「願世世無生帝王家」，「若何爲生我家」二句，又把末世之君走投無路、悔之無及的悲劇結局，寫得撕心裂骨。這種手法，在一般的議論文中，並不多見。除去上述對話式的語言之外，其餘的議論文字也十分簡練犀利，精闢有力。

　　從黃宗羲的生平，我們可以看出他是個非常之人。而《原君》的思想和藝術價值，則可說是一篇非常之文。在漫長的封建社會裏，《原君》完全可以稱得上是一聲振聾發聵的反對君主制的吶喊。

（張遠芬）

柳敬亭傳　　　黃宗羲

　　余讀《東京夢華錄》《武林舊事》①，記當時演史小說者數十人②。自此以來，其姓名不可得聞。乃近年共稱柳敬亭之說書。

　　柳敬亭者，揚之泰州人③，本姓曹。年十五，獷悍無賴④，犯法當死，變姓柳，之盱眙市中爲人說書⑤，已能傾動其市人⑥。久之，

過江，雲間有儒生莫後光見之⑦，曰：「此子機變⑧，可使以其技鳴⑨。」於是謂之曰：「說書雖小技，然必句性情⑩，習方俗⑪，如優孟搖頭而歌⑫，而後可以得志⑬。」敬亭退而凝神定氣⑭，簡練揣摩⑮，期月而詣莫生⑯。生曰：「子之說，能使人歡咍嗢噱矣⑰。」又期月，生曰：「子之說，能使人慷慨涕泣矣。」又期月，生喟然曰⑱：「子言未發而哀樂具乎其前，使人之性情不能自主，蓋進乎技矣⑲。」由是之揚，之杭，之金陵⑳，名達於縉紳間㉑。華堂旅會㉒，閑亭獨坐，爭延之使奏其技㉓，無不當於心稱善也。

　　寧南南下㉔，皖帥欲結歡寧南㉕，致敬亭於幕府㉖。寧南以為相見之晚，使參機室。軍中亦不敢以說書目敬亭㉗。寧南不知書㉘，所有文檄㉙，幕下儒生設意修詞㉚，援古證今㉛，極力為之，寧南皆不悅。而敬亭耳剽口熟㉜，從委巷活套中來者㉝，無不與寧南意合。嘗奉命至金陵㉞，是時朝中皆畏寧南，聞其使人來，莫不傾動加禮㉟，宰執以下俱使之南面上坐㊱，稱柳將軍，敬亭亦無所不安也。其市井小人昔與敬亭爾汝者㊲，從道旁私語：「此故吾儕同說書者也㊳，今富貴若此！」

　　亡何國變㊴，寧南死。敬亭喪失其資略盡㊵，貧困如故時，始復上街頭理其故業。敬亭既在軍中久，其豪猾大俠㊶、殺人亡命、流離遇合、破家失國之事，無不身親見之，且五方土音㊷，鄉俗好尚㊸，習見習聞，每發一聲，使人聞之，或如刀劍鐵騎，颯然浮空㊹；或如風號雨泣，鳥悲獸駭，亡國之恨頓生，檀板之聲無色㊺，有非莫生之言可盡者矣。

【注釋】①《東京夢華錄》：南宋孟元老著，十卷，著者追憶北宋都城汴梁（今河南省開封市）的都市生活和風土人情，其中有關於當時的瓦肆（遊樂場所）和在瓦肆中表演的雜耍、說書等伎藝的記載。《武林舊事》：十卷，南宋周密（署名「泗水潛夫」）著，是作者入元以後追憶南宋都城臨安（今杭州市）的舊事而作。其中詳細記載了當時各色伎藝和藝人的名單。武林：山名，即今杭州市西靈隱，後多用來代指杭州。②當時演史小說者數十人：宋時說話（說書）有小說、

講史（又稱平話）、說經等名目。據≪東京夢華錄≫「京瓦伎藝」條記載，北宋時講史有孫寬等五人，小說有李慥等六人；≪武林舊事≫「諸色伎藝人」條記載，南宋時演史（即講史）有喬萬卷等二十三人，小說有蔡和等五十二人。③揚：揚州府，府治在今江蘇省揚州市。泰州：今江蘇省泰州市，當時屬揚州府。④獷悍：粗獷凶悍。⑤之：往。盱（ㄒㄩ）眙（ㄧ）：縣名，今江蘇省盱眙縣。⑥傾動：使人傾倒動容。⑦雲間：松江府的別稱，今上海市松江縣。⑧機變：機敏靈活。⑨以其技鳴：以他的演技而聞名。鳴：揚聲名。⑩句（ㄍㄡ）性情：勾畫、描摹人物的性格感情。句：同「勾」。⑪習方俗：研習各地的風土人情。⑫優孟搖頭而歌：語見≪史記・滑稽列傳≫。優伶名孟，春秋時楚國人。楚令尹孫叔敖死，他的兒子窮得以砍柴爲生。於是優孟穿着孫叔敖的衣冠，模仿其動作神態，搖頭而歌，爲楚莊王祝壽。莊王以爲孫叔敖又活了，想仍任他爲相。優孟述說孫叔敖兒子貧困，莊王遂給孫叔敖之子以封地。⑬得志：遂心，達到目的。⑭凝神定氣：神情專注，聚精會神。⑮簡練揣摩：在技藝上刻苦磨練，研求探索。簡：選擇、取捨。⑯期（ㄐㄧ）月：一整月。詣：前往。⑰歡咍（ㄏㄞ）：歡快。嘔（ㄡˋ）噱（ㄐㄩㄝˊ）：大笑。⑱喟（ㄎㄨㄟˋ）然：嘆息的樣子。⑲進乎技：技藝已到了精妙的程度。⑳金陵：南京。㉑縉（ㄐㄧㄣˋ）紳：也作「搢紳」，插笏於紳，舊時官吏的裝束，因用以指官紳階層。縉：插。紳：大帶。㉒旅會：大聚會。旅：衆人。㉓延：請。㉔寧南：指左良玉，字昆山，明末山東臨清人。早年在遼東與清軍作戰，後在河南一帶與李自成、張獻忠起義軍作戰多年。崇禎十五年，被李自成大敗於朱仙鎮。崇禎十七年，封寧南伯，駐武昌。福王立於南京，又進封爲寧南侯，擁兵至八十萬。弘光元年，以清君側爲名，起兵討馬士英，船至九江，病死。㉕皖帥：指提督杜宏域，他和柳敬亭是故交。結歡：交好，討好。㉖致：送，介紹。幕府：軍隊出征用帳幕，因此稱將軍的府署爲幕府。㉗目：名詞作動詞用，看待的意思。㉘不知書：沒有讀過書，沒有文化。≪明史・左良玉傳≫說他「目不知書」。㉙文檄（ㄒㄧˊ）：古代用以征召、曉喻或申討的文書。㉚設意修詞：加意修飾詞句。㉛援古證今：引用古書古事來證明當前。㉜耳剽（ㄆㄧㄠˋ）口熟：耳裏常聽到的，口裏經常說的。㉝從委巷活套中來：從偏僻小巷裏俗語常談中來。活套：口語俗套。㉞嘗奉命至金陵：這是福王即位於南京後南明朝的事。㉟加禮：以恭敬之禮接待。㊱宰執：掌政的大官。宰：宰相。執：執政官。南面：面向南，這是尊位。㊲市井小人：街坊上地位低微的人。爾汝：你我相稱，指關係密切親昵。㊳儕（ㄔㄞˊ）輩：類。㊴亡（ㄨˊ）何：同「無何」，不久。國變：指明朝覆滅。㊵略盡：差不多光了。㊶豪猾：強橫狡猾而

不守法紀的人。㊷五方：東南西北中，各處。㊸好尚：愛好、崇尚。㊹颯然：爽
利的樣子。 颯：風聲。㊺檀板之聲無色： 意思是把伴奏的樂聲都壓下去了。 檀
板：檀木製的拍板，古代歌舞時用來打拍子或伴奏。

【鑑賞】晚明時期名噪一時的說書藝術家柳敬亭，爲之作傳的有吳偉業（《柳敬
亭傳》）、周容（《雜憶七傳·柳敬亭》）和黃宗羲（《柳敬亭傳》）等。記述
他說書藝術的，有張岱（《柳敬亭說書》）、錢謙益（《書柳敬亭册子》）等。
在這兩類作品中，《柳敬亭說書》和黃氏《柳敬亭傳》可謂翹楚之作。張岱的《
柳敬亭說書》係描述之作，以親目所見、親耳所聞，紀錄摹態，逼眞動人。而黃
氏《柳敬亭傳》係傳記體，勾勒人物一生際遇，是縱向建構，而非橫直截取。柳
敬亭雖屬說書藝人，一生道路卻也波瀾跌宕。他不是在承平時代生活，而是經歷
了兩朝更迭的巨大憂患。爲柳敬亭作傳，吳偉業所寫最爲詳實，但黃宗羲卻頗不
中意。他認爲吳傳「言其（柳敬亭）參寧南軍事比之魯仲連之排難解紛。此等處
皆失輕重……皆是倒卻文章家架子。」他之爲柳敬亭另立傳記，是爲着「使後生
知文章體式耳」。黃宗羲的這句話值得注意。他從「文章體式」的角度來寫傳，
這奠定了他的傳記的特色。「文章體式」也就是結構，是意象到藝術事實的中介。
黃傳的表層結構是由柳敬亭生涯所構置而成，作者把柳敬亭始終作爲一位名藝人
來對待、認識。即使寫柳敬亭「參寧南軍事」也不是比之爲策士說客的魯仲連。
他所顯示的是對象最基本的自然質和本體質。 這樣， 也就有了人物屬性的規定
性。而結構的深度層次中凝結着的是黃宗羲這位民族志士勃鬱激憤的時代、民族
思想。他在《謝臬羽年譜遊錄注序》中說： 「夫文章， 天地之元氣也。……逮夫
厄運危時， 天地閉塞， 元氣鼓蕩而出， 擁勇鬱遏， 坌憤激訐， 而後至文生焉。」
在他看來，在「厄運危時」，也就是民族危機中， 「元氣」亦卽情感才會鼓蕩而
出，鑄爲天地之「至文」。這一美學思想積淀在《柳敬亭傳》的深層結構中。這
是黃傳超過吳傳的根本原因，是黃傳的精髓所在，也是我們鑑賞本文的一條重要
線索。

　　按照傳記的一般寫法，理所當然地要在一開篇介紹對象的身價來歷。但黃宗
羲卻絕去町畦，另開文路。他一開始寫道：「余讀《東京夢華錄》《武林舊事》
記當時演史小說者數十人。自此以來，其姓名不可得聞。乃近年共稱柳敬亭之說
書。」這段話頗有史家的宏觀眼光。自宋以後，著名的說書藝人湮沒無聞，只是
到「近年」柳敬亭的崛起，才算是塡補了這段漫長歷史中的一個空白。這就從中
國藝術史的長河中考察並確定了柳敬亭說書的地位，一開始就顯示出作者高瞻遠

矚的寬闊視野。

到第二段才進入對柳敬亭的具體介紹。介紹他的籍貫、本來姓氏。由於是給人物作傳，就不取張岱的描述筆法，繪寫人物的肖像特徵，而以「獷悍無賴」四字點出性格特點。因「犯法當死，變姓柳」，這當中有多少過程、細節需要交代，作者略而不提，比之吳傳，這一特色就十分鮮明了。吳傳對易姓一事記曰：「久之，渡江。休大樹下，生攀條泫然。已撫其樹，顧同行數十人曰：『噫！吾今氏柳矣。』」頗有小說家言的味道了。對此，黃傳略而不書，出之質直言詞，一帶而過，徑入中心──柳敬亭一生最主要的活動──說書。因爲說書是和柳敬亭聯繫在一起的，離開了說書，也就失去了柳敬亭，失去了爲之作傳的價值。在盱眙說書，是柳敬亭的嶄露頭角；過江遇莫後光，是柳敬亭藝術生涯的重大轉機；杭、揚、金陵說書，是柳敬亭聲名大噪的輝煌時期。說書是柳的生命線索，莫生指點，是柳技藝精進的關鍵所在。以說書技藝的發展作爲軸線，以莫生指點作爲結構的中心框架。不離本題，線條分明，而又中心突出，這正是黃傳「文章體式」所包含的創作意蘊。基於此，作者於前後兩階段用墨儉省，獨於中間階段細刻深掘，這是根據總體構思在具體藝術傳達中所建構的「文章體式」。循乎此，作者用「期月」、「又期月」、「又期月」，表時間概念的詞語顯示出三個遞進的層次，寫出柳敬亭說書的三個不同的境界。莫後光作爲一個儒生發現了柳敬亭「機變」的天賦資質，可謂慧眼識人。他在第一個層次中的指點：「說書雖小技，然必句性情，習方俗，如優孟搖頭而歌，而後可以得志。」這是富於實踐內容和色彩的見解，在「句性情，習方俗」的基礎上，達到「如優孟搖頭而歌」的形神兼備。莫後光的教誨轉化爲柳敬亭的實踐行爲：「凝神定氣，簡練揣摩」。八個字寫足了柳敬亭刻苦學藝的精神，於是他的技藝步入第一重境界：「能使人歡咍嗢噱矣」。但是柳敬亭沒有就此滿足，經過磨礪，技藝遂進入第二重境界：「能使人慷慨涕泣矣」，調動聽衆悲慨的情緒。一二兩重境界所引發和調動的聽衆情感──哀、樂兩面，互相補充。這就是說柳敬亭在把握聽衆的審美情緒時已進入全面的階段，或者說他的技藝得到了全面的發揮。而由樂到哀的過程，又包含着柳敬亭由一種實踐目標進入另一種實踐目標的刻苦磨練的過程。儘管如此，柳敬亭還沒有駐步不前，還是堅持艱苦探索，直入說書技藝堂奧。莫生的「喟然」包含着多麼深長的感情、慨嘆，亦是對柳敬亭技藝和精益求精精神的贊嘆。這個階段，他的說書「進乎技」，進入化工境界：「言未發而哀樂具乎其前，使人之性情不能自主」。這一境界是「未成曲調先有情」（白居易：《琵琶行》）的超神入化，標志着柳敬亭說書已穿堂入室，爐火純青。其藝術魅力表現爲「言未發而哀樂具乎其

前」，情在言先的審美提前量的功能特點，從而「使人之性情不能自主」，搖旌心靈，不可自制。這不是以描態摹聲的形似爲指歸，而是以催發情感爲目的。莫生的指點，柳敬亭的努力，在根本上體現了中國藝術美學的特徵。正是在這裏產生了柳氏說書的最動人的藝術魅力，而作者黃宗羲又正是運用這一審美眼光去評判、選擇素材的。由於樣式的特點規範，黃宗羲沒有像張岱的《柳敬亭說書》那樣形態畢肖地去描寫柳氏說書的動人情景，而只是從社會效應上去側寫說書藝術：「由是之揚，之杭，之金陵，名達於縉紳間。華堂旅會，閑亭獨坐，爭延之使奏其技，無不當於心稱善也。」柳氏說書由盱眙小縣進入江南江北的繁華都市，是其技藝精妙的側面顯示。「華堂旅會」的大場面，「閑亭獨坐」的小場合，都「爭延之使奏其技」，一個「爭」字寫出了柳氏的深得歡迎，「無不當於心稱善」更是寫出柳氏說書的社會反應。從邏輯層次上看，這是柳氏磨練技藝的必然結果，在文章結構上形成自然延伸。

和明末重要將軍左良玉的交往過從，是柳敬亭一生的重大際遇，傳記文不可節略不寫。如吳傳那樣舖染過甚、誇飾過度，深不足取，反而模糊柳氏本來的面目形象，黃氏批評吳傳此處有失「輕重」、「倒卻文章家架子」正指此。黃氏只取致幕寧南和奉命金陵二事，抓住了最有表現力的事件。幕府生涯與說書技藝顯然不相關合。但作者精當地解決了這一矛盾。他始終扣合柳氏說書的基本身分和經驗，或明或暗、或隱或顯地加以折光照射。左良玉對於柳敬亭大有相見恨晚之憾，「使參機密」，器重非凡。「軍中亦不敢以說書目敬亭」一句，巧妙地點示出柳敬亭的本來身分。身爲一方重鎮，在明末軍事中具有舉足輕重地位的左良玉對「幕下儒生設意修詞，援古證今，極力爲之」的文檄，甚爲「不悅」，而對柳氏所言，卻無不「意合」，這種對比是對柳氏才幹的充分肯定和表現，同時也說明柳敬亭非一般以說書爲營生的藝人可比，他有著經邦濟世的才能。他之所以能和左良玉意氣相合，深得垂青，遠勝幕下儒生，是因爲「耳剽口熟，從委巷活套中來」，深察世情，深知民俗，對時局的洞曉具有經驗世界的豐富內容和實踐色彩。而這一點，作者又暗暗地聯繫了柳敬亭的說書身分。在奉命至金陵時，傾動朝野，「宰執以下俱使之南面上坐，稱柳將軍」，受到特殊的隆遇。這時作者抽出筆來，用「市井小人」的道旁私語「此故吾儕同說書者」，馬上又把傳記筆觸回攏到寫柳氏說書的主線上來了。

接著一段，「亡何國變，寧南死」，文意陡轉。巨大的歷史事變造成了柳敬亭際遇的重大轉捩。如果說寧南幕府生活是柳敬亭一生最得意的時期，那麼，清廷定鼎中原後則成爲柳氏一生最輝煌的階段。作者以悲慨的格調重墨寫了這一生活

階段。這裏，又需和上文聯繫參看。奉命金陵時，隆待殊遇，「敬亭亦無所不安也」，他不因說書人的賤業爲賤，毫不卑微委瑣，堂堂正正，意氣自若。這正體現了他的人格的價值，對自身的充分肯定。而在「喪失其資略盡，貧困如故時」的窘境厄運中，他則安然「上街頭理其故業」。這樣便形成了以說書爲中心的對稱結構。在對稱結構中所蘊藏的則是富貴不能淫、貧賤不能移的思想側面。這就使柳敬亭的思想，性格內容完整和豐富了。如果再作深層次的分析，則體現了黃宗羲運用傳統的民族道德、倫理觀對人物所作的理性評判和審美讚頌。作者終於不可遏制地發爲一個長達近百言的長句，把全文推向高潮，也把人物托上光彩的高峰。

　　　敬亭旣在軍中久，其豪猾大俠、殺人亡命、流離遇合、破家失國之事，無不身親見之，且五方土音，鄉俗好尙，習見習聞，每發一聲，使人聞之，或如刀劍鐵騎，颯然浮空；或如風號雨泣，鳥悲獸駭，亡國之恨頓生，檀板之聲無色，有非莫生之言可盡者矣。

作者潑墨如雨，元氣淋漓，高坂流注。以四字結構的句型爲主導，間以其它句型，形成多節奏的滔滔文勢，在鐵騎銀槍的鼓奮中伴之以聲聲悲角吹徹。這是柳氏說書的最高階段，也是作者的最高評價。表層意象是柳氏說書的驚天地而泣鬼神，兩個並列的比喻句「或如刀劍鐵騎，颯然浮空；或如風號雨泣，鳥悲獸駭」，設詞蒼勁峭拔，設色濃鬱悲涼，這正體現黃氏的文學風格，精妙地摹寫了柳氏說書的最鮮明特徵。二度層次則是表現柳敬亭最值得稱頌的情感：「亡國之恨」。「頓生」的勃然而發，足見其情其恨孕於胸臆，不可阻遏。「檀板之聲無色」，又足見其情其恨一旦發露，何等壯、何等烈。這就顯示出柳氏亡國之情的濃度、厚度和力度。而深度層次中所涵茹的作者黃宗羲的黍離之思、亡國之情更不能忽略。在諸傳蜂起，特別在名動一時的吳偉業面前，黃宗羲絕無「崔灝在上」之感，誠然有睥睨吳氏「倒卻文章家架子」的因素，更重要的是，黃氏在柳氏身上找到了自己，在對象那裏發現了自己，找到和發現了自身的民族情感，寄托了自身的亡國之情。在觀照和把握對象的過程中發現和肯定了主體，使之對象化了。而屈節事清的吳偉業是無法理解並感受柳敬亭的民族哀思的。在這裏，我們找到了黃宗羲另寫《柳敬亭傳》的根本原因，找到了黃傳遠勝吳傳的根本原因。黃宗羲特意用「有非莫生之言可盡者矣」一句收束全文，是說當年莫生之言雖很有證見，但無法涵蓋柳氏晚年說書的破家失國之事、之情，柳氏的實踐已突破了莫生概括的外殼了，獲得了更寬泛、更深邃的時代質和民族質。

　　　傳記文學可以千人共寫一傳，但因作者的思想、情感的不同，特別是深層意

識的不同，就會帶來傳記文學水平高低的差異。這是黃宗羲的《柳敬亭傳》給我們提供的文學構思上的經驗。

　　黃宗羲力圖使本傳能讓「後生知文章體式」。「體式」除了表現爲淺度層次和深度層次的有機建構，還表現爲輕重詳略得宜和結體的嚴密無隙。全文以說書作線索貫穿，輕點天資，重寫後天磨練。寫柳敬亭乃奇人，而非神人。先作說書藝術史的宏觀掃描，再及身世介紹，第二節寫演技歷程，第三節轉述致幕寧南，而「耳剽口熟，從委巷活套中來」，巧連第二節的說書藝術。第三節國破後理故業，又以「既在軍中久」承接上文。最後以對莫生評價作結穴，又關合了第二節。整篇文章如雲松勁舉，不枝不蔓而又樹蔭婆娑，搖曳多姿。前有呼後有應，或明襯或暗映，絲絲入扣，結體綿密。這是本傳給我們提供的文學表達上的經驗。

（裘　取）

芙　蕖　李　漁

　　芙蕖①之可人②，其事不一而足，請備述之③。

　　羣葩當令時④，只在花開之數日，前此後此皆屬過而不問之秋矣⑤。芙蕖則不然⑥：自荷錢出水之日⑦，便爲點綴綠波⑧；及其莖葉既生⑨，則又日高日上⑩，日上日妍⑪。有風既作飄搖之態⑫，無風亦呈裊娜之姿⑬，是我於花之未開⑭，先享無窮逸致矣⑮。迨至菡萏成花⑯，嬌姿欲滴⑰，後先相繼，自夏徂秋⑱，此則在花爲分內之事⑲，在人爲應得之資者也⑳。及花之既謝㉑，亦可告無罪於主人矣；乃復蒂下生蓬㉒，蓬中結實㉓，亭亭獨立㉔，猶似未開之花，與翠葉並擎㉕，不至白露爲霜而能事不已㉖。此皆言其可目者也㉗。

　　可鼻，則有荷葉之清香，荷花之異馥㉘，避暑而暑爲之退㉙，納涼而涼逐之生㉚。

　　至其可人之口者，則蓮實與藕皆並列盤餐而互芬齒頰者也㉛。

　　只有霜中敗葉㉜，零落難堪，似成棄物矣㉝；乃摘而藏之，又備經年裹物之用㉞。

　　是芙蕖也者，無一時一刻不適耳目之觀，無一物一絲不備家常之用者也。有五穀之實而不有其名㉟，兼百花之長而各去其短，種植之利有大於此者乎㊱？

【注釋】 ①芙蕖（ㄈㄨˊ ㄑㄩˊ）：即荷花，又名蓮花，芙蓉。②可：合，宜。可人：合人心意。③請：敬詞，表示謙虛。備：全、盡。④葩：花。羣葩：百花。令：時令，時節。各種花都在一定的時節開花，這段時節稱爲當令。⑤過：過時，不當令。不問：無人問及。秋：時候。⑥然：如此。⑦荷錢：初生的荷葉，小如銅錢，所以稱荷錢。⑧點綴：裝飾，點塗。⑨莖：指荷梗。⑩日高日上：一天天高起來，一天天往上長。⑪妍：美。日：一天比一天。⑫飄搖：飄拂搖曳。⑬裊娜：細長柔美的樣子。⑭是：則。⑮致：情趣。逸致：悠閒的情趣。⑯迨至：等到。菡萏（ㄏㄢˋ ㄉㄢˋ）：荷花的別稱。未開曰菡萏，已開曰芙蕖。⑰欲滴：形容荷花的嬌嫩。⑱徂（ㄘㄨˊ）：到。⑲分（ㄈㄣˋ）：名分，本分。⑳資：資財。應得之資：這裏指應得的收穫與報償。㉑謝：花葉凋落。㉒蒂：花托。蓬：即蓮房，蓮蓬。㉓實：指蓮子。㉔亭亭：聳立的樣子。㉕擎：高舉，這裏指聳立。㉖白露爲霜：指到了秋天霜降時候。「白露爲霜」是《詩·秦風·蒹葭》中的詩句，意思是清早的露水凍成了霜。能事：擅長的本領。已：止。㉗可目：適宜於觀賞。㉘馥：香氣。異：特殊。㉙退：減退。暑爲之退：暑氣因之而減退。㉚納凉：乘凉。逐：隨。凉逐之生：凉氣隨之而產生。㉛芬：香。這裏用作動詞。頰：面頰，此指嘴邊。齒頰：指口中和嘴邊。㉜敗葉：衰老破敗的荷葉。㉝棄物：廢物。㉞裹：包紮。㉟五穀：指稻、黍、稷、麥、菽五種穀物。五穀之實：指可以爲人食用。㊱種植之利：指種花植樹的收益。

【鑑賞】 文忌效顰，文貴創新。宋周敦頤有《愛蓮說》，詞麗情濃，言簡意遠，爲咏蓮千古絕唱。也許是曲高和寡吧，周氏之後，歷元、明兩朝，鮮有人寫蓮。至清，通俗文學大家李漁，細述百花，言及蓮荷，始有《芙蕖》篇問世。

　　《愛蓮說》前呼，《芙蕖》篇後應，六百載的思想醞釀，才在中國文學史上結出這裊娜馥郁的並蒂雙蓮來，這又不能不說是發人深思的文學趣事。儘管李漁作《芙蕖》有著獨特的發現和獨特的情思，他說「非故效顰于茂叔（周敦頤）」，但要讀透《芙蕖》，卻非要與《愛蓮說》相較不可。有比較，方有鑒別，有鑒別，方分高下；那就讓我們在作一番比較之後，看看《芙蕖》到底比前代名作高

在何處吧!

　　文體同。兩篇都是咏物散文，只不過《愛蓮說》近乎抒情小品，《芙蕖》則近於說明文。

　　題材同。兩篇都寫蓮荷，《愛蓮說》好似水墨寫意畫，《芙蕖》則彷彿工筆素描圖。

　　手法同。兩篇文章都始於咏物，終於抒情，托物言志，借景寫情。套用一句舊話，它們都是重比興，善寄托的。

　　立意同。兩文都是借讚蓮而讚人的。《愛蓮說》的禮讚意味，帶有更強的主觀色彩和自勵性質；而《芙蕖》則傾向於讚頌他人，表示感佩。

　　這樣羅列了數條相同、相近之處，那相異之點呢，大概無關宏旨了吧! 細剖兩文之精髓，正是在看來微不足論之處，顯示著兩個作家不同的美學追求，以美學追求，以及兩篇文章相對應的美學特徵。

　　都寫蓮，但對蓮的「發現」不同。周敦頤從「蓮」與「淤泥」、「清蓮」的對照中，發現了蓮的「不染」、「不妖」；從蓮的外觀上發現了它的「不蔓不枝」，「不可褻玩」。可以說，這種發現，是借重了作家的個人生活體驗和藝術聯想，由「形」及「神」的。因為這種發現帶有更強烈的主觀渲染，所以「蓮，花之君子者也」的判斷，亦有著更濃重的「夫子自道」的意味。由形及神，由物及我，《愛蓮說》以對蓮的讚美，對牡丹的否定，表現了不慕富貴，明志修德的處世哲學。李漁寫《芙蕖》，歷經了更為周密的觀察，在「芙蕖之可人，其事不一而足」一句的籠罩下，作者備述了對芙蕖的美的發現。

　　芙蕖可目。其花「嬌姿欲滴，後先相繼」，這是有目共睹的。《芙蕖》作者的高超，卽在他於花之外，看到了美似花，美逾花的東西：莖葉、蓮蓬。文中莖葉美的描寫細緻有層次，鮮明有動態，可以說是李漁的獨特發現。「自荷錢出水之日，便為點綴綠波；及其莖葉既生，則又日高日上，日上日妍。有風既作飄搖之態，無風亦呈裊娜之姿，是我於花之未開，先享無窮逸致矣。」此處，不特寫花之妖嬈，且極寫葉之風流，與後面蓮之俏麗相映，便構成了一幅變幻的、綜合的芙蕖畫卷。春生，美於葉；夏發，美於花；秋成，美於蓮。三美合一，可謂極盡芙蕖之「無窮逸致」了!

　　芙蕖可鼻。其葉「清香」，其花「異馥」，這是人皆知之的。李漁行文之妙，在於他的巧用通感移情的修辭手段，以「避暑而暑為之退，納涼而涼逐之生」的精生效應，來突現芙蕖清香馥郁的不同凡俗。

　　至於芙蕖的「可食」、「可用」，作者更是言之確鑿，恰切實情的。所以當作

者在最後寫道：「是芙蕖也者，無一時一刻不適耳目之觀，無一絲一物不備家常之用者也。有五穀之實而不有其名，兼百花之長而各去其短，種植之利有大於此者乎」，這時，我們認爲他是發現並表現了芙蕖的眞價值。

兩文相較，似乎看出兩位古人對芙蕖美的本質有不同的發現。周敦頤筆下的蓮，其質的規定性是清高不俗；李漁筆下的芙蕖，則是百美俱備、完全獻身。前者，表現出蓮的君子風；後者，則表現了蓮的平民性。同一事物，仁者見仁，智者見智，創作的能動性多麼巨大呀！

咏物散文，還要善於創造美。從美的創造看，《愛蓮說》和《芙蕖》是各有千秋的。《愛蓮說》是從三種人——陶淵明、世人、予，三種花——菊、牡丹、蓮，兩組比較中，先勾勒蓮的形象，進而再塑造「予」的形象的。由於對蓮的特徵抓得很準確，選詞造語又極爲精當，所以君子之花那「亭亭淨植」的形象，因這短文而爲世人熟悉。沿襲千載，蓮的這種正面形象在騷人畫師筆下幾乎未曾更易過。

《芙蕖》寫蓮，難度較大。李漁省略了一切背景，純然寫蓮。爲了忌散亂，他按芙蕖的生長時序，從「荷錢出水」，至「霜中敗葉」，漸次渲染；爲了忌淺陋，他以芙蕖的「可人」爲線索，由芙蕖的可供觀賞，到芙蕖的可備實用，由美學價值，到經濟學價值，逐層挖掘。這樣，芙蕖的形象便由淡而濃，由遠而近，由表而裏，由形而神地全部顯現在我們眼前。雖然兩篇散文中的蓮都是美的，但後者的美似乎更親近、更切實、更完全，因而也更有個性。美，是不能重複的！人已言，我諱言之；有成說，我出新說；《芙蕖》也因借了全新的芙蕖形象而不朽了！

分析至此，我想起了李漁草木篇前的小序。小序煞尾，這樣寫道：「予談草木，輒以人喩，豈好爲是曉曉者哉！世間萬物，皆爲人設；觀感一理，備人觀者，卽備人感。天之生此，豈僅供耳目之玩，情性之適而已哉！」顯然，李漁的寫作觀，是與周敦頤相通的。他們都是在以物喩人，托物言志，「興之托諭，婉而成章，稱名也小，取類也大」（劉勰《文心雕龍·比興》）。

由於文章言在此而意在彼，所以借「此」尋「彼」，便成了閱讀時審美思索的目標。目標不同，則文章的深度不同，美感價值亦不同。讀《愛蓮說》，先是喜好那出淤泥不染的蓮，旣而崇敬那處濁世而潔身自好的人，最終則自勉自勵，做一個塵世的「君子」。靈魂淨化的極點，是脫俗氣，遠庸衆。《芙蕖》引發的審美感受，似更深渾博大。周氏借花言己，李氏借花言人，胸懷的廣狹，命意的遐邇旣有差異，讀者審美情趣被導向的終點，當然就不是一處了。讀《芙蕖》，你不

能不愛蓮；清高的形象一變爲獻身的形象，你又不能不愛它的忘我無私；蓮無私，本無意；人無私，誠可貴，至此，你又會進一步欽佩那獻身的人……藝術欣賞推動著審美追求，而審美追求又陶冶著人的情操。如果說≪愛蓮說≫促你「潔身」，≪芙蕖≫則促你「忘身」；≪愛蓮說≫促你「愛己」，≪芙蕖≫更傾於讓你「愛人」；≪愛蓮說≫讓你對人世抱著懷疑，≪芙蕖≫則讓你於生活產生希望。這樣比較，也許有些牽強，但是兩篇散文一個傾向於「冷」，一個基調「熱」，這也許一望卽知的。

（田秉鍔）

與友人論學書　　顏炎武

比往來南北①，頗承友朋推一日之長②，問道於盲③。竊④嘆夫百餘年以來之爲學者⑤，往往言心言性，而茫乎不得其解也。命與仁，夫子之所罕言也⑥。性與天道，子貢之所未得聞也⑦。性命之理，著之易傳，未嘗數以語人⑧。其答問士也，則曰「行己有恥⑨」。其爲學，則曰「好古敏求」⑩。其與門弟子言，舉堯舜相傳所謂危微精一之說⑪，一切不道，而但曰「允執其中，四海困窮，天祿永終⑫。」嗚呼！聖人之所以爲學者，何其平易而可循也⑬！故曰：「下學而上達⑭。」顏子之幾乎聖也⑮，猶曰「博我以文⑯」。其告哀公也，明善之功，先之以博學⑰。自曾子而下⑱，篤實無若子夏⑲，而其言仁也，則曰：「博學而篤志⑳，切問而近思㉑。」

今之君子則不然，聚賓客門人之學者數十百人㉒，「譬諸草木，區以別矣㉓」，而一皆與之言心言性㉔。舍「多學而識」以求一貫之方㉕，置四海之困窮不言而終日講危微精一之說，是必其道之高於夫子，而其門弟子之賢於子貢，祧東魯而直接二帝之心傳者也㉖！我弗敢知也㉗。

≪孟子≫一書，言心言性亦諄諄矣㉘，乃至萬章、公孫丑、陳代、陳臻、周霄、彭更之所問㉙，與孟子之所答者，常在乎出處去就

㉚，　辭受取與之間㉛。　以伊尹㉜之元聖㉝，　堯舜其君其民之盛德大功，而其本乃在乎千駟㉞一介㉟之不視不取。伯夷、伊尹之不同於孔子也㊱；而其同者則以行一不義，殺一不辜而得天下不爲㊲。是故性也，命也，天也，夫子之所罕言，而今之君子之所恒言也；出處去就，辭受取與之辨，孔子、孟子之所恒言，而今之君子所罕言也。

謂忠與清之未至於仁㊳，而不知不忠與清而可以言仁者，未之有也。謂「不忮不求」之不足以盡道，而不知終身於忮且求而可以言道者㊴，未之有也。我弗敢知也。

愚所謂聖人之道者如之何？曰「博學於文」，曰「行己有恥」。自一身以至於天下國家，皆學之事也；自子臣弟友以至出入往來、辭受取與之間，皆有恥之事也。「恥之於人大矣。」不恥惡衣惡食㊵，而恥匹夫匹婦之不被其澤㊶，故曰：「萬物皆備於我矣，反身而誠㊷。」嗚呼！士而不先言恥，則爲無本之人；非好古而多聞，則爲空虛之學。以無本之人，而講空虛之學，吾見其日從事於聖人而去之彌遠也。雖然，非愚之所敢言也，且以區區之見私諸同志而求起予㊸。

【注釋】①比：近來。往來南北：清兵南下時，顧炎武在蘇州參加了抗清鬥爭。失敗後，往來於山東、河北、山西、陝西一帶。②長：年長者。推：尊重。③問道於盲：向瞎子問路。④竊：私下。自謙之詞。⑤百餘年以來之爲學者：指明代王守仁之後的一些理學家，如王畿、王艮等。⑥命：性命。夫子：孔子。罕：少。語出《論語・子罕》。⑦子貢：孔子的弟子，姓端木，名賜。語出《論語・公冶長》。⑧數：屢次。語：告訴。⑨其：指孔子。行己有恥：持身要有廉恥。語出《論語・子路》。⑩好古敏求：愛好古代的學問，勤勉地探求。語出《論語・述而》。⑪學：凡。危微精一：指爲堯舜禹心心相傳的精微之道。⑫但：只。允：確實。天祿：上天的賜予。語出《論語・堯曰》。⑬循：遵循。⑭下學而上達：從初步學起，才可以通達高深。語出《論語・憲問》。⑮顏子：孔子弟子顏回，字淵。幾乎：近乎。聖：聖人。⑯博：使我淵博。語出《論語・子罕》。⑰其：指孔子。哀公：魯哀公。明善：明辨善惡。語出《禮記・中庸》。⑱曾子：孔子弟子曾參。⑲子夏：孔子弟子卜商。⑳篤志：志向堅定。㉑切問：切實發問。近思：不作空想，所想切近。語出《論語・子張》。㉒門人：弟子。學者：

求學的人。㉓區以別：加以區分。語出《論語·子張》。㉔一：總。㉕識：記住。語出《論語·衞靈公》。㉖祧東魯：不以孔子爲祖。祧：超越。指在傳承上超越。東魯：指孔子，孔子是魯國人。二帝：指堯舜。㉗弗：不。㉘諄諄：敎誨不倦。㉙萬章、公孫丑、陳代、陳臻、周霄、彭更：都是孟子的弟子。㉚出：做官。處：隱居。去：辭官。就：接受官職。㉛辭：不接受。受：接受。取：受人禮物。與：給人禮物。㉜伊尹：湯時的大臣。㉝元聖：大聖。㉞駟：四匹馬共拉的一輛車。㉟介：同「芥」，細物。㊱伯夷：商代末年孤竹君之子，不贊成武王伐紂，商亡，不食周粟，與其弟叔齊餓死於首陽山。㊲不辜：無罪的人。㊳清：潔身自好。㊴忮（ㄓ）：嫉妒。求：貪求。㊵惡：粗劣。語出《論語·里仁》。㊶匹夫匹婦：普通男子和女子。被：受。澤：恩澤。語出《孟子·萬章上》。㊷反身：自省。語出《孟子·盡心上》。㊸私：私下。起：啓發。

【鑑賞】顏炎武是明末清初的大學者、啓蒙思想家和詩人。他在經學、音韵學和史學上的造詣是很深的，人們稱他爲清代考據學的開山祖，古韵學的奠基人。他在學術上有如此的成就，與他從小讀書有一個明確的宗旨和比較實際的做學問的方法有很大的關係。這一方面得力於家庭的正確指導，也得之於自己的經驗積累。長期的積累又形成了他自己的明確主張。他有許多文章專門論述這個問題，本文就是其中之一。它原是中年北遊以後給朋友的一封書信，但以討論治學爲中心，具有嚴密的論析，可視爲一篇論說文。在這篇文章裏，作者把讀書，做學問，視爲與自己的品德節操相關聯而密不可分的問題來對待，從哲學和人生觀的高度來闡述問題，可謂高瞻遠矚，視野寬廣。

顏炎武生當明末清初的動亂年代，也卽有人所說的「天崩地解」的時期。明末政治的腐敗，社會的危機，激發了年輕的顏炎武去深入思考，用時代的要求去檢驗傳統的精神文化遺產，探索社會前進的動向。後來，他在治學方面形成的一個突出主張就是「經世致用」，反對空談，特別是反對在有明一代影響極大的王守仁學派的空談性命之學。同時，他又批判宋代理學的某些主張，認爲宋儒所倡導的理學是與孔子的設身於經世之學而明理的根本主張相乖違的。他的這一主張具有鮮明的時代性。他認爲長期以來讀書人不求經世致用之學正是造成社會無可用之材而引起朝政衰朽，社會動亂，民生凋敝的一個重要原因。他的治學之道，就從這一核心主張出發，而他自己也是這樣去身體力行的。他讀書學習，探求致用之道，三十一歲的時候，投身於江南抗清的鬥爭。失敗以後，身入北方，一邊考察，一邊著書立說，研究社會和民族的復興。在治學方面的根本主張，都凝聚在

這篇文章裏了。

全文分爲四個自然段，第一段爲全文的立論；第二、三段都是駁斥當今學者的治學態度的，但前者著重從治學的目的，後者從處世的態度上進行批評。最後一段進行總結，正面提出「博學於文，行己有恥」的主張。

在第一段裏，「比往來南北，頗承友朋推一日之長，問道於盲」，是書信的套話，行文並無囉唆，從表示對「問道」的謙虛一下子轉入正文，沒有一般的寒喧。

「論學」，這是古往今來的許多學者常常討論的題目，它不僅是一個讀書學習的問題，所以顧炎武首先從談治學的目的入手：

　　　竊嘆夫百餘年以來之爲學者，往往言心言性，而茫乎不得其解也。

他從破中來立，首先表示了與時下的學術風氣不同的態度。「爲學」而「言心言性」，這是顧炎武所不贊成的。作者矛頭所指的，是陸王心學給後世帶來的影響。南宋的陸象山和明中葉的王守仁把宋代理學的以「理」爲本體的哲學體系發展成爲以「心」爲本體的體系，使之更系統化、周密化和條理化。提出「天理」就存在於我心之中，「心外無物」、「心外無理」，只是人們「不能不昏蔽於物欲」而不能體現其本性，所以又提出了「致良知」的主張。具體的辦法，就是「須學以去其昏蔽」（見王守仁《傳習錄·答陸原靜書》）。他們提倡以個人的修養去獲得「道心」，戰勝充滿物欲的「人心」。這一學說，在王守仁以後產生極大的影響，這也就是顧炎武在這裏所慨嘆的「百餘年以來」學術界的風氣。他們以純思辨的形式，討論「性」（本性）、「命」（天命）存在的形式，講求個人的修身養性，而置國家民族的危機於不顧。而顧炎武的批判，是從儒家的本義中去發明它的本質，從孔孟的學說中把它們剝離出來，使之成爲無源之水，無本之木，這樣也就達到了立論的目的。下面，我們且看顧炎武論列的依據：

第一條：「命與仁，夫子之所罕言也。」——《論語·子罕》：「子罕言利與命與仁。」按照楊伯峻先生《論語譯注》的解釋爲「利益、命運與仁德三方面的問題，孔子（主動）講起的次數很少。」

第二條：「性與天道，子貢之所未得聞也。」——《論語·公冶長》：「子貢曰：『夫子之文章，可得而聞也；夫子之言性與天道，不可得而聞也。』」子貢從未聽說過孔子談性與天道的問題。

第三條：「其答問士也，則曰『行己有恥』。」——《論語·子路》：「子貢問曰：『何如斯可謂之士矣？』子曰：『行己有恥，使於四方，不辱君命，可謂士矣。』」孔子認爲讀書人的言行中要講求一個「恥」字。

第四條:「其爲學,則曰『好古敏求』。」——《論語·述而》:「子曰:『我非生而知之者,好古敏以求之者也。』」孔子自己說他不是生而知之的人,而是喜歡古代的文化,用勤奮敏捷的態度去求得的。用這一條來批駁對方空虛不學的作風。

第五條: 王學的弟子好作危微精一之說, 這一說法, 出於《尚書·大禹謨》:「人心惟危, 道心惟微, 惟精惟一, 允執厥中」,意思是「人心」總是充滿了一切欲望的, 所以不會安定;「道心」充滿了義理的思想, 但卻很玄妙, 要眞心誠意, 不偏不倚, 都不能過分。據說這是堯傳舜, 舜傳禹的話。但顧炎武卻舉出《論語·堯曰》裏的一段話來批駁。他說《論語·堯曰》記載堯向舜傳告的話中並沒有講前面「危微精一」的一番話,而只講了「允執其中, 四海困窮, 天祿永終。」「孔子很重視保持不偏不倚的正確,特別說到如果天下四海都陷於窮困的話,那麼上天賜給你的統治權就會永遠終止。證明了王學弟子所追求的「危微精一」之說的不可靠, 更不是孔子所提倡的, 相反的, 孔子倒是關心國計民瘼的。

因爲《論語》是記載孔子言行的權威經典,所以顧炎武擺出其中的言語作爲論據, 旣充分駁斥了心學的虛僞空疏, 又藉以樹立了自己的觀點,具有一箭雙雕的效果。但作者的論析並不到此爲止。針對心學的崇尚空談而不務實際的學習,他又從《論語》等經典中列出四條論據,來論證學習的正確態度和方法:

第一條是《論語·憲問》的「下學而上達」。學習要不惜刻苦, 脚踏實地, 從初步學起,才能通達高深的頂端。

第二條是《論語·子罕》的「顏淵喟然嘆曰:『……夫子循循然善誘人, 博我以文, 約我以禮』。」說明孔子重視教授各種知識, 使學生知識廣博而不鑽牛角尖。

第三條是《中庸》裏孔子回答魯哀公問政的一段話: 「不明乎善, 不誠乎身矣……博學之, 審問之, 愼思之, 明辨之, 篤行之。」孔子認爲是非善惡都分不清楚, 談不上誠身修性, 所以最重要的是要「先之以博學」,要用廣博的知識來培養明辨善惡是非的能力。

第四條是《論語·子張》裏子夏所說的話:「博學而篤志, 切問而近思。」廣博地學習, 專誠地對準目標, 切實地提出問題, 脚踏實地地思考, 四者互相關聯, 都是要加以重視的。

以上爲第一段,文章舉孔子的言論來證明當時士人空談性命之學不是眞正的儒學。作者從「行己有恥」和「好古敏求」兩個方面說明治學要把正確的目標和正確的途徑與方法結合起來。

　　第二段重在以「今之君子」與古聖賢作對比。首先是態度的不同，他們「聚賓客門人之學者數十百人……而一皆與之言心言性」，這是沽名釣譽。其次是方法上，他們「舍『多學而識』以求一貫之方」，這又違背了孔子的「博我以文」的博學主張。再次從治學的目的看，他們「置四海之困窮不言而終日講危微精一之說」，這又是違背孔子所說的「四海困窮，天祿永終」的話的。通過對比，顯示出他們的敎義與儒學的眞諦的根本不同，作者並借用《論語‧子張》裏的「譬諸草木，區以別矣」一語來憤怒地指責他們是物以類聚，最後，又以不無諷刺的口吻說他們的主張和做法「是必其道之高於夫子，而其門弟子之賢於子貢，祧東魯而直接二帝之心傳者也」！表示了作者的主張與他們的判斷不同。

　　我們知道，一個學派的學術思想不會總是停止不前的，儒家學說被後代的人作出種種的解釋，說明他們爲著自己的需要，總是在發展著或改造著原來的學說。漢儒是如此，宋儒也是如此，顧炎武又何嘗不是如此呢！顧炎武的思想具有明淸之際的啓蒙思想成分。他的思想理論，與孔子的積極入世，改造社會是一致的，所以他能引用孔子的許多言論來論證自己的主張，但是孔子並非完全不講性、命；至於仁，講得就更多了，因爲這是他的政治理想的核心，孟子又進一步發展了這一思想。所以第三段，顧炎武必須在論述上顧及這一點，留有餘地，避免偏持一端而遭駁難。

　　這一段一開始就承認《孟子》一書言心言性是很多的，但作者隨卽拉回來，與孟子講「出處去就，辭受取與」的地方相比，證明孔孟更重視「行己有恥」的問題。顧炎武舉出了《孟子》一書中的例證：一是孟子肯定伊尹的「千駟一介之不視不取」；另一是孟子對於伊尹、伯夷「行一不義，殺一不辜而得天下不爲」的讚揚。作者並不讚同伊尹、伯夷的思想，認爲他們「不同於孔子」，但他們一言一行講究有「恥」，講求品德和節操，是作者所讚同的。

　　最後一段，作者總結以上的論證，用自己的語言來闡述「博學於文」和「行己有恥」的兩條根本主張。按作者的說法，「有恥」爲作人的根本；而不從古人那裏去追求廣博切實的知識，他的學問就是「空虛之學」，從而再次批判了那些空談性命的迂儒。

　　這篇文章的特點除了大量引證儒家權威的經典以說明自己的見解，批判近儒的乖違孔孟的立場和思想以外，給人的另一個突出的印象是論述異常嚴密，行文周到。邏輯上，作者常常從一正一反兩方面去說明問題。如第三段「是故」以後，用「夫子之所罕言」與「今之君子之所恒言」對比；反過來，又用「孔子、孟子之所恒言」與「今之君子所罕言」對比，看出了兩種思想態度的絕不相同，論辯性極

強。這些地方，都可以看作顧炎武作爲清代考據學的開山祖論析方法的嚴密和注重文章的說服力的特點。

（盧興基）

與 人 書　　顧炎武

《宋史》言，劉忠肅每戒子弟曰①：「士當以器識爲先②，一命爲文人③，無足觀矣。」僕自一讀此言，便絕應酬文字，所以養其器識而不墮於文人也。懸牌在室，以拒來請，人所共見，足下尚不知耶？抑將謂隨俗爲之而無傷於器識邪④？中孚爲其先妣求傳再三⑤，終已辭之，蓋止爲一人一家之事，而無關於經術政理之大⑥，則不作也。

韓文公起八代之衰⑦，若但作《原道》、《原毀》、《爭臣論》、《平淮西碑》、《張中丞傳後序》諸篇，而一切銘狀概爲謝絕⑧，則誠近代之泰山北斗矣⑨；今猶未敢許也⑩。此非僕之言，當日劉乂已譏之⑪。

【注釋】①劉忠肅：名摯，字莘老，宋代東光（今河北省東光縣）人。官至侍御史、右僕射，諡忠肅。戒：警戒。②器識：器度見識。③命：命名。④抑將謂：或者是這樣想。⑤中孚：李顒，字中孚，清初的著名學者。先妣：死去的母親。傳：傳記。⑥經術政理：經學和政治。⑦韓文公：韓愈。八代：東漢、魏、晉、宋、齊、梁、陳、隋。語出蘇軾《韓文公廟碑》。⑧銘狀：墓誌銘、傳、狀等。⑨泰山北斗：比喻最可崇敬的人。⑩許：許可。⑪劉乂：唐代詩人。《新唐書·韓愈傳》附《劉乂傳》：「（劉乂）聞愈接天下士，步歸之。……後以爭語不能下賓客，因持愈金數斤去，曰：『此諛墓中人得耳，不若與劉君爲壽。』」

【鑑賞】本文爲顧炎武與友人的書信之一，爲辭謝對方的文字之求而作的復信。這類文字之求，主要是指有關個人的墓誌、碑狀之類，其中大多與研究學問，國計民生毫無關係。作者一貫主張治學的目的爲經世致用，做人要「行己有恥」，

立身處世有嚴格的要求，凡是違背了這一原則的，即使是親朋友好，他亦不惜拒絕。我們從他的這封書信中，可以看到他的這一高尚節操。

全文以書信常用的敍述爲主，夾敍夾議。這是爲了要說清拒絕對方所請的理由，有針對性地議論，態度堅決、嚴肅，但又說得委婉服人而不刺傷對方。這在方面，這篇書信是很出色的。

首先，作者引古人的言行，用由遠及近的方法，講了一通「士當以器識爲先」的大道理，而自己是由於聽從了這一道理才決心謝絕作「應酬文字」的，大前提樹在前，使對方無從計較。而且開門見山即表明了自己的態度。這裏的「器識」，是指一個人的大志和理想，開闊的襟懷和識見。如果缺乏這些，只知舞文弄墨，便會成爲劉摯（即文中的劉忠肅）所說的「文人」——這個詞在這裏是貶義。作者所說的「應酬文字」，便是這種文人筆下的無聊玩意兒，於國計民生無補。作者不願做這樣的文人，並且說明早已「懸牌在室，以拒來請」，不是自今日始，所以不便於打破這一自戒。這樣說，就比較委婉。接著作者再舉出，他過去曾經拒絕過好友李中孚「爲其先妣求傳再三」的事例，說明已有成例在先，非關交情。以上三句話，說了三件事：一，古書古人的教導；一，懸牌自戒；三，已有例在先。每句一層意思，言簡意賅，用的是敍述的方式，其實是舉的三條理由，證明自己拒絕的原因，不過說得比較委婉一些罷了。最後作者表明「止爲一人一家之事，而無關於經術政理之大」的事不爲的原則態度。在委婉中表現了嚴肅性，使對方無可非議。

第二段，作者又舉唐代大文豪韓愈爲例，再次重申自己不能答應朋友的請求的原因。這一段話，譬近而意遠，含義是很深的。韓愈好爲人作諛墓之作，在他的文集裏充斥著這類無謂的歌功頌德的文章，在歷史上是頗受到人們的非疵詬病的。文中也舉了「劉义已譏之矣」爲證。這裏，既是作者以史家的眼光對韓愈的品評，又表明了自己的態度，字裏行間又深寓著作者對這位友人的勉勵。

通觀全文，沒有一句正面拒絕的話，作者講古書上的事，敍自己「所以養其器識而不墮於文人」，「懸牌在室」而怪朋友未看見，說自己曾不得已而辭謝過另一朋友的文字之請，說得合情合理，既是自勉，又是勉人，較之直截了當地拒絕更有說服力，不僅使對方無辭以對，還能起到幫助友人認識這一問題的嚴肅性的目的。文詞簡練而含義深遠，代表了顧炎武散文的風格。

（盧興基）

復　庵　記

顧　炎　武

　　舊中涓范君養民①，以崇禎十七年夏②，自京師徒步入華山爲黃冠③。數年，始克結廬於西峰之左④，名曰復庵。華下之賢士大夫多與之游；環山之人皆信而禮之⑤。而范君固非方士者流也⑥。幼而讀書，好《楚辭》；諸子及經史多所涉獵⑦。爲東宮伴讀⑧。方李自成之挾東宮二王以出也⑨，范君知其必且西奔，於是棄其家走之關中⑩，將盡厥職焉⑪。乃東宮不知所之，而范君爲黃冠矣。

　　太華之山⑫，懸崖之巔，有松可蔭，有地可蔬，有泉可汲，不稅於官，不隸於宮觀之籍⑬。華下之人或助之材，以創是庵而居之。有屋三楹，東向以迎日出。

　　餘嘗一宿其庵。開戶而望，大河之東⑭，雷首之山⑮蒼然突兀⑯，伯夷叔齊之所采薇而餓者，若揖讓乎其間⑰，固范君之所慕而爲之者也。自是而東，則汾之一曲⑱，綿上之山出沒於雲烟之表⑲，如將見之；介之推之從晉公子，旣反國而隱焉⑳，又范君之所有志而不遂者也㉑。又自是而東，太行、碣石之間㉒，宮闕㉓山陵㉔之所在，去之茫茫㉕，而極望之不可見矣，相與泫然㉖！

　　作此記，留之山中。後之君子登斯山者，無忘范君之志也。

【注釋】①舊：指明朝。中涓：內侍太監。范養民。爲明朝太監。②以：在。崇禎：明思宗年號。崇禎十七年：公元1644年。③京師：京城。這裏指明都北京。華山：在今陝西省華陽縣境內。黃冠：道士。④克：能。⑤禮：此作動詞用，尊敬。⑥方士：有方術的人。⑦涉獵：泛泛讀書。⑧東宮：指太子。伴讀：陪伴太子讀書。⑨東宮二王：指思宗太子朱慈烺和定王朱慈炯、永王朱慈炤。⑩走：速行。之：往。關中：指今陝西省。⑪厥：他的。⑫太華之山：華山。⑬隸：屬。宮觀：道士廟。籍：登記簿。⑭大河：黃河。⑮雷首之山：首陽山，在今山西省永濟縣南。⑯蒼然：深青色。⑰揖讓：拱手爲禮。⑱汾之一曲：汾河的一個曲折處。汾河，在今山西省內。⑲綿上之山：介山，在今山西省介休縣。⑳反：同「

返」。隱: 居。㉑不遂: 沒有成功。㉒太行、碣石之間: 指北京。北京在太行山之東, 碣石山之西。㉓宮闕: 皇宮。㉔山陵: 帝王的陵墓。㉕去: 離開。㉖泫(ㄒㄩㄢˋ)然: 流淚的樣子。

【鑑賞】據淸人張穆的《顧亭林先生年譜》載, 此文作於康熙二年 (1663) 顧炎武五十一歲時, 距明亡已經十九年了。這一年, 作者初歷西北, 登覽了著名的西岳華山。這次游歷, 就住在這所復庵裏。

復庵是明朝太監范養民於明亡後隱居華山的居所。這時, 范氏已不在人世。作者借對范養民其人的生平事迹和復庵的記敍, 抒發了自己對於明室的懷念和哀痛。

全文四段: 第一段著重寫復庵的主人范養民; 第二段寫復庵的環境和特點; 第三段寫作者游歷的觀感; 第四段結尾, 說出作者爲文的目的。層次分明, 結構謹嚴。

李自成的起義軍敗撤時, 把太子慈烺和定王慈炯、永王慈炤挾持出北京, 范養民出於對明王朝的忠誠尾隨至陝西。在未找到東宮和二王的下落的情況下出家做了黃冠道士, 並創建了這座「復庵」, 從此隱居下來。文章的第一段以簡略的文筆記敍了這一過程。字裏行間, 可以看出作者對他的忠貞操守的贊揚。說他雖爲「舊中涓」(過去的太監), 不惜「徒步入華山」, 終於「爲黃冠」, 不願出來再做事, 因而獲得了人們的好感與尊敬。寥寥數筆, 在客觀的敍事中見出褒揚。文章的起始, 需要明快簡括而忌拖沓。至於范養民其人, 其實還應該有許多需要向讀者交代的事, 在敍完他的突出事迹以後, 作者才用倒敍的方式補充說: 他原非方士者流, 是因爲自幼讀書才懂得了做人的大道理。這是說他之所以講求節操的原因。他陪伴東宮太子讀書, 在太子和二王被挾持而去的時候, 棄家出走, 尾隨至關中尋訪, 是爲了盡他的本職, 後來才不得已而做道士的, 後面的這些敍述, 是對前面「自京師徒步入華山爲黃冠」一句的詳細交代, 使我們更深一步地了解范氏, 同時也就說出了「華下之賢士大夫多與之游; 環山之人皆信而禮之」的原因。實際上, 還以未寫出的筆墨說出了作者寫這篇《復庵記》的動機。

第二段, 作者寫復庵所在的華山一帶自然環境。「太華之山, 懸崖之巓, 有松可蔭, 有地可蔬, 有泉可汲」, 通過對山川形勝的描寫抒發了作者的無比向往和贊頌之情。文章特別點出「不稅於官, 不隸於宮觀之籍」, 是欲強調此地爲淸人王化不及之地。范養民隱居於此, 正適合他的遺民身分。這一段, 作者略寫, 因爲作者的重點不在寫景。其中, 三個「有……可……」的句式, 既寫景, 也表

現了作者的贊賞，文字的簡練，很值得我們學習。

　　第三段，寫作者「一宿其庵」的具體觀感，但他僅僅擇取了「開戶而望」的角度來舖展，不及其餘，在寫景中又抒發了自己的強烈的懷念故國之情。寫法上，從觀覽者出發，由近及遠，分三個層次展開。第一個層次，是近望近臨華山的「大河之東」、「雷首之山」，由此聯想到伯夷、叔齊在商亡後，耻食周粟而餓死於此的故事。第二個層次是略往遠望，看到「汾之一曲」和「綿上之山出沒於雲烟之表」。因而聯想到春秋時介子推幫助晉公子重耳復國，功成不受賞而隱居於此的歷史。第三個層次是再往遠望，在「太行、碣石之間，宮闕山陵之所在……」故明的皇室宮苑、帝王的陵園，似乎歷歷在目。這裏，說明了范養民在修建這座復庵時爲什麼選擇了這一朝向：「有屋三楹，東向以迎日出」。通過作者「開戶而望」的描寫，讀者才領會了結尾第四段中所說的「范氏之志」。同時從即景抒懷中，實際也表達出了作者自己的懷念故國的深情和效仿范養民不屈膝事清的決心。這種有選擇的，富有聯想的寫景是頗別緻的。

　　聯繫到顧炎武的詩文主張，聯繫他所說的「無關於經術政理之大則不作」的志向，這篇作品也是有爲而發之作。范養民與他的復庵，和明代亡國的一段沉痛歷史聯繫在一起，因此才激發起作者如此深沉而激動的心情，以故國之思念發而爲此文，並且緊扣住這一主題。文章有記述，有抒情，記述和抒情又常常結合在一起。

　　文章的基本思想在於表達作者的亡國之痛和不屈於異族統治之情，這是應予肯定的，至於我們對明亡的歷史應如何總結，對范養民其人應如何全面評價，則不在本文所要分析的範圍，這裏就不予置論了。

（盧興基）

夸　　毗　　　　顧炎武

　　「天之方懠，無爲夸毗。」①《釋訓》曰：「夸毗，體柔也。」（〔原注〕《後漢書·崔駰咽傳》注：「夸毗，謂佞人足恭，善爲進退」。）天下惟體柔之人，常足以遺民憂②而召天禍③。夏侯湛有云④：「居位者以善身爲靜⑤，以寡交爲愼⑥，以弱斷爲重⑦，以怯言爲信⑧」（〔原注〕《抵疑》）

白居易有云:「以拱默保位者爲明智⑨, 以柔順安身者爲賢能, 以直言危行者爲狂愚⑩, 以中立守道者爲凝滯⑪。故朝寡敢言之士, 庭鮮執咎之臣⑫, 自國及家, 浸而成俗⑬。故父訓其子曰:﹝無介直以立仇敵⑭。﹞兄敎其弟曰:﹝無方正以賈悔尤⑮。﹞且愼默積於中⑯, 則職事廢於外⑰; 強毅果斷之心屈⑱, 畏忌因循之性成⑲。反謂率職而居正者不達於時宜⑳, 當官而行法者不通於事變。是以殿最之文⑳, 雖書而不實; 黜陟之典㉒, 雖備而不行。」(〔原注〕《長慶集·策》)羅點有云㉓:「無所可否, 則曰得體㉔; 與世浮沉, 則曰有量。衆皆默, 己獨言, 則曰沽名; 衆皆濁, 己獨清, 則曰立異。」(〔原注〕《宋史》本傳) 觀三子之言, 其於末俗之敝㉕, 可謂懇切而詳盡矣。

　　至於佞諂日熾, 剛克消亡㉖; 朝多沓沓之流㉗, 士保容容之福㉘, 苟由其道㉙, 無變其俗, 必將使一國之人皆化爲「巧言令色孔壬」而後已㉚。然則喪亂之所從生, 豈不階於夸毗之輩乎㉛? (〔原注〕樂天㉜作《胡旋女》㉝詩曰:「天寶季年時欲變㉞, 臣妾人人學圓轉㉟。」是以屈原疾楚國之士㊱, 謂之如脂如韋㊲, 而孔子亦云:「吾未見剛者。㊳」

【注釋】①天之方懠(ㄐㄧ), 無爲夸毗: 語出《詩經·大雅·板》。天: 指周厲王。懠: 怒。夸毗(ㄎㄨㄚ ㄆㄧˊ); 巧言令色。②遺: 給。③召: 引起。禍: 降災。④夏侯湛: 字孝若, 晋朝譙人。⑤居位者: 做官的人。善身: 獨善其身。⑥寡交: 少與人往來。⑦弱斷: 優柔寡斷。重: 持重。⑧怯言: 不敢說話。信: 沒有差誤。⑨拱默: 拱手而默無一言。⑩危行: 正道直行。⑪中立: 獨立。守道: 保持正道。凝滯: 不爽快。⑫庭: 朝廷。鮮: 少。執咎: 糾正過失。語出《詩經·小雅·小旻》。⑬浸(ㄐㄧㄣ): 逐漸。⑭介直: 耿直。⑮方正: 正直。賈: 招致。尤: 罪過。⑯愼默: 愼重沉默。⑰職事: 份內事。⑱強毅: 堅強剛毅。⑲畏忌: 懼怕。⑳率職: 盡職。達: 通達。時宜: 當時之所宜。㉑殿: 成績最差。最: 成績最好。㉒黜: 罷免。陟(ㄓˋ): 進用。典: 法。㉓羅點: 字春伯, 宋崇仁(今江西崇仁縣)人。㉔得體: 恰到好處。㉕末俗: 晚近的風俗。㉖克: 勝。《尚書·洪範》:「三德: 一曰正直, 二曰剛克, 三曰柔克」㉗沓沓: 怠緩的樣子。㉘容容: 隨波浮沉。㉙由: 循行。㉚孔: 甚。壬: 佞。《尚書·皋陶謨》:「何

畏乎巧言令色孔壬。」㉛階：起始。㉜樂天：白居易。㉝胡旋女：作胡旋舞的女子。㉞天寶：唐玄宗年號。季年：末年。㉟圓轉：圓滑。㊱疾：恨。楚國之士：指楚國的佞諂小人。㊲脂：油脂。韋（ㄨㄟˊ）：經過加工的柔軟皮革。語出《楚辭‧卜居》：「將突梯滑稽，如脂如韋以潔楹乎？」㊳吾未見剛者：語見《論語‧公冶長》。

【鑑賞】本文選自顧炎武的《日知錄》。《日知錄》一書，據他的學生潘耒《日知錄序略》稱，係顧炎武「稽古有得，隨時劄記，久而類次成書」的一部學術筆記類著作。它的書名，係取《論語‧子張》：「日知其所亡（無），月無忘其所能，可謂好學也已矣」的意思。作者又把此書的寫成比喻為「古人採銅於山」（《與人書》十），是一部積「平生之志與業」（《又與友人論門人書》）的著作。作者又說他是抱著「明學術，正人心，撥亂世，以興太平之事」的強烈願望而著成此書的，因此有它完整的體系。《夸毗》，就是借著對「夸毗」一詞的來源出處和後人的考釋的分析，來對屈己卑身的那種人作尖銳的批評。寫法上借考證來評論。

　全文共兩大段：前段主在考證「夸毗」一詞的來源出處和歷史現象，後段分析和歸納「夸毗」一事的危害。

　「夸毗」一詞晦澀難明。作者在一開始所引的「天之方懠，無為夸毗」二句，見之於《詩經‧大雅‧板》，大約這是用得最早的地方。接著就引《釋訓》對它的解釋，說：「夸毗，體柔也。」（筆者按，毛亨的原釋為「夸毗，體柔人也」。此處可能有脫漏）作者唯恐還不足證，又加注引《後漢書‧崔駰傳》注裏的更為具體的解釋，說「夸毗」是指那種用花言巧語取媚於人的小人善於做出一副躬身事人，兩足時進時退的醜態。（「夸毗，謂佞人足恭，善為進退。」）接著作者用「天下惟體柔之人，常足以遺民憂而召天禍」一句話，指出這種人於國於民會帶來無窮的危害。這句話，可視為作者對「夸毗」者的結論，也是此條考證的中心。

　接著，作者引了夏侯湛、白居易和羅點三人的話來論證自己的結論。

　夏侯湛在《抵疑》中說，做官的人把獨善其身視為有「靜」的美德，以少與人交往，不求賢，不謀事為謹慎，以優柔寡斷為老成持重，以遇事退避，不敢表示自己的意見為能不犯差錯。作者引用在這裏的意思是想說明這是顛倒美醜是非標準的，因為做官的人不應僅僅獨善其身，而應該做到兼濟天下。所以這類人是屬於「夸毗」之列。

　作者所引的第二例為白居易的文章。白居易所說的有的人遇事保守，拱著手，保持沉默，以為這是明智；順從別人，明哲保身，以為這是賢能者；敢於挺身而出，不怕險惡，坦率直言被視作狂愚；不阿附，守正道的人被視為凝滯不

化。白居易認爲，在這種道德標準顚倒之下，才出現於國於家都極有危害的後果：「故朝寡敢言之士，庭鮮執咎之臣」，這是指國；「故父訓其子曰：『無介直以立仇敵。』……」這是指家。總的後果是「愼默積於中，則職事廢於外；強毅果斷之心屈，畏忌因循之性成。反謂率職而居正者不達於時宜，當官而行法者不通於事變。是以殿最之文，雖書而不實；黜陟之典，雖備而不行。」意思是，朝廷裏滿是謹小愼微，遇事緘默的人，而天下應做的大事無人去做；堅強果斷之心喪失了，畏首畏尾，因循保守的習性倒養成了。在此情況下，反而把忠於職守，品格端正的人視爲不通時務，把做官能秉公執法的人視爲不懂得權變。官吏考績，雖然也寫著優劣好壞的評語，卻並不眞實；明明擺著官吏升降的條令卻並不認眞執行。顧炎武認爲白居易在這裏所說的，就是「夸毗」造成的社會惡果。

南宋羅點有言論談到這種社會風氣。在《宋史》本傳中曾記述他的話說：「無所可否，則曰得體；與世浮沉，則曰有量。衆皆默，己獨言，則曰沽名；衆皆濁，己獨清，則曰立異。」顧炎武認爲，這也是「夸毗」帶來的社會惡果。

引用夏侯、白、羅三人的言論，是想證明「夸毗」之害，早已存在，歷史已有「懇切而詳盡」的記載，同時也爲了證明前面作者的觀點：「天下惟體柔之人，常足以遺民憂而召天禍。」

第二段由歷史的現象引出作者自己的分析。夏侯、白、羅三人所說的，只是一種社會現象，而本段通過作者進一步的闡述，歸納出它的根源：「然則喪亂之所從生，豈不階於夸毗之輩乎？」在所作的注裏，作者引白居易《胡旋女》中的二句詩：「天寶季年時欲變，臣妾人人學圓轉。」語義雙關地認爲大亂之來，皆由於人們學會了「圓轉」（圓滑）。文中：「佞諂日熾，剛克消亡；朝多沓沓之流，士保容容之福。」這是兩組對仗句，以「佞諂」與「剛克」對擧，「朝」和「士」並列，效果更爲鮮明。古代散文中，常常在散句中運用駢儷整齊的排比句或對仗句式，可以增添文章的音樂美，朗讀起來，鏗鏘上口。最後，作者又引屈原和孔子的言論，更足以表明作者對於夸毗者的深惡痛絕的態度。

這篇短文，作者從解釋「夸毗」入手，深入引導讀者對「夸毗」作理性的認識，再上升爲對於某種世俗道德和風氣的批判，表現作者強烈的愛憎感情。在寫法上，全篇幾乎都是由引語組成，這是由《日知錄》一書的性質所決定的，但材料的組成，卻是由作者的觀點統率著。作者以引述的材料，形成爲文章內部的邏輯推導，可視爲一篇極爲特殊的論說文。文字簡賅，分析卻極透闢。

（盧興基）

廣宋遺民錄序　　　顧 炎 武

　　子曰:「有朋自遠方來,不亦樂乎①?」古之人學焉而有所得,未嘗不求同志之人,而況當滄海橫流,風雨如晦之日乎②?於此之時,其隨世以就功名者固不足道,而亦豈無一二少知自好之士③?然且改行於中道④,而失身於暮年,於是士之求其友也益難。而或一方不可得,則求之數千里之外;今人不可得,則慨想於千載以上之人。苟有一言一行之有合於吾者,從而追慕之,思爲之傳其姓氏而筆之書⑤。嗚呼!其心良亦苦矣⑥。

　　吳江朱君明德⑦,與僕同郡人,相去不過百餘里而未嘗一面。今朱君之年六十有二矣,而僕又過之五齡,一在寒江荒草之濱,一在絕障重關之外,而皆患乎無朋。朱君乃採輯舊聞,得程克勤⑧所爲《宋遺民錄》而廣之⑨,至四百餘人。以書來問序於余,殆所謂一方不得其人,而求之數千里之外者也。其於宋之遺民,有一言一行或其姓氏之留於一二名人之集者,盡舉而筆之書,所謂今人不可得,而慨想於千載以上之人者也。

　　余既耄聞⑩,且耄矣⑪,不能爲之訂正,然而竊有疑焉:自生民以來⑫,所尊莫如孔子,而《論語》、《禮記》皆出於孔氏之傳,然而互鄉之童子⑬,不保其往也;伯高之赴,所知而已⑭;孟懿子、葉公之徒⑮,問答而已;食於少施氏而飽,取其一節而已⑯。今諸系姓氏於一二名人之集者,豈無一日之交而不終其節者乎?或邂逅相遇而道不同者乎?固未必其人之皆可逃也。然而朱君猶且眷眷於諸人,而並號之爲遺民,夫亦以求友之難而托思於此歟?

　　莊生有言:「子不聞越⑰之流人乎⑱?去國數日,見其所知而喜;去國旬月,見所嘗見於國中者喜;及期年也⑲,見似人者而喜矣。」余嘗遊覽於山之東西⑳、河之南北十餘年㉑,而其人益以不似㉒。及問之大江以南,昔時所稱魁梧丈夫者,亦且改形換骨,學爲不似之

人。而朱君乃爲此書，以存人類於天下，若朱君者，將不得爲遺民矣乎？因書以答之。吾老矣，將以訓後之人，冀人道之猶未絕也㉓。

【注釋】①「有朋」句：語見《論語‧學而》。②風雨如晦：語見《詩經‧鄭風‧風雨》。晦：昏暗。③自好之士：潔身自好的人。④改行於中道：指中途變節。⑤筆：這裏用作動詞，寫。⑥良：誠然。⑦吳江：今江蘇省吳江縣，明代屬蘇州府。朱明德：字不遠，少治經義，明亡後隱居，作《宋元遺民錄》。⑧程克勤：名敏政，安徽省休寧人，明代文學家，編著有《宋遺民錄》、《明文衡》等。⑨廣：擴充。⑩尠（ㄒㄧㄢˇ）聞：寡聞，見識少。⑪耄（ㄇㄠˋ）：年老。⑫生民：人類。⑬互鄉：地名。互鄉之童子，不保其往：語出《論語‧述而》，大意是說，孔子接見互鄉的童子，只是因爲他當時有上進心，並不是說他過去沒有錯誤。往：指往日的行爲。⑭伯高之赴：伯高死後，孔子弔喪，語見《禮記‧檀弓上》。赴：弔喪。所知：相識。⑮孟懿子、葉（ㄕㄜˋ）公之徒，問答而已：孔子和孟懿子、葉公只是有過問答而已。孟懿子：卽春秋時魯大夫仲孫何忌，曾問孝於孔子，見《論語‧爲政》。葉公：楚國葉縣尹沈諸梁，字子高。《論語‧子路》：「葉公問政。子曰：『近者悅，遠者來。』」⑯食於少施氏而飽，取其一節而已：語出《禮記‧雜記下》，「孔子曰：『吾食於少施氏而飽，少施氏食我以禮。』」少施：複姓，魯惠公子施父之後。⑰越：越地。⑱流人：流放的人。⑲期年：一周年。⑳山：太行山。山之東西：指山東、山西。㉑河之南北：指河南、河北。㉒益以不似：越發不象。㉓人道：人倫之道。

【鑑賞】《廣宋遺民錄》是清初朱明德在明人程克勤所輯《宋遺民錄》的基礎上增廣補輯而成的一部書。本文卽顧炎武爲它所作的序。

公元1279年，宋爲元滅，許多忠於宋室的遺民，採取了與元統治者不合作的態度，堅持了崇高的民族氣節。他們的事跡散見於後來的許多文字記載之中。程克勤把它勾稽出來，編成了《宋遺民錄》，以示對他們的忠貞節操的旌揚，使他們的事跡不致泯沒。公元1644年，清軍入關，中原易主，宋元易代的歷史，幾乎以相同的面貌重現。至公元1661年，南明幾個小朝廷的抗清鬥爭先後失敗，許多堅持民族氣節而不願臣服於清的暴力統治的人或散走四方，或削髮爲僧，或隱居不仕，堅持了遺民的立場。朱明德輯補《廣宋遺民錄》的用意，就是欲借宋遺民的事跡表彰明遺民的堅貞節操，鼓勵人們做一個深明民族大義的人。

據顧《序》說朱明德與炎武同郡人，相去不過百餘里而未嘗一面，但朱氏對

顧炎武的爲人和操守極爲敬佩，認爲和自己一樣，是志同道合的人，所以寄書請他爲自己的《廣宋遺民錄》作序。顧作此序時，正在陝西華陰，時年已六十七歲，長朱五歲，值康熙十八年(1679)，距清兵入關已三十五年，距南明永曆朝的覆亡也已十八年。這時清政權已基本鞏固。隨著歲月的流逝，一些遺民已經去世，也有一部份人終於未能堅持自己的民族節操而出山了，或參加科舉考試，或應博學鴻儒徵辟，而爲清政權服務。顧炎武此序就是以討論這一問題爲中心而展開的。

全文共四段：第一段慨嘆時勢之變化，欲求志同道合之友之難第。二段接下，敘朱氏輯書和作者作序的緣起。第三段寫作者目擊明遺民的變節，對所輯的宋遺民的事跡是否代表了他們的終身節操提出了懷疑。第四段借莊子的言論，對中道變節者作痛切批判，同時也對朱氏輯書的勤勞和良苦用心表示贊許並寄以同情。

俗話說，文章開頭難。有的文章開門見山，起首有氣勢，有的文章淡淡而入，由他事引入正題，娓娓而談，此文屬於後者。作者先引《論語》：「有朋自遠方來，不亦樂乎」，從交友之道談起，毫不涉及《廣宋遺民錄》一書。在第一段裏，作者的敘述順序是這樣的：由孔子的話說明求友本是樂事，推論出所以要求友。身處國土淪喪，「滄海橫流，風雨如晦之日」就更需要得到心懷故國的同志之人爲友。但是隨著歲月的流逝，民族遺恨漸漸淡漠，「於此之時，其隨世以就功名者固不足道」，新一代的讀書人，不知亡國之恨未曾經歷明清易代之際的慘痛歷史，缺乏易服剃髮之恥，他們去讀書做官或者還情有可原，然而，「亦豈無一二少知自好之士」懂得民族大義的麼！尤其是那些身受「大明」國恩，曾爲前朝臣民，又表示過要堅守民族氣節的人，紛紛「改行於中道，而失身於暮年」，終於去做異族的臣子了，這是顧炎武認爲不可原諒的。但這畢竟是嚴酷的事實，作者只能無可奈何地慨嘆「於是士之求其友也益難」了。以上是他提出「求之數千里之外」和「慨想於千載以上之人」的現實基礎，並且引出「傳其姓氏而筆之書」的動機。概括起來，本段敍述的順序可以這樣表示：交友之樂──求友──求友之難──慨想於千載之上──輯書求友。求友實際也就隱含了朱明德輯這部書的良苦用心。全段未提此書，而句句都有關於此書，富有深意。行文中，對於原來的朋友中的中道變節的問題，也沒有直接加以斥責，只是在慨嘆中表示自己的惋惜，寫來委婉深致，含蓄不露。

第二段，順勢而下，說出朱氏輯書，作者爲序的深刻用意。他說，朱君輯書，是欲寄托自己的遺民思緒，而作者同意爲之作序，也是由於與作者有相同的感情和動機。在行文中有兩點要注意：一，從朱氏與作者來說，二人同郡而「未嘗一面」，現在呢，「一在寒江荒草之濱」，「一在絕障重關之外」，這就照應了上

段「而或一方不可得，則求之數千里之外」。二，以二人之於宋代遺民來說，正是所謂「令人不可得，則慨想於千載以上之人」也，同樣照應了上段。

一般地說，為某書作序，也可以算是一篇書評，序者可以對書的內容以至體例提出自己的是非得失的看法和褒貶。但此書係輯錄自前代的文獻資料，來源出處有所本，這一點無可置評，也就是序者在第二段裏所說的：「其於宋之遺民，有一言一行或其姓氏之留於一二名人之集者，盡舉而筆之書」。這樣做，也無可非議的，但是這些材料是否都可靠呢？根據作者在第一段所說的自己已目擊的許多人「改行於中道，而失身於暮年」的事實，所以在第三段裏，作者表示儘管「余既耄聞，且耄矣」，對於材料問題，「不能為之訂正」。但是僅憑「一言一行」的記載，此人是否全節以終，是「竊有疑焉」的。所以作者舉了古書的幾個例子來證明這一看法：

第一條，《論語・述而》：「互鄉難與言，童子見，門人惑。子曰：『與其進也，不與其退也，唯何甚？人潔己以進，與其潔也，不保其往也。』」意思是說，互鄉（今江蘇省沛縣）這地方的人難與交談。一個少年得到孔子的接見，弟子不理解。孔子解釋說，我贊成他的進步，不贊成他的退步，何必做得太過呢。人家把自己打扮乾乾淨淨而來，便當贊成他乾乾淨淨的一面，不能保證他以往怎麼樣。由此說明，古人古書對某人一言一行的贊揚，並非對其全人的評價。「互鄉之童子，不保其往也」，孔子贊揚了一童子，但並不能作為他一生的斷語。

第二條，《禮記・檀弓上》：「伯高死於衛，赴於孔子。孔子曰：『兄弟，吾哭諸廟。父之友，吾哭諸廟門之外。師，吾哭諸寢。朋友，吾哭諸寢門之外。所知，吾哭諸野。於野則已疏，於寢則已重。』」對於不同親疏的人去世，哀悼時要有所區別。伯高是孔子的朋友，所以孔子只是到郊外號哭。此段，顧炎武說：「伯高之赴，所知而已」，即是說，孔子與伯高的關係比較起來很一般，因此，古代史書文集中記敍到一個人物，作者與他也不一定很深，不一定了解他的全人，很難窺見一個人的全貌。

第三條，關於孟懿子，出於《論語・為政》；第四條，關於葉公，見於《論語・子路》。在這兩條材料裏，各自記載了孔子與孟懿子和葉公子高的簡短對話。所以顧炎武據《論語》認為孔子與孟懿子和葉公子高並無深交，只有二人互相問答的記載，也就難以據此摘出作為對二人的褒貶。

第五條例證，《禮記・雜記下》：「吾食於少施氏而飽，少施氏食我以禮。」孔子肯於吃少施氏的飯食，是由於少施氏對待孔子很有禮節。所以顧炎武說：「食於少施氏而飽，取其一節而已」。孔子其實與少施氏也無深交，不能據以斷言

孔子贊揚其全人。

　　所以，作者認爲，在一二名人之集中有姓名的人，難道不會有僅僅是「一日之交」，而不能終身保持他的節操的人嗎？或者僅僅是「邂逅相遇」，然而並非志同道合的人。

　　顧炎武指出了≪廣宋遺民錄≫里羅列的人物未必都能列入遺民而加以褒揚。但是作者又寬宥地說，朱君這樣做，並且把他們統統稱之爲「遺民」，也是出於「求友之難而托思於此」的良苦用心。作者還舉出≪莊子・徐無鬼≫裏莊子所說的話：「子不聞越之流人乎？去國數日，見其所知而喜；去國旬月，見所嘗見於國中者喜；及期年也，見似人者而喜矣。」這裏有兩層用意：第一，順勢而來，說明朱氏以書求友，亦如莊子所說的「越之流人」，在無可奈何的情況下「見似人者而喜矣」。第二，作者自己此時此際的境遇，亦如「越之流人」，但更爲悲哀的是他雖足踏國土，而無國可投，無家可栖，心有交友之志，但二十餘年，「而其人益以不似」——號稱爲人卻已經失去做人的根本。早年在江南抗清時，曾不乏「所稱魁梧丈夫者，亦且改形換骨，學爲不似之人」。文章至此，一變含蓄委婉爲慷慨憤激。作者又說，朱氏輯此書，目的就是要用「以存人類於天下」，——給人樹立一個做人的標準，可以用它來懲創人心。「訓後之人，冀人道之猶未絕也」。讀到這裏，我們似乎覺得作者終於把久鯁於喉而不吐不快的話說了出來，給人以心舒意暢之感。

　　「項莊舞劍意在沛公」，說了半天求友之道，至此才托出主題，完成了全文。

　　這篇文章，中心是議論「遺民」的問題，但以「求友」爲出發點。表彰朱明德纂輯≪廣宋遺民錄≫，也是爲了抒發作者自己的愛國情懷。文章對於不能保持晚節的人表示了惋惜和嚴肅批評，表現了作者的堅貞節操。寫法上，前面多委婉深曲而後面則痛切批判，但仍留有餘地，沒有多說大道理，也沒有指陳任何人，給讀者留有思考的餘地。全文的色彩由淡雅而濃烈，語言則始終簡潔流暢。語句和語句之間一環扣一環，順勢而來。試看，文章開始，自作者引述≪論語≫「有朋自遠方來，不亦樂乎」至「思爲之傳其姓氏而筆之書」，幾乎是一口氣連貫下來，珠聯璧合，不可驟歇。後面也是如此，所以文氣通貫順暢。加上大量的駢偶句的運用，又使文章讀來鏗鏘上口，具有音樂美。駢散結合，是古代散文經常運用的形式，在本文中也表現得很突出。

（盧興基）

癸未去金陵日與阮光祿書① 侯方域

僕竊聞②，君子處己③，不欲自恕④而苟責他人以非其道⑤。今執事之於僕⑥，乃有不然者，願爲執事陳之。執事，僕之父行也⑦，神宗之末⑧，與大人同朝⑨，相得甚歡⑩。其後乃有欲終事執事而不能者⑪，執事當自追憶其故，不必僕言之也。大人削官歸，僕時方少⑫，每侍，未嘗不念執事之才，而嗟惜者彌日⑬。及僕稍長，知讀書，求友金陵。將戒途⑭，而大人送之曰：「金陵有御史成公勇者⑮，雖於我爲後進⑯，我常心重之。汝至，當以爲師。又有老友方公孔炤⑰，汝當持刺拜於床下⑱。」語不及執事⑲。及至金陵，則成公已得罪去⑳，僅見方公，而其子以智者㉑，僕之夙交也㉒，以此晨夕過從㉓。執事與方公，同爲父行，理當謁，然而不敢者，執事當自追憶其故，不必僕言之也。今執事乃責僕與方公厚，而與執事薄。噫，亦過矣！

忽一日，有王將軍過僕甚恭㉔。每一至，必邀僕爲詩歌，既得之，必喜。而爲僕貰酒奏伎㉕，招遊舫，攜山屐㉖，殷殷積旬不倦㉗。僕初不解，既而疑，以問將軍。將軍乃屏人以告僕曰㉘：「是皆阮光祿所願納交於君者也㉙。光祿方爲諸君所詬㉚，願更以道之君之友陳君定生、吳君次尾㉛，庶稍湔乎㉜！」僕斂容謝之曰㉝：「光祿身爲貴卿，又不少佳賓客，足自娛，安用此二三書生爲哉！僕道之兩君，必重爲兩君所絕。若僕獨私從光祿遊，又竊恐無益光祿。辱相款八日㉞，意良厚，然不得不絕矣。」凡此皆僕平心稱量，自以爲未甚太過，而執事顧含怒不已㉟，僕誠無所逃罪矣！

昨夜方寢，而楊令君文驄叩門過僕曰㊱：「左將軍兵且來㊲，都人洶洶㊳，阮光祿颺言於清議堂云㊴：子與有舊㊵，且應之於內㊶。子盍行乎㊷？」僕乃知執事不獨見怒，而且恨之，欲置之族滅而後快也㊸。僕與左誠有舊，亦已奉熊尚書之教㊹，馳書止之㊺，其心事尚

不可知。若其犯順㊻，則賊也；僕誠應之於內，亦賊也。士君子稍知禮義，何至甘心作賊？萬一有焉，此必日暮途窮，倒行而逆施㊼，若昔日乾兒義孫之徒㊽，計無復之，容出於此㊾。而僕豈其人耶！何執事文織之深也㊿。

　　竊怪執事常願下交天下士，而展轉蹉跎[51]，乃至嫁禍而滅之人族，亦甚違其本念。倘一旦追憶天下士所以相遠之故，未必不悔，悔未必不改；果悔且改，靜待之數年，心事未必不暴白[52]；心事果暴白，天下士未必不接踵而至執事之門。僕果見天下士接踵而至執事之門，亦必且隨屬[53]其後，長揖謝過，豈爲晚乎？而奈何陰毒左計[54]，一至於此！

　　僕今日已遭亂無家，扁舟短棹[55]，措此身甚易[56]。獨惜執事恔機一動[57]，長伏草莽則已[58]，萬一復得志，必至殺盡天下士，以酬其宿所不快[59]。則是使天下士終不復至執事之門，而後世操簡書以議執事者[60]，不能如僕之詞微而義婉也[61]。僕且去，可以不言，然恐執事不察，終謂僕於長者傲，故敢述其區區[62]，不宣[63]。

【注釋】①癸未：明崇禎十六年（1643）。去：離開。閹黨餘孽阮大鍼造謠惑眾，侯方域避其陷害，離金陵奔宜興陳定生家，行前修書，斥阮挾私仇而嫁禍賢良。阮光祿：崇禎元年，阮擢升光祿卿。光祿卿職掌祭祀、宴賓、膳食等事。②僕：自己的謙稱。竊：私自，表示個人意見的謙詞。③處己：對待自己。④自恕：原諒自己，待己寬。⑤非其道：否定別人的爲人、行事。非：非難，否定。⑥執事：左右辦事人員。書信中用以稱對方，表示不敢直陳，是一種敬詞。⑦父行（ㄏ ㄤ）：與父同輩行。⑧神宗：名翊鈞，公元1573—1620年在位。⑨大人：父親，指作者之父侯恂。恂爲萬曆進士，東林黨人，曾任御史、兵部侍郎等職。⑩相得甚歡：阮大鍼少有俊才，投靠閹黨魏忠賢前，極承侯恂愛重。⑪終事侍奉。事：交遊的敬詞。不能：指熹宗天啓四年(1624)阮大鍼阿附魏忠賢，此年魏大興東林黨獄，侯恂被革職。⑫僕時方少：方域時年七歲。⑬彌日：整天。⑭戒途：準備上路。戒：備，整裝。⑮成公勇：成勇，字仁有，天啓進士，崇禎時官金陵御史。⑯後進：後輩。⑰方孔炤（ㄓ ㄠ）：方孔炤字潛夫，號仁植，安徽桐城人，萬曆進士，曾官湖廣巡撫。⑱刺：名片。⑲語不及：沒有提到。⑳已得罪

去：成勇因上疏斥楊嗣昌，被削籍戍寧波衞。㉑以智：方孔炤子方以智，字密之，崇禎進士，官翰林院檢討，入淸，出家爲僧。明淸之際著名學者。㉒夙交：素交，故交。㉓過從：互相往來。㉔王將軍：阮大鋮門客。過：探望㉕賃（ㄈㄣˋ）酒：賒酒，買酒。奏伎：演奏歌舞。㉖山屐（ㄐㄧ）：登山鞋，木底有齒。㉗殷殷：懇切，熱情。㉘屛（ㄅㄧㄥˇ）人：叫人退避。㉙納交：結交。㉚諸君：指當時南京的名士。詬：指責，汚辱。阮大鋮因閹黨逆案廢爲平民，避居金陵，不甘寂寞，交接文人，招搖過市，爲淸議所不容，崇禎十一年（1638）十一月間，由吳應箕起草、由被害東林黨領袖顧憲成的孫子顧杲等領銜，發出《留都防亂公揭》，斥其卑言汚行。㉛陳君定生：陳貞慧。吳君次尾：卽吳應箕。均「復社」㘓名人物。㉜庶：庶幾，大槪，也許。湔（ㄐㄧㄢ）：洗雪。㉝斂容：收起笑臉，表示態度嚴肅。㉞辱：謙詞，如言承蒙。㉟顧：卻，反而。㊱楊令君文驄：楊文驄，字龍友，貴陽人。崇禎時官江寧知縣，後福王立，任兵部主事。令君：對縣令稱呼。㊲左將軍：指左良玉，福王時封寧南侯。時鎮荆襄。且來：將要來。左良玉因懼李自成軍從歷昌退至九江，聲言軍隊缺糧，並安頓眷屬，將順流至金陵就食。此時，湖北、安徽、河南等地大批官紳皆避亂集於金陵，怕左軍一到肆行劫掠，大起恐慌。㊳都：明人稱金陵爲留都或陪都。洶洶：恐怖喧鬧聲。㊴颺言：揚言，大事張揚。淸議堂：內閣議事堂。㊵子：你。舊：老關係。指侯恂與左良玉關係。左爲恂所提拔，左三過商丘侯府，拜伏如家人。㊶應之於內：與他裏應外合。此皆阮大鋮謠言惑衆，企圖將衆人怒火引向侯方域。㊷盍（ㄏㄜˊ）：何不。行：逃走。㊸族滅：誅滅族屬。㊹熊尚書：卽熊明遇，官至兵部尚書。當左退兵九江時，熊大恐，請侯恂以書勸諭。㊺馳書：飛送書信。書：指侯方域代父所寫《爲司徒公與寧南侯書》。止之：勸阻左良玉。㊻犯順：卽以逆犯順，叛逆，作亂。㊼日暮途窮，倒行而逆施：語出《史記·伍子胥列傳》，喻智窮力盡，行爲悖謬。㊽乾兒義孫：指阿附魏忠賢的奸佞小人。其時魏有「十孩兒、四十孫」之稱。阮大鋮阿魏造《百官圖》，殘殺左光斗等人，故侯方域以此譏之。㊾或許，可能。出於此：幹出這等事。㊿文織：引用法律條文羅織罪名。(51)蹉（ㄘㄨㄛ）跎（ㄊㄨㄛˊ）：不順利，失意。(52)暴（ㄆㄨˋ）白：顯露。(53)隨屬：跟隨。(54)左計：失策、下策、不適當的計策。古以右爲上，以左爲下。(55)棹（ㄓㄠˋ）：船槳。(56)措：安置。(57)忮（ㄓˋ）機：忌恨害人的心機。(58)草莽：借指民間。指阮繼續在野爲平民。(59)酬：報復。宿：平素。(60)操簡書：寫書，指編寫歷史。因遠古用竹簡記事，故稱(61)詞微而義婉：文詞隱約，內容委婉。(62)區區：微小，委婉語。(63)不宣：不盡，書不盡意。舊時書信末尾套語。

【鑑賞】崇禎十二年（1639），二十二歲的侯方域赴金陵鄉試。當時由一百四、五十人簽署的、驅逐阮大鋮的《留都防亂公揭》的巨大風波尚未平息，他也立即卷進這「為國鋤奸」的政治漩渦中。而由於阮大鋮與其父輩曾為同僚，阮便企圖利用與侯府的這層關係，拉攏侯方域向討阮最激烈的吳應箕、陳定生諸人說項，並暗中指使門客「王將軍」與侯結交，雇船買酒，殷勤侍奉。侯洞悉此中隱情後，即與王斷絕來往。阮既拉侯不成，恨之入骨，便繼之以打擊，借左良玉移兵金陵、都人洶洶之時，用謠言嫁禍於侯方域。此信便是侯方域在逃離金陵到宜興陳定生家避難前夕所寫。信中揭露阮大鋮的醜惡嘴臉，表現了不向權勢屈服的精神，義正辭嚴，鋒芒銳利，文筆流暢，感情充溢。

侯方域詩、文兼擅，其文剛健清新，言辭洗鍊，為當世所重，與魏禧、汪琬並稱為「國初三大家」；其友徐作肅贊其文一反明人冗長、膚淺之弊，直比之唐宋八大家；鄭板橋也認為「朝宗古文標新領異，指畫目前，絕不受古人羈紲」。

侯文確有獨到特色。正如他在這封信末所明示的其文「詞微而義婉」。儘管其鋒芒銳利，但並非劍拔弩張，而是富於含蓄蘊藉之美，無辭氣浮露之弊，自始至終，娓娓而談，如家人父子話敘家常，時時尊阮大鋮為「父行」，贊其少年時有俊才，「與大人」「相得甚歡」。對阮行拉攏詭計所指使的門客「王將軍」，也說「辱相款八日，意良厚」云云。甚至對阮嫁禍滅人之族的惡念邪行，還希望他悔而能改。總之，全文給人的感受熱忱而非冷峻，是誠摯而非虛飾。

其次，這封信析理透闢，援引事實，以理服人。如針對阮大鋮所謂對長者倨傲的指責，則以父命作解釋，說初到金陵，理當拜謁，然而不敢者，為父親大人未嘗囑咐此事也。拜謁方公，只因與其子方以智為夙交，故晨夕過從，這不能說成是厚方而薄阮。特別是針對阮大鋮就左良玉移兵金陵之事所製造的謠言，據理批駁，說服力尤強。

本文敘事，依時間先後順序，逐層退遞進，條理清晰，卻又不是平鋪直敍。首段寫初到金陵，拜謁相知；末段寫逃離金陵，陳述區區。中間三段，首寫王將軍之殷勤款待，次寫昨夜方寢，楊文驄告急，最後戳穿阮大鋮施展陰謀的險惡用心。全文確實波瀾起伏，搖曳生姿，故歷來為人傳誦。

（鄧韶玉）

李 姬 傳

侯方域

　　李姬者，名香，母曰貞麗①。貞麗有俠氣，嘗一夜博，輸千金立盡；所交接皆當世豪傑，尤與陽羨陳貞慧善也②。姬爲其養女，亦俠而慧，略知書，能辨別士大夫賢否，張學士溥、夏吏部允彝亟稱之③。少，風調皎爽不羣④。十三歲，從吳人周如松受歌玉茗堂四傳奇，皆能盡其音節⑤。尤工《琵琶》詞，然不輕發也⑥。

　　雪苑侯生，己卯來金陵，與相識⑦。姬嘗邀侯生爲詩，而自歌以償之。初，皖人阮大鋮者，以阿附魏忠賢論城旦，屏居金陵，爲清議所斥⑧。陽羨陳貞慧、貴池吳應箕實首其事，持之力⑨。大鋮不得已，欲侯生爲解之，乃假所善王將軍日載酒食與侯生游⑩。姬曰：「王將軍貧，非結客者，公子盍叩之？⑪」侯生三問，將軍乃屏人述大鋮意⑫。姬私語侯生曰：「妾少從假母識陽羨君，其人有高義，聞吳君尤錚錚，今皆與公子善，奈何以阮公負至交乎？且以公子之世望，安事阮公！公子讀萬卷書，所見豈後於賤妾耶？⑬」侯生大呼稱善，醉而臥。王將軍者殊怏怏，因辭去，不復通⑭。

　　未幾，侯生下第⑮。姬置酒桃葉渡，歌《琵琶》詞以送之⑯。曰：「公子才名文藻，雅不減中郎。中郎學不補行，今《琵琶》所傳詞固妄，然嘗昵董卓，不可掩也⑰。公子豪邁不羈，又失意，此去相見未可期，願終自愛，無忘妾所歌《琵琶》詞也！妾亦不復歌矣！」

　　侯生去後，而故開府田仰者，以金三百鍰，邀姬一見⑱，姬固卻之，開府慚且怒，且有以中傷姬。姬嘆曰：「田公寧異於阮公乎？吾向之所讚於侯公子者謂何？今乃利其金而赴之，是妾賣公子矣！⑲」卒不往。

【注釋】①姬：古代常用作對婦女的美稱，但有時也指侍妾。李香：秦淮名妓。後來孔尚任≪桃花扇≫塑造她爲劇中女主角。貞麗：姓李，字淡如，秦淮名妓，

香君的義母。②博：賭博。立盡：一會兒就光。陽羨：古縣名，故城在今江蘇省宜興縣南，此處卽指宜興。陳貞慧(1604—1656)：字定生。與侯方域、冒襄、方以智同稱爲四公子。爲明末愛國社團復社領導人之一。曾與顧杲、吳應箕等草《留都防亂公揭》，揭露、聲討阮大鋮。南明政權建立，阮黨死灰復燃，陳一度陷獄。明亡，隱居不出，清順治年間卒。著有《皇明語林》、《雪岑集》、《交遊錄》等。③養女：被他人收養作女兒者，此在妓院中常有。賢否(ㄆ丨)：善惡，好壞。張溥(1602—1641)：字天如，江蘇太倉人。與同里張采齊名，稱爲「婁東二張」。他們聯合江南若干文士，建立「復社」，提倡興復古學，而後又繼承了東林黨敢於評議時政的傳統。著有《七錄齋集》，輯有《漢魏六朝百三名家集》。因曾中崇禎四年進士，改庶吉士，故稱「學士」。夏允彝(? —1646)：字彝仲，江蘇松江人。博學善文，與陳子龍等創建「幾社」，與復社相呼應。明亡，起兵抗清，兵敗投水自沉。因曾在吏部供職，故稱「吏部」。亟(ㄑ丨)：屢屢，頻頻。稱之：稱許她，讚美她。④風調：卽「風韻」，風度韻致。皎爽：光明皎潔，爽朗豪邁。不羣：超塵拔俗，不同於一般人。⑤吳：蘇州。周如松：藝名蘇昆生，本河南固始人，後寄居蘇州府無錫縣，明末清初著名曲藝家。玉茗堂：明代戲曲家湯顯祖(1550—1617)書室，在江西臨川。四傳奇：湯氏所著的四部戲曲(唐人稱小說爲傳奇，明人則稱戲曲爲傳奇)，卽：《還魂記》(或稱《牡丹亭》)、《南柯記》、《邯鄲記》、《紫釵記》。盡其音節：盡數掌握《牡丹亭》等曲詞演員難度很大的音律節奏。⑥《琵琶》詞：明初浙江溫州瑞安人高明(則誠)所作戲曲《琵琶記》的唱詞。發：發聲，吐音，唱歌。⑦雪苑：侯方域的別號。取「雪滿梁苑」之意。梁苑爲西漢梁孝王的名園，景色秀麗，爲遊樂和宴賓的勝地，地在河南商丘縣附近，故作者常借梁苑以點明自己的鄉里籍貫。侯生：作者自稱。己卯：崇禎十二年(1639)。⑧阮大鋮(1587—1646)：字集之，號圓海，安徽懷寧人。初依閹魁魏忠賢，製《百官圖》，陷害忠良楊漣、左光斗等；魏敗，被廢爲民，匿居南京，企圖混入復社，被揭發。後附權奸馬士英，擁立福王，任南明小朝廷兵部尚書。又編《蝗蝻錄》，刻意打盡復社志士。最後投降清兵，充嚮導，攻福建，被清兵殺於仙霞嶺。魏忠賢(1568—1627)：河北肅寧人，少無賴，賭博不勝，恨而自閹。天啓時勾結皇帝乳母客氏，結黨專權，殺害忠良。崇禎時，貶置鳳陽，途中自殺，士民磔其屍以解恨。論：定罪處理。城旦：秦、漢時的徒刑名稱，白天防寇，夜間築城。此處作「徒刑」苦役代的稱。屏(ㄅ丨ㄥˇ)居：隱藏行踪而居。清議：公正的輿論。⑨吳應箕(1594—1645)：字次尾，安徽貴池人。復社領導人之一。清兵破南京後，起兵抗清，兵敗被執，不屈就義。首

其事：首先揭發、聲討阮大鋮的罪惡事迹。持之力：竭力堅持這件事。⑩假：委託。王將軍：阮之門客。⑪盍叩之：何不請問他。⑫屏人：屏退外人。⑬假母：養母，指李貞麗。陽羨君：指陳貞慧。吳君：指吳應箕。錚錚：剛正不阿的姿態。貞至交：幸貞眞心的朋友。世望：世家望族。安事：何事，何必侍奉。賤妾：古代女子自謙之稱。⑭醉而臥：沉醉而酣臥。卽表示不再接待和理睬王將軍。通：交通，往來。不復通：卽絕交。⑮下第：應考而未中。⑯桃葉渡：金陵名勝之一，在今南京城內秦淮河與清溪合流處。相傳晉王獻之送其妾桃葉於此渡河，後人遂名其渡爲桃葉渡。⑰雅：向來，平素。中郎：東漢蔡邕(132—192)曾官左中郎將，故稱「中郎」。《琵琶記》卽以蔡邕與趙五娘的故事爲題材。學不補行：學識的淵博不能彌補德行的缺陷。《琵琶》所傳詞：指《琵琶記》中蔡邕拋親棄妻，赴考入贅等情節。固妄：誠然是虛誕的。昵：親近。董卓（？—192）：字仲穎，漢臨洮（今甘肅岷縣）人。漢獻帝時擅權亂政，自封太師，禍國殃民，令人髮指，後爲王允、呂布所誅。曾重用蔡邕，被誅後，人皆慶賀，而蔡邕獨嘆息而色變，因此下獄而死。掩：掩蓋。⑱開府：原指開建府署、辟置僚屬，明、清時則督撫、漕撫也稱開府。田仰：字百源，貴州貴陽人。馬士英親戚，南明弘光時爲淮揚巡撫。鍰（ㄏㄨㄢˊ）：古代重量單位，此處爲貨幣單位。「三百鍰」卽白銀三百兩。⑲寧：豈，難道。向：往昔，過去。讚：陳說，評述。賣：叛，負心。

【鑑賞】金陵爲明皇朝的發迹地，太祖開國於此；成祖雖遷鼎燕京，卻仍尊它爲留都，保留著一整套朝廷級的政治機構。以後隨著江南地區工商業的發展，它又逐漸成爲全國經濟重鎮。到了崇禎年間，中原農民起義勃興，關外戰事頻仍，燕京危機日益深重，使達官貴人、富商大賈，絡繹南渡，而明廷的財賦及「三餉」加派又半數刮自江南，這個陪都便更顯得其地位的重要。同時，石頭城下，社盛士衆，他們目擊朝政日非，猛烈抨擊禍國奸佞和殃民官僚，大聲疾呼：「蠲逋租，舉廢籍，撤中使，止內操。」（吳偉業：《復社紀事》）另一方面，秦淮河畔，燈紅酒綠，也不乏辭氣激昂或意志消沉的士大夫去買醉澆愁或徵歌以娛的。這樣，金陵也就蔚爲江南人文薈萃和政治鬥爭的中心了。這些形勢，不能不使秦樓楚館中那些良知未泯的被侮辱被損害的底層女子也受到了現實生活的影響，或多或少地卷入於政治鬥爭的風浪之中，而傾向當時的在野俊秀，李姬卽是其中的佼佼者。

在上述的時代背景和地理條件之下，繼承著其父其叔反閹精神而作爲復社名

士的侯方域，於崇禎十二年，風華正茂的二十二歲上，離開中州，南來金陵，參加江南鄉試；　而於崇禎十七年，　清兵入關的那一年，　因遭閹黨餘孽阮大鋮的陷害，不得不出逃，以至投奔史可法和高傑。在這期間，「雪苑侯生」功名無成，而風月有緣，於文酒笙歌之會上，結識了「香君李姬」。而幾年之後，當「壯悔」之際，他不禁頻頻回憶這位聰慧、妍麗、豪爽、堅貞的南國妙姬的一往情深和卓犖不羣的表現，乃以親聞、親見、親歷的史筆，追寫了這篇辭采高雅、形象生動的《李姬傳》來。

《李姬傳》是依時間順序而敍寫的，全文分爲四段。

第一段：概述李姬的生活環境、性格特點和歌藝造詣，從而領起全文。一般人物傳記的開頭，多是交代其人的姓名、籍貫和世系，但本文的落筆，卻只簡介李姬的名字而不及其餘，旣不知其何許人也，亦不詳其若祖若父。下句雖提「母曰貞麗」，而讀下去才曉得是「假母」，而香君爲其「養女」。這就令人不禁爲她頓與孤苦伶仃、淪落風塵的身世之悲。虧得這個「假母」，秦淮名妓李貞麗平日「所交接皆當世豪傑」，其中特別是能「與陽羨陳貞慧善也」，顯見此人倒不失爲煙花中的異彩。這又告訴讀者她有這樣的生活環境算是巨大不幸中的一點小幸。因此，香君在這等人家裏逐漸成長起來時，與一般的「搖錢樹」有所不同，居然得以具有幾個性格特點：「亦俠而慧」、「略知書」、「能辨別士大夫賢否」，以及「少，風調皎爽不羣」。無怪，她獲得了復社領袖張溥和幾社巨擘夏允彝的頻頻讚美。當年的復社和幾社，基本上繼承著東林黨的傳統，聲氣遍天下，議論傾朝野，在褒貶人物上，幾乎是「一經品題，便作佳士」的。他們如此稱許她，自然使她譽盛秦淮。

再說，香君從十三歲起，就拜著名唱曲家吳人周如松爲師。她蕙心蘭質，勤學苦練，從而把文采風流，極難演唱的「玉茗堂四傳奇，皆能盡其音節」恰到好處；「尤工《琵琶》詞，然不輕發也」，更見其學業造詣的精湛，藝術態度的莊重，於是香君嶄然躍爲南中歌臺舞榭上的新秀了。

第二段：簡介侯生與李姬的相識機緣，追敍阮奸與清流的鬥爭過程，盛讚香君敏銳的洞察能力和鮮明的政治態度。「雪苑侯生」應考未中，就寄寓下來，在寄情書卷壺觴之餘，涉足花巷柳陌之中訪識了李姬。「姬嘗邀侯生爲詩，而自歌以償之。」一個是英俊名士，詩思勃發；一個是窈窕妙姬，歌喉宛轉，雙方一見傾心，彼此詩歌酬答，這麼精練的一句，寫得何等瀟灑！卽使作者後來在《答田中丞書》中，尖銳辛辣地駁斥對方的造謠中傷時，也毫不諱言這段甜蜜的生活：「僕之來金陵也，太倉張西銘偶語僕曰：『金陵有女伎李姓，能歌玉茗堂詞，尤落

落有風調。』僕因與相識，間作小詩贈之。』然而，正當知音難得，愛情方濃之際，忽然闖來了一位不速之客——王將軍。原來閹黨餘孽阮大鋮「屏居金陵，為清議所斥」後，始終韜晦待時，賊心不死。他曾花言巧語，置酒高會，蒙蔽了一批嗅覺欠靈的人士，滿望混入復社；但卻被陳貞慧、吳應箕等頭腦清醒的當世豪傑所識破，「首其事，持之力」，聯合「一時勝流」，發了一篇揭露和聲討阮逆過去罪行和當前陰謀的《留都防亂公揭》。此揭一出，「大鋮杜門，咋舌欲死」。（黃宗羲：《陳定生先生墓志銘》）現在，他又絞盡腦汁，耍弄花招，「欲侯生為解之，乃假所善王將軍日載酒食與侯生游」。面對這樣突如其來的蹊蹺嘉賓，李姬一眼察覺「王將軍貧，非結客者」，促請侯生「叩之」。果然，「侯生三問，將軍乃屏人述大鋮意」，真相大白了。於是，香君即向方域侃侃陳辭：陽羨陳君「有高義」，貴池吳君「尤錚錚」，「今皆與公子善，奈何以阮公負至交乎？」此其一。而侯府父、叔都是東林黨中領袖人物，一向反對魏閹的，「且以公子之世望，安事阮公！」此其二。末了又用了一句激將法式的反詰：「公子讀萬卷書，所見豈後於賤妾耶？」這一席私語密談充分反映了她愛憎分明的政治態度，展示了她「能辨別士大夫賢否」的炯炯慧眼，也說明了讀破萬卷書的公子遠不及「略知書」的「賤妾」。至此，方域宛如醍醐灌頂，恍然大悟，「大呼稱善」，而斷絕了跟王將軍，實質上是跟阮大鋮的交往關係。同時，香君也讓自己站到了正義與邪惡兩種勢力鬥爭的風口浪尖上，令人為她贏得這次鬥爭的勝利而大喜稱快。

　　第三段：特寫侯生下第告辭，李姬置酒餞別，唱曲留念，贈言勉行的情景。崇禎十五年壬午，又照例舉行鄉試，可這次也正是大明帝國的最後一屆鄉試了。「侯生下第」，那是很清楚的；但「李姬送別」，這前後則有曲折複雜的情節。由於侯方域「醉而臥」，不理王將軍，「王將軍者殊怏怏，因辭去，不復通」，自然更大大觸怒了其後台阮大鋮。不久，適逢左良玉從長江中游地區統率大軍，東下金陵就食，留都城防空虛，人心浮動。當局以左帥原為方域之父侯恂昔日所一手提拔的將領，就請方域以其父名義，馳書左帥，喻之以義，動之以情，勸其按兵勿進。不意大鋮卻乘機倒打一把，誣陷方域私向左帥通信，將裏應外合，奪取留都云云。作者在《癸未去金陵日與阮光祿書》中便憤揭其事：「昨夜方寢，而楊令君文驄叩門過僕曰：『左將軍兵且來，都人洶洶，阮光祿颺言於清議堂云：子與有舊，且應之於內。子盍行乎？』僕乃知執事不獨見怒，而且恨之，欲置之族滅而後快也。僕與左誠有舊，亦已奉熊尚書之教，馳書止之」。所以這次侯生別姬，是虧得好友通風報信，為避「莫須有」的奇禍而匆匆出走的。

　　兩情繾綣，一聲霹靂，香君只好悄悄「置酒桃葉渡」以送方域，其淒愴欲絕

的情懷，自可想見。可是她畢竟「風調皎爽」，性格堅強，還是克制了極度的悲傷，強力唱起了那平日「不輕發」的詞曲，以佐酒留念。特別是她還引喩《琵琶記》中的角色，帶映桃葉渡頭的離人，撫今追昔，以贈言勉行。她諄諄告誡：「公子……中郎學不補行，今《琵琶》所傳詞固妄，然嘗昵董卓，不可掩也。」這既是對那部戲曲作品《琵琶記》的概括印象，更是對這個歷史人物蔡伯喈的正確評論，她「能辨別士大夫賢否」，還不限於對現實生活中的人物。請看，比侯方域僅少一歲的王夫之在《讀通鑑論》中，用了三大段文字嚴厲地批判了蔡邕的大愚大惡，憤然指出此人與董卓同流合污，「王允誅之，不亦宜乎？」這裏，香君給中郎下了「學不補行」四字按語，同樣爲千古的評，擲地有聲，而其弦外之音，也不言而喩了。她殷殷叮囑：「公子……此去相見未可期，願終自愛，無忘妾所歌《琵琶》詞也！」她展望時局，默察愛侶，又預感到今日一別，後會難期，公子前途，但願牢記此曲，善自珍重了。這裏，寥寥數言，尤寄一片厚望！最後，她又對自己「尤工」的《琵琶》詞，自誓從今以後，不是「不輕發也」，而是「妾亦不復歌矣」。「黯然消魂者，唯別而已矣」，何況這又多半是風雲變幻，災禍橫飛中的永訣！知音沒有了，《高山》、《流水》的琴曲還彈給誰聽呢？

　　第四段：續載侯生去後，李姬鄙薄權勢，厭惡富貴，奮力卻聘的堅貞事迹，給傳記添上動人的餘韵。侯生倉皇避禍他去之後，僅隔半載，李自成攻入北京，明思宗自縊煤山，江淮一帶，馬士英、阮大鋮等閹黨餘孽擁立昏瞶淫亂的福王卽位，成立南明小朝廷於金陵。一時黑雲壓城，奸人當道，復社諸公前後相繼，死的死，囚的囚，走的走，秦淮河邊的李姬孤芳自守，也更陷入困境了。她風調不羣，才貌出衆，正是腐朽的統治集團中人妄圖玩弄的對象；她政治立場如此鮮明，又是陰毒的阮大鋮之徒屬行報復的靶子。「而故開府田仰者，以金三百鍰，邀姬一見」，一位首相老鄉親，開府大相公，外加三百雪花銀，在田仰本人的靈魂裏是多麼的了不得啊，香君卻視若糞土，「姬固卻之」，決不受聘爲妾。這充分發揚了這位冰晶玉潔的歌女的「富貴不能淫，貧賤不能移，威武不能屈」的浩然正氣。當然，這也沉重地反擊了迎面撲來的森然邪氣，頓使田開府惱羞成怒，使出「且有以中傷姬」的卑劣的手段來。於是，香君進一步認清了馬、阮集團的猙獰面目和醜惡本質，以及給國家和人民帶來的嚴重災難，天下烏鴉一般黑，「田公寧異於阮公乎？」同時也更深刻地記起了自己過去說侯生莫受大鋮籠絡，評述中郎嘗昵董卓那兩段話來，「吾向之所贊於侯公者謂何？」這樣，香君經歷了陣陣的狂風暴雨，頂住了道道的倒瀾逆流，把始終衛護對侯生的純篤愛情跟繼續進行對奸邪的正義鬪爭自然地結合在一起，而「卒不往」。作者行文至此，戛然而

止，給全傳留下了無限餘韵。

綜上所述，作者首先用簡練手法，勾勒了一個受「假母」影響、得豪士薰陶、獲名流贊許、經名師敎導而出類拔萃地成長爲色藝俱絕、才識兼備的歌女的形象。而後以生花妙筆，對這位聰慧、妍麗、豪爽、堅貞的歌女的學藝、識奸、送行、拒聘四個情節，作了精細的描述，從而生動豐滿地表現了她在當時說來具有明確的生活目的和政治理想，並爲之始終奮鬥的高尚情操和優秀事迹。這種高超的寫作藝術正如他在《與任王谷書》中所說的：「行文之旨，全在裁制，無論細大，皆可驅遣。當其閑漫纖碎處，反宜動色而陳，鑿鑿娓娓，使讀者見其關係，尋繹不倦。至大議論人人能解者，不過數語發揮，便須控馭，歸於含蓄。」

然而，在歷史的眞實上，令人遺憾的是侯方域本人在國破家亡、山河變色之後，並不像其他三公子那樣，浪迹的浪迹，隱居的隱居，出家的出家，而是於順治八年，東南沿海與西南邊地尚在浴血抗清之際，「出應鄉試，中式副榜」，而僅隔三載，遺下《壯悔堂文集》和《四憶堂詩集》，埋骨黃泉，卒年三十七。如此晚節，正違背了李香君的諄諄告誡，辜負了李香君的殷殷叮囑，「妾」不賣「公子」，而「公子」終於叛「妾」了。這簡直是《李姬傳》的最大的「敗筆」！

（林從龍　桂心儀　周冠明）

就　亭　記　　　　施閏章

地有樂乎遊觀①，　事不煩乎人力②，　二者常難兼之；　取之官舍③，　又在左右，則尤難。臨江地故磽确④，官署壞陋，無陂臺亭觀之美⑤。予至則構數楹爲閣山草堂⑥，言近乎閣皁也⑦。而登望無所，意常怏怏⑧。一日，積雪初霽⑨，得軒側高阜⑩，引領南望⑪，山青雪白，粲然可喜⑫。遂治其蕪穢⑬，作竹亭其上⑭，列植花木，又視其屋角之障吾目者去之⑮，命曰就亭⑯，謂就其地而不勞也。

古之士大夫出官於外，類得引山水自娛⑰。然或偪處都會⑱，訟獄煩囂⑲，　舟車旁午⑳，　內外酬應不給㉑，　雖僕僕於陂臺亭觀之間㉒，　日饜酒食㉓，　進絲竹㉔，而胸中之丘壑蓋已寡矣㉕。何者？形怠意煩㉖，而神爲之累也㉗。

臨之為郡㉘，越在江曲㉙，闃焉若窮山荒野㉚。予方憫其凋敝㉛，而其民亦安予之拙㉜，相與休息。俗儉訟簡，賓客罕至，吏散則閉門㉝，解衣槃礴移日㉞，山水之意未嘗不落落焉在予胸中也㉟。頃歲軍興㊱，徵求絡繹㊲，去閣皂四十里㊳，未能捨職事一往遊。聊試登斯亭焉㊴，悠然戶庭㊵，憑陵雉堞㊶，厥位東南㊷，日月先至，碧嶂清流㊸，江帆汀鳥㊹，煙雨之出沒，橘柚之菁葱㊺，莫不變氣象㊻，窮妍巧㊼，憂胸拂睫㊽，輻輳於欄檻之內㊾。蓋若江山雲物有悅我而昵就者㊿。

夫君子居則有宴息之所(51)，遊必有高明之具(52)，將以宣氣節情(53)，進於廣大疏通之域(54)，非獨遊觀云爾也(55)。予竊有志(56)，未之逮(57)，姑與客把酒咏歌(58)，陶然以就醉焉(59)。

【注釋】①遊觀：遊覽，觀賞。②煩：煩勞。③之：代上文「二者」。④故：原來，本來。磽（ㄑㄧㄠ）：土不鬆軟，不肥沃。嗇：生產少。⑤陂（ㄆㄟ）：山坡。觀（ㄍㄨㄢ）：樓臺。⑥構：建屋。數楹（ㄧㄥ）：幾間。楹：原指堂屋前的明柱。⑦閣皂：閣皂山，在清江縣東四十里，形如閣，色如皂（黑色），所以名閣皂山。⑧快（ㄎㄨㄞ）快：悶悶不樂。⑨霽（ㄐㄧ）：雨或雪停止，放晴。⑩軒：緊接堂前的敞屋。阜（ㄈㄨ）：土山。⑪引領：伸長脖子，翹首遠望。⑫粲（ㄘㄢ）然：顏色鮮明。⑬治：進行某種工作。這裏指清除雜草。蕪穢：雜草叢生。⑭作：起，建。⑮障：阻隔，遮住。⑯命：起名。⑰類：大都。引：招致，求。⑱偪：同「逼」，臨近。都會：大城市。⑲訟獄：訟訟的案件。囂（ㄒㄧㄠ）：聲音雜亂。⑳旁午：縱橫，引伸為事物紛雜。㉑內外：指官舍之內和官舍之外。不給：意思是忙不過來。㉒僕僕：勞苦。㉓饜（ㄧㄢ）：吃飽。㉔絲竹：弦樂器和管樂器，泛指音樂。㉕胸中之丘壑：意思是寄情山水的興致。蓋：大概。寡：少。㉖形：身體。怠：倦。意：心情。㉗神：精神。累（ㄌㄟ）：妨碍。㉘臨：臨江府。郡：府的別稱。㉙越：遠。江曲：靠贛江的偏僻地方。㉚闃（ㄑㄩ）：寂靜。㉛憫（ㄇㄧㄣ）：憐。凋（ㄉㄧㄠ）敝：衰敗。㉜拙：意思是政務寬簡。㉝吏散：屬員散去，公務完畢下班。㉞槃（ㄆㄢ）礴（ㄅㄛ）：箕坐，伸腿坐地。移日：日影移動（表示經過一段時間）。㉟落落焉：明顯的樣子。㊱頃歲：近年。軍興：打仗。指清軍進攻雲南一帶南明桂王的殘餘勢力和東南鄭成功等的反清軍隊。㊲徵求：徵調軍用財物。絡繹：接連不斷。㊳去：距，離。㊴聊：姑

且。⑩悠然：閑靜的樣子。⑪憑陵：卽憑臨，靠近。雉堞：城上的女牆。雉：計
算城牆面積的單位，長三丈，高一丈。堞：城上矮牆。⑫厥：其。⑬碧嶂：青綠
色的山。清流：清澈的流水，此指蕭江府。⑭汀（云ㄥ）：水中或水邊的平地。
⑮柚（丨ㄡ）：果木名。果實卽柚子。菁（ㄐ丨ㄥ）蔥（ㄘㄨㄥ）：鮮綠。⑯變氣
象：變化外貌，形態多樣。⑰窮：盡，極。妍：美。⑱戛（ㄐ丨丫）：觸擊。拂：
掠過。⑲輻輳（ㄘㄡ）：聚集。⑳昵（ㄋ丨）就：來親近。㉑居：家裏住，不出
外。宴：安。㉒高明之具：美好的佐遊器物。㉓宣氣：發泄胸中的鬱積。節情：
調節喜怒哀樂之情。㉔進於：達到。廣大疏通：開朗舒暢的意思。域：境地。㉕
非獨：不只是。云：助詞。爾：而已。㉖竊有志：私自想這樣做。這是謙遜的說
法。㉗逮：及，達到。㉘姑：暫且。把酒：拿起酒杯喝酒。㉙陶然：喜悅的樣
子。就醉：趨向於醉，歸於醉。

【鑑賞】在古代的遊記文學中，寫「亭」之作汗牛充棟。宋代歐陽修《醉翁亭
記》、蘇軾《喜雨亭記》可謂佼佼者。清初施閏章的《就亭記》也算得上是上乘
的作品。施閏章於四十四歲時遷官江南，任江西參議，分守湖西道。在此期間，
他於駐地臨江（即今江西省清江縣）官舍的高阜上建造了一座亭子，名曰「就
亭」，寫下了這篇《就亭記》。《就亭記》與歐、蘇等人的記亭之作有所不同，
它沒有憤懣和牢騷，也並未抒發封建士大夫所謂與民同樂的思想，而是從自然與
我的角度，強調了「宣氣節情」，卽發泄心中的鬱積、調節喜怒哀樂的觀點。這
就使文章成爲記亭之作中的一朵別具幽香的鮮花。
　　《就亭記》共分四段。第一段寫築亭的緣由和經過。它的開頭是這樣的：「
地有樂乎遊觀，事不煩乎人力，二者常難兼之；取之官舍，又在左右，則尤
難。」作者說：外出做官，遇上可供觀賞，又不需人力修理的地方，二者兼備是
很難的。這樣的去處，能在官舍以內，距離住址不遠，就更加不容易了。這段議
論，把做官和遊觀聯結在一起，「取之官舍，又在左右」等話語又進而表現了作
者渴望兩全其美的思想。從文意上看，這是領起全文的引子；就寫作方法而言，
它衝破了以交代時間、地點起筆的陳舊格式，不失爲一種創造。那麼，施閏章在
臨江有沒有遇上他的理想境界呢？「臨江地故磽嗇，官署壞陋，無陂臺亭觀之
美。予至則構數楹爲閣山草堂，言近乎閣皂也。而登望無所，意常快快。」這幾
句意思是說，臨江的土地堅硬而又貧瘠，衙門簡陋而又破舊，根本沒有裝點景色
的山林和亭臺樓閣。作者到了臨江就構築了幾間草堂。因爲離開閣皂山不遠，所
以取名爲閣山草堂。可惜沒有地方登高望遠，心裏經常悶悶不樂。施閏章的這段

話告訴我們：新造的草堂近則近矣，可惜無可遊觀，所以不免掃興。從寫法上看，通過這種反跌，使文氣爲之一頓。接下來，作者突然說：「一日，積雪初霽，得軒側高阜，引領南望，山青雪白，粲然可喜。遂治其蕪穢，作竹亭其上，列植花木，又視其屋角之障吾目者去之，命曰就亭，謂就其地而不勞也。」這一層意思與第二層恰成鮮明對照，又與開頭的議論相承接。如果說，上一層是「山窮水盡」的話，這一層就是「柳暗花明」。如果說，第一層是寫理想的話，這一層則是寫實踐。那麼，爲什麼作者要追求官舍附近的「遊觀」之地呢？僅僅爲娛樂嗎？誠然，爲娛樂而娛樂的情況是有的，請看文章的第二段：「古之士大夫出官於外，類得引山水自娛。然或偪處都會，訟獄煩囂，舟車旁午，內外酬應不給，雖僕僕於陂臺亭觀之間，日饜酒食，進絲竹，而胸中之丘壑蓋已寡矣。何者？形怠意煩，而神爲之累也。」古代的士大夫離開京城到外地做官，大都能够用山水風光來娛樂自己。但有的靠近熱鬧的城市，訴訟案件紛繁嘈雜，各種各樣的人雜亂地坐船乘車到衙門來，裏裏外外應酬不迭，即使辛辛苦苦地到了山林之間的亭臺樓閣裏面，也因每天吃飽了醇酒佳肴，聽慣了美妙的音樂，心裏大概就沒有領略和寄情山水的興致了。爲什麼這樣說呢？因爲身體疲倦，心意煩雜，就會妨害自己的精神。這一段從表達方式上看，純屬議論；就構思而言，似爲宕開一筆，泛泛地記述自己的隨想。實際上它並非等閑筆墨：有了這一段反面議論，就打破了遊記文學中在交代了「緣由和經過」之後必寫登境所見和遊觀之樂的程式，也爲下一段正面描繪景色和記述感受作了反襯。另外，這段議論，承接和發展了作品的內在線索：古代外任官員「形怠意煩」，往往得不到就近的遊觀之處，而冀求官舍附近的遊觀之處並不在於「自娛」。「臨之爲郡，越在江曲，闃焉若窮山荒野。予方愍其凋敝，而其民亦安予之拙，相與休息。俗儉訟簡，賓客罕至，吏散則閉門，解衣槃礴移日，山水之意未嘗不落落焉在予胸中也。」這是第三段的第一層，正面描述作者做官和憑借就亭領略山水風光的情況。臨江作爲一個府郡，遠在贛江的偏僻之處，寂靜的情況猶如深山和荒村。作者正爲這個貧窮凋敝的地方憐憫，不想煩勞百姓，恰好這裏的民衆對他寬簡政務、得以遊樂的情況也感到安心，於是彼此均可休息。由於民風儉僕，政務寬簡，賓客很少上門，所以公務完畢以後，作者就卸下官服到就亭去箕坐一陣，領略自然界的景色，那閣皂山和臨江美麗的形態和安謐、自然的情狀沒有不在心裏烙下清晰的印象的。在這裏，作者強調做官要政務寬簡、減少交遊，只有這樣才能領略山光水色。不僅如此，施閏章還用「山水之意」中的「意」字，巧妙地交代了人化的自然風光和客觀景色對作者主觀的深刻影響。這就使文意不僅與第二段所寫的不能「自

娛」形成對照，而且由「自娛」遞進到怡養性情的境界。到這裏，細心的讀者也許會問，就亭所見的風光究竟如何呢？爲什麼作者不著一字？要弄清這個問題，讀完第三段的第二層就會明白：「頃歲軍興，徵求絡繹，去閣皂四十里，未能捨職事一往遊。聊試登斯亭焉，悠然戶庭，憑陵雉堞，厥位東南，日月先至，碧嶂清流，江帆汀鳥，烟雨之出沒，橘柚之菁蔥，莫不變氣象，窮妍巧，戛胸拂睫，輻輳於欄檻之內。蓋若江山雲物有悅我而昵就者。」這一層是說：近年來經常打仗，接連不斷地徵調軍用財物；因爲衙門離閣皂山有四十里，所以未能撇下份內之事去遊覽過一次。姑且用登臨就亭來代替，只覺就亭門庭寂靜，它靠近城上的矮牆，位置在衙門的東南，東升的日月首先普照；遠處是碧綠的閣皂山，近處是清澈的蕭江水，江上片片白帆，水邊翩翩飛鳥，烟雲細雨出沒其間，橘柚園林鮮綠一片，景象時刻變化，形態多姿多樣，美好至極的景色，叩擊心弦，掠過眼梢，全都聚集在就亭的檻欄以內。眞象是江山景物爲了取悅作者而來。在這裏，作者先說因公務忙碌而不能遠遊，只得姑且用登臨就亭來替代，從而間接地解答了作者冀求遊觀之所卽在官舍左右的目的。要不，一旦「職事」繁忙，就不可能玩賞。另外，作者又按照在忙中偸閑、久別重逢的情況下，對客觀事物勢必倍感親切的邏輯，放開筆墨，著意描繪了一幅就亭遊觀圖，從而表露了作者鬧中求靜、寄情山水的心願。這一層似爲純粹的寫景，實際上，它對上一層來說，不失爲一種精當的補敍。憑借它，正好說明了作者使用「山水之意」中「意」字的緣由。憑借它，收到了「千呼萬喚」「姍姍來遲」的藝術效果。「夫君子居則有宴息之所，遊必有高明之具，將以宣氣節情，進於廣大疏通之域，非獨遊觀云爾也。予竊有志，未之逮，姑與客把酒咏歌，陶然以就醉焉。」這一段以點睛之筆，揭示了作品的主旨：遊山玩水，觀賞景色，目的是於涵養性情。這一點，雖然第二段以不能「自娛」和局限於「自娛」作了映襯，第三段描繪了山水之意「落落在胸」，也卽與自然俱化，借景色陶冶身心的情況，但畢竟沒有明說。又恰恰是這一點，在封建士大夫的思想上和文章中，實在是不可多得的。施閏章渴望官舍臨近遊觀之所，爲的是能够以此怡情養性。他這樣說了，又這樣做了。可是文章的結尾，他謙虛地表示還未能達到古代仁人志士那樣的境界，於是把酒咏歌，陶然就醉。其實，對封建士大夫來，吟哦就醉之類，旣可說是「自娛」的表現，也不妨看成養性的一種形式。因其自謙「未之逮」，故用「陶然以就醉」來效法。這幾句結語，話語委婉而寓意豐富，餘韻不盡。

施閏章的文章，歷來以質樸謹嚴著稱。就本文而言，通篇不過五百多字，但它扣緊遊觀養性，爲日逐性而冀求遊觀之所近在咫尺這一內在線索，首寫因景築

亭之經過，次寫因景寄情之不易，再寫就亭觀景寓情之適宜，最後以揭示遊觀之初衷結穴。文章形散神聚，正反相生，語句簡約，環環緊扣，不失爲一幅藝術的珍品。俗話說，文如其人。≪清史稿≫本傳說他「文意樸而氣靜」。這裏說的「氣靜」，自然是指文章的主題。但進一步看，有了思想之「靜」才有主題之靜。而思想之靜、文章之靜，又決定了施閏章文章的表現形式必然是質樸謹嚴的。那麼，施閏章何以「氣靜」的呢？恐怕寄情山水、借景養性也是一個重要原因。

(談鳳梁)

芋老人傳　　　周　容

　　芋老人者，慈水祝渡人也①。子傭出②，獨與嫗居渡口③。一日，有書生避雨檐下，衣濕袖單④，影乃益瘦⑤。老人延入坐⑥，知從郡城就童子試歸⑦。老人略知書，與語久，命嫗煮芋以進。盡一器，再進，生爲之飽，笑曰：乚他日不忘老人芋也。」雨止，別去。

　　十餘年，書生用甲第爲相國⑧。偶命厨者進芋，輟箸嘆曰⑨：「何向者祝渡老人之芋之香而甘也⑩！」使人訪其夫婦，載以來。丞、尉聞之⑪。謂老人與相國有舊⑫，邀見講鈞禮⑬，子不傭矣。

　　至京，相國慰勞曰：「不忘老人芋，今乃煩爾嫗一煮芋也。」已而嫗煮芋進，相國亦輟箸曰：「何向者之香而甘也！」老人前曰：「猶是芋也，而向者之香且甘者，非調和之有異，時、位之移人也。相公昔自郡城走數十里⑭，困於雨，不擇食矣；今者堂有煉珍⑮，朝分尚食⑯，張筵列鼎⑰，尚何芋是甘乎⑱？老人猶喜相公之止於芋也⑲。老人老矣，所聞實多：村南有夫婦守貧者，織紡井臼⑳，佐讀勤苦，幸獲朷成㉑，遂寵妾媵㉒，棄其婦，致鬱鬱死，是芋視乃婦也㉓。城東有甲乙同學者，一硯㉔，一燈，一窗，一榻㉕，晨起不辨衣履㉖，乙先得舉㉗，登仕路㉘，聞甲落魄㉙，笑不顧，交以絕㉚，是芋視乃友也。更聞誰氏子，讀書時，願他日得志，廉幹如古人某㉛，忠孝如古人某，及爲吏，以污賄不飭罷㉜，是芋視乃學也。是猶可言也；老人

鄰有西塾㉝，聞其師爲弟子說前代事，有將、相，有卿、尹，有刺史、守、令㉞，或縚黃紆紫㉟，或攬轡褰帷㊱，一旦事變中起㊲，蚍蟻外乘㊳，輒屈膝叩首迎款㊴，惟恐或後，竟以宗廟、社稷、身名、君寵㊵，無不同於芋焉。然則世之以今日而忘其昔日者，豈獨一箸間哉㊶！」

老人語未畢，相國遽驚謝曰㊷：「老人知道者㊸！」厚資而遣之。於是芋老人之名大著。

贊曰：老人能於傾蓋不意，作緣相國㊹，奇已！不知相國何似㊺，能不愧老人之言否。然就其不忘一芋，固已賢夫並老人而芋視之者㊻。特怪老人雖知書，又何長於言至是，豈果知道者歟？或傳聞之過實耶？嗟夫！天下有縉紳士大夫所不能言㊼，而野老鄙夫能言之者，往往而然㊽。

【注釋】①慈水祝渡：地名。慈水：今浙江省慈溪縣。祝渡：祝家渡。②傭出：出外給人家做工。傭：受雇。③嫗（ㄩ）：老年婦女。④袖單：衣服單薄。⑤影乃益瘦：身影顯得更加單薄清瘦。⑥延：邀請。⑦郡城：這裏指寧波府城。就：參加。從事。童子試：科舉中錄取秀才的考試。童子：卽童生，未取得秀才資格的讀書人都稱童生。⑧用甲第爲相國：因爲科舉考取高等當了宰相。⑨輟箸：放下筷子。⑩向者：從前。⑪丞、尉：縣丞、主簿等，都是知縣的佐理官。⑫謂：以爲。有舊：是故交。⑬講鈞禮：以平等之禮相待。講：用。鈞：同「均」。⑭相公：對宰相的尊稱。⑮煉珍：精美的食品。⑯朝分尙食：在朝廷分得皇帝賞賜的食物。⑰張筵列鼎：大擺筵席，列鼎而食。⑱何芋是甘：卽何甘芋，怎麼會喜歡吃芋呢？⑲止於芋：意思是，只在食芋一事上忘舊。⑳織紡井臼：意思是，勤苦過日子。井汲井水。臼：舂米。㉑名成：功名成就，指中舉人或中進士。㉒妾媵（ㄧㄥˋ）：泛指妾。㉓芋視：把……看作芋。以下「芋視……」句同此。乃：他的。㉔一硯：同用一硯。㉕榻：床。㉖不辨衣履：分不清衣服、鞋子是誰的（表示交情非常深）。㉗舉：赴試考取（舉人或進士）。㉘仕：作官。㉙落魄：窮困不得志。㉚交：交情。㉛廉幹：廉潔而有才能。㉜汙賄：貪汙財物。不飭（ㄔˋ）：行爲不謹。罷：被罷官。㉝西塾：過去私人設立的學舍叫「塾」。古禮主位在東，賓位在西，故稱「西塾」。㉞將：高級武官。相、卿、尹：都是京官。刺史、守、令：都是外官。㉟縚（ㄨㄟˋ）黃紆（ㄩ）紫：佩著金印。這裏代指高官。縚：

系。黄：金印。紆：繫結。紫：繫印的紫色綬帶。㊱攬轡（ㄆㄟ）褰（ㄑㄧㄢ）帷抓住駕馭馬匹的韁繩，揭開遮掩車子的帷帳。㊲事變：指朝中的政變。㊳釁孽外乘：災殃和事端從外部乘機侵入。釁：（ㄒㄧㄣ）同釁，瑕隙。孽：壞事。㊴迎款：迎降歸服。款：歸順。㊵宗廟：指帝王祭祖先的地方。社稷：帝王祭土神和穀神的地方：宗廟、社稷：代指國家。㊶獨一箸間：意思是，不只較箸不吃這一點事。㊷遽：趕緊。謝：謝罪。㊸知這者：懂得高深事理的人。㊹傾蓋不意：無意之中相遇。蓋：形狀如傘的車蓋。傾蓋：見鄒陽《獄中上梁王書》注。作緣：結緣。㊺何似：像哪一種人。㊻「固已賢夫」句：本來已經好於那些把芋老人都看作芋的人。㊼縉（ㄐㄧㄣ）紳：挿笏於紳，是官宦的裝束，指上層人物。縉：挿。紳：大帶。㊽然：如此，這樣。

【鑑賞】在中國古典文學作品中，存在著這樣一類人物形象，他們處微賤，操末業，而出言發語，往往驚世駭俗。周容《芋老人傳》中的芋老人，便是這類人物形象中的一員。這類人物形象，大約起源於《論語。微子》中的荷蓧丈人，定形於《莊子・達生》中的佝僂丈人。莊子並爲這類人物的出現，提供了哲學根據。《莊子・德充符》說：「故德有所長而形有所忘，人不忘其所忘而忘其所不忘，是謂『誠忘』。」在莊子看來，心智完善，道德充滿的人，往往忽視其形體、身分等等屬於外在形骸的東西；換句話說，某些形體殘缺，身分低下的人，往往具有形體健全，身高貴者所無法具備的智慧、道德、精神力量。佝僂丈人就是個「德有所長而形有所忘」的人物。他駝背，衰老，以捕蟬爲業，卻從極平凡的勞動中總結出極深刻的致學之道——「用志不分，乃凝於神」，使大聖人孔子欽佩不已。其後，這類人物便活躍在文人筆下，成爲歷代傳記文學中的重要形象。作者往往借他們之口，抨擊時政，譏評世俗，說出自己想說不敢說或不便說的話。如韓愈借圬者王承福之口，由圬牆之業，論「任有大小，惟其所能」，指責了那些心智不足，卻尸位素餐，貪邪亡道的達官貴人（見《圬者王承福傳》）；柳宗元借種樹郭橐駝之口，由種樹之道，論養人之術，抨擊了統治者「好煩其令，若甚憐焉，而卒以禍」的擾民政策（見《種樹郭橐駝傳》）；劉基借賣柑者之口，由藏柑之法，論人之名實，揭露了封建官僚「金玉其外，敗絮其中」的腐朽本質（見《賣柑者言》）。

　　周容的《芋老人傳》，從人物、主題到篇章結構，基本承繼了前人的寫法：野老鄙夫，卻有過人之識；由食芋細事，論及人倫禮法、德行操守；結構上，也是先述人物身分，次述人物事跡，然後引出人物大段議論，最後以作者感嘆作

結。不過，本文又決非一般的蹈襲之作。作者所處的特殊時代——明末清初，和他自己的特殊身分——亡國遺民，賦予本文獨特的個性和藝術成就。相對於同類傳記文學，《芋老人傳》獨特的藝術成就，首先表現在故事的設計上。儘管本文的人物形象脫胎於《莊子》的佝僂丈人，故事則顯然來源於當時流傳甚廣的民間傳說《翠翡白玉湯》：明太祖朱元璋，早年極其貧困，曾與乞兒分享菠菜豆腐湯，嘆爲美味，久久難忘。登位後，復思此湯，盡管御廚精烹細調，並加美名曰「翡翠白玉湯」，皇帝仍覺粗糲難以下咽。周容化用了這個傳說，易「玉」爲芋，變皇帝爲相國，從而引出一段發人深思的議論。作爲封建時代的知識分子，敢於採用不登大雅之堂的街談里巷之言，作爲文學創作的藍本，是需要一定膽識的。周容的膽識，一是出於和莊子等人相同的哲學考慮，認爲野老鄙夫自有過人之識。不過莊子等引入文章的是野老鄙夫其人，周容則進一步引入了野老鄙夫的口頭文學創作；二是出於亡國遺民對賣國士大夫的反感，越是縉紳士大夫瞧不起的，周容越是要捧入大雅之堂。正是出於這樣的膽識，周容才得以從民間文學中汲取了營養，爲自己的文章增添了活力。

　　本文獨特的成就，還表現在主題的開掘上。在此以前的同類傳記文學，一般是由人物的經驗之談中抽繹出一條帶普遍意義的哲理，然後加上作者的簡單評論，文章便告結束。《芋老人傳》則不然，在抽繹出「時、位之移人」的哲理後，芋老人又回過頭來，用這個哲理一連剖析了四個「以今日而忘其昔日者」的例子，由「芋視乃婦」到「芋視乃友」「芋視乃學」，最後直至芋視「宗廟、社稷、身名、君寵」，由小到大，由輕到重，逐層深入，使讀者的憤恨，逐漸達到頂點，從而無情鞭撻了那些屈膝事敵，「惟恐或後」的縉紳士大夫。可以想見，如果不是出於國破家亡的切膚之痛，和對賣國士大夫的切齒之恨，作者是不可能寫出如此痛切的文字來的。

　　本文的成就，又表現在作者的修辭功夫上。本文多用短句，尤其是芋老人的一席話，隨著議論的逐層深入，文句越來越短，語調越來越急促，情感也就越來越激越。待說到「竟以宗廟、社稷、身名、君寵，無不同於芋焉」，言者的憤怒，已達頂點，此時作者突然筆鋒一轉，以「然則世之以今日而忘其昔日者，豈獨一箸間哉」結束了芋老人的議論，這一長句，宛如一聲長嘆，無限感慨，盡在其間！

　　至於作者由「相國食芋」提煉出的「芋視」一詞，更有特色。以名詞作狀語，這種修辭法古已有之，如「蠶食」、「人立」、「雲集」、「鳥獸散」等等。這類詞語的構成特點，是借比喻的方式，形象地表現出行動的特徵。「芋視」一詞，同

樣也具有這一特點，但又不止於這一特點，它還表現出行動者對承受者的漠視、忘恩、負義、背叛等等複雜的態度，容量更廣。作者應用這樣一個形象而又含義深廣的詞語，來表達自己的感觸，文章自然顯得簡潔有力。

中華民族是個十分重視傳統的民族，中國古典文學作品尤其體現出這一特點。許多起源於先秦時期的原始形象或原始意象，一直活躍在文學作品之中，經久不衰。但根據這些原始形象或意象進行創作的文學作品，其命運卻不盡相同，或銷聲匿迹，或傳誦不絕，關鍵在於，作者是一味地模擬蹈襲呢，還是隨著時代的推移，不斷為這些原始意象或形象注入新的血液，增添新的意蘊。≪芋老人傳≫，便是周容用他所處時代的新觀念、新意象、新形象對原始形象加工深化的結果，這篇文章之所以至今讀來仍覺得有生氣，原因便在於此。

（錢南秀）

論梁元帝讀書　　王夫之

江陵陷，元帝焚古今圖書十四萬卷①。或問之。答曰：「讀書萬卷，猶有今日，故焚之。」未有不惡其不悔不仁②，而歸咎於讀書者③，曰：「書何負於帝哉④？」此非知讀書者之言也⑤。帝之自取滅亡，非讀書之故，而抑未嘗非讀書之故也⑥。取帝之所撰著而觀之，搜索駢儷，攢集影迹⑦，以誇博記者⑧，非破萬卷而不能。於其時也，君父懸命於逆賊⑨，宗社垂絲於割裂⑩；而晨覽夕披⑪，疲役於此，義不能振⑫，機不能乘⑬，則與六博、投瓊、耽酒、漁色也⑭，又何以異哉？夫人心一有所倚⑮，則聖賢之訓典⑯，足以錮志氣於尋行數墨之中⑰，得纖曲而忘大義⑱，迷影迹而失微言⑲，且為大惑之資也⑳，況百家小道㉑，取青妃白之區區者乎㉒。

嗚呼！豈徒元帝之不仁㉓，而讀書止以導淫哉㉔？宋末胡元之世㉕，名為儒者，與聞格物之正訓㉖，而不念格之也將以何為㉗。數「五經」、≪語≫、≪孟≫文字之多少而總記之㉘，辨章句合離呼應之形聲而比擬之，飽食終日，以役役於無益之較訂㉙，而發為文章，侈筋脈排偶以為工㉚，於身心何與耶？於倫物何與耶㉛？於政教何與

耶？自以爲密，而傲人之疏；自以爲專，而傲人之散；自以爲勤，而傲人之惰；若此者，非色取不疑之不仁㉜，好行小慧之不知哉㉝？其窮也㉞，以敎而錮人之子弟；其達也㉟，以執而誤人之國家㊱；則亦與元帝之兵臨城下而講《老子》㊲，黃潛善之虜騎渡江而參圓悟者奚別哉㊳？抑與蕭寶卷、陳叔寶之酣歌恒舞，白刃垂頭而不覺者㊴，又奚別哉？故程子斥謝上蔡之玩物喪志㊵，有所玩者，未有不喪者也。梁元、隋煬、陳後主、宋徽宗皆讀書者也㊶，宋末胡元之小儒亦讀書者也，其迷均也㊷。

　　或曰：「讀先聖先儒之書，非雕蟲之比㊸，固不失爲君子也。」夫先聖先儒之書，豈浮屠氏之言㊹，書寫讀誦而有功德者乎？讀其書，察其迹，析其字句，遂自命爲君子，無怪乎爲良知之說者起而斥之也㊺。乃爲良知之說，迷於其所謂良知，以刻畫而彷彿者㊻，其害尤烈也㊼。

　　夫讀書將以何爲哉？辨其大義，以立修己治人之體也；察其微言，以善精義入神之用也㊽，乃善讀者有得於心而正之以書者鮮矣㊾，下此而如太子弘之讀《春秋》而不忍卒讀者鮮矣㊿，下此而如穆姜之於《易》能自反而知愧者鮮矣[51]。不規其大，不研其精，不審其時，且有如漢儒之以《公羊》廢大倫[52]，王莽之以譏二名待匈奴[53]，王安石以國服賦靑苗者[54]，經且爲蠹[55]，而史尤勿論已。讀漢高之誅韓、彭而亂萌消[56]，則殺親賢者益其忮毒[57]；讀光武之易太子而國本定[58]，則喪元良者啓其偏私[59]；讀張良之辟穀以全身[60]，則爐火彼家之術進[61]；讀丙吉之殺人而不問[62]，則怠荒廢事之陋成。無高明之量以持其大體，無斟酌之權以審於獨知[63]，則讀書萬卷，止以導迷，顧不如不學無術者之尚全其樸也[64]。

　　故子曰：「吾十有五而志於學[65]。」志定而學乃益，未聞無志而以學爲志者也。以學而遊移其志[66]，異端邪說[67]，流俗之傳聞，淫曼之小慧，大以蝕其心思[68]，而小以荒其日月[69]，元帝所爲至死而不悟者也。惡得不歸咎於萬卷之涉獵乎[70]？儒者之徒，而效其卑陋[71]，可勿警哉？

【注釋】①元帝焚古今圖書：《資治通鑑·梁紀二十一》載，梁承聖三年（554）十一月，西魏兵攻破江陵，「（元）帝入東閣竹殿，命舍人高善寶焚古今圖書十四萬卷。」②惡（ㄨˋ）：憎惡。③咎（ㄐㄧㄡˋ）：罪過。④負：辜負。⑤知：懂得。⑥抑（ㄧˋ）：連詞，表示轉折。⑦攢（ㄘㄨㄢˊ）：聚集。影跡：這裏指史實、典故，或金石文獻。⑧博記：記憶廣博。⑨君父：指梁武帝。懸命於逆賊：性命被掌握在叛賊手裏。逆賊：指侯景。⑩宗社：宗廟、社稷，代指國家。垂絲：下垂的絲縷，形容情勢危險。⑪披：劈開，披露。引申爲翻開，翻閱。⑫義：正義。振：伸張。⑬機：機會。乘：利用。⑭六博：亦稱陸博，古代的一種賭博方式，十二棋子分兩人對弈。投瓊：擲骰子。耽酒：沉迷於酒。漁色：獵取女色。⑮倚：偏頗。⑯訓典：先王的書籍，泛指一切經書。⑰錮：禁錮。尋行數墨：如同說咬文嚼字。行：書中字行。墨：指文字。⑱纖曲：本是細小宛曲的意思，這裏與「大義」對言，當指章句。大義：要旨。⑲微言：含義精微的言論。⑳資：憑借的東西。㉑百家小道：指儒家以外的學說、技藝。㉒取青妃白：用青色配白色。比喩賣弄細小的文字技巧。妃。卽配的意思。區區：小。㉓豈徒：豈但，難道只有。㉔淫：惑亂。㉕胡元：指蒙古族統治的元代。㉖格物之正訓：指宋元儒者對格物的各種解釋。格物：推究事物的原理。正訓：以正道解釋。㉗將以何爲：將用來做什麼。㉘五經：儒家的五部經典，卽《易》、《尚書》、《詩》、《禮》、《春秋》。五經中的《禮》漢時指《儀禮》，後世指《禮記》。《語》：《論語》。《孟》：《孟子》。㉙役役：形容勞苦不休。較：這裏同「校」。明朝人因避熹宗（朱由校）的諱，用「較」代「校」。㉚筋脈：指文章的結構層次。㉛倫物：待人接物。倫：人倫。㉜色取不疑之不仁：《論語·顏淵》，「色取仁而行違，居之不疑。在邦必聞，在家必聞。」這是孔子對表面裝成仁者而行動不合乎仁，還要以仁者自居的人的譏諷。㉝好行小慧：喜歡賣弄小聰明。《論語·衛靈公》：「羣居終日，言不及義，好行小慧，難矣哉！」鄭玄注：「小慧，謂小小之才知。」不知：同「不智」，沒有智慧。㉞窮困。㉟達：顯貴。㊱執：固執。㊲元帝之兵臨城下而講《老子》：《梁書·元帝本紀》：「（承聖三年）九月辛卯，世祖（卽元帝）於龍光殿述《老子》義，尚書左僕射王褒爲執經。乙巳，魏遣其柱國萬紐于謹率大衆來寇。」㊳黃潛善：宋高宗南渡時的宰相。虜騎渡江而參圓悟：《宋史·黃潛善傳》載，當金人南侵時，「右丞許景衡以扈衛單弱請帝避其鋒，潛善以爲不足慮，率同列聽浮屠（僧人）克勤說法。」參圓悟：參禪。奚別：何別，有什麼分別。㊴蕭寶卷：卽齊東昏侯，卽位後，荒淫無度，日夜與親近閹人、倡伎鼓吹。亂兵攻入宮中，仍在吹笙歌作《女兒子》，後被殺（見《南

齊書・東昏侯本紀》)。陳叔寶: 卽陳後主,在位時,荒於酒色,君臣酣飲,從夕達旦。敵兵至,猶詩酒不輟,奏伎行樂。後藏於井中,被俘(見《南史・陳本紀下》)。⑩程子: 指宋朝理學家程顥。謝上蔡: 卽謝良佐,字顯道,程門弟子,上蔡人,學者稱上蔡先生。玩物喪志: 沉迷於所愛好的東西而喪失志氣。⑪隋煬: 楊廣,好讀書,善屬文。宋王明清《揮塵後錄》引唐杜寶《大業江都記》說:「煬帝聚書至三十七萬卷,皆焚於廣陵。」宋徽宗: 名佶,工書畫,曾使文臣編輯《宣和書譜》、《宣和畫譜》等書。⑫均: 相等。⑬雕蟲: 雕刻蟲書(古文之一體),比喩小技、小道,多指詞章之學。⑭浮屠氏: 佛家。浮屠: 也作佛陀(卽佛)。⑮良知之說: 明代王守仁根據孟子性善論的觀點而創立的一種學說,認爲人有本能的善性,這就是「良知」。這是明代唯心主義哲學思想的一個重要流派。他們認爲,「以知識爲知則輕浮而不實」,反對宋儒的重視書本。⑯刻畫: 精細地描繪。彷彿: 相似。這裏是「若有其事」的意思。⑰烈: 火勢猛。引申爲猛烈、強烈。⑱善: 善於。精義入神: 指精通物理的微妙,達到神奇的境界。《易經・繫辭下》:「精義入神,以致用也,利用安身,以崇德也。」王弼注:「精義,物理之微者也; 入神,寂然不動,感而遂通。」這裏指掌握書的精神,到了神妙的地步。用: 運用。⑲鮮(ㄒㄧㄢˇ): 少。⑳太子弘之讀《春秋》: 唐高宗太子弘,武后所生。幼年時讀《左傳》,讀到楚世子商臣弒其君父的事,「廢卷而嘆曰:『此事臣子所不忍聞,經籍聖人垂訓,何故書此?』」(見《舊唐書・高宗中宗諸子列傳》)弘後被武后毒死,謚爲孝敬皇帝。卒讀: 讀完。㉑穆姜: 春秋時魯宣公夫人。她曾因爲淫亂,想廢掉她的兒子成公。後來成公的兒子襄公把她驅逐到東宮居住。她命卜史占了一卦,是吉卦,可以逃走,但她認爲自己不夠卦中所說的條件,說:「我則取惡,能無咎乎? 必死於此,弗得出矣!」沒有照卦行事。後來死在東宮(見《左傳・襄公九年》)。自反: 反躬自問。㉒漢儒之以《公羊》廢大倫: 據朱熹說,人之大倫有五,「父子有親」,「君臣有義」,卽其中兩條。漢建武二年(26),光武帝劉秀立貴人郭氏爲皇后,郭氏所生子彊爲皇太子。後來廢郭后,立貴人陰氏爲皇后,並廢太子彊,改立陰后所生子莊。在建武十九年的詔書中說:「《春秋》之義,立子以貴。」(見《後漢書・光武帝紀下》)立子以貴,就是公羊家的說法。《公羊傳・隱公元年》:「立嫡以長不以賢,立子以貴不以長。」㉓王莽之以譏二名待匈奴: 王莽曾禁止國內用兩個字的名,並派人暗示給匈奴,匈奴單於囊知牙斯於是改名爲知(見《漢書・匈奴傳下》)。㉔王安石以國服賦青苗: 國服,原意是一地區出產品的意思。《周禮・地官司徒・泉府》:「凡民之貸者,與其有司辨而授之,以國服爲之息,凡國之財用取具

焉。」王安石援用這句經文，推行「青苗法」。≪宋史·王安石傳≫:「青苗法者，以常平糶本，作青苗錢，散與人戶，令出息二分，春散秋斂。」⑤蠹: 此指弊病。⑥漢高: 漢高帝劉邦。韓: 韓信。彭: 彭越。亂萌: 叛亂的萌芽。⑤殺親賢者: 指後世效法劉邦，殺害親近賢臣的統治者。益: 增加。忮（业）: 忌恨。毒: 狠毒。⑧國本: 國家的根本。⑨元良: 指太子。⑥張良: 漢高帝功臣，天下平定後，從赤松子學道。辟（夂丶）穀: 神仙道術的一種，不吃穀類，以求長生。全身: 保全自身。⑥爐火: 指煉丹求仙的方術。彼家: 指煉丹家。儒家稱佛、道爲「彼家」。⑥丙吉之殺人而不問: 丙吉，字少卿，漢魯國人，宣帝時丞相。一次走在路上，見有人鬥毆而死，他不問; 但看到牛喘吐舌，他卻過問。有人譏吉。他說，民鬥相殺傷，地方官應當禁備逐捕，宰相不親小事，所以沒有過問的必要; 牛因熱而喘，反映天時不正，宰相應該過問（見≪漢書·丙吉傳≫）。⑥權: 權衡，標準。審: 辨別是非。獨知: 獨到的見解。⑥全其樸: 保全淳樸的狀態。⑥吾十有五而志於學: 見≪論語·爲政≫。⑥遊移: 移動不定。⑥異端: 儒家稱儒家以外的學說、學派爲異端。邪說: 不正當的學說、言論。⑥蝕: 本指蟲蛀物。引申爲浸蝕。⑥荒: 荒廢。⑦惡（义）得: 何得，怎麼能。涉獵: 泛覽，學不專精。⑦效: 效法，學習。卑陋: 下劣，指錯誤的讀書態度和方法。

【鑑賞】「經世致用」是中國古代學者的治學傳統，也是王夫之的治學主張。他的這一主張，在≪論梁元帝讀書≫一文中有比較完整的闡述。題目雖是「論梁元帝讀書」，實質上是對歷代不善讀書者尤其是對明末清初遺落國事，空談性理的學者的嚴厲批判。同時，文章還隱蔽地抨擊了明代最高統治者的失德和弊政。

　　全文共分三段。第一段從開頭至「況百家小道，取青妃白之區區者乎」，批評梁元帝以搜索駢儷，攢集影跡爲讀書，終至誤國喪身。第二段從「嗚呼! 豈徒元帝之不仁」至「其害尤烈也」，批評宋元小儒以離章辨句爲讀書，也會錮人誤國。第三段從「夫讀書將以何爲哉」至結束，提出讀書應辨大義，察微言，學以致用。

　　這三段文字，層層深入，絲絲入扣，表現了作者嚴肅的態度和嚴密的邏輯，這可以看作本文的第一個特點。文章開頭，從梁元帝把亡國歸咎於讀書談起。讀書當然決不是梁元帝亡國的主要原因，然而梁元帝之不善讀書，只是沉迷於從百家小道之書中尋典檢事，以作矜奇炫博之資，又確實是他怠荒政事，終至亡國的原因之一。一般讀者見不及此，只責備元帝不悔其不仁，而歸咎於讀書。惟夫之卓識，指出元帝之自取滅亡，「非讀書之故，而抑未嘗非讀書之故也。」「非讀書之故」一句不可少。如果少了這一句，把元帝亡國完全歸咎於讀書，那觀點就太

片面了。但作者要闡述的觀點是「未嘗非讀書之故」，所以下文撇開衆人所同的
「非讀書之故」一句，專就「未嘗非讀書之故」加以論述。於此已可見作者行文之嚴
密。元帝所讀之書爲「百家小道，取青妃白之區區者」，目的是「搜索駢儷，攢集
影跡」，這種讀書與六博、投琼、耽酒、漁色無異，其亡國固不足怪。那麼，讀
聖賢經典就不會有弊端了嗎？否！作者在第二段中指出，宋元小儒所讀的是儒家
的五經、《論語》、《孟子》，然而他們的讀書方法只是「數『五經』、《語》、
《孟》文字之多少而總記之，辨章句合離呼應之形聲而比擬之，飽食終日，以役
役於無益之較訂」，發爲文章，則是「侈筋脈排偶以爲工」。這種讀書，於身心、
倫物、政敎毫無裨益。這種人如果做敎師，則會錮人子弟；如果掌國柄，則會誤
其國家。這與梁元帝在西魏兵臨城下之時大講《老子》，黃潛善在金人南侵時率
同僚去聽和尙講經說法並無區別。這樣，作者的論述就比第一段深入了一層。作
者估計到或許有人會認爲這些儒生盡管讀書方法不對，但所讀之書畢竟是聖賢經
典，似乎未可將他們一筆抹掉。如果不批駁這種觀點，就會爲那些誤人誤國的讀
書人留下自我文飾、辨解的餘地，對不善讀書之害的揭示批判就不能徹底。所以
在第二段的末尾，作者又借「或曰」起頭，反駁了「讀先聖先儒之書，非雕蟲之
比，固不失爲君子」的說法。作者反詰道：「夫先聖先儒之書，豈浮屠氏之言，書
寫讀誦而有功德者乎？」王夫之將那些「自命爲君子」者的「讀其書，察其跡，析其
字句」的學習方法與佛敎信徒抄寫誦讀佛經相比，其諷刺批判是辛辣而深刻的。
不但如此，作者又對「爲良知之說者」進行批評。所謂「爲良知之說者」指的是晚明
學者王守仁。「致良知」的方法之一是所謂「知行合一」說，實際上是以不行爲行，
以知代替行，否定了用「知」去改革社會的必要性，對國家的命運、民族的前途毫
不負責。這與王夫之讀書要經世致用的主張是背道而馳的，所以王夫之說他們爲
害尤烈。在這一段中，王夫之明是批判宋元的朱學末流，實際兼指明代讀書人在
內。他先借「爲良知之說者」以增強對那些「自命爲君子」者的批判力量，把敵手轉
爲供自己使用的武器，而在用過以後，又隨手給以一擊，一石二鳥，毫不費力。
　　接下的第三段，作者提出了自己的主張，讀書應該「辨其大義，以立修己治
人之體也；察其微言，以善精義入神之用」。這裏的「大義」、「微言」與孔夫子作
《春秋》的所謂「大義微言」含義是不同的。作者這兩句話與下文讀書要「規其
大」、「硏其精」、「審其時」，要有「高明之量以持其大體」、要有「斟酌之權以審於
獨知」等語的含義相似，都是指要從總體方面掌握經典著述的精神實質，作爲修
己治人的行動準則。在描述了歷代不善讀書的嚴重後果以後，再針鋒相對提出自
己的觀點，立論就顯得非常紮實。但作者接下去並沒有就自己的主張展開論述，

而是筆鋒一轉，又回過頭來批判歷史上各種不善讀書之人。作者首先慨嘆說：能夠通過讀書、掌握書中的大義微言，明瞭修己治人的道理，用書上的道理來指導修正自己的思想行動，這樣的人確實太少了。卽使像唐高宗太子弘那樣讀書的人也太少了。敢於對經籍記載表示懷疑和不滿，雖然無關於「修己治人」，但在夫之看來，確也算得上會讀書的了。至於魯宣公夫人穆姜，並非讀書之人，卻知道經書上的話有其適用條件這樣一個道理。而古今讀書之人卻很多不及一個淫婦人，作者的慨嘆諷刺深矣。

作者繼之指出那些「不規其大，不研其精，不審其時」的讀書人，「無高明之量以持其大體，無斟酌之權以審於獨知」，這一批評，已將梁元帝式的讀書人統統包括在內。如此讀書的結果，表面上雖是按經典遺訓辦事，而實際結果卻是蠹政害民，漢儒、王莽、王安石等等皆是如此（按：作者對王安石以《周禮》經文爲據推行「靑苗法」的評價欠當）。作者這樣從反面舉例展開論述，既使全文首尾一貫，始終保持一種批判的鋒芒，又使自己的主張得到了確然無疑的證明。在第三段的最後，作者又將梁元帝的至死不悟再提一筆，回應首段。全文如此層層深入、絲絲入扣地展開論述，具有很強的邏輯性和說服力。

列舉重大史實來證明自己的觀點，是本文的第二個特點。不善讀書可以亡身誤國、蠹政害民，這可謂驚世駭俗之論，如果沒有大量史實作證據，必不能使人信服，故作者在文中不能不列舉許多重大史實。除了上面提過的梁元帝、黃潛善、王莽、王安石等例外，陳后主、隋煬帝、宋徽宗也是不善讀書的典型。他們的亡國、被俘，與他們「玩書喪志」，不能從讀書中汲取有益於「身心」、「倫物」、「政教」的東西，確是有一定關係的。

從文字表達來說，大量使用對偶句和排比句是本文的又一個明顯特點。說理散文常易流於枯澀，而本文卻音韵鏗鏘，氣勢流暢，文采斐然，與這一特點有關。但本文使用對偶和排比的作用不僅於此，它對表現作者的思想情緒也有相當的作用。如第二段中「於身心何與耶？於倫物何與耶？於政教何與耶？」三個排句，如果簡化一下，說成「與身心、倫物、政教何與耶？」意思相同，但那種屬聲責問的咄咄逼人的氣勢就沒有了。「自以爲密，而傲人之疏；自以爲專，而傲人之散；自以爲勤，而傲人之惰」幾句，既刻畫了小儒的沾沾自喜之情，又表達了作者對他們的鄙視揶揄之意。本文的最大特點，倒還不在其文字表達的技巧，組織結構的嚴密，而在其思想內容的高度現實針對性。王夫之是一個愛國學者，身處易代之際，對歷史朝代的盛衰興亡、政治措施的成敗得失，尤所究心。發爲史論，則別有懷抱，借古諷今。當時的士人，研讀程朱理學者也罷，信奉陸王心

學者也罷，大都置國事於不顧，誠如黃宗羲所說：「天崩地解，落然無與吾事。」（《南雷文學‧留別海昌同學序》）文章指責梁元帝在「君父懸命於逆賊，宗社垂絲於割裂」之際，卻「晨覽夕披」，疲役於「百家小道，取青妃白之區區者」，這正是對明末清初許多讀書人的嚴厲批評。更為突出的是作者論讀史為蠹的一段：「讀漢高之誅韓、彭而亂萌消，則殺親賢者益其忮毒」，使我們聯想到了明太祖朱元璋大誅功臣的暴行；「讀光武之易太子而國本定，則喪元良者啟其偏私」，使我們聯想到了明代宗廢英宗太子朱見深，而改立己子朱見濟為太子（未幾即卒），圍繞著復儲之事宮廷裏展開的激烈鬥爭；「讀張良之辟谷以全身，則爐火彼家之術進」，使我們聯想到了明太祖的崇佛，明世宗的奉道。大臣李仕魯因關佛而被朱元璋所殺。明世宗以道士邵元節為禮部尚書，自己深居西苑，專意齋醮，毫不過問政事，最後竟死於方士所獻的「仙方」。明皇室的這些失德弊政，其嚴重程度較之梁元帝之搜索駢儷，攢集事跡，真不可同日語，雖非明朝滅亡的直接原因，但確也不能不斲傷國家元氣，影響國家統治的鞏固。夫之不便明言，假批判不善讀書者而言之。從這裏，我們看到了一位愛國思想家的苦心。

（魯同羣）

戴文進傳　　　毛先舒

明畫手以戴進為第一①。進，字文進，錢唐人也②。

宣宗喜繪事③，御製天縱④。一時待詔有謝廷循、倪端、石銳、李在⑤，皆有名。進入京，眾工妒之。一日，在仁智殿呈畫，進進《秋江獨釣圖》⑥，畫人紅袍垂釣水次⑦。畫惟紅不易著⑧，進獨得古法之妙。宣宗閱之。廷循從旁跪曰：「進畫極佳，但赤是朝廷品服⑨，奈何著此釣魚⑩！」宣宗頷之⑪，遂麾去餘幅不視⑫。故進住宗師，頗窮乏。

先是，進，鍛工也⑬，為人物花鳥，肖狀精奇⑭，直倍常工⑮。進亦自得，以為人且寶貴傳之⑯。一日，於市見熔金者，觀之，即進所造，撫然自失⑰。歸語人曰：「吾瘁吾心力為此⑱，豈徒得糈⑲？意將托此不朽吾名耳⑳。今人爍吾所造亡所愛㉑，此技不足為也。將

安托吾指而後可㉒？」人曰：「子巧托諸金㉓，金飾能爲俗習玩愛及兒、婦人御耳㉔。彼惟煌煌是耽㉕，安知工苦？能徙智於縑素㉖，斯必傳矣。」進喜，遂學畫，名高一時。

　　然進數奇，雖得待詔，亦轗軻亡大遇㉗。其畫疏而能密，著筆淡遠。其畫人尤佳，其眞亦罕遇云。予欽進，鍛工耳，而命意不朽，卒成其名。

【注釋】①畫手：畫家。②錢唐：錢塘，今浙江省杭州市。③宣宗：明宣宗朱瞻基。繪事：繪畫。④縱：放任。⑤一時：一個時期。待詔：爲皇帝草擬文字或管卜、醫、技術等。謝廷循：浙江省永嘉人。倪端：字仲正。石銳：字以明。李在：字以政。⑥進進：戴進進呈。⑦水次：水邊。⑧著：指著色。⑨品服：品官所穿之服。⑩著：指穿。⑪頷（ㄏㄢˋ）：點頭。⑫麾：同「揮」。⑬鍛工：鍛造金屬的工匠。⑭肖：像。⑮直：通「値」。常工：一般鍛工。⑯且：將要。⑰憮然自失：心裏難受，失意。⑱瘁：勞苦。⑲徒：僅僅。糈（ㄒㄩˇ）：糧食。⑳托：依托。㉑爍：通「鑠」，銷熔。㉒安：何處。㉓金：指金銀。㉔御：使用。㉕煌煌：光亮。耽：沉溺。㉖徙：遷移。縑（ㄐㄧㄢ）：細絹。素：白色生絹。㉗數奇：遭遇不佳，語出《史記·李將軍傳》。轗（ㄎㄢˇ）軻：困厄。亡：無。

【鑑賞】爲文難，爲短文難，爲短文而有丘壑氣象並能啓人神思尤難。毛先舒《戴文進傳》，短而有致，簡而動人，實屬佳作。《戴傳》述明代大畫家戴進（1388—1462）生平，止三百二十八字。三百餘字記人一生，可謂惜墨如金。但「惜墨」不是目的：「惜墨」要以述事翔實，傳人面目爲前提。行文之約，述事之詳，如何統一的呢？不外「剪裁」二字。

　　戴進七十五歲而卒。七十五年間，悲歡離合、可記可傳之事何止萬千？作爲「浙派」的一代宗師，師友賓朋、直接間接的關係又何止萬千？事無巨細，雜然並陳，萬言長帙亦不能盡述！故剪裁史實，取一生之關鍵，便成了小傳謀篇布局的第一步棋。《戴傳》擇二事，概述戴進一生：進圖廟堂，技高被妒；施藝江湖，「徙智於縑素」。這兩樁事，看似瑣屑，卻正是關乎戴進一生榮辱升沉的「大事」。先看第一件事。明宣宗特喜作畫，故把當時的名畫家謝廷循、倪端、石銳、李在等，均籠絡入朝，加封「待詔」。後，戴進入京進《秋江獨釣圖》，畫紅袍人垂釣水次。「畫惟紅不易著，進獨得古法入妙」。著不易著之色，入不易入

之妙，當然被「衆工妒之」。謝廷循進讒言，明宣宗生偏見，「遂麾去餘幅不視」。聯繫到後來戴進的被放還，以窮死，我們便可以看到：《秋江獨釣圖》的呈進，確係戴進一生關節，一圖獻上，絕了進仕之途，斷了政治生命，自此，畫家命運急轉直下，故不可不記。第二件事呢，粗看也是草芥微末、毫不足道的小事：戴進先是做首飾匠人，「爲人物花鳥，肖狀精奇，直倍常工」；一天，他在街上看到銷熔舊飾物的匠人正在「爍吾所造亡所愛」，便感「此技不足爲」。接受了別人「能徙智於縑素，斯必傳矣」的勸告，改而習畫，「名高一時」。顯然，棄鍛工、習繪事，是戴進生活的一大轉變。這一轉變，給戴進帶來了新的藝術生命。至此，我們卽可論定：《戴傳》所擇二事，事小旨遠，事少勝多，一言政治生命的淪落，一言藝術生命的勃發；一沉一浮，一辱一榮，一失一得，一退一進，粗線條地勾勒了畫家的寫意圖像。原本是滿樹碩果，現只存兩枚懸於枝頭；由密而疏，由疏而密，讀者靠聯想自能塡補歷史的空白。這，大概正暗合了歷史傳記散文的美學追求了吧！「玉少石多，多者不爲珍；龍少魚衆，少者固爲神」（王充《論衡·自紀》），《戴傳》撿玉棄石，抓龍逐魚，可謂盡得爲「疏」之妙。

　　《戴傳》畢竟是傳記，爲人作傳，須見人之面目，故史實的熔裁之後，必要隨之以人物的描繪。略中求詳，事中見人，在「搖現」全景的前提下，注重特定場面的攝取，可以說是《戴傳》附麗詞采的第二步棋。上文所擧二例，《戴傳》都是從全景起筆，再鋪開動態描寫、語言描寫而收筆於細部的。戴進進《秋江獨釣圖》的描寫，由遠及近，由淡而顯，就極富層次感。先點宣宗愛畫，次點待詔諸家名望，最後才點「進入京，衆工妒之。」這三句進層敍述，無疑在交代那個嫉賢妒能的社會風氣。下邊一段獻圖的經過後果，盡扣一「妒」字展開。「一日」，言時：「在仁智殿」，言地：「呈畫」，言事；「進進《秋江獨釣圖》」，言人：「畫人紅袍垂釣水次」，言畫……一路寫來，漸寫漸細，當宣宗捧圖「閱之」的時候，謝廷循等人的妒意達到了極點，於是「從旁跪」，進讒言。宣宗呢，信讒言，遠戴進。傳記的主人公是戴進，但出場最多的卻是宣宗。「宣宗喜繪事」，是虛寫；「宣宗閱之」，是實寫；「宣宗頷之」，則把心情神態都寫出來了。這裏，有一個矛盾現象，卽傳記主人公讓筆墨給了非主人公。其實，這種主客易位、輕重倒置的處理，正是作者的高超過人之處。一方貴爲天子，一方賤爲下民；一方是皇恩的施與者，一方乃寵辱的承受者；試想，作者怎能不細描這個戴進命運的操縱者呢？正寫宣宗，側寫戴進，無疑在冷峻揭示戴進悲劇命運的根由。

　　說到《戴傳》特定場面的描述，我們還不應忽略其語言描寫的成功。三百二十八字的超短篇傳記，人物語言竟占了九十九字，這不能不說是大膽的。尤其棄

鍛學畫這一節，基本上是一問一答。問者有志，答者有智，答問之間，戴進的不苟俗務、立志不朽的豪情盡已言明。在心爲志，發言爲聲，借人物語言刻畫人物，歷爲史家所重。毛先舒爲戴進作傳，述事、立言並重，可說是繼承了中國傳記散文優良傳統的。

　　《戴傳》末段，作者評戴進的畫爲「疏而能密」。因戴氏之畫傳世極少，故一般人難斷此論正誤。讀了《戴傳》，我們倒覺得該文便是「疏而能密」的。上面兩部分的淺析，卽一側重論「疏」，一側重論「密」。如果再詳析《戴傳》，我們還可以看到，除疏密相間外，曲折頓挫、抑揚有致，便可算它縱橫開闔的第三步棋了。「明畫手以戴進爲第一」，雄奇突兀，出語不凡，傳記入筆就把主人公推到讀者面前。「進，字文進，錢唐人也。」補綴一筆，文勢卽趨平緩。戴進既爲「第一」，那麼第二段該介紹這個「第一」的飛黃騰達了吧？不，第二段節外生枝，偏偏記述了戴進的宦途失意。如果第一段爲「揚」，第二段便是「抑」了。揚抑交替，文章忽起波瀾。再細研第二段，我們還會發現，在總體的「抑」中，又是時有襃揚的。如講戴進《秋江獨釣圖》紅色之「不易著」，戴不唯輕易「著」之，且入妙境。命運的「抑」與技藝的「揚」相應，顯然又呼應了文章入句之「第一」的評價。至第三段，文勢起伏又爲一變。先言其鍛工之精奇，次言熔金者熔之而不惜，三言戴進苦惱的詢問，四言智者洞明的回答，最後言戴進學畫成名。抑揚有致，頓挫有力，旣鮮明地表現了戴進深厚的藝術功底和誓在不朽的高遠志向，且巧妙地回答了首段首句評判戴進爲明代畫家「第一」的依據。從時序講，第二段敍述的事在後，第三段敍述的事在前。前後倒置，寫法是「倒敍」；而立意則又是爲了突出戴進的「數奇」，進而對戴進一生「轗軻亡大遇」表示惋惜。在這種立意指導下作傳，收尾自然要引到對戴進命運、藝術、品節的評論上。傳記收筆，總述戴進一生不幸，總評其繪圖風格，總讚其不凡志向。言極簡，論極精，有情、有理，因而也極有力。說它「有力」，不是指那狂呼大叫外露的力，而是指那激人上進內涵的力。這樣結論，是把結尾與開頭聯繫思考而獲得的。文章開頭便說「明畫手以戴進爲第一」，結尾則爲「命意不朽，卒成其名」，首尾呼應，隱含著「有志者，事竟成」的哲理。這，不能不說是作者在對畫家命運哀惋同時，又對讀者前途的激勵！「收束或放開一步，或宕出遠神，或本位收住」（沈德潛《說詩晬語》），詩如此，文何嘗又不如此？一篇之妙，全在落句，讀《戴文進傳》，應對此語有新的認識吧！

（田秉鍔）

大鐵椎傳　　　魏　　禧

　　庚戌十一月①，予自廣陵歸②，與陳子燦同舟③。子燦年二十八，好武事，予授以左氏兵謀兵法④，因問「數遊南北⑤，逢異人乎？」子燦爲述大鐵椎，作《大鐵椎傳》。

　　大鐵椎，不知何許人⑥。北平陳子燦省兄河南⑦，與遇宋將軍家。宋，懷慶靑華鎭人⑧，工技擊⑨，七省好事者皆來學⑩，人以其雄健，呼宋將軍云。宋弟子高信之，亦懷慶人，多力善射，長子燦七歲⑪，少同學，故嘗與過宋將軍⑫。

　　時座上有健啖客⑬，貌甚寢⑭，右脅夾大鐵椎⑮，重四五十斤，飮食拱揖不暫去⑯。柄鐵折叠環復⑰，如鎖上練⑱，引之長丈許⑲。與人罕言語，語類楚聲⑳。扣其鄕及姓字，皆不答。

　　旣同寢，夜半，客曰：「吾去矣！」言訖不見㉑。子燦見窗戶皆閉，驚問信之。信之曰：「客初至，不冠不襪，以藍手巾裹頭，足纏白布，大鐵椎外，一物無所持，而腰多白金㉒。吾與將軍俱不敢問也。」子燦寐而醒㉓，客則鼾睡炕上矣㉔。

　　一日，辭宋將軍曰：「吾始聞汝名，以爲豪㉕，然皆不足用。吾去矣！」將軍強留之㉖，乃曰：「吾數擊殺響馬賊㉗，奪其物，故仇我㉘。久居，禍且及汝㉙。今夜半，方期我決鬥某所㉚。」宋將軍欣然曰：「吾騎馬挾矢以助戰。」客曰：「止！賊能且衆㉛，吾欲護汝，則不快吾意。」宋將軍故自負㉜，且欲觀客所爲，力請客㉝。客不得已，與偕行。將至鬥處，送將軍登空堡上，曰：「但觀之㉞，愼弗聲㉟，令賊知也。」

　　時鷄鳴月落，星光照曠野，百步見人㊱。客馳下，吹觱篥數聲㊲。頃之㊳，賊二十餘騎四面集㊴，步行負弓矢從者百許人。一賊提刀突奔客，客大呼揮椎，賊應聲落馬，馬首裂。衆賊環而進㊵，客奮椎左右擊，人馬仆地，殺三十許人。宋將軍屛息觀之㊶，股栗欲墮

㊷。忽聞客大呼曰:「吾去矣。」塵滾滾東向馳去。後遂不復至。

魏禧論曰:子房得力士㊸,椎秦皇帝博浪沙中,大鐵椎其人與?天生異人,必有所用之。予讀陳同甫《中興遺傳》㊹,豪俊俠烈魁奇之士,泯泯然不見功名於世者又何多也㊺? 豈天之生才不必爲人用與?抑用之自有時與㊻?子燦遇大鐵椎爲壬寅歲㊼,視其貌當年三十㊽,然則大鐵椎今四十耳。子燦又嘗見其寫市物帖子㊾,甚工楷書也㊿。

【注釋】①庚戌:康熙九年(1670)。②廣陵:今江蘇揚州。③陳子燦:生平不詳。④左氏:《左傳》。⑤因:隨著,從而。數:屢次。⑥何許:何處。⑦北平:今北京市。省:看望。⑧懷慶:今河南省沁陽縣一帶。⑨技擊:搏擊的武術。⑩七省:河南和鄰近的河北、山東、山西、陝西、安徽、湖北省。好事者:指喜好技擊的人。⑪長(ㄓㄤˇ)子燦七歲:比陳子燦大七歲。⑫過:訪問。⑬健:長於。啖(ㄉㄢˋ):吃。⑭貌甚寢:容貌很醜陋。⑮右脇:右腋下。⑯拱揖:拱手行禮。暫去:短時間離開。⑰柄鐵折叠環復:柄上的鐵鏈折叠圍繞著。⑱鎖上練:鎖上的鏈子。⑲引:拉開。丈許:一丈左右。⑳類楚聲:像湖北一帶的口音。㉑言訖:說完。㉒腰多白金:腰帶中裹著很多銀子。㉓寐:睡著。㉔鼾:打呼嚕。炕:北方用磚或土壤砌的床。㉕豪:英雄。㉖強(ㄑㄧㄤˇ)留:極力挽留。㉗數:屢次。擊殺:打死。響馬:攔路搶刼的強盜。㉘仇我:以我爲仇。㉙且:將。㉚期:約會。㉛能:本領大。㉜故自負:素來自以爲很有本領。㉝力請:懇切請求允許。㉞但:只。㉟愼弗聲:千萬不要發出聲音。㊱步:兩足各走一次的長度。㊲觱篥(ㄅㄧˋㄌㄧˋ):古代用竹做管、用蘆葦做嘴的樂器。㊳頃之:一會兒。㊴騎(ㄐㄧˋ):名詞,一人一馬。㊵環而進:包圍前來。㊶屏息:由於恐懼而不敢大出氣。屏:抑制。㊷股:兩腿。栗:哆嗦。㊸子房:漢初張良,字子房。他原爲韓人,秦滅韓,良欲爲韓報仇,得力士,爲鐵椎重百二十斤。秦始皇東遊,良與力士狙擊之於博浪沙。㊹陳同甫:南宋陳亮,字同甫,著名的思想家、文學家。《中興遺傳》:書名,二十卷。凡南渡前後忠臣名將,下及遊俠、劇盜等皆爲之立傳。分大臣、大將、死節、死事、能臣、能將、直士、俠士、辯士、義勇、羣盜、賊臣十二門。㊺泯泯然:衰微湮滅的樣子。㊻抑:或者。㊼壬寅歲:康熙元年(1662)。㊽當年三十:應該是三十歲。㊾市物帖子:買東西的單子。㊿工:整齊美好。

【鑑賞】這篇文章的第一句是從遠處淡淡寫來，「庚戌十一月，予自廣陵歸，與陳子燦同舟。」屬於作傳前的引言，交代了寫這篇傳記的緣由和起因，文字樸實簡潔，有時間、有地點、有人物、有事情的起由，一一交代得清楚明白。接著，作者寫道：「大鐵椎，不知何許人。北平陳子燦省兄河南，與遇宋將軍家。」作者先寫了宋將軍這個人，又寫了另一個人：「宋弟子高信之，亦懷慶人，多力善射，長子燦七歲，少同學，故嘗與過宋將軍。」從而出現了三個人物：陳子燦，高信之，宋將軍，而三個人物之間又構成了一定的關係。陳子燦和高信之是同學，而高信之又是宋將軍的弟子，這樣才有可能在宋將軍那裏見到大鐵椎。這就突出了陳子燦對大鐵椎其人其事是親眼見到；而陳子燦又是親口向作者介紹，因而，對於作者來說就是親耳聽到。作者在正式描述大鐵椎以前，花這些筆墨交代事情的來龍去脈，不是可有可無。因爲大鐵椎是個「異人」，如果不交代清楚，那麼人們會認爲這是傳說中的人物，生活中根本不存在。作者這樣寫就增強了人物和事跡的可信程度。至於這一小節裏著力突出宋將軍「工技擊」、高信之「多力善射」，又有什麼目的呢？我們在後面將要談到。

接著，文章就開始正面描寫大鐵椎了。「時座上有健啖客，貌甚寢，右脇夾大鐵椎，重四五十斤，飲食拱揖不暫去。」這裏是從外形特徵上描寫大鐵椎的，初步點染了他的性格特徵。特別是扣住他的武器來描寫，這樣他也就因武器而得名。他連飲食、行禮這樣短暫的時間內也不肯放下鐵椎，可見他的警惕性很高。作者接著寫道：「柄鐵折疊環復，如鎖上練，引之長丈許。」大鐵椎「與人罕言語，語類楚聲。扣其鄉及姓字，皆不答。」描述了大鐵椎的外貌，描寫了他特有的武器，初步勾勒了他的性格特徵。接著一段文字描寫了大鐵椎行動的奇異，神出鬼沒，來去沒有蹤影。那麼，他的行蹤這樣詭秘，是什麼原因呢？他腰帶裏的許多銀子又是從哪裏來的呢？這是作者設下的一個懸念。下面的文字會作出回答。「一日，辭宋將軍曰：『吾始聞汝名，以爲豪，然皆不足用。吾去矣！』」把前文設下的懸念解開了，原來他神出鬼沒是去擊殺強盜的，他腰間的白銀是從強盜那裏奪來的。文章接著寫了兩人之間的對話，交代了大鐵椎突然離去的原因，說出了他不平凡的戰鬥經歷，表現了他的英雄氣概。這一段是決鬥之前的描寫，下面就正式描寫決鬥的場面和情景了。「時雞鳴月落，星光照曠野，百步見人。」這一句交代了決鬥的時間、地點、環境。作者控著敍述道：大鐵椎奔馳而來，吹了幾聲胡篥。一會兒，二十多個強盜騎兵從四面包圍過來，後面跟著一百多名背弓箭的步兵強盜。這裏從人數和武器配備上突出了眾寡懸殊，也就突出了大鐵椎無所畏懼的英雄氣概和高強的武藝。文章緊接著又寫：「一賊提刀突奔客，客大呼

揮椎，賊應聲落馬，馬首裂。」作者生動地描述出了手揮大鐵椎的客人與「提刀」乘馬的賊搏擊的場面。這裏將大鐵椎作戰的勇猛寫得活靈活現。接著，「衆賊環而進，客奮椎左右擊，人馬仆地，殺三十許人。」這就把激戰的場面描寫推向了高潮，鐵椎飛舞，像流星趕月；左衝右殺，如蛟龍入海，這是何等激烈的場面，又是多麼英勇的戰鬥！寫到這裏，作者收起一筆，轉入對那個躲在空堡裏的宋將軍的描寫：「宋將軍屛息觀之，股栗欲墮。」這就通過宋將軍的緊張情態，反襯了戰鬥的激烈和大鐵椎的英勇。接著作者轉過筆觸寫大鐵椎。「忽聞客大呼曰：『吾去矣。』塵滾滾東向馳去。後遂不復至。」決鬥的場面描寫到此結束，下面轉入作者的議論：

　　魏禧論曰：子房得力士，椎秦皇帝博浪沙中，大鐵椎其人與？天生異人，必有所用之。予讀陳同甫《中興遺傳》，豪俊俠烈魁奇之士，泯泯然不見功名於世者又何多也？豈天之生才不必爲人用與？抑用之自有時與？

　　魏禧在這裏化用典故，感嘆大鐵椎卻遇不到張良這樣的人，只能獨往獨來，無法建立轟轟烈烈的功名。這段話又說明了，陳亮的《中興遺傳》所記那些英雄豪傑，不能在世上建立功名而消失了的眞是太多了。難道這些人材不能被人使用，或者說使用他們還需要時勢嗎？這是作者的感慨，感慨大鐵椎生不逢時，感慨無人賞識他的才幹。這段議論點明了主題和作者的寫作目的。最後兩句再次轉入對大鐵椎的描述：「子燦遇大鐵椎爲壬寅歲，視其貌當年三十，然則大鐵椎今四十耳。子燦又嘗見其寫市物帖子，甚工楷書也。」這最後一句的補充，雖然是輕輕一筆，但出奇制勝，說明大鐵椎不僅能武，而且能文，這就使人物性格更加豐滿。

　　這是一篇傳記散文，顧名思義是寫人的。散文描寫人物不像小說，它有自己的寫法，這就是抓住人物形象和性格上最有表現力的特徵，用寥寥幾筆加以勾畫，使之形神畢肖。全文扣緊了一開始所說的「異人」二字來描寫，自始至終表現大鐵椎的奇特。他相貌醜陋、食量很大、沉默寡言、隨身的武器須臾不肯離開。這是從外部形態上刻畫。接著便從行動上加以描繪。「言訖不見」「窗戶皆閉」，生動地表明他動作迅敏；「子燦寐而醒，客則鼾睡炕上矣。」眞是來去無蹤，神出鬼沒，傳神地表現了他行動輕捷。他要離去時，對宋將軍說的一番話，豪情勝慨，洋溢在字裏行間。他解釋和說明了自己的神奇的行動。他雖然輕視宋將軍的無能，卻又不肯連累宋將軍，表現了豪俠之士的江湖義氣。在決鬥前夕，對宋將軍的安置和囑咐，又表現了他的細心。在正式決戰時，對大鐵椎的描寫更加生動形象。這段描寫中「馳」、「吹」、「呼」、「揮」、「擊」幾個動詞連續運用，形成了連

貫性的戰鬥行動，表現了人物的氣勢、力量，威武和神勇。這段場面有概括性的戰鬥描寫，有特寫式的殺敵行動，「一賊提刀突奔客，客大呼揮椎，賊應聲落馬。馬首裂。」短短一句，寫得傳神逼眞。「突」字表明強盜是突然襲擊，但是大鐵椎早有警惕，他猛然間大喝一聲，威震賊膽，從氣勢上壓倒強盜。他立卽揮起鐵椎打過去。「賊應聲落馬」的「應聲」用得極好。這就是說呼聲、揮椎都是在眨眼之間發生的，而強盜也是在呼聲中眨眼之間被打死的。這就寫出了速度、威力、勇敢，使得大鐵椎的形象光彩照人。戰鬥結束後，大鐵椎在呼叫聲中，在塵土滾滾中奔馳而去，又是何等矯健神奇。文章最後一句不是可有可無的閑筆，而是表明大鐵椎能文善武，進一步突出了大鐵椎是不可多得的「異人」。總的說來，作者是在「異」字上做文章，表現他外形奇異，動作奇異，戰鬥奇異，性格奇異，才能奇異。作者先是淡淡的幾句話，到寫決鬥場面的時候，就不吝用墨。這樣，筆墨由淡入濃，人物形象遂由遠及近，最後巍然屹立起一位威武神奇的人物形象。作者抓住一場決鬥的前因和過程來描寫，突出重點，其餘的筆墨用得很少，作者在處理疏密關係時很有藝術匠心。爲了更好地刻畫大鐵椎，作者還運用了對比映襯的描寫手法。衆寡懸殊，大鐵椎一人，對付一百多名步馬強盜，這就更突出了大鐵椎的英勇和所向無敵的氣概。而擅長技擊、名揚七省的宋將軍竟然在觀戰時，緊張得兩腿發抖，就進一步顯示了決鬥場面的激烈和大鐵椎的威猛，達到了水漲船高的藝術效果。這樣的「異人」卻不能爲世所用，建功立名，作者感慨系之的議論就顯得水到渠成了。

（裘　取）

口　技　林嗣環

　　京中有善口技者。會賓客大宴①，於廳事之東北角②，施③八尺屏障④，口技人坐屏障中，一桌、一椅、一扇、一撫尺而已⑤。衆賓團坐⑥。少頃⑦，但聞屏障中撫尺一下⑧，滿坐寂然⑨，無敢譁者。

　　遙聞深巷中犬吠，便有婦人驚覺欠伸⑩，其夫囈語⑪。旣而兒醒⑫，大啼。夫亦醒。婦撫⑬兒乳⑭，兒含乳啼，婦拍而嗚之⑮。又一大兒醒，絮絮不止⑯。當是時，婦手拍兒聲，口中嗚聲，兒含乳啼

聲，大兒初醒聲，床聲，夫叱大兒聲，尿瓶中聲、尿桶中聲，一時齊發⑰，眾妙畢備⑱。滿坐賓客，無不伸頸，側目⑲，微笑，默嘆⑳，以為妙絕。

未幾㉑，夫齁聲起㉒，婦拍兒亦漸拍漸止。微聞有鼠作作索索㉓，盆器傾側㉔，婦夢中咳嗽。賓客意少舒㉕，稍稍正坐。

忽一人大呼「火起」，夫起大呼，婦亦起大呼。兩兒齊哭。俄而百千人大呼㉖，百千兒哭，百千犬吠。中間㉗力拉崩倒㉘之聲，火爆聲，呼呼風聲，百千齊作；又夾百千求救聲，曳屋許許聲㉙，搶奪聲，潑水聲。凡所應有㉚，無所不有。雖人有百手㉛，手有百指，不能指其一端㉜；人有百口，口有百舌，不能名其一處也㉝。於是賓客無不變色離席，奮袖出臂㉞，兩股戰戰㉟，幾欲先走㊱。

忽然撫尺一下，羣響畢絕。撤屏視之，一人、一桌、一椅、一扇、一撫尺而已。

【注釋】①會：適逢，正趕上。②廳事：大廳，客廳。③施：設置，安放。④屏障：指屏風、圍帳一類用來隔斷視線的東西。⑤撫尺：藝人表演用的道具，也叫「醒木」。⑥團：聚集、集合。⑦少頃：一會兒。⑧但聞：只聽見。⑨坐：同「座」。⑩欠伸：打呵欠，伸懶腰。⑪囈（ㄧˋ）語：夢話。⑫既而：不久。⑬撫：撫摸，安慰。⑭乳：喂奶。⑮嗚：指輕聲哼唱。⑯絮絮：連續不斷地說話。⑰一時：同時。⑱畢：全、都。備：具備。⑲側目：偏著頭看。⑳默嘆：默默地讚嘆。㉑未幾：不多久。㉒齁（ㄏㄡ）：打呼嚕。㉓作作索索：老鼠活動的聲音。㉔傾側：傾斜翻倒。㉕意：心情。少：稍微。舒：伸展、鬆弛。㉖俄而：一會兒。㉗間（ㄐㄧㄢˋ）：夾雜。㉘崩倒：倒塌。力拉：像聲詞。㉙曳（ㄧˋ）：拉。許許（ㄏㄨˇ）：像聲詞。㉚凡所應有：凡是應該有的。㉛雖：即使。㉜一端：一頭，這裏是「一種」的意思。指：指明。㉝名：作動詞用，說出。㉞奮：張開、展開。出：露出。㉟戰戰：哆嗦的樣子。㊱幾：幾乎，差點兒。

【鑑賞】歐陽修有一篇著名的《秋聲賦》，把看不見、摸不著的「秋聲」寫得形色宛然，變態百出，從而寄托了嘆世悲秋的思想感情。林嗣環把自己的詩歌創作結集起來，題為《秋聲詩》。《口技》，是他《〈秋聲詩〉自序》的一部分。

　　林嗣環的本意並不是寫口技，而是爲他自己的詩集寫前言。他在寫完口技之後說：「嘻，若而人者，可謂善畫聲矣！遂錄其話以爲《秋聲》序。」很清楚，他是借口技人「善畫聲」說明《秋聲詩》「善畫聲」的。所謂「善畫聲」，用我們的話說，那就是善於繪聲繪色地描寫自然景物和社會生活。主題既明，與此無關或關係不大的一切就都可以全部捨棄。林嗣環正是這樣做了的，他不但沒有寫口技這種藝術的名稱、特點、起源和發展，而且連那位口技人的狀貌、衣飾、年齡、性別以至姓名，都沒有寫。他沒有鼓掌叫好，也沒有用華麗的詞藻形容口技如何了不起，而是通過具體描寫，把口技人的表演生動地再現出來。讀了這篇短文，就像身臨其境，聽了一場精彩的口技，受到深刻的感染。

　　林嗣環在把主要力量用於正面描寫時，也採用了輔助性的藝術手法：側面烘托。而且，他把正面描寫與側面烘托（寫聽衆的反映）結合起來，收到了極好的藝術效果。

　　第一段：「……於廳事之東北角，施八尺屏障，口技人坐屏障中，一桌、一椅、一扇、一撫尺而已。衆賓團坐……」可以設想，一個大宴賓客的場所，是有許多東西可寫的，爲什麼只寫這些呢？那是因爲這些東西最有利於烘托主題。口技人是坐在屏障中的，如果不亮一下底，讓「衆賓」知道其中除「一桌、一椅、一扇、一撫尺」而外，別無他物，那就會懷疑其中有鬼。「而已」兩字，掃清一切懷疑，使人確信口技人奏技只用一張口。

　　接下去，既寫口技人奏技，又寫衆賓的反應，波瀾層出，極起伏變化之妙。「一撫尺而已」掃清了衆賓的懷疑，文勢一緩，緊接著：「但聞屏障中撫尺一下，滿坐寂然，無敢譁者」，立刻造成一種肅靜的、緊張的氣氛，文勢一振。一緩一緊，出現了第一次波瀾。

　　撫尺一下，爲什麼會產生那麼大的威力呢？這因爲「一桌、一椅、一扇、一撫尺而已」，一方面使「衆賓」相信口技人奏技只用一張口，另一方面又不免產生只憑一張口究竟能玩出什麼花樣的疑問。這疑問，又逼出一種急於一聽究竟的「懸念」。所以「撫尺一下」，就像拋出一塊巨大的磁石，把他們的注意力吸引過去了。

　　文勢振起之後，接著是一段正面描寫。從「遙聞深巷中犬吠，便有婦人驚覺欠伸」到「又一大兒醒，絮絮不止」，聲音由遠而近，由疏而密，由簡單而複雜，寫得極有層次。到了「婦手拍兒聲，口中嗚聲，兒含乳啼聲，大兒初醒聲，床聲，夫叱大兒聲，尿瓶中聲、尿桶中聲……」則諸聲並作，出現了第一次高潮。

　　高潮出現後，並沒有讓它驟然降落，卻把筆鋒一轉，去寫衆賓的反應：「滿

坐賓客，無不伸頸，側目，微笑，默嘆，以爲妙絕。」這一段側面烘托，不僅加強了前面的正面描寫，而且使文勢動宕，搖曳多姿。

烘托之後，又繼之以正面描寫：「夫齁聲起，婦拍兒亦漸拍漸止。微聞有鼠作作索索，盆器傾側。婦夢中咳嗽。」高潮下降，衆賓「伸頸，側目」的緊張情態也鬆弛下來，「意少舒，稍稍正坐」。也許，他們以爲這場表演，就此結束了；而且，就此結束，他們大約也已經滿足了。誰料到：「忽一人大呼『火起』，夫起大呼，婦亦起大呼。兩兒齊哭。俄而百千人大呼，百千兒哭，百千犬吠。中間力拉崩倒之聲，火爆聲，呼呼風聲，百千齊作；又夾百千求救聲，曳屋許許聲，搶奪聲，潑水聲。凡所應有，無所不有。」於高潮下降，僅留餘波之時，驟然雷轟電擊，風狂雨暴，波浪掀天。而情緒剛剛鬆弛下來的聽衆，猝不及防，被這突如其來的巨變嚇壞了，眞以爲發生了火災，都「奮袖出臂，兩股戰戰，幾欲先走。」這是一個規模更大的高潮。由餘波到規模更大的高潮，復又興起波瀾。

正當聽衆想突圍而出的時候，「忽然撫尺一下，羣響畢絕。」這究竟是怎麼一回事？是不是眞的發生了火災呢？是不是屛障裏面有水、有火、有房屋、有千百大人、千百小兒、千百隻犬……呢？都不是。「撤屛視之，一人、一桌、一椅、一扇、一撫尺而已。」更大的高潮突然降落，這是又一次波瀾。

這裏，「一撫尺而已」的再一次出現，絕不僅僅爲了形式上的首尾呼應。首段的「一撫尺而已」使聽衆確信口技人奏技只用一張口；但當聽衆聽到發生火災時，不但不以爲那只是口技，而且簡直感到眞的發生了火災。末段的「而已」和首段遙遙呼應，把聽衆從火災的驚恐中喚回來，使他們不得不相信剛才發生的一切，都出於口技人的一張口。於是，口技人的「善畫聲」，也就不能不令人嘆爲觀止了。

《虞初新志》的編者張潮說：「絕世奇技，復得此奇文以傳之。讀竟，輒浮大白。」「技」之所以奇，不僅在於模仿各種聲音，惟妙惟肖，而且在於對那段表演的組織結構，獨具匠心。它以一個家庭爲中心，先描繪在靜夜裏的各種細碎活動，然後擴展開去，描繪突然發生大火災。前後的兩種場面迥不相同，但中間又有必然的聯繫，毫無七拼八湊之感。此其一。由較小的波瀾逐漸推進，形成高潮，一步步抓緊聽衆的注意力；然後高潮突然降落，讓聽衆的緊張情緒鬆弛下來；突然一聲「火起」，使聽衆猝不及防，忘記了是在聽口技，想從大火包圍中衝出去；在這緊張萬狀的關頭，忽然撫尺一下，衆響畢絕；有起有伏，有擒有縱，變化萬端，不可方物。此其二。這顯然不是自然主義地模仿生活，而是高度的藝術概括、藝術提煉的產物。

「文」之所以奇，也奇在組織結構的巧妙上，口技表演的巧妙的組織結構，也許完全出於口技人的匠心，也許還有作者的再創造。卽使在表現口技表演的組織結構上沒有再創造，但如前面所分析，他在寫口技表演的全部過程中巧妙地穿挿了聽衆的各種表情，不僅突出了口技的高明，而且也豐富了文章的波瀾，這還是創造。文章所以奇，又奇在正面描寫的惟妙惟肖上。不言而喻，口技這種技藝是用聲音反映生活的（所以又叫象聲）；作家要傳出口技之神，也必須利用語言的音響。林嗣環在這一點上做得很出色。顯而易見的是他用了許多象「嗚」、「作作索索」、「呼呼」、「許許」之類的象聲詞；但這還是次要的。主要的是：句子忽長忽短，聲音忽低忽高，節奏忽緩忽急，構成抑揚頓挫的旋律，準確地再現了口技表演的抑揚變化。

這是散文，但爲了加強節奏感，於忽長忽短的句子中又安排有若干字數約略相同的句子，還押了不少所謂「獨脚韵」（卽用同一字押韵），韵與節奏的關係很密切。作者根據節奏緩急的需要，押了或疏或密的韵。最密的時候是句句押韵（如「呼」字韵、特別是「聲」字韵），但又兼用了「交韵」（卽單句與單句押一個韵，雙句與雙句另押一個韵）與句句押韵相結合的辦法（如「夫起大呼，婦亦起大呼。兩兒齊哭。俄而百千人大呼，百千兒哭」）。又短句多，長句少，其中還夾雜了一些字數約略相等的句子；字數約略相等的句子，又是幾句長、幾句短，參差錯落，變化無窮。這就使得節奏急促而富於變化，眞有「大珠小珠落玉盤」之妙。

末了，還有幾句關於這篇《口技》的作者的話值得一說：在貫華堂本《水滸傳》第六十五回的前面，金聖嘆用口技之妙比喻《時遷火燒翠雲樓》一回的寫作技巧，其描寫口技的文字，與林嗣環的這一篇幾乎完全相同，而他並沒有提到林嗣環，卻是用「吾友斫山先生嘗向吾誇京中口技」云云開頭的。金聖嘆與林嗣環大致同時，所以這篇作品的著作權究竟屬誰，很難確定。然而不管屬誰，都足以說明這是一篇引人入勝的好作品，一脫稿就不脛而走了。

　　　　　　　　　　　　　　　　　　　　　　　　　　（霍松林）

江天一傳　　　汪　琬

　　江天一，字文石，徽州歙縣人①。少喪父，事其母②，及撫弟天表③，具有至性④。嘗語人曰⑤：「士不立品者，必無文章⑥。」前明崇禎間⑦，縣令傅巖奇其才⑧，每試輒拔置第一⑨。年三十六，始得補諸生⑩。家貧屋敗⑪，躬奮土築垣以居⑫。覆瓦不完，盛暑則暴酷日中⑬。雨至，淋漓蛇伏⑭。或張敝蓋自蔽⑮。家人且怨且嘆⑯，而天一挾書吟誦自若也⑰。

　　天一雖以文士知名，而深沉多智，尤爲同郡金僉事公聲所知⑱。當是時⑲，徽人多盜⑳，天一方佐僉事公，用軍法團結鄉人子弟，爲守禦計㉑。而會張獻忠破武昌㉒，總兵官左良玉東遁㉓，麾下狼兵譁於途㉔，所過焚掠㉕。將抵徽，徽人震恐，僉事公謀往拒之，以委天一㉖。天一腰刀帒首㉗，黑夜跨馬，率壯士馳數十里，與狼兵鏖戰祁門㉘，斬馘大牛㉙，悉奪其馬牛器械㉚，徽賴以安㉛。

　　順治二年，夏五月，江南大亂，州縣望風內附㉜，而徽人猶爲明拒守。六月，唐藩自立於福州㉝，聞天一名，授監紀推官㉞。先是㉟，天一言於僉事公曰：「徽爲形勝之地㊱，諸縣皆有阻隘可恃㊲，而績溪一面當孔道㊳，其地獨平迤㊴，是宜築關於此，多用兵據之，以與他縣相掎角㊵。」遂築叢山關。已而清師攻績溪㊶，天一日夜援兵登陴不少怠㊷；間出逆戰㊸，所殺傷略相當㊹。於是清師以少騎綴天一於績溪㊺，而別從新嶺入㊻，守嶺者先潰㊼，城遂陷㊽。大師購天一甚急㊾。天一知事不可爲㊿，遽歸51，屬其母於天表52，出門大呼，「我江天一也。」遂被執。有知天一者53，欲釋之，天一曰：「若以我畏死邪54？我不死，禍且族矣55。」遇僉事公於營門56，公目之曰57：「文石！女有老母在58，不可死。」笑謝曰59：「焉有與人共事而逃其難者乎60？公幸勿爲我母慮也61。」至江寧62，總督者欲不問63，天一昂首曰：「我爲若計，若不如殺我；我不死，必復起兵。」遂

牽詣通濟門㊹。既至，大呼高皇帝者三㊺，南向再拜訖㊻，坐而受刑。觀者無不嘆息泣下。越數日㊼，天表往收其尸，瘞之㊽。而僉事公亦於是日死矣㊾。

當狼兵之被殺也，鳳陽督馬士英怒㊿，疏劾徽人殺官軍狀[71]，將致僉事公於死。天一為齎辯疏[72]，詣闕上之[73]，復作《吁天說》[74]，流涕訴諸貴人，其事始得白[75]。自兵興以來，先後治鄉兵三年，皆在僉事公幕[76]。是時幕中諸俠客號知兵者以百數[77]，而公獨推重天一，凡內外機事悉取決焉[78]。其後竟與公同死，雖古義烈士無以尚也[79]。

予得其始末于翁君漢津[80]，遂為之傳。

汪琬曰：方勝國之末[81]，新安士大夫死忠者有汪公偉、凌公駉與僉事公三人[82]，而天一獨以諸生殉國。予聞天一遊淮安[83]，淮安民婦馮氏者刲肝活其姑[84]，天一徵諸名士作詩文表章之[85]，欲疏於朝，不果[86]，蓋其人好奇尚氣類如此[87]。天一本名景，別自號石嫁樵夫[88]，翁君漢津云[89]。

【注釋】①徽州歙（ㄕㄜˋ）縣：徽州府（統轄歙、休寧、婺源、祁門、黟、績溪六縣）歙縣（今安徽省歙縣）。②事：侍奉，奉養。③撫：扶養。④至性：純厚的本性。⑤語（ㄩˋ）：告訴。⑥無文章：寫不好文章。⑦前：前朝，指明朝。崇禎：明思宗年號（1628—1644）。⑧縣令：知縣。傅岩：字野清，明末義烏（現在浙江省義烏縣）人。崇禎進士，官至監察御史。⑨試：童生的歲考。輒（ㄓㄜˊ）：就。拔：選取。⑩補諸生：考取秀才，入學為生員。⑪敗：殘破。⑫躬：親身。畚（ㄅㄣˇ）土：以畚運土。畚：用草繩或竹篾編織的盛物器具。垣：牆。⑬盛暑：大熱天。暴（ㄆㄨˋ）：同「曝」，曬。⑭淋漓：沾濕或下滴的樣子。這裏指全身濕透。蛇伏：像蛇那樣蜷伏在地上。⑮張：打開。敝蓋：破傘。蔽：遮。⑯且怨且嘆：一面抱怨一面嘆息。⑰自若：還是像原來的樣子，不在意。⑱同郡：指同是徽州府的人。徽州府古名新安郡。金僉（ㄑㄧㄢ）事公聲：作僉事官的金聲。「公」是尊稱。金聲，字正希，明末休寧人。崇禎進士，選庶吉士。其後授御史、山東僉事，皆未就。南明福王時授左僉都御史，未赴任。南京被清軍攻破後，在家鄉組織義軍抗清，兵敗不屈，被殺。諡文毅。知：賞識。⑲是時：此時，指明末。⑳盜：指結伙搶劫或起義反抗明朝統治的人。㉑為守禦計：作防

守的打算。㉒會：適逢。張獻忠破武昌：事在崇禎十六年五月。張獻忠，字秉吾，號敬軒，明末延安柳樹澗（今陝西省定邊縣東）人。崇禎三年在陝北米脂起兵，轉戰南北，大破明軍。於四川建立大西國。後被清軍戰敗，中箭而亡。㉓左良玉：字昆山，明末臨清（今山東省臨清縣）人。曾率兵在遼東與清軍作戰有功，升總兵官。又於河南一帶與張獻忠、李自成軍作戰有功，封寧南伯（福王時進爵為侯），駐武昌。福王時，率兵東下討伐朝中專權的馬士英，病死九江。據《明史·金聲傳》：「（崇禎）十六年，鳳陽總督馬士英遣使者李章玉徵貴州兵討賊，迂道掠江西，為樂平吏民所拒擊。比抵徽州境，吏民以為賊，率眾破走之。章玉諱激變，謂聲及徽州推官吳翔鳳主使，士英以聞。聲兩疏陳辨，帝察其無罪，不問。」可見，「狼兵譁於途」，是指馬士英部下李章玉，不是左良玉。汪琬此文蓋傳聞之誤。遁：逃。㉔麾（ㄏㄨㄟ）下：部下。麾：指揮軍隊的旗幟。狼兵：廣西西部東蘭、那地、南丹等土司以狼人（住在廣西西部各地的一種少數民族，歷史上稱為「玃」族）為兵，稱為狼兵，強悍善戰。土司歸順之後，狼兵編為官軍。譁：譁變，喧譁叛變，不受指揮。㉕焚掠：又燒又搶。㉖以委天一：把（拒狼兵的）任務委托江天一。㉗腰刀：腰間掛刀。袜（ㄇㄛ）首：以巾裹頭。㉘鏖（ㄠ）戰：激戰。㉙斬馘（ㄍㄨㄛ）：殺死。馘：原指割下已死敵人的左耳（拿回計功）。㉚悉：全部。㉛賴以安：賴（此）而平安。㉜望風：意思是看到某種形勢，趕緊隨着。內附：歸附己方。汪琬在清朝著文，照例要這樣說。順治二年（1645），多鐸率清兵往征江南，明將許定國、李際遇等先後投降，河南各州縣相繼歸附。五月，清兵渡長江，由丹陽、句容攻南京。福王逃走，至蕪湖投降。㉝唐藩自立於福州：南京被清兵攻破後，當年閏六月，明宗室唐王聿（ㄩ）鍵在福州（改名福京）即皇帝位，改元隆武。藩：古代稱分封之王所統轄的地區為藩國。㉞監紀推官：不詳。推官，原是知府下掌司法的官員。㉟先是：以前。㊱形勝之地：地理形勢優越的地方，險要之地。㊲阻隘（ㄞ）：險要之地。恃（ㄕ）：依賴，憑藉。㊳孔道：大路。㊴平迤（ㄧ）：平坦綿延。迤：延伸。㊵相掎（ㄐㄧ）角：互相支援。掎角：據《左傳·襄公十四年》，「譬如捕鹿，晉人角之，諸戎掎之。」角之，抓住鹿的角；掎之，抓住鹿的腿，引申為互助夾擊敵人。㊶已而：不久。師：軍隊。㊷援兵登陴（ㄆㄧ）：帶兵登城防守。陴：原指城上的女牆。㊸間（ㄐㄧㄢ）：間或。逆戰：迎戰。㊹略相當：指敵我雙方死傷差不多。㊺少騎（ㄐㄧ）：少數騎兵。綴：拖住，牽制。㊻新嶺：在休寧縣南七十里，連山，有險可守。㊼潰：混亂奔逃。㊽陷：失陷。㊾購：懸賞緝捕。㊿事不可為：無成功之望。○51遽（ㄐㄩ）：急。○52屬（ㄓㄨ）：同「囑」，托

付。⑤知天一：與江天一有交情。⑤邪：通「耶」。⑤族：滅族。⑤營門。清軍的營門。⑤目之：看他。⑤女：同「汝」。⑤謝：兼有感謝和謝絕的意思。⑥焉有：豈有，哪裏有。難（ㄋㄢˋ）：災難，通常指死。⑥幸勿：千萬不要。幸：文言裏常用的表示希冀的詞。⑥江寧：清朝的江寧府治，明朝名南京。⑥總督者：指洪承疇。他原在明朝總督薊、遼軍務，被俘降清。而明廷傳說他已殉國。順治二年（1645）閏六月，清以洪承疇爲內閣大學士、兵部尚書，總督軍務，招撫江南各省。承疇欲降天一，天一朗誦明思宗諭祭承疇文以愧之，遂被殺。不問：不問罪，釋放。⑥詣：往，到。通濟門：南京城南邊稍偏東的城門。⑥高皇帝：明太祖諡高皇帝。⑥南向：向南，表示不臣服清朝（在北方）。再拜：跪拜兩次。訖（ㄑㄧˋ）：完畢。⑥越數日，過了幾天。⑥瘞（ㄧˋ）：埋葬。⑥是日：指江天一死難之日。⑦鳳陽督：鎮守鳳陽府的總督。馬士英：字瑤草，明末貴陽（今貴州省貴陽市）人。萬歷進士。崇禎時官右僉都御史、兵部侍郎。福王時任東閣大學士，進太保，。專權弄勢，誤國害民。清軍渡江，逃往杭州。後被清軍殺死。⑦疏（ㄕㄨ）：上皇帝的奏章。劾（ㄏㄜˊ）：揭發罪狀。⑦賫（ㄐㄧ）：送，帶著。辯疏：聲辯無罪的奏章。⑦詣闕：往皇帝那裏。闕：宮殿前左右對峙的高建築物，引申爲皇帝居住的地方。⑦吁（ㄒㄩ）天：呼天訴苦。⑦得白：得以辨明。白：清楚，明白。⑦幕：幕府，地方軍政大官的官署。其中的參謀、文書等辦事人員稱幕僚或幕賓。⑦俠客：俠義之士。號知兵者：號稱通兵法的人。⑦機：機要，機密。悉取決：完全（從他那裏）取得決定，都聽從。⑦無以尚：不能超過。⑧得：獲得，了解到。始末：首尾，事情的經過。翁君漢津：翁漢津，生平不詳。⑧方：正當。勝國：已亡之國，前朝。⑧新安：新安郡，也就是徽州府。死忠：爲忠君或忠於故國而死。汪公偉：汪偉，字叔度，明末休寧人。崇禎進士。任檢討、東宮講官。北京被李自成攻破，自縊死。諡文烈。凌公駉（ㄐㄩㄥ）：凌駉，初名雲翔，字龍翰，明末歙縣人。崇禎進士。福王時授監察御史，巡按河南，守歸德。城爲清軍所破，自縊死。⑧淮安：淮安府，府治在今江蘇省淮安縣。⑧刲（ㄎㄨㄟ）肝：割下己身一片肝作藥。活其姑：治好她婆母的不治之症。⑧徵：徵求，請。表章：表揚，表彰。⑧不果：沒有成爲事實。⑧蓋：表推斷的發語詞。意思相當於「大概是」。好奇尙氣：喜愛罕見的好人好事，崇尙義氣、氣節。類如此：都像這樣。⑧別自號：另外還自稱。⑧云：說。

【鑑賞】我國古代散文中，忠臣、義士傳記很多，傳世名篇也頗不少。後來的人，寫得不好就容易落套，流於公式化、「老面孔」。然而，清初著名散文家汪琬

所作的≪江天一傳≫，卻自有特色，不同凡響處令人矚目。

首先是傳主的選擇。歷代忠臣傳記，傳主大多是身居高位、負有重任或有大功業、大影響的人物。這種傳主，事迹轟轟烈烈，有好寫的一面；由於其為人們廣泛關注，寫了較易流傳。但為文之道，如同世間一切事物一樣，是不能絕對化的。明末清初，公卿大夫、文人學者堅決抗清的甚多。江天一不過是一個生員（秀才），又沒有什麼文名詩望，用今天的話來說屬於普通知識分子。汪琬與他非親非故，也不是老鄉（以前文人往往喜歡表彰同鄉），僅僅聽翁漢津所說，就為之作傳。參加過修撰≪明史≫的汪琬，自然知道不少大人物的事迹，但卻沒有去爭趨熱門，而對江天一這個不大有名的人滿懷興趣，一聽說就選為傳主，是有多方面原因的。顯然，作家是被江天一的事迹所激動的，並且認為他是一個難得的典範；他可風可傳，但照清代一般史官們看來又不能單獨立傳（事實上≪明史≫只在≪金聲傳≫末附帶提了一句而已）；同時，作家也想借他寓寄自己內心深處那一部分不可明言的思想感情。在傳記創作中，作家對傳主的選擇，往往是作品成敗的基礎。不走人們已經踏平的坦途，必然包含著藝術上的風險。獨到的選擇和獨特的發現，可以使小變大，使冷變熱——以江天一為傳主在頗大的程度上就是如此。

汪琬對傳主有準確的把握。江天一活了四十幾歲，一生可寫的事迹很多，倘若巨細無遺地羅列出來，就會「通體平均而根本殘缺」，形象反而模糊了。油畫人物寫生，要求找出對象的最亮點、次亮點；同時要求將對象所具有的五光十色統一在一個光調裏。在現實主義文學創作尤其是傳記文學創作中，也有可以互相發明之處。這就是要從傳主一生豐富複雜的事迹中，準確把握能表現心靈品性的最突出與次突出的事迹，並且將所寫的各種事迹統一成為一個和諧的整體。江天一之所以可風可傳，主要在於他一生最後二、三年。這幾年正是時局動蕩，江南大亂，明被清亡的時期。疾風知勁草，時窮節乃見。作家把握了江天一協助金聲組織老百姓，打敗譁變後沿途又燒又搶的「狼兵」，保衛了徽州人民的安全，又為此事奮不顧身地替被權奸馬士英誣陷的金聲辯護。不過，這些崇禎十六年(1643)的事，還是「次亮點」。兩年後，即順治二年，又率衆抗清救亡，終因大勢已去，城破被執，與金聲同時慷慨獻身。對於一個人，生死往往是最嚴峻的考驗。那個最後終於殺了江天一的洪承疇，就是因為受不住這考驗而降清的。這是江天一人生歷程最後也是最有光彩之所在，或者說是他心靈品格的「最亮點」。作家用約四成的篇幅來寫「最亮點」，用約三成的篇幅「寫次亮點」，其餘幾十年的事迹及必要說明、議論只用了不到三成的筆墨，而且議論中又有為其壯烈犧牲而發。短篇傳

記就是應當這樣抓住根本之處，大寫特寫。

　　準確的把握，不但要抓住一生中最可傳之事，而且要選取最生動最有特徵的細節和人物語言，也就是要從整體著眼，集中筆力寫關鍵之處，以具體的舉止言談充分地表現人物的心靈品格。《江天一傳》在這方面有許多出色之處。當清兵南下，江南大亂，許多州縣望風歸附之時，江天一帶兵據守叢山關。清兵攻之不下，轉而攻新嶺，守新嶺的黃澍投降，於是徽州城陷落。江天一看到徽州抗清事業已經失敗，急忙將老母托付於弟弟，然後挺身而出，昂然就捕。有了解他的人要釋放他，他說：「我不死禍且族矣。」他是以犧牲自己來保存親屬的。更為感人的是下面所寫的事迹──

　　　　遇僉事公於營門，公目之曰：「文石！女有老母在，不可死。」笑謝曰：「焉有與人共事而逃其難者乎？公幸勿為我母慮也。」至江寧，總督者欲不問，天一昂首曰：「我為若計，若不如殺我；我不死，必復起兵。」遂牽詣通濟門。既至，大呼高皇帝者三，南向再拜訖，坐而受刑。觀者無不嘆息泣下。

　　金聲勸他爭取活下來以事奉老母。他理解這一好意，但謝絕了。「笑謝」一個「笑」字，生動地表現了他的決心、坦然和胸有成竹。「哪有同人家共事而獨自逃避死難呢？」這樣的反問比正面陳詞更有力地表現出他的尚義。「請您千萬不要為我的老母顧慮。」既含蓄地暗示了自己對贍養老母已作了安排，同時也是為了讓金聲放心，或者說寬慰金聲。在敵軍營門裏他不可明說做了什麼安排，匆匆一見之間他不可能多說無關緊要的話。簡短的對答，說明了在被捕後突然見面時彼此最關切的事。而江天一的回答，不但表明他的義與孝，表明了對金聲的深切了解，也表明了他的從容和機智。含笑回答的短短兩句話，表面上並不慷慨激烈，卻蘊藏著豐富的內涵，反映了堅定的信念和深摯的感情，使人從幾星飛沫中聽出浩瀚心靈的濤聲。

　　固然，金聲是他的知己，但他願與金聲同死，並不只是遵循「士為知己者死」的古訓，而主要是出於抗清救國的忠誠。這在他被押解到江寧（今南京）後，對總督洪承疇所說的話中反映出來。洪承疇想不予追究、問罪，他卻說：「我為你打算，你還是殺我；要是不殺，我必定再起兵抗清。」使洪承疇不能不殺，不敢不殺。這是智激的話，倘真被釋放，再起兵的可能性已近於零，萬一能再起兵也必然隨即失敗的。所以，這些智激洪承疇的話，說明他鐵了心要以死殉國而不願苟活偷生。據記載，他還曾朗誦明思宗諭祭洪承疇文，來羞辱這個降清投敵的顯貴，只是此事太犯忌諱，汪琬不便也不敢寫罷了。到了通濟門外刑場，他又三呼

「高皇帝」，向南——明朝抗清殘餘再拜，從容就義。以致使在場的老百姓都爲之嘆息流淚。「人生自古誰無死？留取丹心照汗青。」借用文天祥這兩句詩來說明江天一的犧牲，是很恰當的。於是，作家生動地寫出了傳主的大節、晚節，寫出了他「立品」的最後完成和最高境界。將江天一之犧牲寫得廉頑立懦、氣貫長虹，其心靈品格的根本之點鐫刻在讀者心上的時候，這篇傳記也就實現了作者的創作意圖。

　　再來就是點和面的結合。作爲傳記，固然要大寫特寫最主要之點，但也不宜只寫一點不及其餘，有點無面。否則，讀者也會感到不滿足。所以，作家先寫江天一的孝悌、懷才不遇、安貧好學。接著，又寫傳主深沉多智，勇武知兵，挺身保衛鄉里，親率壯士打敗謀變劫掠的「狼兵」。在筆酣墨飽地寫了傳主抗清救亡事迹之後，又回敍因殺「狼兵」之事，金聲將被權奸馬士英置之死後，他爲之極力辯白，與金聲可謂生死之交。此事在前而卻後寫，這種倒敍的運用，不但爲了避免流水帳式的行文，而且更重要的是爲了避免讀者誤會，以爲江天一壯烈犧牲主要是出於對金聲的義氣。最後又用插敍，寫了傳主努力表彰淮安民婦馮氏對婆婆之孝。所有這些，都圍繞著傳主所說過的「立品」來寫的，所以和抗清救亡而壯烈犧牲，不但一脈相通，而且構成衆星拱月的作用，使讀者了解傳主一生爲人，明白他最後慷慨獻身並不是偶然的。這些都表現出汪琬「敍事有法」。

　　最突出的一點是寓一己之情於敍他人之事。前面談傳主的選擇時已接觸到這個問題。汪琬是在清朝做官的人，但明亡時他已經二十歲。雖然他在明朝不過是個老百姓，但在心靈深處卻有故國之情。他在清朝做官，內心顯然是矛盾的，所以一再稱病辭官隱居。他第二次出仕是因爲被薦參加博學鴻詞考試一等，而參加修《明史》。在當史官期間，「棘棘爭議不阿」，以致只到任六十日，就再次稱病辭官。這既說明他爲人正直，也說明他由於故國之情而與一些秉承清王朝旨意的史官格格不入，看法很不相同。他被江天一事迹所感動，要表彰江天一，但卻不能不考慮自己的處境。所以他行文謹慎，措詞斟酌。他盡量多從正面寫傳主，不得已須寫到清朝官兵時，就作客觀敍述，或者不指明姓名，個別犯諱之事（如江天一羞辱洪承疇）只好避而不寫。但是，他將江天一抗清犧牲作爲傳記的重心，將傳主被捕到就義寫得具體生動以至筆歌墨舞，　實際上是寓 一己之情於 敍事之中，借他人酒杯澆自己塊壘。「觀者無不嘆息泣下」，如果聞者的汪琬自己內心不「嘆息泣下」，就不會爲江天一立傳，即使立傳也不會這樣寫了。在不涉及抗清事迹時，作家用了「具有至性」、「深沉多智」，「好奇尚氣」這樣一些概括性評語。末段特地指出，江天一是明末徽州府「獨以諸生殉國」者，這是點睛之筆，看似

敍述客觀事實，而讚嘆之情溢於紙上；同時，又是用春秋筆法對明朝顯要降淸的鞭撻。所以前段說他爲金聲辯白，受金聲器重之後，忽然筆鋒一轉，說「其後竟與公（指金聲）同死，雖古義烈之士無以尙也」，這不但是贊頌他的義，更是贊頌他「以諸生殉國」。這些贊語都浸漬著作家深切的崇敬與無限感慨之情。

《江天一傳》無疑是一篇出色的傳記。但它也和許多同類作品一樣，只寫傳主的優點而不寫缺點、弱點，以致幾乎是個完人。末段論贊中說到江天一表彰馮氏割肝醫治婆婆不治之症，旣反映了作家的迷信，從傳記的藝術角度看來也多少有蛇足之嫌。最後一句「翁君漢津云」，也與前文重複。不過，通篇看來，作家匠心獨運，寫得頗有特色，其成就是很值得重視的。

（潘旭瀾）

送王進士之任揚州序①　　　汪　琬

諸曹失之②，一郡得之，此十數州縣之慶也。國家得之，交游失之，此又二、三士大夫之憾也。

吾友王子貽上，年少而才。旣舉進士，於甲第③當任部主事④，而用新令，出爲推官揚州，將與吾黨別。吾見憾者方在燕市，而慶者已翹足企首，相望江淮之間矣。

王子勉旃⑤：事上宜敬，接下宜誠，莅事⑥宜愼，用刑宜寬；反是罪也。吾告王子止此矣。

朔風初勁，雨雪載途，搖策而行⑦，努力自愛。

【注釋】①王進士：卽王士禎，字貽上，號阮亭，又號漁洋山人，山東新城（今桓臺）人。順治十二年（1655）進士。之任：到任。王士禎中進士後，出任揚州推官。②諸曹：朝廷各部司官的通稱。③甲第：科擧考試的等第。明淸進士分三甲：一甲進士及第，二甲進士出身，三甲同進士出身。④主事：各部所屬司官的最低一級。⑤勉旃（ㄓㄢ）：勉之。旃：語助詞。⑥莅（ㄌㄧˋ）事：臨事。⑦策：馬鞭。

【鑑賞】汪琬和王士禎一同考中進士，汪琬留在京城任戶部主事，王士禎則出任揚州推官。臨行的時候，汪琬寫這篇《送王進士之任揚州序》贈別。

文章劈頭就針對王進士離京外任揚州這一件事，從國家人民的利益和朋友同年的私情得失來立論，沒有泛泛的俗套話，而是開門見山，單刀直入，大有高屋建瓴，先聲奪人之勢。「諸曹失之，一郡得之，此十數州縣之慶也。」這是站在地方百姓的立場，為王進士的外任而慶賀。接著又推挽一筆，寫道：「國家得之，交游失之，此又二、三士大夫之憾也。」這是站在京城裏朋友的立場上來說的，表示友情難捨。這一段文字，分作兩層意思來申說，卻緊緊圍繞著公義私情的得失，兩相比較，如：「諸曹失之，一郡得之」；「國家得之，交遊失之」；權衡得失，傾向很鮮明。而「十數州縣之慶」和「二、三士大夫之憾」，這中間誰多誰少，哪個重哪個輕，也不難作出結論。作者把得和失、慶幸和遺憾，通過整齊的句式排比出來，雖然不直接表示自己的意見，但他的態度卻十分明確。王進士的外任而引起的公私得失，又從不同的側面說明了這個人對國家和朋友都很忠誠，是一位可貴的人才和可交的良友，因而他的去就動向才能牽動人心，引起不同方面的強烈反應。本來，在封建社會，中了進士，不能留作京官而到外地就職，會被人認為不光彩。但作者卻一反這種俗見，不發惋惜感嘆的言辭，而把期待寄托於勸勉之中。這短短兩行文字，措詞得體，又有獨到的見識，而且蘊藏著愛才惜別的無限深情。這的確是一個很精采的文章開頭。

前一段空中騰挪，盤旋作勢，雖然沒有介紹出所寫對象的身分姓氏，而王進士這個人已呼之欲出。後一段順勢點出王進士的名字：王貽上。「年少而才」，是對他的一個總的評價。王士禎中進士的時候只有二十一歲，很年輕。作者汪琬比王士禎大十歲，但因為是同年進士，所以稱他為「吾友」。「於甲第當任部主事，而用新令，出為推官揚州。」中了進士，從科舉等第的情況看，應當在中央部裏當主事的官，但根據新的任命，他要出京到揚州去做推官。這幾句交代王士禎中了進士和外任揚州推官的經過，語氣之間，並無褒貶的意思，使人感到這是很自然的事情。「將與吾黨別」，流露出惜別之情。「吾見憾者方在燕市，而慶者已翹足企首，相望江淮之間矣。」這兩句是想像之詞，虛中有實，生動地寫出同一時間，不同地方，對於王士禎離京外任的反應，好像電影的蒙太奇鏡頭，把京師友人的惜別惋嘆和江淮人民的熱切盼望迭印在一起，產生了十分強烈的抒情效果。同時「憾者」和「慶者」，又同開頭「十數州縣之慶」和「二、三士大夫之憾」相呼應，進一步補足前面的意思，行文回環往復，搖曳多姿。

下來一段是臨別贈言的正文，為贈序這種體裁的題中應有之義，但寫得極為

簡約。作者勉勵王士禎，到任以後，在四個方面要特別注意：一、「事上宜敬」；二、「接下宜誠」；三、「莅事宜愼」；四、「用刑宜寬」。這裏提到用刑問題，是因爲王士禎所任的推官掌管刑獄，因而特別提一下，切合身分，不是泛泛之語。作者在四個方面勉勵之後，緊接一句：「反是罪也。」從正反兩面著筆，有勉勵，也有告誡。這幾句臨別贈言，總的精神不外乎仁義忠信的禮教規範，帶著那個時代和階級的鮮明印記；然而其中也表現了忠於職守和體恤民情的思想。如果這四個方面眞正能夠身體力行，在封建社會也算得一位清良正直的官吏了。作者諄諄勸勉，語重情長，四個簡短的排句，各用一個「宜」字，意思是最好是這樣，而不說應如何如何；語氣宛轉，態度誠懇，完全是朋友之間相互勉勵的口吻，沒有居高臨下敎訓人的味道。「吾告王子止此矣。」顯得直截了當，要言不煩。所說幾點，雖無驚人之語，卻樸樸實實；再說眞正受用的話，幾句也就夠了，何必喋喋不休呢。這樣做，還含有尊重和信任對方的意思：常言道「快馬一鞭，明人一言」，王士禎也是一位明達事理的人，用不著對他多說了。

最後一段：「朔風初勁，風雨載途，搖策而行，努力自愛。」渲染送別的情景，寥寥四句，就構成了一幅充滿著離情別意的風雪送行圖。「朔風初勁」「雨雪載途」，這兩句寫風雪出行，在寫景中蘊含著關切行人的深厚情意。作者目送友人在風雪中揚鞭遠去，不勝其依依惜別之感，千言萬語歸併一句話：「努力自愛」。這四個短句，情景交融，語言精練，好像一首抒寫離別情思的小詩。它不但使眼前送別的情景歷歷如畫，而且觸發人產生一些詩意的聯想：前日風雪中故人從此去」；「山廻路轉不見君，雪上空留馬行處」。漫天風雪，依依話別；揚鞭揮手，匹馬南行。這情景是頗爲荒寒而淒苦的。但是想到揚州一帶老百姓的等候和歡迎，心頭的寒意也就冰消雪化了。這個富有濃郁詩意的結尾，在寒冷孤寂的氛圍中滲透出溫暖的友情和良好的祝願，因而並不使人感到哀怨消沉。文章到這裏戛然而止，顯得情韻悠然，餘味不盡。

這篇短文，不過寥寥百餘字，卻蘊含著期望、勉勵、憐才、惜別等多種情思，從容宛轉，一一流於筆下。寫來回環往復，曲折多姿，開頭突兀奇警，很快入題；結尾含蓄雋永，耐人尋味。文章的承接起伏，跌宕開合等，處處都見出作者謀篇的匠心，因而在極其短小的篇幅中，展現了大可回旋的餘地，眞不愧爲短文中的上乘之作。作者後來跟王士禎論文意見不合，產生了一些隔閡，但王士禎還是很欽佩這位老朋友的。

（吳戰壘）

奇零草序

姜宸英

　　予得此於定海①，命謝子大周抄別本以歸②。凡五、七言近體若干首，今久失之矣，聊憶其大概③，為之序以藏之。

　　嗚呼！天地晦冥④，風霾晝塞⑤，山河失序⑥，而沉星殞氣於窮荒絕島之間⑦，猶能時出其光焰，以為有目者之悲喜而幸睹⑧。雖其搶抑於一時⑨，然要以俟之百世⑩，雖欲使之終晦焉⑪，不可得也。客為予言，公在行間⑫，無日不讀書，所遺集近十餘種，為邏卒取去⑬，或有流落人間者。此集是其甲辰以後⑭，將解散部伍，歸隱於落迦山所作也⑮。公自督師⑯，未嘗受強藩節制⑰，及九江遁還，漸有掣肘⑱，始邑邑不樂⑲。而其歸隱於海南也⑳，自制一椑㉑，置寺中，實糧其中㉒，俟糧且盡死。門有兩猿守之，有警，猿必跳躑哀鳴。而間之至也㉓，從後門入。既被羈會城㉔，遠近人士，下及市井屠販賣餅之兒，無不持紙素至羈所爭求翰墨㉕。守卒利其金錢，喜為請乞。公隨手揮灑應之，皆《正氣歌》也㉖，讀之鮮不泣下者㉗。獨士大夫家或頗畏藏其書，以為不祥。不知君臣父子之性㉘，根於人心，而徵於事業㉙，發於文章㉚，雖歷變患㉛，逾不可磨滅㉜。歷觀前代，沈約撰《宋書》，疑立《袁粲傳》㉝，齊武帝曰㉞：「粲自是宋忠臣㉟，何為不可？」歐陽修不為周韓通立傳，君子譏之。元聽湖南為宋忠臣李芾建祠㊱，明長陵不罪藏方孝孺書者㊲，此帝王盛德事。為人臣子處無諱之朝㊳，宜思引君當道㊴。臣各為其主，凡一切勝國語言㊵，不足避忌。予欲稍掇拾公遺事，成傳略一卷，以備惇史之求㊶，猶懼蒐訪未遍㊷，將日就放失也㊸。悲夫！

【注釋】①此：指《奇零草》。定海：今浙江省定海縣。②謝子大周：謝大周，生平不詳。子：是對讀書人的客氣稱呼。別本：另外一本。③聊：姑且，略。④晦冥：昏暗。⑤風霾（ㄇㄞˊ）晝塞：白日為大風和飛塵所遮蔽。霾：大風揚塵。

⑥失序：混亂。⑦沉星：沉落的明星。殞氣：死亡。⑧悲喜而幸睹：僥幸看到，引起悲喜的感情。⑨拚（ㄅ一ㄢˇ）抑：因受壓制而埋沒。拚：掩蔽。⑩世：三十年。⑪終晦：一直埋沒。⑫行（ㄏㄤˊ）間：行伍間，軍旅間。⑬邏卒：巡邏看守的士兵。⑭甲辰：1664 年。這裏說《奇零草》作於甲辰年，是錯誤的。張煌言《奇零草自序》說是壬寅年（1662）自編成集，當從之。⑮落迦山：卽普陀山，在定海縣以東海中。這裏說張煌言歸隱於落迦山是錯誤的。張煌言歸隱的處所是浙江省象山縣南面海中一個名懸嶴（ㄠˋ）的小島。⑯督師：統率軍隊。⑰强藩：這裏指鄭成功。藩：分封的王。南明曾封鄭成功爲延平郡王。賜姓「朱」。⑱掣肘：阻撓他人行事。⑲邑邑：同「悒悒」，不快樂的樣子。⑳海南：指舟山島一帶。㉑椑（ㄅㄟˋ）：棺材。㉒實：裝滿。㉓間（ㄐㄧㄢˋ）：間諜。㉔羈（ㄐㄧ）：拘禁。會城：省會。這裏指杭州。㉕紙素：紙和絹帛。求翰墨：求寫字。翰：筆。㉖《正氣歌》：文天祥所作，這裏指張煌言寫的文字都是表明自己的堅貞氣節的。㉗鮮：少。㉘君臣父子之性：指忠君、孝親之類的品德。㉙徵於事業：表現在行爲上。徵：證明。㉚發於文章：表明在文字上。㉛變患：變亂，災禍。㉜逾：通「愈」，更加。㉝疑立：意思說對立傳與否有疑慮。㉞齊武帝：蕭道成之子蕭賾（ㄗㄜˊ）。㉟自：當然。㊱元：元朝。聽：聽任，允許。㊲長陵：明成祖死後葬長陵，此處以長陵代指明成祖。㊳無諱之朝：君主開明的時代。無諱：沒有忌諱，凡合理的事都可以做。㊴當道：合乎正道。㊵勝國：已滅亡的前一朝代。㊶惇（ㄉㄨㄣ）史：忠實、正直的史官。㊷蒐（ㄙㄡ）：搜集。㊸日就放失：一天天趨向於散失。

【鑑賞】《奇零草》，乃明末民族英雄張煌言之詩集。該集收入詩人丙戌（1646）至壬寅（1662）十七載所存詩四百四十五首。由於詩人編集時便已抱定「思借聲詩，以代年譜」，故雖「是帙零落凋亡，已非全豹」（張煌言《奇零草自序》），但仍是詩人光輝業績的藝術再現。序《奇零草》者二人。康熙元年（永歷十六年），歲在壬寅，端陽後五日，張煌言曾自序其集（《張蒼水集》第三卷）；後數年，姜宸英過舟山，見《奇零草》，命人抄以攜歸，抄本失落，憶其大槪，重爲之序。二序相比，張序稍長，計七百餘字；姜序稍短，不足五百字。張序重在追憶編集經過，借此表達忠貞志節；姜序則偏於掇拾英烈遺事，進而表明不隨時流的獨特見解。如果考慮到姜序作於《奇零草》已被清廷宣布爲禁毀之書，嚴禁抄寫、印刷、流傳的話，那麼作者的膽識，就更令人欽佩；其珍藏、稱許《奇零草》的言行，就更爲難得了。由於是民族英烈的遺書作序，故推崇、虔敬之情熾然；又由

於是爲禁書作序，故那一腔熱情又不得不自加約束。表現在序文構思上，便體現爲陰柔與陽剛相濟的含蓄深沉氣象。

善「藏」，是姜宸英《奇零草序》含蓄深沉氣象之一態。「予得此於定海，命謝子大周抄別本以歸。凡五、七言近體若干首，今久失之矣，聊憶其大概，爲之序以藏之。」「得」之，「抄」之，攜而「歸」之，久「失」之，再「憶」之，今「序」而「藏」之。連用七個動詞，把與《奇零草》的因緣及對《奇零草》的珍視盡已言明。節末收筆於「藏」字，不唯承上啓下，完成了由引序到正序的過渡，且暗示了序文構思的基本機巧：藏而不露——述事不求其詳，言情不求其顯，析理不求其透，寫者寄意，讀者心照而已。首段四十一字，藏匿了詩集之名，詩人之名，詩歌之數，及得、失、序之確然時日。赫然列於文章首句而不加隱諱者，只「定海」一地名。因此地爲張煌言堅持抗清鬥爭的最後陣地，故一語微露天機，把《奇零草》與抗清大業含蓄連爲一體。

在序文的主體部分，作者依次對張煌言從事的抗清大業及道德文章、被捕經過、獄中節氣、詩文影響，一並自己的歷史見地與執著願望，作了簡練而含蓄的陳述。概論起來，大抵可分六個層進面。一層總贊張煌言抗清義舉的輝烈，二層接敍其軍旅之暇的著述，三層交代其孤軍猶鬥的拚搏，四層追想其誓不降清的節氣，五層闡發「勝國語言」的「不足避忌」，六層抒發自己掇拾遺事的決心。這一段，在讓讀者心領其意的前提下，也是能藏盡藏的。主要人物之名，皆隱而不言：「公」者，指張煌言；「強藩」者，指鄭成功；「邏卒」者，指巡邏兵；「從後門入」者，指間諜與清兵。主要地名，亦閃爍不確指：「窮荒絕島」，指舟山羣島；「海南」，指舟山南之落迦山；「會城」指杭州。主體事件，更廻避不直說：清兵入關，曰「天地晦冥」；壯烈犧牲，曰「沉星殞氣」；反清復明，曰「公在行間」；北伐失敗，曰「九江遁還」……張煌言後半生二十年，執意於反清復明。其行，是浴血奮戰的壯舉；其詩，或「慷慨長歌」，或「寂寥短唱」，充滿了愛國深情，爲其詩作序，必然要牽涉到一些政治大事件。但是，一篇序中，不出一個有強烈政治色彩的詞語，不說一個有忌諱的人名、地名、事件，眞可謂用心良苦。

作爲序文，多是冠於書端的。或考本事，或闡意旨，或析精要，或斷品級，觸意卽便有偏，但概括性、明確性又都是共同的。《奇零草序》的作者雖然已盡其藏匿的本領，但那熱忱的贊，眞誠的敬，切膚的痛，摧心的悲，卻又盡傾於筆底，激發起讀者的共鳴。乍讀不明，稍思卽悟，閱讀的能動性被短短的序文所調動，這也就是它藝術的魅力吧！

善「寓」，是《奇零草序》含蓄深沉氣象的又一態。所謂「寓」，卽指有寓意，

重寄托。「藏」，是爲了避忌的自保，逃過文字獄的迫害；而「寓」，則是爲著托言以明志，偏要觸動國政時俗。正序落筆，就是一段極富象徵意味的文字：「嗚呼！天地晦冥，風霾晝塞，山河失序，而沉星殞氣於窮荒絕島之間，猶能時出其光焰，以爲有目者之悲喜而幸睹。雖其揜抑於一時，然要以俟之百世，雖欲使之終晦焉，不可得也。」狂風捲塵，天昏地暗，張煌言等志士卻像星月經天，光照人寰。卽便一時沙塵遮，不見星月，但待風息沙落，他們又會引得神州萬姓，仰首而看。這段，不但寄寓了作者對烈士英名必將重振的信念，也寄寓了作者那中華大地必定漢道重光的祈廒；當然，對清貴族帶給漢族人民的災難，序文也作了隱晦的譴責。序文中，作者寫到「跳躑哀鳴」的猿，也寫到「間之至也」的人；寫到「爭求翰墨」的「屠販賣餅之兒」，也寫到「畏藏其書」的「士大夫家」；既「歷觀前代」感「帝王盛德」，又面對現實，不得不發出「悲夫」的哀嘆。這些對比性的點染，亦各含深意。猿人相比，不是在怒責叛徒走狗的見利忘義、不如禽獸？官民之比，不是在指斥士大夫的自保其家、賣身求榮？羅列了古代幾個篡位者的不因人廢言，那意思不是表明，今日的當道者連古代的篡位者也不如？「仲尼沒而微言絕」（《漢書·藝文誌》），而今，作者只能托諸微言以表好惡了！姜宸英畢竟是在爲一個詩集作序，所以他只能涵蘊其辭，側面觸及世態人情和「無諱之朝」的政治。

人有人格，文有文格；文格，植根於人格；文「價」，依傍於人「價」。這，盡人皆知。眾皆降清叛明，張煌言等少數英烈矢志反清復明，故《奇零草》因人而貴，成一代奇書。眾皆毀書避禍，姜宸英卻存其書，爲之序，稱其功，揚其名，表現了卓越的膽識，故《奇零草序》因膽識而貴。孔子曰：「修辭立其誠」（《易·乾文言》），恃一「誠」字，《奇零草序》才得以有含蓄深沉之氣象啊！

說實話難，在非常時期說實話更難。《奇零草序》的作者誠心說實話，這便使《奇零草序》有一種歷史判斷的嚴肅性和預見性。張煌言領導的抗清鬥爭失敗了。他犧牲於杭州，妻、子受戮於鎮江。

姜宸英怎麼評價他呢？「雖其揜抑於一時，然要以俟之百世，雖欲使之終晦焉，不可得也。」這裏，作者預見了張煌言的英名重振，歷史已經證明此論之當。

《奇零草》，其時是禁書，爲士大夫之家所「畏藏」。姜宸英則評之爲「不知君臣父子之性，根於人心，而徵於事業，發於文章，雖歷變患，逾不可磨滅。」應世時文，久已漫滅；《奇零草》禁而能傳，毀而能存，又證明了姜論的高卓。藏書，作序之外，姜宸英還拾掇張煌言遺事，「成傳略一卷，以備惇史之求」。當

然，他的工作就更加後繼有人了。姜宸英的同時代人、明遺民魏禧曾這樣說過：「識不高於庸衆，事理不足關係天下國家之故，則雖有奇文與《左》、《史》、韓、歐陽並立無二，亦可無作」（《宗子發文集序》）。《奇零草序》言不巧，文不華，爲詩作序，獨具慧眼，爲人作傳，不避禍患，識高庸衆，事關家國，真可算「有益於天下，有益於將來，多一篇多一篇之益」（顧炎武《日知錄》）的好文章。

　　覽序懷人，我們似乎可以悟出一個道理：拿刀槍奮戰者是英雄；揭筆翰而寫英雄者——尤其是在人多不以英雄爲英雄的時刻——更需豪傑之氣。

（田秉鍔）

池北書庫記　　　　　　　朱彝尊

　　池北書庫者，今少詹事新城王先生聚書之室也①。新城王氏，門望甲齊東②，先世遺書不少矣③，然兵火後散佚者半④。先生自始仕迄今⑤，目耕肘書⑥，借觀輒錄其副⑦。每以月之朔望玩慈仁寺⑧，日中集奉錢所入⑨，悉以購書⑩，蓋三十年而書庫尚未充也⑪。

　　自唐以前，書多藏之於官⑫。劉歆之《七略》⑬，鄭默、荀勗之《中經》、《新簿》⑭，其後四部、《七錄》⑮，代有消長⑯。民間所藏，賜書之外⑰，無多焉爾。自雕本盛行而書籍易得⑱，民間鏤板⑲，未貢天府者且十之九⑳，由是官書反不若民間之多。古之擁萬卷者，自詡比南面百城㉑；今則操一囊金㉒，入江浙之市，萬卷可立致㉓。然自博覽者觀之㉔，若無所睹也㉕。夫宋元雕本日就泯滅㉖，幸而僅存於水火劫奪之餘㉗，借鈔本流傳。顧士之勤於鈔寫㉘，百人之中，一二人而已。習舉子業者㉙，誦四子書㉚，治一經㉛，不過四五十卷，可立取科第㉜。而賈人牟利㉝，亦惟近乎舉子業者是求㉞；非是則不顧，至以覆醬、裹面、糊竈箔㉟。古之人竭心力爲之者，今人全不之惜，任其湮沒㊱。此士君子蠹傷於心㊲，而先生書庫之設，藏之惟恐不亟也㊳。

彝尊經亂㊴，先世之遺書莫有存者。及壯，糊口四方㊵，經過都
市，殘編斷帙㊶，至典衣予直㊷，積之二十年矣。以驗藏書家目錄
㊸，則僅存其十之二三焉，然未嘗無出於藏書家目錄之外者。譬之於
海，九川四瀆無不趨焉㊹，而氿池瀾汋之水㊺，聚而勿涸㊻，鳥見之
飲啄，魚得之泳游，亦可自樂其樂，而忘其身世之窮焉㊼。明年歸
矣，將尋先生之書庫，借鈔所未有者。

奉先生之命，遂為先生記之。

【注釋】①少詹（ㄓㄢ）事：詹事的副職。自唐代起建詹事府，設太子詹事一
人，少詹事一人，總管東宮內外政務，以輔導太子。清不立太子，詹事班次在通
政使大理卿之下，作為翰林官遷轉之階。實際是閑職。新城：現在山東省桓台
縣。②門望：門第、族望。甲：冠于，占第一。齊東：這裏泛指新城縣一帶。山
東的大部分古代屬齊國。③先世：上代，祖先。遺：留下的。④佚（ㄅㄛ）：遺失。
⑤始仕：開始作官。王士禎于順治十二年考中進士，就被派到揚州府去作推官。
⑥目耕：讀書。這是以耕田比喻讀書。肘（ㄓㄡˇ）書：抄寫。書法講究運腕運肘。
⑦錄：抄寫。副：這裏指複本。⑧朔望：陰歷初一和十五。玩：遊逛。慈仁寺：
在現今北京市廣安門內，通稱「報國寺」。⑨日中：整日，白天。奉錢：俸祿。
奉通「俸」。⑩悉：完全。⑪充：充足，滿。⑫官：指朝廷。⑬劉歆（ㄒㄧㄣ）：
字子駿，西漢末年古文經學派開創者，目錄學家。《七略》：劉歆撰，包括《輯
略》《六藝略》《諸子略》《詩賦略》《兵書略》《術數略》和《方技略》。《
七略》是我國第一部圖書分類目錄。⑭鄭默：魏秘書郎。荀勗（ㄒㄩˋ）：晉秘書
監。《中經》、《新簿》：《隋書・經籍志》：「魏秘書郎鄭默始制《中經》，
秘書監荀勗又因《中經》更著《新簿》，分為四部，總括羣書。」⑮四部：我國
古代圖書分類名稱。晉荀勗《中經簿》改劉歆《七略》為甲乙丙丁四部（四部之
外還有佛經書）。到《隋書・經籍志》確定四部名稱為經、史、子、集，並確定
其順序（《中經簿》乙部為子，丙部為史），沿用至今。《七錄》：書目名，梁
阮孝緒撰。分《經典》《記傳》《子兵》《文集》《術技》《佛法》《仙道》七
錄，收圖書六千二百八十八種，四萬四千五百二十卷。⑯消長：消失、增長。⑰
賜書：皇帝給予的書。⑱雕本：雕版印刷的書。⑲鏤（ㄌㄡˋ）版：雕刻書版。⑳
貢：進獻給皇帝。天府：宮中府庫。且：將近，差不多。㉑詡（ㄒㄩˇ）：誇耀。
南面百城：面南而坐，統轄許多地方。意思是作大官。㉒操：拿著。金：錢。㉓

立致：立刻得到。㉔博覽者：讀書多的人。㉕若無所睹：好像沒看見什麼。意思是新印的書非罕見，故不重視。㉖就：趨向。泯（ㄇㄧㄣˇ）滅：消亡。㉗水火刦奪：指水災、火災、偷盜等。㉘顧：只是。㉙習舉子業者：攻讀以應科舉考試的人。㉚四子書：《大學》《中庸》《論語》《孟子》，也稱四書。㉛治：研習。一經：指五經中的一種。清朝科舉制度，《易經》《尚書》《詩經》《禮記》《春秋左氏傳》都出題，應考者可以任選一經，所以研習一經卽可應考。㉜立：卽刻。取科第：參加科舉考試及第（考中）。㉝牟（ㄇㄡˊ）利：謀取利益。㉞惟近乎學子業者是求：惟求近乎學了業者（「惟……是……」是倒裝句的一種形式）。意思是，只願意刻印科舉的書。㉟覆醬：也說「覆瓿（ㄅㄨˇ）」，蓋醬罐（表示著作沒有價值）。竷箔（ㄅㄛˊ）：養竷的竹席。㊱湮（ㄧㄢ）沒：埋沒。㊲薑（ㄒㄧˋ）：傷痛。㊳亟（ㄐㄧˊ）：趕快，急速。㊴亂：指明清之際的戰亂。㊵糊口四方：到各地找飯吃。㊶帙（ㄓˋ）：書套。這裏指書。㊷典衣：典押衣服。直：通「值」，價錢。㊸驗：檢驗，考察。㊹九川四瀆（ㄉㄨˊ）：泛指大河。九川：指九州的九條大河。司馬貞《史記索隱》：「弱、黑、河、漾（ㄧㄤˋ）、江、沈（ㄧㄣˇ）、淮、渭、洛爲九川。四瀆：指長江、黃河、淮水、濟水。《爾雅·釋水》：「江、河、淮、濟爲四瀆。」瀆：大河。㊺澎（ㄅㄥˋ）池瀆（ㄐㄩˋ）汋（ㄓㄨㄛˊ）：泛指小水。澎池：古水名，在西安市北。瀆汋：《爾雅·釋水》：「井，一有水一無水爲瀆汋。」《疏》：「此言井或一時有水，一時無水者名瀆汋也。」㊻涸（ㄏㄜˊ）：水枯竭。㊼忘其身世之窮：因爲水少，不久會乾涸，鳥魚不知，還在自樂其樂，所以這樣說。

【鑑賞】清初的著名文學家，往往同時又是在學術上頗有造詣、成就卓著的學者；而他們的學術造詣和成就，對於他們的文學創作有著不可低估的影響。朱彝尊就是這樣的一位著名文學家兼學者。他的《池北書庫記》，就是「紆餘澄澹，蛻出風露，於辨證尤精」（王士禎《竹垞文類序》）的散文名篇。

　　《池北書庫記》，是朱氏應王士禎之請所寫的一篇散文；所記內容又是王氏的「池北書庫」。因此，簡略地介紹一下王士禎以及他的「池北書庫」，自然是很有必要的。

　　王士禎（1634—1711），字貽上，號阮亭，又號漁洋山人。山東新城（今桓臺）人。清順治十二年（1655）進士，由揚州推官累官至刑部尙書。王氏善文、詞，尤工詩，領袖詩壇數十年，論詩力主「神韵說」。一生勤於著述，據不完全統計，刊行於世的各類著作就有三十六種，二百七十卷之多。以《帶經堂集》、《

居易錄》、《池北偶談》和《漁洋詩話》等爲最著名。「池北書庫」,是王士禎藏
書之處。王氏《池北偶談序》介紹說:

　　　　予所居先人之敝廬,西爲小圃,有池焉,老屋數椽在其北。餘宦遊三十
　　　餘年無長物,唯書數千庋置其中,輒取樂天池北書庫之名名之。

《池北書庫記》,開宗明義,卽點出「池北書庫」乃王士禎「聚書之室」。接著
,全文圍繞藏書這個中心,從三個角度作了記敍。

　　第一段,從「新城王氏」至「蓋三十年而書庫尚未充也」,介紹王氏的抄書、購
書,以及三十年苦心經營「池北書庫」的情況。第二段,從「自唐以前」至「藏之唯
恐不亟也」,概說我國歷代的官家藏書和民間藏書的演變;進而敍說當日士子熱
衷舉子業,而商人牟利,對於書籍已不再如古人那樣愛惜和收藏了。因此,王氏
「池北書庫」之設,更顯出其難能可貴。第三段,從「彝尊經亂」至「借鈔所未有
者」,聯繫自己的愛書和藏書,表示歸隱之後,「將尋先生之書庫」,閱讀和借抄
自己藏書中所未有者。結尾,則用一句話交代了此文寫作的緣由。全文一氣呵
成,可是,剪裁巧妙,句琢字煉,簡而有要,內容相當豐富,眞可謂「辭約而義
豐,外淡而中映,探之無窮,味之不厭」(潘來《曝書亭集序》)。這是《池北書
庫記》的第一個特色。

　　本文在介紹了王士禎的「池北書庫」之後,筆鋒一轉,對我國歷代官家和民間
藏書的歷史演變,作了科學的考察,並且聯繫現實情況,對比了今人和古人對於
書籍的不同態度,從一個側面反映了當時的社會世態。這種以「才學爲文」,或者
說「在文中講學問」,正是學識淵博又精於考據的朱氏古文的又一特色。《池北書
庫記》,「文有骨力,卓爾大雅」(丘煒萲《五百石洞天揮麈》卷六),讓人領略
到一種雅潔之醇味,顯然與這種在文中恰到好處地「講學問」,熔思想性、知識性
和趣味性於一爐,是分不開的。

　　《池北書庫記》,顧名思義,是記「池北書庫」之文。但是,文章的重點卻並
不放在書庫本身,而是放在書庫的主人身上。它記王士禎的購書和建書庫,亦只
突出地記了兩件事:一是三十年如一日地「目耕肘書,借觀輒錄其副」;一是每月
朔望,「玩慈仁寺,日中集奉錢所入,悉以購書」。聯繫作者自己的一段,同樣突
出重點,要言不煩,具有上述畫龍點睛之妙。因此,讀完全文之後,兩位嗜書如
狂、藏書成癖的古代學人形象,就栩栩如生地刻印在讀者的腦海中了;而他們的
這種愛好和行爲,自然而然地給人以啓迪和策勵。這種寓教於敍事,不作說教,
以情動人,乃是本文在藝術上的又一個特色。

　　朱氏曾強調指出:「凡學詩文須根本經史,方能深入古人奧竅。未有空疏淺

陋，剗襲陳言而可以稱作者。」(陳廷敬《竹垞朱公墓志銘》)《池北書庫記》，寫的盡是抄書、購書和藏書之事，但讀來並不枯燥乏味，卻自有一種引人入勝之魅力。除了內容充實，剪裁得當和筆力雄渾之外，陳言務去，亦是一個重要原因。比如，朱氏談到自家藏書與藏書家目錄相比較的一節文字，不僅比喻生動，富有詩情畫意，又具有一定的哲理，誦讀起來鏗鏘有力。如此文字，焉得不吸引人去閱讀和玩味！

（王永健）

遊姑蘇臺記　　　宋　犖

　　予再蒞吳將四載①，欲訪姑蘇臺未果②。丙子五月廿四日③，雨後，自胥江④泛小舟出日暉橋。觀農夫插蒔⑤，婦子滿田塍⑥，泥淬被體⑦，桔槔與歌聲相答⑧，其勞苦殊甚。迤邐過橫塘⑨，群峰翠色欲滴⑩。未至木瀆二里許⑪，由別港過兩小橋⑫，遂抵臺下。

　　山高尚不敵虎丘⑬，望之僅一荒阜耳⑭。捨舟乘竹輿⑮，緣山麓而東，稍見村落⑯，竹樹森蔚⑰，稻畦相錯如繡⑱。山腰小赤壁⑲，水石頗幽⑳，彷彿虎丘劍池。夾道猺松叢棘㉑，薔薇點綴其間如殘雪㉒，香氣撲鼻。時正午，赤日炎歊㉓，從者皆喘汗。予興愈豪㉔，褰衣賈勇㉕，如猿猱騰踏而上㉖。陟其巔㉗，黃沙平衍㉘，南北十餘丈，闊數丈，相傳即胥臺故址也。頗訝不逮所聞㉙。吾友汪鈍翁記，稱方石中穿，傳為吳王用以竿旄者。又矮松壽藤，類一二百年物㉚。今皆無有，獨見震澤，掀天陷日㉛，七十二峰出沒於晴雲淼淼中㉜。環望穹窿、靈岩、高峰、堯峰諸山㉝，一一獻奇於臺之左右㉞。而霸業銷沉㉟，美人黃土㊱，欲問夫差之遺跡，而山中人無能言之者，不禁三嘆㊲。

　　從山北下，抵留雲庵。庵小有泉石㊳。僧貧而無世法㊴，酌泉烹茗㊵以進。山中方採楊梅，買得一筐，眾皆飽噉㊶，仍攜其餘。返舟中時已薄暮㊷，飯罷，乘風容與㊸而歸。侍行者㊹，幼子筠㊺，孫葦

金，外孫侯嶽，六日前子至㊻方應試北上，不得與同遊賦詩紀事，悵然者久之。

【注釋】 ①莅（ㄌ丨）：到。②未果：沒有成功。③丙子：康熙三十五年(1696)。④胥江：蘇州胥門外的一條河。⑤插蒔（shì）：插秧。⑥婦子：婦女兒童。堘：田中小埂。⑦滓：雜質。被體：滿身。⑧桔槔（ㄍㄠ）：汲水工具。相答：互相應和。⑨迤（丨ㄌ丨）：迤邐，曲折。橫塘：胥江中南北走向的一段。⑩翠色欲滴：綠色像要滴出。⑪木瀆：蘇州西南郊的一個鎮名。許：大約。⑫別港：岔生的河。⑬不敵：抵擋不住。虎丘：蘇州名勝。⑭阜：土丘。⑮竹輿：竹子編成的轎子。⑯村落：村莊。⑰森蔚：繁茂。⑱相錯：交錯。⑲小赤壁：湖北省境內長江岸邊。⑳幽：深遠。㉑稚松：小松樹。㉒薝蔔（ㄓㄢ ㄅㄛ）：梔子花。㉓歊（ㄒ丨ㄠ）：熱氣。㉔興：興緻。豪：高強。㉕褰（ㄑ丨ㄢ）：提起。賈勇：使出勇氣。㉖猱（ㄋㄠ）：猿猴的一類。㉗陟（ㄓ）：登臨。㉘衍：展開。㉙訝（驚訝）。逮：及。㉚汪鈍翁：汪琬，號鈍庵。中穿：中間有孔。竿旌：插竿懸掛旗幟。壽藤：老藤。類：象。㉛震澤：太湖古名。陷：吞沒。㉜七十二峰：指太湖中的山峰。（ㄒ丨ㄠˇ）：水勢廣遠。㉝穹窿（ㄑㄩㄥˊ ㄌㄨㄥˊ）、靈岩、高峰、堯峰：均在蘇州西南郊。㉞獻奇：呈現美景。㉟霸業銷沉：指春秋時吳王的霸業已成陳跡。㊱美人：指西施。黃土：死後化爲黃土。㊲三：概數，非確指。㊳小：稍稍。㊴法：佛語，一切事物。世法：一般人的生活方式。㊵酌：取。烹：這裏指泡。茗：茶。㊶噉（ㄉㄢˋ）：同「啖」，吃。㊷薄：臨近。㊸容與：悠閒自在。㊹侍行：侍奉同行。㊺筠（ㄩㄣˊ）：宋筠，字蘭揮。㊻子至：兒子宋至。

【鑑賞】 遊歷祖國的名山大川和古跡名勝，用生花妙筆寫下令人神往的遊記，這是我國古代文學家的一個優良傳統。在歷代百花爭艷的遊記散文中，宋犖的《遊姑蘇台記》不失爲一篇獨具風采的佳作。宋犖非常羨慕「三百年來高賢遺老徜徉於山水佳處，日作詞章翰墨因緣」（《跋吳門諸子遊上方山石湖圖咏》）。他論詩主張「取材富，而用意新」；強調「詩者，性情之所發」，提出「吾之眞詩，觸境流出」。他認爲，「詩道本廣大」，「詩道本靈通」，故而反對「狹小」和「拘泥而穿鑿」，不滿一味「撫唐」、「撫古」和「撫宋元明」之作（以上引語均見《漫堂說詩》，載《西陂類稿》卷二十七）。宋犖的這種詩論，反映了他對文學創作的看法，對他的古文創作同樣是有指導意義的。同時，作爲一個畫家，宋犖的畫論亦

顔有見地，且對他的游記寫作有明顯的影響。在≪跋朱竹垞和論畫絕句≫中，他曾說：「餘暇日創爲論畫絕句若干首，理絕繩尺，意在獨解。竹垞先生見而好之，走筆屬和，不撫畫苑剩語，第吟賞生平所見，神理已超超元箸。」(≪西陂類稿≫卷二十八)套用他稱許朱彝尊的論畫絕句的贊語，他的游記佳作，如≪游姑蘇臺記≫，可謂「不撫游記剩語，第吟賞生平所見」。

宋犖自康熙壬申(1692)秋移節吳閶，在蘇州作了四五年的地方官。在≪重修滄浪亭記≫(≪西陂類稿≫卷二十六)中，他自述道：「予來撫吳，且四年。蘄與吏民相恬，以無事而吏民亦安。予之簡拙，事以寡少，故雖處劇而不煩。」這樣的作宦生涯，決定了暇日游覽姑蘇名勝古迹，「徜徉於山水佳處，日作詞章翰墨」的愛好和享受。另外，宋犖又有一種「好古癖」，其友張希良曾把他比作蘇東坡，說：「髯蘇好事天下無，誰其匹者商丘叟，游踪宦迹仿佛同，……公也素負好古癖，自笑多生一宿垢」(≪怪石詩用東坡石鼓歌韵爲牧仲先生賦≫，附載於≪西陂類稿≫卷二十八)宋犖的一些游記，包括≪游姑蘇臺記≫，與他的「好古癖」，亦有密切的關係。

看似清水，飲如醇酒，淡中見濃，平中寓奇，這是≪游姑蘇臺記≫在藝術上最爲成功的地方。除開頭和結尾作游記所必要的交代之外，全文三段，按時間順序，記敍了作者出游姑蘇臺的全過程。自「丙子五月廿四日」至「遂抵臺下」，先簡敍泛舟胥江出城，直抵臺下的情景；接著，自「山高尚不敵虎丘」至「不禁三嘆」，詳寫上姑蘇山，游胥臺故址，發思古之幽情；最後，自「從山北下」至「悵然者久之」，描述下山進庵，品茗啖楊梅，以及歸途的閑暇自得心情。全文所記，皆游山玩水中的日常瑣事和個人情懷，並無怪奇之意外。然而，寫眼前美景，令人神往；抒懷古幽情，則發人深思。布帛菽粟之中，自有許多滋味，咀嚼不盡。

由於宋犖是位對詩畫理論有相當造詣的詩人和畫家，他的山水游記，總有一種濃鬱的詩情畫意。同時，他在描摹山水之美景，吟咏風月之情懷時，能選取富有特徵的人物活動，他那山水游記的詩情畫意，既不乏靜態之美，又具有動態之美。如寫小舟出日暉橋後，特別描繪「農夫插蒔，婦子滿田塍，泥滓被體，桔槔與歌聲相答」的春耕圖；在留雲庵裏，又勾勒了一幅小庵貧僧酌泉烹茗以餐貴賓的畫面。諸如此類，猶如電影中的特寫鏡頭，爲游記增添了不少盎然情趣，亦爲讀者提供了想象的餘地。

宋犖不僅善於以畫家的審美眼光來觀察體驗山水風月，而且擅長於用詩的語言來惟妙惟肖地加以描繪、渲染。他的這篇≪游姑蘇臺記≫，簡直就是一篇優美

的散文詩。

（王永健）

閻典史傳

邵長蘅

　　閻典史者，名應元，字麗亨，其先浙江紹興人也①。四世祖某，爲錦衣校尉②，始家北直隷之通州③，爲通州人。應元起掾史④，官京倉大使⑤。崇禎十四年，遷江陰縣典史⑥。始至，有江盜百艘，張幟⑦乘潮闌入內地⑧，將薄城⑨，而會縣令攝篆旁邑⑩，丞簿選惄怖急⑪，男女奔竄⑫。應元帶刀鞬出⑬，躍馬大呼於市曰：「好男子，從我殺賊護家室！」一時從者千人。然苦無械。應元又馳竹行呼曰⑭：「事急矣，人假一竿，值取諸我⑮。」千人者，布列江岸，矛若林立⑯，士若堵牆⑰。應元往來馳射，發一矢，輒殪一賊⑱。賊連斃者三，氣懾⑲，揚帆去⑳。巡撫狀聞㉑，以欽依都司掌徼巡縣尉㉒，得張黃蓋，擁纛㉓，前驅清道而後行㉔。非故事㉕，邑人以爲榮。久之，僅循資遷廣東英德縣主簿㉖，而陳明選代爲尉。應元以母病未行，亦會國變㉗，挈家僑居邑東之砂山㉘。是歲乙酉五月也㉙。

　　當是時，本朝定鼎改元二年矣㉚。豫王大軍渡江㉛，金陵降，君臣出走㉜。弘光帝尋被執㉝。分遣貝勒及他將，略定東南郡縣㉞。守土吏或降，或走㉟，或閉門旅拒㊱，攻之輒拔；速者功在漏刻㊲，遲不過旬日，自京口以南㊳，一月間下名城大縣以百數㊴；而江陰以彈丸下邑㊵，死守八十餘日而後下，蓋應元之謀居多。

　　初，剃髮令下，諸生許用德者以閏六月朔㊶，縣明太祖御容於明倫堂㊷，率衆拜且哭，士民蛾聚者萬人㊸，欲奉新尉陳明選主城守。明選曰：「吾智勇不如閻君，此大事，須閻君來。」乃奇馳騎往迎應元。應元投袂起㊹，率家丁四十人㊺，夜馳入城。是時城中兵不滿千，戶裁及萬，又餉無所出㊻。應元至，則料尺籍，治樓櫓㊼，令戶出一男子乘城㊽，餘丁傳餐㊾。已乃發前兵備道曾化龍所製火藥火器

貯堞樓㊿；已乃勸輸巨室[51]，令曰：「輸不必金，出粟、菽、帛、布及他物者聽[52]。」國子上舍程璧首捐二萬五千金[53]。捐者ㅁ集[54]。於是閻城中有火藥三百罌[55]，鉛丸、鐵子千石，大炮百，鳥機千張[56]，錢千萬緡[57]，粟、麥、豆萬石，他酒、酤、鹽、鐵、芻、藁稱是[58]。已乃分城而守：武舉黃略守東門，把總某守南門[59]，陳明選守西門，應元自守北門，仍徼巡四門。部署甫定，而外圍合[60]。

時大軍薄城下者已十萬，列營百數，四面圍數十重，引弓卬射[61]，頗傷城上人。而城上礧炮、機弩[62]，乘高下，大軍殺傷甚衆。乃駕大炮擊城，城垣裂。應元命用鐵葉裹門板，貫鐵緪護之[63]；取空棺實以土[64]，障隤處[65]。又攻北城，北城穿。下令人運一大石塊，於城內更築堅壘。一夜成。會城中矢少，應元乘月黑，東藁爲人，人竿一燈[66]，立陴俔間[67]，匝城[68]，兵士伏垣內，擊鼓叫噪，若將縋城斫營者[69]。大軍驚，矢發如雨；比曉[70]，獲矢無算。又遣壯士夜縋城入營，順風縱火；軍亂，自蹂踐相殺死者數千[71]。

大軍卻，離城三里止營，帥劉良佐擁騎至城下[72]，呼曰：「吾與閻君雅故[73]，爲我語閻君，欲相見。」應元立城上與語。劉良佐者，故弘光四鎭之一[74]，封廣昌伯，降本朝總兵者也。遙語應元：「弘光已走，江南無主，君早降，可保富貴。」應元曰：「某，明朝一典史耳，尙知大義。將軍胙土分茅[75]，爲國重鎭[76]，不能保障江淮，乃爲敵前驅，何面目見吾邑義士民乎？」良佐慚退。

應元偉軀幹，面蒼黑，微髭。性嚴毅，號令明肅，犯法者，鞭笞貫耳，不稍貰[77]；然輕財，賞賜無所吝。傷者手爲裹創[78]，死者厚棺斂，酹醊而哭之[79]；與壯士語，必稱好兄弟，不呼名。陳明選寬厚嘔煦[80]，每巡城，拊循其士卒[81]，相勞苦[82]，或至流涕。故兩人皆能得士心，樂爲之死。

先是貝勒統軍略地蘇、松者[83]，旣連破大郡[84]，濟師來攻[85]。面縛兩降將[86]，跪城下說降，涕泗交頤[87]。應元罵曰：「敗軍之將，被禽不速死，奚喋喋爲[88]！」又遣人諭令：「斬四門首事各一人[89]，卽撤圍。」應元厲聲曰：「寧斬吾頭[90]，奈何殺百姓！」叱之去。會中

秋，給軍民賞月錢，分曹攜具^⑨，登城痛飲；而許用德製樂府《五更轉》曲^⑨，令善謳者曼聲歌之^⑨；歌聲與刁斗、笳吹聲相應^⑨，竟三夜罷^⑨。

貝勒既覘知城中無降意^⑨，攻逾^⑨急；梯衝死士^⑨，鎧胄皆鑌鐵^⑨，刀斧及之，聲鏗然，鋒口爲缺。炮聲徹晝夜，百里內，地爲之震。城中死傷日積，巷哭聲相聞。應元慷慨登陴，意氣自若^⑩。且日^⑩，大雨如注。至日中，有紅光一縷起土橋^⑩，直射城西。城俄陷，大軍從烟焰霧雨中，蜂擁而上。應元率死士百人，馳突巷戰者八，所當殺傷以千數^⑩；再奪門，門閉不得出，應元度不免^⑩，踴身投前湖，水不沒頂，而劉良佐令軍中，必欲生致應元^⑩，遂被縛。良佐箕踞乾明佛殿^⑩，見應元至，躍起持之哭^⑩，應元笑曰：「何哭？事至此，有一死耳。」見貝勒，挺立不屈。一卒持槍刺應元貫脛^⑩，脛折踣地^⑩。日暮，擁至栖霞禪院^⑩。院僧夜聞大呼「速斫我!」不絕口。俄而寂然。應元死。

凡攻守八十一日^⑪，大軍圍城者二十四萬，死者六萬七千，巷戰死者又七千，凡損卒七萬五千有奇^⑫。城中死者，無慮五六萬^⑬，屍骸枕藉^⑭，街弄皆滿，然竟無一人降者。

城破時，陳明選下騎搏戰，至兵備道前被殺^⑮。身負重創，手握刀，僵立倚壁下不仆。或曰：闔門投火死^⑯。

論曰：《尚書序》曰^⑰：「成周既成^⑱，遷殷頑民^⑲。」而後之論者，謂於周則頑民，殷則義士。夫跖犬吠堯^⑳，鄰女詈人^㉑，彼固各爲其主。予童時，則聞人嘖嘖談閻典史事^㉒，未能記憶也。後五十年，從友人家見黃晞所爲死守孤城狀^㉓，乃撫^㉔其事而傳之。微夫應元，故明朝一典史也^㉕；顧其樹立，乃卓卓如是^㉖！嗚呼！可感也哉!

【注釋】①典史：知縣的屬官。清代的典史主理縣衙獄政及捕盜等事務。先：祖先。浙江紹興：浙江省紹興縣。②錦衣：卽錦衣衛，掌管侍衛、緝捕、刑獄的官署。校尉：始爲漢代所設軍職，位次於將軍，唐代以後用作低級武散官之稱號；

明朝錦衣衞中的奉輦擎蓋者亦稱校尉，所以此處的校尉實際上是錦衣衞屬下的軍士。③北直隸之通州：明成祖遷都北京後，遂改稱江南地區爲南直隸，河北省地區爲北直隸；北直隸通州卽現今的北京市通縣。④起：出身。掾（ㄩㄢˋ）：屬官通稱。史：小官名。⑤官：擔任。京倉：首都的糧食倉庫。大使：管倉庫的官吏。⑥崇禎十四年：公元 1641 年。遷：調任。江陰縣：今江蘇省江陰縣。⑦張幟：掛旗幟。⑧闌入：擅自闖入。⑨薄：逼近。⑩會：恰巧。攝：兼管。篆：指官印，因官印多用篆文。邑：縣。⑪丞：縣丞。簿：主簿。愞：怯懦。怖：恐懼。⑫奔竄：逃跑。⑬鞬（ㄐㄧㄢ）：指弓箭。⑭竹行：賣竹子的商店。⑮假：借。直：同「值」。⑯矛：這裏指尖竹竿。⑰士：指兵士。⑱殪（ㄧˋ）：殺死。⑲氣懾：害怕。⑳去：離開。㉑巡撫：一省軍事、行政長官。狀：向上呈報的文體。聞：使聽到。㉒欽：對皇帝命令的敬稱。依：依照。都司：都指揮使司。徼巡：巡察。縣尉：知縣的屬官。㉓黃蓋：黃顏色的傘。纛：大旗。㉔清道：鳴喝，讓行人避開。㉕故事：舊例。㉖循：依照。資：資歷。遷：提升。㉗國變：指明亡。㉘挈：帶領。僑居：寄居。砂山：在江陰縣東。㉙是歲：這一年。㉚定鼎：定國都。改元：改年號，這裏指改崇禎十七年爲順治元年。㉛豫王：清豫親王，名多鐸。大軍渡江：指順治二年五月，清軍渡長江。㉜君臣出走：指弘光帝朱由崧和大臣馬士英、阮大鋮等逃走。㉝尋：不久。執：捉獲。㉞貝勒：清封爵名。略：攻占。㉟或：有的。走：逃跑。㊱旅：聚衆。距：抗拒。㊲漏刻：古時以水計時的器具，一晝夜分爲一百刻。㊳京口：今江蘇省鎮江市。㊴數：計數。㊵彈丸：小。下邑：三萬石糧以下的下縣。㊶諸生：明代考取秀才入學的生員。許用德：江陰人。《明史》作許用。㊷縣：同「懸」。明太祖：朱元璋。御容：畫像。明倫堂：縣學的大堂。㊸蛾：通「蟻」。㊹投：甩動。袂：衣袖。㊺家丁：家裏的男壯僕。㊻裁：通「才」，只㊼料：計算。尺籍：寫軍令的尺子。樓櫓：守城或攻城用的高臺。㊽乘城：守城。㊾傳餐：列隊吃飯。㊿已乃：不久就。前：前任。兵備道：明代分一省爲幾個道。掌一道軍事的叫兵備道。堞：城上的短牆。(51)輸：捐獻。巨室：大戶人家。(52)菽、帛：豆和絲織品。聽：隨意。(53)國子：國子監。上舍：對監生的敬稱。程璧：徽州人。金：指一兩銀子。(54)麇（ㄐㄩㄣ）集：聚集。(55)甖（ㄥ）：小口大腹的瓦器。(56)鳥機：鳥嘴銃，火器名。(57)緡（ㄇㄧㄣˊ）：穿錢的絲繩。(58)它：其他。酤（ㄍㄨ）：一種酒。芻、藁：喂牲口的草。稱：相合。(59)把總：武官名。(60)合：圍困。(61)卬（ㄧㄤˇ）：通「仰」。(62)礧（ㄌㄟˋ）炮：打石彈的炮。機弩：裝有機械的弓。(63)鐵絚（ㄍㄥ）：大鐵索。(64)實：裝滿。(65)隤（ㄊㄨㄟˊ）：崩塌。(66)竿：這裏用作動詞。(67)陴倪（ㄆㄧˊ

ㄓ丨）：城牆上的女牆。⑱匝：圍繞。⑲縋（ㄓㄨㄟˋ）城：從城上用繩子吊下去。斫（ㄓㄨㄛˊ）營：偸襲敵營。⑳比：等到。㉑蹂踐：踐踏。㉒劉良佐：明末總兵，弘光時封爲廣昌伯，后降清。擁騎：帶領騎兵。㉓故：老朋友。㉔四鎭：弘光時劃分的臨淮、淮北、廬州、泗州四個軍事區。㉕胙（ㄗㄨㄛˋ）土分茅：古代帝王將祭肉（胙）賜予臣屬，分封諸侯，用五色土築壇，一方一色，用白茅包土授予。㉖鎭：指重要職位。㉗笞：鞭打。貫耳：耳朶上挿短箭示衆。貰（ㄕˋ）：饒恕。㉘手：親手。㉙酹酸（ㄌㄟˋ　ㄓㄨㄟˋ）：以酒灑地祭奠。㉚嘔煦：和藹。㉛拊循：慰勞。㉜勞苦：慰問。㉝蘇：蘇州。松：松江。㉞大郡：府城。㉟濟：增援。㊱面縛：兩手反綁。㊲頤：下巴。㊳奚：爲什麼。喋喋：羅嗦。㊴首事：爲首者。㊵寧：寧可。㊶分曹：分組。具：食物和食具。㊷樂府：曲名。㊸謳：唱歌。曼聲：長聲。㊹刁斗：銅製器，白天燒飯，晚上敲擊報更。笳：胡笳。㊺罷：停。㊻覘（ㄓㄢ）：觀察。㊼逾：通「愈」。㊽梯：雲梯。衝：衝車。均爲攻城用具。㊾鎧胄：鐵甲、頭盔。鑌鐵：合成鐵，柔而堅。㊿自若：像往常一樣。(101)旦日：明日。(102)紅光一縷：指火炮光。(103)數：計數。(104)度：估計。(105)生致：活捉。(106)箕踞：傲慢地坐着。乾明：乾明寺。(107)持：抱。(108)脛：小腿。(109)踣：跌倒。(110)禪院：佛寺。(111)凡：總共。(112)有奇：有餘。(113)無慮：大致。(114)枕藉：縱橫相壘。(115)兵備道：指兵備道衙門。(116)闔門：閉門。(117)《尚書序》：指《尚書·多士》篇序。(118)成周：在今河南省洛陽市北。(119)遷殷：周滅殷後，建東都於洛邑，遷殷民於此。(120)跖（ㄓˊ）：傳說中的大盜。吠：狗叫。(121)鄰女嚚（ㄋ丨）人：典出《戰國策·秦策》。嚚：罵。(122)嘖嘖：贊賞聲。(123)狀：情況。(124)摭：拾取。(125)故：指已滅亡的。(126)顧：但是。卓卓：突出。

【鑑賞】清兵長驅渡江，南明小朝廷首都金陵被陷，弘光被執，東南郡縣守吏或降或走，清兵一月間連下名城大縣百數，但就在此危急動蕩情勢下，鄰近南京的彈丸小縣江陰的軍民，卻在閻應元的領導下死守八十餘日，其事直可驚天地、泣鬼神，閻應元以自己的行動，帶領江陰人民譜寫出了一曲可歌可泣的民族正氣歌！

　　《閻典史傳》是一篇史傳文。文章一開始概括介紹閻應元的出身經歷，這是史傳文的慣常開頭，但此篇獨有特色。這裏主要是寫閻應元初遷江陰典史卽遇江盜來犯，在縣丞、主簿怯懦恐懼無人作主，合城男女奔竄逃散的情況下，飛將軍自天降，閻應元振臂高呼，率衆禦盜，先聲奪人，寫出了閻應元的不平凡處。接着猶如電影的幾個特寫鏡頭，寫他臨危不懼，號召人民禦敵；在沒有武器的情況

下，削竹爲矛，布陣待敵；而他身先士卒，「應元往來馳射，發一矢，輒殪一賊」，極寫閭應元親身禦敵，突出其武藝之高強。通過這一側面，閭應元富有組織能力、英勇機智、多謀善斷的形象躍然紙上。但這在全文中僅是個鋪墊，是爲寫他後來死守江陰作陪襯的。因而清軍一旦兵臨城下，守城重任就自然而然地落在閭應元的肩上。

閭應元守江陰，可說是受命於危難之際，形勢十分險惡。面臨國破家亡，生靈塗炭，「應元投袂起，率家丁四十人，夜馳入城」，反映了他的大勇精神。文章由此而轉入正面描寫閭應元死守江陰的經過。首先寫閭應元部署守城事宜，「兵不滿千，戶裁及萬，又餉無所出」，突出客觀條件之困難，但文中接着連用三個「已乃」，寫他先準備武器、次募集糧食，再分兵守城，寫來層次井然，舉重若輕，表現出他的才智和果斷，預示着這將是一場殊死的惡鬥，這是江陰守衞戰的第一個回合。

清兵以十萬兵力，圍困江陰數十重，但閭應元指揮若定，殺傷敵人甚衆，這是交戰的總會。然後運用四個細節具體描寫：城垣裂，組織力量「障隤處」；北城險，築堅壘以救之；弓矢少，月夜設計「借箭」；夜襲敵營，滅敵之銳氣，擾敵之陣脚。這是守城之戰的第二個回合，是初次的正面交鋒，反映了守城的艱苦卓絕，進一步刻畫閭應元的足智多謀和英勇不屈的精神。儘管敵強我弱，但矢志死守，預示着這場鬥爭的殘酷性。如果說，前面兩個回合主旨在刻畫閭應元的才智，寫他多謀善斷、智計過人的話，那末閭應元嚴拒劉良佐的誘降則是寫閭應元性格的另一個側面，他在城樓上堂堂正正地義斥劉良佐：「某，明朝一典史耳，尚知大義。將軍胙土分茅，爲國重鎮，不能保障江淮，乃爲敵前驅，何面目見吾邑義士民乎？」性格中的愛國與堅貞剛毅一面，得到了充分的表現。

江陰城破，閭應元壯烈犧牲是全文的中心和高潮，閭應元的性格得到進一步的表現，他的愛國愛民的感情得到昇華。在這個回合中，作者先寫戰鬥之激烈：敵兵冒死攻城，「梯衝死士，鎧胄皆鑌鐵，刀斧及之，聲鏗然，鋒口爲缺」，繼寫「炮聲晝夜，百里內，地爲之震」，反映清兵攻江陰志在必得。在此險惡情勢下，「應元慷慨登陴，意氣自若」，這眞是滄海橫流方顯出英雄本色。城破之際，他率衆巷戰，殺敵甚衆，再度奪門而戰，但「門閉不得出」，閭應元「寧爲玉碎，不爲瓦全」，投湖自盡，不幸終被生俘。面對劉良佐，他談笑自若，「事至此，有一死耳！」見貝勒則「挺立不屈」；被囚僧寺，夜間大呼「速斫我」，英勇不屈、智計超人兼之忠烈爲國，閭應元的高大形象矗立在我們面前。閭應元危城殉難是全文的重點部分，作者寫來富有層次，而又緊緊圍繞閭應元的忠烈來

寫，筆端遺詞，使其偉大的愛國精神和崇高的民族氣節充溢字裏行間。

　　顧名思義，《閻典史傳》重在記閻應元，重在寫人。但記人與記事不能截然分開，作者正是通過閻應元的幾件可歌可泣的具體事迹來突出刻畫的，因此在記事敍人中體現了作者高度剪裁技巧。閻應元的出場是作者所極力描寫的，可謂先聲奪人，他的禦江盜時的具體表現，實是江陰守城戰的縮影。有了這個鋪墊，閻應元後來的性格發展，使人感到眞實可信。故而後來部署守城，初戰獲勝，血戰江陰是他性格的繼續發展。這猶如一個陌生人朝我們走來，初見已是不凡，後來越走越近，我們對他從外形到精神越看越清楚，對他越來越欽敬。這種寫法固然創自司馬遷的紀傳體，但邵長蘅年輕時卽長於古文，故寫作此文時能駕御自如，加之他與閻應元是同時代人，搜集口碑和書面材料都較容易；江陰與作者家鄉武進又是毗鄰之地，耳聞目睹之事定多。江陰守城戰，自閻應元以下全城無一人投降，被清兵屠殺的不下五、六萬人，全城僅五十三名老弱得以幸免。作者就是這樣直面慘淡血淋淋的人生，懷着深沉的對故國的熱愛，寄深情於筆端，大力表彰閻應元的愛國精神，所以此文能寫得如此眞切動人，富有感情色彩，具有強烈的藝術感染力。

　　寫人物除了正面描寫以外，常通過人物與人物之間的關係來相互對比或映襯，以突出描寫主要人物。司馬遷爲荊軻立傳，荊軻的勇敢是在秦舞陽的怯懦中反襯出來的。《閻典史傳》同樣採用了這種手法。首先是以劉良佐的投敵來反襯閻應元的抗敵，故而劉良佐誘降一節不是可有可無的閑筆，而正是爲刻畫閻應元服務的。就身分說，劉良佐是明末四鎮之一，被封廣昌伯，而閻應元乃是一介下級官吏，是個前任的江陰典史；以人生態度和面對國難而言，劉良佐爲保富貴而降敵，率兵殘殺同胞，而閻應元卻深明大義，率民抗敵。兩相對照，閻應元的高風亮節與劉良佐的卑劣品格自不可同日而語。閻應元面斥劉良佐，更豐富了他的性格，使他的形象更爲高大。閻應元被俘時的不屈與劉良佐的對話，同樣亦是襯托。江陰保衛戰中，另一個主要人物是陳明選。據史載，清兵大舉南侵之時，派云亨任江陰知縣，下剃髮令，激起江陰人民的反抗。江陰人季世美、季從李率先起義，殺云亨，舉陳明選爲領袖禦敵抗清，而後由陳明選推舉閻應元統率軍務。邵長蘅從實際出發，把陳明選放在次要陪襯地位，以突出閻應元。如兵臨城下，陳明選認爲「吾智勇不如閻君……須閻君來」，以此反映閻應元的智勇和地位的擧足輕重；寫閻應元之爲人，號令明肅，則以陳明選「寬厚嘔煦」以陪襯；寫閻應元的死節，陳明選則城破之日「身負重創，手握刀，僵立倚壁上不仆」，這旣是陪襯又是相互映襯。本文寫閻應元和陳明選互相倚重，共同抗敵，使人不由得

想起了唐代韓愈所作的《張中丞傳後敍》中寫到的張巡和許遠死守睢陽的故事，張巡和許遠也是在相互映襯中表現出人物性格的。再如，爲突出閻應元的忠烈，用江陰人民的死戰來陪襯，「城中死者，無慮五六萬，屍骸枕藉，街巷皆滿，然竟無一人降者」，照應前文「故兩人皆能得士心，樂爲之死」。正是閻應元禦江盜的智勇和組織才能，閻應元面斥劉良佐，閻應元的愛民：「寧斬吾頭，奈何殺百姓」，閻應元的慷慨赴難就義給予江陰人民以精神鼓勵，同樣江陰人民的同仇敵愾的戰鬥精神也必然給閻應元以激勵，這般對映地寫來確實相得益彰。

　　本文主要寫江陰保衞戰，基調高昂、激越，故事情節緊湊，但其中有幾節描寫卻是「張」中有「弛」，看似閑筆，但從全文結構上看，卻是不可或缺的。這裏僅舉一例，如寫江陰城破血戰前夕，適逢中秋佳節，「給軍民賞月錢，分曹攜具，登城痛飲；而許用德製樂府《五更轉》曲，令善謳者曼聲歌之；歌聲與刁斗、笳吹聲相應，竟三夜罷。」這段文字固然是反映閻應元的堅定樂觀的守城意志，但藝術上則是作者行文的高明處，激戰前的「弛」，更襯托出城破時血戰的「張」，歡樂的歌聲預示着血雨腥風的到來，而歌聲與刁斗、笳吹聲的相應，更渲染了江陰保衞戰的氣氛的悲壯，而這與全文的基調又是相應的。這些描寫確是閑中設色的神來之筆。

（顧志興）

地　震

蒲松齡

　　康熙七年六月十七日戌時①，地大震。余適客稷上②，方與表兄李篤之對燭飲。忽聞有聲如雷，自東南來，向西北去。衆駭異，不解其故。俄而幾案擺簸，酒杯傾覆；屋梁椽柱，錯折有聲。相顧失色。久之，方知地震，各疾趨出。見樓閣房舍，仆而復起③；牆傾屋塌之聲，與兒啼女號，喧如鼎沸。人眩暈不能立，坐地上，隨地轉側。河水傾潑丈餘，鷄鳴犬吠滿城中。逾一時許，始稍定。視街上，則男女裸體相聚，競相告語，並忘其未衣也④。後聞某處井傾側，不可汲；某家樓臺南北易向；栖霞山裂⑤，沂水陷穴⑥，廣數畝。此眞非常之奇變也。

　　有邑人婦，夜起溲溺⑦，回則狼銜其子。婦急與狼爭。狼一
緩頰，婦奪兒出，攜抱中。狼蹲不去。婦大號。鄰人奔集，狼乃
去。婦驚定作喜，指天畫地，述狼銜兒狀，已奪兒狀。良久，忽
悟一身未着寸縷，乃奔。此與地震時男女兩忘，同一情狀也。人
之惶急無謀，一何可笑!

【注釋】①康熙七年：公元1668年。②適：恰好。稷下：今山東省淄博市臨淄附
近地區。③仆：倒。④幷：都。⑤栖霞：縣名，在山東省東部。⑥沂水：縣名，
在山東省東南部。⑦溲溺：小便。

【鑑賞】《地震》雖然收錄在《聊齋志異》中，但它不是小說，而是記敍散文。
　　康熙七年（1668）六月十七日，山東發生了一次至今仍爲科學界所重視的大
地震。蒲松齡的這篇不到三百字的短文，就是這次地震情況的眞實記錄。
　　文章起首兩句，交代地震發生的時間，以及作者自己身在何處，正做何事。
內中包含三點意思：點題，強調文章的紀實性，指出在災難降臨之際人們是怎樣
的渾然不覺。地震卽將發生，而蒲松齡與表兄正在燈下對飲，就是例證。
　　接下去便是對地震情況的具體描述。作者緊緊抓住縱向的時間線索，把地震
的發展變化過程極有層次地敍述出來。「忽」、「俄而」、「久之」、「逾一時許」、
「後」，合成一條經線，貫串全文，使內容連成一體。地震本是瞬息萬變、驚慌
恐怖的複雜場面，但作者敍述起來偏是從容不迫，條理井然，面面俱到。這全是
上述表示時間的詞語界劃與節制的結果。隨着時間線索的縱向發展，作者又連續
不斷地向橫向展開，把地震的發生發展如實地記錄了下來。先有地聲，「自東南
來，向西北去」。接着小震，「幾案擺簸，酒杯傾覆；屋梁椽柱，錯折有聲」。繼
之大震，「樓閣房舍，仆而復起」，「牆傾屋塌」，「人眩暈不能立，坐地上，隨地
轉側」，「河水傾潑丈餘」。最後，「稍定」。一個「稍」字，說明還有餘震。這
與科學家對地震幾個階段的分析，是完全一致的。所不同的是，科學家多是從地
殼內部的結構變化來剖析地震，而蒲松齡皆用地面景物的動蕩變形來描述地震。
科學與文學的分野，在這裏體現得十分鮮明。
　　大自然的變化是文章橫向展開的物的側面，而人在地震過程中的心理情態則
是橫向展開的人的側面。物人混同，因果相應，這才構成了一個完整的結體。對
於人的側面的表現，自然也是依附於時間的脊幹的。且看：聽到地聲時，「衆駭

異，不解其故」；小震已經開始，人們只是「相顧失色」，頭腦仍然沒有反應過來，「久之，方知地震，各疾趨出」。這些皆是蒲松齡根據在表兄家中的眼見身受所作的記述。下文，由於蒲松齡已「疾趨出」，視聽面隨之擴大，於是便轉入了對全城驚怖景象的描寫。「兒啼女號，喧如鼎沸」，「鷄鳴犬吠滿城中」，「街上，則男女裸體相聚，競相告語，並忘其未衣也」。然後，又補寫地震後各地的傳聞：「某處井傾側，不可汲；某家樓臺南北易向；栖霞山裂，沂水陷穴，廣數畝。」由此，我們又可以理出一條空間線索：由屋內到屋外，到全城，以至於廣大的地震區域。

全文就這樣以時間爲經，以空間爲緯；旣寫物的側面，又寫人的側面；縱向發展，橫向擴延；物人俱陳，因果相對，構成了一個多層次、多側面的藝術立體。再加上，開頭第一句中的「地大震」和末一句的「此眞非常之奇變也」，起結相合，兩端包裹，顯示出了簡潔、嚴整、充實的文學格式之美。

特別需要指出的是，在科學極不發達的三百多年前，蒲松齡經歷了這場地震，並把它描述出來，卻絲毫未染迷信色彩，這是值得我們欽佩的。

在正文之外，作者又附記了一個婦人在夜間於狼口奪兒的故事。並評論說：「此與地震時男女兩忘，同一情狀也。人之惶急無謀，一何可笑！」作者的目的主要是爲了對在地震中男女裸體相聚告語的事，再作一番議論。這是一種敍議結合的「異史氏曰」。但故事本身殊無意味，給人以續貂之感，甚至破壞了原文的完美。智者千慮也有一失，當是確論。

（張遠芬）

獄中雜記　　方　苞

康熙五十一年三月①，余在刑部獄②，見死而由竇出者③，日四三人。有洪洞令杜君者④，作而言曰⑤：「此疫作也。今天時順正，死者尚稀，往歲多至日十數人。」余叩所以⑥。杜君曰：「是疾易傳染，遘者雖戚屬⑦，不敢同臥起。而獄中爲老監者四，監五室⑧。禁卒居中央，牖其前以通明⑨，屋極有窗以達氣⑩。旁四室則無之，而繫囚常二百餘⑪。每薄暮下管鍵⑫，矢溺皆閉其中，與飲食之氣相

薄。又隆冬，貧者席地而臥，春氣動，鮮不疫矣⑬。獄中成法⑭，質明啓鑰。方夜中，生人與死者並踵頂而臥，無可旋避。此所以染者眾也。又可怪者，大盜、積賊⑮、殺人重囚⑯，氣傑旺⑰，染此者十不一二，或隨有瘳⑱。其骿死⑲，皆輕繫及牽連佐證，法所不及者⑳。」

余曰：「京師有京兆獄㉑，有五城御史司坊㉒，何刑部繫囚之多至此？」杜君曰：「邇年獄訟㉓，情稍重，京兆、五城即不敢專決；又九門提督㉔所訪緝糾詰㉕，皆歸刑部；而十四司正副郎好事者㉖，及書吏、獄官、禁卒，皆利繫者之多，少有連，必多方鉤致㉗。苟入獄，不問罪之有無，必械手足，置老監，俾困苦不可忍。然後導以取保㉘，出居於外，量其家之所有以為劑㉙，而官與吏剖分焉。中家以上㉚，皆竭資取保。其次㉛，求脫械居監外板屋，費亦數十金。惟極貧無依，則械繫不稍寬，為標準以警其餘。或同繫㉜，情罪重者，反出在外，而輕者、無罪者罹其毒㉝。積憂憤，寢食違節㉞，及病'又無醫藥，故往往至死。」……余同繫朱翁、余生及在獄同官僧某㉟，遘疫死，皆不應重罰。又某氏以不孝訟其子，左右鄰械繫入老監，號呼達旦。余感焉，以杜君言泛訊之㊱，眾言同，於是乎書。

凡死刑獄上㊲，行刑者先俟於門外，使其黨入索財物，名曰「斯羅」。富者就其戚屬，貧則面語之。其極刑㊳，曰：「順我、即先刺心；否則，四肢解盡，心猶不死。」其絞縊，曰：「順我，始縊即氣絕；否則，三縊加別械，然後得死。」惟大辟㊴無可要㊵，然猶質其首㊶。用此㊷，富者賂數十百金，貧亦罄衣裝；絕無有者，則治之如所言。主縛者亦然㊸。不如所欲，縛時即先折筋骨。每歲大決㊹，勾者十四三㊺，留者十六七，皆縛至西市待命㊻。其傷於縛者，即幸留，病數月乃瘳，或竟成痼疾㊼。

余嘗就老胥而問焉：「彼於刑者、縛者㊽，非相仇也，期有得耳；果無有，終亦稍寬之，非仁術乎㊾？」曰：「是立法以警其餘，且懲後也；不如此則人有幸心㊿。」主梏扑者[51]亦然，余同逮以木訊[52]者三人：一人予二十金，骨微傷，病間月[53]；一人倍之，傷膚，兼

旬愈；一人六倍，即夕行步如平常。或叩之曰：「罪人有無不均(54)，既各有得，何必更以多寡爲差(55)？」曰：「無差，誰爲多與者？」孟子曰：「術不可不愼(56)。」信夫！

部中老胥，家藏僞章，文書下行直省(57)，多潛易之，增減要語，奉行者莫辨也。其上聞及移關諸部(58)，猶未敢然。功令(59)：大盜未殺人，及他犯同謀多人者，止主謀一二人立決(60)；余經秋審，皆減等發配。獄詞上(61)，中有立決者，行刑人先俟於門外。命下，遂縛以出，不羈晷刻(62)。有某姓兄弟，以把持公倉，法應立決。獄具矣(63)，胥某謂曰：「予我千金，吾生若。」叩其術，曰：「是無難，別具本章(64)，獄詞無易，取案末獨身無親戚者二人，易汝名(65)，俟封奏時潛易之而已(66)。」其同事者曰：「是可欺死者，而不能欺主讞者(67)；倘復請之(68)，吾輩無生理矣。」胥某笑曰：「復請之，吾輩無生理，而主讞者亦各罷去。彼不能以二人之命易其官，則吾輩終無死道也。」竟行之，案末二人立決。主者(69)口呿舌撟(70)，終不敢詰。余在獄，猶見某姓，獄中人羣指曰：「是以某某易其首者。」胥某一夕暴卒，衆皆以爲冥謫云。

凡殺人，獄詞無謀、故者(71)，經秋審入矜疑(72)，即免死。吏因以巧法(73)。有郭四者，凡四殺人，復以矜疑減等，隨遇赦。將出，日與其徒置酒酣歌達曙。或叩以往事，一一詳述之，意色揚揚，若自矜詡(74)。噫！渫惡吏忍於鬻獄，無責也(75)；而道之不明，良吏亦多以脫人於死爲功，而不求其情(76)。其枉民也(77)，亦甚矣哉！

奸民久於獄，與胥卒表裏(78)，頗有奇羨(79)。山陰李姓(80)，以殺人繫獄，每歲致數百金。康熙四十八年，以赦出。居數月，漠然無所事。其鄉人有殺人者，因代承之(81)。蓋以律非故殺(82)，必久繫，終無死法也。五十一年，復援赦減等謫戍(83)。嘆曰：「吾不得復入此矣！」故例，謫戍者移順天府羈候(84)，時方冬停遣，李具狀求在獄候春發遣(85)，至再三，不得所請，悵然而出。

【注釋】①康熙五十一年：公優1712年。康熙：淸聖祖年號。②刑部：官署名。

清朝官制六部之一，掌刑法、訟獄，是清代最高司法機關。③竇（ㄉㄡˋ）：洞。這裏指監牢牆上開的洞。④洪洞（ㄊㄨㄥˊ）令：洪洞縣令。洪洞，現在山西省洪洞縣。⑤作：站起來。⑥叩所以：問是什麼緣故。叩：問⑦遘（ㄍㄡˋ）者：得病的人。遘：遭遇。戚屬：親戚。⑧監五室：每一個老監，有五間屋子。⑨牖：窗，這裏作動詞用。⑩極：頂。⑪繫囚：關押的囚犯。⑫下管鍵：落了鎖。管鍵：鎖鑰。⑬鮮：少。疫：害病。⑭成法：老規矩。⑮積賊：累次作案的賊。⑯重囚：案情重大的囚犯。⑰氣傑旺：精力特別旺盛。⑱或隨有瘳（ㄔㄡ）：間或染了病，隨著也就好了。瘳：病愈。⑲其駢（ㄆㄧㄢˊ）死：那些並肩接踵地死去的。駢：並列。⑳皆輕繫及牽連佐證，法所不及者：都是因輕罪被囚以及被牽連、被捉來當證人的那些沒有犯法的人。㉑京兆獄：京兆衙門的監獄。京兆：指當時的順天府（府治在今北京市）。㉒五城御史司坊：五城御史衙門和五城兵馬司以及所屬的十坊監獄。坊爲分區單位，時京城分爲十坊。㉓邇（ㄦˇ）年：近年。邇：近。㉔九門提督：提督九門步兵統領，掌管北京九個城門（正陽、崇文、宣武、安定、德勝、東直、西直、朝陽、阜城）守衞。㉕所訪緝糾詰：所訪查緝捕和盤問出來的犯人。㉖十四司正副郎：清朝初年，刑部設十四司，每司長官，正的是郎中，副的是員外郎，統稱郎官。㉗鉤致：像用鉤子勾東西一樣弄來。這裏指逮捕。㉘導以取保：暗示他們去找保人，交保證金。㉙量其家之所有以爲劑：估量他們家裏財產的多少作勒索的標準。劑：契劵、字據。《周禮・天官・小宰》注：「長曰質，短曰劑，今之劵書也。」、㉚中家：中產人家。㉛其次：那些次於中產人家的。㉜同繫：一同被囚禁的人。㉝罹：遭遇，遭受。㉞違節：不正常，違反正常規律。㉟同官：同官縣，今陝西省銅川市。㊱泛訊：普遍地問問。㊲死刑獄上：判了死罪的案件已經上奏的。㊳極刑：指分裂肢體和碎割全身的酷刑。㊴大辟：砍頭。㊵要：要挾。㊶質其首：留下死者的頭作押，要他家屬來贖取，以便勒索。㊷用此：因此。㊸主縛者：掌管捆綁犯人的人。㊹大決：就是秋決。封建時代規定在秋天大批地殺犯人。㊺勾者十四三：姓名被勾，決定立刻執行歷刑的，占判死罪的囚犯十分之三、四。清時到了秋天，刑部先把判死罪者的姓名奏報皇帝，讓皇帝用朱筆勾一下。勾著的就立刻執行死刑，沒勾著的留到以後執行。㊻西市：清時京城行刑的場所。在今北京市菜市口。㊼痼（ㄍㄨˋ）疾：一輩子治不好的病。這裏指殘疾。㊽刑者、扑者：受刑的和被捆的。㊾仁術：善行，好心。㊿幸心：幸免之心。(51)主梏（ㄍㄨˋ）扑者：專管給犯人帶手銬、用板子打犯人的人。(52)木訊：用板子夾棍審問。(53)病間月：病了一個多月。間：隔。(54)有無不均：貧富不齊。(55)爲差：分等級。(56)術不可不愼：語見《孟子・公孫丑》，

選擇職業不可不愼重。術：這裏指謀生的手段。(57)文書下行直省：公文往下發到各省，各省直屬中央，所以叫「直省」。(58)其上聞及移關諸部：那些上奏給皇帝的和送達中央各部的公文。移關：移文和關文，都是平行機關來往的公文。這裏作動詞用。(59)功令：政府的法令。(60)立決：（不等到秋審）立刻處決。(61)獄詞上：審判書呈奏上去。(62)羈：停留。晷（ㄍㄨㄟˇ）刻：時刻。(63)獄具矣：罪案已經判決好了。(64)別具本章：另外準備了一份奏章。(65)案末：列名在同案罪人名單後面的從犯。(66)封奏：把審判書加封上奏。(67)主讞（ㄧㄢˋ）者：主審此案的官。讞：審案判罪。(68)復請：（皇帝批下來以後，主讞者發現錯誤）再上奏章請示。(69)主者：主讞者。(70)口呿（ㄑㄩ）舌撟（ㄐㄧㄠˇ）：口張舌擧，形容驚駭的樣子。呿：張口的樣子。撟：擧。(71)無謀、故者：沒有謀殺和故殺（有意殺人）的罪名的人。(72)入矜疑：歸人「矜疑」一類。矜疑：其情可憐，其罪可疑。(73)巧法：玩弄法令，舞弊。(74)若自矜詡（ㄒㄩˇ）：好像自己很得意。矜詡：誇耀。(75)渫（ㄒㄧㄝˋ）：汚。鬻獄：賣官司。責：責備。(76)不求其情：不追究那實在情況。情：實情。(77)枉民：害民，叫人民受冤枉。(78)表裏：內外勾結。(79)奇羨：贏餘。這裏指勒索所得。(80)山陰：舊縣名，今浙江省紹興縣。(81)因代承之：就代替他（鄉人）承擔殺人罪名。(82)以律非故殺：按法律，不是故意殺人。(83)援赦減等謫戍：遇大赦援例減罪充軍。援：引用。謫戍。充軍，發配。(84)羈候：關著等候遣送。(85)具狀求在獄候春發遣：寫呈文請求留在刑部獄等待春天遣送。

【鑑賞】≪獄中雜記≫是方苞一段獄中生活的實錄。清康熙年間，方苞的同鄉好友戴名世刋行≪南山集≫。集中有不少地方採用了方孝標≪滇黔紀聞≫中所記南明桂王時事，以後有人向清政府告發，於是清廷以「大逆」罪誅殺戴名世，並大事株連，逮捕了不少人。方孝標已死，仍遭戮屍。方苞曾爲戴名世的≪南山集≫作序，並在自己家中存放了≪南山集≫的刻板，所以在康熙五十年（1711）也牽連下獄，在獄中關押了近一年半的時間，≪獄中雜記≫據說是方苞在獄中寫成的。因爲方苞對獄中生活有親身的體察，也因爲方苞在散文創作上確有獨到之處，所以這篇雜記能够成功地暴露清朝獄政的黑暗腐敗，有較強的藝術感染力，確是清代散文中的名作。

「雜記」是古代散文的一體，屬「記」一類，方苞以後的姚鼐編≪古文辭類纂≫，其中卽存「雜記類」一種。雜記文的範圍比較廣，它的特點是以記事爲主，但也有夾敍夾議，甚至議論多於記事的。≪獄中雜記≫則屬前一類，以敍事爲主，在寫作技巧上很有特點。

《獄中雜記》在寫作上一個很突出的地方，是雜記獄中所見所聞，不多加議論，而因事見義。從《獄中雜記》的整體結構看，作者要在這篇雜記中反映監獄慘無人道的內幕，但在寫法上很少正面發議論，而是大量地記敍事實，讓讀者自己得出結論。比如文中從五個方面來揭露監獄的黑暗，以詳敍行刑者、主縛者對將死囚犯的威脅敲詐，自然地反映出劊子手一類人物的凶殘和貪暴；以詳敍主桎扑者根據囚犯賄賂的多少來分別桎扑的輕重，使犯人或「骨微傷，病間月」，或傷膚，兼旬愈」，或「卽夕行步如平常」，反映主桎扑者的貪贓枉法；以詳記胥吏私改文書，偸樑換柱，屈殺無辜，而主讞者只顧私利，不敢詰查，來反映監獄上下合污，圖利枉法的黑暗醜惡；以奸吏玩弄法律條文，鑽空子放縱壞人，反映枉法奸吏的貪婪卑劣；以胥吏與奸民把監獄作爲謀利樂土的記敍，反映封建監獄的腐敗等等。作者主要是敍述事實，文中很少議論，或者根本不發議論，但是因爲對這些獄中秘事敍寫時曾細加斟酌的選擇，所記都有典型意義。在敍述中又細緻地、栩栩如生地描敍了事情的經過，各種人物的行爲以及心理活動，有時更詳細地列舉眞實的姓名、時間、地點等，這就使揭露具有無可辯駁的力量，無需多加議論分說，就可把獄政黑暗腐敗的本質深刻地揭示在讀者面前，使讀者如臨其境，如睹其慘，從而在感情上對黑暗的獄政產生極大的義憤，全文表達的中心就具有了很強的說服力。從《獄中雜記》的局部章節看，如寫獄中老胥更改判辭一節，文中詳細狀寫獄中多潛易文書，「增減要語」這一司空見慣的現象，鑽法律條文的空子由來已久；再敍某姓兄弟應立決而竟「別具本章」，取案末獨身無親戚者二人易其名，終於以「案末二人立決」苟全了某姓兄弟的典型事實，十分形象深刻地揭示了監獄殘酷腐敗的本質，寫來也同樣極其成功。事實勝於雄辯，這種詳敍見聞，不發議論或不多加議論的寫法，從表達效果看，說服力更強，感人的力量更大。它還能誘發人們深思，啓迪人們去揭示本質。這種表達方法，是很值得我們借鑑的。

《獄中雜記》名爲雜記，但它記事雜而不亂，始終圍繞著全文的中心來安排材料，考慮布局，全文有嚴謹的內在結構。這是《獄中雜記》在寫法上的又一特點。方苞曾身陷囹圄，他對監獄的內幕有著親身的體察，有直接而深刻的體驗，因此撰寫此文，材料可以說信手拈來，俯拾皆是，十分豐富。文中所記，涉及到了刑部監獄的各個方面，所寫人物衆多，身分各異；所記事件紛繁，各不相同。在這樣繁多的題材的安排處理方面，作者又表現出了高超的藝術技巧。先寫獄中疫病死人之多的慘酷狀況，一開始就讓讀者對封建監獄的殘酷陰森，有了一個總的強烈印象。再寫行刑者、主縛者、主桎扑者的貪贓勒索、心狠手毒的行爲，使

讀者直接看到監獄中執行刑法的一幫爪牙的凶橫貪暴的嘴臉，揭露了監獄內幕的一個側面。然後寫到刑部奸吏貪贓枉法，觸及到了刑部主宰獄政的官員，揭露的對象又從掌刑的凶手，轉到了玩弄法律的奸吏和主持獄政的大小官僚，寫到了監獄的另一個側面，揭露顯然又深入了一層。最後以胥吏和久繫奸民相勾結謀利的非夷所思的怪現象來加強表達效果，從而有力地突出了監獄極端腐敗的本質。可以看出，作者對所記材料是經過精心安排的，≪獄中雜記≫這樣安排題材，可以說是由淺入深，由各個側面觸及本質，一層一層地揭示全文的中心，把監獄的黑暗內幕全面地、形象地、深刻地暴露出來。再從文中寫到的人物看，所繫囚犯有無辜百姓，佐證良民，也有殺人重囚，大盜積賊，久繫奸民；監管監獄的有行刑劊子手，也有舞文弄法的胥吏；有貪贓枉法的貪官，也有自認清正而其實糊塗的「良吏」。作者在敘寫這眾多的人物時，以無辜罹荼毒，凶囚得逍遙的強烈對比，揭示出封建監獄是百姓的煉獄，歹徒的天堂的本質；文中以正面敘述惡吏鬻獄，側面記寫「良吏」枉民相配合的手法，全面地揭示刑部上下，無一好官的黑暗事實。我們從以上材料的處理，可以看出作者是緊緊地把握住全文的中心思想來安排這眾多的人物的，所記雖雜，卻做到井然有序，一絲不亂。從而形成了≪獄中雜記≫雜記中見整齊，圍繞中心安排題材，文章中心清晰突出的特點。

　　≪獄中雜記≫以敘事為主，敘事的手法則活潑多變化，充分地反映了作者駕馭文字的極高造詣。≪獄中雜記≫的敘事，有的是通過他人的口來轉述的，如通過洪洞令杜君之口敘述疫病的情況，刑部上下「皆利繫者之多」的貪贓情況；如以獄中老吏之口，敘述掌刑雜役對犯人殘酷無情，為多得賄賂而終不稍寬的原因等。有的地方則直敘親身所見，如寫瘟疫的猖狂，則說「見死而由竇出者，日四三人」；寫無辜疫死，則敘「體同繫……遘疫死，皆不應重罰」；寫主梏撲者施刑「以多寡為差」，則敘「余同逮以木訊者三人」受刑的不同輕重；寫屈殺無辜，寬縱壞人，則敘「余在獄，猶見某姓」的事實。有的地方則是一般的敘述，如直陳胥吏私改判辭；交代胥吏和久繫奸民狼狽為奸的內幕等等，無不給人以真實的感覺。有時則在敘述中先設問，再以他人答問的形式舉述事例，說明原因，以此喚醒讀者集中注意力，突出全文重點的表達。有時則插入一些簡潔的議論，發深沉的感慨，點明所敘主旨，明確表達作者的感情和態度，引起讀者感情上的共鳴等等。≪獄中雜記≫靈活多變的敘事方式，也加強了全文的表達效果。

　　方苞對於散文創作強調「義法」。他強調的「義」，就是要求寫文章言之有物；他們強調的「法」，就是寫文章要言之有序，要有章法。也就是說，寫文章必須既有充實的內容，又要有適合表達這些內容的藝術形式、藝術技巧。對方苞

的其它散文作品，這裏我們暫且不作議論，僅就≪獄中雜記≫而言，方苞在寫作過程中注意到了內容與形式這兩個方面。≪獄中雜記≫對清朝獄政的黑暗腐敗的揭露是極爲成功的，藝術上也確有獨到的成就。它不僅對今人具有深刻的認識意義，在表達技巧上，也有不少值得我們學習的地方。

（徐世錚）

左忠毅公逸事　　　方　苞

先君子嘗言①，鄉先輩左忠毅公視學京畿②，一日，風雪嚴寒，從數騎出③，微行入古寺④。廡下一生伏案臥⑤，文方成草⑥。公閱畢，即解貂覆生⑦，爲掩戶⑧。叩之寺僧⑨，則史公可法也⑩。及試⑪，吏呼名至史公，公瞿然注視⑫，呈卷，即面署第一⑬。召入，使拜夫人，曰：「吾諸兒碌碌⑭，他日繼吾志事⑮，惟此生耳！」

及左公下廠獄⑯，史朝夕獄門外。逆閹防伺甚嚴⑰，雖家僕不得近⑱。久之，聞左公被炮烙⑲，且夕且死⑳；持五十金㉑，涕泣謀於禁卒，卒感焉。一日，使史更敝衣草屨，背筐，手長鑱㉒；爲除不潔者㉓，引入。微指左公處，則席地倚牆而坐㉔，面額焦爛不可辨，左膝以下，筋骨盡脫矣。史前跪，抱公膝而嗚咽。公辨其聲，而目不可開，乃奮臂以指撥眥㉕，目光如炬，怒曰：「庸奴㉖！此何地也？而汝來前！國家之事，糜爛至此。老夫已矣，汝復輕身而昧大義，天下事誰可支拄者！不速去，無俟奸人構陷㉗，吾今即撲殺汝！」因摸地上刑械，作投擊勢。史噤不敢發聲㉘，趨而出㉙。後常流涕述其事，以語人㉚，曰：「吾師肺肝，皆鐵石所鑄造也！」

崇禎末㉛，流賊張獻忠出沒蘄、黃、潛、桐間㉜。史公以鳳廬道奉檄守禦㉝。每有警，輒數月不就寢，使將士更休，而自坐幄幕外㉞。擇健卒十人，令二人蹲踞而背倚之，漏鼓移，則番代㉟。每寒夜，起立，振衣裳，甲上冰霜迸落，鏗然有聲㊱。或勸以少休，公曰：「吾上恐負朝廷，下恐愧吾師也。」

史公治兵㊲，　往來桐城，　必躬造左公第㊳，　候太公、　太母起居
㊴，拜夫人於堂上。

余宗老塗山㊵，左公甥也。與先君子善㊶，謂獄中語，乃親得之
於史公云㊷。

【注釋】①先君子：作者自稱其已死去的父親。方苞的父親名仲舒，字逸巢。②
鄉先輩：同鄉的長一輩人。視學京畿：任畿輔的學政。畿：京城管轄區。天啓初
年左光斗出任京畿學政。③從數騎：幾個騎馬的隨從跟着。騎（ㄐㄧˋ）：名詞，一
人一馬。④微行：微服間行。古時皇帝或官員外出時身穿平民服裝，以隱蔽身
分，叫微行。⑤廡（ㄨˇ）下：廂房裏。生：書生。案：書案。⑥成草：已寫成的
草稿。⑦貂：貂皮外衣。⑧掩戶：關門。⑨叩：問。⑩史公可法：史可法，字憲
之，號道鄰，明末祥符（今河南省開封市）人，寄籍大興（今北京市大興縣），
崇禎進士。南明福王時以兵部尚書大學士督師揚州抗清，兵敗，不屈而死。⑪
試：童生的歲試。⑫瞿（ㄐㄩˋ）然：驚視的樣子。⑬面署第一：當面書寫，定爲
第一。⑭碌碌：平庸無能。⑮志事：志向事業。⑯廠獄：明代特務機構東廠所設
的監獄，多由太監掌管。⑰逆閹（ㄧㄢ）：指魏忠賢。伺：探察。⑱家僕：左光斗
家的僕人。⑲炮烙（ㄆㄠˊ ㄌㄨㄛˋ）：殷紂所發明的一種酷刑，令犯人在燒紅的
銅柱上走。後來泛指燒灼的酷刑。⑳且：將。㉑五十金：五十兩銀子。㉒鑱（
ㄔㄢˊ）：一種類似鏟子的工具。㉓爲：這裏是裝作的意思。㉔席地：以地爲席。
㉕眦（ㄗˋ）：眼眶。㉖庸奴：無能的奴才，不識大體的奴才。㉗奸人：指魏忠賢
的獄中爪牙。構陷：編造罪名來陷害。㉘噤（ㄐㄧㄣˋ）：閉口。㉙趨：小步緊走。
㉚語：告訴。㉛崇禎：明思宗的年號。㉜流賊：明清士大夫對李自成、張獻忠起
義軍的污蔑稱呼。出沒：來往。蘄（ㄑㄧˊ）：蘄州府，現在湖北省蘄春縣一帶。
黃：黃州府，現在湖北省黃岡縣一帶。潛：今安徽省潛山縣。桐：今安徽省桐城
縣。㉝鳳廬道：管轄鳳陽府、廬州府一帶的官。檄：古代官府用以徵召、曉諭或
聲討的文書。㉞幄：帳篷。㉟漏：古代用滴水計時的器具。鼓：打更的鼓。番
代：輪流代替。番：輪換。㊱鏗然：清脆響亮的聲音。㊲治兵：訓練軍隊，統率
軍隊。㊳躬造左公第：親身到左公家宅。㊴候太公、太母起居：問太公、太母安
好。太公、太母：指左光斗的父母。㊵宗老塗山：同族中行輩高，號塗山的（方
苞的本族祖父，名文）。㊶與……善：同……交好。㊷云：語氣助詞。

【鑑賞】從題目上看，這是一篇寫人散文。散文是最爲自由、靈活的文學體裁，
抒情、寫景、敍事、繪人，均可涉筆成篇。但是，散文的寫人，不同於小說，相
異於戲劇，它有自己的特點。小說講究通過生動的情節描寫人物，戲劇強調運用
激烈的衝突展示性格，散文不是這樣，它是通過作者的描述，不求完整地而是集
中地刻下某個身影，不求全面地展示人物的身世經歷而是概括地展現某個或某幾
個片段。雖然着墨不多，卻能使人物形象栩栩如生。《左傳》和《史記》開我國
散文人物描寫的先河。方苞的這篇散文也提供了範例和經驗。

　　疏疏幾筆　顯其特徵　方苞在散文創作上認爲：「柳子厚稱太史公書曰『
潔』，非謂辭無蕪累也，明於體要，而所載之事不雜。」（《書蕭相國世家後》）
所謂「體要」就是要抓住特點；「所載之事不雜」，就是不要雜亂無章，而應集中
表現人物的形態性格，選擇最有代表性和典型性的材料。在這方面，《左忠毅公
逸事》做到了以下兩點：

　　筆墨經濟畫形象。這篇散文着力塑造了左光斗這一動人的形象，作者沒有對
這一形象精繪細描，而是用簡潔的筆墨勾勒其形象外貌。史可法應試呈卷時，寫
左光斗的神態僅「瞿然」二字，文墨儉約，但表現力豐富，表現了左光斗全神
貫注的神態，刻畫了他對史可法刮目相看、倚重甚深的心情。再如史可法探獄一
段，「公辨其聲，而目不可開，乃奮臂以指撥眥，目光如炬」，「因摸地上刑械，
作投擊勢。」這裏也是文詞簡約而意態豐富，豐富了人物形象。「公辨其聲」可見
神志清楚；「目不可開」足證受刑嚴重。「奮臂以指撥眥」，動作激烈，反映了內
心感情激烈。隨着一「奮」一「撥」，跳出了「目光如炬」，出現了亮相式的工架造
型。這裏的「目光如炬」，使得左光斗的形象更爲傳神動人，他的全部思想、感
情全都燃燒在這目光裏了。「因摸地上刑械，作投擊勢」，文詞精練而描述益發動
人。因爲前文交代左光斗受刑酷烈，「左膝以下，筋骨盡脫」，因而腿不能行走，
於是，對「刑械」只好「摸」。這個「摸」表現了左光斗此時的行動動作是何等
艱難。「作投擊勢」，是刻貌傳神的筆致。從外在形象看，是投擊刑械的動作。但
是妙就妙在「作……勢」，這是姿態，不是眞正這樣做了，因而，它又包含了豐富
而複雜的內容：是警告、是驅逐、也是發自內心的愛護。整個《左忠毅公逸事》
就是運用上述的形象描繪的文字，可謂經濟。作者沒有細微地寫下左光斗的一容
一顏、一舉一動，使之鬚髮盡露，只取幾個重要的形象側面，用洗練的文字加以
描繪，最後達到形神酷肖的境地。

　　要言不煩寫性格。左光斗的精神、性格是多方面的，但作者不是全面地塑造
人物，而是以散文的筆調記述「逸事」，因而，他也就只需突出一點兩點，無需

面面俱到。在本文中，作者所要着力表現的左光斗的性格是愛護賢才的深沉，國事爲重的剛烈。他微服間行時發現了史可法這個人才，以後他培養了這個人才，他有知人之卓識，愛才愛得深沉。探獄一段，集中表現的是左光斗以國事爲重，不計個人榮辱存亡的可貴品質。他的劇烈的動作，顯示出性格剛烈；他的怒氣的叱責，顯示出性格耿亮。「此何地也？而汝來前！國家之事，糜爛至此。老夫已矣，汝復輕身而昧大義，天下事誰可支拄者！不速去，無俟奸人構陷，吾今即撲殺汝！」眞是剛腸赤心，字字如火。他輕於己身，重於國事，性格上煥發出動人的光彩。經過作者的描繪，左光斗的形象卓立紙上。雖然在文章中我們沒有看到左光斗勇鬬魏忠賢的情景描繪，但是從他在文中的言詞行動，我們是不難想見的。作者雖然沒有濫施筆墨，但卻成功地塑造出這位耿介貞亮之臣、忠烈剛強之士的動人形象，使之聲口宛然，惟妙惟肖。

　　細節點染　傳其精神　方苞爲了刻畫左光斗的形象，還善於運用細節點染的筆法，展示人物的性格風貌。「左忠毅公視學京畿，一日，風雪嚴寒，從數騎出，微行入古寺。廡下一生伏案臥，文方成草。公閱畢，即解貂覆生，爲掩戶。叩之寺僧，則史公可法也。及試，吏呼名至史公，公瞿然注視。呈卷，即面署第一。召入，使拜夫人，曰：『吾諸兒碌碌，他日繼吾志事，惟此生耳！』」這段描寫幾乎全由細節構成，突出了左光斗知人善任的遠見卓識。圍繞「才」，展現了三個方面的內容：惜才，選才，譽才。這三個方面的內容由於注重於細節描寫，因而顯得分外顯明突出。

　　「惜才」一節中，點明「風雪嚴寒」，暗示史可法的苦讀。「古寺」「廡下」「伏案臥」，則明確點示史可法的苦讀。左光斗爲其苦讀精神所感動，又「閱畢」其剛草成之文，於是大動惜才之心，出現了更爲動人的細節——「解貂」「掩戶」。左光斗的惜才之情通過這樣的細節刻畫，得到淋漓盡致的表達。

　　「選才」一節中，「面署第一」的細節也至爲動人。所謂「面署第一」就是當面批他第一名。這充分看出左光斗對史可法是十分賞識、至爲看重的。

　　「譽才」一節中，他當着夫人的面誇獎贊譽史可法，「他日繼吾志事，惟此生耳！」左光斗視史可法爲自己的接班人，倚爲心腹干城。與家人會面及當面稱譽的細節，充分表露了左光斗得才後的欣慰和興奮，傳達出發自內心的喜悅。

　　側面烘托　添其光彩　這篇散文寫了兩個人物，一是左光斗，一是史可法。但是，作者筆法精絕，寫史可法是爲了烘托，寫左光斗是主旨，通過史可法的形象反射出左光斗的光彩，從而增添出左光斗的光彩。所以，文章中有許多筆墨，往往是落筆於史可法，而歸意於左光斗。這一點，我們可以從三個方面看出：

探視牢獄，顯示出恩師恩重。左光斗被魏黨構陷下獄，文中寫出史可法的一系列行動和做法：朝夕守候獄外，重金賄賂獄卒，涕泣感動獄卒，喬裝更衣探獄，抱膝嗚咽痛哭。這些筆墨從現象上看是寫史可法報答恩師之恩，但在實際上卻是顯示出恩師恩重如山，提攜、獎掖、栽培、擢拔史可法於貧士之間，委以國家重任。唯其左光斗待史可法有如子侄，史可法才會視左光斗爲父執，從而冒着極大的生命危險，潛獄探視。如果說上面表現了左光斗的恩重，下面就反映了他的威重。在他的怒斥下，史可法「噤不敢發聲，趨而出。」史可法這樣喑叱風雲的英雄將領，竟然不敢作聲，噤若寒蟬，左光斗的威嚴也就得到反襯了。

流涕述事，頌贊了左公剛毅。史可法探獄後「常流涕述其事，以語人，曰：『吾師肺肝，皆鐵石所鑄造也！』」這是直言贊頌。「流涕」表明感佩由衷；「鐵石鑄造」，是對左光斗最恰當的稱揚，從而也就爲左光斗的形象、性格點了睛。

勤於職守，表現了恩師的影響。「每有警，輒數月不就寢，使將士更休，而自坐幄幕外。擇健卒十人，令二人蹲踞而背倚之，漏鼓移，則番代。每寒夜，起立，振衣裳，甲上冰霜迸落，鏗然有聲。或勸以少休，公曰：『吾上恐負朝廷，下恐愧吾師也。』」作者回避了史可法抗清鬥爭的經過，卻描寫了他對付張獻忠的農民起義軍的情景，這暴露了方苞的局限性。然而，在這段描寫中，卻看到史可法勤於職守、身先士卒的精神，吃苦耐勞，宵旰不怠。這一切，經過史可法的解釋，是擔心有「愧吾師」。可見，恩師的影響之大、之深了。然而，反過來，不是說明當初左光斗「繼吾志事，惟此生耳」的預言已經得到證明了嗎？不是說明了左光斗目光敏銳，具有知人善任的遠見卓識嗎？在這裏，左光斗、史可法這兩個形象相映生輝，越是描寫史可法，就越是輝映出左光斗的形象，收到水漲船高的藝術效果。

（力　文）

范縣署中寄舍弟墨第四書　鄭　燮

十月二十六日得家書，知新置田穫秋稼五百斛①，甚喜。而今而後，堪爲農夫以沒世矣。要須製碓製磨②，製篩羅簸箕，製大小掃帚，製升斗斛。家中婦女，率諸婢妾，皆令習舂揄蹂簸之事③，便是一種靠田園長子孫氣象④。天寒冰凍時，窮親戚朋友到門，先泡一大

碗炒米送手中，佐以醬薑一小碟，最是暖老溫貧之具⑤。暇日咽碎米餅，煮糊塗粥，雙手捧碗，縮頭而啜之⑥，霜晨雪早⑦，得此周身俱暖。嗟乎！嗟乎！吾其長爲農夫以沒世乎！

我想天地間第一等人，只有農夫，而士爲四民之末⑧。夫上者種地百畝，其次七八十畝，其次五六十畝，皆苦其身，勤其力，耕種收穫，以養天下之人。使天下無農夫，舉世皆餓死矣。我輩讀書人，入則孝，出則弟⑨，守先待後⑩，得志澤加於民，不得志修身見於世⑪，所以又高於農夫一等。今則不然，一捧書本，便想中舉中進士做官，如何攫取金錢⑫，造大房屋，置多田產。起手便錯走了路頭，後來越做越壞，總沒有個好結果。其不能發達者，鄉里作惡，小頭銳面⑬，更不可當⑭。夫束修自好者⑮，豈無其人；經濟自期⑯，抗懷千古者，亦所在多有。而好人爲壞人所累，遂令我輩開不得口；一開口，人便笑曰：「汝輩書生，總是會說，他日居官，便不如此說了。」所以忍氣吞聲，只得捱人笑罵。工人製器利用，賈人搬有運無⑰，皆有便民之處。而士獨於民大不便，無怪乎居四民之末也！且求居四民之末，而亦不可得也。

愚兄平生最重農夫。新招佃地人⑱，必須待之以禮。彼稱我爲主人，我稱彼爲客戶，主客原是對待之義，我何貴而彼何賤乎？要體貌他，要憐憫他，有所借貸，要周全他，不能償還，要寬讓他。嘗笑唐人《七夕》詩⑲，詠牛郎織女，皆作會別可憐之語，殊失命名本旨。織女，衣之源也；牽牛，食之本也，在天星爲最貴，天顧重之⑳，而人反不重乎？其務本勤民㉑，呈象昭昭可鑑矣㉒。吾邑婦人㉓，不能織綢織布，然而主中饋㉔，習針線，猶不失爲勤謹。近日頗有聽鼓兒詞㉕，以鬥葉爲戲者㉖，風俗蕩軼㉗，亟宜戒之。

吾家業地雖有三百畝㉘，總是典產㉙，不可久恃。將來須買田二百畝，予兄弟二人，各得百畝足矣，亦古者一夫受田百畝之義也㉚。若再求多，便是占人產業，莫大罪過。天下無田無業者多矣，我獨何人，貪求無厭，窮民將何所措足乎㉛！或曰：「世上連阡越陌㉜，數百頃有餘者，子將奈何？」應之曰：「他自做他家事，我自做我家事，

世道盛則一德遵王㉝，風俗偷則不同爲惡㉞，亦板橋之家法也㉟。」
哥哥字㊱。

【注釋】①置。買。秋稼。秋天莊稼所穫。斛：量器名。古代十斗爲一斛，南宋
末改爲五斗。②碓（ㄉㄨㄟˋ）：舂米穀用的設備。③揄（ㄧㄡˊ）：往石臼中放穀、
取米。蹂（ㄖㄡˊ）：用手擦穀。④長：養育。⑤暖老：給老人溫暖。具：指食
物。⑥啜：吃。⑦雪早：雪天早晨。⑧四民：士農工商。⑨弟：同「悌」，順從兄
長。⑩守先待後：保存先人的美德傳給後代。⑪澤：恩澤。見：同「現」。⑫攫：
奪取。⑬小頭銳面：指善於鑽營者。⑭當：抵擋。⑮束：節制。修：修養。自
好：自愛。⑯經濟：經世濟民。⑰賈人：商人。㉑佃地人：佃戶。⑲《 七夕 》
詩：寫於夏曆七月初七晚上歌詠牽牛織女故事的詩。⑳顧：卻。㉑本：指農業。
㉒呈象：表現出的現象。昭昭：明白。㉓邑：縣。㉔主中饋（ㄎㄨㄟˋ）：在家主
持飲食的人。㉕鼓兒詞：大鼓書。㉖鬥葉：玩紙牌。㉗蕩軼：放蕩。㉘業地：耕
種之地。㉙典產：抵押土地。㉚夫：成年男子。㉛措：安放。㉜阡陌：田間小
路。㉝世道：社會。盛：開明。一德：一心一意。遵王：遵守王法。㉞偷：敗
壞。㉟家法：治家的法則。㊱字：寫。

【鑑賞】《鄭板橋集》中共收有家書十六封，都是寄給他堂弟鄭墨的。鄭板橋沒
有胞兄弟，視堂弟鄭墨如手足，兄弟之間十分友愛。鄭板橋出外漫遊或出宦山東
時，一應家事全都托付鄭墨照料。在這些家書中，有的議論讀書作文的準則，有
的闡述立身處世之道，有的詳談如何教育子女，如何對待佃戶婢僕等家常瑣事。
總的說來，感情真摯，文筆也質樸無華。本文是清乾隆九年（1744）鄭板橋在山
東范縣任知縣時所寫，通篇談應該尊重農人，希望全家今後以務農爲本，自己也
希望「長爲農夫以沒世」，告諭家人要勤勉過農家生活，務農的窮親朋到門，應該
如何對待，請來幫工的佃戶應如何對待。文中特別提出有些雖讀書而不知經世濟
民的知識份子，遠不如「苦其身，勤其力，耕種收穫，以養天下之人」的農夫，
因此，作者提出「我想天地間第一等人，只有農夫，而士爲四民之末」的反傳統
觀點。文章結尾處，以今後如何安置家業作結，闡述了自己不求富貴，唯願不隨
俗浮沉，無論盛世衰世，都要做個有道德的人的處世想法，並以此準則要求全
家。由於作者對生活深有所感而發於筆端，隨手寫來，不加雕飾，所以全文風格

以質樸見長。沒有什麼難解的字句，而且帶有不少口語成分，明白如話，平易自然，清新流暢，確乎是對家人敍家常。

以上是對全文的一個概述，下面就兩個問題來分別談談。第一、在封建時代裏，「士爲四民之首」，所謂「士農工商」，一直是儒家信條，作者爲什麼會提出「我想天地間第一等人，只有農夫，而士爲四民之末」這個反傳統觀念、而又有點輕視讀書人之嫌的提法呢？我認爲對這一點，不能做尋章摘句式的理解，而要聯繫全文中作者所表達的完整思想和他所處的時代特點來領會。鄭板橋處於康、雍、乾盛世，也正是清王朝取得勝利之後，爲了鞏固政權，對知識份子採取麻醉與鎮壓相結合政策的時期。清代統治者一方面實行羈縻政策，開設博學鴻詞科，羅致「名流」、「文士」，另一方面，推行曠古未有的文化專政，嚴禁文人結社，並大興文字獄，壓制「異端」思想的反抗，直到龔自珍，還有「避席畏聞文字獄」之慨。在這種情況下，士大夫中的大多數，不是淪爲清統治者的幫凶鷹犬，就是成爲當權者的學舌鸚鵡、幫閑文人。在長期威逼利誘之下，有的俯首就範，醉心科舉，爲求一己的榮升，埋頭故紙堆中：有的則沉湎於音韻、訓詁和金石、考據之學，逃避現實，不敢過問政治，更不敢揭露社會之弊，甘心在清王朝嚴密禁錮的牢籠裏，覓求一隅以藏身保命。處於這種時代的鄭板橋，他的立身爲人思想，卻與上述那種士人截然不同，他主張體「聖賢天地之心，萬物生民之命」，他曾大罵不務經邦濟世的文人才子們「風月花酒」、「逐光景，慕顏色，嗟困窮，傷老大，雖刻形去皮，搜精挾髓，不過一騷壇詞客耳，何與於社稷生民之計！」（《後刻詩序》）他還說過：「嘆老嗟卑，是一人一家之事」，只有「憂國憂民，才是天地萬物之事」（《板橋自序》）。他作詩爲文都主張「縱橫議論折時事，如醫療疾進藥方」（《偶然作》），強調文章要有經世致用的社會功能。

根據板橋這種處世立身思想，對那些鼠目寸光，蠅營狗苟，鑽營名利之輩，當然深惡痛絕。他所說的「居四民之末」，是指知識份子中的這一部分，而不是知識份子的全部。從他《寄弟墨第四書》中，也可以看出：「今則不然，一捧書本，便想中擧中進士作官，如何攫取金錢，造大房屋，置多田產。起手便錯走了路頭，後來越做越壞，總沒有個好結果。」這是一種類型，還有另一種是「其不能發達者，鄉里作惡，小頭銳面，更不可當。」甚至說「好人爲壞人所累，遂令我輩開不得口：一開口，人便笑曰：『汝輩書生，總是會說，他日居官，便不如此說了。』所以忍氣吞聲，只得捱人笑罵。」他甚至認爲，這等人「且求居四民之末，而亦不可得也。」鄭板橋憎惡這種人，是有胸襟、有抱負的正直士人的正常心理，毫不足怪。他尊重用自己的勤苦以養天下的農夫，否定用知識做壞事的讀

書人，正是他良心所在，道德所在。從鄭板橋的信中，也可以看出，他對好的讀書人，是作了充分肯定的：「我輩讀書人，入則孝，出則悌，守先待後，得志澤加於民，不得志修身見於世，所以又高於農夫一等。」足見，他認爲合乎這個標準的讀書人，是螫居「四民之首」的。在這封信尾，鄭板橋又說：「世道盛則一德遵王，風俗偷則不同爲惡，亦板橋之家法也。」這才是他處世立命之宗旨，復用這種道德標準，要求他的全家。可以看出，鄭板橋說「士爲四民之末」，是有所指而發的，他絕不是一個認爲「百無一用是書生」，對讀書人持徹底否定態度的人。

　　第二、鄭板橋在這封信裏，用他樸實無華的文筆，揮灑出了眞摯而深厚的「民胞物與」、「仁者愛人」的感情，毫沒有一朝爲官，身價十倍，眼睛向上，不認故交的臭味。他在信中說：「天寒冰凍時，窮親戚朋友到門，先泡一大碗炒米送手中，佐以醬薑一小碟，最是暖老溫貧之具。」對於老且貧的親朋，是如何的貼骨連心！幾句平平淡淡的話，表達了發自肺腑的眞情，而絕非居高臨下的憐憫！二百多年之後的今天讀來，猶令人不覺動容。在信的另外一段中，鄭板橋說：「新招佃地人，必須待之以禮。彼稱我爲主人，我稱彼爲客戶，主客原是對待之義，我何貴而彼何賤乎？要體貌他，要憐憫他，有所借貸，要周全他，不能償還，要寬讓他。」這些話是不是虛情假意，說來好聽的呢？或是爲了沽名釣譽，用來邀買人心的呢？不是！讓我們看看鄭板橋的童年。板橋四歲喪母，全靠乳母費氏撫養。他在《乳母詩序》中寫道：「時值歲饑，費自食於外，服勞於內。每晨起，負燮入市中，以一錢市一餅置燮手，然後治他事。間有魚餐瓜果，必先食燮，然後夫妻子母可得食也。數年，費益不支，其夫謀去，乳母不敢言，然長帶淚痕。日取太孺人舊衣溉洗補綴，汲水盈缸滿甕，又買薪數十束積灶下，不數日竟去矣。燮晨入其室，空空然，見破床敗几縱橫。」這一段催人淚下的文字，記錄了勞動人民善良、忠厚、純眞、質樸的品德，這在幼年鄭板橋的身上，已經銘心刻骨了。無怪他爲官之後，多次作詩緬懷乳母的恩德：「平生所負恩，不獨一乳母。」「食祿千萬鐘，不如餅在手。」他一生中幾乎都是在貧困中度過的。儘管進入仕途後，他有了接觸較高階層的人們的機會，但由於他的出身，教育接近人民生活的實踐，所以他和勞動人民之間有著不可分割的聯繫。他不像有些士大夫在爲世俗所不容時，就到山林去歸隱，在他們的田園詩中抽象地贊頌田家生活的樂趣，以表現封建文人的閑情逸緻，或者是從悲天憫人的觀點出發，爲農民灑一掬同情之淚。鄭板橋決不是這樣。在這封信的結尾處，叮囑其弟鄭墨，家中所典之地終不可恃，「須買田二百畝」，以期「長爲農夫以沒世」。聯繫他的生平來看，

他的這種思想感情、願望要求，難道不是十分自然的嗎？

　　總之，鄭板橋的《范縣署中寄舍弟墨第四書》，娓娓敘家常，無處不動人。手法清新，自然流暢的文筆，發自肺腑，高風亮節的品德，都使其不失爲一篇情眞意摯，直抒胸臆的好文章。

（孫亞英）

遊三遊洞記　　　劉 大 櫆

　　出夷陵州治①，西北陸行二十里，瀕大江之左②，所謂下牢之關也③。路狹不可行，舍輿登舟④。舟行里許，聞水聲湯湯⑤，出於兩崖之間⑥。復舍舟登陸，循仄徑曲折以上⑦。窮山之巓⑧，則又自上縋危滑以下⑨。其下地漸平，有大石覆壓當道，乃傴俯徑石腹以出⑩。出則豁然平曠⑪，而石洞穹起⑫，高六十餘尺，廣可十二丈。二石柱屹立其口，分爲三門，如三楹之室焉⑬。

　　中室如堂⑭，右室如厨，左室如別館⑮。其中一石，乳而下垂⑯，扣之⑰，其聲如鐘。而左室外小石突立正方，扣之如磬。其地石雜以土，撞之則逄逄然鼓聲⑱。背有石如牀，可坐。予與二三子浩歌其間⑲，其聲轟然，如鐘磬助之響者。下視深溪，水磬冷然出地底⑳。溪之外翠壁千尋㉑，其下有徑，薪採者負薪行歌㉒，縷縷不絕焉。

　　昔白樂天自江州司馬徙爲忠州刺史㉓，而元微之適自通州㉔將北還㉕，樂天攜其弟知退㉖，與微之會於夷陵，飲酒歡甚，留連不忍別去，因共遊此洞，洞以此三人得名。其後歐陽永叔㉗暨㉘黃魯直二公皆以擯斥流離㉙，相繼而履其地，或爲詩文以紀之。予自顧而嘻㉚，誰擯斥予乎？誰使予之流離至於此乎？偕予而來者，學使陳公之子曰伯思、仲思㉛。予非陳公，雖欲至此無由，而陳公以守其官未能至，然則其至也，其又有幸有不幸邪㉜？

　　夫樂天、微之輩㉝，世俗之所謂偉人，能赫然取名位於一時㉞，

故凡其足跡所經，皆有以傳於後世，而地得因人以顯。若予者，雖其窮幽陟險㉟，與蟲鳥之適去適來何異㊱？雖然，山川之勝，使其生於通都大邑㊲，則好遊者踵相接也㊳；顧乃置之於荒遐僻陋之區㊴，美好不外見，而人亦無以親炙其光㊵。嗚呼！此豈一人之不幸也哉？

【注釋】①夷陵州治：夷陵州的州府所在地。夷陵州：在今湖北省宜昌市。②瀕：臨近。③下牢：今湖北省宜昌市西北。④輿：車或轎。⑤湯湯：水流的樣子或聲音。⑥厓：同「崖」。⑦仄：狹窄。⑧窮：盡。⑨緪（ㄓㄨㄟ）：用繩索攀援而上下。危：高。⑩傴（ㄩˇ）：彎腰。俯：低頭。徑：經過。⑪平曠：平坦開闊。⑫穹起：高起成拱形。⑬楹：原指堂屋前明柱，引伸為房屋。⑭堂：堂屋，正屋中的中間一間。⑮別館：別墅。⑯乳：鐘乳石。⑰扣：敲。⑱逄逄（ㄆㄤ）：形容扣石的聲音。⑲浩歌：大聲歌唱。⑳冷然：水流之聲。㉑尋：古人以八尺為一尋。㉒薪採：打柴。㉓白樂天：白居易。江州：今江西省九江市。忠州：今四川省忠縣。㉔元微之：元稹。通州：今四川省達縣。㉕將北還：由通州司馬改任虢州長史。㉖知退：白行簡的字。㉗歐陽永叔：歐陽修。㉘曁：及。㉙黃魯直：黃庭堅。擯斥：被斥逐。流離：窮困轉徙。㉚自顧而嘻：自視而發出嘆聲。㉛學使：提督學政。陳公：陳浩。雍正進士。伯思、仲思：指陳浩長子陳本忠，次子陳本敬。㉜邪：同耶。㉝輩：類。㉞赫然：顯盛的樣子。㉟陟：攀登。㊱適：隨處。㊲通都：四通八達的都會。大邑：大的城邑。㊳踵：腳後跟。㊴顧：但是。遐：遠。㊵親炙：親自領略。

【鑑賞】《遊三遊洞記》大約寫於作者被「京朝官提督學政者牽聘之校文，因歷天下佳山水」（見清李元度《國朝先正事略‧劉海峰先生事略》）的時候，因而文中有「予非（學使）陳公，雖欲至此無由」等語。全篇可分兩大部分：第一部分歷述旅途上的經歷，以及到了三遊洞的所見所聞；第二部分寫三遊洞得名之由來，因而引起作者的感慨，認為人有幸與不幸，山川等自然景物，並不例外。字裏行間，隱隱透出一種無可如何的感喟心情。

　　記往三遊洞途中所經的一段，寫得簡練細膩、層次分明，使讀者彷彿感到隨作者同遊，先是自夷陵向西北「陸行二十里」；繼而「路狹不可行，舍輿登舟」；然後又是「舟行里許，聞水聲湯湯」，「復舍舟登陸」。登陸之後，並非坦途，而是登山：「循仄徑曲折以上，窮山之顛」；而況要遊的目的地，並不在山頂，下山的

路途更險，需要「自上縋危滑以下」。下來之後，有那麼一個當道大石，於是就只能「傴俯徑石腹以出」，而出來的時候卻頗有「豁然平曠」之趣。這才見到了所要探尋的石洞。這一段旅途，實在可以說是蜿蜒曲折，經過了各種不同的路徑。由陸路而水路，由水路而山路；既有崎嶇而上的小徑，又有必須沿繩索攀援而下的陡壁；既有必須低頭彎腰才能經過的石洞，又有豁然開曠的平地……迆邐寫來，既彷彿只是在敍述旅途的艱辛所經，襯托出不畏勞乏，遊三遊洞的雅興；又彷彿隱約暗示著人生道路上的各種遭遇。人生不也是如此嗎？作者本身似乎也備嘗過這些遭際：有時平坦順利，有時坎坷難行，有時風波陡起，需要鎮靜應付，有時又峰廻路轉，化險為夷……從古到今，很難有人終其一生都是平坦筆直的道路。這一段描述，是在寫旅途所經，但不也很像人生旅途的縮影嗎？讀來頗引人遐思馳騁，不由得會聯想到稼軒的《鷓鴣天》詞：「今古恨，幾千般；只應離合是悲歡？江頭未是風波惡，別有人間行路難。」千古大作家心靈相通，共此一嘆！

　　經歷如此艱辛而特為尋訪的目的地——三遊洞，到底是什麼樣子呢？作者用了層層遞進的筆法，作了描繪。先寫其外觀：「石洞穹起，高六十餘尺，廣可十二丈。二石柱屹立其口，分為三門，如三楹之室焉。」接下去，是入洞之後的所聞所見。石洞內有像三間各有其用的大自然造成的屋宇：中間一間像堂屋，右邊一間像厨房，左邊一間像是一座別墅。這一整段的描繪裏，有一個特點，作者寫聲音多，寫顏色少。搜遍全段，只有「溪之外翠壁千尋」句中的一個「翠」字，點綴了一點顏色，其他處則絕無。讀這一段時，我們像置身於一個音樂的殿堂：鐘聲、磬聲、鼓聲，泠泠然的如鈴之聲，然後，就是歌聲與這些樂器所發的聲音的大合奏。作者用有如水墨畫一般的素雅清淡的筆調，為我們描繪了石洞樂聲的自然音響，使讀者彷彿來到了一個滌盡塵俗、遠離人間的仙境幽谷裏了。讀到這裏，讀者很容易產生一個誤解：三間石屋，各具特色，這就是「三遊洞」之名的由來吧？錯了！原來「三遊洞」的命名，是別有原因的。它是由唐代的三位遊客而來：「昔白樂天自江州司馬徙為忠州刺史，而元微之適自通州將北還，樂天攜其弟知退，與微之會於夷陵，飲酒歡甚，留連不忍別去，因共遊此洞，洞以此三人得名。」說明洞名的由來，在這篇遊記中，並不是主要的目的，其深意更在於引出作者自己與陳公，跟唐、宋兩代的古人相比，各有其遭際。文章至此，內容便由寫景轉入抒情。唐代的白樂天兄弟與元微之，是因遷任官職，經過此地來遊此洞，所以帶著一種歡快的心情，「飲酒歡甚」。宋代的歐陽修和黃庭堅是先後同遭擯斥，流離而經此的，也都曾「相繼而履其地」，然而沒有飲酒，沒有歡甚，

也沒有流連不忍去，只是「爲詩文以紀之」。今天，作者竟也來此洞了。回顧前人，自然會聯想到自己，於是作者自問道：「誰擯斥予乎？誰使予之流離至於此乎？」一種懷才不遇、不爲世用的抑鬱之情，溢於言表，深感到自己不幸。然而轉念一想：「予非陳公，雖欲至此無由」，自己畢竟有機緣觀賞了這幽勝的景物，似乎又感到不幸中之幸運。由自己又聯想到陳公，「而陳公以守其官未能至，然則其至也，其又有幸有不幸邪？」陳公因職守所在，未能來遊，他日也許能來吧。這裏，饒有深意。誰知他是升遷而帶著歡快的心情來遊呢，還是貶官後帶著抑鬱心情來遊呢？世事茫茫難以自料，誰也回答不出，只能用一句問話作結。作者寫到這裏，感嘆之情似猶未盡，因之又作了進一步的抒發，更爲痛快淋漓地說：「夫樂天、微之輩，世俗之所謂偉人，能赫然取名位於一時，故凡其足迹所經，皆有以傳於後世，而地得因人而顯。若予者，雖其窮幽陟險，與蟲鳥之適去適來何異？」視人視己，似有天壤之別。作者無以言狀的悲憤之情，充溢於字裏行間了。

同一個景物，同一個月色，往往因人的心情不同、感受不同而境界互異。由於帶著一種鬱悶不舒的心情來看三遊洞，則無處不觸發作者的心緒，他不僅聯想到人有幸與不幸，連自然景物似乎也有幸與不幸。在作者心目中，人有逢時不逢時，遇與不遇之別，連山川勝景所處的地點，也有易爲人見與難爲人見之別。他認爲三遊洞處於荒涼偏僻之區，縱有無限美景，能到此觀賞流連的人畢竟不多，因此又發出了爲山川的惋嘆，爲不能來此的遊人的惋嘆。全文以「嗚呼！此豈一人之不幸也哉」作結，眞是「一彈再三嘆，慷慨有餘哀」！

作爲一般遊記，給讀者感受，往往是賞心悅目、心曠神怡，再不然便是因爲江山極目，激起了慷慨豪壯之情。但本文卻並非如此。人們讀後，總感到有一種悲涼壓抑，茫茫大千，機緣命運無以自主的鬱鬱心情。　　　　　　（孫亞英）

騾　說　　　　　劉大櫆

乘騎者皆賤騾而貴馬，夫煦之以恩①，任其然而不然②，迫之以威使之然③，而不得不然者，世之所謂賤者也。煦之以恩，任其然而然，迫之以威使之然而愈不然，行止出於其心④，而堅不可拔者⑤，

世之所謂貴者也，然則馬賤而騾貴矣⑥。雖然，今夫軼之而不善⑦，檟楚以威之而可以入之善者⑧，非人耶⑨？人豈賤於騾哉？然則騾之剛愎自用，而自以為不屈也久矣。嗚呼！此騾之所以賤於馬歟？

【注釋】①煦：溫暖。②任其然而不然：不加強迫，讓它自動這樣做，它卻偏不這樣做。然：這樣。③迫之以威：以威力強迫它。④行止：一言一行，一舉一動。⑤拔：移易。⑥「然則」句：如此說來，應是馬賤騾貴。⑦軼：通「逸」，放任。⑧檟（ㄐㄧㄚˇ）楚：用於笞打的一種刑具。⑨非人耶：不就是人嗎？

【鑑賞】韓愈的《馬說》是人們熟悉的一篇著名雜文，它的主旨在慨嘆「千里馬常有，而伯樂不常有」，為人才遭到壓抑鳴不平。時間過了九百多年，清代的劉大櫆寫了《騾說》，談如何看待人才，也有獨到見解。但評介不多，知道的人較少。其實，劉的《騾說》，完全可與韓的《馬說》媲美。

兩篇的特點都是短小精悍，全文均不足二百字；兩篇所闡述的都是「人才」這個重大主題，都具有社會意義；兩篇文字都有起有伏，跌宕多姿；但兩篇闡述角度不同，各有新意，無雷同之弊。這給我們帶來這樣啟示：表現同一主題的文章，要從多種角度著筆。

《馬說》和《騾說》，都短小精悍。其寫作特點之一是「開門見山」，不繞彎子，不用套話。《馬說》落筆是「世有伯樂，然後有千里馬」《騾說》落筆是「乘騎者皆賤騾而貴馬」，直接提出論題的要點。《騾說》的開頭，又像王安石的《讀孟嘗君傳》。《讀孟嘗君傳》用「世皆稱孟嘗君能得士，士以故歸之」開篇，是概括出所要「論」的主要之點。這樣開頭，便於後面行文有針對性地展開。劉大櫆要為「騾」「翻案」，要說明「騾貴馬賤」，他遂先概括地引述「乘騎者皆賤騾而貴馬」這一傳統的看法，然後針對這一看法展開論述，顯出他與世俗之見所不同處，產生言簡意豐的效果。

凡文貴有新意，尤其是短小的雜文，更是以新意取勝。《馬說》的生命力在於新。這個「新」，就是講了「伯樂」與「馬」的關係，韓愈說，「世有伯樂，然後有千里馬」，好像顛倒了關係，其實，韓愈也知道千里馬是客觀存在的，所以他接著才說，「千里馬常有，而伯樂不常有。」這就是說，千里馬雖是客觀存在的，但沒有伯樂的發現，千里馬也只好當普通馬使用。這樣說，就有新意。劉大櫆的《騾說》的生命力也在於新。這個「新」，就在於講出「騾貴馬賤」，與一般

人的看法相反。驟爲什麼「貴」，因爲它不屈服於威勢，「行止出於其心」，「堅不可拔」。本來，驟不易馴服，從駕馭者來說，驟確實不如馬，但作者正利用這一點，把它突出出來，加以發揮，使其人格化。對驟的頌揚，出乎人們所料。它不是「老生常談」。說馬賤，也是從馬的馴服性這方面做文章。馬爲什麼賤？它「任其然而不然，迫之以威使之然，而不得不然者。」從馬要用鞭打才馴服，說明它賤，這也有了新意。而且，作者把驟、馬與人聯繫起來，就是說，人「軼之而不善，榎楚以威之而可以入之善者」，也是要在刑罰之下才不做壞事。這種自然的聯繫，使文章的社會意義更爲明確。說「驟」，實際在說「人」。

從行文看，文章雖短，但曲折起伏，餘味無窮。頭一句，寫「乘騎者皆賤驟而貴馬」，是平中見奇。因爲這一句處於關鍵地位，是辨疑的對象。有這一句，後面的文章才能自然展開。接著講「世之所謂賤者」和「世之所謂貴者」兩種情況，即當時人們關於貴、賤看法的「社會標準」，然後按照這種標準來衡量，說明馬之所作所爲是賤而不是貴，而驟則是貴而非賤。這就反駁了「乘騎者」的傳統看法，否定了「賤驟貴馬」說。然後，從驟、馬講到人，說人也要有刑罰才肯從善，人豈不是賤於驟嗎？最後又用「剛愎自用」這個貶義詞語來說明人們「賤驟貴馬」的原因；實際是以反語進一步證實驟的倔強。最後幾句，作者不用判斷句，而用疑問句，表示了一種不確定的意向，含蓄而深刻。從寫作技巧看，此文確有轉折變幻之妙。劉大櫆在《論文偶記》中談到文章貴簡、貴變、貴平中有奇等原則，在這篇短文中已見之實踐。

那麼，劉大櫆爲什麼要寫《驟說》，這恐怕同他自身的遭遇有關。劉大櫆屢次應試未成，一生鬱鬱不得志。他憤世嫉俗，不乏罵世之作，其性格也屬「堅不可拔者」。而世人卻總是不喜歡、不理解這種桀驁不馴的人，所以，他懷才不遇。如何正確對待這類有才幹而不馴服的人，就成爲能否起用人才的一個大問題。《驟說》正是基於這種不滿而發的，那憤憤不平之意，隱伏於頌驟貶馬的文詞之中。

（張慕勛）

爲學一首示子姪　　　彭端淑

天下事有難易乎？爲之，則難者亦易矣；不爲，則易者亦難矣。

人之爲學有難易乎？學之，則難者亦易矣；不學，則易者亦難矣。吾資之昏不逮人也①，吾材之庸不逮人也②，旦旦而學之③，久而不怠焉④，迄乎成⑤，而亦不知其昏與庸也。吾資之聰倍人也⑥，吾材之敏倍人也；屏棄而不用⑦，其與昏與庸無以異也。聖人之道⑧，卒於魯也傳之⑨。然則昏庸聰敏之用，豈有常哉⑩？

　　蜀之鄙有二僧⑪：其一貧，其一富。貧者語於富者曰：「吾欲之南海⑫，何如？」富者曰：「子何恃而往？」曰：「吾一瓶一鉢足矣⑬。」富者曰：「吾數年來欲買舟而下⑭，猶未能也。子何恃而往？」越明年⑮，貧者自南海還，以告富者，富者有慚色。西蜀之去南海，不知幾千里也，僧之富者不能至，而貧者至之，人之立志，顧不如蜀鄙之僧哉⑯！

　　是故聰與敏，可恃而不可恃也⑰，自恃其聰與敏而不學者，自敗者也⑱。昏與庸，可限而不可限也⑲；不自限其昏與庸而力學不倦者，自力者也⑳。

【注釋】①資：天資秉賦。昏：愚笨。②逮（ㄉㄞ）：及。材：才具。③旦旦：每天。④怠：鬆懈。⑤迄：到。乎：於。⑥倍人：兩倍於人。⑦屏棄：丟掉。⑧聖人：指孔子。⑨卒：終於。魯：鈍拙。這裏指的是曾參。《論語‧先進》曰：「參也魯」。⑩常：定規。⑪蜀：四川。鄙：邊僻地區。⑫之：到。南海：我國佛教勝地之一，即今浙江省定海縣海中的普陀山。⑬瓶、鉢（ㄅㄛ）：和尚乞食用具。⑭買：花錢雇用。⑮越：及，到了。⑯顧：反而。⑰恃：依靠。⑱自敗：自己敗壞自己。⑲限：限制。⑳自力：自求上進。

【鑑賞】《爲學》作者彭端淑寫此文的目的是給他的子姪們看的。這裏的「爲」而當爲「求」、「做」解，即求學，做學問。但本文所提出的是具有普遍意義的課題，蘊意很深。具體來說，這篇歷久被人們傳誦的佳作，以蜀鄙兩僧去南海的故事，用以比喻志向堅定，刻苦勤奮，即使客觀條件再差也能取得成功。它闡發了難與易的辯證關係，從而告訴人們，只要堅毅不拔，難事也能變成容易的事，所涵泳的道理至爲深刻。

　　「天下事有難易乎？」「人之爲學有難易乎？」文章一開頭便連用兩個設問，

提出萬事皆有難有易這一客觀現象，自然而然地引入做學問這件事也存在有難有易的事理，從而明快地點出了題旨。作者富有概括力地原則地回答了這個問題：「爲之，則難者亦易矣；不爲，則易者亦難矣。」「學之，則難者亦易矣；不學，則易者亦難矣。」這是本文的論點。它的提出，就自然地將前面揭示的樸素的辯證關係舖展開來。它說明了一個生活眞理，任何事情，用心地去做，卽使是難的，也會變得容易；如果不去做，卽使是再容易的事，也會變得困難。學習，做學問又何嘗不是如此呢？認眞地學，刻苦鑽研，就是再難的也會變成容易的；不學，或馬虎地學，卽便是再容易的，也會變得困難起來。作者提出論點時，把天下事和爲學相提並論，其目的，顯然是爲了突出《爲學》的主題，確是開門見山、提綱絜領之筆。

「爲之」與「不爲」，「學之」與「不學」，兩種不同態度、不同方法導致了不同的結果。論點鮮明不晦。「則難者亦易矣」，「則易者亦難矣」，指出無論是「天下事」，還是「爲學」，其結果都是相同的。「爲之」與「學之」，「不爲」與「不學」，其結果判然有別。作者的論點提得十分簡潔，句式很工整，成敗取決於態度、方法的辯證關係也就得到揭示。

論點提出之後是理論論證，還是作事實論證？作者並未旁徵博引，而是選取事例論證。作者所選用的是與「爲學」似乎並無直接論證關係的「兩僧去南海」的事例來作例證，這種例證法似乎又非定向例證。然而，詳讀之，便可悟出其中手法的精妙。

文題《爲學一首示子侄》爲我們理解題旨提供了線索。這位彭老先生的子侄到底多大，有待詳考。不過從輩分上看，是長輩對晚輩的指教、勸導。所以，「示」，就是理所當然的了。但示有明示、暗示之別。暗示帶啓發性，明示則不然；暗示可培養人的悟性，明示則直以告諭。這位老先生不舉與「爲學」有直接關係的例子，讓子侄們一目了然長輩的意圖；而舉貧富二僧去南海的例子，讓後輩領會其中所內涵的道理，悟出其中的喩意，可謂循循善誘，語重心長。

蜀鄙兩僧去南海的事，取的是天下事中的些微一事。兩僧有比較，一逸一勞，一勤一懶，結果自有一易一難，一成一敗之別。「爲學」與「天下事」等觀，若仍用「爲學」的事例，則長者教法似太俗，又似有強人接受之意，起不到啓發效果；作者運用了內涵的道理彼此相通的事例來啓發後輩去理解其中微妙的道理，這就效果更爲顯著了。

無論從客觀的事理，還是從文章的表現方法來看，選喩論證的方法要好得多，所以，作者舉強烈對比的例子，形象地喩明只要堅靭不拔，終會將難事變爲

易事這個深刻的道理。

那麼，作者選喻論證，是否達到了預定的效果了呢？讓我們欣賞一下這則簡短的故事就可知道了。

「蜀之鄙有二僧，其一貧，其一富。貧者語於富者曰：『吾欲之南海，何如？』」

「富者曰：『子何恃而往？』」

「曰：『吾一瓶一鉢足矣。』」

「富者曰：『吾數年來欲買舟而下，猶未能也。子何恃而往？』」

四川的邊遠地區，交通閉塞。要到幾千里之遠的南海，事情本身就相當困難了。艱難的事在不同對象面前，各人自會持不同態度，取不同方法，結果自然也不一樣。貧富二僧均願往南海，然而，各人做法不一，貧者憑借克服困難的毅力，不計條件；富者想以舟代步，講究條件。這裏包涵着一個生活道理：貧者多在艱苦環境下生活，有適應艱苦生活環境的思想基礎，有克服困難的能耐；富者在生活優裕的條件下生活，自尊自貴，缺乏克服困難的意志、毅力。「子何恃而往？」一語道破富僧的思想。去，就得有優越的外物相助。路途遙遠，道路艱難，在富僧的心目中，除借助外物來克服這客觀存在的困難，是不能達到目的。或舟或車皆可。不意貧僧卻只要「一瓶一鉢」便足够了。講客觀條件的反為條件誤；不計條件，憑恆心，靠毅力的終究得到成功。富僧積數年，「欲買舟而下，猶未能也。」而貧僧憑「一瓶一鉢」，「越明年」已「自南海還」。這並非外界條件所致而純屬內在因素所成。關鍵在於「人之立志」，更在於具有為志向的實現而具備的堅靭不拔的毅力，這是克服困難的基本素質。富僧「有慚色」，慚就慚在最基本的條件不如貧僧。難道富僧「一瓶一鉢」不具備嗎？沒有兩條腿嗎？《勸學》有云：「蚓無爪牙之利……用心一也。」原因在於專心一致。這篇《為學》不又是一則有益的啟示嗎？這位彭老先生在故事的最後略為一點：「人之立志，顧不如蜀鄙之僧哉！」這個反詰句，示意子姪們既要立定志向為學，又要具備那個窮和尚的精神，才能克服包括「為學」在內的「天下事」中的困難。

《為學》不像荀子的《勸學》那樣運用大量比喻為證，只用一則短小故事喻托。但故事與論點間有密切的內在聯繫，富於深刻的哲理；《為學》也沒有「謂心到，眼到，口到」（《訓古齋規・讀書要「三到」》），說及具體的學習方法，只是原則地指出學習要樹立堅強的毅力去克服其中遇到的困難。「未能蓄其本，其失又甚焉者也！」（《茶餘客話・讀書五失》）這就教給後輩從根本上解決學習中的困難的方法；指導思想上要知難而進。「古之立大事者，不惟有超世之才，

亦必有堅靭不拔之志。」（蘇軾《晁錯論》）反之，「惡勞而好逸，甘食愉衣，玩日愒歲」，是什麼事都別想幹，什麼困難都克服不了的。天下事的難和易，取決你的「爲」和「不爲」；做學問的難和易，取決於你的「學」與「不學」。這樸素的辯證關係，所闡發的道理是多麼的深刻啊！

　　本文所述思想雖爲「爲學」，但其中所包含的道理旣深且廣，因而得以廣泛傳誦。文章先提論點，再從容論析，揷入貧富二僧的故事，娓娓動人，增添了文章的說服力。作者無聲色之厲，平易質樸，而又把事理闡發得至爲深邃。文字短小精粹，卻論述得從容不迫，反復對比，有論證的對比，使人所得敎育倍爲深刻。

（徐哲波）

梅花嶺記　　　　全祖望

　　順治二年乙酉四月①江都圍急，督相史忠烈公知勢不可爲②，集諸將而語之曰：「吾誓與城爲殉③！然倉皇中不可落於敵人之手以死，誰爲我臨期成此大節者④？」副將軍史德威慨然任之⑤。忠烈喜曰：「吾尙未有子，汝當以同姓爲吾後⑥。吾上書太夫人，譜汝諸孫中⑦。」

　　二十五日，城陷。忠烈拔刀自裁⑧，諸將果爭前抱持之⑨。忠烈大呼德威，德威流涕，不能執刃，遂爲諸將所擁而行。至小東門，大兵如林而至⑩，馬副使鳴騄、任太守民育，及諸將劉都督肇基等，皆死⑪。忠烈乃瞠目曰⑫：「我史閣部也⑬。」被執至南門。和碩豫親王以先生呼之⑭，勸之降。忠烈大罵而死。

　　初，忠烈遺言：「我死，當葬梅花嶺上。」至是，德威求公之骨不可得，乃以衣冠葬之。或曰，城之破也，有親見忠烈靑衣烏帽，乘白馬，出天寧門投江死者，未嘗殉於城中也。自有是言，大江南北，遂謂忠烈未死。已而英、霍山師大起⑮，皆托忠烈之名⑯，彷彿陳涉之稱項燕⑰。吳中孫公兆奎以起兵不克⑱，執至白下⑲。經略洪承疇與之

有舊⑳，問曰：「先生在兵間，審知故揚州閣部史公果死邪㉑，抑未死邪㉒？」孫公答曰：「經略從北來，審知故松山殉難督師洪公果死邪，抑未死邪？」承疇大恚㉓，急呼麾下驅出斬之㉔。

　　嗚呼！神仙詭誕之說，謂顏太師以兵解㉕，文少保亦以悟大光明法蟬蛻㉖，實未嘗死。不知忠義者聖賢家法㉗，其氣浩然㉘，長留天地之間，何必出世入世之面目㉙！神仙之說，所謂「為蛇畫足」。卽如忠烈遺骸㉚，不可問矣，百年而後，予登嶺上，與客述忠烈遺言，無不淚下如雨，想見當日圍城光景，此卽忠烈之面目，宛如可遇，是不必問其果解脫否也；而況冒其未死之名者哉！……

【注釋】 ①順治：清世祖的年號。乙酉：公元1645年。②督相史忠烈公：史可法以宰相身分督師，故稱督相。史可法殉節後謚號忠烈。③殉：犧牲。④倉皇：慌張匆忙。臨期：到城破時。節：節操。大節：指以身殉國。⑤副將軍：副總兵官。史德威：山西平陽人。⑥後：後代。⑦譜：家譜，這裏作動詞用，「列入譜中」。⑧自裁：自殺。⑨抱持：抱住使他不得自殺。⑩大兵：指清兵。⑪副使：按察副使。馬鳴騄：陝西省襃城縣人。太守：漢代官名，此處借以代知府。任民育：字時澤，山東省濟寧人，當時任揚州知府。都督：武官名。劉肇基：字鼎維，遼東人。⑫瞠（ㄔㄥ）目：瞪着眼看。⑬史閣部：明朝稱大學士為入閣。史可法是大學士兼管兵部，所以稱為「史閣部」。⑭和碩豫親王：清太祖努爾哈赤的第十五子，名多鐸。和碩：滿洲語，意思是「旗」（八旗）「部落」。清代親王、公主都冠以「和碩」二字。⑮英、霍山師大起：英山和霍山（當時安徽省的兩個縣）一帶大起義兵。⑯托：假托。倪在田《續明紀事本末》：「義士馮弘圖、侯應龍、張圖容、楊國士起兵於霍山。弘圖倡言史可法實未死，衆信之，集兵數千，攻莫山、霍山、六安，皆下之。」⑰陳涉之稱項燕：陳涉起義時假借項燕的名義。項燕世代作楚國的大將，在楚國有極高的威望，事見《史記·陳涉世家》。⑱吳中：舊蘇州府屬的通稱，就是現在江蘇省蘇州市一帶。孫兆奎：字君昌，吳江舉人。吳江被清兵攻下後，他與吳易率兵起義抗清，號孫吳軍，後兵敗被俘。⑲白下：江寧（南京）舊有白下城，所以別名「白下」。⑳洪承疇：字亨九，福建南安（今福建省南安縣）人。崇禎十二年以經略的名義總督薊遼軍務。他與清軍戰於松山，兵敗被俘降清，任七省經略，時駐江寧。有舊：有老交情。㉑審知：確鑿地知道。㉒抑：還是，可是。㉓恚（ㄏㄨㄟˋ）：恨，怨。㉔麾（ㄏㄨㄟ）下：

部下。麾：軍旗。㉕顏太師：唐顏眞卿，官太子太師，招降叛將時被害。以兵解：因被殺而成仙。兵：兵器。解：解脫軀殼而成仙。㉖文少保：指文天祥。大光明法：指佛法。蟬蛻：像蟬脫殼一樣遺下軀殼。㉗聖賢家法：聖賢人傳統的道德準則。㉘浩然：正大光明。㉙出世入世：都是佛家語。出世是脫離俗世，入世是生於世上。㉚卽如：就像，就說。

【鑑賞】全祖望的《梅花嶺記》以悲壯天地的筆墨刻畫了明末史可法爲民族盡節、抗擊清兵、視死如歸的崇高形象。

　　文章一開始寫「順治二年乙酉四月，江都圍急」，江都臨近史可法督師所在地揚州，「圍急」則用簡括二字，勾畫了當時強敵壓境的嚴峻、險惡的環境。在這樣的環境中，把史可法推到舞台的前列，「知勢不可爲」，明知形勢無法逆轉，於是「集諸將而語之」，「吾誓與城爲殉」，一個「誓」字充分表達了史可法與揚州城共存亡的堅強決心。然而身爲督師的史可法，又深知在混亂的「倉皇」中有可能「落於敵人之手以死」。爲着防止這一勢態的發生，史可法要求部將「爲我臨期成此大節」，這就進一步深化了他殉節的決心、精神，而他誓不願落於敵手以死，又顯示出他臨難的特有氣概。當副將軍史德威「慨然任之」時，史可法大喜過望，並以同姓立後，收爲義子。這一小節是史可法盡節前的描述，寫他對後事的部署、安排，一切都圍繞表現史可法臨難不苟的崇高精神來展開：「集諸將」是爲此，囑後事是爲此，以致於他在史德威「慨然任之」後的「喜」的神情都爲此。從事件的發展上看，這是「城陷」的前奏曲；從人物的刻畫上看，這是對史可法崇高的民族氣節的點示，爲「城陷」後史可法的具體行動作了思想、精神的有力鋪墊。

　　接着的一段是對史可法具體的英雄行爲的直接描述。「二十五日，城陷。忠烈拔刀自裁」，「陷」和「拔」兩詞緊相聯結，體現了他和揚州城共存亡的英勇行動，也是他「誓與城爲殉」的誓言的具體體現。這時，「諸將果爭前抱持之」，使史可法不得自裁，這是諸將對史可法的愛戴的表示。這時，文章中出現了一個極爲悲壯、感人的場面：「忠烈大呼德威，德威流涕，不能執刃，遂爲諸將所擁行。」這裏的「大呼」回應了前面的「臨期成此大節」一語，而「德威流涕，不能執刃」，出現了和前面「慨然任之」的相反情態。而恰恰在這相反的情態對襯中，體現了史可法的忠烈之氣，使文章出現悲壯的濃重氛圍。當史可法爲諸將「所擁而行」，到達小東門，面對着如林的大軍，史可法「乃瞠目曰：『我史閣部也。』」「瞠目」顯其神態，直報其名，見其臨危不懼，浩然之氣，上冲斗牛。接

着是寫史可法就義情景，「和碩豫親王以先生呼之，勸之降。忠烈大罵而死。」史可法被俘後，面對着的是新的情勢，清兵以禮誘降。而史可法又不爲利誘所動，「大罵而死」，是對史可法視死如歸的忠烈氣概和英勇形象的描述所施的最後的也是最濃的筆墨。接着的「初，忠烈遺言：『我死，當葬梅花嶺上。』至是，德威求公之骨不可得，乃以衣冠葬之。」交代了史公梅花嶺上衣冠冢的由來，點明了題旨「梅花嶺記」。作者記事先從史公殉節情形寫起，逐漸過渡到本題，從人物的言、行漸次寫來，注重於刻畫人物形象，在構思上也是頗費運籌的。

本來，文章至此可告結束，但作者卻有意深入一筆。寫民間傳說「大江南北，遂謂忠烈未死」，這一傳說寄托著人民美好願望。由「忠烈未死」的傳言派生出兩個片段。一是「英、霍山師大起，皆托忠烈之名，彷彿陳涉之稱項燕」，這就是顯示出史可法的英名在抗清潮流中巨大的影響和號召力。另一個片段是寫孫兆奎「起兵不克」被俘至南京時和民族罪人洪承疇的絕妙的鬪爭。洪承疇問孫兆奎，史可法「果死邪，抑未死邪？」孫兆奎回答說：「經略從北來，審知故松山殉難督師洪公果死邪，抑未死邪？」回答得絕妙至極！給洪承疇不啻是當面一記耳光，使其「大恚，急呼麾下驅出斬之」。

然後，作者以「嗚呼」一詞，引領起議論、抒情。他以歷史上的英雄傳言：「顏太師以兵解，文少保亦以悟大光明法蟬蛻，實未嘗死」，展開議論。他認爲「忠義者聖賢家法，其氣浩然，常留天地之間」，忠義精神不朽，彌合天地，因而「何必出世入世之面目」，基於此，他認爲「神仙之說，所謂『爲蛇畫足』」。接著，他抒發了登上梅花嶺的感情：「百年而後，予登嶺上，與客述忠烈遺言，無不淚下如雨，想見當日圍城光景，此即忠烈之面目，宛然可遇」，文章結束在哀惋不盡的悼念之情中。

這篇散文融寫人、敍事、議論、抒情於一體。登梅花嶺，最後述之；史公葬梅花嶺，於繪人後述之，經營謀篇頗有匠心。史公殉節經過以「城陷」劃爲兩大部份，前爲忠烈之概的揭示，鋪墊了揚州城上忠烈之行的思想、精神基礎。就義情景、罵敵勝概，驚天地而泣鬼神，史公形象塑造既已收毫，文章波湧的浪頭業已推上高潮，卻以史公未死的傳說散成漣漪餘波。英、霍山師起義雲湧，孫兆奎痛詬洪承疇，成爲餘波中的兩股浪頭，意在說明史公身雖歿而精神永駐，益見史公精神影響巨大。對於前二段史可法殉節的直接描寫來說，這一段是間接描寫，間接描寫是直接描寫的延伸和補充，豐富了直接描寫的內容，益發顯示出史可法愛國精神的崇高、深遠。作者敍事既畢，自然轉入議論，議論承接「忠烈未死」的傳言而來，因而過渡至爲順暢，銜接亦很緊密。議論中把忠義說成是「聖賢家

法」頗有不當之處；而論其浩然之氣，「長留天地之間」又頗爲精闢。作者在議論中又有抒情，作者的抒情充沛飽滿，至眞至切。文章中敍事、寫人、抒情、議論，或直接描寫，或間接描寫，均不脫史可法這個中心，均以史可法崇高的民族氣節作爲紅線貫穿始終。這在描述明末民族英雄的散文中是獨具一格的。

　　這篇散文在描寫人物形象上也是很有成就的。清兵如急風暴雨席捲南下，兵臨維揚，形勢何等危急，但作者只用一句「江都圍急」，對形勢概括殆盡。至於守城中的具體準備，作者一概不寫，只寫史公「臨期成此大節」的後事安排，所以如此簡略用筆，旨在突出全篇最主要的內容，表現史公的愛國主義精神。同樣，與清兵交戰的經過也一概不寫，只用「城陷」二字交代，逼入「忠烈拔刀自裁」的描述。作者所要全力突出的是史公的民族氣節，而非英勇作戰的情景，因而該略處決然略去。反之，在突出和體現史公民族氣節時則施重彩濃墨。召集諸將、拔刀自裁、大呼德威、瞠目大喊、大罵而死，錄其言亦錄其行，寫得壯懷激烈，感天動地。特別是「大呼德威，德威流涕，不能執刀」，似有情感的浪花飛濺在字裏行間，令人泫然淚下。而臨敵「大罵而死」的「罵」了什麼，「死」又怎樣就義，作者僅一筆帶過，於詳寫中亦有略述，但史公的崇高形象矗立在紙上，其愛國精神溢發於紙外。這就充分體現了作者善於調用素材，運用最有表現力的描述語言刻畫形象的藝術功力。值得注意的是對史公情狀描述，只用「喜曰」、「大呼」、「瞠目」、「大罵」等寥寥數語，完全符合規定情勢下人物的精神、心理，顯示出史公的耿耿正氣、凜凜雄威。作者言簡意略地描繪了史可法的崇高形象，使之精光四溢，破壁而出；在寫人散文中，這篇文章也是成就顯著的。而爲了塑造史公形象，略略幾筆勾畫一下孫兆奎、洪承疇，起到正反兩面的側面烘托作用。孫兆奎補充了史可法，洪承疇反襯了孫兆奎、更反襯了史可法。洪承疇「大恚，急呼麾下驅出斬之」，一個「大」字、一個「急」字，何等逼眞地表現了洪承疇的惱羞成怒和氣急敗壞。在這裏，民族英雄和民族罪人的對比，恰如涇渭二水，清濁分明，作者的用筆也是精心獨到的。

（埝　任）

黃生借書說　　　　　袁　枚

黃生允修借書，隨園主人授以書而告之曰①：書，非借不能讀

也。子不聞藏書者乎？七略②、五庫③，天子之書，然天子讀書者有幾？汗牛塞屋④，富貴家之書，然富貴人讀書者有幾？其他祖父積⑤、子孫棄者，無論焉。

非獨書爲然，天下物皆然。非夫人之物而強假焉⑥，必慮人逼取，而惴惴焉摩玩之不已，曰：「今日存，明日去，吾不得而見之矣！」若業爲吾所有，必高束焉，庋藏焉⑦，曰，「姑俟異日觀」云爾⑧。

余幼好書，家貧難致。有張氏，藏書甚富，往借，不與。歸而形諸夢，其切如是。故有所覽，輒省記。通籍後⑨，俸去書來，落落大滿。素蟫灰絲⑩，時蒙卷軸。然後嘆借者之用心專，而少時之歲月爲可惜也。

今黃生貧類予，其借書亦類予。惟予之公書⑪，與張氏之吝書若不相類。然則予固不幸而遇張乎？生固幸而遇予乎？知幸與不幸，則其讀書也必專，而其歸書也必速。爲一說，使與書俱。

【注釋】①隨園主人：袁枚的自稱。隨園：在江蘇南京市北小倉山上，袁枚中年辭官後居住的別墅。②七略：我國最早的圖書目錄分類著作，分爲輯略、六藝略、諸子略、詩賦略、兵書略、術數略、方技略七部，西漢末年，劉歆奉命校錄羣書而編撰。③四庫：宮廷收藏圖書的地方。以甲、乙、丙、丁爲序排列，後分經、史、子、集四部類。④汗牛：牛運載圖書，累得出汗。塞屋：塞滿屋子。⑤祖父：祖、父輩。⑥強假：勉強借來。⑦庋（ㄐㄧˇ）藏：收藏。⑧俟：等。異日：他日。⑨籍：一種竹片，上寫姓名、年齡、身分，掛在宮門口，以便進出時查對。通籍：是說姓名已登記在門口，進出宮門可以無阻，後作爲做官的代稱。⑩素蟫（ㄊㄢˊ）：一種白色蛀書蟲。⑪公書：把書公開，慷慨出借。

【鑑賞】中國古代貧窮的讀書人，要讀書而買不起書，只好向富有藏書的人家去借。好不容易借到手，就趕緊邊讀書邊抄，到了約定的日期就得歸還，不敢超期失約。明代著名文學家宋濂在《送東陽馬生序》中，就曾經回憶過他年輕時借書苦讀的動人情景。清代著名文學家袁枚也寫過一篇《黃生借書說》，就黃生向他借書這件事，闡說了一番意味深長的治學道理，很能發人深省。

黃允修向袁枚借書，袁枚把書交給他，並告訴他說：「書，非借不能讀也。」意思是書要不是借來的，就不會認眞地去讀它。文章開門見山地提出這一新穎而獨特的見解，立論就顯得奇警不凡，並使讀者產生一種渴望知其所以然的吸引力。接著以「子不聞藏書者乎？」一句，引出富有藏書而不能讀的三種人，從反面對論題加以申說。第一種人是皇帝。「七略、四庫，天子之書，然天子讀書者有幾？」皇帝擁有全國最豐富的圖書收藏，但是作者反問：皇帝讀書的有幾？在皇權至上的封建社會裏，敢於說皇帝有書不讀，不學無術，是要有點膽量的。袁枚在當時因爲某些議論越出封建禮教的藩籬，曾受到衞道之士的攻擊。我們從「天子讀書者有幾」這類議論中，確實可以看出他那種放言無忌的膽識。緊接著他又指出第二種有書不讀的人：「汗牛塞屋，富貴家之書，然富貴人讀書者有幾？」作者通過兩個反詰句，指出地位高貴、藏書豐富，卻不一定能讀書，這就隱然爲借書好學張本。隨後又接上一句：「其他祖父積、子孫棄者，無論焉。」至於另外那種先輩收藏，後人丟棄的，更不必去提了。這是有慨於不能保存和閱讀先輩藏書的不肖子孫而說的。前兩句寓否定之意於反問之中，這一句順勝一撥，補足語意，歷數三種有書不讀的人，作爲「書，非借不能讀也」的反證，行文顯得有整有散，靈活多變。

接著一段，宕開一筆，另起波瀾。「非獨書爲然，天下物皆然。」這兩句承上段有書而不能讀的意思作一引申，指出不光書籍是這樣，世上的事物都是如此。「非夫人之物而強假焉，必慮人逼取」，「惴惴焉摩玩之不已」，這時想的是：「今日存，明日去，吾不得而見之矣！」這幾句刻畫出借他人之物，生怕討回，而及時玩賞、愛不釋手的心理狀態，十分細膩生動。接著筆鋒一轉：「若業爲吾有，必高束焉，庋藏焉」，用了兩個「焉」字，節奏放慢，流露出一種心安理得，不慌不忙的語氣，頗爲傳神。這時他想的是：「姑俟異日觀云爾。」借人家的東西和自己有的東西，兩種心理，兩種態度，一經對照，格外鮮明。作者抓住日常生活中這類習見的現象和心理狀態，生動地剖示出來，很能喚起讀者的生活體驗和情緒共鳴，較之空洞的說理，顯得更爲親切而有情味。從行文上看，這一段則是回應開頭「書，非借不能讀也」，觸類引申，而使主旨更爲透徹。

以上兩段，是從別人說起，就一般情況而論；下面一段則由人及己，由一般而及具體，作者親自出來現身說法。

余幼好書，家貧難致。有張氏，藏書甚富。往借，不與。歸而形諸夢，其切如是。故有所覽，輒省記。通籍後，俸去書來，落落大滿。素蟫灰絲，時蒙卷軸。然後嘆借者之用心專，而少時之歲月爲可惜也。

　　作者寫自己少年貧窮只好借書而讀。所以一旦讀到了好書，就特別珍惜機會，細想牢記。做官後有了錢，書來得容易，情況大非從前可比了。「素蟬灰絲，時蒙卷軸」，書多了，卻無心去看了，以至書本上生出白色的蛀書蟲，書堆上蒙罩著灰塵和蛛網。作者通過貧窮時借書苦讀和做官後置書不觀的對比，感慨深長地說：「然後嘆借者之用心專，而少時之歲月爲可惜也。」他從正反兩面的切身體會中，總結出一條規律：「借者之用心專」。由此慨嘆自己年輕時勤奮苦讀的光陰十分值得珍惜，語氣間流露出無限追懷的情感。唯其用心專一，才能孜孜以求，一書到手，分秒必爭，精神高度集中，讀書就能事半功倍，過目不忘，卽所謂「有所覽，輒省記」。作者揭出「用心專」這一關鍵，就要言不煩地回答了開頭提出「書，非借不能讀也」的中心論題。並以親身的閱歷體會，作了進一步的印證和說明，使人感到它不是故作驚人之論，而是出於人之常情。其實無論做什麼事，只有「用心專」才會成果顯著。似幹非幹，拖拖拉拉，是不會把事情做好的。作者在這裏提出的觀點，不限於讀書的範圍，而具有廣泛的意義。

　　最後一段，從作者自己又說到黃生，緊扣本題，點出作這篇文章的旨趣。「今黃生貧類予，其借書亦類予」，這兩句承上段而自然作了過渡。作者指出黃生跟自己小時候有兩點相似之處：一是貧窮；二是借書。這裏迭用兩個「類予」，指出彼此之間的共同點。然而也有一點不同之處，那就是：「予之公書，與張氏之吝書若不相類。」作者由於自己小時候有過與黃生同樣貧窮借書的經歷，深知求書之難和得書之樂，因而能夠體貼和理解黃生借書的心情，並且懂得書籍是傳播知識的工具，應該公之於衆，所以樂於以書借人。這就是他與張氏之類「吝書者」的區別。而這一點也恰好說明了能夠這樣做的，才是真正懂得讀書的人。然而作者在與張氏比較而言時，只說「若不相類」，卽「似乎不一樣」；用一「若」字，語氣婉轉謙和，表示自己並無以此自傲和自得的意思。「然則予固不幸而遇張乎？生固幸而遇予乎？」這兩句是就黃生和自己不同的借書遭遇而發出的慨嘆。從前自己向張氏借書而不可得，是不幸；現在黃生向自己借書如願以償，是有幸。幸與不幸，因人而異，慨嘆中含有深爲黃生慶幸之意。「知幸與不幸，則其讀書也必專，而其歸書也必速。」這幾句順勢而下，料想黃生自然懂得珍惜這樣有幸的機會，讀書一定很專心，還書也一定很快。兩個「必」字，把期望的意思寓於肯定的語氣之中，表現了作者對於黃生的充份信任。「讀書必專」，回應前文「借者之用心專」，一篇之中，三申其意，可見作者對此重視的程度。「歸書必速」，則希望黃生抓緊時間，讀得快一些，多一些。只有用心專一的人，才能如此。當然其中也含有希望黃生及時歸還的意思，但態度懇切坦率，毫無見外之

意。

結尾兩句:「爲一說，使與書俱。」把深切的情意和希望，連同書本一起交給借書的人。那末黃生所得到的就不僅是幾本書，他的感奮激勵之情也可想而知了。

這篇文章圍繞借書一事，開宗明義地提出「書，非借不能讀也」，通過正反對比，由人及己，現身說法，一層層地把道理說透。作者不用推理論證，而就近取譬，明白曉暢，娓娓而談，旣是顯得語短而情長，又做到事淺而意深。它啓示人們珍惜時間，執著於現在，勤奮好學，用心專一；其意義不限於激勵借書苦讀而已。文章耐人尋味的內蘊和技巧也正在這裏。

（吳戰壘）

祭妹文

袁枚

乾隆丁亥冬①，葬三妹素文於上元之羊山②，而奠以文曰:

嗚呼！汝生於浙而葬於斯，離吾鄉七百里矣。當時雖觭夢幻想③，寧知此爲歸骨所耶？

汝以一念之貞，遇人仳離④，致孤危托落⑤，雖命之所存，天實爲之；然而累汝至此者，未嘗非予之過也。予幼從先生授經，汝差肩而坐⑥，愛聽古人節義事；一旦長成，遽躬蹈之⑦。嗚呼！使汝不識詩書，或未必艱貞若是。

余捉蟋蟀，汝奮臂出其間，歲寒蟲僵，同臨其穴⑧。今予殮汝葬汝⑨，而當日之情形，憬然赴目⑩。予九歲憩書齋⑪，汝梳雙髻，披單縑來⑫，溫《緇衣》一章⑬。適先生奓戶入⑭，聞兩童子音琅琅然⑮，不覺莞爾⑯，連呼則則⑰，此七月望日事也⑱。汝在九原⑲，當分明記之。予弱冠粵行⑳，汝掎裳悲慟㉑。逾三年，予披宮錦還家㉒，汝從東廂扶案出，一家瞠視而笑㉓，不記語從何起，大概說長安登科㉔，函使報信遲早云爾。凡此瑣瑣，雖爲陳跡，然我一日未死，則一日不能忘。舊事塡膺㉕，思之淒梗，如影歷歷，逼取便逝。悔當

時不將嬰婗情狀㉖，羅縷紀存㉗；然而汝已不在人間，則雖年光倒流，兒時可再，而亦無與爲證印者矣。

汝之義絕高氏而歸也㉘，堂上阿奶㉙，仗汝扶持；家中文墨，眠汝辦治㉚。嘗謂女流中最少明經義、諳雅故者㉛；汝嫂非不婉嫕㉜，而於此微缺然。故自汝歸後，雖爲汝悲，實爲予喜。予又長汝四歲，或人間長者先亡，可將身後托汝；而不謂汝之先予以去也。前年予病，汝終宵刺探，減一分則喜，增一分則憂。後雖小差㉝，猶尚殗殜㉞，無所娛遣，汝來床前，爲說稗官野史可喜可愕之事，聊資一歡。嗚呼！今而後，吾將再病，教從何處呼汝耶？

汝之疾也，予信醫言無害，遠弔揚州。汝又慮戚吾心㉟，阻人走報。及至綿惙已極㊱，阿奶問：「望兄歸否？」強應曰：「諾！」已予先一日夢汝來訣，心知不祥，飛舟渡江。果予以未時還家㊲，而汝以辰時氣絕㊳；四支猶溫，一目未瞑，蓋猶忍死待予也。嗚呼痛哉！早知訣汝，則予豈肯遠遊？卽遊，亦尚有幾許心中言，要汝知聞，共汝籌畫也。而今已矣！除吾死外，當無見期。吾又不知何日死，可以見汝；而死後之有知無知，與得見不得見，又卒難明也。然則抱此無涯之憾，天乎人乎！而竟已乎㊴！

汝之詩，吾已付梓㊵；汝之女，吾已代嫁；汝之生平，吾已作傳㊶；惟汝之窀穸㊷，尚未謀耳。先墓在杭，江廣河深，勢難歸葬，故請母命而寧汝於斯，便祭掃也。其旁葬汝女阿印㊸，其下兩冢，一爲阿爺侍者朱氏㊹，一爲阿兄侍者陶氏㊺。羊山曠渺㊻，南望原隰㊼，西望棲霞㊽，風雨晨昏，羈魂有伴㊾，當不孤寂。所憐者，吾自戊寅年讀汝哭姪詩後，至今無男㊿；兩女牙牙，生汝死後，才周晬耳[51]。予雖親在，未敢言老[52]，而齒危髮禿，暗裏自知，知在人間，尚復幾日？阿品遠官河南[53]，亦無子女，九族無可繼者[54]。汝死我葬，我死誰埋！汝倘有靈，可能告我？

嗚呼！身前既不可想，身後又不可知；哭汝既不聞汝言，奠汝又不見汝食。紙灰飛揚，朔風野大，阿兄歸矣，猶屢屢回頭望汝也。嗚呼哀哉！嗚呼哀哉！

【注釋】 ①乾隆：清高宗（1736—1795）的年號。丁亥：乾隆三十二年(1767)。②素文：名機，字素文，別號青琳居士。上元：清代縣名，屬江寧府，1912年並入江寧縣，今屬南京市。羊山：位於南京市東。③當時：當汝初生時。觭（ㄐㄧ）夢：即噩夢。觭：通奇（ㄐㄧ），單。舊指命運不好爲「奇」。④遇人：遇人不淑的省略，意思是嫁了不好的人。仳（ㄆㄧˇ）離：婦女被遺棄而離去。⑤孤危：孤獨憂傷。托落：落拓，失意。⑥差肩而坐：依次並肩而坐。差（ㄘ）：即差次，分別等次。⑦遽：驟然。躬蹈：親身去實踐。⑧同臨其穴：同到埋葬蟋蟀處憑弔。臨（ㄌㄧㄣˋ）：哭弔死者。⑨殮：給死人穿衣入棺。⑩憬然：醒悟的樣子，淸淸楚楚地。⑪愒：休息。⑫單縑（ㄐㄧㄢ）：細絹的單衫。⑬《緇衣》：《詩經・鄭風》中的篇名。⑭奓（ㄓㄚ）戶：開門。⑮琅琅然：淸脆響亮的讀書聲。⑯莞（ㄨㄢˇ）爾：微笑。⑰則則：贊嘆的聲音。⑱望日：夏歷每月十五日。⑲九原：春秋時晉國卿大夫的墓地名。後亦泛指墓地。⑳弱冠（ㄍㄨㄢˋ）：古代男子二十歲行冠禮，表示已成年。粤行：乾隆元年（1736）春，袁枚二十歲時，曾去廣西看望他的叔父袁鴻。㉑掎（ㄐㄧˇ）：拖住。慟：痛哭。㉒披宮錦：唐代進士及第後，披宮袍，以示榮耀。後遂稱中進士爲「披宮錦」。袁枚於乾隆四年（1739）中進士，選爲翰林院庶吉士，多請假南歸完婚。㉓瞠視：瞪著眼看。㉔長安：國都的代稱，此指北京。登科：考中進士。㉕塡膺：充塞胸懷。㉖嫛婗(ㄧ ㄋㄧˊ)：指年幼。㉗羅縷：詳細排列：紀錄保存。㉘義絕：指離婚。㉙阿奶：指作者的母親章氏。㉚眹（ㄕㄨㄣˋ）：以目示意。㉛明經義、諳雅故：了解經書的意義，懂得古訓的道理。㉜婉嫕（ㄧˋ）：柔順。㉝小差（ㄔㄞ）：病稍好些。差：同「瘥」。㉞殗殜（ㄧㄝˋ ㄧㄝˋ）：病而不甚重，半臥半坐。㉟慮戚吾心：怕我心憂。㊱綿惙（ㄔㄨㄛˋ）：指病情沉重，氣息微弱。㊲未時：下午一點至三點。㊳辰時：上午七點至九點。㊴而竟已乎：終於這樣完了嗎？㊵付梓：刻版。袁枚將素文的詩，附刻於《小倉山房詩文集》中。㊶作傳：袁枚曾作《女弟素文傳》，見《小倉山房文集》卷七。㊷窀穸（ㄓㄨㄣ ㄒㄧˋ）：墓穴。㊸阿印：素文有兩女，一名阿印，早死；一由袁枚代嫁。㊹阿爺：作者的父親袁濱，曾爲幕僚，早已去世。侍者：侍妾。㊺阿兄：袁枚自稱。㊻曠渺：空曠遼闊。㊼原隰（ㄒㄧˊ）：平原低窪的地方。㊽棲霞：山名，在南京市東。㊾羈魂：寄居他鄉的靈魂。㊿戊寅：乾隆二十三年（1758），袁枚喪子，素文曾寫哭侄詩《阿兄得子不舉》以含悼。次年，素文死。袁枚寫此文時，尚無子，兩年後得男。(51)周晬（ㄗㄨㄟˋ）：周歲。(52)親在，未敢言老：《禮記・曲禮上》云，「夫爲人子者，出必告，反必面，所游必有常，所習必有業。恒言不稱老。」作者此時母親尚健在。(53)阿品：袁枚的堂

弟，名樹，當時任河南正陽縣令。⑭九族：本身以上的父、祖、曾祖、高祖，本身以下的子、孫、曾孫、玄孫，與本身合稱九族。

【鑑賞】《祭妹文》是袁枚痛悼他的三妹素文的不幸遭遇、懷念往日兄妹間深篤情意的一篇抒情性祭文。祭文是對死者表示崇敬和懷念的一種文體，一般著重敍述死者的功業。由於一般的祭文往往是應合禮儀的需要，作者也就虛應故事，作番無淚之哭、不哀之嚎，因而常常浮而不實、誇而失信，缺乏感人的力量。袁枚主張詩文要寫「性靈」，加之他與三妹情深意淳，三妹又遇人不淑，命運乖蹇，過早地去世，且葬身異鄉，所以這篇祭文是作者血淚凝成，字字出肺腑，句句斷肝腸。

　　袁枚的三妹素文，名機（1719—1759），別號青琳居士，生前與如皋高氏指腹爲婚。可是高氏子惡劣無賴，高家父母主動提出解除婚約，但素文深受封建禮教毒害，不願毀棄前約。素文婚後備受虐待，高氏子游蕩如昔，甚至逼索素文的首飾去賭博。素文忍無可忍，與高氏斷絕關係，回居娘家，四十歲去世。素文的遭遇本就哀婉動人，而悼念她的又是少年與中年兩度朝夕共處的親兄，則更易牽動愁腸，催湧淚泉。袁枚力主「性靈」說，其理論核心就是認爲詩文要有「眞情」。他認爲「詩者，各人之性情耳」（《答施蘭垞論詩書》），「詩者，由情生者也。有必不可解之情，而後有必不可朽之詩。」（《答蕺園論詩書》）「凡作詩，寫景易，言情難。何也？景從外來，目之所觸，留心便得；情從心出，非有一種芬芳悱惻之懷，便不能哀感頑艷。」（《隨園詩話》）袁枚的這種文學主張和這樣一個具體的題材，決定了他筆管通著血脈，毫端蘸飽濃情，寫下了如此令人心傷情慘的祭文。

　　《祭妹文》按時間的先後爲序，先寫幼年，次寫三妹歸家之後，最後寫病危和死，事情層遞步進，感情波湧浪推，叫人要與之同聲一哭。全文寓情於事，敍事叫人歷歷可見，抒情叫人句句見心，可謂至情出至文，至文感人心。

　　緣葬地而興悲。文章發端於死者葬身異地，悲愴之氣勃鬱而生。袁氏係錢塘（今杭州）人，素文卻葬於上元（今屬南京）之羊山。因此就葬而說「汝生於浙而葬於斯，離吾鄉七百里矣」。臨墓地，時值多日，只見一抔黃土，幾叢衰草，觸景生情，見墓興悲：一悲其中年而歿，二悲其葬身異鄉，三悲其早年神馳夢求之地，誰知竟成了葬身之所。文章一開始就悲風嗚嗚，哀景蕭蕭，爲全文譜下了基調，預造了氣氛。

　　敍死因而咎己。素文中年而喪，是因爲她「以一念之貞，遇人仳離，致孤危

托落」。是她自己懷著封建的貞節觀念，所遇非人，致使離異。她少年時代聽先生「授經」，「愛聽古人節義事」，長大後就實踐那些條條，因而作者感慨地說：「使汝不識詩書，或未必艱貞若是」。袁樹《哭素文三妹》詩中亦云：「少守三從太認眞，讀書誤盡一生春。」本來高家已自知子弟無行，主動要求解約，而她對那不足爲準的指腹爲婚，還堅執不變，這種貞節觀已到了愚頑的程度。作者對三妹致死之由，洞若觀火，揭示了病根禍源，可是卻又說：「然而累汝至此者，未嘗非予之過也。」他說是因了自己從先生授經，她「差肩而坐」，是因了陪自己讀書，而致受了毒害。作者將三妹之死引爲己過，深爲自咎，更見對死者感情之深。

憶往事而情傷。文中重點是回憶死者生前與自己兄妹相依、戀戀不捨之情，記事豐贍，情意綿邈。依時間順序，又分爲兩大截，一是記幼年時瑣事，一是寫妹歸母家後情況。記兒時和素文出嫁前之事，同樣依時間順序寫了四件事：一是同捉蟋蟀。妹妹「奮臂出其間」，小妹的急於要幫哥哥捉到蟋蟀之情，充溢於形。天冷之後，蟲子僵死了，兄妹又一同去挖穴埋葬蟋蟀，痛悼之情盡呈於表。當年兄妹同葬蟲，今日自己獨葬妹，怎不凄然！二是同讀詩書。作者九歲，三妹只有五歲，妹妹「梳雙髻，披單縑」來到書齋，一同朗讀《詩經》中的《緇衣》，月光溶溶，書聲琅琅，先生見了備加贊揚。當年兄妹同讀書，今日自己祭死者，怎不愴然！三是送己遠行。乾隆元年春，袁枚二十歲，前往廣西去看他的叔父袁鴻，兄妹分別，素文牽住他的衣裳，悲慟大哭。當年妹送兄行兄還回，今日己送妹去妹不歸，怎不哀痛！四是妹迎兄歸。袁枚於乾隆四年（1739）中進士，選爲翰林院庶吉士，多天請假南歸完婚。妹妹聽說他中了進士回家，興奮得拿著碗盤就出來了，弄後一家人都不禁失笑。作者在《到家》詩中並說：「嬌癡小妹憐兄貴，敎把宮袍著與看。」兄妹之間不因長大而疑遠，不因遠離而隔閡，始終存留著童稚天眞的赤子之心。

寫素文離家之後所遇非人，中道還母家。述其品德，侍奉老母，協助家務，旣賢且淑。言其情意，她對哥哥的病，「終宵刺探」，對他的病情關心，「減一分則喜，增一分則憂」，休戚相關，腸通肝連。她還到病榻前「爲說稗官野史可喜可愕之事，聊資一歡」。寫三妹協理家務，概述略說，可見其德；敍病中三妹的關心，詳敍細述，足見其情。這一部分寫三妹生前種種情事，取材典型，寫嬉戲、讀書、分別、相見、病中，概括了她一生兩大階段，顯示了她生活的主要內容，體現了兄妹深情。同時敍寫具體，生動逼眞，文中含情，不僅事情本身情深意濃，而且每敍一事之後，卽涉筆抒慨，更增強了感情情色彩。

書死狀而哀極。寫三妹死時的一段，具有撼人心靈的巨大力量，這是因爲妹死是促使作者感情推向高峰的動因，加之寫將死時的情景，圖形繪心，描態記言，無一不動人心魄。從作者與妹雙方來寫，充分表現了雙方的心地與情愫。素文已病入膏肓，危在旦夕，但她「慮戚吾心，阻人走報」，她愛哥哥勝過愛自身。她死時已到，所望者卽兄歸。待哥哥到家，她已氣絕，但「四支猶溫，一目未瞑」，她是在「忍死」以待。同時寫自己一方，起初是「信醫言無害」才到揚州去的，後來於妹妹死前一天夢見妹妹來訣別，夢後「心知不祥」，卽「飛舟渡江」，火速趕回。素文對哥哥，死前一心繫念，死時一目不瞑；作者對妹妹，無一時不念，無一處怠慢。尤其寫妹妹臨死時的慘狀，頗叫人心痛如割，淚泉似瀑。

述善後而心痛。作者詳述妹妹死後各方面事情料理的情況，以告慰九泉之下的亡靈，將她的詩付印了，將她的事寫了傳記，將她的女兒代嫁了。這部分也屬祭文中必不可少的內容，祭死者，慰死者。由此卻又引起了作者「汝死我葬，我死誰埋」的身世之感。

言奠罷而斷腸。祭奠之後，「身前旣不可想，身後又不可知」，心中空蕩蕩，身邊風蕭蕭，在朔風呼號之中，在紙飛灰揚之間，喪魂失魄，不忍遽回，又不得回，一步三回首，一瞬九回腸，作者至此已痛苦之極。

《祭妹文》之所以有巨大的感人力量就在一個「情」字。有兄妹相愛之情，有同情妹妹悲慘命運之情，有感激妹妹相助之情。但只有情而無藝，還不能成爲精美的文章。袁枚認爲「聖人論爲命，尙且重修飾潤色，所謂『言之不文，行之不遠』也。」(《與孫俌之秀才書》)又說：「夫藝苟精，雖承蜩畫筴亦傳；藝苟不精，雖兵農禮樂亦不傳。」(《答友人某論文書》)《祭妹文》的傳情藝術是值得稱道的

以典型細節傳情。作者抒發對妹妹的無限誠愛之情，不是靠空洞的言詞，也非寫揪心的痛，不竭的淚，而是以極富情致的生動細節，叫人睹之神傷，聞之心慟。捉蟋蟀、同讀書，以及送行、迎歸，都是「瑣瑣」屑事，可是正是這些，作者烙於心，銘於懷，「一日未死，則一日不能忘」。這些又是激發作者感情的原動力，使他「舊事填膺，思之淒梗」。寫事，不作概述，而予細描；不加堆壘，而予精選；不只圖貌，而且傳神，因而產生出追魂攝魄的魅力。

以責己精神達情。素文是被封建禮敎扼殺的，她的死是疾病折磨所致。哥哥對她關懷備至，體貼入微，本無責任。可是作者處處引咎自責，妹妹爲詩書所誤，作者認爲「累汝至此者，未嘗非予之過也」。素文病重時，他「信醫言無害」

而去揚州，妹妹終於一病而逝，使其「抱此無涯之憾」。不屬己過而引為己過，非為己責而作為己責，正是作者對妹妹覺得未能盡責的負疚心理，感情又深進了一層。

以悼亡弔魂述情。作者於祭奠時屢屢哀呼悲號，回憶往事，「如影歷歷，逼取便逝」，「雖年光倒流，兒時可再」，而妹妹已不在了。覺得自己除死之外，「當無見期」。作者慨嘆今後如何度日，怎樣結局，悼亡而傷己，「汝死我葬，我死誰埋」，多麼淒惻動人。

以寫景描境寓情。寫素文墓地所在：「其旁葬汝女阿印，其下兩冢，一為阿爺侍者朱氏，一為阿兄侍者陶氏。羊山曠渺，南望原隰，西望棲霞，風雨晨昏，羈魂有伴，當不孤寂。」羊山空曠荒涼，所伴者唯三死者而已。寫自己祭奠時，只見「紙灰飛揚，朔風野大」，北風肆虐，其聲嘯，其勢猛，其氣寒，穿野掠坟，怎不叫人萌生「身前既不可想，身後又不可知」的茫然之感！

（徐應佩　周溶泉）

與余存吾太史書　　　紀　昀

昀再拜啓，存吾太史閣下：承示《戴東原事略》①，具見表章古學之深心②，所舉著書大旨，亦具得作者本意。惟中有一條，略須商榷③。

東原與昀交二十餘年，主昀家前後幾十年④，凡所撰錄，不以昀為弇陋⑤，頗相質證⑥，無不犁然有當於心者⑦。獨《聲韵考》一編⑧，東原計昀必異論⑨，竟不謀而付刻⑩，刻成昀乃見之，遂為平生之遺憾。

蓋東原研究古義，務求精核⑪，於諸家無所偏主⑫。其堅持成見者，則在不使外國之學勝中國，不使後人之學勝古人。故於等韵之學⑬，以孫炎反切為鼻祖⑭，而排斥神珙反紐為元和以後之說⑮。夫神珙為元和中人，固無疑義，然《隋書‧經籍志》明載梵書以十四字貫一切音⑯，漢明帝時與佛經同入中國⑰，實在孫炎以前百餘年。且《志》為唐人所撰，遠有端緒，非宋以後臆揣者比⑱，安得以等韵之學

歸諸神珙，反謂爲孫炎之末派旁支哉！東原博極羣書⑲，此條不應不見⑳；昀嘗舉此條詰東原，東原亦不應不記㉑。而刻是書時仍諱而不言，務伸己說㉒，遂類西河毛氏之所爲㉓，是亦通人之一蔽也㉔。

若姑置此書不言㉕，而括其與江愼修論古音者爲一條㉖，則東原平生著作遂粹然無瑕㉗，似亦愛人以德之一端㉘。昀於東原交不薄，嘗自恨當時不能與力爭，失朋友規過之義㉙。故今日特布腹心於左右㉚，祈刊改此條㉛，勿彰其短，以盡平生相與之情㉜。芻蕘之言㉝，是否可采，惟高明詳裁之㉞。

【注釋】①示：給人看。戴東原：戴震，字東原，淸代著名學者。②具見：完全可以看到。表章：表白使之顯著。③商榷：商討。④主：寄居。⑤弇（ㄧㄢˇ）陋：指學問淺陋。⑥質證：詢問以證實。⑦犁然：堅確的樣子。語出≪庄子・山木≫：「犁然有當於人心。」⑧≪聲韵考≫：戴震所著。⑨計：估計。異論：不同看法。⑩謀：商酌。付刻：交付刻印。⑪核：可靠。⑫偏：偏愛。⑬等韵：古代分析發音原理及發音方法的學科。⑭孫炎：漢魏之間學者，創「反切」法。鼻祖：老祖宗。⑮神珙（ㄍㄨㄥˇ）：唐時僧人，著有≪四聲五音反組圖序≫等。紐：聲母。元和：唐憲宗年號。⑯梵書：指佛經。十四字：元音字母。⑰漢明帝：公元58—75年在位。⑱臆：心胸。揣：猜測。⑲極：指讀遍。⑳此條：指≪隋書・經籍志≫所說反切來源。㉑不應不記：不應該不記得。㉒務：一定。伸：表明。㉓西河毛氏：毛奇齡，淸初蕭山人，人稱西河先生，著≪古今通韵≫。㉔通人：通才。蔽：障隔。㉕姑：暫且。㉖江愼修：江永，字愼修，淸初音韵學家，經學家。㉗粹：純粹。㉘愛人以德：語出≪禮記・檀弓≫，「君子之愛人也以德，細人之愛人也以姑息。」端：點。㉙過：過錯。規：規勸。㉚布：陳述。㉛刊：削，古代竹簡記事，改時用刀削去。㉜相與：交往。㉝芻：割草。蕘：劈柴。芻蕘之言：割草、劈柴之人所說的粗俗語，此爲自謙之詞。㉞高明：對人的敬語。裁：裁定。

【鑑賞】≪與余存吾太史書≫是紀昀寫給余廷燦的一封信。余廷燦號「存吾」，當時正任翰林院檢討。明淸時修史一事由翰林院主管，所以紀昀在信中就稱余廷燦「太史」了。紀昀寫這封信之前，大約有余廷燦送呈所撰≪戴東原事略≫徵求意見一事，這封信就是針對這件事所表明的看法和態度。

余廷燦與戴東原並不相識，余廷燦在《戴東原事略》中也說：「廷燦未識君（指戴東原）面，而喜讀君書。後君死十有二年來京師……因考其事略，以待史館采擇焉。」這裏有兩個問題：第一，余廷燦很佩服戴東原，他寫《戴東原事略》是希望作爲史館爲戴東原立傳的草本。第二，余廷燦在《戴東原事略》中擧述戴的生平，而側重在介紹戴的學術成就。其中提到天文、歷法、文字、聲韻諸方面。而在聲韻方面，余廷燦贊揚戴東原關於反切起源的見解。從第一個問題來說，史官立傳，最重要的是紀事忠實於事實。余廷燦既不稔熟戴東原，所記難免有誤。從第二個問題來說，史官立傳，對人事的評價首先要符合客觀實際。余廷燦大約於聲韻也並不精到，因而對於反切起源的評價並不客觀。紀昀讀了這個《戴東原事略》後，就察覺出了這些問題，特別是他認爲關於反切起源的理論正是戴東原學術上最大的缺點。因此，在他看來，《戴東原事略》與余廷燦的寫作意圖之間存在一定的矛盾。這是一個不能迴避的問題。紀昀與戴東原的關係又非常好，戴東原生前與紀昀有很深的交往，顯然，在給余廷燦的信中也是不便直指亡友學術上的偏頗的。余廷燦要爲亡友立傳，也是一片好意，給余廷燦的信中也不便過分地讓余廷燦難堪。問題既不能迴避，展開討論時就不能不講究方式方法，這就大大地增加了解決問題的難度，形成了紀昀致余廷燦信時的突出的矛盾，而這又是一個必須妥善解決的問題。紀昀在這封信中，既照顧到了與亡友的深厚情誼，給余廷燦留足了面子，又懇切地指出了問題，提出了完美的解決矛盾的辦法。

這封信之所以能成功地、順利地解決這些棘手的問題，第一是因爲紀昀在這封信中提到亡友戴東原學術上的問題時，行文用語精心斟酌，論說懇切而合情合理。紀昀在信中首先以「具見表章古學之深心」、「具得作者本意」數語評價，一方面對余廷燦寫作事略一事的用心和《戴東原事略》本身給以肯定，一方面給亡友學術以很高的評價。然後信中再對事略的主要內容表示贊同。這以後才轉到要加以討論而不能迴避的問題。這樣寫來，就突出了余廷燦用心的良好、戴東原學術成就的高超，大大地緩和了提出問題所能引起的反冲，整個語調也相當平穩持重，謙和友善，這就爲下文討論問題創造了良好的氣氛。信中接着而來的卻不是揭示問題，而是大敍與戴東原交往時間之長，情誼之深，補敍了戴東原生前在自己家中近十年的相處，以及相互尊重，相互切磋學問，相處極爲融洽的往事，這就更進一步突出了紀昀本人與戴東原的深情厚誼。有了這些舖墊之後，信才以閑敍逸事的平靜的筆調轉到對《聲韻考》的討論，而這中間又用了「平生之遺憾」幾字，仍在着意顯示與亡友感情之深厚，這些安排，顯然是經過仔細推敲的。信

中接着討論戴東原有關反切起源的觀點，轉到了全文的要害，作者寫來極為精細，仍是先褒揚，指出戴東原做學問的總的態度是嚴肅的，「務求精核」、「無所偏主」，以此來婉轉地表示下文所提出的問題，乃是白璧微瑕而已。接着再敍產生問題的根源，這就是戴東原於學術「不使外國之學勝中國，不使後人之學勝古人」的態度。「不使外國之學勝中國」的用心是在怎樣的歷史條件下產生的，似可討論，但缺少實事求是的精神則是肯定無疑的；而「不使後人之學勝古人」，則反映了戴東原今不如昔的退化論觀點，這同樣也是缺少實事求是態度的，是明顯的局限。紀昀敍說戴東原做學問時的這些毛病，為下文提出問題揭示了原因。然後指出在這種錯誤觀點支配下不可避免地會出現的問題，在「等韻之學」的源流問題上「以孫炎反切為鼻祖，而排斥神珙反紐為元和以後之說」即其一端。再申述戴東原這一觀點之所以錯誤的理由，其中既指出神珙生活的年代，又引證古籍史料的有關記載，議論就顯得有根有據。在這基礎上，作者再進一步指出戴東原「博極羣書，此條不應不見」，並追敍自己事前在有關的討論中已「舉此條詰東原」，由這些敍述反證自己前面提出的戴東原於學術「不使外國之學勝中國，不使後人之學勝古人」的態度，指出這僅是通人之一蔽，點明戴東原關於反切之說的偏頗，並不是因為不學無術，這就既呼應上文「研究古義，務求精核」的提法，又照顧到下文對戴東原學術成就總體上精粹專一的評價。信最後提出修改的辦法，「姑置此書不言，而括其與江慎修論古音者為一條」，以達到使亡友著作「粹然無瑕」的目的。接着又從與戴東原「交不薄」出發，自責戴東原生時自己不能力爭的過失，由此表達寫此信討論問題，要求刊改的動機是要盡到朋友相與之情，對朋友真可謂溫厚周到之極。這樣，由於紀昀字斟句酌，議論敍事都顯得曲盡其誠，懇切之至。唯其誠懇，才有感染力；唯其合理，才具說服力。這可以說是紀昀這封信寫作上最突出的地方。

在這樣的一封短信中，要照顧到多方面難以處理的問題，說明亡友學術上的問題，說服對方更改《事略》，並不是一件容易的事，由於紀昀有很高的文學造詣，這封短信才能以高度概括的、精練的語言做到了這一點。如信中要寫出與戴東原的交往，不多敍他事，只用「與昀交二十餘年，主昀家前後幾十年」來突出關係的密切；寫兩人感情，則僅以「凡所撰錄，不以昀為弇陋，頗相質證」幾語顯出感情的融洽；又如議論戴東原反切源流方面的錯誤，則以「神珙為元和中人，固無疑義」指出時間上的問題，以《隋書・經籍志》所載作為根據，論證也極為精練；又如要證實亡友「不使外國之學勝中國，不使後人之學勝古人」的從學態度，則舉亡友的博極羣書和自己已舉此條相詰的事實相證，行文也極為精

練。善於進行概括，用少量文字觸及問題本質，來說明觀點，而且有很強說服力，這也是這封信之所以成功的一個原因，是這封信寫作上的又一特點。

　　這封信在論述亡友學術上是非得失時用心良苦，語言平和，婉轉申迪，娓娓而談，曲盡其意，充分地表現了紀昀的文學水平。紀昀能做到對朋友「愛人以德」，並不因交誼深厚而忽略了學術上的是非，文中全無溢美之辭，反映出紀昀對學術問題實事求是，明辨是非的嚴正態度。

　　　　　　　　　　　　　　　　　　　　　　　　　　　（徐世錚）

《鳴機夜課圖》記　　　　　蔣士銓

　　吾母姓鍾氏①，名令嘉，字守篋，出南昌名族②，行九③。幼與諸兄從先外祖滋生公讀書④。十八歸先府君⑤。時府君年四十餘，任俠好客⑥，樂施與，散數千金⑦，囊篋蕭然⑧，賓從輒滿座。吾母脫簪珥⑨，治酒漿⑩，盤罍間未嘗有儉色⑪。越二載，生銓，家益落⑫，歷困苦窮乏人所不能堪者，吾母怡然無愁蹙狀⑬，戚鄰人爭賢之⑭。府君由是計復遊燕趙間⑮，而歸吾母及銓，寄食外祖家。

　　銓四齡，母日授四子書數句⑯。苦兒幼不能執筆⑰，乃鏤竹枝為絲斷之⑱，詰屈作波磔點畫⑲，合而成字，抱銓坐膝上教之。既識，即拆去。日訓十字，明日令銓持竹絲合所識字，無誤乃已。至六齡，始令執筆學書⑳。

　　先外祖家素不潤㉑，歷年饑，大凶㉒，益窘乏。時銓及小奴衣服冠履皆出於母㉓。母工纂綉組織㉔，凡所為女紅㉕，令小奴攜於市，人輒爭購之，以是㉖，銓及小奴無襤褸狀㉗。

　　先外祖長身白髯㉘，喜飲酒，酒酣㉙，輒大聲吟所作詩，令吾母指其疵㉚。母每指一字，先外祖則滿引一觥㉛，數指之後㉜，乃陶然捋鬚大笑㉝，舉觴自呼曰㉞：「不意阿丈乃有此女㉟！」既而摩銓頂曰：「好兒子！爾他日何以報爾母？」銓稚，不能答，投母懷，淚涔涔下㊱。母亦抱兒而悲。檐風几燭㊲，若愀然助人以哀者㊳。

記母教銓時㊲，組繡績紡之具畢陳左右㊵，膝置書，令銓坐膝下讀之。母手任操作，口授句讀㊶，咿唔之聲軋軋相間㊷。兒怠，則少加夏楚㊸。旋復持兒泣曰㊹：「兒及此不學，我何以見汝父？」至夜分寒甚㊺，母坐於床，擁被覆雙足，解衣以胸溫兒背，共銓朗誦之。讀倦，睡母懷。俄而母搖銓曰㊻：「可以醒矣。」銓張目視母面，淚方縱橫落。銓亦泣。少間㊼，復令讀，雞鳴臥焉。諸姨嘗謂母曰：「妹一兒也，何苦乃爾㊽？」對曰：「子衆可矣，兒一不肖㊾，妹何托焉㊿？」

庚戌[51]，外祖母病且篤[52]，母侍之，凡湯藥飲食[53]，必親嘗之而後進，歷四十晝夜無倦容。外祖母瀕危[54]，泣曰：「女本弱[55]，今勞瘁過諸兄，憊矣[56]。他日婿歸[57]，爲言我死無恨，恨不見女子成立。其善誘之[58]！」語訖而卒[59]。母哀毀骨立[60]，水漿不入口者七日，閭鄰姻婭[61]，一時咸以孝女稱[62]，至今弗衰也。

銓九齡，母授以《禮記》《周易》《毛詩》[63]，皆成誦[64]。暇更錄唐宋人詩，敎之爲吟哦聲。母與銓皆弱而多病。銓每病，母即抱銓行一室中，未嘗寢，少痊，輒指壁間詩歌，敎兒低吟之以爲戲。母有病，銓則坐枕側不去。母視銓，輒無言而悲，銓亦凄楚依戀之。嘗問曰：「母有憂乎？」曰：「然[65]。」「然則何以解憂？」曰：「兒能背誦所讀書，斯解也[66]。」銓誦聲琅琅然[67]，與藥鼎沸聲相亂[68]，母微笑曰：「病少差矣[69]。」由是母有病，銓即持書誦於側，而病輒能愈。

十歲，父歸。越一載，復攜母及銓，偕遊燕、秦、趙、魏、齊、梁、吳、楚間[70]。先府君苟有過，母必正色婉言規[71]。或怒不聽，則屏息[72]，俟怒少解，復力爭之，聽而後止。先府君每決大獄[73]，母輒攜兒立席前[74]，曰：「幸以此兒爲念[75]！」府君數頷之[76]。先府君在客邸[77]，督銓學甚急，稍怠，即怒而棄之[78]，數日不及一言[79]。吾母垂涕扑之，令跪讀至熟乃已，未嘗倦也。銓故不能荒於嬉[80]，而母敎由是益以嚴。

又十載歸，卜居於鄱陽[81]，銓年且二十[82]。明年娶婦張氏，母女視之[83]，訓以紡績織紝事，一如敎兒時。銓生二十有二年，未嘗去母

前⑧，以應童子試⑧，歸鉛山，母略無離別可憐之色。旋補弟子員。明年丁卯⑧，食廩餼⑧。秋，薦於鄉⑧，歸拜母，母色喜。依膝下廿日，遂北行⑧。母念兒輒有詩，未一寄也。

明年落第，九月歸。十二月，先府君卽世⑨，母哭而瀕死者十餘次。自爲文祭之，凡百餘言⑨，樸婉沉痛，聞者無親疏老幼⑨，皆嗚咽失聲。時行年四十有三也⑨。

己巳⑨，有南昌老畫師遊鄱陽，八十餘，白髮垂耳⑨，能圖人狀貌，銓延之爲母寫小像⑨。因以位置景物請於母，且問母何以行樂，當圖之以爲娛。母愀然曰：「嗚呼！自爲蔣氏婦，嘗以不及奉舅姑盤匜爲恨⑨，而處憂患哀慟間數十年⑨，凡哭母，哭父，哭兒，哭女夭折⑨，今且哭夫矣⑩。未亡人欠一死耳⑩，何樂爲⑩？」銓跪曰：「雖然，母志有樂得未致者⑩，請寄斯圖也，可乎？」母曰：「苟吾兒及新婦能習於勤，不亦可乎？鳴機夜課，老婦之願足矣，樂何有焉？」

銓於是退而語畫士⑩，乃圖秋夜之景，虛堂四敞⑩，一燈熒熒⑩，高梧蕭疏⑩，影落簷際。堂中列一機，畫吾母坐而織之。婦執紡車坐母側，檐底橫列一几，剪燭自照⑩，憑畫欄而讀者則銓也⑩。階下假山一，砌花盆蘭⑩，婀娜相倚⑪，動搖於微風涼月中。其童子蹲樹根捕促織爲戲⑫，及垂短髮，持羽扇，煮茶石上者，則奴子阿同，小婢阿昭也。圖成，母視之而歡。

銓謹按吾母生平勤勞⑬，爲之略⑭，以進求諸大人先生之立言而與人爲善者⑮。

【注釋】①鐘氏：晚年號甘荼老人。②出：出身。名族：有名望的家族。③行（ㄏㄤ）九：排行第九。④先：稱已過世的長輩。⑤先府君：對死去的祖、父輩的敬稱。⑥任俠：喜好俠義。⑦金：指一兩銀子。⑧簏：小箱子。蕭然：冷落。⑨珥（ㄦ）：耳環。⑩漿：泛指酒。⑪罍（ㄌㄟ）：罍狀酒器。⑫落：衰落。⑬怡然：和悅的樣子。蹴：通「蹙」，皺起眉頭。⑭戚郟人：親戚們。郟：通「黨」。⑮計：計畫。⑯四子書：指《論語》、《孟子》、《大學》、《中庸》。⑰苦：以之爲苦。⑱鏤：猶刻。⑲詰屈：曲折。波：字的筆畫「撇」。磔（ㄓㄜ）：字的筆畫「捺」。畫：橫畫。⑳書：寫字。㉑潤：富足。㉒兇：荒年。㉓小奴：年小的僕

人。㉔纂：編織。組：織帶。織：織布。㉕紅（ㄍㄨㄥ）：同「工」。㉖以是：因此。㉗襤褸：衣服破爛。㉘髯：指鬍鬚。㉙酒酣：喝足了酒。㉚疵：缺點。㉛引：取。觥：古代酒器名。㉜數：多次。㉝陶然：醉態。㉞觴：酒杯。㉟阿丈：老夫。㊱涔（ㄘㄣˊ）涔：流的樣子。㊲几：茶几。㊳愀然：悲涼的樣子。㊴記：回憶。㊵績：紡麻。紡：紡紗。畢：都。㊶句讀（ㄉㄡˋ）：文句停頓。㊷咿唔：讀書聲。軋軋：紡車聲。㊸夏：檟木。楚：荊條。㊹旋：不久。持：抱。㊺夜分：半夜。㊻俄：一會兒。㊼少間：一會兒。㊽乃爾：竟至如此。㊾不肖：不好。㊿托：托付。(51)庚戌：清雍正八年(1730)。(52)且：將近。篤：病情重。(53)湯藥：中藥的湯劑。(54)瀕：臨近。(55)女：這裏同「汝」。(56)憊：疲乏。(57)他日：日後。(58)誘：教導。(59)訖：完畢。(60)骨立：皮包骨頭。(61)閭：鄉里。姻亞（ㄧㄚˋ）：有通婚關係的親戚。(62)咸：都。(63)≪周易≫：≪易經≫。≪毛詩≫：漢代毛亨所傳≪詩經≫。(64)誦：背誦。(65)然：是這樣。(66)斯：這樣。(67)琅琅：讀書聲。(68)藥鼎：煎藥鍋。(69)少：稍微。差：同「瘥」，愈。(70)燕、秦、趙、魏、齊、梁、吳、楚：春秋戰國國名。此處代指今陝西、河南、河北、山東、江蘇、安徽、湖北等地。(71)規：勸告。(72)屏息：收斂呼吸。(73)決：判決。大獄：死刑案。(74)席：坐位。(75)幸：盼望。(76)頷之：點頭稱許。(77)客邸：旅居在外的住宅。(78)棄：這裏指不理會。(79)及：涉及。(80)荒：荒廢。嬉：遊戲。(81)卜居：找新居處。鄱陽：今江西省波陽縣。(82)且：將近。(83)女視之：視之如自己親生女。(84)去：離開。(85)童子試：低級科擧考試。(86)丁卯：清乾隆十二年（1747)。(87)食廩餼（ㄒㄧˋ）：吃官府的糧食，即補了廩生。(88)薦於鄉：鄉試錄取，中了擧人。(89)北行：往北京。(90)即世：去世。(91)言：字。(92)無：無論。(93)行年：年歲。(94)己巳：清乾隆十四年(1749)。(95)白髮垂耳：指年老。(96)延：請。(97)舅姑：丈夫的父母，盤匜（ㄧˊ）：盥洗盛水器物。(98)慟：大哭。(99)夭折：未成年死去。(100)且：(101)未亡人：舊時婦女喪夫後自稱。(102)爲：表疑問語氣。(103)致：達到。(104)退：退下。語(ㄩˋ)：告訴。(105)虛堂：空堂屋。四敞：四面敞開。(106)熒熒：火光微弱。(107)梧：梧桐樹。(108)剪燭：剪掉燒過的蠟燭心。(109)欄：欄杆。(110)砌：台階。(111)婀娜：優美輕盈。(112)促織：蟋蟀。(113)按：根據。(114)略：事略。(115)大人先生：有聲望的人。立言：著書立說。與：贊助。

【鑑賞】≪＜鳴機夜課圖＞記≫是蔣士銓爲以他母親鍾令嘉爲主體的一幅「行樂圖」所寫的題記。他寫這篇「記」的目的，在本文結尾中說得很清楚：「銓謹按吾母生平勤勞，爲之略，以進求諸大人先生之立言而與人爲善者。」由此可見其主旨是爲了徵請先輩和大人先生們爲此圖寫題記，以更廣泛地宣揚母親異於常人的美

德。記一個人的一生行事要抓住重點。蔣士銓的這篇題記以時間爲線索，著重抓住蔣母在教子方面是慈母，在相夫方面是賢妻，在事親方面是孝女的三個方面，組織材料，扣住一個「賢」字，進而突出她的美德，加以頌揚的。

文章一開始概述蔣母的簡況，她出身於望族，富有教養。結婚後，逐顯示出不凡處：丈夫任俠好客而不理家，動輒散千金，以致家道日落，但仍賓客滿座。在此情況下，蔣母典賣首飾，照常治酒羅漿款待來客而無儉色、怨聲。二年後蔣士銓出生，家道日益困窘，以致歷盡人所不堪的苦況，但蔣母仍「怡然無愁蹙狀」。通過以上兩個細節的描述和後來蔣母支持丈夫遊歷、歸家育子，蔣母深明大義，見識卓異，給讀者留下了深刻的第一印象。這樣，蔣士銓落筆生輝，以極簡潔的文字勾勒了母親的形象，但母親的「賢」，作者沒有直接點出，「戚鄰人爭賢之」一語省卻了多少筆墨，而藝術效果則比作者直接說出不知要好多少倍。「賢」是蔣母美德的集中表現，下文就以時間爲經線，以蔣母行事的卓異處爲緯線，交織出蔣母一生感人的幾個圖景。

蔣母懿德美行最突出的是教子，這也是文章的最感人處。對此，作者是有深切體會的，他是飽蘸深情來抒寫的：四歲時母親卽日授「四書」數句，並「鏤竹枝爲絲斷之，詰屈作波磔點畫」用來教子識字；六歲教子執筆學書。尤可敬者，蔣母除了教子外，還要挑起生活的重擔，以刺繡編織貨賣於市，勤苦地撫養弱子小童，所以儘管那時適逢荒年，但「銓及小奴無襤褸狀」，這其間浸透了蔣母多少辛勤的汗水和生活艱辛的淚水！因此當外祖問自己「爾他日何以報爾母？」作者雖年幼口不能道所以然，故「投母懷，淚涔涔下」。此時無聲勝有聲，這是人間最眞摯的母子間感情的自然流露，母親的慈愛在他幼小的心靈上打下了深深的印記。蔣母教子最感人的是鳴機夜課，文章用工筆細致地刻畫了這一場景：風寒之夜，孤燈熒熒，蔣母手自紡線，膝頭置書本而令蔣士銓坐膝下攻讀，「母手任操作，口授句讀，咿唔之聲軋軋相間」，簡練而形象的文字本身就是一幅鳴機夜課的圖畫，而且有聲、有色、有情，達到不是圖畫，勝似畫圖的藝術效果。進而，文中具體描寫課兒夜讀情況，「兒怠，則少加夏楚」、「旋復持兒泣」，寫蔣母教子之嚴；「夜分寒甚」、「解衣以胸溫兒背」，寫蔣母愛子之慈；讀倦小睡於母懷，蔣母又搖之以醒，課兒再讀，復寫母教之嚴，而對一弱子如此要求，蔣母心中亦是不忍，「銓張目視母面，淚方縱橫落」，則極寫蔣母之慈。「嚴——慈——嚴——慈」層次分明的描寫，反映了蔣母複雜的內心活動。望子成龍，就要教之以嚴；但畢竟子幼年少，又牽動了慈母的愛憐之心，這中間看似矛盾，實際是統一的，同樣都是爲突出蔣母的「賢」。這段文字是全文的重點，蔣士銓是飽含深情來描寫的，

可謂字字都有感情，讀至此，幾令人油然吟出孟郊「誰言寸草心，報得三春暉」的詩句。蔣士銓以文，孟郊以詩，雖相隔千年，但描述人間最眞摯的母愛實可前後輝映。這段文字的重要性還在於爲後文替母親畫嗚機夜課行樂圖張本，故此是緊扣題意，濃墨重彩的一筆！

　　教子是全文的中心，因而作者又從多側面來描寫，以使母親的形象更爲豐滿和完整。授《禮記》等經書，錄唐宋人詩教之以吟哦，病時以「兒能背誦所讀書」解憂，都是寫蔣母的教子。隨著幼子年齡的增長採用多種方法教導，是對「夜課」的補充。蔣士銓成年後，爲應童子試而別母，「母略無離別可憐之色」，北行赴試，「母念兒輒有詩，未一寄也」，這不是蔣母的「忍心」，而是切望兒子在事業上有成就，因而深藏了自己的親子感情。蔣士銓有首《歲暮到家》的詩作，頗能道出此境此景中母子間的共同心情：「愛子心無盡，歸家喜及辰。寒衣針線密，家信墨痕新。見面憐清瘦，呼兒問苦辛。低回愧人子，不敢嘆風塵。」通過蔣「課子」的逐層描寫，蔣母這位封建社會裏的良母形象被塑造得十分完整而生動。蔣母的賢德卓異處，良母教子僅是其主要方面，作者在本文中還及時紋述了她作爲人妻是賢妻，作爲人女是孝女的一面，因而使人更感到蔣母的爲人品質可敬可親。

　　文章開頭概括介紹蔣母十八歲出嫁，就能在事業上支持丈夫，這是反映她的有教養和相夫從其志，著重寫的是她「順從」的一面，但十年隨夫外出，則突出其「不順從」逆夫的一面：丈夫有過，她正色婉言規箴；不聽，則「俟怒少解，復力爭之，聽後而止」，蔣母的「順從夫志」和「逆夫規箴」，看似矛盾，但實是統一的，這和「教子嚴」和「愛子慈」一樣是從不同的側面來豐富人物的性格。但蔣母又不是一個概念化的「賢妻」，她是富有個性和感情的，當夫死之日，「哭而瀕死者十餘次。自爲文祭之，凡百餘言，樸婉沉痛」，這一筆補紋很重要，寫出了她對丈夫的深情。就行文說，對夫以賢始，以賢終，與開頭一段緊相呼應。蔣母所作祭夫文，蔣士銓沒有照錄，這是行文的簡潔處。「樸婉沉痛」四字足以概括，而「聞者無親疏老幼，皆鳴咽失聲」，正點明祭文之沉痛，就中已可窺一斑而知全貌。

　　蔣母的又一可敬處，是事親至孝。寫其孝亦用不同筆法，外祖富有名士風度，每逢酒酣，輒大聲吟所作詩，「令吾母指其疵。母每指一字，先外祖則滿引一觥，數指之後，乃陶然捋須大笑，舉觴自呼曰：『不意阿丈乃有此女！』」僅僅一個片斷，就把蔣母承歡娛親、詩酒指疵，活龍活現地表現出來，這是寫她對父之孝；寫蔣母對其母之孝，突出侍疾之誠，「凡湯藥飲食，必親嘗之而後進，歷

四十晝夜無倦容」，一語概寫，包含多少內容！繼寫外祖母臨終之言「女本弱，今勞瘁過諸兄，憊矣」，再寫外祖母死後「母哀毀骨立，水漿不入口者七日」，三個層次寫來，孝女形象躍然紙間，無怪乎「閭鄰姻亞，一時咸以孝女稱，至今弗衰也。」因而，本文的封建倫理色彩較濃。

　　蔣士銓這篇文章著重是表彰母親的美德，故而蔣母是中心人物，作者緊扣教子、相夫、事親這三個方面加以表現。在具體寫作上，似乎有意從對立面的統一上來落筆，如上述的教子圍繞「嚴」與「慈」、相夫圍繞「順」與「逆」，而事親至孝則是「喜」與「哀」。但對立面統一在一個「賢」字上。多側面的描寫，使人物性格形象更加豐滿，可見蔣士銓於是頗具匠心，而不是信手拈來，隨意落筆的。

　　寫親人間的瑣事和樸摯的感情，以情感人，以情取勝，在中國文學史上頗多佳作。粗略算來，前有李密的《陳情表》、歸有光的《項脊軒志》，和蔣士銓同時代的有袁枚的《祭妹文》，此文實堪與上述諸文媲美。文中觸處生情，主要是通過具體描寫來達到的。寫蔣母鳴機夜課全是白描，「組繡績紡之具畢陳左右，膝置書，令銓坐膝下讀之。母手任操作，口授句讀」，「至夜分寒甚，母坐於床，擁被覆雙足，解衣以胸溫兒背，共銓朗誦之。」幼齡的蔣士銓讀倦而睡母懷，「俄而母搖銓曰：『可以醒矣。』銓張目視母面，淚方縱橫落」，蔣母對幼子的深情在具體的描述中表露得何等充分！寫相夫、孝親無不如此，都是娓娓敍事，而無限深情盡在字裏行間中流動，使人能深深地感受到、捕捉到，真是不著一字，盡得風流的神來之筆。蔣士銓滿懷深情寫這篇「記」，當然旨在說明自己的成就皆出自母教，但文章卻不具體點明，全由讀者自己從字裏行間去體會，這種寫法實在高明得很。

　　最後應該提及的，這篇文章以情勝、以情感人是特點，但文中偶作景語亦與情密切配合，幾達情景交融之境地。蔣母苦心教子中有兩處環境描寫，著墨都不多，一處是蔣士銓深受母教，但因年幼，無法用言語表達異日如何報答母親深恩於萬一，只能投身母懷，淚涔涔而下，此際的環境描寫是「簷風几燭，若愀然助人以哀者」；一處是蔣母生病，蔣士銓以誦書為母療疾，「銓誦聲琅琅然，與藥鼎沸聲相亂」，都是情景相融，聲情並茂的好文字。至於篇末描繪畫師所作「行樂圖」具體景象，文字簡潔，而狀物圖形準確，簡直是詩化了的散文。於此可見作者亦是寫景的好手，其原因委實應該歸結於他那厚實的詩學根基。

（顧志興）

弈　喻

錢大昕

　　予觀弈於友人所①。一客數敗②。嗤其失算③，輒欲易置之④，以爲不逮己也⑤。頃之⑥，客請與予對局，予頗易之⑦。甫下數子⑧，客已先得手⑨。局將半，予思益苦⑩，而客之智尚有餘⑪。竟局數之⑫，客勝予十三子。予赧甚⑬，不能出一言。後有招予觀弈者，終日默坐而已。

　　今之學者，讀古人書，多訾古人之失⑭；與今人居，亦樂稱人失。人固不能無失，然試易地以處⑮，平心而度之⑯，吾果無一失乎？吾能知人之失，而不能見吾之失；吾能指人之小失，而不能見吾之大失。吾求吾失且不暇⑰，何暇論人哉？

　　弈之優劣，有定也⑱。一著之失⑲，人皆見之；雖護前者⑳，不能諱也㉑。理之所在，各是其所是㉒，各非其所非㉓。世無孔子，誰能定是非之眞？然則人之失者，未必非得也；吾之無失者，未必非大失也；而彼此相嗤，無有已時，曾觀弈者之不若已㉔！

【注釋】①弈（ㄧˋ）：下棋。所：處，地方。②數：屢次。③嗤（ㄔ）：譏笑。④輒：每每。易：改換。置：指下棋，布子。⑤不逮己：不及自己。⑥頃之：過了一會兒。⑦易之：輕視他。⑧甫：剛剛。⑨得手：占了上風。⑩思益苦：越來越想不出應付的方法。苦：窮竭，艱難。⑪智：本領、智慧，此指下棋制勝的辦法。餘：餘力。⑫竟局：結局，局終。竟：結束。局：棋局。⑬赧（ㄋㄢˇ）：因羞愧而臉紅。⑭訾（ㄗˇ）：詆毀。失：過失，缺點。⑮易地：換一下位置。處：居。⑯度（ㄉㄨㄛˋ）：推測、估計。⑰不暇：來不及。暇：空閑，多餘的時間。⑱有定：有一定的客觀標準。⑲一著：一步棋。著（ㄓㄠˋ）：下棋落子。⑳前：指前此之失。他本或作「短」。㉑諱：掩蓋。㉒各是其所是：前一個「是」字作動詞用，卽「以……爲是」。㉓各非其所非：前一個「非」字作動詞用，卽「以……爲非」。㉔曾：幾乎，簡直。不若：不如。

【鑑賞】這是一篇寓意深刻的短文。作者抓住生活中的一件小事，生動地說明了一個警策的哲理。言簡意賅，耐人尋味。

文章以「觀弈」兩字破題，要言不煩地介紹了一次觀人下棋的經歷：看人下棋總覺得人不如己，但自己一動手，卻發現己不如人了。故事很簡單，也許很多人都有過這樣的生活經驗，甚至也有人會像作者一樣，感到慚愧而臉紅——「赧甚」，並吸取教訓，以後觀弈，決不指手畫腳——「終日默坐而已」，但作者卻比常人高明，他決不止於「赧甚」，而是由此悟出一個深刻的人生哲理。

首先，作者以讀書、處世為例：有些人，讀古人書喜歡指摘古人的過失；與人相處，愛好數落人家的缺點。這說明人們往往容易看到他人的缺點，而看不見自己的短處。為什麼人們會犯這種認識上的錯誤呢？作者指出，其原因在於不能「易地以處」——設身處地地為當事人著想；「平心而度之」——以心平氣和的公允態度評價一切事物。俗語說，當局者迷，旁觀者清。當局者之所以迷，是因為他身處一定的環境、氣氛之中，受到一定物質的或精神的條件制約，這就必然影響他的觀察力和判斷力。而旁觀者則由於超脫於當事人所處的種種局限之外，有可能得出比較客觀的認識。但是，旁觀者畢竟也生活在這個互相影響、互相制約的社會中，他也決不能像超凡脫俗的神仙一樣，處處、事事都保持清醒。這就是作者接著要闡述的一層道理——「吾果無一失乎」——人不可能沒有過失和錯誤。作者認為認識自己的缺點要比挑剔別人的過失困難得多，因此，他提倡，應當把更多的注意力放到檢查自己的缺點和錯誤上去。作者的見解是深刻的，他已經學會用辯證的觀點分析問題。對一個古人來說，這是難能可貴的。

文章在論證了觀人之失易，觀己之失難以後，深入一層指出「彼此相嗤」——互相攻擊，議論別人是非——實不可取。仍以下棋為例，作者以為，下棋的得失易見，而世事的是非難明，由於大家「各是其所是，各非其所非」，沒有一個客觀的標準可供衡量，因而不必互相嗤笑，否則，只能是「無有已時」。這一觀點，有其合理的一面：當事物的發展還在朦朧之中未到達可以下結論的階段，最好不要簡單草率地發表意見，否定別人。在科學研究和探討中，這可說已是一個十分重要的經驗教訓了。當然，這一觀點對那些喜歡輕率地議論旁人是非的人，也是一個很有力的針砭。不過，作者的認識是不全面的，他否定了真理的客觀性。真理畢竟是可以靠實踐的驗證來辯識的，因而「是非之真」也是可以鑑別的。作者終究是生活在一百多年前的人，他的認識不可避免地帶有局限性。我們不能苛求於他。

這篇短文以小及大地論證了一個深刻的哲理。說理層次清晰，邏輯性很強。

文字簡練精悍，讀來給人以興味與啓廸。

（朱杰人）

登泰山記　　　　姚　鼐

　　泰山之陽①，汶水西流②；其陰，濟水東流③。陽谷皆入汶，陰谷皆入濟④。當其南北分者，古長城也⑤。最高日觀峰⑥，在長城南十五里。

　　余以乾隆三十九年十二月⑦，自京師乘風雪，歷齊河、長清⑧，穿泰山西北谷，越長城之限，至於泰安⑨。是月丁未⑩，與知府朱孝純子潁由南麓登⑪。四十五里，道皆砌石爲磴⑫，其級七千有餘。泰山正南面有三谷。中谷繞泰安城下，酈道元所謂環水也⑬。余始循以入，道少半，越中嶺，復循西谷，遂至其巔⑭。古時登山，循東谷入，道有天門。東谷者，古謂之天門溪水，余所不至也。今所經中嶺及山巔，崖限當道者⑮，世皆謂之天門云。道中迷霧冰滑，磴幾不可登。及既上，蒼山負雪，明燭天南⑯。望晚日照城郭，汶水、徂徠如畫⑰，而半山居霧若帶然⑱。

　　戊申晦⑲，五鼓，與子潁坐日觀亭⑳，待日出。大風揚積雪擊面，亭東自足下皆雲漫㉑。稍見雲中白若樗蒱數十立者㉒，山也。極天，雲一線異色，須臾成五采㉓。日上，正赤如丹㉓，下有紅光，動搖承之㉔。或曰，此東海也㉕。回視日觀以西峰，或得日㉖，或否，絳皓駁色㉗，而皆若僂㉘。

　　亭西有岱祠㉙，又有碧霞元君祠㉚。皇帝行宮在碧霞元君祠東㉛。是日，觀道中石刻，自唐顯慶以來㉜，其遠古刻盡漫失。僻不當道者，皆不及往。

　　山多石，少土，石蒼黑色，多平方，少圓。少雜樹，多松，生石罅㉝，皆平頂。冰雪，無瀑水㉞，無鳥獸音迹，至日觀數里內無樹，而雪與人膝齊。

　　桐城姚鼐記。

【注釋】 ①泰山: 古稱東岳, 又稱岱山、岱宗, 主峰在今山東泰安城北。陽: 山南曰陽。②汶水: 卽大汶河。發源於山東萊蕪東北, 向西南經流泰安, 至汶上縣入運河。③濟水: 發源於河南濟源縣西的王屋山, 本來東流入山東與黃河並行入海。現在故道一部分已經淤塞, 一部分爲黃河所占。④陽谷: 指山南谷中水道。⑤古長城: 指戰國時齊國所築的長城, 從山東肥城縣西北一直伸到黃海。⑥日觀峰: 泰山絕頂諸峰之一。⑦乾隆: 清高宗年號 (1736—1795)。乾隆三十九年卽公元1774年。⑧齊河、長清: 皆山東省縣名。⑨泰安: 清代山東府治, 辛亥革命後改爲縣, 登泰山者大抵從泰安上去。⑩丁未: 指乾隆三十九年十二月二十八日。⑪朱孝純子潁: 朱孝純, 字子潁, 山東歷城人, 乾隆進士, 當時任泰安知府。⑫磴 (ㄉㄥ): 山上的石級。⑬酈道元: 北魏人, 著有《水經注》四十卷。環水: 總名中溪, 又名梳洗河。⑭巓: 山頂。⑮限: 門限。當道: 當路, 橫在路上。⑯燭: 照。⑰徂徠 (ㄘㄨ ㄌㄞˊ): 山名, 在泰安東南。⑱居: 住, 引申爲停留。⑲晦: 夏曆每月的最後一天。戊申晦: 戊申這天 (正直) 晦日。⑳日觀亭: 日觀峰上觀日出的亭子。㉑漫: 布滿。㉒樗蒲 (ㄕㄨ ㄆㄨˊ): 古代賭具, 共五子, 又名五木, 木頭製成, 有上黑下白、全黑、全白等㉓正赤: 純紅。丹: 朱砂。㉔承: 托。㉕東海: 泛指東方的大海。㉖得日: 太陽照射。㉗絳 (ㄐㄧㄤ): 大紅色。皓 (ㄏㄠˋ): 白色。駁: 雜。㉘傴 (ㄩˇ): 彎腰曲背。㉙岱祠: 泰山神東岳大帝的廟。㉚碧霞元君: 女神, 傳說東岳大帝的女兒。㉛行宮: 皇帝出行時居住的地方。㉜顯慶: 唐高宗年號 (656——660)。㉝罅 (ㄒㄧㄚˋ): 裂縫。㉞瀑水: 瀑布。

【鑑賞】 《登泰山記》全文不足五百字, 卻寫得情景如畫, 文筆洗練、優美, 因此爲人們所傳誦。

　　開頭一段是這樣描寫的: 泰山之陽, 汶水西流; 其陰, 濟水東流。陽谷皆入汶, 陰谷皆入濟。當其南北分者, 古長城也。最高日觀峰, 在長城南十五里。」這是作者正式登山前的一段敍述性筆墨, 交代了泰山的地理位置和環境。這在遊記一類的散文中是必不可少的。然而, 作者的行文頗有特色。他在描寫時, 扣住泰山最重要的地理特徵, 把山和水聯繫起來, 達到山川相映的目的。「最高日觀峰」一句, 雖然概括, 但筆鋒已隱隱地通入下文。經過這樣的概述, 讀者對泰山已有所了解。在這個基礎上, 作者就正式寫「登泰山」了: 「余以乾隆三十九年

十二月，自京師乘風雪，歷齊河、長清，穿泰山西北谷，越長城之限，至於泰安。」這節文字點明了時間，氣候特點。誠然，遊記散文必須這樣寫，但是，作者寫的是多季登山，「乘」、「歷」、「穿」、「越」，幾個動詞，用得恰到好處，完全吻合他所要描寫的對象。這一點，我們在後面將要談到。這一小節，行文既很準確，用墨又極傳神。在簡捷的句式結構中，四個動詞蟬聯而下，如珠走玉盤，彷彿看到作者那種衝風冒雪趕來登山的神態。

接下來，「是月丁未，與知府朱孝純子穎由南麓登。四十五里，道皆砌石爲蹬，其級七千有餘。」這裏是寫開始正式登山了。再往下，簡純地描述自己的登山路線：泰山正南面有三座山谷，中間山谷的水繞過泰安城下，這就是北魏酈道元《水經注》裏所提到的「環水」。作者開始是沿著這中谷進山的，走了一小半，越過了中嶺，再沿著西邊的山谷前行，就到了山巔。古時候登山，沿著東邊的山谷進去，路上有個天門。這東邊山谷的水，古時候管它叫「天門溪水」。作者不是走的這條路線。他們所經過的是中嶺，沿此到了山頂上。凡是有高高的山崖橫在路上的地方，大家都稱爲「天門」。這段文字，用語明確。所走路線，敍說得異常分明。至於攀登的情景，到達山巔後的所見，因爲與作者在本段的敍述中心無關，就不多費筆墨；而是騰出篇幅，另作描繪。果然，下面一節這樣寫道：「道中迷霧冰滑，蹬幾不可登。及既上，蒼山負雪，明燭天南。望晚日照城郭，汶水、徂徠如畫，而半山居霧若帶然。」道路上雲霧迷漫，冰滑難行，石階幾乎不能攀登。迷霧，是就所見而言；冰滑，是就所行而言。沒有過多的修飾文墨，但是人們完全可以想見出登山的艱難了。這裏，風雪登泰山的特點開始就明朗化了。「及既上」，就是等到上了山頂，一幅泰山夕照圖，便在作者的粗疏勾畫下，顯現在我們眼前了。「蒼山負雪」的「負」字，用得很富神韻。作者不說雪蓋青山，而是說青山背雪，把被動者說成是主動者，用語新穎脫俗。一「負」字，賦予了蒼山以生命。如果說，「蒼山負雪」，是出奇地描繪了積雪的情景，寫出了雪的厚度，那麼，「明燭天南」，就是出色地表現了積雪的光度，白雪明亮地照耀著南方的天空。作者縱目遠眺，傍晚的陽光照耀著城牆、汶水、徂徠山，就像自然天成的山水畫，而山腰間停留著的雲霧像條帶子一樣。這段描寫，富於生氣和情趣。羣山的青，積雪的白色，夕陽的五彩，交相輝映，融滙一體，顯示出雪天晚晴的時候，山川城池所特有的景象。「而半山居霧若帶然」一句，設喻極爲新奇。如果不親臨其境，不充分進行藝術的比附和想像，是寫不出這麼出奇的句子的。

當然，登泰山的目的，不是進行科學考察，而是爲著觀日出，欣賞壯觀的自然美，因而，下面一段有關日出的文字也就成了這篇散文的中心所在，是全文的

最精彩部分。「戊申晦，五鼓，與子穎坐日觀亭，待日出。大風揚積雪擊面，亭東自足下皆雲漫。稍見雲中白若摴蒱數十立者，山也。極天，雲一線異色，須臾成五采。日上，正赤如丹，下有紅光，動搖承之。或曰，此東海也。回視日觀以西峰，或得日，或否，絳皓駁色，而皆若僂。」這段文字，用簡潔的筆墨寫出了細緻的景物，依據景物本身的特點，很有層次地描繪了壯麗的泰山日出圖。

第一個層次，「大風揚積雪擊面，亭東自足下皆雲漫。」用風雪交加，雲霧彌漫，先創造了日出前的環境和氣勢。這是近景，交代一下很有必要。在這樣的環境中，作者和友人，仍然端坐不動，靜待日出，這就把上文「坐日觀亭，待日出」的「坐」字和「待」字落實了，具體化了。當然，作者寫近景不是眞正的目的，他是在遠望，而且是登高遠望，於是，第二個層次出現了：「稍見雲中白若摴蒱數十立者，山也。」由近景拉成遠景，這是登高遠望所看到的。拔地參天的山峰，竟然小得像摴蒱，這個比喩，反襯出作者站得是何等高了。第三個層次，集中寫日出的情態，景緻。「極天，雲一線異色，須臾成五采。日上，正赤如丹，下有紅光，動搖承之。」上文寫雲霧中的山峰，是靜景圖；這裏，就是一幅動態圖了，以靜襯動，分外顯出動態美。作者觀察細微，敏銳地捕捉了天地相接的地方雲層的一抹色彩，展開了富於感染力的描寫。先是「一線異色」，再是「五采」斑斕，然後是紅日高升，最後是紅光搖襯，筆墨十分細膩傳神。先寫日上的過程，再寫日下的海浪，就起到相互烘托的作用。這樣的日出圖，既生動形象，又很有氣勢，形成了壯美的特色。如果作者就在這個地方收筆，本來也是可以的，因爲作者寫日出情景的任務已經完成。但是，作者卻把筆觸從東方抽出來，伸到西峰上去，形成了日出描寫的第四個層次：「回視日觀以西峰，或得日，或否，絳皓駁色，而皆若僂。」作者回頭看看兩邊山峰，有的得到了陽光的照射，呈絳色，也就是紅色；有的沒有得到照射，呈皓色，也就是白色。這兩種顏色相互摻雜。而所有的山峰都是彎腰曲背的樣子。這一筆看似閑筆，其實，不可缺少，它表現陽光的效果，日出的影響。這是日出景象的繼續發展，是藝術境界的進一步開拓和深化，從而豐富了畫面的色調和情態。這樣，東西兩地，山巒各方，都包括進去了，當然就更加壯美了。同時，聯繫前一段的泰山照圖，就可以看出，作者是用夕照來映襯日出，使日出圖分外動人。

接著的兩段文字，前一段，寫觀日出後的遊覽。後一段，寫泰山上的石頭、樹木的特點。最後一句，「桐城姚鼐記」，交代了作者，這是遊記散文常見的格式。

這篇遊記散文是寫實，但經過了作者精心的藝術處理和加工。文章的藝術特

色，很值得我們借鑑。

　　首先，作者緊緊圍繞著「寒多」來描繪，並且貫穿始終。開始時，自京都乘風雪，點出了「風雪」二字，接著便步步深化。登山時「道中迷霧冰滑，蹬幾不可登」；到達山頂時「蒼山負雪，明燭天南」；觀日出時「大風揚積雪擊面」；遊覽時「冰雪，無瀑水，無鳥獸音迹」，「雪與人膝齊」。這些文字直接描寫風雪，用來顯示時令的特徵，從藝術處理的角度看，這並不困難。精妙的是，作者借助於描寫對象來顯示寒多的景象。例如日出前，山峰「白若樗蒱」，山本來是青色的，現在卻白如樗蒱，當然是積雪覆蓋所致，於是，嚴多的特徵被點染出來了。「絳皓駁色」，山峰蒙雪，當然是白的了，這樣，時令的特徵又被點染出來了。在文章中，不僅有時令特徵，而且有地點特徵。作者所寫的樹木、石頭等，都很切合泰山的景物特徵，至於泰山日出，就更有特點了，這是在別的地方所不能見到的。

　　其次，繁簡得宜，詳略得當。出京都的一路風雪，一筆帶過，然後，馬上深入到文章的中心。觀日出，是重點，因而筆重墨多，其餘的，就稍作勾勒和點染；寫泰山的樹木、石頭，用墨更少，兩三字就交代完畢，只要說明清楚就行，沒有枝蔓。作者既做到有繁有簡，更到繁中有簡、詳中有略。例如寫日出的情景是詳細的，但是，具體的每一句又是簡明的，只用幾個字就描述了某一具體的形象。在繁複中求簡略，又在簡略中求生動，這是姚鼐散文的風格，也反映出桐城派這個文學流派的流派風格特徵。

（力　文）

哀鹽船文　　　汪　中

　　乾隆三十五年十二月乙卯①，儀徵鹽船火②，壞船百有三十，焚及溺死者千有四百。是時鹽綱皆直達③，東自泰州④，西極於漢陽，轉運半天下焉。惟儀徵綰其口⑤。列檣蔽空⑥，束江而立，望之隱若城郭。一夕並命⑦，鬱為枯臘⑧，烈烈厄運⑨，可不悲邪！

　　於時，玄冥告成⑩，萬物休息，窮陰涸凝⑪，寒威凜栗⑫，黑眚拔來⑬，陽光西匿。羣飽方嬉，歌呺宴食⑭。死氣交纏，視面惟墨

⑮。夜漏始下⑯，驚飆勃發⑰。萬竅怒號⑱，地脈蕩決⑲。大聲發於空廓，而水波山立。於斯時也，有火作焉。摩木自生⑳，星星如血㉑，炎光一灼，百舫盡赤。青煙朕朕㉒，熛若沃雪㉓。蒸雲氣以爲霞，炙陰崖而焦爇㉔。始連檝以下碇，乃焚如以俱沒㉕。跳躑火中，明見毛髮，痛謈田田㉖，狂呼氣竭。轉側張皇，生塗未絕㉗。倏陽焰之騰高，鼓腥風而一咉㉘。洎埃霧之重開，遂聲銷而形滅㉙。齊千命於一瞬，指人世以長訣。發寃氣之焄蒿㉚，合遊氛而障日。行當午而迷方㉛，揚沙礫之㵜疾㉜。衣繪敗絮㉝，墨查炭屑㉞，浮江而下，至於海不絕。

亦有沒者善遊，操舟若神。死喪之威，從井有仁㉟。旋入雷淵，並爲波臣㊱。又或擇音無門，投身急瀨㊲。知蹈水之必濡，猶入險而思濟㊳。挾驚浪以雷奔，勢若隮而終墜㊴，逃灼爛之須臾，乃同歸乎死地。積哀怨於靈臺㊵，乘精爽而爲厲㊶。出寒流以泱辰，目睊睊而猶視㊷。知天屬之來撫㊸，慂流血以盈眦㊹。訴強死之悲心㊺，口不言而以意㊻。若其焚剝支離㊼，漫漶莫別㊽。圓者如圈，破者如玦㊾。積埃填竅，攫指失節㊿。嗟狸首之殘形[51]，聚誰何而同穴[52]！收然灰之一抔[53]，辨焚餘之白骨。

嗚呼哀哉！且夫衆生乘化，是云天常[54]。妻挐環之，結氣寢床。以死衞上，用登明堂[55]。離而不懲，祀爲國殤[56]。兹也無名，又非其命[57]。天乎何辜，罹此寃橫[58]！遊魂不歸，居人心絕[59]。麥飯壺漿，臨江鳴咽。日墮天昏，凄凄鬼語。守哭迍邅[60]，心期冥遇[61]。惟血嗣之相依，尙騰哀而屬路[62]。或舉族之沉波，終狐祥而無主[63]。悲夫！叢冢有坎，泰厲有祀[64]。強飲強食，馮其氣類[65]。尙羣遊之樂，而無爲妖祟[66]。

人逢其凶也邪？天降其酷也邪？夫何爲而至於此極哉！

【注釋】①乾隆三十五年：公元1770年。乙卯：乾隆三十五年十二月十九日爲乙卯日。 ②儀徵：今江蘇儀徵縣。 ③鹽綱：鹽幫。舊時稱成批運輸貨物的組織爲綱，如鹽綱、茶綱、花石綱等。④泰州：今江蘇泰州市。⑤繂（ㄨㄟˋ）：統扼。

⑥列檣蔽空：船的桅杆排列起來遮滿了天空。檣：船上的桅杆。⑦並命：一齊喪命。⑧鬱為枯臘（ㄒㄧ）：此句見《漢書・楊王孫傳》。鬱：蒸炙。臘：乾肉。這句說：由於大火焚燒人的屍體變成焦枯的乾肉。⑨烈烈：火盛貌。⑩玄冥：司水之神。《禮記・月令》：「季冬之月，其神玄冥」。告成：完成。這句說：時近冬末，玄冥的工作已經告成。⑪窮陰：極陰，指年末嚴冬時極其陰冷的天氣。涸凝：萬物像凝結起來一樣。⑫凜栗：因寒冷而戰慄。⑬眚（ㄕㄥ）：目生翳，引申為黑色雲霧。拔：迅疾。⑭歌咢（ㄜ）：有的唱歌，有的擊鼓。咢：只擊鼓不歌唱。⑮死氣：迷信的說法，以為人有凶兆，必有死氣出現。墨：晦氣色。⑯夜漏始下：計時的漏壺剛下滴，指剛剛入夜。⑰驚飆（ㄅㄧㄠ）：狂風。勃發：突然發生。⑱萬竅怒號：千孔萬穴怒聲號叫。⑲地脈：指地上的河流。蕩決：震蕩而決口。⑳摩木自生：語出《莊子・外物》，「木與木相摩則然（燃）」。㉑星星如血：火剛起來，點點如星，顏色似血。㉒睒睒（ㄕㄢˇ）：火焰閃爍的樣子。㉓熛（ㄅㄧㄠ）：飛火。沃雪：用沸水澆雪。枚乘《七發》：「如湯沃雪。」㉔爇（ㄖㄨㄜˋ）：燒灼。㉕栧：同楫，船槳，這裏指船隻。下碇（ㄉㄧㄥ）：停船拋錨。如：語助詞。㉖痛謈（ㄅㄛˊ）：痛楚的喊叫聲。田田：狀捶胸的象聲詞。㉗生塗：生路。㉘倏：快速。陽：明亮。呋（ㄔㄨㄛ）：微小的聲音。㉙洎（ㄐㄧˋ）：等到。㉚焄（ㄒㄩㄣ）蒿：焄，指氣；蒿，指氣的蒸發。㉛迷方：迷失方向。㉜慓（ㄆㄧㄠ）疾：輕捷迅猛。㉝衣繒（ㄗㄥ）：這裏指衣服碎片。繒：絲織品的總稱。㉞墨查：浮在水面燒焦的木頭。查：同楂。㉟這兩句說：死亡雖是可怕的，但那些潛水能手卻能冒著生命危險去救人。死喪之威：語見《詩經・小雅・常棣》：「死喪之威」。鄭箋：「死喪可怖之事」。從井有仁：語見《論語・雍也》，「仁者雖告之曰：井有仁焉，其從之也！」孔注：「仁者必濟人於患難，故問有仁者墮井，將自投下從而出之不乎？欲極觀仁者憂樂之所至。」㊱旋：轉。雷淵：有雷神的深淵，指水底。波臣：水鬼。㊲擇音無門：逃生無路。音：通「蔭」，指隱蔽處。急瀨：急流。㊳濡：沾濕，這裏指淹沒。㊴隮（ㄐㄧ）：同「躋」，上升。㊵靈臺：指心。《莊子・庚桑楚》：「不可內於靈臺」。㊶乘：依靠。精爽：指魂魄。厲：惡鬼。㊷浹：一個循環。浹辰：十二天。辰：古代以干支紀日，自子至亥一周為十二天。㊸天屬：有血緣關係的親屬，指至親。撫：撫慰、悼念。㊹慁（ㄣˊ）：傷痛。㊺強死：沒有病而死於非命，猶言暴亡。㊻口不言而以意：語見《漢書・賈誼傳》，「口不能言，請對以意。」意：胸臆，心意。㊼支離：不全。㊽漫漶：模糊不清。㊾圜（ㄩㄢˊ）：環繞。玦（ㄐㄩㄝˊ）：缺口的珍環。㊿竅：指人的耳、鼻、口等孔道。攦（ㄌㄧˋ）：折斷。節：骨節。51狸首：《禮記

·檀弓下》記原壤唱歌，說棺椁的文采像狸頭。這裏指盛在棺木裏的屍首都形體不全。⑫誰何：誰人，何人。⑬然：同燃。一抔（ㄆㄡ）：一把，一捧。⑭且夫：發語詞。乘化：順著自然規律死去。天常：自然的現象。⑮上：君主。明堂：祖廟。⑯離：身首異處。不懾：不屈。國殤：為國犧牲的烈士。⑰茲也無名句：如今這些人死得沒有意義，又非善終。⑱罹（ㄌㄧˊ）：遭受。⑲居人：家中親人。⑳逡遭（ㄓㄨㄣ　ㄓㄢ）：處境艱難、進退無所的樣子。引申為依戀不去。㉑冥遇：在陰司地府相遇。㉒血嗣：血親子孫。騰哀：高聲哀泣。屬路：相連接於道路，引申為載道。㉓狐祥：即孤傷，猶言無子無孫。《戰國策·楚策》：「鬼狐祥而無食。」《史記·春申君列傳》引作「孤傷」。無主：無人主管祭祀。㉔叢冢：亂墳場。坎：墓穴。泰厲：死而無後的鬼。《禮記·祭法》：「王為羣姓立七祀，……曰泰厲。」正義曰：「泰厲者，謂古帝王無後者也。此鬼無依歸，好為民作禍，故祀之也。」㉕馮：通「憑」。氣類：氣味相投的鬼。㉖尚羣遊之樂，而無為妖祟，希望你們以羣遊之樂為重，不要到人間來興妖作怪。

【鑑賞】《哀鹽船文》是清代著名學者、重要駢文家汪中的代表作之一。此文寫成後，主持揚州安定書院的杭世駿大加讚賞，為之作序，隨即傳誦一時。

這篇駢文，描述了當時發生於儀徵沙漫州的一場大火災。名為「哀鹽船」，實際上是哀遇難的船民。

作家一下筆就直入本題，說明火災的時間、地點和嚴重後果：毀船一百三十艘，死難船民一千四百人。很像現代新聞報導的開頭。隨即又說明為什麼火災會產生如此慘重的刦難。鹽船隊東起泰州，西至漢陽，從而轉運半個中國，都以儀徵統扼水路要口，江面鹽船多得一眼望去如同城郭。接著是對這場災難的哀嘆，要是簡單的新聞報導，這麼短短幾句也就可以了。但僅僅如此，就不能寫出火災的景象，也無法表達作家對船民的同情，缺乏藝術感染力。於是，以下幾段就具體地描寫了火災的始末。先以一小段寫隆冬天剛晚，陰風怒號，水波如山。繼而著重描寫火災發生經過，大火焚船和船民痛楚掙扎，被焚燒的江面現場的慘狀。如果說這一段是全景描寫，接著一段可說是若干局部的展示。有的冒險去救人，有的逃生無路跳入急流，結果一同溺死水中。進而以一小節寫受難者屍體模糊、殘缺的慘狀。最後是作家為這些遇難船民而發的議論和哀傷。

此文寫於乾隆年間，那時還沒有「報告文學」這個名詞。但從前面所說的看來，它是包含了一篇報告文學所應具有的基本要素的。報告文學要求新聞性與文學性結合。杭世駿的序說：「中目擊異災，迫於其所不忍，而飾之以文藻。當人

心肅然震動之時，爲之發其哀矜痛苦」。扼要地概括了它的特色。汪中家住揚州，與儀徵近在咫尺。據杭序所說，他是親眼看到這場災難的。從「迫於其所不忍」與「當人心肅然震動之時」看來，作家是在事件發生不久，遂卽命筆爲文。正當人們熱切關注、談論之際，它以富於文采的筆墨，生動具體地描述了事件的經過，抒發了能引起共鳴的感情，於是文以事顯，事因文彰，產生熱烈的反響。文中抒情與議論之痛切，也表明它寫於事件後不久，與杭序所說相吻合。順便要說到的是，事件發生哪年的問題。它開頭就寫明「乾隆三十五年十二月乙卯（按卽十九日）」，而後來的《嘉慶揚州府志》說是乾隆三十六年十二月，《重修儀徵縣志》也說是乾隆三十六年十二月十九日。府、縣志編修者必然看過汪文並作過查核。所以大概是汪中一時筆誤，或者後人刊誤。

　此文的色調、情緒和所記述的客體是高度和諧的。通篇的主要色調是陰冷。當災難發生之前，先是「於時，玄冥告成，萬物休息，窮陰涸凝，寒威凜慄，黑眚拔來，陽光西匿」。一派隆冬的寒冷、陰暗景象，好像大地都凝結了。連吃過晚飯正在遊戲的船民，也「死氣交纏，視面惟墨」。在濃重霧氣籠罩下，他們都面色晦暗。所謂「死氣」自然是迷信的說法。明明是活人「羣飽方嬉」，卻像陰間鬼舞。這就爲全篇定了底色。對暴風到來的描寫，進一步令讀者感覺到一場災難就要降臨的可怖。下段寫火星點點到濃煙烈火迅速焚燒，船民的驚惶、呼喊、掙扎，是前段的陰森的發展，簡直是規模宏大的火燒地獄。「炎光一灼，百舫盡赤。青煙睒睒，燼若沃雪。」與前段所寫的景象截然不同，而卻產生相反相成的效果。此段末了幾句：「發冤氣之烈蒿，合遊氛而障日。行當午而迷方，揚沙礫之嫖疾。衣繒敗絮，墨查炭屑，浮江而下，至於海不絕。」色調又歸陰暗，濃煙烈火後的景象慘不忍睹。隨後寫溺水而死的，寫遇難者的殘骸，也是如此。這種色調，是和事件本身的季節、時刻、現場相一致的。同時，又取決於作家的悲憫的感情。他的悲憫，不但在層層深入的哀嘆之中直接抒發出來，而且敍述描寫、遣詞用字也處處流露。「出寒流以浹辰，目睊睊而猶視。知天屬之來撫，慘流血以盈眦。訴強死之悲心，口不言而以意。」在這幾句描述遇難者死不瞑目，親人來時流血盈眶，想像他們心中對慘遭橫禍的冤怨，盡管有點世俗說法的迷信色彩，同樣充滿了作家的深深悲憫。於是，通篇流貫著哀傷的情緒，與陰冷色調相得益彰，符合了表現客體的需要，而富有藝術感染力。

　此文雖然具有一些報告文學的要素，但它與現代報告文學有一個重大的差別，就是用駢文寫的。駢文對於反映現實和表達思想感情確實有明顯的束縛，六朝浮艷、綺靡文風更是將駢文消極因素引向極端。所以，以韓愈爲代表的提倡古

文、反對駢文的「古文運動」是有積極意義的，並且產生了深遠的影響。但是，駢文並沒有就此消亡。尤其到了清代，又有不少駢文作家出現，而且有一些優秀或比較好的作品。因爲駢文固然缺點和局限很明顯，但任何事物都不能絕對化，它也並非一無足取。整齊、和諧和音樂性，都是它的長處。倘若它一無是處，汪中也就不會用以寫出《哀鹽船文》這樣的優秀作品了。

　　像汪中這樣，用駢文形式來抒寫當時老百姓所關切的重大事件，在以前是不多的。全篇除開頭及後面少數幾句外，都是四六言。但他並沒有採用那種四言六言相間定句的形式，大約因爲那種「四六文」（駢文的一種）束縛更大，經常妨礙內容的表達。此文也有一些對仗，如「倏陽焰之騰高，鼓腥風而一吷」；「發寃氣之烹蒿，合遊氛而障日」；「圜者如圈，破者如玦」；「遊魂不歸，居人心絕」等等，但並未刻意追求對仗的嚴整，搞得損害所要表達的意思。一般隔句押韵，但韵脚並不嚴格按照韵書的區分，有的只押相近的韵。有的一段一韵到底，有的則段中換韵。他還很講究語言的錘煉，遣詞用字常很精當，如「窮陰涸凝，寒威凛栗，黑昝拔來，陽光西匿」；「炎光一灼，百舸盡赤。青煙睒睒，燖若沃雪」；「知蹈水之必濡，猶入險而思濟。挾驚浪以雷奔，勢若隮而終墜，逃灼爛之須臾，乃同歸乎死地」，都富有表現力和文采。總之，此文遵循駢文法度，但又不以最嚴格的規矩來束縛，不爲形式損害內容；或者說，沒有按四六言相間定句並且對仗十分工整的格式來寫，但卻不逾駢文基本規矩。於是，既具有整齊、和諧和音樂性的優點，容易上口，便於記誦，又沒有削足適履，以文害意。

　　此文寫得圓活，是它的一個優點和成就。駢文的固定模式，使它易流於呆板、粘滯、做作。汪中在基本規矩的限度內不刻意追求細微末則的嚴謹，更主要的是他熟練地駕馭這種形式和有眞情實感，所以能避免上述弊病。他不原原本本地記流水帳，然後發一通感慨和議論。而是一下筆就簡潔地說明事件的嚴重後果，再補述爲什麼會在儀徵發生這樣的事件，繼而轉爲死難船民哀嘆。這樣，第一段就眉目清楚而又一波三折，抓住了讀者。隨後，有按時間順序的描述，有全景的鳥瞰，有細部的刻畫；敍事之餘輔以抒情，描寫之中感情洋溢。最後一段，以議論、敍事、抒情轉遞，爲全文之歸結。文中用挿筆、頂筆、繞筆、時空交叉，反復渲染，層層遞進，錯綜而又有序，靈活而無雜亂之感。苦心雕琢，富有文采，但情眞意切，氣脈貫通，似信筆寫成，不使人覺其做作。駢文寫得這樣圓活，「帶著鐐銬跳舞」而令人不覺其有鐐銬，是難能可貴的。同前面所說的其它方面結合起來，此文充分表現了汪中作品凄麗哀婉的藝術風格。

　　《哀鹽船文》是一篇優秀駢文，不但今天讀來仍很感人，藝術上也有一些可

供借鑒之處。但是駢文作為一種文體，隨著社會需要的變化和文學自身的發展，早就走到了盡頭。

（潘旭瀾）

與孫季逑書　　洪　亮　吉

季逑足下①，日來用力何似②？亮吉三千里外③，每有造述④，手未握管⑤，心懸此人⑥，雖才分素定⑦，亦契慕有獨至也⑧。

吾輩好尚既符，嗜欲又寡，幼不隨搔頭弄姿顧影促步之客⑨，以求一時之憐⑩；長實思研精蓄神忘寢與食，以希一得之獲⑪。惟吾年差長⑫，憂患頻集，坐此不逮足下耳⑬。然犬馬之齒三十有四⑭，距強仕之日⑮，尚復六年。上亦冀展尺寸之效⑯，竭志力以報先人⑰；下庶幾垂竹帛之聲⑱，傳姓名以無慚生我⑲。

每覽子桓之論⑳：「日月逝於上，體貌衰於下，忽然與萬物遷化㉑。」及長沙所述㉒：「佚遊荒醉，生無益於時㉓，死無聞於後，是自棄也。」㉔感此數語，掩卷而悲，並日而學㉕。

又傭力之暇㉖，餘晷尚富㉗，疏野之質，本乏知交，雞膠膠則隨暗影以披衣㉘；燭就跋則攜素冊以到枕㉙。衣上落虱，多而不嫌，凝塵浮冠，日以積寸。非門外入刺㉚，巷側過車，不知所處在京邑之內，所居界公卿之間也㉛。

夫人之知力有限，今世之所謂名士，或懸心於貴勢，或役志於高名㉜，在人者未來㉝，在己者已失㉞。又或放情於博弈之趣㉟，畢命於花鳥之妍㊱，勞瘁既同㊲，歲月共盡，若此皆巧者之失也㊳。間嘗自思㊴：使揚子雲移研經之術以媚世㊵，未必勝漢廷諸人㊶，而坐廢深沉之思㊷；韋宏嗣舍著史之長以事棋㊸，未必充吳國上選㊹，而並亡漸漬之效㊺。二子者專其所獨至㊻，而置其所不能，為足妒耳㊼。每以自慰，亦惟敢告足下也。

【注釋】①季逑：孫星衍（1753—1818），字淵如，又字伯淵，號季逑。江蘇陽湖（今江蘇常州市）人。乾隆五十二年（1787）進士，官至山東按察使、布政使，後因病歸里，曾主持詁經精舍、鐘山書院講席。初與同里楊芳燦、洪亮吉、黃景仁齊名，以文學著稱，後專力經史文字訓詁音韵之學，著有《尚書古今文疏證》、《周易集解》、《晏子春秋音義》等。②日來：近來。何似：如何。③三千里外：此時洪亮吉在北京，孫星衍在故鄉常州，故云。④造述：著述。⑤管：筆桿。⑥懸：想念。⑦才分素定：才能天賦早已注定。⑧契慕：投契仰慕。獨至：特別深厚。⑨搔頭弄姿：形容故作姿態，賣弄風騷。顧影促步：形容風流自賞，語出《晋書·何晏傳》。⑩憐：愛慕。⑪一得之獲：指學問上的收獲。語本《史記·淮陰侯列傳》「愚者千慮，必有一得」。⑫差：稍。⑬坐此：因此。逮：及。⑭犬馬之齒：指自己年齡的謙語。因古人以馬的牙齒來計算馬的年齒，故云。⑮強仕：指男子四十歲時智慮氣力強盛，可以出仕。語出《禮記·曲禮上》：「四十曰強而仕。」⑯冀：希望。展：施展，發揮。尺寸之效：指自己效力於國家，尺寸形容微小，這裏是一種謙虛的說法。⑰先人：祖先。⑱庶幾：希望。垂竹帛之聲：青史留名。竹帛：指史書，因古人以竹簡絹帛記事，故稱。⑲生我：指生我於世。⑳子桓：魏文帝曹丕的字。論：指曹丕的《典論·論文》。㉑遷化：指死亡。上三句見《典論·論文》。㉒長沙：指東晋長沙郡公陶侃。㉓時：當時。㉔上四句見《晋書·陶侃傳》。㉕並日：一天作兩天用。㉖佣力：受雇佣而出力，指當時作者爲孫溶校訂《四庫全書》。㉗餘晷（《ㄨㄟˇ》）：餘下的時間。㉘膠膠：鷄叫聲。語出《詩經·鄭風·風雨》：「風雨瀟瀟，鷄鳴膠膠。」㉙燭就跋：蠟燭將盡。跋：火炬或蠟燭燃盡殘餘的部分。素册：指書籍。㉚刺：名片。古代削木以書姓名，拜客時投遞。㉛界：界於，處於。㉜役志：操勞心志。㉝在人者：操縱於別人之手的東西，此指上文所說的貴勢和高名。㉞在己者：自己可以爭取到的，此指學問和德業。㉟放情：放縱情志。博弈（ㄅ）：賭博下棋。㊱畢命：消磨生命。㊲勞瘁：勞苦而精疲力竭。（㊳巧者：取巧的人。㊴間：有時。㊵揚子雲：揚雄（前53—公元18），字子雲：西漢文學家、經學家。長於辭賦，成帝時拜爲郎，王莽時爲大夫，校書天祿閣。他博通羣籍，多識古文奇字，仿《易經》、《論語》，作《太玄》、《法言》。媚世：取媚苟合於當世。㊶漢廷諸人：指當時漢代朝廷官吏。㊷坐：遂，將。㊸韋宏嗣：韋昭（204—273），字弘嗣，三國吳雲陽（今江蘇丹陽縣）人。孫皓時爲侍中，領修國史，直言敢諫，爲皓所殺，著有《吳書》、《洞記》、《國語注》等。曾作《博弈論》，論博弈之害。㊹上選：第一流，此指下棋高手。㊺漸漬：浸潤，漸漸熏陶感化。韋

昭《博弈論》：「漸漬德義之淵。」即為此句所本。㊻二子：指揚雄、韋昭。獨至：獨特的長處。㊼妒：極言羨慕之意。

【鑑賞】洪亮吉與孫星衍都是陽湖（今江蘇常州市）人，又都是清代乾嘉學派的著名人物，所以志同道合，時以學問相勉勵，當時洪亮吉寓居北京，由其座師董誥的引薦，幫《四庫全書》總校官孫溶校書。他所得微薄的收入還要供養弟弟和叔父，因而洪亮吉此時的生活十分窘迫，但他鑽研經籍，希求在學問上有所成就的志向未嘗一刻懈忘。治學便是他唯一的樂趣和全部生活內容，他曾這樣形容自己當時的情形：「日惟陳書，俯仰宇宙；夜或秉燭，驅役魂夢。」（《與孫季逑書》）本文中敍述了自己學習的勤奮與居處的冷落，顯然是他這一時期生活的真實寫照。

　　文章的開頭一段表達了自己對孫星衍的思念與傾慕，然而擺脫了一般書信的套語，劈頭就提出了「日來用力何似？」的問題，可見作者所關注的唯在學問之事。「手未握管，心懸此人」二句，將自己對孫星衍誠篤的情誼與深切的思念形象地表達了出來，可知孫、洪為心心相印的摯友，所以下文侃侃道來，如故友促膝，傾訴心中鬱積。

　　第二段直道平生志向，「好尚既符，嗜欲又寡」八字領起整段，下文即從「好尚」伸發。「幼不」四句表現了自己不願隨波逐流的志趣與沉潛學問到了廢寢忘食的程度，而他如此勤勉的原因便在此段的末尾作了交代：上以求一展抱負，建功立業，幹一番轟轟烈烈的事業，對得起祖先；下希望青史留名，以垂永久，避免默默無聞，虛度一生。由此可見，洪亮吉雖勤於學問，然他的用世之心未嘗熄滅。因而在十一年之後他考取了進士，授翰林院編修，出為貴州學政，後以直言上書、指責權貴而得罪清仁宗，九死一生，革職遣戍伊犁。這種經歷與品格，正與他在此文所述的志向契合。此段中間「惟吾年差長」六句，插入年齒的敍述，故意生出波瀾，令文氣跌宕，避免了一覽無餘，讀來頗具感慨，復有一波三折的美感。

　　第三段引古人的話說明光陰易逝，生命短暫，要是放任逸樂，則碌碌無為而虛度一生，從反面表達了自己加倍用功的原因。曹丕的《典論·論文》第一次把文章提到了「經國之大業，不朽之盛事」的地位上來，譏當時之人的追名逐利為「營目前之務，而遺千載之功。日月逝於上，體貌衰於下，忽然與萬物遷化，斯志士之大痛也。」晉代的大臣陶侃非常珍惜時間，看見部下談天下棋，就下令將酒器賭具都投入江中，常對別人說：「大禹聖者，乃惜寸陰，至於眾人，當惜分

陰，豈可逸遊荒醉，生無益於時，死無聞於後，是自棄也。」洪亮吉引徵曹丕和陶侃的話，不僅以古證今，說明光陰宜惜的道理，同時借古人之口表現了自己的感慨，因而歸結到「並日而學」，以啓下文。

第四段略述「並日而學」的情況，作者息交絕友、手不釋卷，鷄鳴卽起，直至深夜猶秉燭苦讀，「衣上落虱」四句形容貧寒潦倒的生活，但也體現了他潛心學問，不顧餘事的專一精神。當然，不嫌落虱和凝塵積寸的說法不無誇張的成分，卻也還是他當時眞實的生活記錄，作者與孫星衍的另一封信中說：「南鄰朽桑，蟲厚逾寸，敗葉旣盡，時來嚙人。車聲過巷，床几皆動，土旣不實，倏陷窟穴。離離黃蒿，乃長屋角，閑塵積畝，反不生草。地幸稍遠，掩戶避客，偶出酬接，皆至失歡。」所述與此段的描繪相近。「非門外入刺」四句作一反襯，以門外車馬往來之聲及公卿所居之地與自己的孤寂落寞形成鮮明對照，加強了文章的感染力，同時體現了雖然身居繁華之地而能不與世俗爲伍、不趨炎附勢的氣節。

最後一段卽批評了追逐名利和玩物喪志的所謂「名士」，無論他們是醉心於權勢和虛名，或是沉溺於博弈花鳥，最終只能是徒勞心力，虛擲時日。「間嘗自思」一句忽宕開筆去，引徵了兩個歷史人物：揚雄和韋昭，以期證明學問之事可以不朽，遠勝於媚世取榮和徒損精力於遊戲，並以爲人應盡自己之所長而不必勉強去作自己辦不到的事。這裏的揚雄、韋昭，決不是作者信手拈來的例證，而是呼應「懸心於貴勢」和「放情於博弈」二者的。揚雄於王莽時校書天祿閣，以事被株連，曾投閣自殺，幾乎喪命，雖然仕途不算顯達，但終以他精深的學問爲後人所重；韋昭曾作《博弈論》批評博弈之廢事妨業，作者緊扣上文，並由此而得出結論：「專其所獨至，而置其所不能」，才是足以令人向往羨慕的行爲啊！全文便在感慨系之和對朋友眞誠的情誼中戛然而止。

此文作爲兩位著名學者之間推心置腹之言，可以見到乾嘉時期學者勤奮刻苦的治學精神和不求榮顯、不貪安逸的品行風節，對後世讀者不無敎育意義。

作爲成功的文學作品，此文在藝術上也有不少值得重視的地方。首先，文章採取書信的形式來表達自己的平生之志，其中雖不乏一般書信的懷友、敍述起居等內容，然五段環繞了一個中心，絕無冗詞贅語，無論是引徵前人的言語與事跡，敍述自己的生活，還是抨擊世人的虛度時光，都無不表現了作者主張潛心學問、珍惜光陰的宗旨。故此文看似信筆寫來，如與故人對談，然結構謹嚴，運筆洗練，所謂形散而神不散，仔細品味，可見全文一氣貫注，頗具匠心。

其次，強烈的感情色彩是本文的另一個特點。如第一段中「手未握管，心懸此人」數句，表示了對朋友的眞切懷念，語帶深情。第三段中「感此數語，掩卷

而悲」等句中體現了作者沉痛悲慨的心情，不僅是傷古，而且寄寓了自己的身世之感，恐年光易逝，老之將至，眞令人想起屈原《離騷》中的句子：「汨餘若將不及兮，恐年歲之不吾與。」「惟草木之零落兮，恐美人之遲暮。」最後「間嘗自思」一段以古人發論，也寫得慷慨淋漓，至「爲足妒耳」一句以誇張的手法表現自己的祈向所在，感情激越。總之，全文以情緯文，直抒胸臆，純爲肺腑之言，無矯飾虛僞之詞。

最後，本文的遣字造句具有鮮明的駢儷傾向，也是值得注意的一個特點。洪亮吉本人卽以駢文著名，他的老師邵齊燾就是乾隆時的駢文大師，洪亮吉傳其薪火，故也擅長駢體，清代吳山尊曾列駢文「八大家」，其中卽包括邵齊燾、洪亮吉、孫星衍，可見他們駢文成就之高。此文雖非純粹的駢文，然而駢詞儷句比比皆是，如：「幼不隨搔頭弄姿顧影促步之客，以求一時之憐；長實思研精蓄神忘寢與食，以希一得之獲。」「上亦冀展尺寸之效，竭志力以報先人；下庶幾垂竹帛之聲，傳姓名以無慚生我。」「鷄膠膠則隨暗影以披衣；燭就跋則攜素册以到枕。」「使揚子雲移硏經之術以媚世，未必勝漢廷諸人，而坐廢深沉之思；韋宏嗣舍著史之長以事棋，未必充吳國上選，而並亡漸漬之效。」這些句子都以屬對排比出之，令文氣酣暢，並有工整之美，如以此種文風與盛極當時的桐城派古文相較，則顯爲另闢蹊徑，別具風調。

（王鎭遠）

謝南岡小傳　　　惲　　敬

謝南岡，名枝侖，瑞金縣學生①。貧甚，不能治生②，又喜與人忤③，人亦避去，常非笑之④。性獨，善詩⑤，所居老屋數間，土垣皆頹倚⑥，時閉門，過者聞苦吟聲而已。會督學使者按部⑦，斥其詩，置四等。非笑者益大嘩⑧。南岡遂盲，盲三十餘年而卒，年八十三。

論曰：敬於嘉慶十一年自南昌回縣⑨。十二月甲戌朔⑩，大風寒。越一日乙亥，早起自掃除，蠹書一册墮於架⑪，取視之，則南岡詩也。有郎官爲之序⑫，序言穢腐，已擲去。旣念詩，未知如何，復

取視之，高邃古澀⑬，包孕深遠。詢其居，則近在城南，而南岡已於朔日死矣。南岡遇之窮不待言⑭。顧以余之好事爲卑官⑮，於南岡所籍已二年⑯，南岡不能自通以死⑰，必死後而始知之，何以責居廟堂、擁麾節者不知天下士耶⑱？古之人，居下則自修而不求其聞⑲；居上則切切然恐士之失所⑳，有以也夫㉑！

【注釋】①瑞金縣：今江西省瑞金縣。學生：縣學生員，卽秀才。②治生：維持生計。③忤：頂撞。④非笑：譏笑。⑤善：擅長。⑥垣：牆。⑦會：恰逢。督學使者：管理敎育、考試的學政。按：考察。部：所轄地區。⑧嘩：這裏作嘲笑解。⑨嘉慶：清仁宗年號。嘉慶十一年：公元1806年。南昌：今江西省南昌市。⑩十二月甲戌朔：夏曆十二月初一。朔：夏曆每月第一天。⑪蠹：蛀書蟲。蠹書：被蠹蟲咬壞的書。⑫郎官：在京都六部衙門作郎中或員外郎的官。⑬邃、澀：艱深。⑭遇：遭遇。⑮顧：但是。好事：喜歡管事。⑯籍：籍貫。⑰自通：自己登門求見。⑱廟堂：帝王祭祀、議事之地。居廟堂：指在朝廷內做官。麾：指揮軍隊的旗幟。節：節符，使臣的憑證。擁麾節：指在朝廷外做官。⑲居下：作老百姓。有聞：聞名。⑳切切然：誠懇的樣子。㉑以：原因。

【鑑賞】《謝南岡小傳》屬於古文傳狀類文體，其體出於史氏而意義不同。凡死者稍有顯跡，就是圬者（泥瓦匠人）、種樹者之流，也可爲之寫傳狀，原爲提供給禮官議謚、史官採擇的實用文體，如「行狀」、「事略」之類皆是。然好的傳狀也可以是一篇出色的傳記文學。傳狀類文體例爲兩段構成，《謝南岡小傳》亦然。前段爲謝南岡事跡，後段爲作者對其人其事的評識及寫傳狀的緣由。前段文字不過九十字，作者高度簡括地剪裁了謝南岡一生遭遇中的幾件事，極其概括地用「貧甚」、「性獨」、「善詩」、「盲」幾個字寫出了謝南岡的性格與命運。文章開頭點明謝南岡是瑞金縣學生，年八十三而卒，仍以「學生」稱呼，這本身就是一個悲劇，其處境慘淡可想而知。接著，作者以自己的世俗觀點敍述了決定謝南岡命運的幾件瑣事。謝南岡「貧甚」，不會謀生，但又「喜與人忤」，就是說他對周圍環境常有抵觸，不合於人，也不合於時，周圍的人自然要疏遠他，甚至挖苦、嘲笑他。於此，作者用「性獨」兩字概括了謝南岡孤僻的性格。「性獨」兩字很重要，不僅僅寫出謝南岡性格中孤僻、「喜與人忤」的一面，而且還包含有孤傲、不諧人世的迂闊的意思。僅此「性獨」兩字，在後段議論中便可翻出無限文章。然後由「性

獨」寫到「善詩」並照應上文的「貧甚」。「所居老屋數間，土垣皆頹倚」，寫其「貧甚」處境，幾筆就形象化了。「時閉門」，也是由「性獨」所致，「過者聞苦吟聲而已」，如此閉門讀書，窮研詩學，其命運若何？作者的筆錄始由寫困境轉到寫絕境上來，轉折迅疾，厄運降臨。督學使貶斥謝南岡其詩，置於四等末流，那些「非笑者」更是百般羞辱這個可憐的老學生。自此，謝南岡就一蹶不振，每況愈下。最後，作者用「盲三十餘年而卒」虛寫了謝南岡遭斥以後三十餘年的漫長經歷。作者在几十餘字內由性格而命運，由困境而絕境，由實寫而虛寫，一氣呵成記述了白首老儒生謝南岡懷才不遇的一生。「論曰」以下是下裁語的議論文字。然而，作者在議論之前先用一段文字追述了自己發現「南岡詩」及其人的緣由。據《大雲山房文稿初集》「編年」，惲敬是嘉慶十一年四月去南昌府，十一月回瑞金縣的。「十二月甲戌朔」，卽十二月一日。「越一日乙亥」，這一天，惲敬早起掃除書房，無意中發現謝南岡的詩竟然寫得「高邃古澀，包孕深遠」，嘆服之餘問起謝南岡居住何地，方才得知謝南岡近在城南，已於昨日死了。這裏，作者強調發現謝南岡的偶然性。緣由既明，就寫「南岡遇之窮不待言」，照顧、總結前段傳狀文章，是以肯定性句式作爲發議論的呼語。作者意在一誡居上爲官者，二誡居下爲學者。文中用「顧」來轉換語氣，作者自認是「好事」之人爲「卑官」，在謝南岡所注「籍」（戶册）的地方爲官已二年。在平和的語氣中又兼用謙詞、謙語，曲折地表現了作者對於謝南岡的死是有負疚之情的。然而，作者又從前段傳狀中「性獨」兩字引導出一個輕微的詰問：「南岡不能自通以死，必死後而始知之，何以責居廟堂、擁麾節者不知天下士耶？」由此我們也可以知道作者爲何要詳細敍述發現「南岡詩」的偶然性。作者雖爲「好事」之人，只因「南岡不能自通」，所以無由知之，也無由援之，作爲一縣之主也只好院惜其才了。這一段文章，語辭婉轉，敍事說理條理明晰，婉而動人。文章最後，揭示作者替謝南岡寫傳狀的眞正用意——從謝南岡之死的事件中勸誡人們：讀書人應甘於默默無聞做學問，而做官的則應謹愼用心，不要錯過一個有用的人才。惲敬在《上曹儷笙侍郎書》（《大雲山房文稿初集》卷三）中雖反對桐城派「有意爲古文」，使「才與學不能沛然於所爲之文之外」，但又並不反對「明道適用」，只要「才與學」「所畜有餘」，就能「智必足以通難知之意，文必足以發難爲之情」，所以本文在謝南岡之死上做文章，目的還是要「達聖人之所謂達」。

　　這篇文章的最大特點，就是在措辭達意上，精心於「其言疏通曲折，極其所致而後已」（《上曹儷笙侍郎書》）。文章前後段結構嚴整而爲一體，前段布置，後段照應、引申。前段在記述中設下「文機」，卽謝南岡「性獨，善詩」，後段在

詳細追述偶然發現「南岡詩」及其「高邃古澀，包孕深遠」的詩才，然後當發則發，在婉約其辭以後，就「極其所致而後已」，寫出居下應勤學、居上應惜才的教訓來。其次是語言質而不俚，明白曉暢，全文不過二百來字，辭達其意，「無一字一句苟且」，「無一字一句塵俗」，這是作者爲文追慕秦漢質樸的文風、力排塗飾巧僞的結果。

（李　曉）

遊西陂記　　　　管　　同

　　嘉慶十二年四月三日①，商丘陳燕仲謀、陳焯度光招予遊宋氏西陂②。陂自牧仲尚書之沒③，至於今逾百年矣④，又嘗值黃河之患⑤，所謂芰梁、松庵諸名勝⑥，無一存者。獨近陂巨木數百株，蓊然青葱⑦，望之若雲煙帷幕然⑧，路人指言曰：「此宋尚書手植樹也。」

　　既入陂，至賜書堂⑨，晤其主人⑩，出王翬石谷所爲六境圖⑪，尤展成、朱錫鬯諸公題咏在焉⑫。折而西，有小屋一區⑬，供尚書遺像。其外則巨石布地如散棋⑭，主人曰：「此艮岳石也⑮，先尚書求以重價⑯，而使王翬用畫法叠爲假山，其後爲河水所沖敗，乃至此云。」聞其言，感嘆者久之。

　　抵暮⑰，皆歸，飲於陳氏仲謀。度光舉酒屬⑱予曰：「子曷爲記⑲？」嗟夫！當牧仲尚書以詩文風雅傾動海內⑳，一時文士景從響應㉑，賓客園林之勝，可謂壯哉！今始百年，乃令來遊者徒慨嘆於荒煙蔓草之外，蓋富貴固無常矣；而文辭亦何裨於是也㉒？士亦舍是而圖其大且遠者㉓，其可已㉔。是爲記。

【注釋】①嘉慶：清仁宗年號。嘉慶十二年：公元1807年。②陳燕仲謀：名燕，字仲謀。陳焯（ㄓㄨㄛˊ）度光：名焯，字度光。宋氏：指宋犖，字牧仲，官至江蘇巡撫、吏部尚書。③沒：歿，死。④逾百年：宋犖卒於康熙五十二年(1713)，至嘉慶十二年(1807)，實際只有九十四年。⑤黃河之患：指黃河決口造成水患。

⑥芰（ㄐ一ˋ）梁、松庵諸名勝：指西陂中的景物。⑦蓊（ㄨㄥˇ）然：茂盛的樣子。⑧若雲煙帷幕然：像雲煙織的帳幕的樣子。⑨賜書堂：放置皇帝賜書的房子。⑩其主人：指宋犖的後代。⑪王翬（ㄏㄨㄟ）石谷：名翬，字石谷，清初畫家。六境：指西陂中的六處景物。⑫尤展成：尤侗，清初文學家、戲曲家。朱錫鬯（ㄔㄤˋ）：朱彝尊，清初文學家。題咏：寫在書畫上的文字。⑬一區：一處。⑭布地：散佈在地上。散棋：散亂的棋子。⑮艮（ㄍㄣˋ）岳石：宋徽宗時運太湖石於汴京修艮岳。⑯先：尊稱死去的長輩。⑰抵暮：到晚間。⑱屬（ㄓㄨˇ）：同「囑」。⑲曷（ㄏㄜˊ）：同「盍」，何不。⑳傾動：震動。海內：全國。㉑景（一ㄥˇ）從響應：如影之隨形，如響之應聲。景：同「影」。㉒裨：益處。㉓亦：只當。㉔其：殆，差不多。已：同「矣」。

【鑑賞】此文可分兩大段欣賞，前段敍述，後段議論，敍述節次有序，議論物語未盡，而以宋氏家世與西陂之景為材料，氣順意暢，頗有章法。

　　文章由記遊年月日、同遊者始，這在韓柳文章中不多見，或置於文前，或置於篇末，盡可變通，三蘇文章早開此例。但例要點明所遊之地，曰：「宋氏西陂」。否則，文章無由而發軔。西陂雖為商丘風景勝地，然終因宋氏榮枯而盛衰，所以作者在「西陂」之上冠以「宋氏」，是分精到十的起筆。若以桐城文論「義以為經而法緯之」來分析，此起筆恰似經線的頭緒，文章沿此頭緒而蔓延。作者緊接起筆，交代了「陂自牧仲尚書之沒，至於今逾百年矣」，句中隱含今日西陂蕭條之意。百年後的西陂今非昔比，又有黃河之患的原因。黃河在商丘城北三十里，水患年年有之。若黃河徙南而溢，漂沒數百里，若不徙南而溢，也要漂沒數十里，重溢時則房屋雞犬湮沒一空，南不通亳而待其自涸，又要壅沒數年（見《商丘縣志》）。百年來，如此水患，西陂屢遭其害，所以，「芰梁、松庵諸名勝，無一存者」。上句中隱含蕭條之意，至此披然而明。西陂有六景，芰梁、松庵（應為和松庵）為二，餘為滌波村、釣家、緯蕭草堂、放鴨亭。西陂有南湖，湖畔菱藕豐茂，魚貫其中，頗具江南水鄉韻味。宋玠《西陂》詩曰：「新荷風戰晚田田，小艇沿回泛夕煙；斷續歸雲渾似嶺，澄弘野水望如天；青攢淺渚蒲堪結，日墜空林鷺下眠；一曲清歌邀月醉，乘槎不復羨張騫。」（《商丘志》卷十九）如此寧靜而幽美的一幅夕煙弄棹圖，已隨同流逝的歲月一去不返了。管同在文章中面對淒涼之景，並沒去追述昔日西陂之勝景，這不僅是桐城文章講究「行文之實」，不作虛幻之景，更重要的是作者要在蕭條、淒涼的宋氏西陂中寓以人生道理，所以所記皆目睹景況。未入西陂所見景物，「獨近陂巨木數百株」，作

者用色筆描繪其一片「翕然青葱」，似有生趣，因爲這是唯一可以使人聯想昔日西陂盛景的具體物。然而，「望之若雲煙帷幕然」，終不免給人以往事如雲煙消散之感，於此作者用「此宋尚書手植樹也」揭示昔日宋氏家族的興旺發達，不過僅能從百株巨木略知消息，這是十分經濟的筆法。以上寫近陂之景物。

「旣入陂，至賜書堂」，宋犖任江蘇巡撫時，境內清正和平，清聖祖於康熙三十八年（1699）、四十二年（1703）巡視江南，都有御書墨寶賜給宋犖，表彰其「仁惠誠民」、「懷抱淸朗」，又專書「西陂」二字以賜，宋犖遂建「御書樓」藏之。大概宋犖歸里之後，在西陂又建「賜書堂」將御書墨寶移藏於此。宋氏家族自莊敏公而後，代有功德之臣，傳之宋犖時，富貴連綿，時人皆知。可是當管同遊西陂時，徒存「賜書堂」，所見之物不過是王翬《六境圖》和尤侗、朱彝尊諸公題咏而已。康熙二十五年（1686）宋犖任直隸通永道，暇日在潞沙官邸遐想西陂六景，寫有《西陂雜咏》六首，在他的構想中，有「泱泱淨兼天，色映五株柳」的滌波村，有「已作煙波徒，占斷煙波境」的釣家，有「織薄衡茅間，暫把魚徑輟」的緯蕭草堂，有「長風拂虬枝，天際來潺湲」的和松庵，有「佇立聞荷香，月桂回堤樹」的芰梁，有「鳧泛殊容與，銜苔弄溪沙」的放鴨亭。一時和咏者甚多，尤侗、朱彝尊也有題咏留西陂。宋犖又有請虞山畫家王翬按詩意寫爲《六境圖》，期在歸老西陂後修葺六景，養怡天福。然而百年之後，六景湮沒而圖詩猶在，管同也只能從紙上觀景了。這與上文「芰梁、松庵諸名勝，無一存者」對照，漸露硬瘦、雋冷的語辭風格，不無嘲諷之意。「折而西，有小屋一區，供尚書遺像」，寫其冷落；「其外則巨石布地如散棋」，寫其雜亂零落。宋徽宗在政和年間大興土役，培阜築山號「萬壽艮岳」。據說艮岳的一土一石能廣延壽嗣，宋犖以重價購求，請王翬用畫法堆爲假山，借取風水。誰知百年之後依然「爲河水所沖敗」。管同遊觀到此，聞言感嘆，宋氏家族的衰敗，豈不如同此地零落的艮岳石一般。以上寫陂內之景物。

自「抵暮，皆歸，飲於陳氏」以下爲第二段，由陳氏發問「子曷爲記」引出作者議論。第一段爲記實，將昔日西陂美好之景一概略去，而作爲字面的潛在內容。此段爲議論，便可上下捭闔，說古道今，以強烈的今昔對比歸結於理。昔日，宋犖尚書「以詩文風雅傾動海內，一時文士景從響應」，粗率地一提「賓客園林之勝」的壯景。百年之後呢？「賓客園林之勝」卻變成了「荒煙蔓草」之地，至此，管同在強烈的對比中才將上文記述景物之中隱約其辭的義理，一語說破，「富貴固無常」，卽使有御賜墨寶、諸公題咏、石谷之圖都無法補救其衰敗的命運，而今又想用文辭塗飾爲西陂寫記，更是無濟於事。所以本文在紋議宋氏家族

的衰敗方面，還是正視現實的。

　　這是一篇無可記而記的散文，如果我們對昔日宋氏西陂之「壯景」一無所知，是無法理解此文的。過去人們對桐城文章常有輕蔑之意，這是不正確的態度。桐城文章雖有平板、陳腐的弊病，但在古文章法上也不是一無可取的，≪遊西陂記≫就有值得借鑒、學習的地方。

　　≪遊西陂記≫總的特點是：言物有序，借景喻理，語辭講究音節之美，徐婉不失其度。雖然此文記敘多而描寫少，沒能移步換形，繪景寫狀，但是文章層次井然，有序有物，由遠望而近睇，由陂外而陂內，重點突出一木一石，給人以相當清晰的印象。作者巧用景物的強烈對比，「采色參錯以成章」（陳兆麟語），在寫景之中就包含有「富貴無常」的思想。在記述的字裏行間隱藏著豐富的潛在內容，凡點到之處皆有厚實的故事為立文的根據，該省則省，該簡則簡，不作虛筆，這確是桐城文章寫實的長處。陳兆麟評其文章「敘述廉而潔，議論騫以宏」，就此文而言，「廉潔」有餘，「騫宏」不足，主要是因為其議論的題目淺陋。

　　≪遊西陂記≫極易讀誦，所謂「陳義吐辭，徐婉不失其態度」（≪與友人論文書≫），主要表現在神氣、音節上。此文語辭洗練，誦讀鏗鏘，膾炙人口，其每一語段講究提頓、委婉，收結清晰。大致上是以單詞提起，然後委婉敘來，平穩收結。如「獨近陂巨木數百株」句，「既入陂」句，「折而西」句皆如是。文章之道，管同重養氣，重剛大，「捨剛大而養氣，不可以為養氣也，捨養氣而專言為文，不可以言為文也」（≪與友人論文書≫）。因此，管同的文章在音節上是精心推敲的，所謂的陽剛之氣主要從音節中體現出來，而不僅僅在窮天地萬物之事理中溢現。

　　總之，就無可記而記的≪遊西陂記≫而言，它在古文中是值得一讀的。

　　　　　　　　　　　　　　　　　　　　　　　　　　　　　　（李　曉）

問　說　　　劉　開

　　君子之學必好問。問與學，相輔而行者也，非學無以致疑①，非問無以廣識②。好學而不勤問，非真能好學者也。理明矣，而或不達於事③，識其大矣，而或不知其細，捨問④，其奚決焉⑤？

　　賢於己者⑥，問焉以破其疑⑦，所謂「就有道而正」也⑧。不如

己者，問焉以求一得⑨，所謂「以能問於不能，以多問於寡」也⑩。等於己者，問焉以資切磋⑪，所謂交相問難⑫，審問而明辨之也⑬。《書》不云乎，「好問則裕」⑭。孟子論「求放心」⑮，而並稱曰「學問之道」，學卽繼以問也。子思言「尊德性」，而歸於「道問學」⑯，問且先於學也。

古之人虛中樂善⑰，不擇事而問焉⑱，不擇人而問焉，取其有益於身而已⑲。是故狂夫之言，聖人擇之⑳，芻蕘之微，先民詢之㉑。舜以天子而詢於匹夫㉒，以大知而察及邇言㉓，非苟爲謙，誠取善之弘也㉔。三代而下㉕，有學而無問，朋友之交，至於勸善規過足矣㉖，其以義理相咨訪㉗，孜孜焉唯進修是急㉘，未之多見也㉙，況流俗乎㉚？

是己而非人㉛，俗之同病。學有未達㉜，強以爲知，理有未安，妄以臆度㉝，如是，則終身幾無可問之事㉞。賢於己者，忌之而不願問焉；不如己者，輕之而不屑問焉；等於己者，狎之而不甘問焉㉟，如是，則天下幾無可問之人。人不足服矣，事無可疑矣，此唯師心自用耳㊱。夫自用，其小者也；自知其陋而謹護其失，寧使學終不進，不欲虛以下人㊲，此爲害於心術者大㊳，而蹈之者常十之八九㊴。

不然，則所問非所學焉：詢天下之異聞鄙事以快言論㊵；甚且心之所已明者，問之人以試其能；事之至難解者，問之人以窮其短㊶。而非是者，雖有切於身心性命之事㊷，可以收取善之益，求一屈己焉而不可得也㊸。嗟乎！學之所以不能幾於古者㊹，非此之由乎㊺！

且夫不好問者，由心不能虛也；心之不虛，由好學之不誠也。亦非不潛心專力之故，其學非古人之學，其好亦非古人之好也，不能問宜也㊻。

智者千慮，必有一失。聖人所不知，未必不爲愚人之所知也；愚人之所能，未必非聖人之所不能也。理無專在㊼，而學無止境也，然則問可少耶？《周禮》外朝以詢萬民㊽，國之政事尙問及庶人㊾。是故貴可以問賤，賢可以問不肖㊿，而老可以問幼，唯道之所成而已矣。孔文子不恥下問[51]，夫子賢之[52]。古人以問爲美德，而並不見其有可

恥焉，後之君子反爭以問爲恥，然則古人所深恥者，後世且行之而不以爲恥者多矣，悲夫⑬！

【注釋】①致疑：發現問題。②廣識：增長知識。③達：通達。④舍：除去。⑤奚：怎麼。決：判斷。⑥賢：勝過。⑦破：解除。⑧此句語出《論語・學而》。就：到，接近。正：決定是非。⑨一得：，指偶然正確的意見。語出《史記・淮陰侯列傳》：「智者千慮，必有一失；愚者千慮，必有一得。」⑩這兩句語出《論語・泰伯》。⑪切磋（ちメて）：本謂古代加工玉器的兩種方法，後喩朋友間交流學問。⑫難（ㄋㄢˋ）：提出責難或不同意見。⑬審問：仔細地訊問。明辨：明智地辨別是非。語本《中庸》：「博學之，審問之，愼思之，明辨之，篤行之，」⑭《書》：指《尚書》。「好問則裕」，語出《尚書・仲虺之誥》。裕：豐足。⑮「求放心」：語出《孟子・告子上》，「學問之道無他，求其放心而已矣。」放：放任，迷失。⑯子思：孔子的孫子，名伋（ㄐㄧˊ），孟子曾就學於他的學生。著有《子思》二十三篇，已佚。相傳《禮記》中的《中庸》一篇爲他所作。其中有「故君子尊德性而道問學」的話。道：遵循。⑰虛中：虛心。⑱不擇事：不管什麼事。⑲身：自己。⑳狂夫：狂妄的普通人。《論語・微子》中載，有「楚狂接與，唱著歌諷勸孔子，孔子下車想找他談談，他卻避開了。此句卽用其事。㉑芻蕘（彳ㄨˊ　ㄖㄠˊ）：樵夫。先民；古代賢人。此句語本《詩經・大雅・板》：「先民有言，詢於芻蕘。」㉒匹夫：普通老百姓。㉓大知：極有智慧的人。邇言：平常的意見。邇：淺近。《中庸》「舜其大知也與？舜好問而好察邇言。」㉔苟：聊且。弘：廣闊。㉕三代：指夏、商、周三個朝代。㉖勸善規過：勸導善行規誡過失。㉗義理：指儒家講求經義、探求名理的學問，後也專指宋明理學爲義理之學。相咨（ㄗ）訪：互相交換意見。㉘孜（ㄗ）孜：勤勉的樣子。唯進修是急：唯急進修。是：助詞，無義。進修：進德修業。㉙未之多見：未多見之的倒裝句。㉚流俗：世俗之徒。㉛是己而非人：以自己爲是而以別人爲非。㉜達：通達，達到一定的程度。㉝臆度（ㄉㄨㄛˋ）：猜測。㉞幾：幾乎。㉟狎（ㄒㄧㄚˊ）：親近而不尊。㊱師心自用：固執己見，自以爲是，以自己的心爲老師。㊲下人：承認自己不如別人。㊳心術：指人的品格修養。㊴蹈：陷入。㊵快：使痛快。㊶窮其短：使對方的短處暴露出來。㊷身心性命：指自身養和天性天理等，爲理學家之習語。㊸屈己：委屈自己，指求教於人。㊹幾（ㄐㄧ）：接近。㊺由：原因。㊻宜：理所當然。㊼理無專在：道理不是由某人專有的。㊽《周禮》：原名《周官》，爲儒家的經書之一。其中《秋官・小司寇》云：「小司寇之職，掌外

朝之政，以致萬民而詢焉。」爲此句所本。外朝：朝廷外面。⑲庶人：平民百姓。⑳不肖（ㄒㄧㄠ）：沒有才能的人。㉑孔文子：衞國的大夫孔圉（ㄩˇ），諡爲「文」。《論語·公冶長》中孔子解釋他爲什麼被諡爲「文」說：「敏而好學，不恥下問，是以謂之『文』也。」㉒夫子：指孔子㉓夫：語末助語，表示感嘆。

【鑑賞】本文作者劉開是清代桐城派古文的集大成者姚鼐的弟子，但他的文風不盡與姚鼐相同。他主張：「以漢人之氣體，運八家之成法，本之以六經，參之以周末諸子」。因而他的文章明白暢達，氣勢縱橫，如以姚鼐所謂的「陽剛」、「陰柔」而論，劉開的思想不脫桐城統緒，論學以宋儒爲歸，這篇《問說》中也不乏此種傾向。

所謂「說」，古代指以言詞說服對方，所以歷來將「說」歸於「論」體，《文心雕龍》就有《論說》一篇，專門研討論文和說詞，可見「說」與「論」本來是很相近的。韓愈那篇膾炙人口的《師說》，卽完全是一篇論師道的作品，這篇《問說》顯然帶有韓愈《師說》影響的痕迹，其主旨就在於論「問」的重要。

文章開門見山，起勢突兀。第一句就將全文的中心道出。「君子之學必好問」，七字簡淨明了，但它至少具有兩層涵義：一、治學者不能少問。二、學與問有著十分密切的關係。下文便由此展開，第一段強調了學與問之間相輔相成的關係：不深入地學習就不會發現問題，而不通過請教別人也就不能解決疑問，擴大知識。可見問的基礎在於學，問的結果在於獲得知識，所以問就是由學到知的橋梁，學與問也就成了一對分不開的孿生兄弟。因而作者以爲：「好學而不勤問，非眞能好學者也。」由此說明了問的重要。但也許有人要說讀書明理，可以由書中求知，不一定要請教於人。「理明矣」以下數句實際上就回答了這個問題，有時理論上已頭頭是道。但一施諸實事，卻常常扞格不通，而且書本上的知識往往是抽象的、籠統的，不能弄清其具體的細枝末節，要求得以解決，作者以爲除了請教別人外，無其他途徑。這一段充分肯定了問的作用，文字不多，觀點卻很鮮明，起到了統領全篇的作用。

第二段是借古人之言立論，引徵了儒家經典中的話來證明上述主張的正確。其內容其實未離第一句中的兩層涵義，卽首先肯定問的重要，其次說明學與問不可分割的關係。作者從問的對象來論證問之不可輕視，對象無非三類，卽超過自己的人，不如自己的人和與自己相差無幾的人。文中引用了經典中的說法，證實了這三者都有其值得請教之處，從而得出了「好問則裕」的結論「孟子論『求放心』」以下，則是以孟子和子思的言論分別指出學與問密不可分的關係，而兩人

說法的不同只在於孟子將學放在前而問放在後，子思則反是。這裏，劉開並不想論證學與問兩者前後主次的關係，而只是證明它們之間的統一和聯繫。在這一段中，作者為了證明自己觀點的正確，頻頻引徵《論語》、《詩經》、《尚書》、《孟子》和《禮記》，可見他對儒家經書的諳熟和對義理的深究。

如果說第二段是借古人之言來論證問的重要，那麼第三段則是舉古人的例子為榜樣來說明問是古聖賢的美德。孔子自己就說過「三人行，必有我師焉」的話，《論語》中記載他曾想與楚國的狂人接輿交談，又使子路向路邊耕地的長沮、桀溺問津，派子路去訪荷蓧丈人等事，都說明他的不恥下問；《孟子》上說舜善於聽取別人的意見，「樂取於人以為善」所以這裏取了孔子、大舜及《詩經》中所說的「先民」的例子，表明古代的聖人都「不擇事而問」、「不擇人而問」，並不以自己知識的豐富和地位的顯耀而恥於問人。「三代而下」數句以後世風俗不如上古為憾。對後世風俗的不滿可概括成一句話——「有學而無問」，因此朋友之間只停留在勸善規過等事上，至於互相切磋義理，以期於進德修業就不多見了。至此，讀者可以明了為什麼劉開再三強調學與問不可割裂的原因了，因為在他看來，學與問的脫節，便是世風趨下的表現。然而，「有學無問」，尚且不可厚非；「況流俗乎」四字帶出下文，則轉入對世俗之徒的批評。

對世俗之徒不能虛心求問的原因，作者在「事」（問的內容）和「人」（問的對象）兩方面痛下針砭。由「事」而言，世人都只看到自己的正確，即使學識很淺陋，卻也故意裝出飽學的樣子；討論問題論據未足，卻妄加猜測，這樣自然就永遠沒有「事」可問。由「人」而言，世人對比自己強的人心中懷著妒忌；對不如自己的人則加以輕視；對和自己差不多的人則雖來往親近而不甘求教，這樣天下就沒有「人」可問了。這一段與上文古人的「不擇事而問」、「不擇人而問」形成了鮮明的對照，可見作者精心結撰的匠心。「人不足服矣」以下，指出恥於問人的危害，「寧使學終不進，不欲虛以下人」，這種犀利的諷刺，頗有針砭世風，震動人心的作用。

「不然」一段進一步詆訾世人的不願虛己從人，其立論的基礎也還是學與問二者的統一，批評了世人的「所問非所學」，他們津津樂道的只是談論異聞鄙事，無關學問行身的宏旨，甚至將一些已經明了的事去故意考考對方，或者出些十分困難的問題想把對方難倒，否則的話，即使有益於自己修養品德、有關天性天理的重要問題都不顧屈尊一問，作者以為時人學識不能達到古人的水平，其原因即在於此。

「且夫」一段，剖析了「不好問者」的根本原因。由「心不能虛」推到「好

學之不誠」，再由「學之不誠」歸結到「其學非古人之學」。劉開所謂的「古人之
學」顯指傳統的經學和宋儒的理學，所以歸根結蒂是要「好古人之所好」，也就
是要以儒家學說爲根源，這就顯露了劉開宗儒衞道的理學家實質。這一段尋根究
底的推斷猶如醫家對病情症結的說明，而最後一段則是他開列的一張救世良方。

　　在最後一段中，劉開重申了前文所論述的主張。以爲「貴可以問賤，賢可以
問不肖，而老可以問幼，唯道之所成而已」。因此強調了爲學決不能少問，應學
習和發揚古人以問爲美德的精神，再一次慨嘆了世人以問爲恥的陋習。

　　此文作爲一篇典型的議論文，全文觀點鮮明、論據充分、結構謹嚴、條理清
晰，頗合乎桐城派古文家「有物有序」的原則。從「有物」的角度而言，文章的
宗旨在恢復上古不恥下問的習尚，同時指責時弊，頗具現實意義。且立論精嚴，
強調學與問的關係，可謂發前人所未發。至於其中的道學家習氣，在今天看來自
然是應剔除的糟粕。從「有序」的角度而言，本文章法細密，層層展開，面面俱
到，前後照應，有開有合，持論有故，一絲不紊。如首段破題，立論明確，戞戞
獨造，純用自己的語言道出一篇大意，第二段才引證前人之言，說明己言不虛，
這就很合乎一般論文開頭的要求。林紓在《 春覺齋論文 》中講到文章的起勢時
說：「論說雜著，忌引古作者陳言及成句起：此淺而易喩者也。」可見如將本文第
一、第二段的位置對換，就犯了林紓所說的忌諱，由此可知劉開在文章的結構上
是精心安排的。總之，對今天的讀者來說，此文在思想意義和散文藝術上，都還
有其可以借鑑的價值。

　　　　　　　　　　　　　　　　　　　　　　　　　　　　（王鎭遠）

病梅館記　　　　龔自珍

　　江寧之龍蟠①，蘇州之鄧尉②，杭州之西溪③，皆產梅。

　　或曰：梅以曲爲美，直則無姿；以欹爲美④，正則無景；梅以疏
爲美，密則無態，固也。此文人畫士，心知其意，未可明詔大號⑤，
以繩天下之梅也⑥。又不可以使天下之民，斫直⑦、刪密、鋤正⑧，
以夭梅⑨、病梅爲業以求錢也。梅之欹、之疏、之曲，又非蠢蠢求錢
之民⑩，能以其智力爲也⑪。有以文人畫士孤癖之隱⑫，明告鬻梅

者：斫其正，養其旁條；刪其密，夭其稚枝⑬；鋤其直，遏其生氣⑭，以求重價⑮，而江、浙之梅皆病。文人畫士之禍之烈至此哉⑯！

予購三百盆，皆病者，無一完者。既泣之三日，乃誓療之，縱之⑰，順之。毀其盆，悉埋於地，解其棕縛⑱。以五年爲期，必復之全之⑲。予本非文人畫士，甘受詬厲⑳，闢病梅之館以貯之㉑。

嗚呼！安得使予多暇日，又多閑田，以廣貯江寧、杭州、蘇州之病梅，窮予生之光陰以療梅也哉㉒！

【注釋】①江寧：清代江寧府，今南京市。龍蟠：龍蟠里，在南京清凉山下。②鄧尉：山名，在蘇州西南，傳說漢代有個叫鄧尉的曾隱居於此，故得名。③西溪：杭州市靈隱山西北。④敧（ㄑㄧ）：横斜。⑤詔：告。⑥繩：衡量。⑦斫（ㄓㄨㄛˊ）：砍⑧鋤：鏟除。⑨夭：指殘害。⑩蠢蠢：愚昧無知。蠢蠢求錢之民：這裏指梅農。⑪爲：辦到。⑫孤癖：奇特的嗜好。隱：心理。隱情。⑬稚枝：幼枝。⑭遏：阻止，妨害。⑮重價：高價。⑯烈：酷暴。⑰縱之：解放它，讓它自由地生長。⑱解其棕（ㄗㄨㄥ）縛：解除在它身上的棕繩束縛。⑲復之全之：恢復它自然的形態，保全它的生機。⑳詬厲：辱罵，斥責，憎惡。㉑闢：開設。㉒窮：竭盡。

【鑑賞】《病梅館記》又題《療梅說》，是龔自珍的散文代表作。它寫江南梅樹因受人工的束縛而變爲病態畸形，借以控訴封建統治者禁錮思想，扼殺人才的罪惡。它寫闢病梅館療救病梅，借以抒發解放人才和個性自由的理想。

文章開頭點出三個著名的產梅勝地：一是「江寧之龍蟠」；二是「蘇州之鄧尉」；三是「杭州之西溪」。三地「皆產梅」，至於是什麼樣的梅花，這裏暫且不作交代，留到下面再說。這句是作一個引子，由「梅」引出「病梅」。

或曰：梅以曲爲美，直則無姿；以敧爲美，正則無景；梅以疏爲美，密則無態，固也。

這一段轉述有人對梅花的一種審美標準，就是以彎曲稀疏的樣子爲美，以挺直繁密的形態爲醜，一句話就是頌揚梅花的病態美，而且認爲這是天經地義，理所當然的。這種人既然以病態爲美，就必然以這樣的審美標準來要求和改造梅花，於是梅花就不得不病了。這層意思雖然沒有明說，卻隱伏在字裏行間。「以曲爲美，直則無姿；以敧爲美，正則無景」；「以疏爲美，密則無態」，六個短句

排比而下，最後「固也」作一總結，句式駢散結合，在整齊中寓有變化。這一段先把頌揚病梅的論調擺出來，便於下文追究禍根，進行針鋒相對的批駁。

此文人畫士，心知其意，未可明詔大號，以繩天下之梅也。又不可以使天下之民，斫直、刪密、鋤正，以夭梅、病梅爲業以求錢也。梅之欹、之疏、之曲，又非蠢蠢求錢之民，能以其智力爲也。

這一段針對上述那種以病態的審美觀欣賞梅花的謬論，尖銳地指出：這種論調來自文人畫士們，他們心裏很清楚自己的眞正用意，但不便公開明白地大聲號召，讓別人根據他們的標準來衡量天下的梅花。又不能使天下的老百姓爲了賺錢，而按照他們的心意去改造梅花。「梅之欹、之疏、之曲，又非蠢蠢求錢之民，能以其智力爲也。」指出梅花這種歪斜、稀疏、扭曲的所謂病態美，不是糊塗而想賺錢的普通老百姓所能動腦筋做出來的。言外之意是：這都是文人畫士們幹的。這一段一共用了三個長句提頓蓄勢，「未可」、「又不可」、「又非」三詞，分別領起了三層意思，相承相轉，一波三折，爲下文作了很好的鋪墊。於是，下文便痛斥文人畫士的禍害，竟達到如此嚴重的程度！作者的憤慨和感嘆是強烈而深長的。他痛恨文人畫士把好端端的梅花弄成這般模樣，又感嘆迎合求利的小市民如法炮製，趨之若鶩。兩下裏一拍卽合，雙方各遂其願，而遭殃的卻是梅花。

如果說「文人畫士」是罪魁禍首，培植和出賣病梅的商人，以及把文人畫士的隱秘透露給商人的代言人，則是一伙爲虎作倀的幫凶了。這裏作者表面上是在說病梅的禍始者、宣揚者和炮製者，實際上，矛頭指向扼殺人才、禁錮思想的清朝統治者和他們的大小奴才。用的是一種寓言式的隱喻手法，在抨擊病態審美觀的表面文章下，包孕着深刻而尖銳的社會政治內容。

從行文看，「斫其正，養其旁條」，回應前文「以欹爲美，正則無景」；「刪其密，夭其稚枝」，回應前文「以疏爲美，密則無態」；「鋤其直，遏其生氣」，回應前文「以曲爲美，直則無姿」；前後相承，文脈細密。同時，這幾個短句，隔句相對，蟬聯而下，構成了一種摧殘梅樹的連續動作，生動地寫出賣梅求利的商人投文人畫士之所好，急忙下手，迫不及待的神態。「江、浙之梅皆病」，則回應開頭「江寧之龍蟠，蘇州之鄧尉，杭州之西溪，皆產梅」一句，慨嘆產梅勝地的梅樹，全都成爲病梅了。「皆產梅」和「梅皆病」的兩個「皆」字，遙相呼應。語句十分沉痛，因此接下來的一句「文人畫士之禍之烈至此哉！」也就更顯得悲憤滿腔，痛恨不已。

下一段寫作者痛慨於病梅，就多方購買，開闢病梅館來收藏，發誓治好病梅，恢復它的天性。「泣之三日」，是爲病梅而哭，也是爲天下受迫害和遭禁錮的

人才一灑同情悲悼之淚。但是作者不是以一哭了之，而是哭過之後，立即付諸行動。「乃誓療之，縱之，順之。毀其盆，悉埋於地，解其棕縛。以五年爲期，必復之全之。」這幾句一氣呵成，節奏急促，寫出作者憂心如焚，急於療救病梅的心情。它與描寫賣梅求利的商人「斫其正，養其旁條；刪其密，夭其稚枝；鋤其直，遏其生氣，以求重價」那一段，正反相照，針鋒相對。作者明白宣告：自己「本非文人畫士，甘受詬厲」，就是甘願受到這伙人的譏諷和辱罵，決心反其道而行之。他的方針是：「療之，縱之，順之」，讓它自然地生長；作者所採取的具體措施是：「毀其盆，悉埋於地，解其棕縛」；他的目標是：「以五年爲期，必復之全之。」一定要恢復梅花的本來形態，保全它的天然生機。爲達到這個目的，他「闢病梅之館以貯之」。作者的決心很大，「乃誓療之」、「必復之全之」，一個「誓」字，一個「必」字，表示斬釘截鐵，毫不動搖。這一段分作幾層意思，逐次寫來，顯出治療病梅的方針明確，措施得當，目標切實。文章也寫得縱橫奔放，一氣貫注，有銳不可當的氣勢。

　　最後一段，文情一轉，由決心治療病梅，轉發感慨，這就是由於時間和條件的限制，不能使江浙一帶的所有病梅都得到療救。爲此作者說：唉！怎麼能夠讓我有充分的空閑和多餘的土地，來廣泛地收藏南京、杭州、蘇州的病梅，盡我一生的光陰來從事療救病梅的工作呢！這個結尾，使人想到詩人杜甫在《茅屋爲秋風所破歌》中那個不可能實現的宏願：「安得廣廈千萬間，大庇天下寒士俱歡顏。」龔自珍的感嘆，反映出封建末世政治的黑暗和腐敗，以及人才遭到禁錮、扼殺的普遍性和嚴重性。積重難返，依靠個別人的呼號和努力是無濟於事的。作者在《乙丙之際著議第九》一文中指出：到了世道衰落的時候，一旦有才能的人出現，許多不才的人就來監督、扼殺他們，扼殺他們的「能憂心，能憤心，能思慮心，能作爲心，能有廉恥心，能無渣滓心」，使大家沒有憂憤，沒有思想，沒有作爲，沒有廉恥，沒有是非，渾渾噩噩，麻木不仁。作者指出，處在這樣的狀態下，「亂亦竟不遠矣！」社會的動亂和變革也即將到來。這些話很可以與這篇文章相互參照。作者目擊衰世人情，滿懷憂慮，面對萬馬齊喑的死寂局面，他曾經大聲疾呼「不拘一格降人才」，但是反響很小。封建末世必然沒落的歷史命運，已經不可挽回了。像龔自珍這樣少數有識之士，顯然有志救世，卻無力補天；因而他的慨嘆，也必然帶有無可奈何的悲涼色彩。

　　這篇文章，寓意深刻，感慨蒼涼，具有龔自珍文風的鮮明特色。全文通過文人畫士欣賞病梅，投其所好的人炮製病梅，以及作者療治病梅等幾層意思，反復映照，用筆曲折奇詭，跌宕有致；結尾點出心有餘而力不足，則透露了這篇短文

的時代背景，哀音回蕩，更見出作者思想的深沉清醒和行文的開合頓挫之美。

（吳戰壘）

己亥六月重過揚州記　　龔自珍

　　居禮曹①，客有過者曰：卿知今日之揚州乎？讀鮑照《蕪城賦》，則遇之矣。余悲其言。明年，乞假南游，抵揚州。屬有告糴謀②，舍舟而館。

　　既宿，循館之東牆，步游得小橋，俯溪，溪聲讙③。過樹，遇女牆齾可登者④，登之，揚州三十里，首尾屈折高下見⑤。曉雨沐屋⑥，瓦鱗鱗然，無零瓽斷甓⑦，心已疑禮曹過客言不實矣。

　　入市，求熟肉，市聲讙。得肉，館人以酒一瓶、蝦一筐饟⑧。醉而歌，歌宋元長短言樂府⑧，俯窗鳴鳴，驚對岸女夜起，乃止。

　　客有請弔蜀岡者⑨，舟甚捷，帘幕皆文繡⑩，疑舟窗蠡殼也⑪，審視⑫，玻璃，五色具⑬。舟人時時指兩岸曰：某園故址也，某家酒肆故址也，約八九處，其實獨倚虹園圮無存⑭。曩所信宿之西園⑮，門在，題榜在，尚可識，其可登臨者尚八九處。阜有桂⑯，水有芙蕖菱芡⑰，是居揚州城外西北隅，最高秀。南覽江，北覽淮⑱，江淮數十州縣治，無如此治華也⑲。憶京師言，知有極不然者。

　　歸館，郡之士皆知余至，則大讙⑳。有以經義請質難者，有發史事見問者，有就詢京師近事者，有呈所業若文、若詩、若筆、若長短言，若雜著、若叢書，乞為敘、為題辭者，有狀其先世事行乞為銘者㉑，有求書冊子、書扇者，填委塞戶牖㉒，居然嘉慶中故態㉓。誰得曰今非承平時邪㉔？惟窗外船過，夜無笙琶聲，既有之，聲不能徹旦。然而女子有以梔子華髮為贄求書者㉕，爰以書畫環瑱互通問㉖，凡三人，凄馨哀艷之氣，繚繞於樹亭艦舫間，雖淡定㉗，是夕魂搖搖不自持。

　　余旣信信㉘，拿流風，捕餘韵㉙，烏睹所謂風嘷雨嘯、飃狖悲、鬼神泣者㉚？嘉慶末，嘗於此和友人宋翔鳳側艷詩㉛，聞宋君病，存亡弗可知，又問其所謂賦詩者，不可見，引爲恨。

　　臥而思之，余齒垂五十矣㉜，今昔之慨，自然之運，古之美人名士富貴壽考者，幾人哉？此豈關揚州之盛衰，而獨置感慨於江介也哉㉝！抑予賦側艷則老矣，甄綜人物㉞，蒐輯文獻，仍以自任，固未老也。天地有四時，莫病於酷暑㉟，而莫善於初秋，澄汰其繁縟淫蒸㊱，而與之爲蕭疏淡蕩、泠然瑟然㊲，而不遽使人有蒼莽寥泬之悲者㊳，初秋也。今揚州，其初秋也歟？予之身世，雖乞糴，自信不遽死，其尙猶丁初秋也歟？作《己亥六月重過揚州記》。

【注釋】①禮曹：禮部的各司。這裏指禮部主客司。②屬（ㄓㄨˇ）：正趕上。告糴：向人借糧。謀：打算。③譁：同「喧」，喧嘩。④女牆：城牆上之矮牆。齾（ㄋㄧㄝˋ）：這裏指缺口。⑤見：同「現」。⑥沐：沖洗。⑦甃（ㄓㄡˋ）、甓（ㄆㄧˋ）：磚瓦。⑧長短言樂府：指長短句，也就是詞。⑨弔：弔古。蜀岡：在今揚州市西北近郊。⑩文繡：繡著花紋。⑪蠡殼（ㄎㄨ）：這裏指貝殼。⑫審視：仔細看。⑬具：具備。⑭倚虹園：元代崔伯亨花園。圮：坍塌。⑮曩：過去。信宿：連宿兩夜。西園：揚州園林之一，在蜀岡法淨寺西。⑯阜：土山。⑰芙蕖：荷花。菱：菱角。芡：俗名「雞頭」。⑱江：長江。淮：淮水。⑲州縣治：州城、縣城。華：繁華。⑳譁：此同「歡」。㉑狀：寫成「行狀」。先世：先輩。事行：事迹行爲。乞爲銘：謅求爲他們作碑銘。㉒塡委：擁擠的樣子。戶牖：門窗。㉓嘉慶：清仁宗年號。態：社會風習。㉔承平：太平。㉕華髮：應爲華鬢。贄：初見送禮。㉖環瑱：首飾。互通問：互通音問。㉗淡：淡泊。定：穩定。㉘信信：住了四宿。㉙流風：前代流傳下來的風習。餘韵：餘音。㉚飃：黃鼠狼。狖：猿類。㉛宋翔鳳：字虞廷，長洲（今江蘇吳縣）人，今文經學家。側艷詩：指艷情詩。㉜齒：年齡。垂：將近。㉝江介：江邊，這裏是指揚州。㉞甄：甄別。㉟病：難受。㊱澄汰：澄清、淘汰。繁縟：雜亂。淫蒸：濕熱。㊲泠：清涼。瑟：蕭索。㊳遽：頃刻。蒼莽：迷茫空闊。寥泬（ㄒㄩㄝˋ）：空曠蕭條。

【鑑賞】處於十九世紀上半紀大轉折時代的晚淸思想家、文學家龔自珍，具有驚

人的洞察力。盡管在1840年鴉片戰爭以前，清王朝早已百孔千瘡，可那些昏聵糊塗、從來不曾睜開眼睛看世界的人們，還經常以「天朝」的繁榮昌盛自詡。爲此，龔自珍對他們展開了尖刻的諷刺和批判，有所謂「秋氣不驚堂內燕，夕陽還戀路旁鴉」之句（《逆旅題壁》）。特別是在他自賞爲「高文」的那一篇含意深刻、筆鋒銳利的《尊隱》中，就更一針見血地指出，當時王朝已經決不是什麼「盛世」，而是「日之將夕，悲風驟至」的「衰世」。甚至我們還可以擴而大之地說，龔自珍的極大多數詩文，都在不同程度上表現了一種時代敏感和對家國的關注。唯其關注愈深，故敏感愈顯，而出於敏感所引起的對現實的關注，就更體現爲愛國主義精神的崇高和革新政治願望的熾烈。

這篇《重過揚州記》是一篇抒情記事散文。表面看來，它寫的只是身邊瑣事，最多也不過爲揚州一個地方的盛衰發抒感情，好像不涉及什麼時代感問題。其實不然。它的最大優點是由小見大，從揚州的由盛轉衰寫出整個時代的由盛轉衰，特別是通過以今文經學爲指導思想觀察現實的深微感受，來描寫這一種世運潛移；通過士大夫階層的消沉、索寞的精神狀態，來反映他們所面對的時代和難以擺脫的苦悶，使人們了然於那一個「忽忽中原暮靄生」的清王朝慘景。

揚州，自古是一個歷史名城，曾經爲不少文人所艷稱；同時由於歷遭兵禍，幾經興廢，也更易於引起他們的懷古傷今之情。鮑照的《蕪城賦》，姜夔的《揚州慢》，可以說是其中的代表作。龔自珍這篇散文，寫於清宣宗道光十九年己亥（1839），正是鴉片戰爭前夕，和著名的《己亥雜詩》的創作同在一年，也同樣反映了中國歷史上一個處於巨大轉折的飄風急雨的時代。

龔自珍由於力圖革新，抨擊時政，早就引起他的長官和當權者的深重忌恨，飽受排擠和打擊。爲免遭可能出現的不虞之險，他決定辭官歸隱，於道光十九年四月二十三日出都，七月九日返抵故鄉杭州。途中經過揚州小留，時值初夏。他拜訪了退居在家的前大學士阮元，並且和在揚的一些學者、文人，如校勘家兼詞人秦恩復、史地學家兼文學家魏源、算天學家陳杰、探花及第的名流謝增、經學家兼文學家劉寶楠、《左傳》研究專家劉文淇、西北地理研究專家楊亮等人談藝論學，極一時之盛，這是他深感歡欣的。可與此同時，他也隱隱地發出興衰之嘆。所謂興衰，當然不局限於揚州一地，而是意味着關乎國家世運的巨大變化。在《己亥雜詩》中有這麼一首，是爲揚州詞人秦恩復而寫的，大可以道出此中消息。不妨參看：

　　　　蜀岡一老抱衰弦，閱盡詞場意惘然。絕似琵琶天寶後，江南重遇李龜年。

有人認爲龔自珍把會見秦恩復與杜甫在天寶年間重逢著名樂師李龜年相比，擬不於倫，其實大大不然。杜甫《江南逢李龜年》詩所說的「正是江南好風景，落花時節又逢君」，主要是發抒天寶亂後的滄桑之感，深慨於昔日的文采風流，如煙如夢。龔自珍重過揚州的時代，當然不同於天寶之亂，但杜甫有感於開元盛世的消逝，和龔自珍有感於乾嘉盛世的消逝，從歷史的巨大轉折這一點來說，兩位詩人的感情確有其相似之處。也正因爲這樣，我們對龔自珍重過揚州時心情的理解，便應該把握這一個契機：哀時傷世之情。龔自珍從天寶亂後唐王朝的大地瘡痍，想到清王朝的危機四伏，再從杜甫的關山戎馬，漂泊流離，想到自己的「吟鞭東指」與「浩蕩離愁」，這一種身世的聯想是很自然的；特別是他點明「絕似」二字，就更突出了詩人對國運衰頹的清醒認識，包括秦恩復的感慨，也包括他和秦重逢時的感慨，恰似重丁天寶。因此，詩人眼中的國運衰頹和時代轉折，可以說是《重過揚州記》一文的思想關鍵。

　　文章一開頭，第一段中的寥寥數語，是從詩人寄寓北京時聽到一個朋友的閑話引起的：

　　　　卿知今日之揚州乎？讀鮑照《蕪城賦》，則遇之矣。

用《蕪城賦》來說明當時揚州的面貌，自然是指那種直觀千里，惟見黃埃的荒涼景象。龔自珍聽了後是怎樣呢？他說：「余悲其言」。簡單概括，寥寥四字；但更重要的只有一個字：悲。它籠罩全文，爲揚州、也爲清朝的季世奠定了基調。從思想內容說，這是作者的衰世之感。從文章開頭說，這是以飄風驟雨的方式突出本題，乾淨利落。好像一座陡削的山峰巍然兀立，既沒有濃蔭掩蔽，也沒有羣山襯托，峻峭之至。龔自珍說他自己是「憂天如杞人」（《乞糴保陽》），這就是本文能抓住衰世脈搏的思想根源。龔自珍的爲人目光如炬，踔歷鋒發，亦狂亦俠，這就是本文論斷犀利、波瀾迭起，顯示其峻峭特色的根源。文如其人，確有至理。

　　爲了勾畫出一幅重過揚州圖，顯示其鍾虡蒼涼之思，這篇文章自始至終扣緊了他對當前揚州的觀感，一步緊似一步地把筆鋒推進，終於證實了揚州確已衰落。盡管當時還是炎夏，但他已經感到初秋的徵兆。最初的印象是，從表面看來並不衰落；接着進而說是充滿繁華；再次，又肯定其無異於承平景象。層層舖墊，層層反襯，最後終於出現了一個大幅度的轉折：結合自己的消沉心境，抒寫昔日揚州的文采風流今已寥落，不過卻還沒有達到「使人有蒼莽寥泬之悲」的程度，而是一種「初秋」景象。前面大半部文章，寫不信其寥落，分明是「抬」揚州；後面小部分文章是寫出寥落，則又是使揚州下「跌」。抬得愈高，跌得愈重，

正反分明。初秋的衰世，被這一位睥睨一世的驚才活脫地寫出了。奇峰突起處是言悲，結尾不言悲而悲愈甚。一縱一擒，捉摸不定，確乎是使人目眩神迷，深感其亦險亦峭。

作爲衰落反襯的筆墨包括三層。第一層從「明年，乞假南游」起，到「心已疑禮曹過客言不實矣」止，主要描敍小橋溪聲之歡和登上女牆眺望，看到屋宇的整秩這兩個方面。這是從市容所見的揚州印象，認爲「蕪城」之說並不可靠。第二層從「入市，求熟肉」起，到「憶京師言，知有極不然者」止，主要描敍了這幾個方面：飲酒、供應，比較豐碩；醉哢高歌，興致甚豪；遊船布置精美，瘦西湖兩岸園林完好可遊，在江淮間堪稱「冶華」之冠。第三層從「歸館」起，到「誰得曰今非承平時邪」止，主要描敍慕名而來求文索書的人極多，顯示一派太平景象。這三層次序是按照時間排列的，但其側重點各有不同。第一層寫登高縱覽，「揚州三十里」的城牆和「鱗鱗」屋瓦，形成一幅鳥瞰圖，恰好作爲序幕。第二層由揚州城坊轉到湖上，而以湖上爲主，突出這一帶水鄉風物和園林之勝。第三層，利用湖遊歸館，作爲時間線索，運用大量排偶（前面是「若」，後面是「有……者」），以短促的節奏、簡捷的勾勒，描述了依然乾嘉盛世之風的騷人墨客以文會友的勝事。

經過以上三層反襯，當讀者耳邊還留下餘音裊裊時，我們卻又聽到作者引爲遺憾的聲音了：「惟窗外船過，夜無笙琶琵聲，卽有之，聲不能徹旦。」這恰是境界轉折的開始。緊接着，他又點出自己和前來求書的幾位女子互通音問一節，揭示出一種「凄馨哀艷」之情。措詞含糊，女子是誰？不得其詳。可能是指「能令公惱公復喜」的小雲一類妓女，也可能是指因愛其詩文而向他抒發衷心感喟的大家閨秀。從她們的遭遇中，甚或從她們的詩文中，作者看出她們的才華和傲骨，特別是從她們的「鳳泊鸞飄」的生活中引起他對那一個腐朽時代的窒塞之感。小雲不同於一般妓女，有人訪她三次不見。爲此，龔自珍激賞其爲「非將此骨媚公卿」，說明在敬重的同時，就不免爲美人的滄落而愈加感到公卿的可鄙，同時也就不免更感到「罡風力大簸春魂」之可憤了。這是從「美人」一方面來寫揚州衰世。不僅如此，下面作者還又從「名士」方面下筆來寫衰世。原來他到揚州後，想起了過去曾經與友人宋翔鳳有過唱和的往事。加上他聽到這位遠方的友人生病，深以爲念，甚至關心到他的生命。其實宋卒於咸豐十年(1860)，比龔自珍的故世要晚十九年。他對宋這樣地關切、憂煩，並且還從彼此交遊引起無限的「今昔之慨」，甚至聯想到揚州以至國運的盛衰，決非偶然。這正因爲，宋翔鳳是今文學派的健將，在學以經世這一個根本問題上，他和龔自珍是志同道合的，所以

在《己亥雜詩》中對他作出極高的評價，稱其爲「樸學奇才」，而在這篇文章中則又拓而廣之，抒發了對人生「壽考」問題的感嘆，有感於學人的投老，又復身丁季世。總之，不管「美人」或「名士」，這兩方面都給龔自珍帶來寥落的心情，如《己亥雜詩》中所寫：「七里虹橋腐草腥，歌鍾詞賦兩飄零。」一詩一文，恰可互爲印證。「腐草腥」表面好像只是指揚州的荒廢，但其實，分明意味着整個江山的荒廢，也就是他說的「頹波難挽」的「自然之運」。這一來水到渠成，結論有了：

　　　今揚州，其初秋也歟？

不僅揚州，文章結尾還又補上一筆：

　　　予之身世，雖乞糴，自信不遽死，其尙猶丁初秋也歟？

衰世，使人憂心鬱勃。然而，對龔自珍這一個倔強的人說來，他雖有悲秋之意，但卻並不同於歐陽修聽到秋聲後的淒淒戚戚。他既有「蕪城」的「秋意」，但與此同時，卻也看到初秋有「蕭疏淡蕩」、使人神爽氣淸的一面。更值得注意的是他毅然表示，雖說向人告貸，但決不會很快就死。他堅信自己要活下去。這種凜然不可犯的風操，在結尾寥寥數句中就已表現得神采奕奕了。你看，「初秋」的一再重迭，「其……也歟」的一再反問，從揚州的初秋一轉而爲自己的身逢初秋，轉折得陡峭而又飄忽。這些都可以看出龔自珍的峻潔之筆，確如他自稱的「風雷老將」其人，因而這篇文章所反映的揚州以至整個世運的盛衰、蒼涼寥落中透露出「少年擊劍更吹簫」的雄談、狂態。

　　　　　　　　　　　　　　　　　　　　　　　　　　（吳調公）

附　　錄

古文作者小傳

墨子（約前 468——前 376）　春秋戰國之際思想家、政治家，墨家的創始人。名翟。相傳原爲宋國人，後長期住在魯國。主張「兼愛」、「非攻」、「節用」、「非樂」、「尚賢」。現存《墨子》五十三篇。

孟子（前 372——前 289）　戰國時思想家、政治家、教育家。名軻，字子輿。鄒（　今山東省鄒縣東南　）人。受業於子思的門人，歷遊齊、宋、滕、魏等國，嘗爲齊宣王客卿。力主行仁政。被認爲是孔子學說的繼承者，有「亞聖」之稱。著作有《孟子》。

莊子（約前369——前286）　戰國時哲學家。名周，宋國蒙（今河南省商丘縣東北）人。著作有《莊子》。《漢書·藝文志》著錄《莊子》五十二篇，但留下來的只三十三篇。其中內篇七篇，一般認定爲莊子著。外篇雜篇可能攙雜有他的門人和後來道家的作品。

列子　即列御寇，相傳戰國時道家。亦作圄寇、圉寇。鄭人。

孫子　春秋時兵家。字長卿，齊人。曾以《兵法》十三篇見吳王闔閭，被任爲將，率吳軍破楚入郢。著作有《孫子兵法》，爲中國最早最傑出的兵書。

荀子（約前313——前238）　戰國時思想家、教育家。名況，時人尊而號爲「卿」。趙國人。遊學於齊，後三爲祭酒。繼赴楚國，任蘭陵令，著書終老其地。著作有《荀子》。

韓非（約前 280——前 233）　戰國末期哲學家，法家的主要代表人物。出身韓國貴族，與李斯同師事荀況，秦王政讀其書而慕之，乃急攻韓，韓非使秦不反，不久因李斯、姚賈陷害，自殺於獄中，著作有《韓非子》。

宋玉　戰國楚辭賦家。後於屈原，或稱是屈原弟子，曾事頃襄王。傳世有《九辨》、《風賦》、《高唐賦》、《神女賦》等作品。

李斯（?——前208）　秦代政治家。楚上蔡（今河南省上蔡西南）人。從學於荀況。戰國末入秦，初爲呂不韋舍人，後被秦王政任爲客卿，爲秦王策劃兼併六國。秦統一六國後，任丞相。始皇死後，與趙高同謀立二世胡亥。後爲趙高所

忌，被殺。著有《諫逐客書》和《蒼頡篇》（今佚，有輯本）。

賈誼（前200——前168）　西漢政論家、文學家。洛陽（今河南省洛陽東）人。時稱賈生。十八歲時，以才高爲郡人所稱譽。廷尉吳公薦於文帝，被任爲博士。不久遷太中大夫，爲大臣周勃、灌嬰所排擠，出爲長沙王太傅。後爲梁懷王太傅。年三十三而卒。原有集，已佚，今人輯有《賈誼集》，包括《新書》十卷。

晁錯（前200——前154）　西漢政論家。潁川（今河南省禹縣）人。初從張恢學申不害、商鞅的學說。文帝時，任太常掌故，後爲太子家令。景帝卽位，任爲御史大夫。主張削藩，得到景帝采納。不久，吳楚七國以誅晁錯爲名，發動叛亂；晁錯爲袁盎等所譖，被殺。《漢書·藝文志》法家有《晁錯》三十一篇，今有清代馬國翰等人輯本。

枚乘（?——前140）　西漢辭賦家。字叔，淮陰（今屬江蘇省）人。初爲吳王濞郎中，時濞欲反，乘上書勸阻，不聽，遂去爲梁孝王客。吳楚七國反時，再上書勸濞罷兵，又不聽。武帝卽位後，以安車蒲輪徵入京，死於途中。有賦九篇，今存《七發》等三篇。近人輯有《枚叔集》。

鄒陽　西漢文學家。齊（郡治在今山東省東部）人。初從吳王濞，有《上吳王書》，勸濞勿叛漢，不聽。後去爲梁孝王客，被讒下獄，被釋後，爲梁王上客。所作散文，有戰國遊士縱橫善辯之風。

司馬相如（前179——前117）　西漢辭賦家。字長卿，蜀郡成都（今屬四川省）人。景帝時爲武騎常侍，因病免。去梁，從枚乘等遊，後被武帝賞識，用爲郎。曾奉使西南，後爲孝文園令。明人輯有《司馬文園集》。

司馬遷（約前145或前135——?）　西漢史學家、文學家和思想家。字子長，夏陽（今陝西省韓城南）人。司馬談之子，早年遊踪遍及南北，考察風俗，採集傳說。初任郎中，元封三年（108）繼父職，任太史令，得讀史官所藏圖書。太初元年（前104）與唐都、落下閎等共訂太初歷。後因替投降匈奴的李陵辯解，得罪下獄，受腐刑。出獄後任中書令，發憤繼續完成所著史籍。人稱其書爲《太史公書》，後稱《史記》，是我國最早的通史，開創了紀傳體史書的形式。

褚少孫　西漢史學家。潁川（今河南省禹縣）人。元帝、成帝時博士。一說宣帝時博士。居沛。曾補過司馬遷的《史記》。明人輯有《褚先生集》。

楊惲（?——54）　西漢華陰（今屬陝西省）人，字子幼。司馬遷外孫，習《太史公書》，好史學。宣帝時，任左曹，因告發霍氏謀反，任中郎將，封平通

侯。後以過失免爲庶人，在與友人孫會宗書中表示不滿，被治罪腰斬。

揚雄（前53──後18）　一作楊雄。西漢文學家、語言學家。字子雲，蜀郡成都（今屬四川省）人。成帝時爲給事黃門郎。王莽時，校書天祿閣，官爲大夫。明人輯有《揚子雲集》。

朱浮（約前6──約公元66）　字叔元，沛國蕭（今安徽蕭縣）人。博學多才，初從光武帝爲大司馬主簿，後爲大將軍幽州牧守薊城。薊城失陷。劉秀因朱浮是開國功臣，未予重罰，降職爲執金吾。後官至司空。光武帝死，明帝卽位，被人控告處死。

班彪（3──54）　東漢史學家。字叔皮，扶風安陵（今陝西省咸陽東北）人。年二十，逢漢季衰亂，隗囂擁兵天水，他避難相隨，著《天命論》，喩以復興漢室。隗囂不聽。後至河西，爲大將軍竇融從事。建武初，舉爲茂才，授徐令。因病免官。他專力從事史學，以《史記》所記事實，止於武帝太初年間，乃重新收集史料，作《史記後傳》數十篇，由其子班固、女班昭按斷代體例續成《漢書》。彪後爲司徒玉況府屬官，位終望都長。

王充（27──約97）　字仲任，會稽上虞（今屬浙江省）人。出身「細族孤門」。少游洛陽太學，曾師事班彪，歷任郡功曹、治中等官，後罷職家居，從事著述。漢章帝特詔公車徵，病不行。一生盡力於反對宗教神秘主義和目的論，捍衛和發展了古代唯物主義。著作有《衡論》。

班固（32──92）　字孟堅，彪子。初繼續完成其父班彪所著《史記後傳》，被人告發私改國史，下獄。後釋，召爲蘭臺令史，轉遷爲郎，典校秘書。奉詔完成其父所著書，歷二十餘年，修成《漢書》。嘗從大將軍竇憲征匈奴。後因憲擅權被殺，他受牽連，死於獄中。後人輯有《班蘭臺集》。

張衡（78──139）　東漢科學家、文學家。字平子，河南南陽西鄂（今河南省召縣南）人。曾兩度擔任執管天文的太史令。創制世界上最早利用水力轉動的渾天儀和測定地震的地動儀，第一次正確解釋了月食成因，天文著作有《靈憲》，文學著作有《二京賦》、《歸田賦》、《四愁詩》等明人輯有《張河間集》。

李固（94──147）　字子堅，東漢漢中南鄭（今屬陝西省）人。歷任荆州刺史、太山太守、大司農、太尉等。爲大將軍梁冀所忌，後被陷害死。

趙壹　字元叔，東漢漢陽西縣（今甘肅省天水南）人。靈帝時爲上計吏入京，名動一時。爲人耿介，每每得罪當道，幾至於死，幸友人營救得免。原有集，已失傳。

孔融（153——208） 漢末文學家。字文舉，魯國（治今山東省曲阜）人。漢末曾任北海相，時稱孔北海。又任少府、大中大夫等職。因觸怒曹操被殺。明人輯有《孔北海集》。

曹操（155——220） 卽魏武帝。字孟德，小名阿瞞，譙（今安徽省亳縣）人。漢末在鎮壓黃巾起義中，逐步擴充軍事力量。建安元年（196），迎獻帝都許，用其名義發號施令，先後削平呂布等割據勢力。官渡之戰中打敗袁紹，逐漸統一中國北部。建安十三年，進位爲丞相，率軍南下，被孫權、劉備擊敗於赤壁。封魏王。子曹丕稱帝，追尊爲武帝。有《魏武帝集》。

禰衡（173——198） 字正平，漢末平原般（今山東省臨邑東北）人。性剛傲物，曹操召爲鼓史，大會賓客，欲當衆辱衡、反爲所辱。操遂遣送荆州劉表，復與表不合，轉送江夏太守黃祖，終被殺。

王粲（177——217） 漢末文學家。字仲宣，山陽高平（今山東省鄒縣）人。漢末大亂時，往依劉表，未被重用。後爲曹操幕僚，官侍中。爲「建安七子」之一，在七子中成就較大，與曹植並稱爲「曹王」。原有集，已散佚，明人輯有《王侍中集》。

諸葛亮（181——234） 三國蜀漢政治家，軍事家。字孔明，琅邪陽都（今山東省沂南）人。漢末隱居鄧縣隆中（今湖北省襄陽西），被稱爲「臥龍」。劉備三顧茅廬，請其出山成就大業。從此成爲劉備的主要謀士。劉備稱帝後，任爲丞相。劉禪繼位，他被封爲武鄉侯，領益州牧。建興十二年，在伐魏途中病死於五丈原軍中。有《諸葛亮集》。

曹丕（187——226） 卽魏文帝。字子桓。曹操次子。操死，襲位爲魏王，後代漢稱帝，都洛陽，國號魏。有《魏文帝集》。

曹植（192——232） 字子建，曹操子。封陳王，諡思，世稱陳思王。早年曾被曹操寵愛，幾乎被立爲太子。及曹丕、曹睿相繼爲帝，備受猜忌，鬱鬱而死。原有集，已散佚，宋人輯有《曹子建集》。

羊祜（221——278） 西晉大臣。字叔子，泰山南城（今山東省費縣）人。其姐爲晉景帝（司馬師）的妻子，晉武帝代魏後，被尊爲弘訓太后。祜歷任荆州都督、車騎將軍、開府儀同三司。

嵇康（224——263） 三國魏文學家。字叔夜，譙郡銍（今安徽省宿縣西南）人。與魏宗室通婚，官中散大夫，世稱嵇中散。爲「竹林七賢」之一。因聲言「非湯武而薄周孔」，且不滿專政的司馬氏集團，遭鍾會構陷，爲司馬昭所殺。有《嵇中散集》。

李密（224——287）　字令伯，一名虔。犍爲武陽（今四川省彭山東）人。少仕蜀爲郎。蜀漢亡後，晉武帝徵他爲太子洗馬，他以父早亡、母再嫁，與祖母劉氏相依爲命，因上《陳情表》固辭。劉氏死，方至京師洛陽。先後任洗馬、溫令、漢中太守等官。

向秀（約227——272）　魏晉之際哲學家、文學家。字子期，河內懷（今河南省武陟西南）人。「竹林七賢」之一。官至黃門侍郎、散騎常侍。曾爲《莊子》作注。

陳壽（233——297）　西晉史學家。字承祚，安漢（今四川省南充北）人。蜀漢時爲觀閣令史，因不願屈事宦官黃皓，多次遭譴黜。入晉後，歷任著作郎、治書侍御史。晉滅吳後，集合三國時官私著作，著成《三國志》。

張載　西晉文學家。字孟陽，安平（今屬河北省）人。官至中書侍郎，領著作。後因世亂，稱病告歸。與弟協、亢，俱以文學著名，時稱「三張」。原有集，已失傳，明人輯有《張孟陽集》。

陸機（261——303）　西晉文學家。字士衡，吳郡吳縣華亭（今上海市松江）人。祖遜、父抗，皆三國名將。少時任吳牙門將。吳亡，家居勤學。太康末，與弟雲同至洛陽，文才傾動一時，時稱「二陸」。曾官平原內史，世稱陸平原。及成都王（司馬穎）討長沙王（司馬乂），任機爲後將軍，河北大都督，兵敗被讒，爲穎所殺。原有集，已散佚，後人輯有《陸士衡集》。

劉琨（271——318）　晉將領。字越石，中山魏昌（今河北省無極）人。少與祖逖爲友，永嘉元年（307）任并州刺史。愍帝初，任大將軍，都督并州諸軍事。堅守并州，招撫流亡，與劉聰，石勒相對抗。後投奔鮮卑貴族段匹磾，旋被匹磾所害。原有集，已佚，明人輯有《劉越石集》。

王羲之（321——379，一作303——361）　東晉書法家。字逸少，琅邪臨沂（今屬山東省）人。出身貴族，官至右軍將軍、會稽內史，人稱「王右軍」。工書法，早年從衛夫人（鑠）學，後草書學張芝，正當學鍾繇，集前代之大成，爲後世所宗尚。有輯本《王右軍集》。

陶淵明（365或372或376——427）　東晉大詩人。一名潛，字元亮，私諡靖節，潯陽柴桑（今江西省九江）人。曾任江州祭酒、鎮軍參軍、彭澤令等職，因不滿現實，去職歸隱。有《陶淵明集》。

顏延之（384——456）　南朝宋詩人。字延年，琅邪臨沂（今屬山東省）人。少孤貧，好讀書。官至金紫光祿大夫。與謝靈運齊名，世稱「顏謝」。原有集，已散佚，明人輯有《顏光祿集》。

范曄（398——445） 南朝宋史學家。字蔚宗，順陽（今河南省淅川東）人。曾任尚書吏部郎，元嘉初年爲宣城太守。後遷左衛將軍、太子詹事。元嘉二十二年，因謀廢立，牽連被殺。曾刪取各家後漢書之作，著《後漢書》，成紀傳九十卷。

傅亮（？——425） 字孝友，北地靈州（今甘肅省靈武縣）人。官至散騎常侍、左光祿大夫，後被宋文帝（劉義隆）所殺。有輯本《傅光祿集》。

鮑照（約414——466） 南朝宋文學家。字明遠，東海（郡治在今山東省蒼山縣南）人。出身寒微。曾任秣陵令、中書舍人等職。後爲臨海王劉子頊前軍參軍，子頊起兵失敗，照爲亂兵所殺。有《鮑參軍集》。

謝莊（421——466） 南朝宋文學家。字希逸，陳郡陽夏（今河南省太康）人。曾任吏部尚書，明帝時官金紫光祿大夫。有輯本《謝光祿集》。

江淹（444——505） 南朝梁文學家。字文通，濟陽考城（今河南省蘭考東）人。歷仕宋、齊、梁三代。梁時官至金紫光祿大夫。少孤貧好學，早年卽以文章著名，晚年所作詩文不及前期，人謂「江郎才盡」。有輯本《江文通集》。

孔稚珪（447——501） 南朝齊文學家。字德璋，會稽山陰（今浙江省紹興）人。官至太子詹事，加散騎常侍。博學能文。有輯本《孔詹事集》。

陶弘景（456——536） 南朝齊梁時道教思想家、醫學家。字通明，自號華陽隱居。丹陽秣陵（今南京）人。仕齊拜左衛殿中將軍。入梁，隱居句曲山（茅山）。武帝禮聘不出，但朝廷大事輒就諮詢，時人稱爲「山中宰相」。卒諡貞白先生。

劉峻（462——521） 南朝梁學者、文學家。字孝標，平原（今屬山東）人。天監初典校秘書，後任荆州戶曹參軍。講學東陽紫岩山。私諡玄靖。原有集，已散佚，明人輯有《劉戶曹集》。

丘遲（464——508） 南朝梁文學家。字希範，吳興烏程（今浙江省吳興）人。初仕齊，官殿中郎。入梁，官司空從事中郎（一作司徒從事中郎）。有輯本《丘司空集》。

酈道元（466 或 472——527） 字善長，北魏范陽涿縣（今河北省涿縣）人。官御史中尉，執法嚴峻，後爲關右大使，被雍州刺史蕭寶寅殺害。撰《水經注》，爲有文學價值之地理巨著。

吳均（469——520） 南朝梁文學家。字叔庠，吳興故鄣（今浙江省安吉）人。官奉朝請，通史學，其文長於寫景，尤以小品書札見長，時人或仿效之，稱爲「吳均體」，有輯本《吳朝請集》。

蕭統（501——531） 字德施，南蘭陵（今江蘇省常州西北）人，梁武帝

子。天監元年，立爲太子，未及卽位而卒，諡昭明，世稱昭明太子。信佛能文。曾招聚文學之士，編集《文選》三十卷。另有輯本《昭明太子集》。

楊衒之　北魏人，史書無傳，生平不詳。書前所署官銜是「魏撫軍府司馬」。《洛陽伽藍記》自稱「永安中（528——529）衒之時爲奉朝請」。《廣弘明集》等書又記載他是北平人，做過期城郡太守、秘書監。他的姓氏，也多歧異，或作「羊」，或作「陽」。

庾信（513——581）　北周文學家。字子山，南陽新野（今屬河南省）人。初仕梁，後出使西魏，値西魏滅梁，被留。歷仕西魏、北周，官至驃騎大將軍、開府儀同三司，世稱庾開府。善詩賦、駢文。在梁時作品綺艷輕靡，與徐陵皆爲當時宮廷文學的代表，時稱「徐庾體」。暮年所作，在內容上有了明顯的變化，杜甫譽爲「庾信文章老更成」。後人輯有《庾子山集》。

顏之推（531——590以後）　北齊文學家。字介，琅邪臨沂（今屬山東省）人。初仕梁元帝爲散騎侍郎。江陵爲西魏軍所破，投奔北齊，官至黃門侍郎、平原太守。齊亡入周，爲御史上士。隋開皇中，太子召爲學士，以疾卒。有《顏氏家訓》。

魏徵（580——643）　唐初政治家。字玄成，館陶（今屬河北省）人。少時孤貧落拓，出家爲道士。隋末參加瓦崗起義軍，李密敗，降唐。又被竇建德所獲，任起居舍人。建德失敗，入唐爲太子洗馬。太宗卽位，擢爲諫議大夫。貞觀三年（629）任秘書監，參預朝政，校定秘府圖籍。後一度任侍中，封鄭國公。其言論見於《貞觀政要》。著作有《隋書》的序論與《梁書》、《陳書》、《齊書》的總論，主編有《羣書治要》。

駱賓王（約640——？）　唐文學家。婺州義烏（今屬浙江省）人。曾任臨海丞。後隨徐敬業起兵反對武則天，兵敗後下落不明，或說被殺，或說爲僧。爲「初唐四傑」之一。有《駱賓王文集》。

王勃（650——676）　唐文學家。字子安，絳州龜門（今山西省河津）人。麟德初應舉及第，曾任虢州參軍。後往海南探父，因溺水，受驚而死。少時卽顯露才華。爲「初唐四傑」之一。

王維（701——761，一作698——759）　唐詩人。字摩詰，原籍祁（今山西省祁縣），其父遷居於蒲州（治今山西省永濟西），遂爲河東人。開元進士。累官至給事中。安祿山軍陷長安時曾受職，亂平後，降爲太子中允。後官至尙書右丞，故世稱王右丞。晚年居藍田輞川，過着亦官亦隱的優遊生活。有《王右丞集》。

李白（701——762）　唐代詩人。字李白，號青蓮居士。祖籍隴西成紀（今甘肅秦安），隋末其先人流寓碎葉（唐時屬安西都護府，在今蘇聯吉爾吉斯北部托克馬克附近），他即於此出生。幼時隨父遷居綿州昌隆（今四川江油）青蓮鄉。少年即顯露才華，吟詩作賦，博學廣覽，並好行俠。從二十五歲起離川，長期在各地漫遊。其間曾有吳筠等推薦，於天寶初供奉翰林，因受權貴讒毀，僅一年餘即離開長安。安史之亂中曾爲永王李璘幕僚，因璘敗牽累，流放夜郎。中途遇赦東還。晚年飄泊困苦，卒於當塗。有《李太白集》。

任華　唐玄宗時人，籍貫不詳。曾做過秘書省校書郎，桂州刺史參佐等官。

李華（約715——約774後）　字退叔，唐贊皇（今河北省元氏）人。開元進士，官監察御史、右補闕。安祿山陷長安時，曾受職，亂平貶官。後起官至檢校吏部員外郎。其文與蕭穎士齊名。原有集，已散佚，後人輯有《李退叔文集》。

韓愈（768——824）　唐文學家、哲學家。字退之，河南河陽（今河南省孟縣南）人。自謂郡望昌黎，世稱韓昌黎。早孤，由嫂無養。刻苦自學。貞元進士，任監察御史，以事貶爲陽山令。赦還後，曾任國子博士、刑部侍郎等職。又因諫阻憲宗迎佛骨，貶爲潮州刺史。後官至吏部侍郎。卒諡文，世稱韓文公。力反六朝以來的駢偶文風，提倡散體，與柳宗元同爲古文運動的倡導者。其散文在繼承先秦、兩漢古文的基礎上，加以創新和發展，舊時列爲唐宋八大家之首。有《昌黎先生集》。

劉禹錫（772——842）　唐文學家、哲學家。字夢得，洛陽（今屬河南省）人。貞元間擢進士第，登博學宏詞科。授監察御史，參加王叔文集團，反對宦官和藩鎮割據勢力。失敗後，貶朗州司馬，遷連州刺史。後以裴度力薦，任太子賓客，加校檢禮部尙書，世稱劉賓客。和柳宗元交誼很深，人稱「劉柳」，後與白居易唱和甚多，也並稱「劉白」。有《劉夢得文集》。

白居易（772——846）　唐代詩人。字樂天，晚年號香山居士。其先太原（今屬山西省）人，後遷居下邽（今陝西省渭南東北）。貞元進士，授秘書省校書郎。元和年間任左拾遺及左贊善大夫。後因上表請求嚴緝刺死宰相武元衡的凶犯，得罪權貴，貶爲江州司馬。長慶初年任杭州刺史，寶歷初年任蘇州刺史，後官至刑部尙書。在文學上積極倡導新樂府運動。和元稹友誼甚篤，與之齊名，世稱「元白」。晚年與劉禹錫唱和甚多，人稱「劉白」。有《白氏長慶集》。

柳宗元（773——819）　唐文學家、哲學家。字子厚，河東解（今山西省運城縣解州鎮）人，世稱柳河東。貞元進士，授校書郎，調藍田尉，升監察御史裏行。參加王叔文集團，任禮部員外郎。失敗後貶爲永州司馬。後遷柳州刺史，故

又稱柳柳州。與韓愈倡導古文運動，同被列入「唐宋八大家」，並稱「韓柳」。有
《河東先生集》。

　　杜牧（803——約852）　唐文學家。字牧之，京兆萬年（今陝西省長安）
人。太和進士，曾爲江西觀察使、宣歙觀察使沈傳師和淮南節度使牛僧孺的幕
僚，歷任監察御史，黃、池、睦諸州刺史，後入爲司勛員外郎，官終中書舍人。
以濟世之才自負，曾注曹操所定《孫子兵法》十三篇。其詩在晚唐成就頗高。後
人稱杜甫爲「老杜」，稱牧爲「小杜」。有《樊川文集》。

　　皮日休（約834——約883）　唐文學家。字逸少，後改襲美，襄陽（今屬湖
北省襄樊市）人。早年住鹿門山，自號鹿門子、間氣布衣等。咸通進士，曾任太
常博士。後參加黃巢起義軍，任翰林學士。舊史說他因故爲黃巢所殺。一說黃巢
兵敗後爲唐室所害。或謂黃巢敗後流落江南病死。詩文與陸龜蒙齊名，人稱「皮
陸」。有《皮子文藪》。

　　陸龜蒙（?——約881）　唐文學家。字魯望，長洲（今江蘇省吳縣）人。
曾任蘇、湖二郡從事，後隱居甫里，自號江湖散人、甫里先生，又號天隨子。與
皮日休齊名，人稱「皮陸」。有《甫里集》。

　　羅隱（833——909）　唐文學家。字昭諫，餘杭（今屬浙江省），一作新登
（今浙江省桐廬）人。本名橫，以十舉進士不第，乃改名。光啓中，入鎭海軍節
度使錢鏐幕，後遷節度判官、給事中等職。淸人輯有《羅昭諫集》。

　　王禹偁（954——1001）　北宋文學家。字元之，巨野（今屬山東省）人。
太宗時進士。任右拾遺，以剛直敢言著稱。修《太祖實錄》，直言史事，爲宰相
不滿，出知黃州，後遷蘄州病死。他反對宋初浮靡文風，提倡平易樸素，於詩推
崇杜甫、白居易，於文推崇韓愈、柳宗元。著有《小畜集》。

　　范仲淹（989——1052）　北宋政治家、文學家。字希文，蘇州吳縣（今屬
江蘇省）人。大中祥符進士。少時貧困力學，出仕後有敢言之名。仁宗天聖中任
西溪鹽官，寶元三年與韓琦同爲陝西經略副使，慶歷三年任參知政事，倡導新
政，後罷職，出任陝西四路宣撫使。後在赴潁州途中病死。有《范文正公集》。

　　歐陽修（1007——1072）　北宋文學家、史學家。字永叔，號醉翁、六一居
士，廬陵（今屬江西省吉安縣）人。天聖進士。曾任樞密副使、參知政事。謚文
忠。主張文章應「明道」、致用，對宋初以來追求靡麗形式的文風表示不滿，並
積極培養後進，是北宋古文運動的領袖。「唐宋八大家」之一。曾與宋祁合修《
新唐書》，並獨撰《新五代史》。有《歐陽文忠集》。

　　蘇洵（1009——1066）　北宋散文家。字明允，眉山（今屬四川省）人。嘉

祐年間，得歐陽修推譽，以文章著名於世。曾任秘書省校書郎、霸州文安縣主簿。與其子蘇軾、蘇轍合稱「三蘇」，俱列入「唐宋八大家」。有《嘉祐集》。

周敦頤（1017——1073） 北宋學者。字茂叔，道州營道（今湖南省道縣）人。曾知南康軍。因築室廬山下蓮花峰的小溪上，取營道故居濂溪以名之，後人遂稱爲濂溪先生。其學說對以後的理學發展有很大影響。著作有《太極圖說》、《通書》等。後人編爲《周子全書》。

曾鞏（1019——1083） 北宋文學家。字子固，南豐（今屬江西省）人。嘉祐進士，嘗奉召編校史館書籍，官至中書舍人。爲王安石所推許。散文平易，爲「唐宋八大家」之一。有《元豐類稿》。

司馬光（1019——1086） 北宋大臣、史學家。字君實，陝州夏縣（今屬山西省）涑水鄉人。世稱涑水先生。寶元進士。仁宗末年任天章閣待制兼侍講知諫院。他立志編撰《通志》，作爲封建統治的借鑒。治平三年（1066）撰成戰國迄秦的八卷上進。英宗命設局續修。神宗時賜書名爲《資治通鑑》。神宗用王安石行新政，他竭力反對。神宗不從，任爲樞密副使。他堅辭不就，於熙寧三年（1070）出知永州軍（今陝西省西安）。次年退居洛陽，繼續編撰《通鑑》，至元豐七年（1084）成書。從發凡起例至刪削定稿，均親自動筆。元豐八年哲宗即位，高太皇太后聽政，召他入京主國政，次年任尚書左僕射，兼門下侍郎，廢新法。爲相八個月病死。追封溫國公。遺著有《司馬文正公集》、《稽古錄》等。

王安石（1021——1086） 北宋政治家、文學家、思想家。字介甫，號半山，撫州臨川（今屬江西省，臨川鎮於1955年設立撫州市）人。慶歷進士。初知鄞縣，仁宗嘉祐三年（1058）上萬言書，主張改革政治。神宗熙寧二年（1069），被任爲參知政事，次年拜相，推行新法。由於遭到反對，新法推行受到阻碍。熙寧七年辭退，次年再相，九年再辭，退居江寧（今江蘇省南京市），封荊國公，世稱荊公。卒諡文。爲「唐宋八大家」之一。現存有《臨川集》、《臨川集拾遺》等。

馬存（?——1096） 字子才，宋樂平（今屬江西省）人。元祐年間進士，累官越州觀察推官。

沈括（1031——1095） 北宋科學家、政治家。字存中，杭州錢塘（今浙江省杭州）人。仁宗嘉祐進士。神宗時參加王安石變法運動。熙寧五年（1072）提舉司天監，次年赴兩浙考察水利、差役。熙寧八年出使遼國，次年任翰林學士，權三司使，整頓陝西鹽政。後知延州（今陝西省延安），加強對西夏的防禦。元豐五年（1082）以徐禧失陷永樂城（今陝西省米脂西），連累坐貶。晚年居潤

州，築夢溪園（在今江蘇省鎮江東郊），舉平生見聞，撰《夢溪筆談》。

蘇軾（1037——1101）　字子瞻，號東坡居士，蘇洵子。嘉祐進士。神宗時曾任祠部員外郎，知密州、徐州、湖州。因反對王安石新法，以作詩「謗訕朝廷」罪貶謫黃州。哲宗時任翰林學士，曾出知杭州、潁州，官至禮部尚書。後又貶謫惠州、儋州。最後北還，病死常州，追諡文忠。詩文有《東坡七集》等。

蘇轍（1039——1112）　字子由，號潁濱遺老，蘇軾弟。嘉祐進士，官尚書右丞、門下侍郎。有《欒城集》。

晁補之（1053——1110）　北宋文學家。字無咎，號歸來子，巨野（今屬山東省）人。十餘歲即受蘇軾贊賞，為「蘇門四學士」之一。元豐進士。曾任吏部員外郎、禮部郎中，兼國史編修、實錄檢討官等職。有《雞肋集》、《晁氏琴趣外篇》。

李格非　字文叔，北宋濟南（今屬山東省）人。幼聰慧。留意經學。熙寧九年（1076）中進士。曾任冀州司戶參軍，鄆州教授，國子監學錄、博士，校書郎，著作佐郎，禮部員外郎，提點東京刑獄等官。宋徽宗建中靖國元年（1101）因涉及「黨人」事罷官。著有《禮說記》、《洛陽名園記》。

李清照（1084——約1151）　南宋詞人，號易安居士，李格非之女，早年生活優裕，與夫趙明誠共同致力於書畫金石的搜集整理。金兵入據中原，流寓南方，明誠病死，境遇孤苦，所寫作品遂多悲嘆身世，情調感傷，有的也流露出對中原的懷念。今人輯有《李清照集》。

胡銓（1102——1180）　字邦衡，號澹庵，南宋吉州廬陵（今江西吉安）人。建炎進士。金軍渡江時，他在贛州募義兵，保衛鄉里。後至臨安任樞密院編修官。紹興八年（1138），秦檜主和，他上疏請誅秦檜等，因而謫居新州，移吉陽軍（今廣東省崖縣）。紹興三十二年孝宗即位，才被起用，歷任國史院編修官、權兵部侍郎等職，始終反對和議。後以資政殿學士致仕。著有《澹庵文集》。

陸游（1125——1210）　南宋詩人。字務觀，號放翁，山陰（今浙江省紹興）人。紹興中應禮部試，為秦檜所黜。孝宗即位，賜進士出身，曾任鎮江、隆興通判。乾道六年（1170）入蜀，任夔州通判。乾道八年，入四川宣撫使王炎幕府，投身軍旅生活。後官至寶章閣待制。一直主張抗金，收復中原失地。一生所作詩歌很多，今存九千餘首。有《劍南詩稿》、《渭南文集》等。

范成大（1126——1193）　南宋詩人。字致能，號石湖居士，吳郡（治今江蘇省蘇州市）人。紹興進士。歷任處州知府、知靜江府兼廣南西道安撫使、四川制置使、參知政事等職。曾使金，不屈，幾被殺。晚年退居故鄉石湖。有《石湖

居士詩集≫、≪吳船錄≫等。

朱熹（1130——1200）　南宋哲學家、教育家。字元晦，一字仲晦，號晦庵，別稱紫陽，徽州婺源（今屬江西省）人，僑居建陽（今屬福建）。曾任秘閣修撰等職。在哲學上發展二程關於理氣關係學說，集理學之大成，建立了完整的客觀唯心主義的理學體系，世稱程朱理學。著作有≪四書章句集注≫、≪詩集傳≫等。

陸九淵（1139——1193）　南宋哲學家、教育家。字子靜，自號存齋，撫州金溪（今屬江西省）人。曾結茅講學於象山（在今江西省貴溪縣西南），人稱象山先生。官至奉議郎知荊門軍。其學與兄九韶、九齡並稱「三陸子之學」。提出「心卽理」說。其學說由明王守仁繼承發展，成爲陸王學派。著作經後人編爲≪象山先生全集≫。

辛棄疾（1140——1207）　南宋詞人。字幼安，號稼軒，歷城（今屬山東省）人。二十一歲參加抗金義軍，不久卽歸南宋，歷任湖北、江西、湖南、福建、浙東安撫使等職。一生主張抗金。獻≪美芹十論≫、≪九議≫等。均未被採納。長期置散閑居於江西上饒一帶。其詞與蘇軾並稱「蘇辛」。今人輯有≪辛稼軒詩文鈔存≫。

周密（1232——1298）　南宋詞人。字公謹，號草窗，苹洲、四水潛夫等，原籍濟南，後爲吳興（今屬浙江省）人。宋末曾任義烏令等職，宋亡不仕。其詞與吳文英（夢窗）並稱「二窗」。有≪武林舊事≫、≪草窗詞≫等。

文天祥（1236——1283）　南宋大臣、文學家。字履善，一字宋瑞，號文山，吉州廬陵（今江西吉安）人。理宗寶祐四年（1256）中進士第一名。歷任刑部郎官、知瑞贛等州。德佑二年任右丞相，出使元營，被扣留。後逃脫至福建，興師抗元。端宗景炎二年（1277）進兵江西，後被元兵所敗，退入廣東，堅持抵抗。次年在五坡嶺（在今廣東省海豐縣北）被俘。書≪過零丁洋≫以明志。景炎三年被解至大都（今北京），獄中作≪正氣歌≫。於至元十九年（1283）在柴市被害。遺著有≪文文山先生全集≫。

林景熙（1242——1310）　南宋詩人。字德陽（一作德暘），號霽山，平陽（今屬浙江省）人。曾任禮部架閣、從政郎。入元不仕。有≪霽山先生集≫等。

謝翱（1249——1295）　南宋詩人。字臯羽，號晞髮子，福安（今屬福建省）人。後遷居蒲城（今屬福建省）。元兵南下時，曾參加文天祥抗戰部隊，任諮議參軍。入元不仕。有≪晞髮集≫等。

王若虛（1174——1243）　金代文學家。字從之，號慵夫、滹南遺老，藁城

（今屬河北省）人。承安進士，官翰林直學士。金亡不仕。有《滹南遺老集》。

元好問（1190——1257）　　金文學家。字裕之，號遺山，秀容（今山西省忻縣）人。祖係出自北魏拓跋氏。興定進士。曾任行尚書省左司員外郎等職。金亡不仕。工詩文，在金元間頗有名望。有《遺山集》等。

戴表元（1244——1310）　　元文學家。字帥初，一字曾伯，奉化（今屬浙江省）人。宋末咸淳進士，入元任信州教授。有《剡源戴先生文集》。

劉因（1249——1293）　　宋元之際學者。字夢吉，號靜修，雄州容城（今河北省徐水縣）人。元世祖詔徵爲承德郎、右贊善大夫，未幾卽辭歸。後拒絕應聘。著作有《靜修集》。

吳澂（1249——1333）　　宋元之際學者。字幼清，學者稱草廬先生。撫州崇仁（今江西省崇仁縣）人。入元官至翰林學士，元代著名哲學家。著有《吳文正公集》。一作吳澄。

鍾嗣成　　字繼先，號丑齋，元大梁（今河南省開封）人。戲曲家。寄居杭州。累試不第。順帝時編著《錄鬼簿》二卷。

李孝光（1285——1350）　　字季和，元代樂清（今屬浙江）人。年少博學，隱居雁蕩山五峰下。至正七年（1347）應召至北京，爲元順帝賞識，次年升文林郎秘書監丞。著有《五峰集》。

宋濂（1310——1381）　　明初文學家。字景濂，號潛溪，浦江（今屬浙江省）人。明初奉命主修《元史》，官至學士承旨知制誥，深得朱元璋寵信。後因長孫宋愼牽涉胡惟庸案，全家謫茂州，中途病死於夔州。有《宋學士文集》。

劉基（1311——1375）　　明初大臣。字伯溫，浙江青田人。元末進士。曾任江西高安縣丞、江浙儒學副提舉，旋棄官歸隱。後出任江浙行省都事，因事革職，回鄉組織武裝，鎮壓當地起義軍。元至正二十年（1360）到應天（治今南京）輔朱元璋。明初任御史中丞兼太史令，封誠意伯。洪武四年（1371）辭官。後爲胡惟庸所潛，憂憤而死。一說被胡毒死。諡文成。有《誠意伯文集》。

高啓（1336——1374）　　明詩人。字季迪，長洲（今江蘇省蘇州）人。元末隱居吳淞青丘，自號青丘子。與楊基、張羽、徐賁齊名，稱「吳中四傑」。明洪武初，召修《元史》，爲翰林院國史編修。授戶部右侍郎，不受。嘗賦詩有所諷刺，被太祖借故腰斬。有《高太史大全集》、《鳧藻集》等。

方孝孺（1357——1402）　　字希直，又字希古，人稱正學先生。明浙江寧海人。宋濂弟子。惠帝時任侍講學士。燕王（卽成祖）兵入京師（南京）後，他不肯爲成祖起草登極詔書，被殺，滅十族（九族及學生），死者達八百七十餘人。

著有《遜志齋集》。

　　薛瑄（1389或1392——1464）　　明學者。字德溫，號敬軒，河津（今屬山西省）人。官至禮部右侍郎。諡文清。性剛直，曾因觸怒權貴下獄。著作有《薛文清集》等。

　　馬中錫（?——約1512）　　字天祿，號東田，明故城（今屬河北省）人。成化進士，官至右都御史。統兵鎮壓劉六、劉七起義，未成功，被朝廷論罪，下獄死。有《東田集》。

　　王守仁（1472——1528）　　明哲學家、教育家。字伯安，餘姚（今屬浙江省）人。嘗築室故鄉陽明洞中，世稱陽明先生。早年因反對宦官劉瑾，被貶爲貴州龍場（修文縣治）驛丞。後以鎮壓農民起義和平定「宸濠之亂」，封新建伯，官至南京兵部尚書。卒諡文成。他發展了陸九淵的學說，提出「致良知」「知行合一」論，在明代中期以後，影響很大，還流行到日本。著作由門人輯成《王文成公全書》。

　　崔銑（1478——1541）　　字子鐘，又字仲鳧，明安陽（今屬河南省）人。弘治十八年（1505）進士。官至南京禮部右侍郎。嘉靖三年（1524），上疏彈劾新貴張璁等人，得罪皇帝，因而免官。卒諡文敏。著有《洹詞》等。

　　何景明（1483——1521）　　明文學家。字仲默，號大復山人，河南信陽人。弘治進士，官至陝西提學副使，爲「前七子」之一。有《大復集》。

　　歸有光（1506——1571），明散文家。字熙甫，號震川，昆山（今屬江蘇省）人。三十五歲中舉後，曾八次應進士試皆落第，直到六十歲才中進士，曾任潮州長興知縣，南京太僕寺丞。長期居嘉定安亭江上。讀書講學。與唐順之、王慎中、茅坤等同被稱爲「唐宋派」。有《震川先生集》。

　　唐順之（1507——1560）　　明散文家。字應德，武進（今屬江蘇省）人。嘉靖八年會試第一。曾督領兵船在崇明抵御倭寇，以功升右金都御史，代鳳陽巡撫。人稱荊川先生。與王慎中、茅坤、歸有光等同被稱爲「唐宋派」。有《荊川先生文集》。

　　茅坤（1512——1601）　　明散文家。字順甫，號鹿門，浙江歸安（今吳縣）人。嘉靖進士。官廣西兵備僉事等，曾鎮壓廣西瑤民的反抗。與王慎中、唐順之、歸有光等，同被稱爲「唐宋派」。有《茅鹿門集》。

　　宗臣（1525——1560）　　明文學家。字子相，興化（今屬江蘇省）人。嘉靖進士，官至福建提學副使。在福建布政參議任內，曾率衆擊退倭寇。詩文主張復古，爲「後七子」之一。有《宗子相集》。

王世貞（1526——1590）　字元美，號鳳洲，弇州山人，明太倉（今屬江蘇省）人。嘉靖進士，官至南京刑部尚書。與李攀龍同爲「後七子」首領，倡導復古摹擬。有《弇州山人四部稿》等。

李贄（1527——1602）　明思想家、文學家。號卓吾，又號宏甫，別號溫陵居士，泉州晉江（今屬福建省）人。做過雲南姚安知府。公開以「異端」自居，大膽揭露封建傳統教條和假道學，提出「童心」說。終被統治者以「敢倡亂道，惑世誣民」罪名迫害而死。著有《焚書》、《續焚書》等。

袁宗道（1560——1600）　明文學家。字伯修，湖廣公安（今屬湖北省）人。萬歷進士，官右庶子。與弟宏道、中道齊名，並稱三袁。前後七子倡導「詩必盛唐」，他們則崇尚本色，反對摹擬，世稱「公安派」。有《白蘇齋集》。

袁宏道（1568——1610）　明文學家。字中郎，號石公、湖廣公安（今屬湖北省）人。萬歷進士，官吏部郎中，與兄宏道、弟中道，並稱三袁，爲「公安派」創始者。在三袁中宏道成就最大。其思想受李贄影響較深。於詩文不滿前後七子摹擬、復古主張，強調抒寫「性靈」。有《袁中郎全集》

袁中道（1570——1623）　明文學家。字小修，湖廣公安（今屬湖北省）人。萬歷進士，官南京吏部郎中。與兄宗道、宏道並稱「三袁」，同以「公安派」著稱。其文學主張，反對摹擬，崇尚自然。有《珂雪齋集》等。

鐘惺（1574——1624）　字伯敬，號退谷，湖廣竟陵（今湖北省天門）人。萬歷進士，官至福建提學僉事。與譚元春同爲竟陵派的創始者。有《隱秀軒集》。

張明弼　明末江蘇金壇人。

譚元春（1586——1638）　明文學家。字友夏，湖廣竟陵（今湖北省天門）人。天啓間鄉試第一。與鐘惺同爲「竟陵派」創始人。論文反對摹古，提倡幽深孤峭的風格。有《譚友夏合集》。

徐宏祖（1586——1641）　字振之，號霞客，明南直隸江陰（今屬江蘇省）人。幼年好學，博覽圖經地志。因見明末政治黑暗，不願入仕，專心從事旅行，足跡所及，北至燕、晉，南至雲、貴、兩廣。其觀察所得，按日記載。死後季會明等整理成富有地理學價值和文學價值的《徐霞客遊記》。

魏學洢（1586——1625）　字子敬，浙江嘉善（今浙江省嘉善縣）人。諸生（當時亦稱爲秀才）。其父魏大中因彈劾魏忠賢而入獄，他奔走營救，無效。父死獄中，他亦悲傷而死。著有《茅檐集》。

張岱（1597——1679）　明末清初散文家。字宗子、石公，號陶庵，浙江山

陰（今紹興）人，僑寓杭州。清兵南下，入山著書。有《琅嬛文集》、《陶庵夢憶》等。

張溥（1602——1641）　　明末文學家。字天如，太倉（今屬江蘇省）人。崇禎進士，授庶吉士。與同邑張采齊名，時稱「婁東二張」。於崇禎初組織復社，進行文學和政治活動。有《七錄齋集》等。

祁彪佳（1602——1645）　　字幼文，一字弘吉。明浙江山陰（今紹興）人。天啓進士。初任興化推官。崇禎時爲御史，巡按蘇、淞。旋辭官家居九年，從劉宗周學。南明弘光時，任右僉都御史，巡撫江南。不久被馬士英排擠去職，在清軍破南京、杭州後自殺。

黃淳耀（1605——1645）　　字蘊生，號陶庵，明蘇州嘉定（今上海市嘉定縣）人。崇禎進士。清順治二年（1645）清兵渡江，嘉定人民起兵抵抗，推黃淳耀和侯峒曾爲首領。城陷後，淳耀自縊殉國。門人私諡爲貞文先生。著有《山左筆談》《陶庵文集》。

張煌言（1620——1664）　　南明大臣。字玄著，號蒼水，浙江鄞縣人。崇禎舉人。弘光元年與錢肅樂等起兵抗清，奉魯王監國，據守浙江東山地和沿海一帶。官至權兵部尚書。永曆十三年與鄭成功合兵，進入長江，圍攻南京。他別率一軍到蕪湖，乘勝攻下四府、三州、二十四縣。終因鄭成功兵敗，孤軍無援而退。後魯王政權覆滅，他又派人與荊襄十三家農民軍聯繫抗清。至清康熙三年，因見大勢已去，遂解散餘部，隱居南田的懸岙島（今浙江省象山南），不久被俘，遭殺害。有《張蒼水集》。

夏完淳（1631——1647）　　南明將領、詩人。原名復，字存古，松江華亭（今上海市松江）人。十四歲從父夏允彝、師陳子龍起兵抗清。允彝兵敗自殺；又與陳子龍等倡義，受魯王封中書舍人，參謀太湖吳易軍事。易敗，他仍爲抗清而奔足。被捕後，在南京痛罵洪承疇，被殺害。有《夏完淳集》。

彭士望（1610——1683）　　清初學者。字躬庵，又字樹廬，江西南昌人。早年積極抗清，曾參加史可法幕府。南明政權覆滅後，退而與魏禧講學，同爲「易堂九子」的重要人物。著有《耻躬堂詩文鈔》。

黃宗羲（1610——1695）　　明清之際思想家、史學家。字太冲，號南雷，學者稱梨洲先生，浙江餘姚人。其父黃尊素爲「東林」名士，被魏忠賢陷害，他受遺命問學於劉宗周。十九歲入都訟冤，以鐵椎斃傷仇人。領導「復社」成員堅持反宦官權貴鬥爭，幾遭殘殺。清兵南下，他召募義兵，成立「世忠營」，被魯王任爲左副都御史。明亡後隱居著述，屢拒清廷徵召。與孫奇逢、李顒並稱三大儒。

學問極博，對天文、算術、樂律、經史百家以及釋道之書，無不研究。著作有《明夷待訪錄》、《南雷文案》等。

李漁（1611——約1679）　清戲曲理論家、作家。字笠鴻、謫凡，號笠翁，浙江蘭溪人。家設戲班，常往各地達官貴人門下演出。著有《閑情偶寄》、《笠翁十種曲》等。

顧炎武（1613——1682）　明清之際思想家、學者。初名絳，字寧人，曾自署蔣山傭，江蘇省昆山人。學者稱亭林先生。少年時參加「復社」反宦官權貴鬥爭。清兵南下，嗣母王氏殉國後，又參加昆山、嘉定一帶的抗清起義。失敗後，十謁明陵，遍遊華北，訪問風俗，搜集材料，尤致力邊防和西北地理的研究，墾荒種地，糾合同道，不忘興復。晚年卜居華陰，卒於曲沃。學問極博，於國家典制、郡邑掌故、天文儀象、河漕、兵農以及經史百家、音韻訓詁之學，都有研究。著作有《日知錄》、《亭林詩文集》等。

侯方域（1618——1655）字朝宗，河南商丘人。明末與方以智、陳貞慧、冒襄齊名，稱「四公子」。入清後曾應河南鄉試，中副榜；並向清總督獻策，企圖消滅農民軍。有《壯悔堂文集》等。

施閏章（1618——1683）　清初詩人。字尚白，號愚山，又號蠖齋，宣城（今屬安徽省）人。順治進士。康熙時舉博學鴻詞。官至侍讀。詩與山東萊陽人宋琬齊名，號「南施北宋」。有《學餘堂文集、詩集》。

周容（1619——1679）　字茂三，一字鄮山，明清之際鄞縣（今屬浙江省）人。明諸生。明亡後，一度剃髮為僧。後清廷開博學鴻詞科，朝臣爭欲荐他應試，他以死力辭不赴。著有《春酒堂文集》等。

王夫之（1619——1692）　明清之際思想家。字而農，號姜齋，衡陽（今屬湖南省）人。晚年居衡陽石船山，學者稱船山先生。明亡，在衡山舉兵起義，阻擊清軍南下，戰敗退肇慶，任南明桂王政權行人司行人，以反對王化澄，幾陷大獄。到桂林依瞿式耜，旋桂林復陷，式耜殉難，乃決心歸隱。展轉湘西以及郴、永、漣、邵間，竄身瑤洞，伏處深山，而刻苦研究，勤奮著述垂四十年，得「完髮以終」（始終未剃髮）。學術成就很大，對天文、地理、數學、歷法等均有研究，尤精於經學、史學、文學。著作經後人編為《船山遺書》。

毛先舒（1620——1688）　清初文學家。字稚黃；又名騤，字馳黃，浙江錢塘（今杭州）人。明諸生，入清不仕。與毛奇齡、毛際可齊名，時稱「浙中三毛，文中三豪」。有《潠書》、《思古堂集》等。

魏禧（1624——1681）　清初散文家。字叔子，一子冰叔，號裕齋，又號勺

庭，江西寧都人。明末諸生，入清不仕，隱居翠微峰。有《魏叔子集》。

林嗣環 字鐵崖，明清之際福建晉江人。清順治六年（1649）中進士。曾因事被貶謫，戍守邊疆，後遇赦放還，客死武林，著有《鐵崖文集》、《湖舫存稿》。

汪琬（1624——1691） 清初散文家。字苕文，號鈍庵，長洲（今江蘇省吳縣）人。順治進士，曾任刑部郎中、戶部主事等職。康熙時舉博學鴻詞科，授編修。曾結廬居太湖堯峰山，時稱堯峰先生。有《堯峰文鈔》等。

姜宸英（1628——1699） 清文學家。字西溟，號湛園，浙江慈溪人。年七十，始舉進士，授編修。後因科場牽連，死於獄中。曾參預纂修《明史》。有《湛園未定稿》等。

朱彝尊（1629——1709） 清文學家。字錫鬯，號竹垞，浙江秀水（今嘉興）人。康熙時舉博學鴻詞科，授檢討，曾參加纂修《明史》。詩與王士禎齊名，時稱「南朱北王」。有《曝書亭集》等。

宋犖（1634——1713） 字牧仲，號漫堂，又號西陂，清商邱（今河南省商丘市）人。其父宋權在清初官至宰相，他因此十四歲至宮廷當侍衛。官刑部郎中、山東按察使、江蘇布政使、江西巡撫、吏部尚書等。著有《西陂類稿》等。

邵長蘅（1637——1704） 字子湘，別號青門山人，清武進（今江蘇省常州市）人。十歲中秀才，後因事除名。長期客宋犖幕。著有《青門集》。

蒲松齡（1640——1715） 清文學家。字留仙，一字劍臣，別號柳泉居士，世稱聊齋先生。山東淄川（今屬淄博市）人。早歲即有文名，但屢應省試皆落第。七十一歲始成貢生。除中年一度在寶應作幕客外，都在家鄉為塾師。以數十年時間，寫成短篇小說集《聊齋志異》，又有《聊齋文集》等。

方苞（1668——1749） 清散文家。字靈皋，號望溪，安徽桐城人。康熙進士。曾因戴名世《南山集》案牽連入獄，後得赦。官禮部侍郎。桐城派創始人。有《方望溪先生全集》。

鄭燮（1693——1765） 清書畫家、文學家。字克柔，號板橋，江西興化人。早年家貧，應科舉為康熙秀才、雍正舉人、乾隆進士，曾任山東范縣（今屬河南省）、濰縣知縣；後因得罪豪紳而罷官。作官前後均居揚州賣畫，擅寫蘭竹。為「揚州八怪」之一。有《板橋全集》。

劉大櫆（1698——1779） 清散文家。字才甫，一字耕南，號海峰，安徽桐城人。副貢，官黟縣教諭。提倡古文，師事方苞，為桐城派重要作家之一。有《海峰文集、詩集》等。

彭端淑 字樂齋，清四川丹稜人。雍正進士，歷任吏部郎中、順天鄉試同考官等職。後辭官回到四川，主講錦江書院。著有《白鶴堂詩文集》。

全祖望（1705——1755） 清史學家、文學家。字紹衣，學者稱謝山先生，浙江鄞縣人。乾隆進士。初爲翰林，旋受權貴排斥，辭官歸家，專心著述。研治宋末和南明史事。七校《水經注》。著有《鮚埼亭集》等。

袁枚（1716——1798） 清詩人。字子才，號簡齋、隨園老人，浙江錢塘（今杭州）人。乾隆進士，曾任江寧等地知縣。辭官後僑居江寧，築園林於小倉山，號隨園。論詩創性靈說。有《小倉山房集》、《隨園詩話》等。

紀昀（1624——1805） 字曉嵐，一字春帆，清直隸獻縣（今屬河北省）人。乾隆進士，官至禮部尙書、協辦大學士。諡文達。曾任四庫全書館總纂官，纂定《四庫全書總目提要》。有《紀文達公遺集》、《閱微草堂筆記》等。

蔣士銓（1725——1785） 清文學家。字心餘、清容、苕生，號藏園，江西鉛山人。乾隆二十二年（1757）進士。曾任翰林院編修。作有傳奇、雜劇十六種。其詩同袁枚、趙翼並稱「江右三大家」。有《忠雅堂全集》。

錢大昕（1728——1804） 清學者。字曉徵，一字辛楣，號竹汀。江蘇嘉定（今屬上海市）人。乾隆進士。官至少詹事。乾隆四十年（1775）以後主講鍾山、婁東、紫陽等書院。治學方面頗廣，於音韻訓詁尤多創見。著作有《恒言錄》等。

姚鼐（1732——1815） 清散文家。字姬傳，一字夢穀，室名惜抱軒，舊時或稱惜抱先生，安徽桐城人。乾隆進士，官刑部郎中，記名御史。歷主江寧、揚州等地書院凡四十年。治學以經爲主，兼及子史、詩文。曾受業於劉大櫆，爲「桐城派」主要作家。有《惜抱軒全集》。

汪中（1745——1794） 哲學家、文學家、史學家。字容甫，江蘇江都人。少孤貧好學，三十四歲爲拔貢，後不再應舉。工駢文，作《哀鹽船文》，文名大顯。能詩，尤精史學。著作有《廣陵通典》等。

洪亮吉（1746——1809） 清經學家、文學家。字君直，一字稚存，號北江，江蘇陽湖（今常州）人。乾隆進士，授編修。嘉慶時，以批評朝政，遺戍伊犁，不久赦還，改號更生居士。通經史、音韻訓詁之學，工詩文。有《洪北江全集》。

惲敬（1757——1817） 字子居，號簡堂，清江蘇陽湖（今常州）人。乾隆舉人，官吳城同知。少喜駢文，後致力古文，與張惠言同爲「陽湖派」創始人。有《大雲山房文稿》等。

管同（1780——1831）　清散文家。字異之，江蘇上元（今南京）人。道光舉人，受業於姚鼐，爲桐城派作家。有≪因寄軒文集≫等。

劉開（1784——1824）　清文學家。字明東，一字孟涂，安徽桐城人。諸生，受學於同鄉姚鼐。有≪孟涂文集≫等。

龔自珍（1792——1841）　一名鞏祚，字璱人，號定盦，清浙江仁和（今杭州）人。道光進士，官禮部主事。學務博覽。爲嘉道間提倡「通經致用」的今文經學派的重要人物。當林則徐赴廣東查禁鴉片時，他曾預見到英國可能侵犯，建議加強戰備。所作詩文，極力提倡「更法」、「改圖」。散文奧博縱橫，詩瑰麗奇肆，有「龔派」之稱。著作有≪定盦文集≫等，今人輯有≪龔自珍全集≫。

（吉山輯）

古文概觀

　　詩文並茂，源遠流長，不啻汗牛充棟的篇什，最早進入文學史而輝映百代，構成了古老的東方文明的精英。現在，讓我們就中國的古文一脈的概況作一番粗略的爬梳和巡禮。

先秦兩漢

　　中國古文的源流最早可以追溯到先秦的《商書・盤庚》等篇。《盤庚》是商王盤庚遷都於殷時對臣民的文告，雖古奧典重，但喻譬生動。如他要臣下聽從王命「若網在綱，有條而不紊；若農服田力穡，乃亦有秋」；對於臣下煽動百姓，是「火之燎於原，不可向邇」。注意在抽象的文告裏運用生動的比喻，顯示出我國古代散文形象性的傾向。《周書・無逸》敍述的條理性，也顯示出我國古代散文層次感的特點。

　　春秋之前，我國的第一部散文集《尚書》（或稱《書》、《書經》），成了我國散文的發端之作。春秋末季，孔子依據魯國史官修訂了編年史《春秋》，記載了自魯隱公元年起至魯哀公十四年，其間二百四十二年的史實。它是我國早期的編年體史書。史實雖是片斷，但文字謹嚴簡潔。

　　春秋戰國之際，我國古代社會發生了急劇的變動，諸侯割據，爭奪霸主地位，連年征戰，攻伐不休；在激烈的社會動盪中，「士」階層出現，他們今日投秦，明日事楚，合縱連橫，縱橫捭闔。各諸侯國的君主們爲保存自己並進而擴張，問鼎中原，就需要借鑒歷史經驗，這時，以專門記載王朝、諸侯的誥命和大事記的《尚書》、《春秋》就遠不能適應了。於是，記載各諸侯國的政治、軍事、外交活動以及策士說客言論的《左傳》、《國語》、《戰國策》等歷史著作便應時而出了。

　　又由於各諸侯國都試圖把天下統一到自己方面來，「士」階層遊說各國，試圖使諸侯國君們接受自己的主張，這裏有政治、文化、道德、倫理以至學術主張，於是，諸子蜂起，百家爭鳴，處士橫議的局面出現了。思想極其活躍，論辯異常激烈，《論語》、《老子》、《墨子》、《孟子》、《莊子》、《荀子》、《韓非子》等應運而生。《漢書・藝文志》就排列了有十家。

這個時期，上述的諸家著作和著述還不是如後來所說的「散文」。但是，它們有着較濃的文學意味和美學色彩，其審美理想規範了我國古代的民族美學特點。

《左傳》系編年體史書，其文學上的特色主要表現爲：

生動的人物刻畫。例如《鄭伯克段於鄢》描寫鄭莊公僞善而又陰險狠毒，姜氏的寵子過度，共叔段的愚昧驕橫等，甚爲生動逼眞。又如《秦晉殽之戰》中刻畫了先軫深謀遠慮的性格，蹇叔的睿智清醒的態度。在人物刻畫方面，《左傳》還注意表現人物性格的成長和發展，例如《重耳出亡》寫晉公子重耳出亡十九年，「艱難險阻，備嘗之矣；民之情僞，盡知之矣」，由一個胸無大志的貴冑公子成長爲一代雄主，在「城濮之戰」中充分顯示了他性格的高度成熟。

曲折的故事描述。也如「重耳出亡」，其間的艱難險阻，不時撲面而來，別隗、過衛、醉遣、窺浴等變幻難測。在戰爭的描述中，這種故事性特徵尤爲顯著，如《曹劌論戰》先設懸念，後再解疑；鞌之戰，寫得曲盡其致。

美妙的行人辭令。《左傳》記錄了許多外交家、說客的辭令，如《燭之武退秦師》等，時露機巧的智慧之光。

《左傳》雖是史著，但其文學特點給後來的歷史散文如《史記》以很大的影響。唐劉知幾在《史通·雜說上》中對《左傳》的成就推重備致，說是「工侔造化，思涉鬼神」。

《國語》是我國的一種國別體史書，舊稱「春秋外傳」，所記自周穆王十二年迄於周貞定王十六年各國史事，它和《左傳》不同的是，側重於君王、士臣的言談對話，故謂之爲《國語》。《國語》的文學成就在總體上稍遜《左傳》，但是，同記重耳出亡，姜氏與子犯謀醉一段，《左傳》略簡，《國語》則較詳。《勾踐滅吳》刻畫臥薪嘗膽的越王勾踐和深謀遠慮的范蠡、文種都相當出色。

《戰國策》是又一部重要的先秦歷史散文集，記載了自春秋至秦滅六國事，時間跨度約二百四十年，空間領域涉及西周、東周、秦、楚、齊、燕、韓、趙、魏、衛、宋等國的史實。書名又叫《國策》、《國事》、《短長》、《事語》、《長書》。它所記錄的主要是謀臣策士、縱橫家的言論及其相互鬥爭的情景。漢代劉向在《戰國策書錄》中稱贊《戰國策》：「皆高才秀士，度時君之所能行，出奇策異智，轉危爲安，運亡爲存，亦可喜，皆可觀。」宋代李格非說：「《戰國策》所載，大抵皆縱橫捭闔譎詐相軋傾奪之說也。其事淺陋不足道，然而人讀之，則必尙其說之工，而忘其事之陋者，文辭之勝移之而已。」確實，《戰國策》中策士們的言詞雄辯意味很濃，巧舌如簧，善於根據各種歷史條件加以利

用，尋找空隙，制服對手。「趙策」中的蘇秦說趙王；「秦策」中的張儀說秦王，集中顯示出縱橫家們的言詞特色，從而也就帶來了《戰國策》鋪張蹈屬的語言藝術特色。《觸龍說趙太后》娓娓動聽，迂回包抄，直至議論中心。《鄒忌諷齊王納諫》言通詞暢。蘇秦勸薛公留楚太子，條分縷析。雖然，《戰國策》所記策士言詞不盡符合史實，但卻充分顯示出語言上的特色。

《戰國策》還刻畫了不少生動的人物形象，如義不帝秦、大義凜然的魯仲連；待價而沽、深有謀略的馮諼；朝秦暮楚、利欲熏心的蘇秦。蘇秦說秦不行、相趙榮歸，前後神態大異，刻畫得惟妙惟肖。

《戰國策》還創造了許多新鮮活潑的語言，如「狐假虎威」、「鷸蚌相爭」等，已成爲成語，至今仍流轉在人們的腕底和唇舌之間。

《左傳》、《國語》、《國策》對以後的歷史散文著作《史記》，對漢代政論散文家賈誼、晁錯，對宋代蘇洵、蘇軾的政論散文風格產生了深遠的影響。

先秦散文中的另一脈是諸子散文，它是以直接述志、說理見長，有着較爲顯著的思辨色彩。先秦諸子散文大致可分爲三類：一類是《論語》、《墨子》，前者純語錄體，後者則有議論；一類是《孟子》、《莊子》思辨性較強的作品；一類是《荀子》、《韓非子》，成爲比較規範的論說文體。

《論語》是儒家思想的開山之作，構成了儒家思想的基本體系，是孔子門人對孔子及其弟子言行的記錄。它有不少警言名句，對意識形態的許多領域表達了自己的見解。它是思想的閃光。由於是語錄體，互不連屬，但合在一起，卻形成一個系統。它的文學性不太強烈，但文詞簡括，語義深長。它的平和暢達的文風對於古奧的殷周散文是一個重大的進步。

《墨子》爲墨家著作，文詞質樸。墨子反對儒學，反對文學，所以不注重文詞的修飾，而重在說理，而說理重視邏輯論辯。墨子創立了「三表」法。《非命（上）》說：

何謂三表？子墨子言曰：有本之者，有原之者，有用之者。於何本之？上本之於古者聖王之事。於何原之？下原察百姓耳目之實。於何用之？發以爲刑政，觀其中國家百姓人民之利。此所謂言有三表也。

墨子善於推理，議論透闢，如《非攻》等。這給後來的論說文章以一定的影響。

《孟子》是記孟子言行的書。它的文學性較強，尤以氣勢奔放見長，若江河決堤直瀉。宋代蘇洵在《上歐陽內翰書》中說《孟子》「其鋒不可犯」。蘇轍在《上樞密韓太尉書》中贊道：「觀其文章，寬厚弘博，充乎天地之間。」其文詞不避鋒芒，咄咄逼人，穿透力極強。他的論辯的技巧十分高超，在不知不覺之中

引人入彀，使對手陷入無法招架的境地，「顧左右而言他」。句式的排比加強了文章的聲勢和表達效果。孟子的文章善於設譬作比，有的近乎寓言故事如《齊人有一妻一妾》，有些比喻至今仍有生命力如「挾泰山以超北海」、「緣木求魚」、「揠苗助長」等。孟子的「知言養氣」的文學思想給六朝的曹丕、劉勰、鍾嶸，唐代的韓愈，宋代的蘇轍的文學思想影響甚巨。

《莊子》分內篇、外篇和雜篇三部分，現存三十三篇。莊子主張順乎自然，承認事物的相對性，含有樸素的辯證法。但他否定客觀事物的差異性，對人生採取虛無主義的態度。最值得注意的是莊子的美學思想。莊子崇尚自然之美，反對人為造作。在音樂上，他主張「天籟」、「天樂」；在繪畫上，他欣賞的是「解衣般礴」式的畫；在文學上，他特別推崇「言意之表」。《秋水》篇說：「可以言論者，物之粗也。可以意致者，物之精也。言之所不能論，意之所不能察致者，不期精粗焉。」就是說文學所描述的是非言語心意所能到達的境界。後來的鍾嶸《詩品序》「言有盡而意無窮」，司空圖的「象外之象」、「景外之景」、「味外之旨」等見解就導源於莊子的美學思想。在先秦諸子散文的審美實踐中，莊子的散文美學價值最高。莊、騷並稱，開拓了我國文學的浪漫主義源流。莊子善借神話，擅用寓言，辭采華贍，想像繽紛，構成比喻的彩虹，闡明自身的哲理。林雲銘在《莊子因》中稱贊道：「篇中忽而敘事，忽而引證，忽而譬喻，忽而議論；以為斷而非斷，以為續而非續，以為復而非復。只見雲氣空濛，往返紙上，頃刻之間，頓成異觀。」形成了一個迷離惝恍的藝術世界。魯迅在《漢文學史綱要》中說莊子的文風「汪洋闢闔，儀態萬方，晚周諸子，莫能先也。」著名的《逍遙游》氣勢何等開闊舒展，大鵬諸形象何等生動。他所刻畫的神仙：「藐姑射之山，有神人居焉；肌膚若冰雪，綽約若處子，不食五穀，吸風飲露，乘雲氣，御飛龍，而游乎四海之外；其神凝，使物不疵癘而年穀熟」，出現的是淒迷恍惚的形象；他所描寫的庖丁解牛，充分地理想化和審美化了。

《荀子》今存三十二篇，散文代表作有《天論》、《勸學》等。荀子學識淵博，說理言文，左右逢源，舉重若輕。《天論》「制天命而用之」的思想，具有唯物主義的色彩，把原始宗教對於自然無能為力、束手無策的思想轉化為駕馭和控制的主觀能動的意識，成為我們民族意識的基因。《勸學》取喻設譬，說明為學態度和方法，至今仍不失其借鑒意義。《荀子》中還有禮、知、雲、蠶、箴賦，執漢賦之先鞭。

在先秦諸子散文中，《韓非子》五十五篇，風格峻削嚴密，頗有法家風度，《說難》、《儲說》、《五蠹》是其代表作品。《韓非子》也運用了不少歷史故

事和寓言，但不像《莊》《孟》，而是顯示出嚴密的論證作用。韓非的散文充溢着悲鬱之氣，明代茅坤在《韓子評選後語》中說韓非文章「沉鬱孤峻，如江流出峽，遇石而未伸者，有哽咽之氣焉。」而這一點和韓非的生活、人生遭遇有關，司馬遷在《報任少卿書》中說道：「韓非囚秦，《說難》、《孤憤》」。

先秦諸子散文中還有《列子》的通俗明暢，如《 愚公移山 》，秦青學謳薛譚；《晏子春秋》「晏子將使楚」等的機巧。

總的來說， 春秋戰國的散文是我國古代散文史上的第一個繁榮期 。 它一開始， 就以歷史散文和議論散文兩種形式出現，奠定了以後一段時期我國散文的基礎。更重要的是，春秋戰國散文的審美素質提供了我國散文美學的基本因子。

秦代二世而亡，一把大火竹帛烟銷，沒有留下多少散文作品。爲秦客卿李斯的《諫逐客書》著名。這篇散文尖銳指出秦王政「逐客以資敵國，損民以益仇，內自虛而外樹怨於諸侯」的失策，在政論性中包含着文學性，筆勢健擧，詞采華瞻整飭，是散文走向賦體化的重要過渡。

兩漢散文除先秦的歷史散文、政論文發展而來的兩類外，增添了第三類——賦。

一種文學樣式的出現不是孤立的，它既有內部原因，漢賦是從荀子小賦、李斯賦體文漸次發展而來； 又有外部的社會實踐原因 。 漢代大一統的帝國至武帝時， 國內強盛， 統治者廣造宮殿苑囿， 狩獵縱樂， 需要有一批文人爲之歌功頌德，這就產生了幫閑文人的賦作。這些作品舖排揚厲，雕繢滿眼，如司馬相如的《子虛》、《上林》賦。《西京雜記》曾載司馬相如一席話：「賦家之心，苞括宇宙，總攬人物，斯乃得之於內，不可得而傳。」司馬相如把這歸結爲個人的「賦家之心」，未免玄秘，其實是上升時期封建統治者炫耀強盛在文學上的要求。這是賦體舖排蹈厲的風格的社會實踐因素。《子虛》、《上林》虛擬楚王游獵雲夢的情景， 進而描述天子在上林狩獵的景象，迎合了好大喜功的漢武帝的心理，雖然， 賦中略露微詞，但那只是幫閑文人的用心。其他有揚雄的《甘泉賦》、《羽獵賦》、《長楊賦》，班固的《兩都賦》，張衡的《二京賦》等作品。這類賦體文思想內容並無多少可取之處，而正如魯迅所說，司馬相如的賦文「有文采」。如：

　　　　撞千石之鐘，立萬石之虡； 建翠華之旗，樹靈鼉之鼓。奏陶唐氏之舞，
　　　　聽葛天氏之歌； 千人唱，萬人和； 山陵爲之震動，川谷爲之蕩波。
辭色飛動，氣勢充暢， 形成鼓蕩頻吹的聲浪。但不少賦文， 逞奇炫博， 架屋叠床，實不足取。

漢賦中的另一類如賈誼的《弔屈原賦》等有一定的現實批判精神。賈誼從個人的身世遭際出發，抒爲對於現實的憤懣：

遭世罔極兮，乃隕厥身；嗚呼哀哉兮，逢時不祥！鸞鳳伏竄兮，鴟鴞翱翔。闒茸尊顯兮，讒諛得志；聖賢逆曳兮，方正倒植。

批判了當時賢愚不分。正邪顛倒的現實。其他如張衡的《歸田賦》、《思玄賦》，趙壹的《刺世疾邪賦》等，或抒發個人心中的塊壘，或抨擊現實的黑暗，較有現實意義。另有枚乘的《七發》，文不甚深，詞采飛揚，描述統治者的生活有一定的揭露作用。

漢賦也經歷了一個發展過程。漢初賦未定型，到司馬相如手中成熟爲典型的賦體，俗稱大賦，揚雄、班固等人只是模仿而已。東漢以後，武帝時強盛景象不復存在，於是大賦也就失去它賴以存身的基礎。歌功頌德一變爲揭露現實、抒發情懷；亦不再有舖排誇飾，於是形成了所謂的小賦，如蔡邕的《述行賦》、趙壹的《刺世疾邪賦》、禰衡的《鸚鵡賦》等。對漢賦不能一概而論，要作階段性分析和內容、形式的區別分析。

漢代政論散文的代表作家是賈誼、晁錯。他們繼承了先秦散文的特點並加以發展。賈誼的《論積貯疏》、《過秦論》尤得盛名。《過秦論》氣勢充暢如水銀瀉地，舖揚蹈厲，大有戰國縱橫家的風彩。議論透闢，在議論中又飽和着情感，雖是政論卻情采飛揚、意氣風發。晁錯的文章文采不及賈誼，而立論精當、推理嚴密，甚或過之。其語言具有政治家的特點。

漢代散文中鄒陽的《獄中上梁王書》，爲其被讒下獄所作，廣采博搜歷史故實以表白心迹，頗有戰國游士遺風。

漢代散文最輝煌的成就是歷史散文，偉大的歷史學家、文學家司馬遷的《史記》和優秀的歷史家班固的《漢書》共爲傑出的典範。

司馬遷《史記》的美學成就成爲漢代美學的豐碑，它集中體現了漢代磅礴和古拙的審美理想。例如人們所熟知的《項羽本紀》中的巨鹿之戰：

項羽乃悉引兵渡河，皆沉船，破釜甑，燒廬舍，持三日糧，以示士卒必死，無一還心。於是，至，則圍王離，與秦軍遇，九戰，絕其甬道，大破之，殺蘇角，虜王離。涉間不降楚，自燒殺。

當是時，楚兵冠諸侯。諸侯軍救巨鹿下者十餘壁，莫敢縱兵。及楚擊秦，諸將皆從壁上觀。楚戰士無不一以當十，楚兵呼聲動天，諸侯軍無不人人惴恐。於是已破秦軍，項羽召見諸侯將；入轅門，無不膝行而前，莫敢仰視。項羽由是始爲諸侯上將軍，諸侯皆屬焉。

何等氣勢! 句句相連, 滔滔翻滾, 奔馬般的氣勢鼓蕩著讀者。李澤厚在《美的歷程》中正確地指出漢代審美理想的另一方面的特徵: 「正因爲是靠行動、動作、情節而不是靠細微的精神面貌、聲音笑貌來表現對世界的征服, 於是粗輪廓的寫實, 缺乏也不需要任何細部的忠實描繪, 便構成漢代藝術的『古拙』外貌。」《史記》中的人物描繪正是這樣。人物刻畫不求精雕細刻, 而是粗疏勾描。有些事實未必盡合情理, 但作者卻不拘細微, 只要寫出人物的精神風貌就行。在《史記》中描繪了一大批栩栩如生的人物形象。這裏有英勇蓋世而又自刎烏江的項羽, 有善於用人而又沾染著流氓氣味的劉邦, 有老謀深算的范增, 有剽悍莽撞的樊噲, 有忠勇剛毅的廉頗, 有豁達大度的藺相如, 有禮賢下士的信陵君, 有正直剛健的竇嬰, 有重義使氣的灌夫, 有驕橫跋扈的田蚡, 有身先士卒的李廣, 有捨身取義的悲劇英雄荆軻, 等等。《史記》人物刻畫的傑出成就贏得了後人的稱贊, 宋代洪邁在《容齋隨筆》中贊道: 「英姿雄風, 千載而上, 尙可想見, 使人畏而仰之。」

　　《史記》對於各種戰爭、生活的場面描述精彩的筆墨。如《魏其武安侯列傳》中灌夫罵座和東朝廷辯, 場面描述緊緊地聯繫着人物的性格、內心活動和集團意志。

　　《史記》雖然是秉筆直書史實, 但司馬遷十分致力於章法結構的安排, 疏密相濟、繁簡得體。如《項羽本紀》, 巨鹿之戰、鴻門會宴、垓下之圍, 顯示項羽一生經歷的重要場面, 細刻深掘, 筆酣墨飽; 一些小的場景、回合, 則淡淡幾筆, 一掠而過。

　　司馬遷的歷史散文的語言具有極高的成就。其美學特徵表現爲流暢雄健, 筆端流露出褒貶抑揚的情感。他和同時代的賦家不同, 不用賦體, 全用散文筆調, 其表現力十分強烈。

　　班固的《漢書》總的成就不如《史記》, 語言的表現力略差, 但文字較爲嚴謹。《漢書》中的《蘇武傳》是一篇膾炙人口之作, 塑造了蘇武保全民族氣節, 歷經艱危不改素志的形象。尤其是李陵勸降不成送蘇武歸漢的描述感心動腑:

　　　　於是李陵置酒賀武曰: 「今足下還歸, 揚名於匈奴, 功顯於漢室, 雖古竹帛所載, 丹青所畫, 何以過子卿? 陵雖駑怯, 令漢且貰陵罪, 全其老母, 使得奮大辱之積志, 庶幾乎曹柯之盟, 此陵宿昔之所不忘也。收族陵家, 爲世大戮, 陵尙復何顧乎? 已矣! 令子卿知吾心耳。異域之人, 壹別長絕! 」陵起舞, 歌曰: 「徑萬里兮度沙幕, 爲君將兮奮匈奴。路窮絕兮矢刃摧, 士衆滅兮名已隤, 老母已死, 雖欲報恩將安歸? 」陵泣下數行, 因與武決。

　　總的說來，東西兩漢，以歷史散文顯示出散文的最主要實績。崛起了新的文學形式——賦，其文學成就大有可觀之處。政論散文在先秦散文的基礎上有進一步的發展，和時事的聯繫更爲密切，發揮經邦濟世之作用，同時，其形式更爲完備精美，在先秦散文的階梯上穿堂入室。

魏晉南北朝

　　魏晉南北朝時期是一個社會大變動的時期，也是思想的一個大活躍的時期，儒學的匿聲，老莊的興盛，美學思想產生了新的變遷。占據這個時期的審美思潮的主流地位的是莊子的美學思想，追求「事外有遠致」的哲理美，情感因素大大加強。這個時期的散文顯示的是和整個社會、審美思潮相適應的變革特點。

　　變革肇始於曹操。魯迅在《而已集‧魏晉風度及文章與藥及酒之關係》中稱曹操是「一個改造文章的祖師」，其文風「清峻」「通脫」。《讓縣自明本志令》是曹操在「挾天子以令諸侯」遭到較多攻擊的歷史環境中，表明自己無廢漢帝而自立的心志。言詞簡括而又坦直清峻，毫不矯飾而情感深藏。孔融的《論盛孝章書》爲盛孝章事求援於曹操，語懇詞誠，令人感動。諸葛亮的《出師表》字字含情，「今當遠離，臨表涕零，不知所言」，老臣之心，萬代師表；「鞠躬盡瘁，死而後已」，千古名言，至今讀來，令人竦然。曹丕《與吳質書》雖是論文書札，卻情感蕩漾。曹植《與楊德祖書》申明抱負：「豈徒以翰墨爲勛績，辭賦爲君子」，文筆潤暢，自是其一貫風格的顯示。魏晉之交，社會動蕩，朝命夕不可保，名士橫遭身家之禍者甚多，他們的內心充滿著煩悶和驚恐，或保持名節，不避鋒芒，如嵇康，最後終致「廣陵散於今絕矣」。一篇《與山巨源絕交書》，詞鋒畢現，凌厲高蹈，抨擊之情、不滿之意溢於言表。或佯狂避害，如阮籍。東晉陶淵明文風亦如詩風，《歸去來兮辭》、《桃花源記》、《五柳先生傳》，平和質樸，耐人咀嚼。陶氏在烏托邦式的桃花源中寄托著自己的社會理想。他的散文風格打上了那個時代逃避現實的社會痕印。

　　魏晉南北朝散文的另一發展是山水散文的出現，這和當時的山水詩的勃興是同步進行的。它的社會實踐原因是朝代更迭、人命如草，士大夫文人避開現實，寄情山水。在這樣的歷史背景下，老莊玄學成爲一個社會思潮，歸返自然爲時所尙。其中佳作有王羲之《蘭亭集序》，清新泗秀，「此地有崇山峻嶺，茂林修竹；又有清流激湍，映帶左右。引以爲流觴曲水，列坐其次，雖無絲竹管弦之盛，一觴一咏，亦足以暢敍幽情。」清麗明暢含通脫逸氣。北朝山水風景散文

的佳品有酈道元的《水經注》、楊衒之的《洛陽伽藍記》。《水經注》的《江水注》寫三峽，清而實麗、質而實睲，山峰高峻，江水浩蕩，四季風光，歷歷如繪。《河水注》寫孟門山：「崩浪萬尋，懸流千丈；渾洪贔怒，鼓若山騰」，氣勢宏壯。《水經注》的藝術成就為後人所大大贊許，蘇軾《寄周安孺茶詩》說：「今我樂何深，水經亦屢讀。」《洛陽伽藍記》語言簡潔如爽，歷述歷史演迹，皮裏陽秋，隱含對統治者荒淫的指斥；其文學價值在於文詞豐茂，如寫永寧寺的九級浮屠：「金盤炫日，光照雲表；寶鐸含風，響出天外」，何等地富有藝術魅力。六朝散文不像漢代散文氣派壯偉，氣勢宏通，而漸趨於精美，這也是一代審美趨向使然。

　　魏晉六朝散文的又一發展是六朝駢文的畸形繁榮、盛極一時，駢文把文學的形式推向極端，形式主義之風大熾，駢四儷六，浮詞誇飾。駢文雖肇始於兩漢辭賦，卻在新的條件下大大張揚開來。但其中仍不乏內容較為充實、審美價值較高的作品。如鮑照《登大雷岸與妹書》一洗平庸的駢文之氣，寫行役生涯「棧石星飯，結荷水宿，旅客貧辛，波路壯闊」，寫山水風光美不勝收。清代許槤在《六朝文絜》中贊曰：「烟雲變滅，盡態極妍，卽使李思訓數月之功，亦恐畫所難到。句句錘煉無渣滓，眞是精絕。」確非溢美之言。孔稚珪的《北山移文》，山水含情，筆中藏鋒，借山岳草木對話，嘲諷身在山澤，心縈好爵的隱士，別開生面。陶弘景《答謝中書書》，是山水小品之上乘，清麗可許。吳均的《與朱元思書》雖是書信，卻是一篇難得的山水游記，「風烟俱淨，天山共色」，千載之下捧讀，仍令人神馳。至於丘遲的《與陳伯之書》借江南風光的描繪，激惹故國之思，可謂別具一格了。「暮春三月，江南草長，雜花生樹，羣鶯亂飛」，引起多少人的江南向往之意！

　　魏晉六朝辭賦較之兩漢辭賦的一個顯著變異，是漢辭重於述，此時的賦文重於情。如王粲的《登樓賦》一唱三嘆：「情眷眷而懷歸兮，孰憂思之可任！」「悲舊鄉之壅隔兮，涕橫墜而弗禁。」抒發故鄉之思，情韵悠長。曹植的《洛神賦》詞采華美，借宓后抒一己憂憤；向秀的《思舊賦》、陶潛的《閑情賦》，亦以情見長。名噪一時的江淹的《恨賦》、《別賦》，庾信的《哀江南賦》，顧題目之名而思義，足見其抒情特徵了。《恨賦》具有咏史味，但筆端情感濃鬱。如寫嵇康臨刑東市：

　　　　及夫中散下獄，神氣激揚。濁醪夕飲，素琴晨張。秋日蕭索，浮雲無光。鬱青霞之奇意，入修夜之不暘。

「秋日蕭索，浮雲無光，無生命的自然被賦予了有生命的情感。《別賦》寫情侶

離別之苦:

> 春草碧色，春水淥波， 送君南浦， 傷如之何! 至乃秋露如珠， 秋月如珪，明月白露，光陰往來，與子之別，思心徘徊。

徘徊容與之情， 纏綿悱惻之意， 讀來令人柔腸寸斷。

南北期駢賦的最高成就者當數庾信的《哀江南賦》。杜甫稱: 「庾信文章老更成」，「庾信平生最蕭瑟， 暮年詩賦動江關」。《哀江南賦》的時空、心態容量很大，述侯景之亂，記梁代之亡，敍江陵百姓之苦，抒身居異域的鄉關之思。其中，寫江陵亡後百姓擄至北國的景象，字字有血:

> 水毒秦涇，山高趙陘，十里五里，長亭短亭。饑隨蟄燕，暗逐流螢。秦中水黑，關上泥青。於時瓦解冰泮，風飛電散。渾然千里，淄澠一亂。雪暗如沙，冰橫似岸。逢赴洛之陸機，見離家之王粲。莫不聞隴水而掩泣，向關山而長嘆。

而傾吐自己的鄉關之情， 又句句含淚。 雖是駢賦， 絕無飯中夾沙， 難以下咽之感，如風行水上，流暢滑利。

魯迅在《而已集·魏晉風度及文章與藥及酒之關係》中說: 「曹丕的一個時代可說是『文學的自覺時代』，或如近代所說是藝術而藝術的一派。」這就是說，這個時代更重視文學性和審美素質了。在這個時代，文學和學術開始分道揚鑣，自成一家，逐步重視形式，重視形式美，特別是語言的美感。這個時期，理論界的提倡對審美思潮起到推波助瀾的作用。陸機在《 文賦 》中說: 「詩緣情而綺靡，賦體物而瀏亮，碑披文以相質，誄纏綿而淒愴。」鍾嶸在《詩品》中提倡「吟咏情性」，劉勰在《文心雕龍》中認爲要「爲情而造文」。這都是對文學的審美特性的重要揭示。作爲一個變動時期，魏晉六朝的散文體現了中國古代散文向審美方向的靠攏。卽使對於六朝的駢體文也要具體分析，前述的內容較爲充實的駢文已有論評， 卽使是四六駢體，也應該看成是漢文學語言整飾、對稱的審美功能的發揮。問題不在形式，而在形式主義，脫離內容，把形式僵化，阻碍審美意緒的暢達。這一形式主義的弊端確實需要進行淸算，唐代古文運動就是歷史地完成了這一任務。這是中國散文史的又一次重大變革。

唐　　宋

唐代古文運動的倡導者是韓愈。「古文」是區別於「時文」的駢文而言的，指的是先秦、兩漢用散文形式所寫的文章。「古文」運動是爲了恢復古代散文的

傳統，後來古文運動的散文家們把所寫的文亦稱之爲「古文」。唐德宗貞元年間由韓愈首倡，李翺、皇甫湜附和；唐憲宗元和年間，又得柳宗元支持，於是形成一股規模可觀的古文運動。這股古文運動是以儒家思想來抵制佛、老思想的，因而又成爲一股社會思潮，它的「載道」的思想內涵，適應了當時的社會需要。古文運動的強大潮流壓倒了「繁聲競采，興寄都絕」的駢文，在中國古代散文史上有著不可忽視的地位和作用。

古文運動的理論核心是「志道」「明道」。韓愈在≪重答張籍書≫中說：「己之道，乃夫子、孟子、揚雄所傳之道也。」柳宗元在≪答書中立論師道書≫中說：「文者以明道」。所謂「道」就是儒家思想。文以載道，就是文爲道服務，表現儒家的思想。文以載道的理論主張，一方面因爲強調思想內容，使得散文充實豐富；另一方面，「道」的實際內容，使得這個口號又有「衞道」色彩。韓愈本人的散文就有較多的體現。

古文運動的另一理論主張是「不平則鳴」。韓愈在≪送孟東野序≫中說：

　　　大凡物不得其平則鳴。草木之無聲，風撓之鳴；水之無聲，風蕩之鳴。其躍也，或激之；其趨也，或梗之；其沸也，或炙之。金石之無聲，或擊之鳴。人之於言也亦然，有不得已者而後言，其歌也有思，其哭也有懷。凡出乎口而爲聲者，其皆有弗平者乎？

這是一個具重大價值的散文創作主張，作家對社會、對生活有不平之感，就要「鳴」，通過一定的語言形式表達出來。

古文運動對文學語言的要求有兩條：一條是韓愈在≪答李翊書≫中所說的：「惟陳言之務去」，創造新鮮、生動的語言；另一條也如韓愈在≪南陽樊紹述墓志銘≫中所說的：「文從字順各識職」，文字通順暢達，並具有規範性。但韓愈的主張：「不襲蹈前人一言一句」，則未免過甚，以致語言有佶屈聱牙之弊。

作爲一代散文大家有韓愈的藝術風格，氣勢充暢，語言明快，曲折變幻而一氣灌注。他的散文風格得到了人們廣泛的讚許。蘇洵在≪上歐陽內翰書≫中說，韓愈的散文「如長江大河，渾灝流轉，魚黿蛟龍，萬怪惶惑，而抑遏蔽掩，不使自露，而人望見其淵然之光，蒼然之色，亦自畏避，不敢迫視。」韓愈的散文大致可分爲三類：

一類是論說文，包含雜感式的短文，如≪師說≫、≪馬說≫。≪師說≫述爲師之道，言相師之旨，文情充沛。≪馬說≫借馬以喻人，鳴己遭遇之不平。或扣題論述，或借題發揮，不拘一格，妙造自如。

敍事散文一類熔敍事、描述、議論於一爐。如≪張中丞傳後敍≫，寫張巡等

人死守睢陽，抗擊安史亂軍的情景，可歌可泣。文章先說，許遠「城陷而虜，與(張)巡死先後異耳」，述中有議，筆含情感。後敍南霽雲乞師賀蘭的忠烈言行：

> 南霽雲之乞救賀蘭也，賀蘭嫉巡、遠之聲威功績出己上，不肯出師救；愛霽雲之勇且壯，不聽其語，強留之。具食與樂，延霽雲坐。霽雲慷慨語曰：「雲來時，睢陽之人，不食月餘日矣！雲雖欲獨食，義不忍；雖食，且不下咽！」因拔所佩刀，斷一指，血淋漓以示賀蘭，一座大驚，皆感激爲雲泣下。雲知賀蘭終無爲雲出師意，卽馳去。將出城，抽矢射佛寺浮屠，矢著其上磚半箭，曰：「吾歸破賊，必滅賀蘭，此矢所以志也！」
>
> 城陷，賊以刃脅降巡。巡不屈，卽牽去，將斬之；又降霽雲，雲未應。巡呼雲曰：「南八！男兒死耳，不可爲不義屈！」雲笑曰：「欲將以有爲也。公有言，雲敢不死！」卽不屈。

何等慷慨悲壯！再如描寫張巡就義情景：

> 賊縛巡等數十人坐，且將戮，巡起旋，其衆見巡起，或起或泣。巡曰：「汝勿怖！死，命也。」衆泣不能仰視。巡就戮時，顏色不亂，陽陽如平常。

聲色躍然紙上，這是對《史記》傳記散文的重大發展。其中亦有議論評述，見其文筆犀利。

抒情性散文中，以《祭十二郎文》最得盛名。列述亡侄瑣事，反復抒情，委曲盡致，感人肺腑。

韓愈散文的語言舒展自如，委曲多姿，富於表現力和創造性。如「細大不捐」「動輒得咎」「不平則鳴」「雜亂無章」「落井下石」等等，至今仍有生命力。而其散文組織構造，茹今涵古，間以駢麗，錯綜爲文，如《張中丞傳後敍》中的句子：「守一城，捍天下，以千百就盡之卒，戰百萬日滋之師」等。

唐代古文運動的另一領袖是柳宗元。柳文內容深邃，對現實常有尖銳的批判，如《封建論》論評歷史時的高屋建瓴，《三戒》借麋、驢、鼠，對現實中的小人加以嘲弄和諷刺。《捕蛇者說》更是千古名作，對封建剝削作了鞭辟入裏的揭露和批判，具有強烈的人民性。

他的傳記散文也是對《史記》的繼承和發展，和韓文稍有不同的是，柳文偏重記述，不涉議論，如《段太尉逸事狀》，出色地描寫了段秀實不畏強暴、敢於抗爭、沉著機警的動人形象。

柳宗元散文的另一重大成就是山水遊記。柳宗元繼承並發展了酈道元的山水散文的特點，使之成爲具有獨特的文學價值的體裁、樣式。他對於酈道元山水散

文的發展，突出地表現爲不是單純地寫景狀物，而是景中有情，一腔幽憤寄於景物的描寫之外。他被貶爲永州司馬，在任所寫山水遊記八篇，統稱《永州八記》是其代表作品。這些作品一篇一個風貌，又都充分地顯示出柳宗元細致的審美觀察力和感受力。《鈷鉧潭記》描述鈷鉧潭的風光，潭水的來源，在購得這一勝景的原委的敍述中，揭露了「官租私券」對人民的盤剝，和貶謫中的故土之思。《鈷鉧潭西小丘記》描繪生動逼眞，如繪如畫，或擬人、或擬物，各各不同。「其石之突怒偃蹇、負土而出爭爲奇狀者，殆不可數。其嵌然相累而下者，若牛馬之飮於溪；其冲然角列而上者，若熊羆之登於山」，同時在對奇石的描繪中寄托著自己不幸的身世遭遇。《至小丘西小石潭記》山、水、樹、木、竹、泉、游魚，絡繹奔會於紙上，或動態描述，或靜態繪寫，變化多姿。柳宗元山水遊記散文風格清雋，語言洗練。

古文運動開一代風氣之先。它的文道合一、氣盛言宜、務去陳言、文從字順等觀點，奠定了古代散文理論的雄厚基礎；韓柳等人的創作實踐爲古散文家們樹立了優秀的範例。

唐代散文家中，也有用駢體文寫作的，如初唐王勃的《滕王閣序》，詞藻準美，才氣飛溢，描滕王閣的壯麗建築、閣外的壯美景象、閣內的賓客大宴，抒一己懷才不遇的感嘆。文彩競麗，「落霞與孤鶩齊飛，秋水共長天一色」，爲人們競相傳誦。李華《吊古戰場文》借古喩今，在對古戰場的虛擬性憑弔中，寄寓著對統治者窮兵黷武的伐撻，悲凉之氣溢於字裏行間。晚唐杜牧的《阿房宮賦》，以古證今，現實感寄於言外，以秦始皇興造宮室暗喩唐敬宗的廣求聲色。文詞優美波峭，在賦體文中實屬佳構
。中唐的古文運動至晚唐有衰微趨勢，但諷刺小品文卻崛地而起，代表作家有陸龜蒙、羅隱諸人。陸龜蒙的《野廟碑》尤爲著名。該文從哀憫農民祭廟的迷信活動起始，轉而把鋒芒直指官吏們，對其兇狠面目加以揭露抨擊，筆裏冰霜，痛快淋漓。羅隱的諷刺小品文集有《讒書》，羅隱本人在《<讒書>重序》中說明該書主旨「所以警當世而戒將來」，現實的批判精神十分鮮明。嬉笑怒罵，皆成文章，具有很高的諷刺藝術價值，使散文在晚唐放射出光輝。但這畢竟是處在晚唐，「夕陽無限好，只是近黃昏」，無法挽回晚唐以來的奢靡頽風。到宋初，這股頽風經楊億等人推助，演爲「西昆體」，遂成六朝文風的回光返照。其間雖有王禹偁等人奮起阻遏，尙未形成氣候。直至散文大家歐陽修崛起文壇，力挽頽波，局面才爲之改觀。歐陽修等人興起的宋代古文運動上聯韓、柳，直指「西昆體」，故統稱爲唐宋古文運動。古文運動和「西昆體」的鬥爭是兩種文學思潮的鬥爭，在政

治背景上反映了北宋地主階級中的開明派和保守派之間的鬥爭，是一種革新需要在文學運動上的表現。

歐陽修的散文見解基本上承傳韓愈，但更注重散文的文學、審美因素。

歐陽修散文的現實性也很強烈。如《與高司諫書》對於明哲保身的諫官痛加斥責，不留情面；《朋黨論》奮斥保守派對范仲淹的誣衊，詞鋒畢現無遺。五代史《伶官傳序》借後唐李存勖興亡之事，總結出歷史經驗教訓：「憂勞可以興國，逸豫可以亡身」，為北宋王朝提供了一面鑑鏡。宋代李塗在《文章精義》中說：「歐陽永叔《五代史》贊首必有嗚呼二字，固是世變可嘆，亦是此老文字，遇感慨處便精神。」

歐陽修散文的審美價值極高。《醉翁亭記》，構思精巧，文詞圓熟精純，寫景狀物，無不精到。《秋聲賦》雖曰「賦」，但採用散文筆調，審美敏感極為獨特，對秋聲、秋色、秋意的描摹、抒寫，極為細膩、生動、傳神。歐陽修的散文把我國古代散文的發展推進到一個全新的階段。

在唐宋古文運動中誕生了中國古散文史上著名的八大家：韓愈、柳宗元、歐陽修、王安石、曾鞏、蘇洵、蘇軾、蘇轍。

韓、柳、歐，前面已作評述。作為一代革新家的王安石，為文亦如為政，挺拔勁健，言情少，說理多，邏輯性很強，重在立意、生發，超拔卓絕。

蘇門父子合稱「三蘇」。蘇洵的《六國論》向為人們論贊，見解卓越，借論史以切中時弊，文勢縱橫，文句老辣，文理透徹，雖是論說卻詞採斐然。蘇轍的《上樞密韓太尉書》重在論文，旨在說明文之氣得之於名山大川的遊覽和豪俊之士的交遊，頗含一定道理。

蘇軾是一位詩、文、論的全才、大家。明代的焦竑對蘇軾的散文成就推崇備致：「古今之文，至東坡先生無餘能矣。引物連類，千轉萬變而不可方物，即不可摹之狀，與甚難顯之情，無不隨形立肖，躍然現前者，此千古快心也。」

蘇軾的散文主張，集中反映在他《答謝民師書》中的一段話：「大略如行雲流水，初無定質，但常行於所當行，常止於不可不止」。隨感興發，不受拘囿。他還主張「係風捕影」，捕捉新鮮的意象、感受。

他的散文風格亦如他的《答謝民師書》所說：「文理自然，姿態橫生」，文情高遠，元氣淋漓。

他的論說文，或精闢透徹，如《教戰守策》；或深入淺出，如《日喻》。他的一些文藝性論文，如《答謝民師書》見識超異，卻行文自如。

他的許多散文審美價值極高，融滙敍事、抒情、寫景於一體。《赤壁賦》描

寫江山勝境，抒發內心胸臆，婉轉自如，俊逸之氣橫溢於行間。《石鐘山記》從遊記中生發出哲理，順理成章，生動、別致。《記承天寺夜遊》連標點在內僅僅百字，卻寫得清新灑脫，姿態橫生。《文與可畫篔簹谷偃竹記》，追敍舊誼，懷念故友，情韵綿邈，卻又在其間發表繪畫見解，論述透徹。述、敍、議，密合無間，大有行雲流水般的自然。

在人物傳記散文中，《方山子傳》也寫得生動形象，逼眞欲現。

宋代的歷史散文有著名的《資治通鑑》。其中的《赤壁之戰》寫得有條不紊，層次井然。《肥水之戰》刻畫人物十分出色，如寫「謝安得驛書，知秦兵已敗，時方與客圍棋，攝書置床上，了無喜色，圍棋如故。客問之，徐答曰：『小兒輩遂已破賊。』既罷，還內，過戶限，不覺屐齒之折。」寫人物的外在情貌和內在心態，以細節加以點染，眞可謂傳神逼肖。

詩人兼散文家的陸游所寫《跋李莊簡公家書》寫李光的形象「目如炬，聲如鐘，其英偉剛毅之氣，使人興起。」寥寥數言，遂使人物躍然紙上。他所寫《入蜀記》信筆出之，卻旨厚味深。

北宋、南宋交替時期，民族矛盾和民族戰爭爆發，散文中的愛國主義精神較之前代顯著、突出。如辛棄疾的《跋紹興辛巳親征詔草》、岳飛的《五岳祠盟記》、胡銓的《戊午上高宗封事》、直至宋末的文天祥《指南錄後序》。辛棄疾《跋紹興辛巳親征詔草》僅幾十字，卻寫得沉痛迫切，感慨系之。文天祥《指南錄後序》，壯懷激烈，情感澎湃，令人讀之，心潮沸然。

金元明清

金代王若虛的《焚驢記》是一篇出色的諷刺寓言小品。元好問的《市隱齋記》對沽名釣譽的隱逸之徒進行了辛辣的嘲弄。

元代散文寥落，可數者僅李孝光的《大龍湫記》，吳澂的《送何太虛北遊序》、鍾嗣成的《錄鬼簿序》。《大龍湫記》細致傳神地描寫了雁蕩山的瀑布大龍湫的奇麗景象，時時有遊人感受的穿插，遂使詩情畫意，形於一體。《送何太虛北遊序》構思精密，富於論辯性，既要求人們開拓視野，不可蔽目塞聽，又諷刺那些假借遊歷，釣名沽譽之輩。《錄鬼簿序》文筆老辣而富於諷刺幽默感。

經過元代的沉寂，至明代，散文開始中興。明初劉基的《賣柑者言》對「金玉其外，敗絮其中」的諷刺，頗有力量。宋濂的《送東陽馬生序》語懇詞摯，教誨後輩不板面孔，敍述自己刻苦求學的經過，借以勉勵他人，文詞暢達、洗練。

　　前後七子雖張揚復古主義，但散文中亦不乏佳作。如李夢陽的《禹廟碑》、李攀龍的《太華山記》、宗臣的《報劉一丈書》。《報劉一丈書》躍動著作者的一顆耿介之心。他勾畫了種種驕橫跋扈、阿諛奉承的世相，扒皮剔骨地剖露了他們的靈魂。

　　明代散文中值得注意的是，歸有光的《寒花葬志》、《項脊軒志》，它們都是描寫的日常生活的瑣事、情景，這和明代市民小說的審美思潮是桴鼓相應的，反映了文學走向生活、表現普通的日常生活的趨向。《寒花葬志》攝取婢女生活中的幾個小鏡頭，描述人物只輕勾淡敷，卻畫龍點睛，如「目眶冉冉動」，堪稱傳神。在敍述中又間以抒情，動人肺腑。《項脊軒志》情調雋永，圍繞項脊軒的前後變化展開描述。對項脊軒的內外環境的描述著實生動：「前闢四窗，垣牆周庭，以當南日。日影反照，室始洞然。又雜植蘭桂竹木於庭，舊時欄楯，亦遂增勝。借書滿架，偃仰嘯歌，冥然兀坐，萬籟有聲。而庭階寂寂，小鳥時來啄食，人至不去。三五之夜，明月半牆，桂影斑駁，風移影動，珊珊可愛。」文字洗練而情景如畫，動靜交錯，相宜成文。老嫗和祖母的心理都刻畫得十分細微。

　　公安派的袁氏三兄弟，文學上主張獨抒性靈，散文風格清新明快。袁宏道的《虎丘記》寫虎丘中秋勝景，紅男綠女，連臂而至，「如雁落平沙，霞舖江上」；而「唱者千百，聲若聚蚊，不可辨識」。寫景如畫圖，寫聲如接耳，真是繪聲繪色，令人耳動目眩。《滿井遊記》、《晚遊六橋待月記》也寫得清麗可喜、靈性內蘊。張岱在《琅嬛文集‧跋寓山注其二》中說：「古人記山水手，太上酈道元，其次柳子厚，近時則袁中郎。」他充分地肯定了袁宏道（中郎）的山水遊記在中國散文史上的地位。

　　明代散文家中張岱也是一位卓有成就的名家。《西湖七月半》、《湖心亭看雪》、《柳敬亭說書》向為人們所傳誦。《西湖七月半》詩情畫意，相得益彰。描述遊西湖的幾種人的情態，畢露無遺，又各各形成鮮明對比。《湖心亭看雪》出以經濟省儉的筆墨：「霧凇沆碭，天與雲與山與水，上下一白，湖上影子，惟長堤一痕、湖心亭一點、與余舟一芥、舟中人兩三粒而已」，描寫了雪天的壯美景象，意境以大小對襯，形成了朦朧美。《柳敬亭說書》是一篇出色的寫人散文，寫柳敬亭說書細膩逼真，聲態並作，「哱夬聲如巨鐘，說至筋節處，叱吒叫喊，洶洶崩屋。武松到店沽酒，店內無人，驀地一吼，店中空缸空甓皆甕甕有聲，閒中著色，細微至此。」可見，張岱散文的語言的表現力很豐富，魅力很強。

　　明代散文優秀之作甚夥，如高啓的《書博雞者事》，近代林紓說這篇散文「

乃近《史記》」。作者扣住博鷄者性格的主導面——見義勇爲，選取幾個行爲側面加以表現和充實，卽懲治豪民，爲袁守申寃，從而栩栩如生地描繪出形象。薛瑄的《遊龍門記》描摹逼眞，使人如親臨其境中，以時間爲順序，描述井然，文中妙喻如珠，倍增形象感。馬中錫的《中山狼傳》以寓言形式抨擊了生活中忘恩負義之徒，諷刺了那些欲施善行而自食惡果的「東郭先生」們。崔銑的《記王忠肅公翱事》，善於選材，選取典型的事例，集中表現人物廉正的剛烈的性格，選例很有表現力。魏學洢的《核舟記》用的是縮龍成寸的表現手法，把人物情態描繪得傳神盡致。明代誕生了我國的一位著名的旅遊家徐霞客，錢謙益爲之寫《徐霞客傳》，列述徐霞客的生平和旅遊之地，在敍述中還寫出徐霞客的性格，文筆變化，文意富於波瀾。徐霞客本人寫成的「遊記」，文學價值很高，以日記體的形式出現，如《遊雁蕩山日記》，以時間爲序，錯綜以空間，時空感很強。往往先作總體概括，然後再進行具體的描繪，既給人整體感，又有具體生動的印象。張溥的《五人墓碑記》是一篇人們交口讚譽的散文。全文情緒激越，扣住五壯士和東廠鬪爭這個中心，圍繞「激於義而死」的中心，或敍或議，反覆旌彰五壯士的凛然大義。全文詞義慷慨，讀來令人神旺。黃淳耀的《李龍眠畫羅漢記》記述羅漢渡江的圖畫，寫出了風姿各異的羅漢形象和神態，可謂惟妙惟肖。

　　明末清初，異族入侵，王朝更迭，民族矛盾特別尖銳，愛國主義思潮波蕩，這在散文中也有顯著的體現，富於民族感情的散文作家有顧炎武、歸莊、屈大均、魏禧、邵長蘅等。夏完淳的《獄中上母書》充滿了少年英雄的愛國主義熱情，表現了崇高的民族氣節。他的這封信雖言家事，但實議國事，表現出視死如歸的情懷，哀而不傷，豪情勝慨，感人至深。黃宗羲的《柳敬亭傳》借寫柳敬亭說書，寄托自己的黍離之思，所謂「風號雨泣，鳥悲獸駭，亡國之恨頓生，檀板之聲無色」就指此。他的另一篇《原君》措詞激烈，抨擊歷史上的暴戾君制，其思想意義不可低估。顧炎武的《復庵記》所述范君的遺民之志，實寄作者無限眷念故國之志。汪琬的《江天一傳》寫江天一在清兵南下時，大義凛然，率衆抵抗，最後壯烈犧牲的情景。作者的傾向寄寓在客觀的描述中，讓讀者深長體會。邵長蘅的《閻典史傳》文詞充滿激情，表現了閻應元堅守江陰，與城共存亡的愛國主義精神，足以驚天地、泣鬼神。

　　　　應元笑曰：「何哭？事至此，有一死耳！」見貝勒，挺立不屈。一卒持槍刺應元貫脛，脛折踣地。日暮，擁至棲霞禪院。院僧夜聞大呼「速斫我」不絕口。俄而寂然，應元死。

寫得何等英勇悲壯！稍後的全祖望的《梅花嶺記》寫史可法死守揚州，抵抗異族

侵略的情景，也是驚心動魄、感人至深的。

隨著清王朝入主中原對中華各民族的武裝鎭壓和思想鉗制，大興文字獄，在廣大知識分子中造成了「避席畏聞文字獄」的極度恐懼的社會心理。明末清初輝揚起來的愛國主義熱情沉寂下去了。在這樣的社會背景和社會氛圍中，產生了康、乾時期以方苞、劉大櫆、姚鼐爲代表的桐城派。桐城派的文學主張集中反映在方苞《又書貨殖傳後》的一番論述中：「義卽易之所謂『言有物』也，法卽易之所謂『有序』也，義以爲經，而法緯之，然後爲成體之文」，概稱爲「義法」。所謂「義」乃文章的思想內容，就是儒家思想，如方苞在《古文義法約選序》中說的「求六經語孟之旨而得其所歸」；所謂「法」就是文章的章法結構和語言的簡潔勁爽。這一散文流派的理論主張從維護封建統治的需要出發，復活儒家思想，並不足取；關於形式，講究文詞的「雅」，既有好的一面，卽沒有多少蕪詞濫言；又有不好的一面，卽語言的生氣不足。但桐城派的散文仍有優秀佳作，如方苞的《獄中雜記》、《左忠毅公逸事》，姚鼐的《登泰山記》。《獄中雜記》歷述方苞在獄中的所見所聞，揭露清代生活中的一個重要側面——刑獄的暗無天日。《左忠毅公逸事》記述的是明末東林黨人左光斗生前的幾件逸事，作者選材典型，文詞簡潔，如史可法探獄一段：「史前跪，抱公膝而嗚咽。公辨其聲而目不可開，乃奮臂以指撥眦，目光如炬」，簡潔的如許幾筆，便將左光斗剛毅耿介的形象描繪出來。這篇散文還運用對照的手法，讓左光斗和史可法互相輝映。《登泰山記》既有概括描述又有具體繪寫，雖記登泰山經過和山上的諸般景物，卻重在描述觀日出的勝景，形象而又生動。文詞在雅潔中求表現力，是一篇不可多得的優秀的山水遊記。

在清代的散文領域內，駢文又有回升趨向。但汪中的《哀鹽船文》卻無一般駢文的通病。作者描寫揚州鹽船「壞船百有三十，焚及溺死者千有四百」的慘象，悲憤之情充溢全篇，文筆無雕飾之弊，自然明麗。

在桐城「義法」風靡清代時，起而衝破之者有龔自珍等人。龔自珍的《病梅館記》寓意深刻，借療梅救梅，表達了他拯救社會的願望和理想。《己亥六月重過揚州記》深察衰世之象，目光敏銳。

我們對中國古代散文的發展概況作了一個大致的勾畫，從中可以看出：

我國古代散文的發展是和一定的社會現實狀況、社會思潮、審美思潮緊密地聯繫在一起的。特別在社會處於激烈變動的時期，這一特點表現得尤爲顯著，如先秦的戰國時期。當然這種狀況在具體的歷史環境中，其表現又不盡相同。例如

北宋南宋之際、明末淸初，都是民族矛盾十分尖銳、民族戰爭十分激烈的時期，
這些都在散文作品中有鮮明的反映，但反映的內容各有區別。北宋、南宋之際的
散文重在論事述情，沉鬱、頓挫感很強，如≪跋紹興辛巳親征詔草≫、≪指南錄
後序≫。而明末淸初的這類散文重在描寫人物，如≪閣典史傳≫、≪梅花嶺
記≫，塑造了炳彪史册的民族英雄的形象，奕奕閃光。我國古代散文的每一步發
展都伴隨着理論見解的爭辯；不同審美主張的爭論，遂形成一定的審美思潮和一
定的散文流派。如唐代古文運動之於六朝駢體文；宋代古文運動之於「西崑體」。
在這裏，一定的社會歷史條件也對散文家的主張產生影響，如「桐城派」的「義
法」論等。在中國古代散文史上，一定的理論主張和一定的創作實踐互相結合，
如著名的韓愈、柳宗元、歐陽修等所作。在古代散文的創作實踐中總是有一條散
文的理論史的發展線索。它的價值、意義和研究具體的散文創作實踐同樣重要，
這是我們所不應忽視的。而我國古代散文的理論主張又依時依地，依據歷史條件
不斷嬗變，它是處在變動的狀態中的，蔚成波瀾更迭的壯觀。

　　我國古代散文體現了內容、形式、風格多樣化的特點。史傳散文和議論散文
在先秦就形成了兩大脈流，此後不斷有所發展和充實。山水遊記散文在六朝興
起，歷經唐宋元明至淸，遂成一支獨立的散文樣式。規範意義的抒情古文如≪登
樓賦≫、≪祭十二郎文≫等的出現，增加了古代散文的門類。史傳散文由≪左
傳≫開其先河，≪史記≫大大發展，韓柳的此類散文受其影響，至淸代發展爲現
實感很強的傳記文學。我國古代文學的題材是無比多樣化的，重大題材、日常生
活題材，各不偏廢。大而至於民族興亡、國家變故；小而至於身邊瑣事、一己悲
歡，盡羅其中，付諸筆端。有堂堂正正、侃侃而談，陳述國事；亦有隨意發揮的
諷刺小品。可驅駕歷史風雲；亦可縮龍成寸，精雕細琢。風雲人物、英雄豪傑，
因之留名靑史；平凡人事，細加描述，也可感心銘腑。或論辯，或直陳，或情含
言外，或直吐胸臆，或用書札，或以序跋，等等，形式多樣，不拘一格。不同的
時代有各自的時代風格，不同的流派有其流派的風格，不同的作家更有繁星麗天
的個人風格，有的如大江東去，乾坤擺蕩，有的如曉風殘月，楊柳依依，陰柔陽
剛，二十四品猶不足以概括全部。而自先秦至淸，其間的悠長的散文發展歷史，
又有一個相沿不廢的民族風格，卽是「表現」，雖是客觀描述，總有作家的抒情主
體存在。不管其具體的表現形式如何，主體的情感總是透出紙面，拂拂而來。

　　在中國古代文學史上創造了第一流的散文作品，產生了第一流的散文作家，
卽躋身於世界文學之林，亦無愧色。

　　古代散文史的發展旣有飛躍又有繼承，韓愈對六朝駢文雖明確表示反對，但

在語言文詞上卻有所吸受，吸受其中有生命的東西，遂成爲一代語言大師！

　　中國古代散文家所創造的燦爛的文明，所提供的豐富的經驗，給予今天的作家留下的是一份極爲寶貴的財富。通過賞析，借鑑這些經驗，將會極大地有利於社會主義的文學創作！

（吉　山）

古文書目舉要

說　　明

　　一、本目著錄中國古代散文要籍五百餘種，分類編排，間附注語。所收圖書的時間下限爲1984年6月；

　　二、本目所著錄的古籍版本，一般是較早的，或通行易得者；

　　三、本目著錄的總集，主要是散文專集，亦有詩文合集者；

　　四、作家別集（個人作品集），凡散文部分別出單行者，本目僅著錄其散文集；凡詩文合集不可分割者，本目一並著錄；

　　五、以線裝書形式刊行的古籍，本目將卷數與書名連寫；以平裝書形式出版的古籍，一般不著錄其卷數。

目　　錄

一　中國散文史論著

中國散文史　陳柱著　商務印書館1937年版，上海書店1984年影印。

中國古代散文的發展　馮其庸著　北京出版社1964年版。

中國駢文史　劉麟生著　商務印書館1936年版，全書共十二章。

中國駢文發展史　張仁青著　臺灣中華書局1970年版，全二冊。

中國古代寓言史　陳蒲淸著　湖南敎育出版社1983年版。

古代散文體裁淺論　楊秉祺著　內蒙古人民出版社1981年版。

先秦諸子初探　劉毓璜著　江蘇人民出版社1984年版。

漢賦之史的研究　陶秋英著　昆明中華書局1939年版。

唐代古文運動通論　孫昌武著　百花文藝出版社1984年版。

唐宋散文史　吳慶鵬著　貴州熙民印書館1945年版。

唐宋古文運動　錢冬父著　中華書局上海編輯所1962年版，上海古籍出版社1979年新1版。

韓柳歐蘇古文論　陳幼石著　上海文藝出版社1983年版。

桐城派研究論文集　安徽人民出版社1963年編輯出版。

二　總　集

(一) 通　代

文選　(梁) 蕭統編　(唐) 李善注　商務印書館1936年排印淸胡克家重刻宋刊本 (附《文選考異》)，列入《國學基本叢書》。1959年用舊紙型重印，精裝二冊。中華書局1977年影印胡刻本，附《文選考異》、篇目及著者索引，全三冊。按《文選》又稱《昭明文選》，三十卷。選錄先秦至梁初一百三十餘家的作品七百餘篇，分爲三十八類，是我國現存最早的詩文選集，舊時列爲「總集」之祖。唐代顯慶年間，李善爲《文選》作注，析爲六十卷，注文包括本事、典故和訓詁。唐代開元年間，又有呂延濟等五人爲《文選》作注，側重疏通字句，世稱「五臣注」。後人將李善注與五臣注合刻，稱「六臣注」(見下)。

六臣注文選六十卷　《四部叢刊》影印宋刊本。

古文苑二十一卷　（宋）章樵注　《四部叢刊》第二次印本據宋刊本影印。又有《守山閣叢書》本，附錢熙祚撰校勘記一卷。按：《古文苑》相傳係唐人舊藏本，編者不詳。北宋孫洙得之於佛寺中，南宋韓元吉分爲九卷，南宋章樵又增訂並作注。收錄周代至南朝齊代詩文二百六十餘篇，系史傳和《文選》所不載。

續古文苑二十卷　（清）孫星衍輯　《平津館叢書》本。《叢書集成初編》本。

文苑英華　（宋）李昉等編　中華書局1966年影印宋刊配明本，附作者姓名索引、彭叔夏《文苑英華辨證》、勞格《文苑英華辨證拾遺》，精裝六册。按：這是一部大型的詩文選集，一千卷，選材時限與《文選》相銜接，收南朝梁代至晚唐五代作品近二萬篇，作者近二千二百人。其中唐代作品約佔百分之九十。

全上古三代秦漢三國六朝文　（清）嚴可均校輯　中華書局1958年影印光緒刻本，精裝四册。1965年重印，並增編《全上古三代秦漢三國六朝文篇名目錄及作者索引》（精裝一册）。按：這是上古至隋代的單篇文章的全集，七百四十六卷，收作者三千四百九十七人。所收文章均注明出處。

古文關鍵二卷　（宋）呂祖謙編　《金華叢書》本。《叢書集成初編》本。

文章正宗復刻三十卷續十二卷　（宋）眞德秀編　《眞西山全集》本（清康熙中家祠重刊同治中印本）。

古文析義六卷二編八卷　（清）林雲銘評注　康熙間刻本。通行本。又有《增訂古文析義合編》，十六卷，乾隆間重刻本。

古文觀止　（清）吳楚材、吳調侯編選　文學古籍刊行社1956年據映雪堂本句斷排印，1959年轉由中華書局出版，全二册。此書編於康熙年間，十二卷，選錄東周至明末文章二百二十二篇，計六十餘家。

古文辭類纂七十五卷　（清）姚鼐編選　《四部備要》本，通行本。此書選錄戰國至清代古文辭賦，依文體分爲十三類編排，對各類文體的源流、特點有簡明扼要的介紹。

續古文辭類纂二十八卷　（清）黎庶昌輯　光緒十六年（1890）金陵書局刻本。光緒二十一年（1895）金陵狀元閣刻本。民國間上海商務印書館鉛印本。

續古文辭類纂三十四卷　王先謙輯　光緒十九年（1893）思賢講舍刻本。光緒二十六年（1900）新化刻本。光緒三十三年（1907）上海商務印書館鉛印本。

經史百家雜鈔二十六卷　（清）曾國藩編選　《四部備要》本。通行本。

駢體文鈔三十一卷　（清）李兆洛編選　《四部備要》本。選錄先秦至隋代駢

文。

駢文類纂四十六卷　王先謙編選　光緒間思賢書局刊本。選錄先秦至清末駢文。

歷代賦滙一百四十卷外集二十卷逸句二卷補遺二十二卷　（清）陳元龍編　揚州詩局本。重刻通行本。收錄先秦至明代賦體作品。

中國歷代散文選　劉盼遂、郭預衡主編　北京出版社1980年版，全二冊。

古代散文選　人民教育出版社中學語文編輯室選編　人民教育出版社 1962 ——1963年出版上、中冊，1981年出版下冊。

歷代文選　馮其庸等編　中國青年出版社1962——1963年版，全二冊。

古文選讀　中國青年出版社1964年編輯出版。

中國歷代寓言選　周大璞審訂　王玄武等選注　湖北人民出版社1962年——1983年版，全二冊。

歷代諷諭散文選　高啓沃等選注　安徽教育出版社1983年版。

歷代賦譯釋　李暉等譯釋　黑龍江人民出版社1984年版。

歷代辭賦選　劉禎祥等選注　湖南人民出版社1984年版。

筆記文選讀　呂叔湘選注　上海古典文學出版社1959年版，1959年轉由中華書局上海編輯所出版。

歷代遊記選　貝遠辰等選注湖南人民出版社1980年版。

古代遊記選注　劉操南、平慧善選注　上海古籍出版社1982年版，1983年重印。

歷代書信選注　吳大逵、楊忠選注　上海古籍出版社1982年版，1983年重印。

古代日記選注　陳左高選注上海古籍出版社1982年版，1983年重印。

（二）斷　代

先秦散文選　羅根澤編　戚法仁注　作家出版社1957年版，人民文學出版社1958年版。

先秦諸子散文選譯（一）（二）　楊宏選譯　上海古籍出版社1979、1981年版，1982年重印。

先秦寓言選　藍開祥等選注　人民文學出版1983年版。

漢魏六朝散文選　陳中凡選注古典文學出版社 1956 年版，中華書局上海編輯所1962年新1版。

漢魏六朝散文選注　曹融南選注　上海古籍出版社1983年版。

六朝文絜箋注　（清）許槤評選　（清）黎經誥箋注　中華書局上海編輯所1962年點校排印。上海古籍出版社1982年新1版。按：《六朝文絜》四卷，道光

間許槤編選，錄晉至隋駢文七十二篇，偏重於篇幅短小之作，依文體分爲十八卷，有評語和圈點。光緒間黎經誥詳加箋釋，析爲十二卷，成《六朝文絜箋注》。

漢魏六朝賦選　瞿蛻園選注　中華書局上海編輯所1964年初版。上海古籍出版社1979年新1版。

漢魏六朝賦選注　裴晉南等選注　上海古籍出版社1983年版。

全唐文　（清）董誥等編　中華書局1983年影印清內府刻本，附陸心源輯《唐文拾遺》、《續拾》，精裝十一冊。《全唐文》是唐代散文的全集，一千卷，收錄唐五代文一萬八千四百餘篇，作者三千餘人。按：清人陳鴻墀在參加纂輯《全唐文》的過程中，搜集了很多有關唐代文章的資料，編成《全唐文紀事》一書，同治間刊行。中華書局上海編輯所1959年12月出版排印斷句本，校正了舊本的一些錯字，精裝三冊

唐文粹一百卷附校記一卷　（宋）姚鉉輯　《四部叢刊》第二次印本據明嘉靖刊本影印，校記係民國間林志烜撰。

唐代散文選注　張起文選注　中華書局上海編輯所1962年版，全二冊。

唐代散文選注　張撝之選注上海古籍出版社1979年版，1983年重印。

唐宋八大家文鈔一百六十四卷　（明）茅坤輯評　明萬曆間刻本。通行本。

唐宋文舉要　高步瀛選注　中華書局1963年版，全三冊。1982年重印。選注者係清代桐城派後期古文家吳汝綸的學生。全書分甲、乙兩編，甲編選錄散文，乙編選錄駢文。

宋文鑑一百五十卷　（宋）呂祖謙編選　《四部叢刊》影印宋刊本。原名《皇朝文鑒》。選錄宋人（主要爲北宋）詩文，分爲六十一類。

南宋文範七十卷外編四卷作者考二卷　（清）莊仲方選編　道光間活字本。光緒間江蘇書局本。此書選錄南宋詩文，分爲五十五類。

宋文選　四川大學中文系古典文學教研室選注　人民文學出版社1980年版，全二冊。

宋代散文選注　王水照選注　上海古籍出版社1978年版，1983年重印。

金遼文　陳述輯校　中華書局1982年版。

金文最一百二十卷　（清）張金吾編　粵雅堂本。江蘇書局本。

元文類七十卷　（元）蘇天爵編選　《四部叢刊》影印元刊本。《國學基本叢書》本。商務印書館1958年用《國學基本叢書》紙型重印，精裝二冊。原名《國朝文類》。選錄元代詩文，分爲四十三類。

明文衡一百卷　　（明）程敏政編選　《四部叢刊》影印明嘉靖刊本。原名《皇明文衡》。選錄明人辭賦、樂府、散文等叢多爲明初作品。

明代散文選注　劉世德選注　上海古籍出版社1980年版，1983年重印。

清文滙二百卷　沈粹芬、黃人等編清宣統間石印本。原名《國朝文滙》。收錄清文萬餘篇，計一千三百餘家。

清代散文選注　王榮初、蔡一平選注　上海古籍出版社1980年版，1983年重印。

桐城派文選　漆緒邦等選注　安徽人民出版社1984年版。

三　專著、別集及有關文獻

尚書（以下爲先秦）

尚書正義二十著　　（漢）孔安國傳〔僞〕　　（唐）孔穎達等正義《十三經注疏》本。

尚書今古文注疏三十卷　　（清）孫星衍注　《平津館叢書》本　《叢書集成初編》本。《四部備要》本。《皇清經解》本。這是清代學者《尚書》注本中較爲完備的一種。

尚書正讀　曾遠乾著　中華書局1964年版。

尚書今語　方孝岳著　古籍出版社1958年版。

尚書譯注　王世舜譯注　四川人民出版社1982年版。

左傳

春秋經傳集解三十卷　　（晉）杜預集解　《四部叢刊》影印宋刊本。上海人民出版社1977年出版點校本，更名爲《春秋左傳集解》，全五冊，附「春秋左傳人名索引」。

春秋左傳正義六十卷　　（晉）杜預注　　（唐）孔穎達等正義　《四部備要》本。《十三經注疏》本。這是代表唐以前研究左傳的成果的注本。

春秋左傳注　楊伯峻編注　中華書局1981年版，全四冊，附《春秋左傳注附圖》。這是解放後出版的第一部完整的《左傳》新注。

左傳譯文　沈玉成譯　中華書局1981年版。此書與《春秋左傳注》配套。

春秋左傳讀本　王伯祥注　中華書局1957年版。這是節選注解本。

左傳選　朱東潤選注　古典文學出版社1956年版。

左傳選　徐中舒編注　中華書局1963年版，1980年重印。

國語

國語二十一卷 （三國·吳）書昭注 ≪四部叢刊≫影印明嘉靖翻宋本。≪四部
備要≫排印士禮居影刻宋天聖明道本，附黃丕烈≪札記≫一卷，汪遠孫≪考
異≫四卷。上海古籍出版社1978年出版校點本≪國語≫，以≪四部備要≫本
爲底本，參校≪四部叢刊≫本，全二册，附人名索引。1982年重印。

國語書昭注疏十六卷 （清）洪亮吉撰 旌德呂氏刻本。

國語正義二十一卷 （清）董增齡撰 光緒間會稽章氏刻本。

國語選 傅庚生選注 人民文學出版社1959年版。

戰國策

戰國策三十三卷附札記三卷 （漢）高誘注 （清）黃丕烈撰札記 ≪士禮居黃
氏叢書≫本。≪叢書集成初編≫本。≪四部備要≫本。

戰國策校注十卷 （元）吳師道撰 ≪四部叢刊≫本。

戰國策 上海古籍出版社1978年出版校點本，全二册，附人名索引，並附1973年
馬王堆三號漢墓出土的與≪戰國策≫有關的帛書。

論語

論語注疏二十卷 （魏）何晏等注 （宋）邢昺疏 ≪十三經注疏≫本。

論語譯注 楊伯峻譯注 中華書局 1958 年初版，1981 年修訂重印。附≪語語詞
典≫。

墨子

墨子間詁十五卷附錄一卷後語二卷 （清）孫詒讓著 ≪諸子集成≫本。≪國學
基本叢書≫本。中華書局1954年用≪國學基本叢書≫本紙型重印。

墨經校詮 高亨著 科學出版社1958年版。

墨經分類譯注 譚戒甫編注 中華書局1981年版，1984年重印。

孟子

孟子注疏十四卷 （漢）趙岐注 （宋）孫奭疏 ≪十三經注疏≫本。

孟子譯注 楊伯峻譯注 中華書局1960年初版，1981年修訂再版，全二册。附≪
孟子詞典≫。

列子

列子 （晉）張湛注 文學古籍刊行社1956年用≪四部叢刊≫影印北宋本斷句重

印，並據世德堂本校勘。

列子八卷　（晋）張湛注　（唐）殷敬順釋文　《四部備要》本。

列子集釋　楊柏峻撰　龍門聯合書局1958年版。中華書局1979年增訂版。本書甄
　　錄前人研究成果，詳加校勘訓釋，附張湛事跡輯略、重要序論滙錄、辨僞文
　　字輯略等。

莊子

莊子集釋　（清）郭慶藩輯　王孝魚整理　中華書局1961年版，全四册。1978年
　　重印，1982年收入《新編諸子集成第一輯》本書輯錄郭象「注」、成玄英「疏」
　　和陸德明「音義」的全文，摘引清代學者訓詁、考證、校勘的成果，附以郭氏
　　己見。

莊子集解　王先謙集解　中華書局1954年用《國學基本叢書》本重印。

莊子淺注　曹礎基著　中華書局1982年版。

莊子今注今譯　陳鼓應注譯　中華書局1983年版。陳鼓應係旅美臺灣學者。

莊子譯注　王世舜等譯注　山東教育出版社1984年版。

晏子春秋

晏子春秋八卷　《四部叢刊》據明活字本影印。

晏子春秋七卷附音義二卷校勘記二卷　（清）孫星衍校並撰音義　（清）黃以周
　　撰校勘記　《四部備要》本。

晏子春秋校注八卷　張純一撰　《諸子集成》本。

晏子春秋集釋　吳則虞編著　中華書局1962年版，1982年收入《新編諸子集成第
　　一輯》，全二册。

孫子

十一家注孫子（附：今譯）　（漢）曹操（唐）杜牧（宋）梅堯臣等十一家注
　　郭化若譯　中華書局 1962 年版。後郭化若對譯文作了修改，題爲《孫子今
　　譯》（無十一家注文），上海人民出版社1977年版；其後又作修訂，更名《
　　孫子譯注》，上海古籍出版社1984年版。

孫子兵法新注　軍事科學院戰爭理論部注　中華書局 1977 年版，1981 年修訂重
　　印。以《宋本十一家注孫子》爲底本，以1972年銀雀山漢墓發現的《孫子》
　　殘簡參校。

荀子

荀子集解二十卷　王先謙撰　上海涵芬樓影印光緒十七年本。《諸子集成》本。

荀子簡釋　梁啓雄著　古籍出版社1956年版，中華書局1983年新 1 版。

荀子新注　北京大學《荀子》注釋組注　中華書局1979年版。

宋玉

風賦及其他　蕭平編注　中華書局 1959 年版。本書收《風賦》、《登徒子好色賦》、《對楚王問》三文。按：關於宋玉的作品，可參考清人嚴可均輯《全上古三代文》卷十。

呂氏春秋

呂氏春秋二十六卷　《四部叢刊》影印明刊本。

呂氏春秋二十六卷附考一卷　（漢）高誘注　（清）畢沅輯　《諸子集成》本。《四部備要》本。

呂氏春秋集釋　許維遹集釋　文學古籍刊行社1955年版。

呂氏春秋校釋　陳奇猷校釋　學林出版社1984年版，精裝全二册，平裝全四册。

呂氏春秋選注　王範之選注　中華書局1981年版，選注其中二十六篇，有譯文。

韓非子

韓非子集釋　陳奇猷校注　中華書局上海編輯所1958年版，全二册。附韓非子佚文、韓非子刻本源流考、生卒年考等。上海人民出版社 1974 年重印，無附錄。

韓非子集釋補　陳奇猷校注　中華書局上海編輯所1961年版。補充注文 130 條，並附原印本勘誤表。上海人民出版社1974年重印《集釋》，未將此《補》採入。

韓非子淺解　梁啓雄著　中華書局1960年版，1982年重印，全二册。

韓非子校注　本書校注組校注　江蘇人民出版社1982年版。

禮記

禮記正義六十三卷　（漢）鄭玄注　（唐）孔穎達等正義　《十三經注疏》本。

禮記訓纂四十九卷　（清）朱彬撰　《四部備要》本。這是清人《禮記》注解中較系統的一種。朱氏早年著有《經傳考證》八卷（收入《皇清經解》），其中卷六《禮記》部分，可與本書參看。

賈誼（以下為兩漢）

賈長沙集一卷　《漢魏六朝百三名家集》本。

賈誼集　上海人民出版社1976年版，附《賈誼生活時代大事年表》。

賈誼年表一卷　（清）汪中編　見《述學·內篇》（有《四部叢刊》、《四部備要》本）。

賈子年譜一卷　（清）王耕心編　見《賈子次詁》（光緒間刊本）。

晁錯

晁氏新書一卷　（清）馬國翰輯　《玉函山房輯佚書》本。

晁錯集注釋　上海人民出版社1976年版。附《漢書·晁錯傳》和劉知几、李贄、王夫之對晁錯的評論。

枚乘

枚叔集一卷　《漢魏六朝名家集初刻》本。

七發　余冠英譯　蕭平注　中華書局1959年版。

鄒陽

鄒陽書一卷　（清）馬國翰輯　《玉函山房輯佚書》本。

司馬相如

司馬文園集一卷　《漢魏六朝百三名家集》本。

司馬長卿集二卷　《漢魏六朝名家集初刻》本。

司馬遷

司馬子長集一卷　《漢魏六朝名家集初刻》本。

史記　中華書局1959年版點校本，精裝六冊，平裝十冊。以清同治間金陵書局刊《史記集解索隱正義合刻本》爲底本，分段標點，附點校後記。

史記會注考證　（日本）瀧川資言撰　日本昭和九年排印本。我國文學古籍刊行社1955年影印。

史記會注考證校補　（日本）水澤利忠撰　日本國書刊行會1957～1962年版。

史記選　王伯祥選注　人民文學出版社　1957年版。

史記選注　王利器等選注　人民文學出版社1957年版。

按：《史記》的注本和研究資料極多，不詳列。可參考中國科學院歷史研究所編《史記研究的資料和論文索引》（科學出版社 1957 年版，1958 年重印）、賀次君撰《史記書錄》（商務印書館1958年版，1959年重印）。

褚少孫

漢褚先生集一卷　《漢魏六朝百三名家集》本。

揚雄

揚侍郎集一卷　《漢魏六朝百三名家集》本。

揚子雲集四卷　《漢魏六朝名家集初刻》本。

班彪

叔皮集一卷　張鵬一輯　《關隴叢書·批風班氏佚書》本（1922年排印）。

玉充

論衡集解　劉盼遂集解　古籍出版社1957年版，中華書局1959年版。

論衡注釋　北京大學歷史系《論衡》注釋小組注　中華書局1979年版。附：《論衡》佚文，有關《論衡》的版本及著錄情況，歷代有關王充及其《論衡》的資料選目，人名索引。

王充卷　蔣祖怡編著　中州書畫社1983年版。這是有關王充及其著作的研究資料集，有前人論述的輯錄、王充年譜、國內及日本的研究論文索引等。書前冠以編著者的前言，概述王充及其著作。

班固

班蘭台集一卷　《漢魏六朝百三名家集》本。

班孟堅集三卷　《漢魏六朝名家集初刻》本。

漢書　中華書局1962年版，精裝八冊，平裝十二冊。本書以王先謙校定的正文和唐代顏師古注為底本，參校各本，附傅東華撰校勘記，

漢書補注　王先謙撰　商務印書館1959年用《國學基本叢書》本紙型重印，全八冊。中華書局1983年版，全二冊。

漢書選　顧廷龍、王煦華選注　上海古典文學出版社1956年版。

漢書選　冉昭德等選注　中華書局1962年版，1980年重印。

張衡

張河間集二卷　《漢魏六朝百三名家集》本。

張衡年譜　孫文青撰　商務印書館1935年初版，1956年修訂再版。

趙壹

趙計史集一卷　張鵬一輯　《關隴叢書》本（1922年排印）。

孔融（以下為魏晉南北朝）

孔少府集一卷　《漢魏六朝百三名家集》本。

孔北海集評注　孫至誠評注　商務印書館1935年版。此書錄文不錄詩。附《孔北海年譜》。

曹操

曹操集　中華書局 1959 年版，又1962、1974年印本。以丁福保《漢魏六朝名家集》本《魏武帝集》爲底本整理、補充、校點。附《曹操年表》（江耦編）、《曹操著作考》（據姚振宗《三國藝文志》節錄）。李裕民有《＜曹操集＞補遺》，載《文史》第八輯（中華書局1980年版）。

曹操集譯注　安徽亳縣《曹操集》譯注小組譯注　中華書局1979年版。

三曹資料滙編　河北師院中文系古典文學敎研組編　中華書局1981年版。本書輯錄魏晉至淸末評論「三曹」的資料。曹操、曹丕、曹植各爲一卷，附總論建安文學一卷，分論建安七子一卷。

玉粲

王侍中集一卷　《漢魏六朝百三名家集》本。

王仲宣集三卷　《漢魏六朝名家集初刻》本。

王粲集　俞紹初校點　中華書局1980年版。附：王粲《英雄記》（淸黃奭輯）、俞紹初編《王粲年譜》。

王粲集注　吳雲、唐紹忠注　中州書畫社1984年版。

諸葛亮

諸葛亮集　段熙仲、聞旭初編校　中華書局1960年版，1974年用原紙型重印，改正了一些錯字和標點。又1975年16開印本。本書係據淸代張澍編《諸葛忠侯文集》四卷《附錄》二卷《諸葛故事》五卷整理校點。卷首有《諸葛亮著作考》（錄自姚振宗《三國藝文志》）。

諸葛忠武侯年譜　古直編　《層冰草堂叢書》本（1929年排印）。

曹丕

魏文帝集二卷　《漢魏六朝百三名家集》本。

魏文帝集六卷　《漢魏六朝名家集初刻》本。

曹植

曹子建集十卷　《四部叢刊》影印明活字本。《四部備要》本。

曹集銓評　（淸）丁晏纂　葉菊生校訂　文學古籍刊行社1957年版。附：丁晏編

《魏陳思王年譜》。

曹植集校注　趙幼文校注　人民文學出版社1984年版。

嵇康

嵇中散集十卷　《四部叢刊》影印明嘉靖刊本。《四部備要》本。

嵇康集　魯迅輯校　《魯迅全集》本。文學古籍刊行社 1956 年影印魯迅校正稿
本，線裝全一冊。魯迅手抄的這部《嵇康集》，是1913年從明代吳寬叢書堂
鈔本鈔出，用黃省曾等刻本，以及類書古注等引文校勘，至 1924 年校訂完
成。

嵇康集校注　戴明揚校注　人民文學出版社 1962 年版。書中正文，依明黃省曾
仿宋刻本，用別本及諸書引文校勘。注釋頗詳，並將明清人評語擇附各篇之
後。魯迅1935年 9 月20日致台靜農信曾說及戴氏校本。

陳壽

三國志　（劉宋）裴松之注　陳乃乾校點　中華書局1959年版，精裝四冊，平裝
五冊。

三國志集解　盧弼著　古籍出版社1957年出版線裝本，中華書局1982年出版精裝
影印本。本書體例仿王先謙《漢書補注》，是《三國志》注本集大成之作。

三國志選　繆鉞編注　中華書局1962年版。

陸機

陸士衡文集十卷　四部叢刊影印明正德覆宋本。《四部備要》本。

陸機集　金濤聲點校　中華書局1982年版。以明翻宋本《陸士衡文集》為基礎整
理，並新輯出詩賦佚文三卷，編為《補遺》。卷首有陸機《平復帖》影印插
頁。

文賦集釋　張少康集釋　上海古籍出版社1984年版。

文賦譯注　張懷瑾著　北京出版社1984年版。

張載

晉張孟陽集一卷　《漢魏六朝百三名家集》本。

張孟陽集選一卷　（清）吳汝綸評選　《漢魏六朝百三家集選》本。

劉琨

晉劉越石集一卷　《漢魏六朝百三名家集》本。

劉越石集一卷　（清）吳汝綸評選　《漢魏六朝百三家集選》本。

王羲之

晉王右軍集二卷　《漢魏六朝百三名家集》本。

王右軍集選一卷　（清）吳汝綸評選　《漢魏六朝百三家集選》本。

陶淵明

箋注陶淵明集十卷　（宋）李公煥箋注　《四部叢刊》影印宋刊巾箱本。

靖節先生集十卷　（清）陶澍集注　《四部備要》本。文學古籍刊行社1956年斷句排印本，線裝二冊。附諸家評陶滙集及年譜考異。

陶淵明集　王瑤編注　人民文學出版社1956年版，又1962年印本。

陶淵明集　逯欽立校　注中華書局1979年版。以李公煥注本爲底本，校以各本，博采各家注，並參以己意。書末附逯欽立長篇論文《關於陶淵明》、《陶淵明事迹詩文系年》。

古典文學研究資料滙編·陶淵明卷（上、下編）　北大、北師大編　中華書局1961—1962年版，又1965年印本。這是《陶淵明研究資料滙編》和《陶淵明詩文滙評》的合印本。

傅亮

宋傅光祿集一卷　《漢魏六朝百三名家集》本。

傅光祿集選一卷　（清）吳汝綸評選　《漢魏六朝百三家集選》本。

顏延之

顏光祿集一卷　《漢魏六朝百三名家集》本。

顏延年集四卷　《漢魏六朝名家集初刻》本。

范曄

後漢書　（唐）李賢等注　中華書局1965年版。精裝六冊，平裝十二冊。以影印的宋紹興本（百衲本）爲底本點校，參校毛氏汲古閣本、武英殿本。

後漢書集解　王先謙集解　商務印書館1959年版，全五冊。用《國學基本叢書》本紙型重印。中華書局1984年據虛受堂刊本影印，全二冊。

後漢書選　束世澂編注　中華書局1966年版。

鮑照

鮑氏集十卷　《四部叢刊》影印毛斧季校宋本。《四部備要》本。

鮑參軍集注　（清）錢振倫注　黃節補注詩集並集說，錢仲聯增補集說校古典文

學出版社1958年版，中華書局上海編輯所1959年再版（修訂本），上海古籍
出版社1980年出版增訂本。附《鮑照年表》（錢仲聯編）和諸家評論。

謝莊

謝光祿集一卷　《漢魏六朝百三名家集》本。

謝希逸集三卷　《漢魏六朝名家集初刻》本。

孔稚珪

南齊孔詹事集一卷　《漢魏六朝百三名家集》本。

孔詹事集選一卷　（清）吳汝綸評選　《漢魏六朝百三家集選》本。

江淹

梁江文通集十卷　《四部叢》影印明翻宋本。

江文通集四卷　《四部備要》本。

江文通集滙注　（明）胡之驥注　李長路等點校　中華書局1984年版。以萬歷二
　　十六年刻本爲底本點校，校以明翻宋本、梁賓刻本及各種總集、類書。

陶弘景

陶隱居集一卷　《漢魏六朝百三名家集》本。

陶隱居集選一卷　（清）吳汝綸評選　《漢魏六朝百三家集選》本。

劉峻

劉戶曹集一卷　《漢魏六朝百三名家集》本。

劉戶曹集選一卷　（清）吳汝綸評選　《漢魏六朝百三家集選》本。

丘遲

梁丘司空集一卷　《漢魏六朝百三名家集》本。

丘司空集選一卷　（清）吳汝綸評選　《漢魏六朝百三家集選》本。

吳均

吳朝清集一卷　《漢魏六朝百三名家集》本。

吳朝清集選一卷　（清）吳汝綸評選　《漢魏六朝百三家集選》本。

蕭統

梁昭明太子文集五卷　《四部叢刊》影印明刊本。《四部備要》本。

昭明太子年譜一卷附錄一卷　胡宗楙編　胡氏夢選樓刊本（1932年）。

酈道元

水經注 文學古籍刊行社1955年版。據《永樂大典》本影印。

水經注 商務印書館1958年版。用《國學基本叢書》本紙型重印。

水經注疏 （清）楊守敬纂疏 熊會貞參疏 科學出版社1957年影印出版，線裝三函二十一冊。

楊衒之

洛陽伽藍記校注 范祥雍校注 古典文學出版社1958年版，上海古籍出版社1978年修訂重版。

洛陽伽藍記校釋 周祖謨校釋 科學出版社1958年版，中華書局1963年版。

庾信

庾子山集十六卷 《四部叢刊》影印明屠隆合刻評點本。

庾子山集注十六卷附總釋 （清）倪璠注 《四部備要》據倪注原刻本排印。附倪編《庾子山年譜》。中華書局1981年出版許逸民校點本，用倪氏原刻本校點，並輯有本集未收的庾信佚作，全二冊。

庾信選集 舒寶璋選注 中州書畫社1983年版。

顏之推

顏氏家訓七卷附注補 （清）趙曦明注 （清）盧文弨校並注補 （清）錢大昕補正 《抱經堂叢書》本。《叢書集成初編》本。《四部備要》本。

顏氏家訓 嚴士海輯 四川人民出版社版。

顏氏家訓集解 王利器集解 上海古籍出版社1982年版。

魏徵（以下為唐代）

魏鄭公詩集一卷**文集**三卷 《畿輔叢書》本。《叢書集成初編》本。

魏徵 趙武譯注 中華書局1962年版，附汪籛編《魏征年表》。

駱賓王

駱賓王文集十卷 《四部叢刊》影印明翻元刊本。又，中華書局1973年影印清嘉慶丙子石研齋秦氏重雕宋蜀本，附顧廣圻《駱賓王文集考異》一卷，線裝二冊。

駱賓王文集三卷 《四部備要》本《初唐四傑文集》卷十九至二十一。

駱臨海集箋注 （清）陳熙晉箋注 中華書局上海編輯所1961年版。

王勃

王子安集十六卷附錄一卷　《四部叢刊》影印明張紹和刊本。

王子安文集九卷　《四部備要》本《初唐四傑文集》卷一至九。

王子安集注二十卷　（清）蔣清翊撰　光緒間刻本。石印本。

王維

王摩詰文集十卷　上海古籍出版社1982年影印宋蜀刻本。其中卷二、三、七、八是文。

須溪先生校本唐王右丞集六卷　《四部叢刊》影印元刊本。按：須溪是南宋劉辰翁的號。

王右丞集箋注　（清）趙殿成箋注　《四部備要》本。中華書局上海編輯所1961年據乾隆原刻本校訂斷句排印，全二冊，附趙殿成編《右丞年譜》。

李白

李太白全集　（清）王琦輯注　中華書局 1977 年校點排印，附篇目索引，全三冊。1981年修訂重印。

李白集校注　瞿蛻園、朱金城校注　上海古籍出版社1980年版，平裝四冊，精裝二冊。以乾隆間刊王琦輯注本爲底本，校以北宋本等十餘種重要刊本和唐宋總集、選本。注釋和評箋部分，除以楊齊賢、蕭士贇、胡震亨、王琦四家爲基礎外，並搜集唐宋以來詩話、筆記、考據材料及近人研究成果。

李華

李遐叔文集四卷　《四庫全書》本。舊鈔本。

韓愈

朱文公校昌黎先生文集四十卷外集十卷遺文一卷　《四部叢刊》影印元刊本。朱熹《韓文考異》十卷，不載韓集全文。宋末王伯大取朱熹《考異》散入韓集各篇句下，頗失《考異》本來面目，《 四部叢刊 》影印者，即元刊王伯大本。山西省近年來發現宋本《昌黎先生集考異》，是現存《考異》一書的最早本子。上海古籍出版社1981年影印出版，線裝二冊。

昌黎先生集四十卷外集十卷附遺文　《四部備要》據東雅堂本校訂排印，附以清陳景雲撰《韓集點勘》四卷。

韓昌黎文集校注　馬其昶校注　古典文學出版社1957年版。

韓愈文選　童第德選注　人民文學出版社1980年版。

韓愈志　錢基博著　商務印書館1935年初版，1958年出版增訂本。

韓愈資料滙編　吳文治編　中華書局1983年版，全四册。

劉禹錫

劉夢得文集三十卷外集十卷　《四部叢刊》影印武進董氏影宋刊本。

劉賓客文集三十卷外集十卷　《四部備要》據劉氏嘉業堂刻本排印（嘉業堂系據
朱氏結一廬刊明鈔劉賓客文集刻印）。

劉賓客文集三十卷　陝西人民出版社 1974 年據北京圖書館藏明刻本影印。全二
册

劉禹錫集　上海人民出版社1975年以清代朱氏結一廬刊劉賓客文集作底本，參校
各本，整理出版。

劉禹錫詩文選注　徐州師院中文系選注江蘇人民出版社1980年版。

白居易

白氏文集七十一卷　《四部叢刊》影印日本翻宋大字本。第一次影印本卷三十一
闕七十三行，重印本據錫山華氏活字本補。重印本佳。

白香山集七十一卷　文學古籍刊行社1954年用商務印書館萬有文庫本紙型校訂重
印。全三册。

白氏長慶集　文學古籍刊行社 1955 年據宋本影印，精裝本全四册，線裝本全十
册。

白居易集　顧學頡校點　中華書局 1979 年版，全四册。用宋紹興刊七十一卷本
《白氏長慶集》（ 這是現存最早的白集刻本 ）作底本，參校宋明清各本，
有詳細校記，並將佚詩佚文編爲外集兩卷。書末附顧學頡編《白居易年譜簡
編》。

柳宗元

增廣注釋音辯唐柳先生文集四十三卷別集二卷外集二卷附錄一卷　　（宋）童宗說
注釋　張敦頤音辯　潘緯音義　《四部叢刊》影印元刊本。

柳河東全集四十五卷外集五卷附遺文及附錄　　（明）蔣之翹輯注　《四部備要》
據蔣氏三徑藏書本校印。

柳河東集　中華書局上海編輯所1958年據蟫隱廬影印宋世彩堂本斷句排印，並增
加文安禮《柳先生年譜》和潘宗周《寶禮堂宋本書錄》，精裝一册，又1960
年印本，平裝二册。上海人民出版社1974年重印。

柳宗元集　吳文治等校點　中華書局1979年版，全四册。以宋刻蜀本《新刊增廣

百家祥注唐柳補注唐柳先生文集≫爲底本校點、整理。

古典文學研究資料滙編・柳宗元卷　吳文治編　中華書局1964年版，

柳文指要五十六卷　章士釗著　中華書局1971年版，三函全十四册。

杜牧

樊川文集二十卷外集一卷別集一卷　≪四部叢函≫影印明翻宋刊本。上海古籍出版社1978年出版陳允吉校點的≪樊川文集≫系以四部叢函本爲底本。

杜牧詩文選注　朱碧蓮等選注　上海古籍出版社1982年版。

孫樵

唐孫樵集十卷　≪四部叢刊≫影印明天啓吳○刊本。

孫可之文集十卷　上海古籍出版社1979年影印宋蜀刻本，線裝一册。

羅隱

羅昭諫集八卷　（淸）張瓚輯刊　≪四庫全書≫本。

讒書五卷附校一卷　≪叢書集成≫據拜經樓叢書本排印。

羅隱集　雍文華校輯　中華書局1983年版。

皮日休

皮子文藪十卷　≪四部叢刊≫影印明刊本。中華書局上海編輯所1959年出版蕭滌非校點本，以≪四部叢刊≫本爲底本，校以出本。上海古籍出版社1982年出版修訂本。

陸龜蒙

笠澤叢書四卷補遺一卷　通行本。又有淸嘉慶間許槤刻七卷本，附補遺考異各一卷，校訂頗善。

唐甫里先生文集二十卷附校記　≪四部叢刊≫影印黃蕘圃校本。

　　≪笠澤叢書≫系陸龜蒙居笠澤（卽松江）時所編，內多載雜文。

　　≪甫里集≫是宋人葉茵所輯錄的陸氏詩文集，內含≪笠澤叢書≫。

王禹偁（以下爲宋代）

小畜集三十卷附札記　≪四部叢書≫影印宋刊配呂無黨鈔本。按：第一次影印用經鉏堂寫本，重印時改用此本，此本佳。

小畜外集殘本七卷　≪四部叢刊≫影印影宋寫本。第一次影印無蘇頌原印序，重印時補入。

按:《小畜集》三十卷系王禹偁自編,包括賦二卷、詩十一卷、文十七卷。《小畜外集》系王禹偁之曾孫汾所所編,凡二十卷,已散佚,今僅存七卷(卷七至卷十三)。

范仲淹

范文正公集二十卷別集四卷政府奏議二卷尺牘三卷年譜一卷年譜補遺一卷言行拾遺事錄四卷鄱陽遺事錄一卷又附錄十三種 《四部叢刊》影印明翻元天歷本。《萬有文庫》第二集本。按:《年譜》系宋人樓鑰編。

歐陽修

歐陽文忠公文集一百五十三卷附錄五卷 《四部叢刊》影印元刊本。卷首有宋人胡柯編《廬陵歐陽文忠公年譜》。又《萬有文庫》第一集本,題《歐陽永叔集》,全十八冊。商務印書館1958年重印,精裝三冊。又《四部備要》本,題《歐陽文忠全集》。

歐陽修文選 杜維沫等選注 人民文學出版社1982年版。

歐陽修文選讀 陳蒲清注釋 岳麓書社1984年版。

蘇洵

嘉祐集十五卷 《四部叢刊》影印無錫孫氏小綠天藏影叢鈔本。按:原本略有闕頁闕字。

嘉祐集十五卷 《四部備要》據明刻本排印。

老泉先生文集十二卷附考異一卷 (宋)郎曄注 羅振常考異 《經進三蘇文集事略》本(1928年上海蟫隱廬刊)。

經進嘉祐文集事略一卷附考異一卷 (宋)郎曄注 羅授常輯佚並撰考異《經進三蘇文集事略》本(1920年上海蟫隱廬刊)。

老泉先生文集補遺二卷 羅振常輯 《經進三蘇文集事略》本。

周敦頤

周濂溪先生全集十三卷 《叢書集成初編》本(據《正誼堂全書》)。

曾鞏

南豐先生元豐類稿五十卷附錄一卷 《四部叢刊》影印元刊本。

元豐類稿五十卷附行狀墓志 《四部備要》據明成化六年刊本排印。

元豐類稿補二類 (清)陸心源輯 收入《潛園總集·羣書校補》(同治光緒間刊本)。

王安石

臨川先生文集一百卷目錄二卷　《四部叢刊》影印明嘉靖撫州刊本。四部備要據明刻本排印。

臨川先生文集附臨川補遺　中華書局1959年版，精裝一册。用明嘉靖三十九年撫州覆宋紹興中詹大和桐廬刊本爲底本，校以衆本。另將陸心源、朱孝臧、唐圭璋及日人島田翰所輯王氏詩文詞佚篇附於全書之後。

王文公文集　中華書局上海編輯所1962年用江安傅氏從食舊德齋原藏南宋龍本攝存玻璃片影印，缺卷以北京圖書館藏日本官內省圖書寮藏本照片補足，線裝兩函十六册。又：上海人民出版社1974年用影印南宋龍舒爲本底本，並參校明應氏刻本等，整理出版校點本。

　　　按：傳世的王安石文集有兩種，一是「臨川本」（《四部叢刊》影印本及中華書局1959年排印本即屬臨川本），一是「龍舒本」（中華書局上海編輯所 1962 年影印者即此本）。這兩種本子都是一百卷，但篇目和次序各不相同，互有短長。可參考程弘《王安石文集的版本》一文（載《 文史 》第五輯，中華書局1978年版

玉荆公詩文沈氏注　（清）沈欽韓注　中華書局上海編輯所1959年用劉承干嘉的堂叢書本校正排印。1962年重印。

沈括

元刊夢溪筆談　文物出版社1975年版。據元刊《古迁陳氏家藏夢溪筆談》影印，原書二十六卷。

夢溪筆談校證　胡道靜校注　上海出版公司1956年版，古典文學出版社1957年新1版。校注較詳。附沈括事跡年表。

新校正夢溪筆談　胡道靜校注　中華書局1957年版。校注較簡。

長興集四十一卷（原缺卷一至十二、卷三十一、卷三十三至四十一）　《四部叢刊三編》本。

蘇軾

東坡全集一百十卷附校記　《四部備要》據清繆荃孫校本排印。卷首有宋人王宗稷編《年譜》。此本即「東坡七集」。又有《 萬有文庫 》本，題《蘇東坡集》。商務印書館1958年用《萬有文庫》本紙型重印，精裝三册。

經進東坡文集事略六十卷　（宋）郎曄注　《四部叢刊》影印宋刊本，闕卷以成化本補其白文。又，1957年文學古籍刊行社用《四部叢刊》影印本和羅氏蟬

隱廬本、寶華盦刊七集本、大全集本互校斷句排印，全二册。按：郎曄將蘇
軾文章揀選四百數十篇，並爲之作注，於宋光宗紹熙二年表進，是爲《經進
東坡文集事略》。這是蘇軾文最早的一個注本，考核較精。

蘇軾選集 王水照選注 上海古籍出版社1984年版。

蘇轍

欒城集五十卷後集二十四卷三集十卷 《四部叢刊》影印明活字本。《四部備
要》據明刻本排印。《萬有文庫》第二集本。

欒城應詔集十二卷 《四部叢刊》影印影宋鈔本。

經進欒城文集事略一卷附考異一卷 （宋）郎曄注 羅振常輯佚並撰考異《經進
三蘇文集事略》本（1820年蟬隱廬刊）。

晁補之

濟北晁先生鷄肋集七十卷 《四部叢刊》影印明仿宋刊本。

李清照

李清照集 中華書局上海編輯所1962年卷。根據王延梯、丁錫根和胡文楷所輯的
兩種書稿整理而成，附黃盛璋撰《趙明誠李清照夫婦年譜》等參考資料。

漱玉集注 王延梯 山東人民出版社1963年版。

李清照集校注 王學初校注 人民文學出版社1979年版。附王學初撰《李清照事
跡編年》等。

重輯李清照集 黃墨谷編著 齊魯書社1981年版，附李清照年譜及歷代評論。

李清照資料滙編 褚斌杰等編 中華書局1984年版。

胡銓

胡澹庵先生文集三十二卷附錄二卷 乾隆間刊本。道光間刊本。《宋廬陵五忠
集》本（1937年排印）。

陸游

渭南文集五十卷 《四部叢刊》影印明華氏活字本。

陸放翁集 《萬有文庫》本，全二十四册。包括《渭南文集》、《劍南詩稿》、
《放翁逸稿》、《南唐書》、《老學庵筆記》、《家世舊聞》、《齋居紀
事》。

陸游集 中華書局1976年版，全五册。附孔凡禮《陸游佚著輯存》。

古典文學研究資料滙編・陸游卷　孔凡禮、齊治平編　中華書局1962年版。

范成大

攬轡錄一卷　《知不足齋叢書》本。《叢書集成初編》本。

驂鸞錄一卷　《知不足齋叢書》本。《叢書集成初編》。

吳船錄二卷　《知不足齋叢書》本。《叢書集成初編》本。

　　　　　　按：以上三書，合稱「石湖紀行三錄」。

古典文學研究資料滙編・楊萬里范成大卷　湛之編　中華書局1964年版

范成大佚著輯存　孔凡禮輯　中華書局1983年版。

辛棄疾

辛稼軒詩文鈔存　鄧廣銘輯校　古典文學出版社1957年版

周密

武林舊事十卷附錄一卷　《知不足齋叢書》本。《武林掌故叢編》本。《筆記小
　說大觀》本。

齊東野語二十卷　《叢書成初編》本。

癸辛雜識前集一卷後集一卷續集二卷別集二卷　《津逮秘書》本。《學津討原》
　本。

文天祥

文山先生全集二十卷　《四部叢刊》影印明刊本。其中《紀年錄》，系文天祥自
　撰年譜，有後人增注。

林景熙

霽山集　中華書局1960年出版斷句排印本。包括詩集《白石樵唱》三卷和文集《
　白石稿》二卷。用知不足齋叢書本爲底本，以冒廣生刻本和明抄本《霽山先
　生白石樵唱《校補。

謝翱

晞髮集十卷晞髮遺集二卷補一卷　《國粹叢書》第二集本（1906 年排印）。附明
　人張丁注《西臺慟哭記注》。

王若虛（以下爲金元）

滹南遺老集四十六卷　《四部叢刊》影印舊鈔本。

元好問

遺山先生文集四十卷附錄一卷　《四部叢刊》影印明弘治刊本。原書卷二十二有
　　殘闕，《四部叢刊》第二次影印時據靈石楊氏本補陽曲周君表半首。

戴表元

剡源戴先生文集三十卷　《四部叢刊》影印明刊本。

剡源集三十卷附札記一卷　《叢書集成初編》本。札記系清人郁松年撰。

剡源集逸文一卷　繆荃孫輯　收入《藝風堂讀書志》（民國江陰繆氏刊本）。

劉因

靜修先生文集二十二卷　《四部叢刊》影印元刊小字本。原佚李謙舊序，《四部
　　叢刊》第二次影印本寫補。

吳澂

草廬吳文正公全集四十九卷卷首一卷道學基統一卷外集三卷　乾隆萬璜刻本。

吳草廬先生文選六卷　（清）李祖陶選　見《全元明八大家文選》（道光間刊
　　本）。

李孝光

五峰集十卷補遺一卷　《永嘉詩人祠堂叢刻》本（1915年如皋冒氏刊本）。補遺
　　系冒廣生輯。

宋濂（以下為明代）

宋學士文集七十五卷　《四部叢刊》影印明正德張氏刊本。這七十五卷本，係宋
　　濂手定。

宋文宣公全集五十三卷卷首四卷　《四部備要》據清嘉慶間嚴榮刻本排印。此本
　　搜羅宋濂詩文較全。

劉基

誠意伯文集二十卷　《四部叢刊》據明隆慶間括蒼刊本影印。《萬有文庫》第二
　　集本。

郁離子　魏建猷等點校　上海古籍出版社1982年版。

郁離子　張學忠選注　花城出版社1983年版。

《郁離子》寓言故事選譯　鮑延毅選譯　北京出版社1983年版。

《郁離子》寓言故事選譯　趙國鈞選譯　黑龍江人民出版社1984年版。

高啓

高太史鳧藻集五卷附扣舷集　《四部叢刊》影印明正統間刊本（《四部叢刊》第
二次影印本補收鄭顒跋）。按：《鳧藻集》係文集，《扣舷集》係詞集。

方孝孺

遜志齋集二十四卷附錄一卷　《四部叢刊》影印明嘉靖刊本。《萬有文庫》第二
集本。又《四部備要》據明崇禎刊本排印，與《四部叢刊》本略有不同。
按：有清刻本，附《方正學先生年譜》（明盧演編）及拾補一卷，外紀一
卷。

薛瑄

薛敬軒先生文集十卷　《正誼堂全書》本。《叢書集成初編》本。

馬中錫

東田文集三卷詩集三卷　《畿輔叢書》本。《叢書集成初編》本。

王守仁

王文成公全書三十八卷　《四部叢刊》第二次印本據明隆慶刊本影印。附明人錢
德洪撰《年譜》。又有《四部備要》本。

崔銑

崔文敏公洹詞十二卷　同治間重刊本。《續中州名賢文表》本（1904年鴻文書局
石印本）。

何景明

何大復先生集三十八卷附錄一卷　乾隆間賜策堂刻本。

何大復先生年譜一卷附錄三卷　劉海涵編　1922年刊，收入《龍潭精舍叢刻》。

唐順之

荆川先生文集十七卷外集三卷　《四部叢刊》影印明刊本。

唐荆川先生文選七卷　（清）李祖陶選　《金元明八大家文選》本。

歸有光

震川先生集三十卷別集十卷附錄一卷　《四部叢刊》影印康熙刻本。《四部備
要》本。《萬有文庫》第二集本。上海古籍出版社 1981 年出版周本淳校點
本，全二冊。

宗臣

宗子相集十五卷　嘉靖三十九年刻本。

王世貞

弇州山人四部稿一百七十四卷續稿二百零七卷　明末刊本。「四部稿」指賦部、詩
　　部、文部、說部（但續稿只有賦、詩、文三部）。

李贄

焚書六卷　中華書局1961年以清末《國粹叢書》本爲底本校點，並據有關文獻增
　　補了若干文章。1975年出版《焚書》、《續焚書》合印本。

續焚書五卷　中華書局1959年以明刻本爲底本校點出版。

藏書六十八卷　中華書局1959年版，1962年重印，全四册。此書載錄、論述戰國
　　至元末人物約八百人。1974年重印。

續藏書二十七卷　中華書局1959年版。此書載錄、論述明代人物（神宗以前）約
　　四百人。1974年重印。

袁宏道

袁中郎全集　劉大杰編校　上海時代圖書公司1935年鉛印本，全六册。

袁宏道集箋校　錢伯城箋校　上海古籍出版社1981年版，精裝二册，平裝三册。
　　以崇禎間佩蘭居四十卷本爲底本，校以他本。

袁中道

珂雪齋文集十四卷　上海雜誌公司1936年鉛印本（中國文學珍本叢書第一輯）。

鐘惺

鐘伯敬合集　阿英校點　上海雜誌公司 1936 年鉛印本（中國文學珍本叢書）。
　　　按：本書又名《隱秀軒集》。

徐宏祖

徐霞客遊記　褚紹唐等整理　上海古籍出版社1980年版，上、下及附圖共三册。
　　以乾隆本與過去從未刊刻過的原始抄本爲底本整理出版。

魏學

茅檐集八卷　魏大中門人錢棻刊本。魏學　之弟學濂刊本。（學　系魏大中長子）
　　　　按：魏學　《核舟記》一文未收入《茅檐集》，收入清人張潮選輯的《

虞初新誌≫（有開明書店版，文學古籍刊行社1954年重印）。

張岱

琅嬛文集六卷　劉大杰校點上海雜誌公司1935年鉛印本（中國文學珍本叢書第一輯）。

西湖夢尋五卷　≪武林掌故叢編≫第六集。≪中國文學珍本叢書≫第一輯。上海古籍出版社1982年出版點校本，與≪陶庵夢憶≫合印，馬興榮點校。浙江文藝出版社1984年出版孫家遂校注本。

陶庵夢憶八卷　≪叢書集成初編≫本。≪中國文學珍本叢書≫第一輯。上海書店1982年版。上海古籍出版社1982年出版點校本，馬興榮點校。西湖書社1982年出版校注本。

張溥

七錄齋集十六卷　明刊本。古文近稿六卷，古文存稿五卷，詩稿三卷，館課一卷，論略一卷。

漢魏六朝百三家集題辭注　殷孟倫注　人民文學出版社1960年第1版，1981年第3次印本。

祁彪佳

祁彪佳集　中華書局1960年版。據道光十五年山陰杜氏刊本整理圈點排印。

黃淳耀

陶庵集二十二卷首一卷　≪知服齋叢書≫第四集（1892 年刊）。有≪陶庵先生年譜≫。

張煌言

張蒼水集　中華書局1959年版，1960年重印。用黃節校訂本爲底本，參校章太炎本、四明叢書本，整理重印。附全祖望所撰年譜及趙之謙所撰年譜。

夏完淳

夏完淳集　中華書局上海編輯所1959年以王昶編刻的≪夏節愍全集≫爲底本校訂排印。附有≪夏允彝完淳父子史作事迹輯存≫等資料。

錢謙益（以下爲清代）

牧齋初學集一百十卷目錄二卷　≪四部叢刊≫影印崇禎癸未刊本。

有學集五十卷　《四部叢刊》影印康熙甲辰初刻本。注意：《四部叢刊》本《有學集》有初印本、重印本之別，重印本附校補二卷，佳。

　　　　按：《初學集》、《有學集》均錢謙益手自編定，前者收在明時所作，後者收入清後所作。

牧齋全集一百六十三卷　宣統間遂漢齋鉛印本，又1925年上海文明書局《重校錢牧齋全集》本。包括《初學集》一百十卷，《有學集》五十卷，《補遺》二卷，《投筆集》一卷。

傅山

霜紅龕集四十卷附錄三卷年譜一卷　（清）丁寶銓輯　宣統三年（1911）刊。年譜系丁寶銓編。

彭士望

彭躬庵文鈔六卷　見彭玉雯（彭士望裔孫）輯《易堂九子文鈔》，道光十七年（1837）刊，民國十四年（1925）印。

黃宗羲

南雷集　《四部叢刊》影印康熙間原刊本。包括：《南雷文案》十卷，外集一卷、《吾悔集》（卽《南雷續文案》）四卷、《撰杖集》（卽《南雷文案三刻》）一卷、《子劉子行狀》二卷，《南雷詩歷》三卷，附黃百家《學箕初稿》二卷。

南雷文定　《四部備要》據粵雅堂本排印。包括：《南雷文定前集》十一卷，《後集》四卷，《三集》三卷，《南雷詩歷》四卷，附《梨洲先生世譜》等。

　　　　按：《南雷文定》係黃宗羲晚年刪補改定，後又刊存爲《南雷文約》四卷。

黃梨洲文集　陳乃乾編　中華書局1959年版。

李漁

笠翁一家言全集　康熙九年至十七年（1670—1678）刊本。包括：《一家言》文集四卷詩集八辨二集十二辨別集四卷，《笠翁詞韵》四卷，《耐歌詞》四卷首一卷，《閑情偶寄》十六卷。

顧炎武

顧亭林詩文集　華忱之點校　中華書局1959年整理排印，1983年重版。包包括：《亭林文集》、《亭林余集》、《蔣山傭殘稿》、《亭林佚文輯補》、《亭

林詩集》。收錄顧氏詩文較完備。

侯方域

壯悔堂文集十卷遺稿一卷　《四部備要》本。

施閏章

施愚山先生學餘文集二十八卷學余詩集五十卷　康熙四十七年（1708）曹寅楝亭
　　刊本，收入《施愚山先生全集》。又有乾隆重刊本。

周容

春酒堂文存四卷詩存六卷詩話一卷外紀一卷　見《四明叢書》第一集（1932 年
　　刊），《外紀》係馮貞羣輯。

王夫之

薑齋詩文集二十八卷　《四部叢刊》影印船山遺書本。王夫之著作極多，《四部
　　叢刊》影印者，僅是其中文集十卷，詩詞和詩話十八卷。又，《四部備要》
　　排印《薑齋文集》十卷。
　　　　　按：《船山遺書》有道光本、同治本、光緒補刻本、1933年上海太平洋
　　書店排印本。太平洋本所輯較前完備。

王船山詩文集　中華書局1962年版，1983年重印，全二冊。係參照各種本子編輯
　　而成，分《薑齋文集》、《薑齋詩集》、《薑齋詩余》（詞集）三大部分，
　　並有附錄。

毛先舒

潠書八卷　《思古堂十四種書》本（康熙間刊本）。

思古堂集四卷首一卷　《思古堂十四種書》本。

東苑文鈔二卷　《思古堂十四種書》本。

小匡文鈔四卷　《思古堂十四種書》本。

魏禧

魏叔子文集外篇二十二卷日錄三卷詩集八卷　《 寧都三魏全集 》本（清易堂刊
　　本，道光間刊本）。

魏叔子文鈔十二卷　《國朝三家文鈔》本（康熙間刊）。

魏禧文論選注　周書文等選注　江西人民出版社1984年版。

汪琬

鈍翁類稿六十二卷　《鈍翁全集》本（康熙間刊本），包括：詩稿十二卷，文稿三十八卷，外稿十二卷。

鈍翁續稿五十六卷　《鈍翁全集》本，包括：詩稿八卷，文稿二十二卷，別稿二十六卷。

堯峰文鈔四十卷　《四部叢刊》影印康熙間林佶寫刻本。按：《堯峰文鈔》係汪琬晚年手自刪定。

姜宸英

姜先生全集三十三　卷江蘇廣陵古籍刻印社1983年據光緒間刊本重印，兩函二十冊。

朱彝尊

曝書亭集八十卷附笛漁小稿十卷　《四部叢刊》影印原刊本。又，《四部備要》據原刊本排印。按：《曝書亭集》係朱彝尊晚年手自刪定，包括歷年所作各體作品，性質略近於全集。《笛漁小稿》係其子昆田撰。

宋犖

西陂類稿五十卷　康熙五十年（1711）商丘宋氏刻本。按：乾隆本三十九卷。

邵長蘅

邵青門全集三十卷　《常州先哲遺書》本（光緒間刊），附《邵氏家錄》二卷。

蒲松齡

蒲松齡集　路大荒整理　中華書局上海編輯所 1962 年版，全二冊。包括聊齋文集、詩集、詞集、雜著、戲、俚曲集等，現存的蒲松齡作品，除《聊齋誌異》外，幾乎全部收入。書後附路大荒編《蒲柳泉先生年譜》。按：此年譜有單行本，齊魯書社1980年版，改名《蒲松齡年譜》。

方苞

方望溪先生全集十八卷集外文卷補遺二卷年譜二卷　《四部叢刊》影印咸豐中戴氏刊本。《四部備要》排印本。年譜係清人蘇惇元編。

方苞集　劉季高校點　上海古籍出版社1983年版。

鄭燮

鄭板橋集　中華書局上海編輯所1962年版，分六輯。其中家書、詩鈔、詞鈔、小唱、題畫五輯據鄭氏自刻本排印，補遺一輯收錄鄭氏集外作品。附鄭板橋年

表。上海古籍出版社 1979 年修訂重版，增補了新收集得的十則題畫詩文，並將原「補遺」中「題畫」部分重新作了編排，原排印本中個別誤字亦予更正。

劉大

海峰文集八卷詩集十一卷　同治間刊本。

劉海峰文鈔　（清）張惠言選　《大亭山館叢書》本（1889年刊）。

彭端淑

白鶴堂文稿不分卷　（清）胡天游等評　乾隆間刊。

白鶴堂文錄一卷　《國朝文錄》本。

全祖望

鮚埼亭集三十八卷經史問答十卷鮚埼亭集外編五十卷　《 四部叢刊 》影印原刊本。

袁枚

小倉山房詩文集八十二卷　《四部備要》據原刻本排印。包括：詩集三十七卷，補遺二卷，文集二十四卷，續文集十一卷，外集八卷。

袁文箋正十六卷　（清）石韞玉箋　嘉慶間刊本。

袁文合箋十六卷　（清）王廣業集箋　光緒間刊本。

紀昀

紀文達公遺集十六卷　嘉慶間刊本。

紀文達公文錄二卷　《國朝文錄》本。

蔣士銓

忠雅堂文集十二卷詩集二十七卷補遺二卷銅弦詞二卷　《蔣氏四種》本（咸豐間刊本，同治間刊本）。

姚鼐

惜抱軒文集十六卷詩集十卷　《四部叢刊》影印原刊本。

惜抱軒全集四十九卷　《四部備要》排印本。

汪中

述學內外篇四卷補遺一卷別錄春秋述義一卷　《四部叢刊》影印汪氏精刊本。《

四部備要≫據揚州詩局本排印。

汪容甫文箋　古直選注　人民文學出版社1958年版。係從《述學》中選錄名作十
五篇，予以校注。

惲敬

大雲山房文稿初集四卷二集四卷言事二卷補編一卷　《 四部叢刊 》影印同治刊
本。《四部備要》排印本。

管同

因寄軒文初集十卷二集六卷補遺一卷　道光間管氏刊本，又光緒間重刊本。

龔自珍

龔自珍全集　王佩諍校　中華書局1959年版，全二册。上海人民出版社1975年重
印。附吳昌綬編《定盦先生年譜》。

四　文　話

文章緣起一卷　（梁）任昉撰　《文學津梁》本。又《學海類編》、《叢書集成
初編》本，有明人陳懋仁注。

　　　　按：《文章緣起》又名《 文章始 》，舊題梁任昉撰，已佚。現今流傳
者，疑卽《新唐書·藝文誌》注所載張績補作之書。論述詩文騷賦各類文體
的起源，共八十餘題。

續文章緣起一卷　（明）陳懋仁撰　《學海類編》本。《叢書集成初編》本。

文則　（宋）陳騤撰　劉明暉校點　人民文學出版社1960年版。這是我國早期的
談文法修辭的專書。

文章精義　（宋）李塗撰　劉明暉校點　人民文學出版社1960年版，與《文則》
合印。

修辭鑑衡二卷　（元）王構撰　《叢書集成初編》本。中華書局上海編輯所1958
年影印本。此書上卷論詩，下卷論文。

文說一卷　（元）陳繹曾撰　《文學津梁》。

文原一卷　（明）宋濂撰　《學海類編》本。《叢書集成初編》本。

文評一卷　（明）王世貞撰　《學海類編》本。《叢書集成初編》本。

文脈三卷　（明）王文祿　《學海類編》本。《叢書集成初編》本。

文章辨體序說　（明）吳訥撰　於北山校點人民文學出版社1962年版。

　　　　按: 吳訥將歷代文章分類編選，並對每類文體的性質、流變進行解說（論及五十九類），成《文章辨體》。於北山將其序說部分抽出校點付印，是爲《文章辨體序說》。

文體明辨序說　　（明）徐師曾撰　　羅根澤校點　人民文學出版社1962年版，與《文章辨體序說》合印。

　　　　按: 徐師曾取吳訥《文章辨體》予以補充修訂，成《文體明辨》。羅根澤將此書序說部分抽出校點排印，是爲《文體明辨序說》。論及文體一百二十七類。

伯子論文一卷　　（清）魏際瑞撰　　《昭代叢書》本。《文學津梁》本。

文章薪火一卷　　（清）方以智撰　　《昭代叢書》本。《文學津梁》本。

日錄論文一卷　　（清）魏禧撰　　《昭代叢書》本。《文學津梁》本。

論文偶記　　（清）劉大櫆撰　　人民文學出版社1959年校點出版。

初月樓古文緒論　　（清）吳德旋述　　（清）呂璜錄　　人民文學出版社1959年校點出版，與《論文偶記》等合印。

退庵論文一卷　　（清）梁章巨撰　　《文學津梁》本。

藝概　　（清）劉熙載撰　　上海古籍出版社1978年標點出版。此書共六卷，第一卷係《文概》。

論文集要四卷　　（清）薛福成輯　　《文學津梁》本。

春覺齋論文　　林紓撰　　人民文學出版社 1959 年校點出版，與《論文偶記》等合印。

論文雜記　　劉師培撰　　簡夷之校點　　人民文學出版社1959年版，與劉著《中國中古文學史》合印。

文章例話　　周振甫著　　中國青年出版社1983年版。此書從古代談文章的文話及部分近人、今人的有關文論中，選錄具有獨到見解的段落百餘條，分類編排，並聯繫這些文話或文論中談到的名篇佳作，進行比較、分析、闡述。

　　　　　　　　　　　　　　　　　　　　　　　　　　　（潘樹廣）

關於古文賞析的書籍

新竹師範學院語文系
王　志　成　　　　　　　王　志　成

注解＋剖解＝了解

　　四十多年前羅農父先生在湖南省立七中國文科會議報告：〈國文教學經驗談〉（見《國文月刊》第七十二期，民國三十七年十月十日，頁十四～十七）。他說：「關於講解或解書這一個『解』字，它的含義，我以為該有兩種：一種是『注解』，另一種是『剖解』。世所謂漢學家、宋學家，他們的研究對象都不外乎幾部古典經籍，他們的工作同是解書的，只是解的方式不同。漢學家偏重注解，僅僅把書上的名（文字音訓）物制度一個一個講一下就完了。宋學家則進一步要通過名物制度的注解，去探求書的著者的意思所在，可說是注意到剖解了，這比漢學家確是進了一步。……原來注解是個別孤立的，剖解則是全面聯繫的；二者相互依存著、滲透著，是偏廢不得的。沒有注解做基礎的剖解，難免流於空，所謂『便辭巧說』；反之，沒有剖解做指針的注解，則一定會失諸瑣，所謂『碎義逃難』。我曾經做了這樣一個公式：注解＋剖解＝了解。我在頭一次跟青年同學們見面時，總要把這個公式提出來，予以大書詳說。我以為對於解書，單單有注解———個一個孤立的注解——是不能解決問題。像一些漢學家那樣的作風，專門做注解，做得過分詳細，而對於剖解則一句話都怕說的（在他們也許是不屑說吧），這一面是謙謹，是所謂『大雅』，另一面則也可以說明懦弱和偷懶的表現，因為做剖解比做注解實在要艱苦得多。……學習一篇文章，由注解、剖解而達到了解，學習的功夫就完了嗎？還沒有完。還有一種功夫，站在了解的對面，也可說是站在了解的上面；這功夫，就是『欣賞』的功夫。了解的功夫，是科學的、分析的，是屬於文字學、文法學及作文論研究的範圍；欣賞的功夫，是藝術的、直觀的，是屬於修辭學中風格論（即《文心雕龍》講的『體性』）研究的範圍。只能了解，不能欣賞，那麼讀人家的作品，就只能懂得它的意義，還不能辨出它的風格的高卑和雅俗；自己寫起來，也只能做到通的一步，還不能做到好的一步。……」

　　羅先生對「漢學家」、「宋學家」作了簡單扼要說明，區別「注解」和「

剖解」，更強調二者的密切關係，指出一篇文章要「注解＋剖解＝了解」，光有「了解」還不夠，須再進一步懂得「欣賞」，才告完成。精闢論說，強調「了解」與「賞析」的重要性，無疑地，在當時來說具有前瞻性。

加強「章法分析」有助於提升國文教學效果

後來，林銀森〈章法分析與國文教學〉（《中國語文》五十一卷一期，民國七十一年七月一日，頁十九～二十三）指出，目前國文教學只做解釋翻譯的教學，而忽略了「章法分析」的重要；教材中也缺乏章法分析的資料，結果是「學生學國文所得，僅是一些支離破碎的單字詞藻，與雜亂無章的國學常識而已」，因此，認爲加強「章法分析」之教學，有其必要性。他又說：

> 現行中學國文標準本的「題解」欄，都只略述每段大意而已，未能涉及章法，殊爲可惜。筆者常翻閱廣文出版的《古文析義》，文津出版的《文法津梁》、《古文筆法百篇》、《桐城吳氏古文法》，以及中國語文月刊社印行的《青年活頁文選》，還有林鍾隆先生的《文章精探》等書，發現其中之章法分析，對國文教學裨益良多。盼國立編譯館能參考其作法，擷其精要，適度加入課本之「題解」中。

林先生盼望國立編譯館能參考坊間章法分析的書籍，擷其精要，適度加入課本之「題解」中，如此將「章法分析」納入教材，即等於納入考試的範疇；一旦命題有了此類題目，「水到渠成」，自然被全國師生所重視，久而久之，國文程度提高了。林先生爲提升國文教學之效果，而有此寶貴建議，不啻是一針強心劑，洵爲可貴。

近來，李炳傑〈文章賞析與國文教學〉（《中國語文》六十六卷六期，民國七十九年六月一日，頁十～十四），從沈謙教授、黃慶萱教授、林鍾隆先生、唐文德先生等人作品，也歸納出「賞析一篇文章必須做到的要點有以下幾項：①作者②題文③要旨④內容⑤體裁⑥結構⑦照應⑧技巧⑨音律⑩修辭⑪語法⑫運思⑬意境⑭思想⑮心境等。這些都是國文課文教學的內容。」真是難得之見解。

綜合上述，看出四十多年前到現在，羅農父、林銀森、李炳傑等先生在國文教學上所下的苦心，而特別爲文，旨在強調「文章賞析」重要，也揭示「文章賞析」正是國文教學的內容。

市面上「古文賞析」的書籍有那些？

　　目前流通於市面上有關「古文賞析」的書籍，大約有三種類別，一是影印古文（指清末民初以前）評析著作的；二是今人自行撰寫的；三是發表於期刊、雜誌上的。至於，珍藏於國立中央研究院歷史語言研究所、國立中央圖書館、國立故宮博物院、國立中央圖書館臺灣分館、國立臺灣大學圖書館、國立臺灣師範大學圖書館、私立東海大學圖書館等古人評析著作（指善本書、普通本線裝書），並不流通於市面上，則不爲探錄。現依三種類別分述如下，提供給讀者參考選用。

一、影印古人評析著作的。

古文評註　過商侯　臺北　第一文化社　五十二年七月影印初版　五六一頁

古文評註　過商侯　臺南　綜合出版社　五十八年十二月影印初版

文言對照古文評注全集　過商侯　臺北　宏業書局　六十八年十月影印再版　八七二頁

近代文評注　王文濡　臺北　廣文書局　五十六年五月影印初版

評註古文讀本　林景亮　臺北　臺灣中華書局　五十八年十一月影印臺一版　二四三頁

唐宋文醇（上）（下）　清高宗　臺北　臺灣中華書局　五十八年二月影印臺一版

評註文法津梁　宋文蔚　臺北　蘭臺書局　五十九年影印初版　上冊一二八、中冊一〇二、下冊九六頁

評註文法津梁　宋文蔚　高雄　復文圖書出版社　六十九年十二月影印初版；七十三年十二月重排初版　三一二頁

古文範　吳闓生　臺北　臺灣中華書局　五十九年三月影印臺一版　一九五頁

古文關鍵　呂祖謙　臺北　廣文書局　五十九年十月影印初版　三二二頁

標眉箋正正續文章軌範　謝疊山、鄒守益　臺北　廣文書局　五十九年十二月影印初版　六五九頁

吳評古文辭類纂（一～六）　吳闓生　臺北　臺灣中華書局　六十年四月影印臺一版　一五一三頁

文章指南　歸有光　臺北　廣文書局　六十一年四月影印初版

評注昭明文選　于光華　高雄　啓聖圖書公司　六十三年十月影印初版

古文筆法百篇　李扶九原選　臺南　東海出版社　六十六年影印

古文筆法百篇　黃緌麟評注　臺北　文津出版社　六十七年十一月影印　二二二頁

增批古文筆法百篇　李扶九　臺北　文史哲出版社　六十七年一月影印出版
　一八三頁

評注古文辭類纂（上）（下）　王文濡　臺北　華正書局　六十七年九月影印
　一八四二頁

才子古文讀本　金聖嘆　臺北　老古文化事業公司　六十八年三月影印初版

精校評註古文觀止　王文濡　臺北　華正書局　六十八年五月影印初版

精校詳註古文觀止　王文濡　臺北　臺灣中華書局　七十年十一月影印臺十一
　版

桐城吳氏古文法　吳闓生　臺北　文津出版社　六十八年四月影印初版　一五
　八頁

桐城吳氏古文法　吳闓生　臺北　臺灣中華書局　六十九年十一月影印臺三版
　一四八頁

評註古文觀止（上）（下）　吳楚材　臺北　廣文書局　七十年二月影印初版

古文析義　林雲銘　臺北　廣文書局　七十年九月影印六版

評點八大名家古文鑰　呂東萊評、蔡行之注　臺北　廣文書局　七十年十二月
　影印初版

秦漢三國文評註讀本　王文濡　臺北　廣文書局　七十年十二月影印初版

南北朝文評註讀本　王文濡　臺北　廣文書局　七十年十二月影印初版

唐文評註讀本　王文濡　臺北　廣文書局　七十年十二月影印初版

宋元明文評註讀本　王文濡　臺北　廣文書局　七十年十二月影印初版

清文評註讀本　王文濡　臺北　廣文書局　七十年十二月影印初版

古文精言合編　周聘侯評、馬寬裕輯　高雄　心影出版社　未印出版日期

古文快筆貫通解　杭永年　臺北　文史哲出版社　七十四年十月影印初版

國文經緯貫通大義　唐文治評　臺北　文史哲出版社　七十六年十一月影印出
　版　二九〇頁

二、今人自行撰寫的

青年活頁文選㈠第一集合訂本　趙友培主編　臺北　中國語文月刊社　六十五
　年九月再版　一～一二八頁

青年活頁文選㈡　同前　六十五年九月再版　一二九～二七二頁

青年活頁文選㈢　同前　六十五年九月再版　二七三～四三二頁

青年活頁文選㈣　同前　五十九年十二月初版　四三三～五七二頁

青年活頁文選㈤　同前　六十三年九月二版　五七三～七二八頁

國文名著研究(一)　郭霖　臺北　旋風出版社　五十五年五月　二六六頁
國文名著研究(二)　郭霖　臺北　旋風出版社　五十五年五月　二四八頁
國文名著研究(三)　郭霖　臺北　旋風出版社　五十五年五月　二三二頁
文章作法與欣賞　唐文德　臺中　光啓出版社　五十八年三月　一〇二頁
歷代文約選詳評（一～四冊）　王禮卿　臺北　中華叢書編審委員會　六十二
　年五月　一八〇〇頁
國學概要暨文選簡析　本社編輯部編　臺北　莊嚴出版社　六十八年一月　三
　二六頁
中國文學鑑賞舉隅　黃慶萱、許家鸞　臺北　東大圖書公司　六十八年四月
　三三六頁
文章精探　林鍾隆　臺北　益智書局　六十九年九月　一六八頁
唐宋八大家文　張健　臺北　時報文化出版公司　七十年三月　三六〇頁
案頭山水之勝境　沈謙　臺北　尙友出版社　七十年十二月　一六三頁
高中國文課文析評(一)　楊鴻銘　臺北　文史哲出版社　七十一年五月　一九九
　頁
古典詩文論叢　顏崑陽　臺北　漢光文化事業公司　七十二年四月　一九八頁
歷代古文析評——兩漢魏晉之部　楊鴻銘　臺北　文史哲出版社　七十二年六
　月　三五八頁
古典文學研索　于大成　臺北　木鐸出版社　七十三年一月　二〇二頁
歷代國文名著研析(一)　郭霖　臺北　文史哲出版社　七十三年十月　二一九頁
歷代國文名著研析(二)　郭霖　臺北　文史哲出版社　七十三年十月　二二六頁
歷代古文析評——唐宋之部　楊鴻銘　臺北　文史哲出版社　七十三年十二月
　三八六頁
國文教學資源　私立育達高級商業職業學校主編、國文科教學研究會編審委員
　會編審　臺北　育達周刊社　七十四年三月　一一一六頁
古典文學論析　陳邇冬等　臺北　文鏡文化事業公司　七十四年六月　一八七
　頁
國中國文課文析評(一)　楊鴻銘　臺北　文史哲出版社　七十四年十月　一七四
　頁
文章賞析　吳正吉　臺北　文津出版社　七十六年六月　三三八頁
古典文學名篇賞析(一)　本社編　臺北　木鐸出版社　七十六年七月　二六五頁
古典文學名篇賞析(二)　本社編　臺北　木鐸出版社　七十六年七月　二二五頁
名家論高中國文　王熙元等　臺北　國文天地雜誌社　七十七年九月　二二三

頁

名家論國中國文　黃慶萱等　臺北　國文天地雜誌社　七十七年九月　二二六
頁

古代抒情散文鑑賞集　徐公持、吳小如　臺北　國文天地雜誌社　七十八年六
月　三〇二頁

大學國文選精析㈠　鍾吉雄　臺北　新學識文教出版中心　七十八年九月　二
四九頁

大學國文選精析㈡　華東師大中文系　臺北　新學識文教出版中心　七十九年
一月　二四一頁

古詩文鑑賞入門　郁賢皓主編　臺北　新地文學出版社　七十九年九月　七二
〇頁

古文鑑賞集成㈠㈡㈢　吳功正主編　臺北　文史哲出版社　八十年三月　一四
三六頁

新學識活葉文選比析　李畊主編　臺北　新學識文教出版中心　八十年九月

歷代名篇賞析集成㈠㈡㈢　袁行霈主編　臺北　五南圖書出版公司　八十年十
一月

國中古典詩歌散文賞析　劉崇義　臺北　貫雅文化事業公司　八十一年十一月
二二〇頁

三、發表於期刊、雜誌、報刊上的

中國語文　臺北　中國語文月刊社　四十一年四月創刊

孔孟月刊　臺北　孔孟月刊編審委員會　五十一年九月創刊

明道文藝　臺中　明道文藝社　六十五年三月創刊

國文天地　臺北　國文天地雜誌社　七十四年六月創刊

人文及社會學科教學通訊（雙月刊）　臺北　教育部人文及社會學科教育指導
委員會　七十九年六月創刊

中央日報中學國語文版

（本文徵撰者同意，轉載自《國文天地》七卷九期，民國八十一年二月）